厚德 明法 格物 致公

·2017·

中国政法大学年鉴

中国政法大学年鉴编委会 编

中国政法大学出版社
2019·北京

图书在版编目（CIP）数据

中国政法大学年鉴. 2017/中国政法大学年鉴编委会编. —北京：中国政法大学出版社，2019.4
ISBN 978-7-5620-8966-7

Ⅰ.①中…　Ⅱ.①中…　Ⅲ.①中国政法大学－2017－年鉴　Ⅳ.①G649.281-54

中国版本图书馆CIP数据核字(2019)第067402号

出 版 者　中国政法大学出版社
地　　址　北京市海淀区西土城路25号
邮寄地址　北京100088信箱8034分箱　邮编100088
网　　址　http://www.cuplpress.com（网络实名：中国政法大学出版社）
电　　话　010-58908285(总编室)　58908334(邮购部)
承　　印　固安华明印业有限公司
开　　本　787mm×1092mm　1/16
印　　张　32.125
字　　数　704千字
版　　次　2019年4月第1版
印　　次　2019年4月第1次印刷
定　　价　96.00元

4 月 28 日召开“两学一做”学习教育动员部署会。

7 月 1 日召开纪念中国共产党成立 95 周年庆祝大会。

举办 2016 年处级领导干部培训。

2 月 27 日召开党政工作部署会。

4月13日召开意识形态工作推进会。

5月16日召开本科教学三学期制改革工作会。

12 月 9 日最高人民检察院、中国政法大学招录培养“应用型法学博士”合作协议签署仪式。

6 月 24 日召开 2017 年本科教学审核评估工作部署会。

6 月 15 日国家创业创新发展与研究中心成立仪式。

4 月 14 日召开中国政法大学第六届教代会暨第十二届工代会第三次全体会议。

7 月 8 日校长黄进率团出席全国政法大学“立格联盟”第七届高峰论坛。

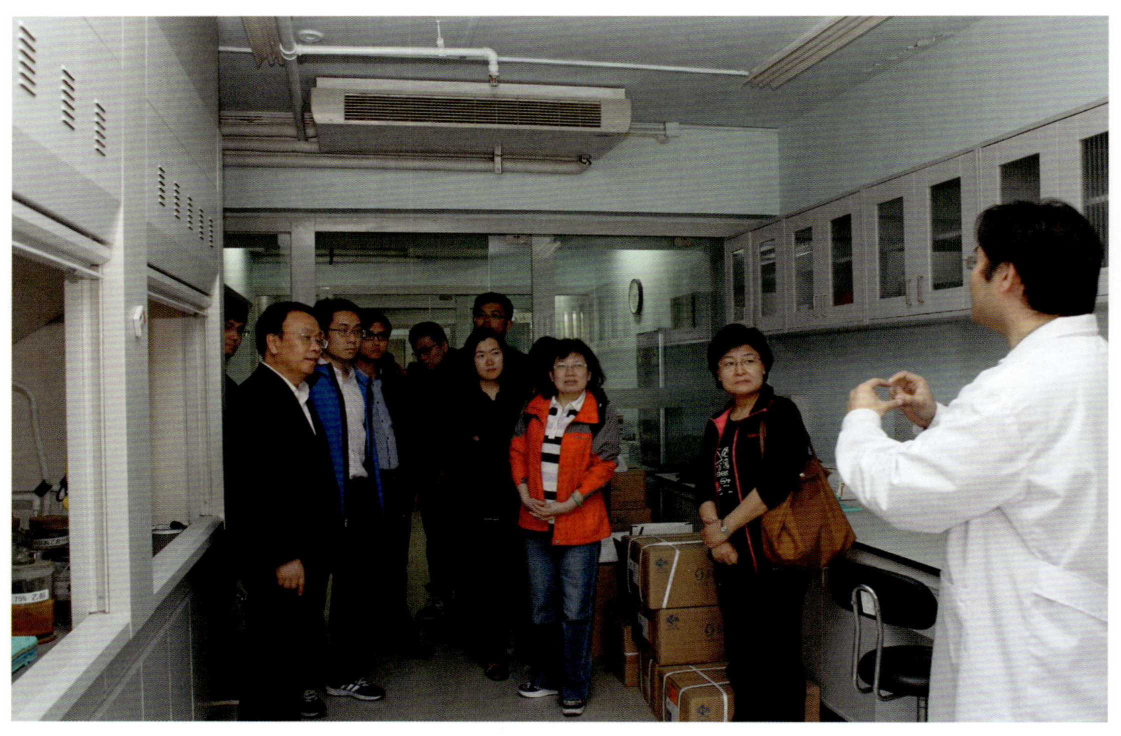

4 月 14 日教育部办公厅参观证据科学研究院。

12 月 6 日第六届钱端升法学成果奖颁奖。

1 月 20 日举行《中国司法文明指数报告 2015》新闻发布会。

10 月 30 日举行《中国法治政府评估报告（2016）》新闻发布会暨法治高峰论坛。

12 月 19 日举行首届中华法学硕博英才全国研究生模拟法庭竞赛决赛暨颁奖典礼。

3月6日举行第四届“中国法治政府奖”启动仪式。

5月4日至6日，党委书记石亚军率队赴云南省检查和调研学校在楚雄彝族自治州姚安县的挂点扶贫工作，商谈并推进学校与云南省共建“法治云南”战略合作。

国际教育学院留学生书法课。

8 月 29 日举办第二届中国－亚非法协国际法交流与研究项目培训班。

10 月 15 日举办第四届中国－欧洲法律论坛。

1 月 14 日举行中国政法大学 2015 年度学生工作研讨会暨德育工作创新奖表彰会。

5 月 15 日举行“我的青春法大”——迎校庆长跑活动。

6 月 5 日召开第十六次学生代表大会。

6月6日举行基层校友巡访团启动仪式。

6月21日上演“依依法大”毕业舞台剧《下一站，起飞》。

9 月新生军训。

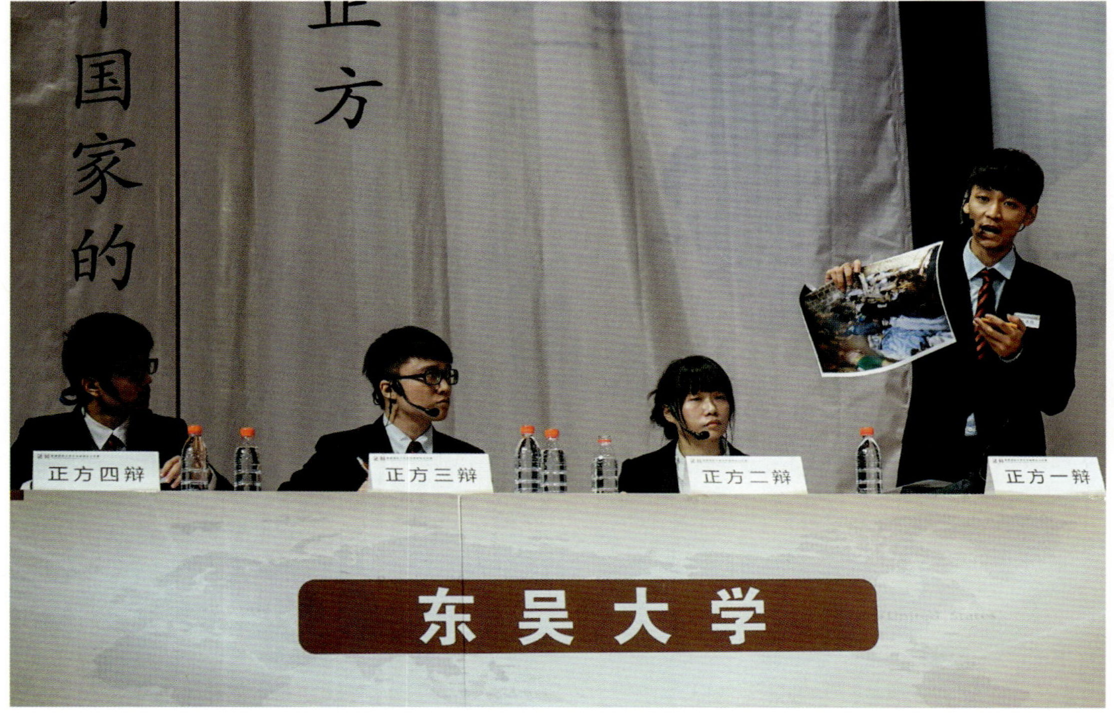

10 月 26 日“法辩”首届国际大学生话语辩论赛决赛。

11 月 23 日举行融聚法大文化盛典。

11 月 28 日举行“一二·九”舞蹈比赛。

12 月 18 日举行李宁五羽轮比 2016 全国高校羽毛球挑战赛。

12 月 20 日举行 2017 年“福顺 · 欢乐法大”元旦晚会。

12 月 9 日中国政法大学首期创业训练营圆满结业。

9 月 8 日举行 2016 年退伍士兵欢迎会暨入伍新兵欢送会。

举办纪念红军长征胜利 80 周年主题教育实践系列活动。

4-7 月学校完成智慧教室（一期）建设。

召开 2016 年全国政法院校就业工作联席会议。

5 月 16 日校友论坛暨首届优秀校友、星级校友会颁奖仪式。

4 月 21 日 2016 年教职工春季运动会。

1 月 4 日举行第三届北京曲剧艺术节。

4月13日第五届传统文化节觞流韵，北京交响乐团2016高雅艺术进校园活动。

中国政法大学年鉴编辑委员会

中国政法大学年鉴（2017）编辑部

主　编：冯世勇

副主编：李秀云

中国政法大学年鉴（2017）组稿人名单

（以姓氏笔画为序）

丁　宁	于华溢	于　丽	马素芝	王书丰	王红艳
王丽娜	王建敏	王　培	王超弈	王富春	王婷婷
王瑞奇	王鹏昊	牛　伟	方　娟	邓　勋	朱　帅
朱　林	刘贞晔	刘　岩	孙黎萌	孙燕春	杜冰子
李　勇	李文龙	李　叶	李　蔚	李　疆	吴培培
陈钰溪	陈　烨	陈景善	范静怡	欧阳晨红	罗纯怡
周佳磊	郑晓燕	赵一鸣	胡小波	胡思博	贺文奕
徐长宝	高　飞	高凤娥	高　姗	郭　虹	郭芳芳
郭嘉强	黄庆峰	梁玉玲	梁笑冬	梁　敏	董全堂
程丽萍	谢　晶	颜晶晶	霍雨佳	霍梦晴	

中国政法大学年鉴（2017）编写组名单

李秀云	王　敏	刘耀辉	王　巍	李健百	张　霞
陈泉廷	张　璐	郭伊湄	古锦平	许玺铮	武　焰
刘赫然	吴冕君	李仲尧	张红哲	吕　婧	

编写说明

一、《中国政法大学年鉴》是一部专业性资料工具书。在学校党政领导下，由中国政法大学年鉴编辑委员会主持编纂。

二、本年鉴以文章和条目为基本体裁，使用规范的语体文、记述体，直陈其事，文字力求言简意赅，文前配有彩色图片。

三、本年鉴从2003年开始逐年编纂。当年出版的年鉴，记述上一年学校各项事业发展的新情况，为学校决策提供依据，为学校规划提供资料，为社会各界人士了解学校情况提供最新的信息。

四、2017卷年鉴设置十九章，包括特载、学校综述、发展规划与学科建设、人才培养、科学研究、人事工作、交流与合作、党建与思想政治工作、学生工作、办学条件与保障、校办产业、教学科研单位、校内文件检索、奖励与表彰、大事记、综合统计表、毕业生名册、媒体索引。各章下的条目以事件发生时间为序排列。

五、"特载"收录学校2016年出台的重要文件和制度，包括学校"十三五"事业发展规划、学校2016年党政工作要点、学校三学期制改革实施方案。

六、"机构设置"收录学校领导和各机构名称及负责人名单，所列人员职务均以2016年内任职为限，其中任免情况分别予以注明。

七、"重要文件"收录学校2016年发布的重要文件，以列表形式收录54个重要文件的目录。

八、本年鉴收录的文章、条目、附件均由各处级单位专人提供，并经部门和单位主要负责人审核。综合统计表由发展规划与学科建设处提供；毕业生名册由教务处、研究生院、继续教育学院和国际教育学院提供；媒体索引由宣传部（新闻中心）提供。

九、本年鉴记述货币名称中，人民币直书"元"，其他货币采用通用名称。

十、除综合统计表之外，2017卷年鉴涉及各项年度数据以2016年12月31日为统计口径。综合统计表中的数据以高基报表为准，统计口径为2016年8月31日。

十一、2017卷年鉴反映2016年1月1日至12月31日期间情况（部分内容依据实际情况时限向前略有延伸）。

中国政法大学年鉴编辑委员会

目　录

特 载

中国政法大学“十三五”事业发展规划

（2016 年 10 月 19 日）

一、“十二五”期间主要工作回顾

（一）主要建设成就

“十二五”期间，学校认真贯彻党的十七大、十八大精神，科学把握创新型国家建设中大力发展高等教育和建设高水平大学的重大机遇，坚持建设开放式、国际化、多科性、创新型的世界知名法科强校的总体目标，以改革创新为动力，聚焦内涵发展、特色发展、开放发展，较好地完成了“十二五”发展规划各项任务，若干指标超出预期或提前完成，事业发展开创了新局面。

1. 学科建设成效显著，学科综合实力整体跃升。新增 2 个一级学科博士授权点、10 个一级学科硕士授权点，自主设置 15 个二级学科博士点、34 个二级学科硕士点。新增 2 个北京市重点学科和 7 个校级重点学科，12 个交叉学科建设项目正积极推进中。2011 年，获批为“985 工程优势学科创新平台”项目高校。牵头的“司法文明协同创新中心”入选首批教育部“2011 计划”，参与的“国家领土主权与海洋权益协同创新中心”入选第二批教育部“2011 计划”，牵头的“马克思主义与全面依法治国协同创新中心”获批北京高校中国特色社会主义理论研究协同创新中心之一。以法学学科为特色和优势、人文社会科学学科为主体的多科性学科体系，已经基本建成。

2. 培养模式改革不断深入，培养质量稳步提高。本科专业结构进一步优化，新设数学与应用数学、翻译等 2 个本科专业，人才培养模式特色化建设初见成效，“六年制法学人才培养模式改革实验班”等多项教育教学改革实验取得良好效果，“四跨”人才培养模式进一步完善。“有灵魂的通识教育”改革持续推进，“以《中华文明通论》《西方文明通论》为核心、以 23 门重点建设课程为主干、以 200 多门自由修读课程为拓展”的通识教育体系不断完善、丰富。“本科教学工程”建设成绩显著，首次获得国家级教学成果一等奖；法学专业获批教育部“专业综合改革试点”项目；入选教育部、中政委“卓越法律人才教育培养计划”，获批“应用型、复合型法律职业人才教育培养基地”“涉外法律人才教育培养基地”“西部基层法律人才教育培养基地”；获评国家级精品课程 2 门、国家级精品视频公开课1门、国家级精品资源共享课4门、北京市级精品课程7门，北京市级教学改革立项8项，获评“十二五”国家级法学实验教学中心、国家级虚拟仿真实验教学中心。

研究生培养改革持续推进，研究生导师队伍建设得到加强。从硕士研究生招生命题改革、博士研究生“申请考核制”改革，到培养方案与产学研培养模式探索等，均取得了显著成效，高层次应用型人才培养模式有序推进。7篇博士论文获评全国、北京市优秀博士论文和“思源人文社会科学博士论文奖”等，20多名研究生获得国际、国内学科竞赛奖项。

建立了毕业生就业状况反馈机制，自2013年起连续三年面向社会发布毕业生就业质量年度报告。2011年，荣获“全国毕业生就业典型经验高校”称号，2014、2015年全员就业率均超过96%，2015年本科生深造率达56.24%，在全国高校列第14位。

3. 聚焦国家战略需求，科研实力大幅提升。高水平科研平台建设得到拓展，新增国家人权教育与培训基地，省部级以上重点研究基地达到5个。科研项目在数量和质量上均有较大幅度提高，共获得各类科研项目总数1728项，年均立项345项，科研经费拨入总额为45 139.75万元，年均9027.95万元。科研成果数量、质量进一步提升，出版著作960部，发表论文6152篇，获得省部级以上科研成果奖50项。

4. 队伍建设措施得力，人才强校战略不断推进。专任教师博士学位率达到68.13%，比2010年底提高了10.5%，博士、硕士学位率合计占比达90.07%；外校学缘教师占比66.74%，海外学缘教师占比达13.63%，法学以外教师占比48.15%，均有提高。“十二五”期间，共引进各层次人才29人次，学校“千人计划”实现了零的突破；共有86名教师参加中青年骨干教师海外提升项目。

5. 国际合作与交流全面拓展，合作共建成效显著。学校与44个国家和地区的173所大学及机构建立合作交流关系，比“十一五”期间分别提高了76%和80%；国际合作项目170个，提高了139%。学校相继加入欧亚太平洋大学联盟、全球法学院联盟、亚太国际教育协会、中国－中东欧国家高校联合会等国际教育组织。海外学习交流平台大幅拓展，派出师生近5000人次，共接待来自40多个国家和地区的2000余名外宾。中欧法学院、中德法学院健康发展，海外国际合作办学和汉语国际推广得到跨越式发展，建立了三所孔子学院，实现了海外孔子学院建设零的突破。

6. 依托高端智库建设，社会服务能力全面提升。学校教师积极投身社会服务，全方位参与经济、政治、社会、文化和生态文明建设。作为法学重镇，学校教师积极参与国家法律、法规、规章的起草论证工作，参加各种形式的法律咨询、普法宣传和法律实务活动。学校提供优质的继续教育服务，针对法院、检察院、政府部门、企业等开设了灵活多样的系列培训项目，以社会化教育形式，为国家法治建设培养了大批优秀人才。2013年启动的中国政法大学智库建设计划，成为学校社会服务能力发展的有效载体，部分成果获得中央或国家部门的采纳、肯定。

7. 多元筹融资成效明显，办学条件持续改善。学校筹融资体系正式建成并不断完善，筹融资能力大幅提高，通过基金会和董事会平台累计筹融资达17 245万余元，为学校各项工作的开展提供了重要的资金保障。共计完成基本建设投资约 43 980 万元，其中国拨资金 35 946 万元。完成续建“十一五”项目 8 项，总建筑面积 163 782 平方米；启动“十二五”新增项目 2 项，总建筑面积 81 362 平方米。资金使用效率逐渐提升，土地、建筑、设备、图书等资源总值和保障能力不断提高。公共服务体系建设明显推进，后勤改革、数字化校园建设顺利开展。学校基础网络、支撑平台和各类应用系统基本建设完成。

8. 学校治理结构改革特色明显，现代大学制度建设成效突出。学校修改完善了《中国政法大学章程》，完成了学术委员会和学位委员会的章程修订和换届工作，初步构建了具有法大特色的“党委领导、校长负责、教授治学、民主管理、社会参与、依法治校”的治理结构，初步形成了以制度支撑和组织保障为条件的现代大学制度。

9. 学习实践“三严三实”，党建、思想政治教育扎实推进。从严落实管党治党责任，形成了党委、行政一体化推进党建工作的格局。坚持党管干部，有力推动干部人事制度改革。以深入推进“创先争优”活动为契机，抓好基层党组织建设。夯实党建基础，抓好凝心聚力工作，深入开展党的群众路线教育实践活动，提升了统战、老干部和群团组织工作水平。注重学生思想政治教育工作，形成了培养、教育、管理、服务和发展一体化新模式。

（二）问题与不足

“十二五”期间，学校在取得长足进步与发展的同时，还存在一些问题和不足。

法学学科建设与“法科强校”的定位与目标仍有差距，学科资源分散和能效低的状况没有明显改观，学科之间发展水平不平衡；高层次人才储备相对不足，教师梯队结构性失衡状况尚未根本转变；人事分配制度改革进展缓慢；高质量、标志性、基础性研究成果偏少，科研组织能力和科研创新能力有待提升；人才培养模式创新的实际效果没有凸显，学生国际化教育机会不足，本科生与研究生培养缺乏层次性、结构性、衔接性，研究生教育重要性认识不足，人才培养质量有待进一步提高；国际化战略实施路径与举措不够明晰，国际化办学水平有待提高；社会服务缺乏主动性、高端性和整体性，社会服务能力尚需进一步提升；办学空间狭小、办学资源匮乏状况尚未根本改变；管理制度需要进一步落实和完善，大学治理和管理服务水平有待提升等。

二、“十三五”期间事业发展的形势

（一）面临的机遇

1. “五位一体”总体布局和“四个全面”战略布局提供广阔发展机遇。党的十八大以来，党中央提出了经济建设、政治建设、文化建设、社会建设、生态文明建设“五位一体”的总体布局，形成了全面建成小康社会、全面深化改革、全面依法治国、全面从严治党的战略布局。全面依法治国不仅是“四个全面”战略布局的重要组成部分，而且是协调推进“四个全面”战略布局、实现“五位一体”总体布局的基础和法治保障。全面推进依法治国，在完善法律体系、推进依法行政、推进公正司法、推进法治社会建设、加强法治队伍建设、深化法学理论研究、培育法治文化、弘扬法治精神等方面，都给学校带来了巨大发展机遇。

2. “五大发展”理念指导形成新的发展思路。党中央在十八届五中全会上提出了“创新、协调、绿色、开放、共享”五大发展理念。创新发展要求深化学校综合改革，破除长期制约学校事业发展的体制机制障碍，激发学校的内生动力和办学活力。协调发展要求主动适应经济社会发展新常态，动态调整学科专业布局，加快发展新兴、交叉学科，加强人才培养与国家、区域经济社会发展和社会需求的紧密衔接。绿色发展要求坚持可持续发展理念，更加注重内涵式发展。开放发展要求开门办学，重视社会参与，加强国内外合作，开拓国际视野和国际空间。共享发展要求有效整合教育资源，实现校内外、国内外资源共享，推动教育整体水平不断提高。

3. 国家“双一流”建设战略带来新一轮发展机遇。国家提出的建设世界一流大学和一流学科的总体方案，为学校在新的历史时期，科学定位学科建设和学校发展目标指明了方向，也提供了重大的发展机遇。“十三五”时期是学校推动法学进入世界一流学科建设、政治学进入国内一流学科并冲击世界一流学科建设的关键时期。

4. 以大数据、互联网为代表的新科技带来发展新方式。云计算、大数据、“互联网 +”等新技术、新模式的不断涌现和兴起，使各行业信息化步伐不断加快，信息技术对教育的革命性影响日趋明显。运用高新技术，努力提高学校信息化程度，丰富、转变教育教学方式，提高教学效果，促进教育公平，加强文化传播，为学校进一步提升办学水平与治理能力提供了机遇。

5. 新时期对外开放新机遇。随着国家对外开放的进一步深化，各个领域的对外开放必将向深度和广度拓展，教育对外开放的新目标、新任务、新要求，为学校的国际化发展提供了重大机遇，要加强与世界各国在人才培养、科学研究等方面的深度交流合作，尤其要对接国家“一带一路”发展战略。

（二）面临的挑战

1. 外部挑战。一是“双一流”建设的挑战。“双一流”建设是针对以往“211 工程”“985 工程”以及“优势学科创新平台”中的身份固化、竞争缺失、重复交叉等问题而提出的，目的是加强竞争，突出实效，进行动态调整。因此，学校不仅面临国内同类政法院校和综合性大学法学院的竞争，还面临国际竞争，传统优势学科和其他学科都面临全新挑战。

二是学科结构的挑战。学校学科主要集中在人文社会科学领域，基础研究、原始创新、集成创新等方面，还不能完全适应新形势的要求。在支持重大创新上，可支配资源明显不足。贯彻落实“四个全面”战略布局和实施创新驱动发展战略，迫切需要全面提升学校创新能力。

三是生源质量与人才培养质量的挑战。经过几十年的发展，我国高等教育急剧扩张，教育供给越来越充裕，多样化、专业化日益提高。随着改革开放的深入，国内教育和国际教育逐步融合，世界教育资源获取越来越便捷，高等教育领域生源、资源竞争激烈，对综合实力和人才培养质量要求越来越高，越来越多样化，对目前的教育教学方式、人才培养模式提出了挑战。

2. 内部挑战。一是思想认识的挑战。随着学校综合改革深入推进，必然触及一些复杂的、深层次的思维定式和利益格局。学校不同学科、不同专业、不同学院、不同机构在发展思路、发展重点、资源配置上，都会存在不同认识和分歧。凝聚师生发展和改革共识，任务艰巨。

二是高端人才储备不足、结构失衡的挑战。高水平师资队伍是建设一流大学的关键。但学校高层次人才储备不足，学科领军人才相比其他同类高校不占明显优势，青年拔尖人才培养不力，师资梯队结构性失衡问题日益明显，人才队伍培养的体系化建设还未形成。教师整体科研水平与世界一流高校差距较大，不仅科研成果产出量与师资规模不相称，而且高质量、有显示度的科研成果较少，精品力作不多，难以适应新形势下引领、支撑创新驱动发展和服务经济社会发展的需要。

三是资源供给、整合、共享的挑战。学校整体办学资源仍较紧张，资源配置上不够科学有效，资源使用效率低。学科、师资、科研等资源的各自为政问题形势严峻，资源共享、合作严重不足，难以形成合力，围绕学科进行资源配置的科学高效的机制尚未确立。

综上，学校发展处于大有作为的重要战略机遇期，也面临矛盾叠加、风险隐患增多的严峻挑战。

三、“十三五”期间事业发展的指导思想、总体目标与发展思路

（一）指导思想

高举中国特色社会主义伟大旗帜，以马克思列宁主义、毛泽东思想、邓小平理论、“三个代表”重要思想、科学发展观为指导，认真落实党的十八大和十八届三中、四中、五中全会精神，深入贯彻习近平总书记系列重要讲话精神，主动适应“四个全面”战略要求，把发展作为第一要务，在落实创新、协调、绿色、开放、共享的发展理念中深化发展内涵和提高发展效益，加快形成世界一流法学学科体系建设的体制机制和发展方式，统筹推进其他学科建设、人才培养模式改革、科学研究创新、国际交流提升、社会服务拓展，确保如期建成世界一流法学学科，为实现建设世界一流大学的未来目标打下坚实的基础。

（二）总体目标

“十三五”期间学校改革发展的主攻目标是，集全校之力，建设世界一流法学学科。到“十三五”末，法学学科进入世界一流学科行列，政治学学科进入全国前五，其他学科整体实力和核心竞争力明显提升。到2030年法学学科进入世界一流学科前列，政治学等学科进入世界一流行列。到21世纪中叶，学校建设成为开放式、国际化、多科性、创新型的世界一流法科强校，学校迈入世界一流大学行列。

围绕这一主攻目标，实现以下具体的目标要求：

——创新性建设一流的学科体系，优化学科内涵。

——创新性建设一流的教学体系，提高人才培养质量。

——创新性建设一流的科研体系，提升科研水平。

——创新性建设一流的师资队伍发展体系，生发执教能效。

——创新性建设一流的制度体系，激活办学积极性。

——创新性建设一流的国际交流体系，升华国际化办学水准。

（三）基本思路

紧紧把握供给侧结构性改革给高等教育创新发展带来的战略机遇，深度融入国家“双一流”建设的战略计划，坚定理念自信、力量自信、效能自信，以凝练先进的学科方向、汇聚优秀的学科队伍、打造高端的学科平台、建设世界一流法学学科为阶段性目标；以创新教学内容和方法、优化培养模式和手段全面提升人才培养质量为核心；以优调科研评价、增强科研动力、焕发科研激情提高科研水平为关键；以完善高等学校管理体制、兼具压力和动力机制、落实依法治校，优化校内治理结构为依托，在内涵发展、综合改革、协同创新的道路上，重组内外资源配置，调整学科发展方式，优化学术生态，逐步构建宜于世界一流学科和世界一流大学建设与发展的要素、系统和环境。

四、“十三五”期间事业发展的主要任务和具体措施

（一）创新性建设一流的全面从严治党体系，全方位构建党建工作新定势

具体目标是，以全面从严治党为统领，在推进一体化党建、落实党建责任制的基础上，着力构建以“大党建优势、严党建态势、精党建趋势”为内容的法大党建工作新定势，全面提升党的建设科学化水平，增强党建工作效能，促使各级领导班子、基层党组织、党员在“立德树人”“双一流”建设和学校事业发展中充分发挥政治核心、战斗堡垒、先锋模范作用。

1. 更加注重顶层设计，完善党建工作机制与制度体系。坚持科学建党与依规治党相结合，在实施学校“一体化推进党建工作计划”的过程中，制定中长期党建工作规划，明确党建工作的“任务书”“时间表”“路线图”；进一步完善党委领导下的校长负责制等党建工作制度，建立健全党建工作责任体系和党建制度体系。

2. 更加强调从严从实，加强领导班子和干部队伍建设。坚持思想建党与能力提升相结合，加强政治建设、思想建设，实施“领导班子思想政治建设工程”“领导干部能力建设工程”，着力建设“学习型”领导班子和领导干部；进一步完善干部选拔任用、教育培训、考核奖惩等机制，完善干部日常管理办法等制度，建立健全强化预防、及时发现、严肃纠正的监督工作机制。

3. 更加重视整体功能，着力激发基层党组织活力。坚持强化督导与工作重心下移相结合，落实领导干部联系基层党组织、党支部书记述职党建等制度，统筹党建督导员、理论指导教师等各方面资源，拓宽党建基金使用途径，为党支部开展工作提供保障。深入实施“教师党支部建设计划”“学生党员先锋工程”等工作，创新主题党日等活动载体，着

力提升组织生活质量，有效发挥基层党组织战斗堡垒作用。

4. 更加规范从严管理，充分发挥党员先锋模范作用。坚持严把“入口关”与疏通“出口关”相结合，进一步完善对党员发展过程的管控机制，提高党员发展质量；建立健全党员考核标准，完善党员定期考察谈话、日常活动纪实、志愿服务认证等制度。明确不合格党员的界定标准，探索建立初步认定、调查确定、组织认定、结果处置等程序，切实保持党的先进性和纯洁性。

5. 更加强化责任落实，构建反腐倡廉长效机制。坚持预防与惩处相结合，认真落实党委主体责任和纪委监督责任，构建惩防结合的反腐败体系，形成以责权统一为标准的压力传导机制，以廉政文化建设为基础的警示教育机制，以完善源头治理制度为支撑的防范机制，以多方参与为重点的监督机制，以责任追究为重点的惩处机制，在教育、制度、监督一体化中筑牢党员干部拒腐防变的思想道德防线。

6. 更加倡导统筹推进，凝聚各方力量推动党建工作。坚持重点突出与全面推进相结合，强化各单位、各级党组织的主体责任意识和协作创新意识，以加强党风建设为抓手，带动政风、校风、教风、学风建设，保障并推进和谐校园建设、平安校园建设。推动建立上下联动、左右协同、齐抓共管的工作格局，切实加强意识形态、统战、老干部、安全稳定、群众团等工作，为学校发展动员和汇聚更加广泛的力量。

（二）创新性建设一流的学科体系，优化学科内涵

具体目标是，牢固树立“学科内涵厚、底蕴优化”理念，以“双一流”建设为契机，以争创世界一流为目标，以体制机制创新为抓手，整合法学学科资源，积极探索多学科交叉融合与协同创新的新模式、国际学术交流与合作的新途径、与国际接轨的一流师资队伍建设新机制，推动法学学科进入世界一流学科行列，为政治学等学科进入国内一流前列奠定坚实基础。

1. 完善学科培育机制，着力建设一流学科。以国家“双一流”建设总体方案为指导，坚持“有所为，有所不为”的原则，围绕冲击一流学科目标，在均衡发展的基础上，全力支持法学一流学科建设，重点扶持具备冲击一流潜力的学科建设，推动重点优势学科向前沿、纵深发展，做实做厚做强基础学科，夯实学科底蕴，形成既有综合实力又有鲜明特色的学科布局，培育长远稳固的学科竞争优势。

2. 创新学科组织模式，实现学科资源协同共享。打破目前“校－院（系）－研究所（教研室）”的传统学科组织模式，整合分散的法学学科资源，探索建立兼容并包的、跨二级学科甚至一级学科的“学部”“学群”等新的学科组织模式。探索建构“法学一流学科建设委员会”，负责法学学科资源整合；建构“法学以外学科一流学科建设委员会”，负责协调、培育法学以外学科冲击一流学科建设等工作。法学以外学科坚持“入主流、创特色”的发展模式，在保持主体性与自主性的基础上，加强与其他学科的交流融合与协同创新。探索校内学术人才自由汇聚的学术合作机制，打破学科壁垒束缚，面向国际前沿和国家、社会重点急需，开展跨学科专业、跨领域、跨院系的人才培养及交叉研究与合作。

3. 优化学科结构，积极培育新兴、交叉学科。保持现有学科规模基本稳定的基础上，根据社会需求增加博士学位、硕士学位授权点。大力扶持新兴学科，培育交叉学科，服务依法治国、国家治理体系和治理能力提升、国家经济社会发展需要。依托现有学科专业平台，积极整合资源，争取在应用心理学、国际商务、新闻与传播、汉语国际教育、警务、金融、税务等专业中获得专业学位授权资格，使学校专业硕士学位授权点基本覆盖社会学科和人文学科的主要门类，更好地服务于经济社会的发展。探索现有学科与国内外其他学科的交叉融合和合作平台建构。

4. 明确学科建设主体，强化学科带头人作用。明确学校、学院、学术带头人三者在学科建设中的作用，形成学校、学院、学术与行政各负其责、相互支撑的学科管理体制。强化学术带头人在学科建设中的学术责任、主体责任，形成各种任务导向、人才自由组合、多学科融合的大学科建设团队。探索实施学科建设首席科学家、责任科学家制度。探索实施学科建设领军学者支持计划，选拔具有国际影响力的领军学者团队，培育具有国内外重要学术影响力的中青年学者成长与支持机制，打造一流师资梯队。

5. 建构学科评估体系，完善学科激励机制。建构由学科/院系、学校和第三方评估为主体的学科绩效考核评估体系，探索校内学科竞争与淘汰机制（如博士、硕士授权点等），建立学科绩效评估与学科资源分配相结合的动力机制，进行动态调整，打破学科固化状态，通过竞争机制充分调动二级学科建设的积极性和主动性，有效提升学科建设质量和学科实力。

（三）创新性建设一流的教学体系，提高人才培养质量

具体目标是，全日制在校生总规模稳定在 1.6 万人左右，其中本科生 8000 人左右，研究生 7000 人左右，留学生 1000 人左右，在校研究生与本科生比例接近 1:1，构建基本符合世界一流大学特点的学生结构和教育教学体系；以促进学生健康成长为本位，以完善质量评价机制和监督保障体系为手段，以国家和社会对各层次人才培养的满意度为抓手，全面提升人才培养质量。

1. 坚持立德树人，加强思想政治教育实效性。加强马克思主义理论学科建设，深入推进思想政治理论课教学改革，切实推动中国特色社会主义理论体系进教材、进课堂、进头脑，引导学生树立社会主义核心价值观。深入开展社会实践活动，引导学生了解国情、社情和民情，增强责任意识和使命意识，促进学生综合素质发展。加强建设法律职业伦理课程，通过鼓励学生参与国内外公益性实习活动、参加公益类国际学术会议、从事公益法律援助活动等，加强学生公益教育。强化学生对中国特色社会主义法治体系和社会主义法治国家建设的深刻认知，培养对国家、民族和人民具有深厚情感的高级专业人才。

2. 深化招生选拔机制改革，提升生源质量。坚持科学、公正、公开原则，按照培养层次、培养目标、培养类型改革招生机制，做好本科和研究生招生工作。本科生招生注重综合素质和发展潜力考察，坚持多样化和精确化选拔，兼顾贫困地区、民族地区，关注农村学生、贫困学生，构建与本科人才培养模式特色化改革紧密衔接的招生新模式，完善本科生自主招生制度。研究生招生注重基础理论、知识结构、专业能力、创新精神和综合素

质的考查，主动对接国家重大战略需求，探索招生专业和招生计划按照社会需求与就业情况进行动态调整机制，完善研究生推免制度，提高推免生录取比例，探索办好优秀本科毕业生选拔夏令营，提高生源质量。改革学术型研究生和专业学位研究生招生体制，稳定博士研究生招生“申请考核制”施行范围，完善相关制度。

3. 强化分类培养，促进学生全面发展与个性化成长。本科生培养坚持厚基础、宽口径、高素质、强能力标准，法学和法学以外学科淡化专业界限，加强专业交叉和专业特色化建设，突出学生全面发展和个性培养相结合，开展以“专、实、博、雅”为特色的本科教育教学工作。研究生以培养创新意识、创新精神和创新能力为宗旨，合理设计培养环节，强化科研能力培养，压缩效果较差的实习过程，鼓励研究生针对基础理论、前沿问题、实践热点进行创新性研究。博士生培养以学术研究与应用研究并重，注重前沿理论、跨学科知识的培养，使其具有国际视野，具备解决国家经济社会发展过程中重大理论问题和实践问题的创新能力，使部分博士生具备成长为学术领域领军人才的潜力。硕士生培养注重学术兴趣与学术方法的掌握，强化实践性培养，提升运用专业基础知识分析、解决实际问题的能力。专业学位教育以社会需求为导向，以职业素养和职业能力为重点，促进专业知识与实践有机结合，重点培养运用知识解决问题的能力。落实研究生中期考核分流制度，坚持学位论文教育部、北京市和学校三级抽检制度，着力培育优秀学位论文。建立健全研究生科研管理和奖励制度。

4. 创新人才培养“法大模式”，完善人才培养机制。以复合型、应用型、创新型、国际型为人才培养目标，创新人才培养机制，实施学生学习主体地位、教师教学主体地位的“双主体”推进模式。继续完善以学分制为基础的“四跨”人才培养模式。改革完善六年制法学人才培养模式，形成特色项目化的“法大”模式。强化和优化“卓越法律人才教育培养”基地建设，推进“成思危现代金融菁英班”工作，积极探索多科性大学科教协同人才培养模式创新。探索项目制研究生培养机制改革，以社会需要为切入点，以与项目精准契合培养为落脚点。开展专业学位跨专业联合培养机制改革，探索建立校企、校地等国内、国际合作的协同育人新机制。进一步扩大高校与实践部门人员互聘计划，探索推行双导师制。完成教育部“深化法律硕士专业学位研究生教育综合改革”任务，推动学校专业学位研究生教育综合改革取得实质效果。推动法硕学院实体化改革，建设一流法律硕士学院，形成引领法律硕士研究生教育管理和人才培养新模式。

5. 完善课程体系，改革教学方法，提升学生创新创业能力。加大本科生和研究生精品课程、精品教材的建设力度，国家和北京市精品课程（或线上精品公开课）的门数有明显增长，校级精品课程增加 100 门以上，精品教材增加 100 门左右。及时转化教学研究成果，积极利用新兴技术，丰富慕课、视频公开课等在线开放课程内容，建立在线开放课程学习认证和学分认定制度。加大新课程开发投入，增加短而精的课程和模块化课程。根据经济社会发展需求、学科发展前沿和学生个人发展需要，开设交叉学科、新兴学科课程。做实创新创业教育，建立“以数门创新创业通识主干课为核心、多种形式创新创业通识选修课为支撑”的创新创业通识教育体系，加大对学生创新创业支持力度。改革教学方式，加强方法论学习和训练，扩大小班化教学覆盖面，推动教师把国际前沿学术发展、最新研究成果和实践经验融入课堂教学，注重培养学生的批判性思维和创造性思维。

6. 加大国际一流教育资源引进力度，提升学生国际化培养的覆盖面和水平。引进国外优质教育资源，与一批国外著名高校进行师资合作，开展中外合作办学，积极拓展多层次国际化人才培养模式，增大课程互选、学分互认，从国内实践拓展到海外实践，鼓励学生进入国际组织、国际法庭、国外相关机构进行实习实践。以国家建设高水平大学公派研究生项目为抓手，拓展合作渠道和派出渠道，大幅提升本科生、研究生公派出国留学攻读学位与联合培养。争取国家支持设立创新人才培养项目，设立研究生国际交流基金，专项资助研究生出国交流，每年资助100名左右优秀研究生出国交流或联合培养，使年度国家公派和校际交流选派人数达200～300人的规模，有海外访学、留学经历的博士生达到50%左右。

7. 健全就业创业服务体系。落实毕业生“就业促进和创业引领计划”，持续推进学校创新创业教育改革和自主创业工作。建立精准推送就业服务机制，完善毕业生就业创业状况统计指标体系；健全招生、培养、就业创业工作联动机制，以就业创业情况检验招生、培养情况。建立人才培养社会评价机制，发挥就业创业状况对教育教学的反馈作用，推动教育教学改革，人才培养质量提升。

8. 研制人才培养质量标准，完善质量保障体系。结合学校办学定位和服务面向，研制本科生、硕士生、博士生培养质量标准。遵循全面质量管理的理念，健全自我约束、自我发展的质量控制体制、机制和程序，加快完善人才培养质量保障体系。

9. 加大教学投入力度、支持力度，提高教学绩效在教师考核和评价中的权重。建立健全教学绩效评估制度，将教学绩效与教师综合考核直接挂钩，提高教师的教学积极性，增强教师对教学的责任心和荣誉感。

（四）创新性建设一流的科研体系，提升科研水平

具体目标是，建立和完善与世界一流学科相匹配的科研激励机制和约束机制；深入推进协同创新机制改革，提升协同创新中心服务国家战略的能力和影响力；探索科研机构组织形式和运行机制的改革，加大法大智库建设，建立具有高度综合性的国家治理研究院；科研项目立项数及拨入经费数有较大突破，项目总数增长30%以上，其中纵向科研项目增长至420项以上，项目立项经费年均增长10%以上；CSSCI论文总量年均增长10%以上，标志性成果明显增加；继续完善和实施青年教师学术创新团队计划。

1. 建立具有强劲推进力的科研激励机制。在各类荣誉、奖励和人才培养计划的评比和推荐中，坚持有高水准的科研绩效的衡量标准。进一步提高对高质量成果的奖励水平。对每年达到较高成果数量的教师，额外予以具有显著激励效果的奖励。

2. 建立清晰明确的科研约束机制。建立刚性的科研考核制度，在教师职称晋升、导师遴选中，适当而明显地提高科研条件要求。将科研考核的结果与教师聘任直接挂钩，达到压力传递、科研增效的效果。建立更科学的教师分类管理体制和更全面的科研成果赋值体系。探索建立院级单位负责人的科研考评制度，将本单位的科研成绩作为负责人考评和任免的重要依据。

3. 改革科研评价制度，提升成果质量。建立以质量为导向的评价体系，加强评价过程的公开、公平和公正。更好发挥学术评价的导向和激励作用，引导教师提升科研成果质量和水平。完善科研成果认定制度，严格核心期刊目录范围，细化国外期刊认定标准。充分发挥学术委员会的评价作用。探索代表作评价制度，科学评价教师科研成果，引导教师产出精品力作。在论文和专著上争取取得一批标志性的成果，彰显学校的科研影响力。

4. 完善项目管理机制，激发教师的项目申报动力。完善项目分类认定制度，进一步突出纵向项目，尤其是高级别纵向项目在评价中的地位。完善科研经费管理制度，建立激励引导与合规管理相结合的机制。纵向项目的经费配套改为奖励。加大项目结项的激励和督导。进一步发挥校级项目在孵化高级别纵向项目、培养青年教师、快速回应国家急需重大热点问题中的特殊功能。完善项目二级管理体制，发挥校院两级科研管理的积极性。

5. 创新科研组织模式，搭建新型科研平台。继续推动科研资源的整合优化，新建立1－2个在编科研机构。高质量建设已有的三家新型研究院，与国家机关、大型企业、国际组织等高端机构的合作新建3个以上新型研究院。充分利用学校法学学科优势，与全国人大等国家和中央机关合作创设立法研究等科研基地。聚焦“一带一路”等国家重大战略，鼓励各学院、各科研机构与相关单位合作，创设新的研究平台，服务国家重大战略的实施。

6. 有效推进协同创新中心建设，提升对国家战略的影响力。以“司法文明”“国家领土主权和海洋权益”“马克思主义与全面依法治国”三个创新中心为龙头和示范，服务关乎国家核心竞争力、国家安全和长远发展的重大创新领域，提升学校服务国家发展战略的水平和影响力。以学校国家级重点学科和教育部重点研究基地、重点实验室为依托，鼓励各学科与校内外优质创新力量构建各类新的协同创新平台，力争在第三批国家级“2011 计划”协同创新中心和北京市高校高精尖创新中心的认定中取得新的突破。

7. 整合优化智库资源，打造国家治理高端智库。创新体制和机制，组建“中国政法大学国家治理研究院”，以其为核心和依托，整合学校各类智库的人才、资源、成果和发布渠道，使其成为学校承接国家各类重大、热点、急需项目的总平台，积极申报服务国家治理现代化的国家级高端智库。完善智库成果认定制度和智库团队考核机制，激发教师投身智库建设的积极性。探索智库成果协同合作创造机制，将学校智库打造为国内高水平智库成果发布平台。

8. 营造创新生态，培养“学术创新团队”。完善青年教师学术创新团队遴选办法，建立以方向清晰、学科互补、协同合作、积淀传承为特点的团队管理模式。培育新生科研力量和未来学术带头人，鼓励老中青传帮带，营造良好的科研创新生态。完善青年教师学术创新团队考核办法，探索有利于学术创新与人才培养的考核方式，建立持续支持与适度淘汰的竞争机制。

9. 进一步加强学风建设，强化学风建设责任。建立健全教育宣传，制度建设、不端行为查处等完整的工作体系。强化并落实学风建设主体责任。完善查处细则，进一步健全工作机制。加大查处力度，健全通报问责机制，加强科研诚信教育和过程警示，优化育人环境和学术氛围。

（五）创新性建设一流的师资队伍发展体系，生发执教能效

具体目标是，创新性建设一流师资队伍发展体系，到“十三五”末，力争教师人数达到1000人左右，其中具有博士学位的教师占比75%以上，具有海外学缘的教师占比25%以上，具有半年以上海外访学背景的教师占比45%以上；加大高端人才引进力度，法学、政治学按照二级学科每学科引进1－2名国际一流人才，其他学科按照一级学科每学科引进1－3名国内一流人才；加大对中青年骨干教师的教育教学和科研创新的培养力度；进一步提升入选国家高层次人才支持计划的教师数量；推行教师分类管理制度，完善以社会评价和同行专家评价为主的评价机制；推进教师国际化建设，增强教师的国际影响力竞争力；深化人事管理体制改革，实施绩效改革制度，实现执教能效高规格生发。

1. 进一步加大优秀人才引进力度与中青年骨干教师的培养力度。修订《中国政法大学优秀人才引进办法》，扩大从国内外引进优秀高端人才和青年拔尖人才规模，汇聚全球人才资源，努力解决引进人才任职、社会保障、户籍、子女教育等问题，提高政策吸引力，确保人才引得进、留得住、用得好。破除论资排辈、求全责备等陈旧观念，抓紧培养造就青年英才。修改、实施“优秀中青年教师培养支持计划”和“中青年骨干教师海外提升计划”，加大对中青年骨干教师的资助力度。建立科学、公正的“长江学者计划”等高层次人才计划的校内推荐与预答辩机制，为教师入选国家高层次人才支持计划创造有利条件，确保“十三五”期间，学校入选国家高层次人才计划的人数比“十二五”期间提高50%以上。积极构建青年教师“成长帮扶制度”。

2. 完善教师分类管理，改革现行评价与考核制度。科学设岗定岗，完善教师分类管理，设立不同的岗位聘任条件、岗位职责和考核评价标准，积极开展符合人才发展规律的个性化和多元化考核评价模式。完善以社会评价和同行专家评价为主的评价机制，积极推进优秀成果和代表作评价，注重凭能力、实绩和贡献评价人才，努力构建有利于拔尖人才脱颖而出的新机制。建立激励与约束相互支撑的师资考核与评价制度，创建教师预聘制。强化师德评价，注重教师的德才兼备，划定职业道德红线，严格实施师德一票否决制。

3. 推进实施“引智工程”与“海外提升计划”，有效提升师资队伍的国际竞争力。依托“千人计划”等国家人才战略政策，通过制度创新，吸引一批优秀的外籍教师到学校从事专业教学和科研工作。着力招聘具有海外学习工作背景、发展潜质良好的优秀青年人才，进一步优化教师队伍学缘结构。加大青年教师海外提升支持力度，使具有长期境外经历的教师比例比“十二五”期间提高20%。建立教师参加重要国际学术会议，在国际学术、行业组织任职，担任国际期刊编委的支持制度。

4. 加强管理、服务队伍建设，各支队伍协调发展。积极采取措施，拓宽管理、服务队伍的发展通道，稳步提升学校各类岗位人员的整体收入水平，健全职员制和专业技术岗位聘任制，不断提高管理人员和其他专业技术人员的业务水平。加强后勤服务队伍建设，探索新的用人激励与惩戒机制，提高服务质量。建立完善的晋升、转岗和退出机制，提高不同岗位人员对学校的归属感和贡献力。

5. 推动以绩效为主的人事分配制度改革。构建以岗位绩效工资为主体，年薪制、协议工资、项目工资等并存的薪酬体系；完善绩效考核分配激励制度，将收入与岗位职责、工作业绩、实际贡献紧密挂钩，向业绩突出的优秀人才和重点岗位倾斜，实行拔尖人才、高层次人才的年薪制，通过薪酬杠杆，吸引人才和留住人才。合理调节各类人员之间的收入水平，增强二级学院（部）收入分配自主权，充分调动全校教职工积极性和创造性。

（六）创新性建设一流的制度体系，激活办学积极性

具体目标是，健全学校内部治理结构，理顺党委领导、校长负责、教授治学、民主管理、社会参与的主体权责边界；深化校院两级管理体制改革；持续推进依法治校；创新决策权、执行权、监督权相互协调、相互制约的运行机制，建设现代大学制度。

1. 继续推进学校内部治理结构改革，建设现代大学制度。完善党委政治权力、校长行政权力、教授学术权力、师生民主权利、社会参与权力既各负其责，又相互配合、互相监督的协调运行机制；坚持和完善党委领导下的校长负责制；健全以学术委员会（教授委员会）为核心的学术权力体系，健全学术委员会与学位委员会的运行制度；完善教职工代表大会、学生代表大会等民主管理和决策的制度体系；探索依托校董会扩大社会参与学校治理的途径和方式。

2. 大力推动简政放权，优化校院两级管理。根据责权利相统一的原则，进一步向学院下放权力，科学划分学校与学院的各项职责权限，制定校部机关权力清单和责任清单，支持和保障学院的办学主体地位，调动学院积极性；制定考核标准，加强对学院和院领导班子的考核。

3. 持续推进依法治校。继续完善以《中国政法大学章程》为基本法，以学科建设、人才培养、科学研究、队伍建设、国际化发展等各项事业发展的专项管理制度为支撑，以有关实施细则为辅助的制度体系。完善监督检查制度，建立问责制度，强化规则意识，严格制度执行和落实。

（七）创新性建设一流的国际交流体系，升华国际化办学水准

具体目标是，坚持国际化发展不动摇，创新性提升国际合作与交流的质量与水平。力争与30所以上世界一流大学建立密切合作关系；扩大学历留学生规模，海外学生总数达到1000名以上；全面拓展国际传播力与国际竞争力，建设初具体系的世界一流国际课程；开设2－3个中外合作办学项目，再建1－2所孔子学院；建立健全国际化的管理服务体制，全面提升学校国际化办学水准。

1. 完善对外开放布局，拓展新的合作伙伴。夯实原有的国际合作基础，围绕学校优势学科与重点发展的新兴学科和交叉学科，创新合作机制，重点加强与世界顶尖人文社科类院校的合作。到2020年，与30所以上世界排名前100名的大学建立密切的合作交流关系，与3－5所世界著名高校建立战略合作伙伴关系，国际化办学水平向世界一流大学迈进。

2. 实施“留学法大工程”和“执教法大工程”。优化生源结构与质量，重点扩大学

历留学生规模，形成与学校事业发展相适应的留学生规模和结构。采取有力措施，增加外国专家数量；通过开设“暑期国际学期”、举办“中外名家讲坛”等形式，邀请国外著名学者、政要开设国际课程，举办国际讲座，加大文化交流，让各种先进文化在校园交融共生，互相促进，形成生气勃勃的国际化校园文化。

3. 搭建国际高端平台，全面拓展国际传播力与国际竞争力。大力支持中欧法学院持续、稳定发展，使其成为中外合作培养国际型法律人才的品牌；支持并协助各协同创新中心建立海外研究中心，并充分利用这一高端平台，实现资源共享，全面推进学校教学、科研及人才培养的国际化；申请建立 2－3 个中外合作办学项目，搭建学校推进国际化办学新平台；力争再建 1－2 所孔子学院，提升学校国际影响力。

4. 改革、加强外事管理制度，大力提升对外开放的治理水平。改革创新学校的外事管理体系和管理工作机制，革除与国际化不相符的管理机制和管理模式，着力提升校、院两级管理部门的工作水平和服务能力，实施“管理干部海外培训计划”等措施，确保管理队伍满足学校国际化战略的要求；建立“大外事”格局，统筹全校的国际合作交流工作，进一步提升学校合作办学、国际交流、留学生教育、短期访学、孔子学院建设等工作，建立专家咨询和师生参与机制，保障国际化战略有效推进；创新外籍教师和留学生的管理与服务模式，建立与国际化师资和生源相适应的管理服务制度。进一步加强外事信息化建设和制度建设，规范外事管理，提升服务效率。

（八）创新性建设一流的社会服务体系，激发引领社会创新能力

具体目标是，发挥法学学科和人才优势，主动服务“全面依法治国”战略；依托多学科特点，拓宽社会服务领域；充分利用“互联网＋”，打造高质量、高效益的开放教育与培训体系，全面提升学校的社会服务能力。

1. 积极参与国家治理，助力法治国家建设。积极参与国家立法和决策咨询工作，参加多种形式的法律咨询、普法宣传和法律事务活动，为法治国家建设做出贡献；积极承担立法、执法、司法、守法等法治实施的课题研究，与各级立法机关、执法机关、司法机关和法律服务部门建立稳定的协同创新机制。

2. 以需求为导向，拓宽社会服务领域。通过自主办学、合作办学、联合办学等多种方式，为党政部门、企事业单位、行业组织及社会群体开展多样化的开放教育与培训；注重品牌意识和形象意识，在提升培训质量的基础上扩大培训规模，年均各类高端培训达到 1 万人次。

3. 打造法治教育公共网络平台，搭建全民终身学习“立交桥”。积极参与国家重大战略项目“依法治国 e 行动”专项计划，完成“司法职业终身教育公共服务平台”“全民普法公共服务平台”“全国法科师生资源开放共享公共服务平台”等三大公共服务网络平台的搭建，形成较为完善的法治教育网络体系，满足社会和大众多层次、多元化的法治教育培训需求。紧跟全球网络教育发展的行业前沿趋势，引入慕课、在线开放课程等教学形式，推进 OTO 模式在网络教学中的普遍应用。

五、保障与支撑

（一）提高校园建设水平，为学校事业发展提供基本建设保障与支撑

1. 多渠道开发学校内外资源，扩大办学空间。继续完成“十二五”续建项目，预计新增建设项目10项，包括海淀校区学生食堂和基础设施项目。昌平校区重点加快家属区规划调整进度，通过优化调整进一步拓展办学空间，预计建设项目包括综合体育馆、1号和2号教职工住宅、基础设施、校医院、学生公寓、学生食堂、综合配套服务楼等项目。到“十三五”末，九项基本办学用房缺额面积可减少至105 061平方米，教室、图书馆、实验室及实习场所三项指标满足“92定额”办学要求，学生食堂满足基本要求。紧抓“京津冀协同发展”契机，努力拓展新校园和办学空间。

2. 多元筹集基本建设资金，提高资金使用效益。拓宽建设资金来源渠道，主要依靠国拨资金、学校财政补助收入、自筹经费收入、捐赠及教工集资等方法解决。其中，学校自筹经费收入保持稳定，教工住宅项目主要通过教工集资解决。预计基建国拨资金累计拨款25 000万元，其他财政补助收入（主要指教育补助收入）共计5000万元。

3. 全面优化提升硬件条件，打造绿色校园。加大节能新技术和新设备的使用，完成两校区基础设施及地下管网改造，建成学校能源监控中心；建立科学规范的管理体系，彻底扭转粗放型的管理模式，建立健全学校国有资产配置、使用、处置管理制度，全力打造绿色校园。

4. 提高基本建设科学化管理水平。继续支持基建人员参加专业学习，提升专业素质、业务能力和实践经验，特别是在造价控制和现场把控方面的能力。强化责任意识和廉洁意识，做到项目全过程公开，找准每个岗位的思想道德风险、外部环境风险、制度机制风险和岗位职责风险。

（二）加强信息化建设工作，为学校事业发展提供技术保障与支撑

全面升级网络信息平台的软硬件环境，实现数据共享与服务升级。建设高速、泛在的网络，构造随时、随地、任意终端的网络接入环境；建设智能感知系统，刻画校园运行完整网络映像；建设“法大云”平台，提供高性能计算、存储与共享服务；建设法大数据中心，实现数据自动流转与深度发掘；开发“教学资源云”，建设“智慧教室”，为互动学习、自主学习搭建支持平台；建设“科研共享云”，创造在网络环境下知识共享和科研创新的环境；建设跨校区信息化办公平台、学校综合数据分析、科学决策服务平台、全校统一的移动门户平台等，实现业务管理信息化系统覆盖。

（三）加强筹融资与财务管理工作，为学校事业发展提供资金保障与支撑

1. 发挥多元筹融资体系功效，积极开展筹融资工作。充分利用学校学科专业优势和综合改革契机，调动全校各方面争取资源和创收的积极性，充分发挥董事会和校友会的重要筹资平台作用，最大限度发挥基金会的筹融资主力军作用，不断创新筹融资模式，大力拓展筹融资渠道，努力实现筹融资总额2亿元的目标。

2. 加强财务管理工作，提升服务效能。严格按照制度进行收入结算分配，强化预算管理意识，做好预算的申报和编制工作。加强预算执行的监督力度，完善预算绩效评价体系。完善财务内控制度，将风险控制作为财务内部控制的重点，覆盖学校管理的各个环节和各个方面。提升财务管理服务效能，充分发挥资金效用，助推学校改革与发展。

（四）提升后勤工作管理效能，为学校事业发展提供服务保障与支撑

1. 努力提高后勤服务工作行政效能。建立权责明确、行为规范、管理有效、保障有力的内部控制制度体系。运用法治思维和法治方式开展后勤工作，依法用工，合法办事。建立后勤信息化管理服务系统，逐步实现行政办公自动化、后勤服务数字化。

2. 不断拓宽服务领域，逐步全面开放后勤服务市场。引入社会资本提供校内服务形成良性竞争局面，兼顾校内公益及社会效益，为广大师生提供更多样、更优质、更便捷的后勤服务。初步构建起“市场提供服务、学校自主选择、政府宏观调控、行业自律管理、职能部门监督”的新型后勤保障体系。

（五）建立健全校园文化体系，为学校事业发展提供文化保障与支撑

1. 以传承法大精神为目标，着力实施大学精神培育与弘扬计划。围绕“厚德、明法、格物、致公”的校训，传承并发扬四种精神，即人文精神、法治精神、科学精神和公共精神。重视对校史资料的搜集与归档工作，提倡各院系组织力量搜集、研究和编写院（系）史资料。建设法大校史展览馆与“网上校史馆”，加强校史教育。积极宣传优秀校友的先进事迹，创建校友文化，凝聚校友力量，建设精神家园。

2. 以凝炼制度文化为目标，着力实施师德、学风建设计划。围绕“立德树人”的根本办学任务，大力倡导“志存高远、爱国敬业，为人师表、教书育人，严谨笃学、与时俱进”的良好师德风范。

3. 以弘扬核心价值为目标，着力实施校园文化阵地建设计划。紧紧围绕学校的发展战略，注重继承与创新相结合，巩固传统媒体的主阵地，加强基于网络的宣传阵地建设，发挥社会媒体的宣传作用，提升学校宣传显示度。按照“大型活动届次化、精品化，中型活动学院化、特色化，小型活动社团化、经常化，品牌活动班级化、普及化”的活动思路，调动全校力量，打造文化活动品牌。

4. 以打造美丽法大为目标，着力实施校园文化软环境建设计划。结合学校学科特色，整合校内外资源，进一步加强校园文化景观建设，重点做好新建建筑内公共空间的美化。继续推进文化展厅的建设，采用引进、合办、原创等方式发挥展厅的文化辐射作用。修改中国政法大学视觉形象识别系统（VI），完善校树、校歌等校园文化标识，加强对法大品牌的塑造。

六、实施与评估

（一）科学建立规划落实机制

科学制定和有效落实“十三五”事业发展规划，事关学校“双一流”建设大局，是

落实学校综合改革战略的具体行动。要以本规划为依据，按照规划要求，凝聚共识、突出重点、落实责任，将每一项工作任务分解细化到具体项目中，通过责任分工明确各项具体目标的责任领导；同时，将发展目标和主要任务分解到年度计划中，逐步予以贯彻和落实。年度计划要加强与本规划的对接性，围绕发展目标，优化资源配置，理顺运行机制，规范管理体制，促进学科发展、人才培养、学术创新、师资队伍、治理体系等五大体系建设和规划任务的落实。

（二）实质建立规划评估机制

严格落实“十三五”事业发展规划评估机制，按照“一三五制度”，每一年各部门对“十三五”事业发展规划实施进度、阶段性目标落实情况、遇到的困难和问题等进行调研，发现问题，及时纠偏；第三年学校将对各部门“十三五”事业发展规划中期的实施情况进行评估检查；第五年对各部门“十三五”事业发展规划末期的实施情况进行评估检查。对因国家政策重大调整或学校重大情势变更造成部分规划目标无法实现的，学校将在规划中期对规划文本进行修正和调整。学校将评估检查结果纳入职能部门和院部负责人的综合考评和绩效考核体系，科学规范规划评估机制，以有效的评估推进有效的执行。

中国政法大学2016年党政工作要点

2016年学校党政工作的总体思路是：全面贯彻党的十八大和十八届三中、四中、五中全会精神，以邓小平理论、“三个代表”重要思想、科学发展观为指导，深入学习贯彻习近平总书记系列重要讲话精神，按照“五位一体”总体布局和“四个全面”战略布局，牢固树立和贯彻落实创新、协调、绿色、开放、共享的发展理念，全面贯彻党的教育方针，主动适应经济社会发展新常态和国内外高等教育发展形势的新变化，以教书育人、立德树人为根本任务，坚持走以质量提升为核心的内涵式发展道路，以全面推进从严治党、全面深化综合改革、大力推动世界一流学科建设为重点，创新体制机制，转变工作作风，加强能力建设，提升治理水平，抢抓机遇，攻坚克难，凝聚力量，真抓实干，切实推动学校各项事业健康发展。

一、全面推进从严治党，引领推动学校事业整体发展

1. 全面推进从严治党工作。认真执行《一体化从严治党建设方案》，严格落实党建工作“一岗双责”和“党政同责”制度。深入开展“三严三实”整改落实工作，巩固拓展活动成果。进一步加强和改进意识形态工作，全面落实《中国政法大学加强宣传思想工作建设方案》。加强青年教师思想政治教育。抓好《中国共产党廉洁自律准则》和《中国共产党纪律处分条例》两项党内法规的贯彻落实工作，教育引导广大党员干部及师生严格遵守政治纪律和政治规矩。（石亚军书记、高浣月副书记、胡明副书记负责，组织部、宣传部、纪委办公室/监察处具体落实）

2. 扎实开展“两学一做”学习教育活动。按照中央统一部署，在全校党员中开展

“学党章党规、学系列讲话，做合格党员”学习教育活动。研究制定活动实施方案，对学习教育的内容安排、目标任务、组织方式、工作举措提出具体要求。坚持领导带头、以上率下，区分层次、分类指导，引导广大党员坚定信仰信念、强化政治意识、树立清风正气、勇于担当作为，为学校推进综合改革提供组织保障。（石亚军书记、胡明副书记负责，组织部具体落实）

3. 从严从实加强领导班子和干部队伍建设。进一步加强制度建设，提高干部工作的规范化水平。推动学习型领导班子建设，确保学习效果。严格领导干部选拔和任用，重点做好分党委、党总支、直属党支部的换届工作。积极推进领导干部分层分类培训工作。切实加大党外干部培养力度。积极开展干部人才挂职交流工作。大力推动青年干部和后备干部队伍建设。（石亚军书记负责，组织部具体落实）

4. 加强基层党组织建设和党员队伍建设。落实党建责任制，开展党建工作专项检查。大力加强党支部建设，强化校院两级抓支部工作的责任。开展教师党支部建设工程，构建相关制度和机制。加强党建工作队伍建设，开展专题培训。稳步提升党员发展质量，探索长效工作机制。做好重大活动的组织开展，形成党建特色品牌活动。建立健全基层党建成效评价工作机制。（胡明副书记负责，组织部具体落实）

5. 加强党风廉政建设。全面落实从严治党的主体责任和监督责任。积极推动“三转”工作落到实处。严格执行党的各项纪律，加强对党的六大纪律执行情况的监督检查。强化对党员干部的监督工作。深化作风建设监督检查，严格执行中央八项规定精神，坚决纠正“四风”；强化监督执纪问责，把握好、运用好监督执纪“四种形态”。加强纪检监察组织建设，探索在二级单位建立纪检监察机构。严肃查信办案工作实施“一案双查”。（党委副书记、纪委书记胡明负责，纪委办公室/监察处落实）

二、科学规划设计，切实推进落实，做好“十三五”规划和综合改革工作

1. 科学制定落实新的发展规划和行动计划。以新的发展理念完成学校“十三五”规划编制工作。制定世界一流大学和一流学科建设方案和行动计划，扎实推进“双一流”建设。注重“十三五”规划、“双一流”计划与学校综合改革方案之间的衔接、协调。（李树忠副校长负责，发展规划与学科建设处具体落实）

2. 切实推动学校综合改革。以校院二级管理和人事分配制度改革为切入点，以教师评价机制为突破口，创新体制机制，调动各类人员的积极性，激发队伍活力，整体推动综合改革。出台有力举措，重点推动三学期制改革、深化研究生培养体系改革、法律硕士学院实体化改革、完善科研综合改革方案、绩效工资改革、《中国政法大学校部职责清单、审批清单、服务清单》编写等综合改革任务的具体落实。（冯世勇、马怀德、李树忠、时建中、于志刚副校长负责，学校办公室、发展规划与学科建设处、教务处、研究生院、科研处、人事处及相关学院具体落实）

三、树立协调发展理念，稳步推进学科专业建设

1. 促进学科均衡协调发展。制定符合学校实际的学科评估指标体系，建立优胜劣汰

的学科动态调整机制。做好第四轮学科评估工作。持续推进法学学科资源整合工作。进一步加强新学科建设工作。（李树忠副校长、马怀德副校长负责，发展规划与学科建设处、研究生院具体落实）

2. 大力加强专业建设。创建符合校情、科学合理的法大专业建设指数。建立专业特色化建设的校内评价体系和激励机制。加强新专业建设和已有专业的特色化改造。研究制订各专业人才培养质量标准，做好本科教学质量评估准备工作。（于志刚副校长负责，教务处具体落实）

四、巩固创新发展理念，持续推动人才培养质量提升

1. 创新优化本科人才培养模式。探索一个专业多个培养方案的人才培养新机制，建立健全实验班工作机制。优化卓越法律人才教育培养模式，健全完善六年制法学人才培养模式改革，做好法学学术精英人才培养实验班、法学专业西班牙语实验班建设工作，优化成思危现代金融菁英实验班建设。（于志刚副校长负责，教务处具体落实）

2. 着力推动教学基本建设和教学方法改革。启动“中国法学教学案例库”的建设工作。实施《深化创新创业教育改革实施方案》。建立具有法大特色和广泛影响的“通识教育课程体系”和运行机制。以开放和共享为核心，制订实验室建设标准和运行机制。以信息化手段改革教学方法，加速实现从以教师为中心向以学生为中心的学习模式转变。（于志刚副校长负责，教务处具体落实）

3. 持续推进研究生招生培养改革。配合初试试题改革，加强硕士研究生复试工作。举办暑期夏令营等活动，选拔优秀推荐免试硕士研究生。制定博士研究生招生计划动态调整机制。简政放权，给予招生学院更大的招生自主权。实施学校《研究生导师招收博士研究生条件认定办法》和《研究生导师指导硕士研究生条件认定办法》。（马怀德副校长负责，研究生院具体落实）

4. 着力提高研究生培养质量。全面修订完善研究生培养方案。加大国际型人才和创新型人才培养力度。加强研究生课程体系建设，突出研究生实践能力的培养。全面加强研究生教学秩序管理，健全保障体系。全面开展研究生教育质量和学科专业评估工作。（马怀德副校长负责，研究生院具体落实）

5. 大力提高研究生论文质量。完善学位论文学术规范审查制度。严格执行学校学位论文抽检办法。（马怀德副校长负责，研究生院具体落实）

6. 做好开放教育工作。继续巩固开放教育治理整顿成果，确保依法依规办学。积极探索新形势下继续教育的新模式和新途径。（李树忠副校长负责，开放教育管理办公室、相关学院具体落实）

五、完善管理体制机制，全面提升科研质效

着力提升科研水平和社会服务能力。全面修改科研管理制度。创新科研组织模式，组建中国政法大学国家治理研究院。继续汇聚社会资源，设立新型共建研究院。做好新一轮“2011 计划”的申报及其他相关工作。以争取重大科研项目为抓手，实现科研项目数量和

质量的双提高。优化学术评价机制，激励出产精品力作，力推优秀人才和优秀学术成果走向世界。以“法大智库”团队建设为基础，推出高水平智库成果。组织好第六届钱端升法学研究成果奖评奖暨第六届中国法治论坛。（时建中副校长负责，科研处具体落实）

六、改革完善激励保障机制，激发队伍活力

切实有效激发各支队伍活力。完成教师考核和岗位聘任制度的修订工作，加强教师分类考核和管理。健全激励机制，加强青年教师的培养。修订《中青年教师培养支持计划》和《优秀人才引进办法》。加大人才培养支持力度和人才引进力度。按照上级部署，有序推进教职工养老保险制度改革。建立学校绩效奖励制度，适当提高教职工待遇。（李树忠、时建中副校长负责，人事处、科研处具体落实）

七、加强德育提升素养，服务学生健康成长

1. 全面加强思想教育工作。完善和拓展思想教育平台，建立“社会主义核心价值观”主题网站；将形势政策教育纳入本科生课堂教学计划。推动网络思想政治教育，大力推进“微思政”。以品牌活动为抓手做好日常思想教育工作。多途径加强研究生思想政治工作。全面贯彻落实党的教育方针和民族政策，做好少数民族学生工作。加强学生骨干队伍培训工作。（常保国副书记、副校长负责，学生处、校团委具体落实）

2. 深入开展学风建设工作。建立学生学业辅导发展中心。持续做好“友思”学习圈工作，深入开展两校区学生融合工作。扎实开展学术品牌活动，创办法学以外学科研究生学术刊物《公共精神》。开展特色社会实践教育和志愿服务实践活动。（常保国副书记、副校长负责，学生处、校团委具体落实）

3. 大力提高学生人文素养。开展多样化的艺体文化活动和高雅艺术进校园活动。建设校内辩论文化体系，筹办“国际大学生华语辩论公开赛”。（常保国副书记、副校长负责，学生处、校团委具体落实）

4. 全力做好就业创业工作。积极拓宽就业渠道，引导毕业生到重点领域、西部基层就业，建立精准推送就业服务机制，完善人才满意度调查机制。贯彻落实《中国政法大学深化创新创业教育改革实施方案》，成立创业学院。建设创客空间。建设校友企业家兼职创业导师队伍。建立“中国政法大学大学生风险创业基金”。（常保国副书记、副校长负责，学生处具体落实）

5. 妥善做好特殊学生群体帮扶工作。做好学生资助工作，着力提升家庭经济困难毕业生的就业能力。建立完善学生心理健康普查、危机排查和干预机制。着力解决少数民族学生的学习和生活困难问题。妥善解决历史遗留下的特殊学生问题。（常保国副书记、副校长负责，学生处具体落实）

八、坚持开放发展理念，深入推进国际化发展战略

1. 强化外事工作规范管理。根据上级及学校相关制度规定，严格把关因公出国出境。配合有关部门做好国际交流中的意识形态管理工作。（马怀德副校长负责，国际合作与交

流处具体落实）

2. 积极拓展外事合作资源平台。加强与上级主管部门的联系，争取更多外事资源。广泛开展与优质国际教育资源和全球法学院合作伙伴的联系。积极开拓与北美等地区世界一流高校的合作。（马怀德副校长负责，国际合作与交流处具体落实）

3. 持续深入推动外事合作项目，进一步提升国际化办学水平。探索建立新的中外合作办学项目和机构。增聘在校工作的长聘外国专家。大力促进学生国际交流交换，增加数量、优化结构、提升质量。继续做好孔子学院建设，谋划共建新孔子学院。积极扩大留学生教育规模并提升生源质量。深入推进中欧法学院各项工作，推进国际儒学院发展。（马怀德副校长负责，国际合作与交流处、教务处、国际教育学院、中欧法学院、国际儒学院具体落实）

九、大力推进信息化发展，全面启动“智慧法大”建设

完成“智慧法大”主体框架搭建工作。推进以互联网、物联网、云平台为主要内容的智慧校园网络基础运行维护能力建设。推进“智慧学习环境平台”“智慧科研共享平台”“智慧管理服务平台”建设，完成行政办公系统改造升级工作。启动法大数据标准与数据中心建设，探索运用大数据技术，进行多维度数据挖掘分析，服务学校管理决策。（于志刚副校长负责，信息化建设办公室具体落实）

十、加强能力建设，改进工作作风，提升管理服务效能

1. 切实提高行政综合服务水平。继续严格落实中央八项规定，修订并严格执行相关制度，严格控制“三公”经费支出。继续提高办文办会水平，精简数量，提高质量。成立“立格联盟”秘书处。规范印章使用，继续开展印章清理工作。继续推行依法治校，强化以学校章程为龙头的制度建设，继续开展制度清理工作，编印《学校规章制度汇编》，制定实施《学校规章制度管理办法》。完善信息公开平台，加强督办工作和机要保密工作。积极推进档案管理工作现代化建设，完成钱端升纪念馆筹建工作。（冯世勇副校长负责，学校办公室具体落实）

2. 深化拓展国内合作。推进与国内有关单位发展互利共赢关系。推进董事会在学校事业发展中发挥更大作用。推进基金会规范化管理和运作，确保今年接受教育基金比例有一定程度的增长。（冯世勇副校长负责，国内合作处具体落实）

3. 巩固拓展校友工作。夯实基础，实现法大校友会的全国覆盖，进一步推进海外校友会建设。切实做好汇聚校友资源服务学校发展工作。（冯世勇副校长负责，校友工作办公室具体落实）

4. 抓好依法科学理财工作。完善制度建设，修订学校《财务管理典》。加大财源建设力度，力争实现学校收入持续增长。以各项审计和财务检查为切入点，规范细化内部财务管理。以信息技术为依托推动财务管理创新。（徐扬副校长负责，财务处具体落实）

5. 切实提高审计效益。制订实施学校《关于加强内部审计工作的实施意见》。依法做好对学校财务、在建工程项目和修缮工程项目的审计工作。加大对干部经济责任审计力

度。做好对二级财务的监督审计。加强审计成果转化利用工作。（黄进校长、胡明副书记负责，审计处具体落实）

十一、落实共享发展理念，切实加大投入改善办学环境

1. 优化图书馆工作。优化图书馆的运行和管理模式。积极探索服务于学科建设的嵌入式服务。强化图书馆的育人功能，完善“图书馆学风指数”。加强学生信息素养教育，提高资源利用率。做好学院路校区图书馆的搬迁准备工作。（时建中副校长负责，图书馆具体落实）

2. 切实增强后勤保障能力，打造“绿色校园”。健全和完善学校资产管理制度；完善房产信息化管理系统，切实做好房产管理工作；完成固定资产清查工作；进一步规范政府采购；加强对校办企业和校内经营场所的监督管理。深化改革，积极探索后勤工作新机制；以规范薪酬发放为契机，完善推进绩效考核工作；高质量开展维修改造工作。完成学院路校区食堂项目前期手续办理工作，加快推进昌平校区北区整体规划进程；优质、高效完成学院路校区教学图书综合楼建设等5项工程；切实做好竣工项目交接工作。（徐扬副校长负责，资产管理处、后勤工作委员会办公室、基建处具体落实）

3. 不断强化出版社工作。继续按照现代企业制度完善公司治理结构。强化品牌建设，继续打造精品教材和学术精品图书。强化质量意识和竞争意识。优化图书品种结构，开发新品种和新选题。开拓图书数字出版工作。继续发挥出版社信息中心功能，拓展增值服务市场。（时建中副校长负责，出版社具体落实）

十二、巩固党建基础工作，深化民主办学，共建“和谐校园”

1. 营造法大特色校园文化。立足学校法学资源，推广法治文化。进一步完善两校区文化景观建设，继续建设校园文化品牌。以舆论阵地建设为抓手，构建学校立体化宣传格局。切实加强危机应对工作。（高浣月副书记负责，宣传部具体落实）

2. 充分发挥统战工作的作用。制定完善统战工作相关制度，全面加强统战工作。深化对党外人士的政治引导，巩固政治基础。积极开展民主协商工作。密切与党外知识分子的联系。支持协助民主党派基层组织建设工作。加强党外代表人士队伍建设。做好民族宗教工作和港、澳、台、侨、归国留学人员工作。（高浣月副书记负责，统战部具体落实）

3. 做好离退休教职工工作。加强离退休群体党建和思想政治工作。严格落实老同志的政治和生活待遇。加大投入，为老同志提供更多服务。继续抓好社团活动、办好老年大学。（高浣月副书记负责，离退休工作处具体落实）

4. 深化落实民主办学。贯彻落实党委《关于加强和改进学校党的群团工作的实施意见》，加强和改进工会工作。加强民主管理，搞好校院两级教（职）代会建设。依法维护教职工合法权益。关注民生，落实好教职工互助保障、福利、文体活动等事项。（冯世勇副校长负责，校工会具体落实）

5. 持续深入建设“平安校园”。加强综合防控，确保学校政治稳定。建立有效的反恐、反邪教渗透工作机制。进一步理顺安全稳定工作机制，落实安全责任制。加强基础性安保工作，实施学生宿舍、校园公共场所安全创建工程。强化技防，提高校园综合防控能力。（常保国副书记、副校长负责，保卫处具体落实）

中国政法大学三学期制改革实施方案

（2016 年 5 月 13 日）

三学期制改革是《中国政法大学综合改革方案》的重要改革任务。三学期制改革着眼于学校人才培养质量的提升与教育能力的现代化，是涉及教学周期、教学内容、教学组织形式、教学辅助服务、学校管理制度和后勤保障等多个方面的全面系统改革。

一、学校学期制改革的背景

（一）学校两学期制的历史沿革

学校长期实行两学期制，每学年分为春、秋两个学期。但在教学总周数上经历了两次变革：

时间	教学总周数	授课周数	考试周数
2003 – 2004 学年以前	19	17	2
2003 – 2005 学年	20	16	复习 2 周 + 考试 2 周
2005 – 2006 学年至今	20	18	2

（二）学校三学期制的初步探索

为了丰富课程资源，给学生提供更多选择，在固有的春秋学期外，学校已经设立了“一实一虚”两个独立第三学期：

1. 国际小学期

2013 年 7 月开始运行，目的是全面深化本科人才培养的国际化程度和提升本科人才培养的国际化教育水平。目前已经运行 3 个学期，共开设课程 91 门，共计 1500 余人次的学生参与。

2. 虚拟第三学期

2012 年 7 月，学校开始引入网络课程，试运行虚拟课程；2013 年 7 月学校正式建立“虚拟第三学期”。其设计初衷着眼于突破既有的学制、学时、学分等制度性限制，进一步强化学生在学业修读过程中的主动性与能动性，为学生提供自主、灵活的学习选择。截至 2016 年 3 月 4 日，虚拟第三学期平台共开设 12 轮次网络课，开设课程 149 门次，共有 22 255人次选课。

但由于这两个学期不是规范运行的实体学期，课程运行缺乏保障，资源投入与制度变革的空间有限，已经不能很好地满足深化教育教学改革的需要，迫切需要改革。

（三）三学期制已是主流模式

全国39所“985”高校中，三学期制学校17所，约占比44%；23个学校春秋学期少于20周，暑期开展课程教学，约占比59%；在京8所“985”高校中，6所设有夏季/暑期学期，占比达75%。同时三学期制也是国际高等教育的主流。

二、三学期制改革的意义

（一）激活教师、教室、课程等教学资源，提升国际化水平

1. 盘活教室资源

横向上增加一个独立运行的教学周期，在教室总数不变的情况下，教室的利用率将得到提升。

2. 盘活教师资源

夏季学期灵活的课程类型与排课模式为教师的课程设置创造了极大的空间。如果能够在夏季学期增加100～200门新开设课程，将使学校的课程资源增加20%左右。

3. 引进国际化教学资源

通过夏季学期的运行，使得聘请外籍专业教师作为学校飞行教师成为可能，填补学校外籍专业教师的空白。

（二）进一步拓展学生、教师自由选择空间，充分发挥学生、教师的主体性

学生在培养方案总学分不变的情况下，可以延长自主学习时间；教师在总工作量不变的情况下，可以灵活地统筹教学科研任务。

（三）进一步推动学校课程资源的特色化建设

1. 课程内容更加丰富

夏季学期充分体现短学期的多样性、灵活性，有空间建设专题案例课程、专题研讨课程、通选短课程、特色考试辅导课程、特色双语课程、优质国际课程等多种形式的特色课程。

2. 教学形式更加灵活

突破春秋学期每周固定周课时的教学安排，适应不同课程的需要。排课方式灵活多变，可以采取多天连排、每周多课时排课等多种形式，增强授课效果。可以充分开发翻转课堂、实体与虚拟并行等教学形式，提升案例课、研讨课等实务类型课程质量。

（四）与当前国内外主流的教学周期对接，进一步促进学生交流、推免等工作

1. 进一步促进学生境内外交流

学生在时间上可以充分安排境内外交流，申请出国留学的毕业生能够及时到境外高校报到。

2. 进一步促进学生推免工作

具有推免资格的学生能够参加国内兄弟高校推免夏令营活动，有利于学生外推保研工作顺利开展。

（五）有利于实践、实习教学环节的开展

第三学期有一个月的时长，可以突破春秋学期每周固定课时的教学安排，指导教师既可以开展多种形式的实践、实习教学活动，也可以安排形式多样的实务短课程、实验室课程。

三、三学期制的具体工作安排

三学期制改革涉及全校各单位和全体师生，各单位要科学合理地制定实施细则，实现夏季学期规范化运行与非饱和运行之间的平衡。

三学期制改革将改变教职员工的工作习惯与惯性，需要教师尽快调整和加以适应。宣传部、教务处、研究生院、各教学单位应当加大三学期改革的宣传和政策解读工作。

三学期制自 2016－2017 学年正式实施。相关工作安排如下：

（一）教学运行周期

1. 教学周期：每学年由秋季学期、春季学期、夏季学期构成。

2. 教学周次：秋季学期、春季学期共 18 周，其中教学周 16 周、考试周 2 周；夏季学期教学周为 4 周。全年教学周次总数保持不变。

3. 开学时间：秋季学期、春季学期开学时间不变（9 月初、3 月初），夏季学期在春季学期结束后立即开始，时间为 7 月初。

4. 寒暑假时间：暑假时间为 5 周，寒假时间为 7 周。

（二）夏季学期是常规学期

夏季学期与春秋季学期共同构成完整的学年。夏季学期是与春秋学期同等规格、独立运行、完整固定的学期，学校各部门单位应正常上班，教学工作、教辅工作、后勤管理与服务应当正常运转、全面覆盖，保证夏季学期顺利运行。

（三）制定新的教学工作考核办法

人事处、教务处应根据三学期制修订教师教学工作考核办法，修订应遵照以下两项原

则：第一，维持教师课堂教学额定教分基本不变；第二，维持教学工作总量不变。

人事处应制定夏季学期全校职工考勤办法。

（四）校部机关、各教辅单位及相关机构工作

根据三学期制的特点，由学校办公室牵头，统一制定《贯彻三学期制改革的具体实施细则》，加强对三学期制改革的宏观指导，协调相关职能部门之间的工作衔接。

各校部机关应当根据三学期制的特点，及时调整现有规章制度和工作机制中与三学期制相冲突的内容，确保学校秋、春、夏三个学期（尤其是夏季学期）的管理、保障、服务等各项工作有序进行。其中，在夏季学期，各行政管理部门可以通过非饱和方式，在保证部门工作正常运转的前提下，实行部门内部灵活调休制度。

各校部机关应当根据三学期制的要求，调整新生入学教育、新生军训、开学典礼、毕业典礼、学位委员会会议等工作时间安排。

后勤工作委员会办公室应当根据三学期制的特点，调整学校后勤保障、维修改造、工程施工等相关工作安排；图书馆、校医院做好教辅工作和医疗保障工作。

（五）本科教学管理工作

教务处应根据三学期制改革方案制定、修订本科教学管理的相关文件；修订本科专业培养方案，调整学分、学时的对应关系，增设国际课程学分；制定三学期校历；确保综合教务系统的升级与衔接，做好秋春夏三个学期的排课、选课、考试工作；按照三学期制的特点，合理安排招生、毕业审核、研究生推免等日常教学管理工作以及其他教学管理服务工作；调整实习实践教学环节；指导各教学单位建设国际课程以及其他符合夏季学期特点的特色课程。

（六）研究生教学管理工作

研究生院应制定相应教学管理工作方案，优化研究生课程的授课节数和教学时段，在三学期制规定的教学周内完成研究生课程教学工作。进行培养环节和教学管理的改革，进一步提高研究生教学管理效率。开展有关夏令营和研究生暑期学校等三学期制特色活动项目。

（七）各教学院部工作

各教学院部应根据三学期制改革方案，结合本部门专业归口管理和建设情况修订专业培养方案。各基层教学组织指导本单位教师修订教学进度和教学大纲，以适应三学期制安排。根据学生数量及需求，建设一定数量的国际课程以及其他符合夏季学期特点的专题研讨课、专题案例课、通选短课、实验室课程。各教学院部工作人员要切实在夏季学期中做好教学管理、服务工作。

（八）各科研院所、机构工作

各科研院所、机构，根据三学期制的特点，制定本单位工作方案，并鼓励本单位教师结合自己的科研成果开设符合夏季学期特色的课程。

四、2016 年校历

2015－2016 学年第二学期校历

（教学周自 2016 年 2 月 29 日－2016 年 7 月 15 日，共 20 周）

周次	月份	一	二	三	四	五	六	日	每周常规工作安排
加 1	二	22	23	24	25	26	27	28	2016 年 2 月 27 日（农历正月廿）教职工上班。2 月 28 日（农历正月廿一）学生返校。
1	三	29/2	1	2	3	4	5	6	2 月 29 日（农历正月廿二）学生正式上课。
2		7	8	9	10	11	12	13	
3		14	15	16	17	18	19	20	
4		21	22	23	24	25	26	27	
5	四	28/3	29/3	30/3	31/3	1	2	3	
6		4	5	6	7	8	9	10	4 月 5 日，清明节。
7		11	12	13	14	15	16	17	
8		18	19	20	21	22	23	24	4 月 23－24 日，中国政法大学第 41 届田径运动会。
9		25	26	27	28	29	30	1/5	5 月 1 日，“五一” 国际劳动节。
10	五	2	3	4	5	6	7	8	
11		9	10	11	12	13	14	15	
12		16	17	18	19	20	21	22	5 月 16 日，校庆日。
13		23	24	25	26	27	28	29	
14	六	30/5	31/5	1	2	3	4	5	
15		6	7	8	9	10	11	12	6 月 9 日，端午节。
16		13	14	15	16	17	18	19	6 月 16 日，校学位评定委员会会议。
17		20	21	22	23	24	25	26	

续表

周次	月份	一	二	三	四	五	六	日	每周常规工作安排
18	七	27/6	28/6	29/6	30/6	1	2	3	6月28日，2016届本科生毕业典礼。6月30日，2016届研究生毕业典礼暨学位授予仪式。 第18周，2013级、2014级、2015级本科生必修课结课；2014级、2015级研究生学位课结课。
19	七	4	5	6	7	8	9	10	第19－20周，2013级、2014级、2015级本科生必修课期末考试；2014级、2015级研究生学位课期末考试。 7月16日学生放暑假，2014级和2015级本科生、研究生假期48天，9月2日返校，9月5日正式上课。 7月16－17日教职工正常上班，7月18日放暑假，假期45天，9月1日上班。
20	七	11	12	13	14	15	16	17	
暑假	七	18	19	20	21	22	23	24	7月18日－8月12日，国际小学期
	七	25	26	27	28	29	30	31	
	八	1	2	3	4	5	6	7	
	八	8	9	10	11	12	13	14	
	八	15	16	17	18	19	20	21	2016级本科生9月3－4日报到；2016级研究生9月3－6日报到。 2013级本科生（新闻学专业除外）暑假进行专业实习，为期10周，9月26日返校进行实习总结、撰写实习报告。 2014级本科生暑假进行社会实践活动，为期4周，暑假期间完成实践报告的撰写。
	八	22	23	24	25	26	27	28	
	九	29/8	30/8	31/8	1	2	3	4	

2016－2017 学年秋季学期校历（三学期）

（秋季学期教学周自 2016 年 9 月 5 日－2017 年 1 月 6 日，共 18 周）

周次	月份	一	二	三	四	五	六	日	每周常规工作安排	学期
加 1	九	29/8	30/8	31/8	1	2	3	4	2016 年 9 月 3－4 日，教职工上班。9 月 3 日，2013 级新闻学专业本科生，2014 级和 2015 级本科生、研究生返校。	秋季学期
1		5	6	7	8	9	10	11	9 月 3－4 日，2016 级本科生报到；9 月 5－8 日，2016 级本科生体检、入学教育；9 月 9 日上午，2016 级本科生开学典礼；9 月 10－23 日，2016 级本科生军训。	
2		12	13	14	15	16	17	18		
3		19	20	21	22	23	24	25	9 月 5－6 日，2016 级研究生报到；9 月 7 日上午 2016 级研究生开学典礼暨新生入学教育。 9 月 5 日，2013 级新闻学专业本科生，2014 级和 2015 级本科生、研究生，2016 级第二学士学位学生正式上课。 9 月 12 日，2016 级研究生正式上课。 9 月 10 日教师节。9 月 15 日中秋节。	
4		26	27	28	29	30	1/10	2/10	9 月 26 日，2016 级本科生正式上课，2013 级本科生（新闻学专业除外）返校，进行实习总结考核。 10 月 1 日，国庆节。	
5	十	3	4	5	6	7	8	9		
6		10	11	12	13	14	15	16		
7		17	18	19	20	21	22	23	10 月 21 日上午，校学术委员会会议。10 月 22 日，2016 级本科生运动会。	
8		24	25	26	27	28	29	30		
9	十一	31/10	1	2	3	4	5	6		
10		7	8	9	10	11	12	13		
11		14	15	16	17	18	19	20		
12		21	22	23	24	25	26	27		
13	十二	28/11	29/11	30/11	1	2	3	4		
14		5	6	7	8	9	10	11		
15		12	13	14	15	16	17	18		

续表

周次	月份	一	二	三	四	五	六	日	每周常规工作安排	学期
16	十二	19	20	21	22	23	24	25	12 月 20 日，校学位评定委员会会议。 第 16 周，2014 级、2015 级、2016 级本科生必修课结课；2015 级研究生学位课结课。	寒假
17		26	27	28	29	30	31	1/1	2017 年 1 月 1 日，元旦。第 17 周，2016 级研究生学位课结课。 17 – 18 周，2014 级、2015 级、2016 级本科生必修课期末考试；2015 级、2016 级研究生学位课期末考试。	
18	二〇一七年一	2	3	4	5	6	7	8		
寒假		9	10	11	12	13	14	15	1 月 7 日（农历腊月初十）学生放寒假，假期 50 天，2 月 26 日（农历二月初一）返校。 2 月 27 日（农历二月初二）正式上课。 1 月 7 – 8 日教职工照常上班，1 月 9 日（农历腊月十二）放寒假，假期 47 天，2 月 25 日（农历正月廿九）上班。 1 月 28 日，春节。	

第一章　学校综述

学校概况

学校的前身是1952年由北京大学、清华大学、燕京大学、辅仁大学四校的法学、政治学、社会学等学科组合而成的北京政法学院，毛泽东同志亲笔题写了校名。1954年，学校迁址至学院路。1960年成为国家确定的全国重点高校。“文革”中学校停办，1978年复办。1983年，北京政法学院与中央政法干校合并，组建为中国政法大学，邓小平同志亲笔题写了校名。学校形成一校及本科生院、研究生院、进修生院三院办学格局。1985年，学校开辟昌平校区。进修生院后更名为中央政法管理干部学院单独办学，2000年，复又合并于中国政法大学。

学校在65年的办学历程中，为国家培养了各类优秀人才20余万。学校是国家法学教育和法治人才培养的主力军，参与了自建校以来国家几乎所有的立法活动，引领着国家法学教育的创新、法学理论的革新和法律思想的更新，代表着国家对外进行法学学术和法治文化交流。同时，学校是政治、经济、社会、文化等领域人才培养的生力军，培养了一大批富有创造力的卓越人才，推动了国家政治民主、经济发展、文化繁荣、社会和谐及生态文明建设。学校现有全日制在校生16 243人，其中本科生9109人，研究生6253人，留学生881人；教师964人，其中教学科研岗位教师876人，辅导员88人；教学科研岗位教师中教授319人，博士生导师200人、硕士生导师613人，有博士或硕士学位的比例达90.41%。

学校现有法学院、民商经济法学院、国际法学院、刑事司法学院、政治与公共管理学院、商学院、人文学院、外国语学院、马克思主义学院、社会学院、光明新闻传播学院、中欧法学院、法律硕士学院、国际儒学院、国际教育学院/港澳台教育中心、继续教育学院/网络教育学院、科学技术教学部、体育教学部共18个教学单位；设有诉讼法学研究院（教育部人文社会科学重点研究基地）、法律史学研究院（教育部人文社会科学重点研究基地）、证据科学研究院（教育部重点实验室）、法治政府研究院（北京市哲学社会科学研究基地、教育部青少年法制教育研究基地）、人权研究院（国家人权教育与培训基地）、比较法学研究院、法律古籍整理研究所、法学教育研究与评估中心/高等教育研究所、法与经济学研究院、全球化与全球问题研究所、公司法与投资保护研究所11个在编科研机构；设有资本金融研究院、仲裁研究院、互联网金融法律研究院、绿色发展战略研究院、制度学研究院5个新型研究机构；设有司法文明协同创新中心、国家领土主权与海洋权益协同创新中心、马克思主义与全面依法治国协同创新中心、全球治理与国际法治协同创新中心、知识经济与法治发展协同创新中心、人权建设协同创新中心、法治政府协同创新中心7个协同创新中心。其中，由中国政法大学牵头组建的司法文明协同创新中心是首批经教育部、财政部认定的14个国家“2011计划”协同创新中心之一，学校参与组建的“国家领土主权与海洋权益协同创新中心”成为第二批获得认定的24个国家“2011计划”协同创新中心之一，学校牵头组建的“马克思主义与全面依法治国协同创新中心”获批北京高校中国特色社会主义理论研究协同创新中心之一。

学校积极推进新型智库建设，2016年设立了国家治理研究院，作为新型综合性实体研究机构和学校科研发展的总平台，聚焦重大问题，服务国家战略，为国家法治和经济社会发展持续提供高质量的智力支持。

学校设有法学、侦查学、政治学与行政学、行政管理、国际政治、公共事业管理、工商管理、经济学、国际商务、哲学、汉语言文学、思想政治教育、社会学、社会工作、应用心理学、英语、德语、新闻学、数学与应用数学、翻译、金融工程、汉语言、网络与新媒体、法治信息管理共24个本科专业，其中法学、政治学与行政学、社会学为国家级特色专业。拥有34个博士学位授权点、78个硕士学位授权点、5个专业硕士学位授权点和3个博士后科研流动站。法学、政治学、马克思主义理论为博士学位授权一级学科，哲学、理论经济学、应用经济学、社会学、心理学、外国语言文学、新闻传播学、中国史、工商管理、公共管理为硕士学位授权一级学科，其中，法学为一级学科国家重点学科，政治学为一级学科北京市重点学科。

学校先后与45个国家和地区的215所知名大学和机构建立了合作关系，每年通过各类合作交流项目派出千余名师生赴境外交流学习，聘请三百余名长短期外国专家来校讲学。2008年建立的中国政法大学中欧法学院是中国政府和欧盟在法学教育领域最大的合作项目。学校从2009年开始全面实施国际化发展战略，不断提升国际化办学水平，学校培养国际型人才的格局已经初步形成。2012年以来，学校先后在英国、罗马尼亚、巴巴多斯建成3所孔子学院。

学校的校训是：厚德、明法、格物、致公。

学校的办学目标是：学校遵循国家教育方针和高等教育规律，弘扬传统，与时俱进，努力办成开放式、国际化、多科性、创新型的世界一流法科强校。

学生数据截至2016年9月，本科专业数据截至2017年3月，其他数据截至2016年12月。

2016年学校发展综述

一、科学制定发展规划，深入推进综合改革

1. 谋划未来，科学制定发展规划。积极遵循国家推进世界一流大学和一流学科建设、提升教育质量的总体发展思路，结合学校办学目标、发展定位和学科建设实际情况，起草制定《中国政法大学“双一流”建设行动计划》；完成“十三五”学科建设发展规划编

制工作，形成《中国政法大学“十三五”事业发展规划》；全面修订和完善《法学学科资源整合方案》；开展法学学科评估数据分析；圆满完成第四轮学科评估材料组织填报工作。

2. 狠抓落实，深入推进综合改革。完成综合改革任务中期总结报告的上报工作，开展两次综合改革落实情况检查工作；出台有力举措，制定实施《三学期制度改革方案》，细化相关流程，正式实施三学期制改革；多措并举，全面深化研究生教育改革，创新研究生人才培养模式，深化“申请－考核”制博士研究生招生制度改革，稳步推进法律硕士研究生教育综合改革试点工作；重视科研综合改革，完善学术评价制度与激励机制、科研项目的分类管理机制等；积极构建符合教师发展规律的多元化考核评价机制；稳步推进校内绩效工资改革，激发队伍活力；制定校部机关职责清单、审批清单和服务清单等。

二、创新人才培养模式，全面提高育人质量

1. 积极探索，丰富人才培养模式。新设“网络与新媒体”“金融工程”“汉语言”“信息管理与信息系统”四个本科专业；以专业培养方案为抓手，创设国际学分、创新学分两项特殊类型学分；筹建组织“法学学术精英人才培养实验班”；完善“国家精品资源共享课”建设工作，积极推动教育教学改革，其中2016年教育教学改革立项22项、2015年教改共结项43项；2016年本科毕业生国内深造率达到48.89%，在教育部部属高校本科毕业生国内深造率排行榜中排名第3位。

2. 质量兼顾，提升教学水平。制定符合实际的学科评估指标体系，圆满完成评估材料组织填报工作，稳步推进第四轮学科评估；提升教学信息化水平，积极探索和构建“4+1”智慧学习环境；根据三学期制改革，组织编写和修订教学大纲；积极配合北京高校思想政治理论课建设；完成本科教学督导组换届工作；课堂教学质量评价顺利进行，同行评教工作力度明显加强；积极推进研究生培养模式的改革，打破研究生导师“终身制”，提升人才培养质量。

3. 创新机制，持续提高招生质量。2016年招生工作严格贯彻教育部“阳光高招”要求，安全、有序、顺利地完成了相关任务，生源质量较之往年进一步提高，生源结构更加优化。2016年学校在全国共实际录取本科新生2143人。研究生招生改革选拔机制，推免生接收数量和质量均创历史新高。

4. 强化实践，整合实践教学资源。建设实验教学中心网站，实施实验教学开放共享；积极筹措资金，加强实验室建设及升级改造；成立创业学院，下设国家创业创新发展与规范研究中心等机构；继续开展创新论坛和创新项目建设，组织申报54项国家级大学生创新训练项目、66项“北京市大学生科学研究与创业行动计划”项目；夯实“同步实践教学模式”，增加同步实践教学模式合作实务部门数量，庭审直播频率稳定在每周直播1－2场庭审；建立第四个卷宗副本阅览室——鉴定案例卷宗副本阅览室。

三、创新科研体制，提升科研综合实力

1. 多措并举，完善科研制度建设。以加强制度建设为抓手全面加强科研工作，修订

《非在编科研机构管理办法》《青年教师学术创新团队支持办法》《校级科学研究项目管理办法》等，进一步完善科研制度和激励机制；制定《新型研究机构建设办法》，为推进新型研究机构建设创造条件；制定《校级科学研究青年项目管理办法》，修订《纵向科学研究项目管理办法》《横向科学研究项目管理办法》《间接费用管理办法》等，全面贯彻科研项目资金政策。

2. 持续推进，科研项目捷报频传。继续以争取重大科研项目为抓手，全面提升科研项目质量，2016 年学校共获得纵向、横向科研项目 394 项，立项批准经费及到账经费总计 4758.36 万元。其中纵向项目 58 项，获得 2 个国家社科基金重大项目，立项质量较去年有明显提升；纵向项目立项批准经费 972 万元；横向项目 336 项，到账经费 3786.36 万；全年总计办理项目结项 207 项。

3. 积极稳妥，科研成果取得突破。本年度，学校共有 710 项 2015 年度科研成果获得学校奖励。其中，专著 94 部、权威期刊论文 60 篇、核心期刊论文 526 篇、咨询报告 13 项、立法建议 10 项；北京市第十四届哲学社会科学优秀成果奖 7 项，一等奖 1 项，二等奖 6 项、第六届钱端升法学研究成果奖 3 项，二等奖 2 项，三等奖 1 项；发布 2016 年度《法治政府蓝皮书》和《法治政府评估报告》；朱勇教授应邀为中央政治局集体学习进行讲解。

4. 借助共建，打造新型科研平台。科研平台建设取得重大成绩，组建“中国政法大学国家治理研究院”“马克思主义与全面依法治国”协同创新中心、法与经济学研究院、全国首个“信访数据实验室”“一带一路”法律研究中心；建立绿色发展战略研究院和制度学研究院 2 个新型科研机构；证据科学研究院“111 计划”证据科学创新引智基地连续第二年通过国家项目评审，顺利进入第三年的建设；新成立非在编研究机构 13 个，非在编研究机构总数达到 169 个。

5. 积极支持，资助教师开展学术交流。积极鼓励教师“走出去”，促进国际国内学术交流 ；本年度共举办 9 场名家论坛、248 场学术讲座、16 场学术研讨会，其中境外人士来学校举办讲座 62 场。

四、加强德育工作，提升学生工作质效

1. 立德树人，践行高校思想政治教育。以深入学习贯彻党的十八届六中全会以及习近平总书记系列讲话精神为主线，积极开展形势与政策教育、“中国梦”和“社会主义核心价值观”主题教育活动；开展“读书读经典”系列活动，推进中华优秀传统文化教育；大力加强革命文化和社会主义先进文化教育，引导学生自觉增强“四个自信”。继续举办“卓越领导力”学生训练营、“榜样法大”颁奖典礼、“CUPL 正能量”人物访谈、“点赞青春”等活动，选树先进典型，引导优良学风的传承。把握学生成长的关键阶段，举办新生引航、毕业教育系列活动、“大学生成长沙龙”活动以及各类文艺演出活动，积极推进德育工作。

2. 以人为本，服务学生成长成才。实施校院两级毕业生就业工作“一把手”工程，加强组织领导；制定学校《深化创新创业教育改革实施方案》，成立创业学院，设立跨学

科创新创业类教研室，打造创新创业教育课程体系；建设就业创业一站式服务厅、众创空间；增设专项基金，对赴艰苦边远地区基层单位就业的毕业生进行奖励，全年有233名毕业生面向西部基层就业；精准指导，提升少数民族毕业生求职能力；2016届毕业生就业落实率达95.77%。

3. 强化素质，展示青年学子风采。以辩论赛为主要形式创新第二课堂活动，举办首届国际大学生华语辩论公开赛，促进世界大学生思辩文化交流；先后举办“学术十星”、“学术新人”论文大赛、北京市大学生模拟法庭竞赛、首届中华法学硕博英才全国研究生模拟法庭竞赛、“博闻论坛”等活动，营造学术文化氛围；整合校院两级志愿服务资源，打造“法治文化进校园”志愿服务品牌；在“双百行动计划”暑期社会实践中，5个团队获得“首都大学生暑期社会实践优秀团队”称号；32个志愿服务组织，总计19 122人次为社会提供各类服务；学生代表队在各类辩论赛、科创竞赛、文体竞赛中获数十项奖励，名列人文社科类高校前茅。

五、落实人才强校，加强师资队伍建设

1. 多措并举，高层次人才建设成效显著。马怀德、于志刚教授入选第二批国家“万人计划”哲学社会科学领军人才；栗峥教授入选2016年度“长江学者支持计划”青年项目；汪海燕、易军教授分别荣获第二届“首都十大杰出青年法学家”称号及提名奖；卫灵、赵庆杰教授分别受聘首批北京高校思想政治理论课特级教授、特级教师；年内共计推荐教师27人次参加高层次人才项目角逐；完成第二批优秀中青年教师培养支持计划人员遴选工作；新聘12位兼职教授，续聘39位兼职教授、3位客座教授。

2. 注重培养，提升师资队伍综合素质。完成2016年“中青年骨干教师海外提升专项资助计划”人员录取及派出工作；认真组织青年骨干教师出国研修项目的申报工作；充分利用网络培训资源，加强教师培训工作；开展新教师岗前培训和管理人员培训工作；创设“励道教学杰出贡献奖”，许身健教授荣获此奖；遴选15名优秀中青年教师实施人才培养支持计划；充分利用网络培训资源，加强师德建设和培训培养。

3. 激发活力，改革绩效工资制度。修订并实施《教师岗位考核办法》《专业技术岗位设置与聘任办法》，完善多元化教师考核评价机制；实施《校内绩效工资改革方案》和《2016年规范调整校内岗位津贴方案》，开展绩效工资改革，激发队伍活力。

六、深化国际化发展战略、拓宽国际交流合作

1. 不断拓展，做好国际合作交流。新签署国际合作协议47份，合作国家和地区增至45个，合作高校增至215所；共派出790名学生赴国外交流，其中，获批国家留学基金委“优秀本科生国际交流项目”35个，位列全国高校第6；2016年度列入国家公派留学的研究生83名，同比增长26%；“西班牙语法律人才培养项目”首次获批国家留学基金委“创新型人才国际合作培养项目”；首次与政府间国际组织“海牙国际私法会议”和“亚洲—非洲法律协商组织”签署全面合作协议；新增与世界银行下属机构国际金融公司等重要国际组织的实习项目；接待包括联合国国际法院院长在内的各国政要及重要国际组

织代表团；海外孔子学院持续较强文化影响力。

2. 借助外专，提升教学科研实力。本年度共聘请 150 多名外专，其中长期外专 16 名；继续大力推进外国专家引智工作，共获国家外国专家局拨付引智经费 693 万元人民币，比 2015 年度拨付经费增加 27 万元。

七、提升现代治理能力，提高行政服务水平

1. 服务大局，积极推动综合改革。积极筹建网上办事大厅，提升服务水平；牵头组织开展相关编写工作，编制《校部机关职责清单》327 项、《校部机关审批清单》113 项和《校部机关服务清单》草案稿；制定《公务用车制度改革工作方案》，严格控制“三公经费”支出；精心组织，做好综合协调工作；规范印章使用，继续开展印章清理工作。

2. 高效规范，认真做好文秘工作。全年共召开校级党政会议 45 次，发放党委常委会决议通知单 68 件、校长办公会决议通知单 100 件；启用电子会议系统，进一步提高会议决策效率；共处理校级公文 413 件，向教育部和北京市教工委等上级单位报送信息 60 篇，3 篇被教育部网站全文采用；向上级部门报送“零报告”30 期。

3. 依法依规，顺利完成区人大代表选举工作。完成昌平校区选民 9968 人、学院路校区选民 6303 人选民登记工作；昌平校区投票率为 95.4%、学院路校区投票率为 89.27%；根据选民投票结果，经昌平区、海淀区选举委员会审核同意，冯世勇同志、高祥同志分别依法当选为第十六届人民代表大会代表。

4. 健全制度，提升现代治理能力。继续推行依法治校，强化以学校章程为龙头的制度建设，继续开展制度清理工作，编印《学校规章制度汇编》，制定实施《学校规章制度管理办法》；提供法律咨询 17 次；处理诉讼和仲裁案件 5 件；及时回应和解决来信来访、投诉；完善信息公开平台；加强督办工作和机要保密工作；积极推进档案管理工作现代化建设；完成钱端升纪念馆筹建工作。

八、推进国内合作交流，做好社会服务工作

1. 全面推进，国内合作成效初显。加强省校合作，签署《中国政法大学与云南省共建“法治云南”战略合作协议》；先后与青岛市人民政府、北京市西城区人民政府、山西省人民代表大会常务委员会等签署合作协议；审议通过《中国政法大学附属学校理事会章程》和《中国政法大学附属学校建设项目 2016 年度工作重点》，标志着与前锋学校正式进入深度合作阶段。

2. 稳步推进，不断提高筹融资能力。2016 年共募集社会捐赠资金人民币 1390 万余元；基金会财务工作实现了由校财务处代管变为独立运作，配合学校其他部门独立开展多项业务。

九、提升服务质量，增强办学综合实力

1. 方便师生，完善信息化建设系统。制定并通过《信息系统数据管理办法》《校园

一卡通管理暂行办法》等；加强信息化基础设施建设，加强智慧教室（一期）建设；数字迎新系统进一步完善；建立网上办事大厅，方便全校师生的各类行政申请审批；完成行政办公系统的升级和自助打印系统项目建设。

2. 规范体系，提高资产管理水平。统筹规划精心组织，认真开展全校资产清查工作；升级固定资产管理系统，增加房产管理系统功能模块；规范资产采购行为、资产处置行为、加强办公用房管理、推行公有房责任制、强化出租商铺监管；开展国有资产民生服务工作，启动并完成两批级差补贴发放工作；改善周转房居住条件；推进老旧房屋改造拆迁工作。

3. 注重质量，加快基建工程进度。修改完善《“十三五”基本建设规划》并上报教育部；完成学院路学生食堂项目勘察设计招标工作，并获教育部批复；完成昌平校区礼堂节能维修改造工程修购资金的申报工作并获批；教学图书综合楼项目进入施工收尾阶段；完成学院路校区 2#配电室工程；完成昌平校区教学楼节能维修改造工程，经验收后交付使用；完成学院路校区 6#楼及花园路家属楼加固工程、昌平校区游泳池及设备间维修改造；完成昌平校区办公楼维修改造工程及昌平校区教学楼维修改造工程一期，确保师生正常使用。

4. 重视安全，推进建设平安校园。及时了解掌握师生思想动态，加强意识形态阵地管理，切实做好敏感时段、重大事件期间的维稳工作；开展无邪教校园创建工作；开展防范和清理暴恐音视频工作，取得良好效果；以综合防控体系为核心，细化安稳工作格局；两校区校内微型消防站建成并投入使用；创新安全教育工作形式，“平安法大”上线运行。

5. 不断改进，提升后勤服务质量。加强后勤工作，积极修订《后勤服务质量管理体系管理文件汇编》《后勤服务质量管理体系质量手册》《后勤服务质量管理体系程序文件》等文件；完成后勤服务质量管理体系认证审核工作；严格按照《修缮工程项目管理办法》及中央政府采购相关要求先后开展二十余项维修改造工作；扎实开展节能减排工作。

年度新闻

【部署加强和改进学校思想政治工作】全国高校思想政治工作会议于 12 月 7－8 日在北京召开。中共中央总书记、国家主席、中央军委主席习近平出席会议并发表重要讲话。学校分别于 12 月 12 日、12 月 16 日召开党委全委扩大会和传达学习专题会，传达习近平总书记重要讲话精神，并就加强和改进学校思想政治工作提出工作部署和要求。

【全力做好 2017 年本科教学审核评估筹备工作】6 月 24 日，学校举行 2017 年本科教学审核评估工作部署会，对学校迎接 2017 年本科教学审核评估工作进行动员和部署安排，会议要求要举全校之力，集全校之智，坚持“以评促建，以评促改，以评促管，评建结合，重在建设”的方针，突出内涵建设，突出特色发展，强化办学合理定位，强化人才培养中心地位，强化质量保障体系建设，不断提高人才培养质量，全面严谨、不折不扣地做好迎接评估的建设、整改和准备工作。

【加强党建工作，积极开展“两学一做”学习教育，全面落实从严治党要求】2016 年，学校继续推进党的建设，结合上级精神要求，学习贯彻十八届六中全会精神和扎实开展“两学一做”学习教育，在统一思想认识的基础上，从全面从严治党的角度去思考问题、部署工作，确保各项工作取得实效。4 月 28 日，学校召开“两学一做”学习教育工作部署会；11 月 1 日，学校在昌平校区召开专题会议，传达部署学习贯彻十八届六中全会精神相关要求。

【科学编制“十三五”发展规划】2015 年 3 月学校启动“十三五”发展规划编制工作，历时一年半，十几易其稿，集全校之力，《中国政法大学“十三五”事业发展规划》于 2016 年 7 月 17 日经党委常委会审议通过，并提交教育部。

【举办“法辩”首届国际大学生华语辩论公开赛】10 月 20 日至 26 日，来自西安交通大学、香港中文大学、利物浦大学等国内外高校的 32 支参赛队伍集聚学校，参加由学校主办的“法辩”首届国际大学生华语辩论公开赛。比赛围绕“十大道德与法律困境”展开辩论，旨在以辩论文化为纽带，促进世界大学生思辩文化的交流与发展。

【举行首届“RONG 聚法大”文化盛典】11 月 23 日晚，首届“RONG 聚法大”文化盛典暨第 18 届校园广播歌手大赛于昌平校区礼堂举行。本次活动以“融合、容纳、荣耀”为主题，现场颁发了“十佳校园文化品牌”“十佳通讯员”“基层校友寻访团优秀记者”“优秀校园刊物”“十佳新媒体平台”“新媒体达人”“优秀校园微电影”以及由当晚决赛决出的“优秀校园广播歌手”等八个奖项。

【举办第六届钱端升法学研究成果奖颁奖大会】12 月 6 日、7 日，学校举办第六届钱端升法学研究成果奖颁奖大会暨第六届中国法治论坛。钱端升法学研究成果奖自 2006 年成立以来，已经成功举办了六届，得到了社会各界的广泛支持，也得到了法学界的高度认同，现已成为我国法学界最具权威性的奖项之一，成为具有重要影响的成熟的部级奖项。本届评奖共评出一等奖 1 项，二等奖 8 项，三等奖 18 项，提名奖 8 项。

【朱勇教授应邀在中央政治局集体学习中进行讲解】中共中央政治局 12 月 9 日下午就我国历史上的法治和德治进行第三十七次集体学习。法律史学研究院院长朱勇教授就法治和德治问题进行讲解，并谈了意见和建议。

【深化国际化战略拓宽国际交流】2016 年，学校新签署国际合作协议 47 份，合作国家和地区增至 45 个，合作高校增至 215 所；共派出 790 名学生赴国外交流。其中，获批国家留学基金委“优秀本科生国际交流项目”35 个，位列全国高校第 6；2016 年度列入国家公派留学的研究生 83 名，同比增长 26%。首次与政府间国际组织“海牙国际私法会议”和“亚洲—非洲法律协商组织”签署全面合作协议；接待包括联合国国际法院院长在内的各国政要及重要国际组织代表团。

【孔子学院建设蓬勃发展】2016 年，法大孔院在各方面蓬勃发展。学校代表团参加第十一届全球孔子学院大会，布大孔院罗方院长白罗米获评为“2016 年全球孔子学院先进个人”，布加勒斯特大学孔子学院举办“重塑传统”国际学术会议，班戈大学孔子学院下设 5 个孔子课堂全部获批。

【师生获得多项大奖】2016 年，马怀德、于志刚教授入选“第二批国家‘万人计划’哲学社会科学领军人才”；栗峥教授入选 2016 年度“长江学者奖励计划”青年学者项目；夏吟兰教授被授予“全国三八红旗手”荣誉称号；外国语学院获评“北京市三八红旗集体荣誉称号"；学校代表队在"法源杯"第四届全国大学生模拟法庭竞赛中荣获团体一等奖；学校代表队在第十四届"贸仲杯"（CIETAC CUP）国际商事仲裁模拟仲裁庭辩论赛中荣获二等奖；学校高水平女子羽毛球队夺得第二十届全国大学生羽毛球锦标赛冠军；学校成功卫冕全国大学生女子室内五人制足球锦标赛冠军。

【整合各类智库资源】7月5日下午，在学校2016年第11次党委常委会上审议并原则通过《中国政法大学国家治理研究院建设方案》。学校组建"中国政法大学国家治理研究院"国家智库，并以其为核心整合学校各类智库资源，构建承接重大项目的总平台；"马克思主义与全面依法治国"协同创新中心、法与经济学研究院、制度学研究院、绿色发展战略研究院、全国首个"信访数据实验室""一带一路"法律研究中心等新型科研机构相继在学校成立，学校在不断加强已有协同创新中心建设，并以学校重点研究机构重点实验室为依托，鼓励各学科与校外优质创新力量构建各类新的协同创新平台。

【开展"三学期制"教学改革】5月16日下午，学校"三学期制改革"本科教学工作部署会在昌平校区召开。教务处负责人解读《中国政法大学三学期制改革实施方案》，系统地介绍学校三学期制改革的背景以及三学期制改革的重大意义。

【推进研究生培养模式的改革　打破研究生导师终身制】经2016年1月20日校长办公会审议，通过《研究生导师招收博士研究生条件认定办法》和《研究生导师指导硕士研究生条件认定办法》。这两份文件的通过，标志着学校研究生导师岗位聘任制度改革正式开始。聘任制改革最核心的是从身份到岗位的转变，防止形成导师终身制。

【以参评第四轮学科评估为契机　着力推进学科建设】学校积极参评第四轮学科评估，学科评估由国务院学科研究教育中心发起，2012－2015年为第四轮。学校专门成立评估工作领导小组。5月4日上午会议通过了《中国政法大学第四轮学科评估工作实施方案》，下午进行动员部署，并立即启动实施。会上指出第四轮学科评估工作具有重要性与紧迫性，它关系到学校未来若干年甚至较长历史时期内的发展成效以及在全国、世界高校中的地位，全面严谨、不折不扣地做好评估工作是学校当前阶段的首要任务。

【新设四个本科专业】学校新设"网络与新媒体""金融工程""汉语言""信息管理与信息系统"四个本科专业。2015年12月31日，第十届中国政法大学学术委员会第二次全体会议在学院路校区召开，经过委员投票表决，同意设置网络与新媒体专业、金融工程专业、汉语言专业等四个新专业；同意设立网络法学、社会法学等两个法学目录外二级学科；同意设立政治社会学交叉学科。

【第一次获批创新型人才国际合作培养项目】学校教务处以西班牙语法律人才培养项目申报了2016年创新型人才国际合作培养项目并成功获批，本次西班牙语法律人才培养项目是学校第一次获批创新型人才国际合作培养项目，也是本次获批的所有项目中唯一一项本科生获批项目，实现了零的突破。

【法学学术精英人才培养实验班开班】3月30日，"2015级法学学术精英人才培养实验班"开班。法学学术精英人才培养实验班是学校法学人才培养模式改革的一个创新，以"特色化、小班化、国际化、导师制"为特点，面向对法学学术研究、法学教育研究等方面有兴趣的学生因材施教，设立单独的培养机制。

【成立创业学院】9月18日，学校召开2016年学生创业工作会，校长黄进，党委副书记、副校长常保国，为中国政法大学创业学院揭牌。学校于6月成立创业学院，作为学生创业教育综合平台，具体负责学校创业教育规划及重大创业决定的落实。

【与世界银行下属机构签署实习项目合作备忘录】10月，学校与世界银行下属机构国际金融公司签署人才培养实习项目合作备忘录。在合作备忘录中，学校与国际金融公司共同设立海外实习项目：学校将在2016年至2019年的三年里，每年挑选优秀学生前往位于美国华盛顿特区的世界银行国际金融公司总部的首席经济学家办公室进行实习。该实习项目将成为学校本科人才培养国际化内容的重要补充。

【上线"爱讲座——法大流媒体资源平台"】2016年，正式推出"爱讲座——法大流媒体资源平台"，该平台是学校智慧学习环境建设的重要组成部分，未来将与"虚拟第三学期"课程修读平台、"blackboard教学应用管理平台""教学资源云平台"以及"智慧教室"共同构成覆盖课内与课外、线上与线下、教学与辅学的"4+1"智慧学习环境，全面助力学校人才培养工作信息化水平的提升。

【发布《中国司法文明指数（2015）》《中国法治政府评估报告（2016）》】1月20日下午，国家"2011计划"司法文明协同创新中心举行《中国司法文明指数报告2015》新闻发布会。"中国司法文明指数"是国家"2011计划"（高等学校创新能力提升计划）司法文明协同创新中心开发的一种法治量化评估工具。10月30日，学校法治政府研究院发布《中国法治政府评估报告（2016）》，对当年度中国法治政府建设情况进行了总体描述。"中国法治政府评估"项目组成员分别就机构职能、组织领导、制度体系、行政决策、行政执法、政务公开、监督与问责等九大一级指标和案例数据分析在法治政府评估中的应用做了分报告，展示评估结果和分析的同时，就其存在的问题进行了简单的阐释，并提出针对性的建议，指明了改进方向。

【设立"励道教学杰出贡献奖"】2016年学校特设立"励道教学杰出贡献奖"，由励道控股集团捐助，该奖项以表彰本科教学效果显著、关心关爱学生成长、教学工作贡献突出的教师为主题。9月9日，在中国政法大学2016年教师节表彰大会上，许身健教授荣获法大首届"励道教学杰出贡献奖"。

【"中澳司法文明研究中心"澳大利亚阿德莱德大学挂牌】3月7日，由"2011计划"国家司法文明协同创新中心与澳大利亚阿德莱德大学共同出资创建的"中澳司法文明研究中心"正式挂牌成立。中澳司法文明研究中心系国内首家与澳洲顶尖科研机构合作共同出资的科研机构，专门针对中澳两国司法前沿理论和司法制度运行进行比较研究的学术研究机构。

【四门课程获评教育部首批"国家级精品资源共享课"】2016年7月，教育部公布了首批"国家级精品资源共享课"名单，学校共有四门课程获评，分别是"行政法与行政诉讼法"（课程负责人马怀德）、"西方政治思想史"（课程负责人张桂林）、"中国法制史"（课程负责人张晋藩）、"商法学"（课程负责人赵旭东）。"国家级精品资源共享课"称号有效期为5年。

【赵旭东教授、蔡拓教授获得国家社科基金重大项目立项】11月，经专家评审、社会公示以及全国哲学社会科学规划领导小组批准，全国哲学社会科学规划办公室正式公布了2016年国家社会科学基金重大项目立项名单，由学校赵旭东教授担任首席专家申报的《中国企业社会责任重大立法问题研究》项目（批准号16ZDA067）和蔡拓教授担任首席专家申报的《世界主义思想研究》项目（批准号16ZDA095）获得国家社会科学基金重大项目立项。

机构设置

（一）现任党政领导名单

1. 党委常委：石亚军　黄　进　冯世勇　马怀德　高浣月　胡　明　李树忠　徐　扬　时建中　常保国　于志刚
2. 党委书记：石亚军
3. 校　　长：黄　进
4. 副 校 长：冯世勇　马怀德　李树忠　徐　扬　时建中　常保国（兼）　于志刚
5. 党委副书记：高浣月　胡　明　常保国
6. 纪委书记：胡　明

（二）校干部名单

（三）新增和调整的领导小组名单

1. 中共中国政法大学第七届委员会名单（按姓氏笔划为序）

于志刚	马抗美（女）	马怀德	王立艳（女）
卞建林	石亚军	冯世勇	曲新久
朱　勇	刘长敏（女）	杜新丽（女）	李秀云（女）
李树忠	李曙光	时建中	吴　平（女）
张保生	张桂林（女）	胡　明	徐　扬
高浣月（女）	黄　进	常保国	薛刚凌（女）（截至2016年12月）

2. 中国政法大学推进大学内部治理结构改革和完善章程建设领导小组

组　长：石亚军　黄　进
副组长：马怀德
成　员：马抗美　冯世勇　朱　勇　张桂林　张柳华　张保生　高浣月　胡　明　陆　炬　王卫国　李树忠

领导小组下设办公室，办公室设在发展规划与学科建设处。领导小组下设5个课题组：

（1）“完善大学章程建设”课题组

组　　长：马抗美

副 组 长：李秀云

主责部门：学校办公室、学校法律事务办公室

参与专家：莫世健　赵旭东　焦洪昌　王敬波

（2）“完善校院二级管理制度研究”课题组

组　　长：马抗美

副 组 长：吴　平

主责部门：人事处

参与部门：教务处、研究生院、财务处、科研处、资产管理处

参与专家：孙选中　常保国　费安玲　张丽英

（3）“建立健全院级教授委员会制度”课题组

组　　长：张保生

副 组 长：柳经纬

主责部门：科研处

参与部门：教务处、人事处

参与专家：薛刚凌　曲新久　应　星　卫　灵

（4）“健全监督体系，建立综合投诉中心”课题组

组　　长：胡　明

副 组 长：范分社

主责部门：纪检监察处

参与部门：教务处、学生工作部、校工会、后勤办

参与专家：文　兵　刘俊生　顾永忠　刘　飞

（5）“完善校董会制度”课题组

组　　长：马怀德

副 组 长：杨　阳

主责部门：发展规划与学科建设处

参与部门：法学教育评估中心、校友办

参与专家：曹义孙　梁文永　王　涌　柳经纬

办公室成员：人事处相关人员

3. 中国政法大学中欧法学院工作领导小组

组　　长：朱　勇

成　　员：方流芳　许　兰　李秀云　李曙光　柳经纬　吴　平

卢少华　徐　扬　金龙河　项　云　刘　飞（2016年7月起任）

领导小组下设办公室，办公室设在国际合作与交流处。

办公室主任：许　兰（兼）

4. 中国政法大学信息化建设领导小组

组　长：黄　进
副组长：于志刚（常务）　马怀德　高浣月　徐　扬
成　员：李秀云　解志勇　刘琳琳　卢春龙　施正文　李曙光
吴　平　孙园植　许　兰　卢少华　李国强　张翼志
罗晓季　卢　东

领导小组办公室设在学校信息化建设办公室（现代教育技术中心），负责有关日常工作，办公室主任由孙园植担任。

5. 第四届中国政法大学本科教学督导组

组　长：皮艺军
成　员：（按姓氏笔划排序）
马志冰　方尔加　刘心稳　陈向荣　张小宁　侯廷智
黄勤南　常绍舜

6. 中国政法大学内部控制建设领导小组

组　长：黄　进
副组长：冯世勇　马怀德　胡　明　李树忠　徐　扬　时建中
于志刚
成　员：李秀云　王立艳　范分社　解志勇　卢春龙　施正文
吴　平　许　兰　李国强　张翼志　罗晓季　卢　东
杨学志　吴　飚

7. 校长经济责任审计整改领导小组

组　长：黄　进
副组长：胡　明　徐　扬
成　员：李秀云　范分社　栗　峥　吴　平　李国强　罗晓季
杨学志　张翼志　卢　东

8. 中国政法大学宣传思想工作领导小组

组　长：石亚军　黄　进
成　员：冯世勇　马怀德　高浣月　胡　明　李树忠　徐　扬
时建中　常保国　于志刚

领导小组下设办公室，负责宣传思想工作的具体组织实施。
办公室组成人员：

主　任：高浣月
副主任：刘琳琳
成　员：李秀云　王立艳　王称心　范分社　马华山　卢春龙
施正文　李曙光　吴　平　卢少华　许　兰　林发军
尹志强　黄瑞宇　杨　杰　孙园植

9. 中国政法大学新疆、西藏招录北京地区优秀毕业生工作领导小组

组　长：石亚军
副组长：常保国
成　员：（按姓氏笔画排序）
王立艳　卢少华　卢春龙　刘琳琳　李国强　李曙光
黄瑞宇　解廷民

10. 中共中国政法大学委员会“两学一做”学习教育领导小组

组　长：石亚军　黄　进
成　员：冯世勇　马怀德　高浣月　胡　明　李树忠　徐　扬
时建中　常保国　于志刚
领导小组办公室主任：胡　明
领导小组办公室成员：李秀云　王立艳　范分社　刘琳琳
卢少华　尹志强　黄瑞宇

11. 中国政法大学区人大代表换届选举工作领导小组

组　长：石亚军
副组长：冯世勇
成　员：（按姓氏笔画排序）
马华山　王　芳　王心竹　王立艳　王英伟　王洪松
王振峰　王称心　王敬川　王福平　尹晓华　卢少华
卢　东　卢春龙　刘大炜　刘　飞　刘玉娥　刘　英
刘　建　刘琳琳　江水长　乔占学　阮广宇　孙园植
杜学亮　李欣宇　李秀云　李　勇　李玺文　吴　平
杨　杰　张永然　张丽英　张艳萍　张翼志　林发军
武晓红　范分社　尚　武　赵广成　赵云鹏　贾东兴
贾海翔　顾永强　黄瑞宇　梁　璐　韩文生
领导小组下设选举办公室（以下简称“选举办”）：
主　任：李秀云
副主任：王　敏（学院路校区）　田兆军（学院路校区）
刘耀辉（昌平校区）　韩伯君（昌平校区）

成　员：（按姓氏笔画排序）
　　刘春友　许玺铮　李　蕾　张有芳　武　焰　赵中名
　　黄庆峰　谭立和

12. 思想政治理论课教学指导委员会成员进行调整，现将调整后的名单公布如下：

主　任：石亚军
副主任：胡　明　高浣月　常保国　于志刚
成　员：（按姓氏笔画排序）
　　孔祥宇　卢少华　卢春龙　阮广宇　李曙光　邰丽华
　　段志义　赵卯生　栗　峥
秘　书：王丽娜

13. 中国政法大学统一战线工作领导小组

组　　长：石亚军　黄　进
常务副组长：高浣月
副 组 长：冯世勇　马怀德　胡　明　李树忠　徐　扬　时建中
　　常保国　于志刚
成　　员：李秀云　王立艳　王称心　范分社　刘琳琳　马华山
　　卢春龙　栗　峥　李曙光　吴　平　许　兰　卢少华
　　李国强　林发军　卢　东　孙园植　吴　飚　杨　杰
　　尹志强　黄瑞宇　刘大炜　王洪松　顾永强　周志荣
　　李程伟　李欣宇　杨　军　赵云鹏　刘守仁　张丽英
　　阮广宇　王英伟　韩文生　尚　武　王　芳　武晓红
　　恽鹏远　乔占学　杜学亮　杨怀军　尹树东

领导小组下设办公室，办公室设在学校党委统战部，负责统一战线工作领导小组日常管理、牵头协调和具体实施工作。

办公室主任：王称心（兼）。

14. 中国政法大学民族宗教工作领导小组

组　长：高浣月
副组长：常保国
成　员：李秀云　王立艳　王称心　刘琳琳　吴　平　许　兰
　　卢少华　林发军　卢　东　孙园植　黄瑞宇　张丽英
　　张永然

15. 中国政法大学台湾学生工作领导小组

组　长：常保国

副组长：高浣月

成　员：李秀云　王称心　刘琳琳　卢春龙　李曙光　许　兰

卢少华　林发军　卢　东　孙园植　杨　杰　黄瑞宇

张丽英　张永然

第二章　发展规划与学科建设

【概况】2016 年，学校“十三五”发展规划编制工作有序推进，陆续开展校内外调研、专家论证会、征求意见会、审阅修订、评审评优、规划宣贯等工作。向教育部提交三项 2016 年综合改革重点推进事项，开展全校综改落实情况检查工作。学校信息统计任务完成，统计制度化建设不断完善，统计队伍专业化建设不断推进，统计工作更加重视向科学化方向发展，并取得良好成绩。

学校“十三五”发展规划编制、评审、宣传等工作中参与教育部等上级主管部门规划会议 5 次，赴校外高校调研关于发展规划和“双一流”建设、综合改革相关内容 2 次，召开专家征求意见会近 10 次，组织完成报告 26 篇；共组织会议 2 次，完成工作报告 1 篇；完成《决策参考》编印工作，资料汇编 3 期；完成综合统计 2 项，专项统计 1 项，组织和参与信息统计布置培训会 3 次，完成统计手册编印 1 册，获得省级奖励 2 项。

依据《国家中长期教育改革和发展规划纲要》的精神内涵，结合学校学科发展的实际状态，稳步有序开展。学校坚持学科建设“一特（法学为特色）、三级（国家级、省部级、校级）、多点（多个学位点）”的发展战略，有层次的推进学科建设，基本形成了以法学学科为优势，政治学、经济学、管理学、社会学、哲学、史学、文学等学科共同发展，具有强势渗透力的高梯级、多重点、宽覆盖、广适应的学科体系结构。学校现有 34 个博士学位授权点，78 个硕士学位授权点，5 个专业学位点；具有 3 个博士学位授权一级学科，13 个硕士学位授权一级学科，1 个一级学科国家重点学科，1 个一级学科北京市重点学科，3 个二级学科北京市重点学科，2 个交叉学科北京市重点学科，14 个校级重点学科，12 个交叉学科建设项目。（学科目录见附件）

【提交综合改革重点推进事项至教育部】按照教育部国家教育体制改革领导小组办公室关于教育综合改革 2016 年重点推进事项要求，编写形成《中国政法大学 2016 年综合改革重点推进事项》，提交教育部，争取进入遴选队列。

【完成对北京大学等高校的调研工作】开展对北京大学等 3 所高校的调研活动，了解综合改革方案实施情况和“十三五”事业发展规划工作进展。

【完成《2015 年统计年报》和《2016 年定期统计报表》】3 月，根据昌平区统计局关于服务业统计年报报送要求，组织学校人事处、财务处、后勤工作委员会办公室等相关部门填报年报数据，并完成对数据的汇总、审核和上报工作。

【上报教育事业统计分析报告】6 月，向北京市教委报送 2015 年教育事业统计分析报告《提升科研水平，加强创新能力——中国政法大学“十二五”科研建设情况分析》，为学校在北京市教委举办的 2015 年度教育事业统计工作质量评估中获得北京市优秀集体三等奖和优秀个人三等奖提供材料支撑。

【完成“全球研究型大学概况”数据调查】6月，应上海交通大学世界一流大学研究中心邀请参加“2016中国高校数据共享计划（DEP）项目数据调查”项目数据调查。该项调查结果将被用于“交互型大学排名”“中国两岸四地大学排名”和“全球研究型大学院校信息展示”。

【提交“十三五”事业发展规划定稿至教育部】经第12次校长办公会、第六届教代会主席团暨第十二届工代会委员会第四次扩大会议、第12次党委常委会审议，继续修订《中国政法大学“十三五”事业发展规划（审议稿）》，并于7月19日提交教育部。

【开展“十三五”发展规划宣传工作】通过学校主页、校报、微信公众平台等媒介持续推进“十三五”发展规划的宣传工作。陆续完成3篇宣传稿、完成图说中国政法大学“十三五”发展规划制作部分工作，即《图说“十三五”发展规划之概况篇》。

【在北京市教委教育事业统计评估工作中荣获佳绩】9月，在北京市教委开展的2015年度教育事业统计工作质量评估中，荣获北京市教育事业统计工作优秀集体三等奖、优秀个人三等奖的好成绩。

【组织学校统计人员进行专业培训】9月，为提高统计人员业务能力和专业素质，确保《2016/2017学年初高等教育基层统计报表》填报工作顺利开展，组织各单位统计工作人员进行专业培训，内容包括统计报表修订、统计业务知识以及相关统计软件的使用等。

【开展“十三五”院部级发展规划全面修订工作】在全校范围内要求各规划负责部门以《中国政法大学“十三五”事业发展规划》为依据，综合“双一流”建设和综合改革要求，重新审视部门规划，对发展目标、发展战略和发展措施等进行深入修订。

【完成《2016/2017学年初高等教育基层统计报表》】10月，按照北京市教委要求，完成《2016/2017学年初高等教育基层统计报表》的数据上报工作。

【开展“十三五”发展规划评审评优工作】启动“十三五”发展规划评审评优工作，组织专家开展院部级发展规划评审工作，通过会前打分和会议研讨方式，评定优秀集体奖；组织各相关单位参加优秀个人奖推荐工作，通过专家评议，评定优秀个人奖。

【完成《决策参考》编印工作】发展规划与学科处，结合学校发展现状与发展预期，完成《决策参考（“双一流”建设专辑）》《决策参考（“十三五”发展规划专辑）》等。

【完成《中国政法大学2016年统计分析手册》】12月，在完成《2016/2017学年初高等教育基层统计报表》的基础上，扩大数据整理范围，对学校各项事业发展数据进行整理分析和更新修订，形成并印发《中国政法大学2016年统计分析手册》。

【完成第四轮学科评估材料填报工作】4月，教育部学位与研究生教育发展中心正式启动全国第四轮学科评估工作，学校为此制定《中国政法大学第四轮学科评估工作实施方案》，成立了学科评估领导小组，召开学科评估部署动员大会，启动第四轮学科评估工作，完成第四轮学科评估材料的上报工作。

【完成学校2016年度学科基本情况报表的填报工作】组织学校所有二级学科填报2016年度学科基本情况报表，认真汇总和核实各学科提交的数据信息，确保信息的真实、准确、完整、可靠，并于2016年底前上报国务院学位办。

【配合本科教学评估，做好学科建设自评报告及数据的整理报送工作】依据审核评估的审核项目、要素和要点全面检查学校学科建设工作状况，认真填报与本科教学评估相关的学科数据资料，针对学科建设工作进行自我评估，以期通过查找存在的问题和薄弱环节，进一步推动学科建设工作的开展。

【开展《博士硕士学位授权点申请基本条件》修改意见征集工作】学校部署开展《博士硕士学位授权点申请基本条件》修改意见征集工作。截至 2016 年 11 月 28 日，学校共收到相关单位对 8 个一级学位授权点提交的修改建议和意见，及时上报北京市学位委员会。

【初步完成双一流建设行动计划方案的编制工作】结合学校办学目标、发展定位和学科建设实际情况，起草制定了《中国政法大学“双一流”建设行动计划》，并通过召开征求意见会，广泛听取学校各方面对行动计划的意见和建议。

【创新思路继续开展法学资源整合工作】贯彻落实综合改革方案精神，在学校综合改革领导小组的统一指挥和领导下，对《法学学科资源整合方案》进行了全面修订和完善，切实推进法学资源整合工作的深入开展。

【完成“十三五”学科建设规划的编制工作】结合学校学科发展的当前态势，在充分评估学校的资源状况和社会需求特征的基础上，通过召开专家论证会、征求意见会等不同形式的会议听取学校各方面的意见，学校发展规划与学科建设处在对学科建设规划进行了四轮修订和完善后，完成“十三五”学科建设规划的编制工作。

【完成学校 2016 年度重点学科建设经费的划拨工作】根据不同级别、不同学科区别对待的原则，完成了国家重点学科、北京市重点学科、校级重点学科和校级交叉学科项目的建设经费下拨工作。

【完成综合改革任务细化落实工作】根据《中国政法大学综合改革方案》及学校关于改革任务落实的整体部署，学科建设科针对“探索法学资源整合新途径”“建立学科发展评估机制”“探索设立‘立法学’‘司法学’‘社会法学’‘网络法学’等学科”和“大力建设人文社会学科”等任务进行了中期总结，完成了综合改革任务中期总结报告上报工作。

【推进实施“北斗学人支持计划”，汇聚一流学科人才】围绕建设世界一流大学和一流学科核心工作，编制《中国政法大学学科建设北斗学人支持计划》，遴选具有国际影响力的“北斗学者”，培养一批具有学术影响力的“领军学者”“中青年骨干学者”和“青年拔尖学者”，为中国政法大学一流学科建设聚集优秀人才。

【附件】

（一）国家级重点学科（1 个）

一级学科：法学

（二）北京市重点学科（6 个）

一级学科：政治学

二级学科：世界经济、马克思主义中国化研究、马克思主义基本原理

交叉学科：法与经济学、证据科学

（三）校级重点学科（14 个）

马克思主义哲学、社会学、英语语言文学、新闻学、中国近现代史、企业管理、行政管理、政治经济学、外国哲学、应用心理学、国外马克思主义研究、思想政治教育、传播学、历史文献学

（四）校级交叉学科建设项目（12 个）

体育法学、全球学、法治文化、法商管理、法制新闻与传播、犯罪与刑事司法心理学、比较法学与区域一体化、法律文献学、法律语言学、法律翻译、海洋法律与经济、市场经济的理论与实践

（五）博士学位授权一级学科（3 个）

法学、政治学、马克思主义理论

（六）硕士学位授权一级学科（13 个）

法学、政治学、马克思主义理论、哲学、理论经济学、应用经济学、社会学、心理学、外国语言文学、新闻传播学、中国史、工商管理、公共管理

（七）博士学位授权学科、专业（34 个）

理论经济学：世界经济

法学：法学理论、法律史、宪法学与行政法学、刑法学、民商法学、诉讼法学、经济法学、环境与资源保护法学、国际法学、军事法学、比较法学、法律与经济、人权法学、证据法学、知识产权法学、网络法学、社会法学

政治学：政治学理论、中外政治制度、国际政治、国际关系、中国政治、公共行政、政治传播学

马克思主义理论：马克思主义中国化研究、国外马克思主义研究、思想政治教育、马克思主义基本原理

交叉学科：法治文化、全球学、纪检监察学、公共政策量化分析、政治社会学

（八）硕士学位授权学科、专业（78 个）

哲学：马克思主义哲学、中国哲学、外国哲学、逻辑学、美学、宗教学

理论经济学：政治经济学、经济史、西方经济学、世界经济

应用经济学：区域经济学、金融学、财政学、产业经济学、国际贸易学、统计学

法学：法学理论、法律史、宪法学与行政法学、刑法学、民商法学、诉讼法学、经济法学、环境与资源保护法学、国际法学、军事法学、比较法学、法律与经济、人权法学、证据法学、知识产权法学、网络法学、社会法学

政治学：政治学理论、中外政治制度、科学社会主义与共产主义运动、中共党史、国际政治、国际关系、外交学、中国政治、公共行政、政治传播学

社会学：社会学

马克思主义理论：马克思主义基本原理、马克思主义发展史、马克思主义中国化研究、国外马克思主义研究、思想政治教育、中国近现代史基本问题研究

心理学：基础心理学、应用心理学

外国语言文学：英语语言文学、俄语语言文学、法语语言文学、德语语言文学、外国语言学及应用语言学

新闻传播学：新闻学、传播学

中国史：历史文献学、专门史、中国古代史、中国近现代史

工商管理：会计学、企业管理、法商管理

公共管理：行政管理、教育经济与管理、社会保障、公共人力资源管理、危机管理、国际人才交流管理

交叉学科：犯罪心理学、法治文化、全球学、纪检监察学、公共政策量化分析、政治社会学

（九）专业硕士学位授权点（5个）

法律硕士、公共管理硕士、工商管理硕士、翻译硕士、社会工作硕士

第三章 人才培养

一、本科教育教学

【概况】2016 年，学校响应国家提高重点高校农村学子比例的政策号召，在招生中做了以下两方面工作：一是增加“高校专项计划”招生人数，由 2015 年的 55 人增加至 60 人；二是将“国家专项计划”招生规模由 2015 年的 160 人增加至 170 人。在实际录取工作中，“高校专项计划”录取的考生人数 59 人，录取率达 98.3%，远高于 2015 年 72% 的录取率；“国家专项计划”100% 完成计划。

从录取情况看，在绝大部分省、自治区、直辖市的文科或理科最低录取分数线高出当地重点线 50 分以上。其中，文科最低录取分数线高出当地重点线 50 分以上的省份达到 29 个（2015 年的省份为 26 个，2014 年的省份为 22 个，2013 年的省份为 23 个，2012 年的省份为 20 个），达到近五年最高水平；理科最低录取分数线高出当地重点线 60 分以上的省份达到 28 个（2015 年的省份为 26 个，2014 年的省份为 25 个，2013 年的省份为 25 个，2012 年的省份为 24 个），亦为近五年最高水平。所有的省份之中，最低录取分数线高出当地重点线 100 分以上的文科或理科有 29 个（2015 年为 15 个，2014 年为 10 个，2013 年为 7 个，2012 年为 7 个）。

学校与最高人民法院合作共建法治信息管理专业。2016 年 11 月 10 日，在天平司法大数据有限公司成立仪式上，最高人民法院副院长江必新宣读了《最高人民法院支持中国政法大学建设法治信息管理专业的复函》。最高人民法院院长周强，学校校长黄进应邀出席仪式。学校在 2016 年开展新专业设置申报。校学术委员会审议了网络与新媒体专业、金融工程专业、汉语言专业、信息管理与信息系统的专业申报及建设工作方案，听取了相关学院负责人对新设专业的陈述答辩以及校本科教学指导委员会主任关于校本科教学指导委员会对该四个新设专业初步审议情况的介绍；党委常委会、校长办公会决议通过设置网络与新媒体专业、金融工程专业、汉语言专业、信息管理与信息系统四个新专业。学校在 2016 年本科生培养方案中首次创设了国际学分、创新学分两项特殊类型学分，成立了两个以创新创业为导向的跨学科教研室，开设了 50 余门创新创业类型的指导课、实验课。学校制定了《中国政法大学三学期制度改革方案》，并从 2016 年 9 月起正式施行由秋季学期、春季学期、夏季学期三个学期组成的教学周期。

学校 2016 届本科毕业生深造率［国内升学率 + 出国（境）留学率］达到 58.55%（国内升学率达 48.89%，出国留学率为 9.66%），在教育部部属高校本科毕业生国内深造率排行榜中排名第 3 位。学校 2016 年推免生所占全校应届生比例仅为 10.47%（不包括六年制法学实验班），远低于相当一部分综合类大学。

学校编写了《中国政法大学 2016 年度本科教学质量报告》，组织开展了“国家精品视频公开课”申报工作，以及“国家精品资源共享课”完善建设工作。

2016 年学校完成了 2016 年教育教学改革立项工作，立项 22 项；完成了 2015 年教改立项结项工作，结项 43 项，并将结项成果予以公示和推广，完成了 2015 年委托立项 61 个，内容涉及专业建设、国际化人才培养、教学信息化改革、政治理论课程建设、虚拟课程建设等。

学校积极探索和构建“4 + 1”智慧学习环境，全方位支撑本科教学。学校搭建了以智慧教室为中心，虚拟第三学期课程平台、毕博教学应用管理平台、优课程——教学资源云平台、爱讲座——法大流媒体资源平台的“4 + 1”智慧学习环境。

学校重视现代科学技术手段的使用，积极探索和构建“4 + 1”智慧学习环境。同时，学校积极探索“网络课 + 实体课堂研讨”的混合式教学模式，开设《行政法与行政诉讼庭审案例点评》《民事诉讼庭审案例点评》《刑事诉讼庭审案例点评》三门案例点评课程；通过毕博教学应用管理平台提升课堂教学中课程资料共享、分组讨论、平时测验等环节质量，截至 2016 年 11 月底，共有 89 名教师、4835 名学生使用该平台。

2016 年学校有 150 余人次本科生赴外进行交流交换学习和实习实践。2016 年，学校继续实施国际课程系列工作。国际课程共开设 53 门，共有 1100 余人次的学生参与了国际小学期的学习。

在夯实“同步实践教学模式”方面，学校进一步扩展共建范围，增加同步实践教学模式合作实务部门数量。2016 年学校与海南昌江法院、廊坊市人民检察院、吉林省东辽县人民检察院签署协议，扩大了共建合作单位范围；与吉林省东丰县人民法院、河南汝南县人民检察院续签协议书。庭审直播频率稳定在每周直播 1 – 2 场庭审。学校第四个卷宗副本阅览室——鉴定案例卷宗副本阅览室在证据科学研究院图书馆揭牌，弥补了以往法学教育中的空白。

本年度学校继续对毕业论文工作进行过程控制和监督检查，对全部 2016 届本科生（含 4 + 1、辅修、双学士、体改班）毕业论文进行原创性检查，共计 2189 篇。经学位论文学术不端行为检测系统检测，并经人工核查后，共发现存在抄袭现象的论文 95 篇，占全部检测论文的 4.3%。其中，学士论文抄袭率在 20% 以上的有 21 篇，占全部检测论文的 1%；在 10% – 20% 之间的有 27 篇，占全部检测论文的 1.2%；低于 10% 的有 47 篇，占全部检测论文的 2.1%。

2016 年上半年，学校建设中国政法大学实验教学中心网站（含实验预约系统），并在此基础上开展了 3 次面向北京地区高校的实验开放共享。自 2014 年以来，实验中心筹措资金数百万元启动了对外国语学院会议同声传译实验室、政治与公共管理学院民意研究实验室的建设工作，以及对刑事司法学院侦查学实验室、光明新闻传播学院新闻学实验室和商学院商务管理实验室的设备更新和升级改造工作。2016 年 9 月前后各实验室基本完工并投入使用。

【与最高人民法院合作共建法治信息管理专业】 11 月 10 日，在天平司法大数据有限公司成立仪式上，最高人民法院副院长江必新宣读了《最高人民法院支持中国政法大学建设法治信息管理专业的复函》，学校与最高人民法院将合作共建法治信息管理专业。

【开展“三学期制”教学制度改革】 根据学校综合改革工作要求，学校制定《中国政法大学三学期制度改革方案》，并自 2016 年 9 月起施行由秋季学期、春季学期、夏季学期三个学期组成的教学周期，创新人才培养机制，突出国际化人才培养环节。

【启动 2017 年本科教学审核评估筹备工作】 7 月 2 日，学校召开 2017 年本科教学审核评估工作部署会，正式启动本科教学评估的筹备工作。学校将举全校之力，集全校之智，以更加饱满的热情迎接新挑战、开创新局面、创造新业绩，坚持“以评促建，以评促改，以评促管，评建结合，重在建设”的方针，突出内涵建设，突出特色发展，强化办学合理定位，强化人才培养中心地位，强化质量保障体系建设，不断提高人才培养质量，全面严谨、不折不扣地做好迎接评估的建设、整改和准备工作。

【拓展本科生参加国际组织实习人才培养新路径】4月12日，学校与国际城市管理协会就遴选优秀本科生赴国际城市管理协会会员所在城市实习签订了正式合作协议。党委副书记、副校长常保国教授，教务处处长、ICMA 中国中心中方主任卢春龙教授，ICMA 中国中心执行主任罗丽军，国际合作与交流处副处长王福平，教务处副处长吴宏耀教授等出席了签字仪式。该项目将遴选学校优秀本科生赴美指定城镇实习。根据合作协议，学校将依托国际城市管理协会在美国城镇的会员优势，每年遴选30名优秀本科生赴美指定城镇实习3－6个月时间。

11月24日，学校与世界银行下属机构国际金融公司签署了人才培养实习项目合作备忘录。在合作备忘录中，学校与国际金融公司共同设立海外实习项目：学校将在2016年至2019年的三年里，每年挑选优秀学生前往位于美国华盛顿特区的世界银行国际金融公司总部首席经济学家办公室进行实习。

【新设“网络与新媒体”“金融工程”“汉语言”“信息管理与信息系统”四个本科专业】学校在2016年开展新专业设置申报。校学术委员会审议了网络与新媒体专业、金融工程专业、汉语言专业、信息管理与信息系统的专业申报及建设工作方案，听取了相关学院负责人对新设专业的陈述答辩以及校本科教学指导委员会主任关于校本科教学指导委员会对该四个新设专业初步审议情况的介绍；党委常委会、校长办公会决议通过设置网络与新媒体专业、金融工程专业、汉语言专业、信息管理与信息系统等四个新专业。

【2015级法学学术精英人才培养实验班正式开班】学校在2015级学生中选拔出一批立志学术研究和发展的学生组成法学学术精英人才培养实验班。3月30日，2015级法学学术精英人才培养实验班举行开班仪式，法学学术精英人才培养实验班是学校法学人才培养模式改革的一个创新，在基于“一个专业，多种模式”的培养理念之下，面向对法学学术研究、法学教育研究等方面有兴趣的学生因材施教，以“特色化、小班化、国际化、导师制”为特点，设立单独的培养机制。

【成立创业学院，下设国家创业创新发展与规范研究中心等机构】学校于6月成立中国政法大学创业学院，作为学生创业教育综合平台，具体负责学校创业教育规划及重大创业决定的落实。9月18日，黄进、常保国为中国政法大学创业学院揭牌。创业学院院长由常保国担任，执行院长由解廷民兼任。常保国代表创业学院聘任学校教务处处长卢春龙、就业创业指导中心副主任徐庆和北京震宇昌晟互联网中心有限公司董事长王剑元为兼职副院长。创业学院的成立标志着学校办学目标从研究型大学到创新型大学的转变。同年6月15日，学校在创业学院下设立国家创业创新发展与规范研究中心研究中心，中心将围绕“大众创业、万众创新”的新特征、新业态开展工作。

【构建智慧学习环境，教学信息化水平显著提高】学校积极探索和构建“4＋1”智慧学习环境，全方位支撑本科教学。以智慧教室为中心，搭建虚拟第三学期课程平台、毕博教学应用管理平台、优课程——教学资源云平台、爱讲座——法大流媒体资源平台的“4+1”智慧学习环境。学校探索“网络课+实体课堂研讨”混合式教学模式，开设《行政法与行政诉讼庭审案例点评》《民事诉讼庭审案例点评》《刑事诉讼庭审案例点评》三门案例点评课程；通过毕博教学应用管理平台提升课堂教学中课程资料共享、分组讨论、平时测验等环节质量，截至2016年11月底，共有89名教师、4835名学生使用该平台。

【创设国际学分和创新学分】学校在2016年本科生培养方案中首次创设了国际学分、创新学分两项特殊类型学分。国际学分旨在鼓励学生参加国际课程学习、国际高校交流交换学习，拓宽国际视野、提升国际化交流水平、增强国际竞争力；创新学分围绕“大众创业、万众创新”的新形势，鼓励学生进行创新性学习，学校成立了两个以创新创业为导向的跨学科教研室，开设了50余门创新创业类型的指导课、实验课，鼓励广大学生也通过参加创新项目、参与创新论坛来获取学分，从而实现创新型人才培养改革的目标。

【附件】

1. 学校本科专业设置情况（2016年情况）

学校本科专业设置情况

1	法学	11	哲学
2	侦查学	12	汉语言文学
3	政治学与行政学	13	思想政治教育
4	行政管理	14	社会学
5	国际政治	15	社会工作
6	公共事业管理	16	应用心理学
7	工商管理	17	英语
8	经济学	18	德语
9	国际商务	19	数学与应用数学
10	新闻学	20	翻译

2. 省级及以上本科教学工程项目情况（截至2016年底）

名称	类型	主持人	时间
法学	特色专业	徐显明	2007
政治学与行政学	特色专业	张桂林	2008
社会学	特色专业	应星	2009
法律逻辑	精品视频公开课	王洪	2012
法律英语	精品视频公开课	魏蘅	2016
西方政治思想史	精品资源共享课	张桂林	2016
中国法制史	精品资源共享课	张晋藩	2016

续表

名称	类型	主持人	时间
行政法与行政诉讼法	精品资源共享课	马怀德	2016
商法学	精品资源共享课	赵旭东	2016
中国政法大学法学精英人才培养模式创新实验区	人才培养模式创新实验区	徐显明	2007
法学人才培养模式改革实验班	人才培养模式创新实验区	李树忠	2009
卓越法律人才培养计划	人才培养模式创新实验区	黄进	2012
中国政法大学法学实验教学中心	实验教学示范中心	于志刚	2009

3. 北京市级、国家级教学团队目录

北京市级、国家级教学团队目录

团队名称	级别	获奖年份	团队带头人
西方政治学基础课程教学团队	国家级	2008	张桂林
法制史	国家级	2010	朱勇
中国法制史教学团队	市级	2007	朱勇
西方政治思想史教学团队	市级	2007	丛日云
西方政治学基础课程教学团队	市级	2008	张桂林
行政法学教学团队	市级	2008	马怀德
商法学教学团队	市级	2008	赵旭东
民法学教学团队	市级	2009	王卫国
国际法双语教学团队	市级	2009	莫世健
西方文明通论教学团队	市级	2009	丛日云
刑法学教学团队	市级	2010	曲新久

4. 国内名校交流交换培养模式合作学校一览表

国内名校交流交换培养模式合作学校一览表

	合作学校	协议签署时间	交流名额	交流周期	备注
1	山东大学	2005. 10	50	学年	
2	武汉大学	2006. 1	20	学年	
3	中山大学	2006. 1	20	学期	
4	吉林大学	2006. 6	10	学年	
5	厦门大学	2006. 6	20	学期	
6	华东师范大学	2007. 1	20	学期	
7	浙江大学	2007 年春季首次互派	10	学年	
8	南开大学	2013. 4	20	学期	

5. 2016 年国家级大学生创新创业训练计划项目信息表

2016 年国家级大学生创新创业训练计划项目信息表

项目编号	项目名称	项目类型	项目负责人姓名	项目其他成员信息	指导教师姓名	指导教师职称	项目所属一级学科代码	项目简介（200 字以内）
201610053001	“三位一体” 日间老人照料中心的发展完善探究——北京市朝阳区、东城区、石景山区为例	创新训练项目	邹昭敏/2014101037	沈小青/2014812059，程世明/2014812044，岳云/2014710058，谢洁盈/2015622004	梁柏能	副教授	840 社会学	本项目以法学视角，综合运用各种调研方式与法学、社会学等学科知识，探究最新养老模式——“三位一体”老人日间照料中心在法律、制度保障不足，运营机制有待进一步完善状态下的真实发展现状，并根据典型案例分析与先进经验，结合本土实际情况，分析完善发展方法，提出立法政策建议和有效运营机制模型，以推进该新型养老模式为合理解决中国养老问题做出更大的贡献。
201610053002	水域淤积形成新生土地物权归属问题研究——以番禺县沙仙尾滩、中山市崖口村、渭南市王村、大丰市为例	创新训练项目	黄彦钦/2013101168	折小云/2013402036，吴铮/2013201153，王君逸/2013201223，李凯/2014501122	田士永	教授	820 法学	该项目立足于当前水域新生土地所有权、使用权归属不明的纠纷，从个人、集体、政府，多方面着手考虑，针对当前立法空白和司法不统一的问题，使用不同的研究方法，并选择典型的地区进行实验调研，探查纠纷情节与处理结果，分析原因，最后从经济学效率价值、政治学政治力量对比，生态学环境价值出发，提出立法建议。
201610053003	以判例法思维为启发，将指导性案例置入法学案例课教学模式的调查研究——以中国政法大学为例	创新训练项目	陈世炫/2014201230	何苗/2014501255，益铭/2014501240，宋周/2015101030	姚国建	教授	820 法学	在案例课已成为中国政法大学法学专业特色课程，并且开展数年的背景下，我组同学对其课程效果即对学生理解和应用专业课程的帮助情况作了调查。并且在此基础上追本溯源——着重探索以“判例式思维”为启发，将指导性案例运用到案例课程教学中的可行性，以期推进学生对法条的理解，提高同学们的实践能力。

续表

项目编号	项目名称	项目类型	项目负责人姓名	项目其他成员信息	指导教师姓名	指导教师职称	项目所属一级学科代码	项目简介（200字以内）
201610053004	移动终端式“电子庭审”模式构建的设想——基于郑州中院“微信庭审”的实践	创新训练项目	吴维锭/2013201208	肖鸿园/2014201311，蒋诗平/2014201309，费子轩/2015501149，李兴文/2014201314	刘金华	教授	820 法学	“电子庭审”使处于不同空间的诉讼参与人参加庭审，避免劳务奔波，节省诉讼成本。但是传统的“电子庭审”必须以巨大的财政投入为前提，而这也直接从物质实践层面阻碍了“电子庭审”的推广。本课题以郑州中院的实践为切入点，以移动终端为破局点，构建一个区别于传统成本高昂的“电子庭审”的新模式。这种新模式以手机等移动终端为基础，将基础设施建设成本转移到社会，从而分散了法院的资金压力，能大大促进“电子庭审”在我国的适用。
201610053005	小区开放后物业转型研究	创新训练项目	刘煜成/2014201058	岳可/2014101176，张晓东/T14201009，胡心仪/2014811026，赵欧/2014405008	刘智慧	教授	820 法学	开放小区政策出台后，物业服务便面临众多问题，经过前期的初步调研，开放小区的物业服务亟待转型。本项目以目前小区物业存在的问题以及小区开放后物业面临的的新要求为基础，借鉴国内外物业转型实践经验，探索适合开放小区的物业转型模式。
201610053006	私益募捐现象中的法律问题研究——以信托法律关系说为基础	创新训练项目	部俊辉/2014201148	王惠贤/2014201126，盘古强/2014201051，金子堂/2015812014	梅慎实	教授	820 法学	此项目是以“私益募捐现象”为研究对象，从法学的角度去思考其中存在的法律问题，包括主体资格，善款使用透明度，剩余财产归属等。研究的背景正是我国首部《慈善法》即将颁布，但是其却对于私益募捐问题采取了回避的态度，而私益募捐现象及相关问题大量存在于社会生活之中。我们小组是以信托关系说为理论基础，通过文献研究，问卷调查，访谈调查，专家交流，案例剖析，比较分析等方法去探析其中的法律问题。

续表

项目编号	项目名称	项目类型	项目负责人姓名	项目其他成员信息	指导教师姓名	指导教师职称	项目所属一级学科代码	项目简介（200字以内）
201610053007	陆港反家暴法中保护令制度比较研究	创新训练项目	武振国/2013201213	施荣毅/G13201006，葛晶晶/2013201171，赵若帆/2015402003	翟远见	讲师	820 法学	我们拟借鉴香港《反家暴法》中关于人身保护令的规定，结合我国的社会文化背景，在实地调查与对比研究的基础上，探讨在大陆法律体系下如何很好地执行人身保护令的相关问题。
201610053008	关于《反家暴法》实施对精神家暴防治效果研究——以安徽、甘肃为例	创新训练项目	赵威扬/2014201140	徐曼曼/2014201162，张欣佳/2014201081，赵萌/2014201082	尹志强	教授	820 法学	《中华人民共和国反家庭暴力法》于2016年3月1日起正式施行，这是我国以立法形式反对家庭暴力的首次尝试。该部法律从立法层面来说无疑是一次伟大的创新，其中最主要的亮点即是精神暴力进入法律规范，而本法在具体运用于司法实践领域中所可能存在诸多问题。本项目以精神暴力为核心和切入点，着力于调查《反家庭暴力法》关于精神暴力规定在司法实践中的运用，分析该法潜在的实施困境，并通过调研和资料、数据分析提出对策建议。
201610053009	C2C交易模式下第三方支付税收促进政策的法律保障研究	创新训练项目	时双宁/2014201242	栾垠锋/2014405015，李梦可/2014201170，闫雪晴/2015501077	翟继光	副教授	820 法学	国务院总理李克强2014年公开发出了“大众创业、万众创新”的号召，在2015年的国务院常务会议中一项重要决定即为对小微企业、孵化机构等给予税收支持。今年召开的“两会”上企业减税问题更是备受关注。本文立足于此，拟通过完善与网络第三方支付税收相配套的各项机制，如税务登记管理制度的完善，纳税主体以及税收管辖权的确定，从而在法律层面上侧面促进了我国网络第三方支付的发展的同时响应了国家号召中“对小微企业、孵化机构等给予税收支持”，促进双创和互联网发展，减轻个人和小微企业税收负担，实现实质公平。

续表

项目编号	项目名称	项目类型	项目负责人姓名	项目其他成员信息	指导教师姓名	指导教师职称	项目所属一级学科代码	项目简介（200字以内）
201610053010	探究有机食品认证困境下有机农散户构建物联网粉丝经济的可行性	创新训练项目	王牧/2015201196	李嘉怡/G14201039，杨晓慧/2015405032，王梦霏/2015812080，黄镇/2015811038	霍钊	讲师	790 经济学	针对有机食品的认证困境下有机食品散户自发构建粉丝经济式的市场信任机制的现实情况，创新地探究物联网社区架构下散户通过物联网智能社区粉丝经济走出困境的可行性。
201610053011	从中国监狱同居会见制度发展现状观性权利保障——以江苏南京、湖北黄冈为例	创新训练项目	李晓瑜/2014301128	陈柳萌/2014301197，汪辰子/2014301022，徐艺晖/2014301194，黄荣/2013301097	徐久生	教授	820 法学	罪犯的性权利问题一直是世界的一个热点问题，各国对此研究从未停歇，我国也不例外。为了保障罪犯的性权利，近年来，我国也做出了一些尝试，如实行“同居会见”，在监狱中开设所谓的“夫妻房”，民间也又称“鸳鸯房”。纵观中国同居会见制度的实施现状，2007年之前，因为并没有法律的明确规定，所以各地对此制度大多处于摸索阶段，2007年之后，因为出现了种种问题，如经费问题、腐败问题、男女不平等问题、女犯人怀孕问题等一系列疑难杂症，大部分“同居会见室”都被中央叫停。我们的这次研究旨在通过对这几年大众对于“同居会见室”的接受程度和看法进行问卷调查和数据统计，以及深入实地考察和访谈，并且咨询一些理论界有权威的学者，最后能够提出一个完善我国现阶段监狱同居会见制度的建议，化解我国同居会见制度的尴尬处境。我们希望通过我们的努力能够提出一些可行的建议。
201610053012	移动医疗损害责任法律关系研究	创新训练项目	王宏喆/2013301008	莫潇/2013301007，阚宇杰/2014301185，乔莉娜/2014301071，龙丹/2014301069	胡安潮	教授	820 法学	在移动医疗蓬勃发展的背景下，广大患者和医生较多的接受了移动医疗，各个移动医疗平台也积极开发和推动移动医疗的发展，本项目致力于移动医疗损害责任的法律关系研究以及当移动医疗损害责任发生时，各个适格主体的责任承担问题。

续表

项目编号	项目名称	项目类型	项目负责人姓名	项目其他成员信息	指导教师姓名	指导教师职称	项目所属一级学科代码	项目简介（200字以内）
201610053013	新课改背景下中小学书法课内容设置调查与研究——以北京、山东地区为例	创新训练项目	赵清斌/2014301057	李文辉/2014814003，俞嘉枫/2014814019，徐欣/2014405039，王越/2015301225	赵强	讲师	760 艺术学	本课题致力于探究新课改背景下中小学书法课程的内容设计问题，通过文献研究、问卷调查、实地走访等方式，具体地了解中小学书法教育的现实情况，发现其内容设置中存在的问题，从而提出完善方案。
201610053014	女性权益特殊保护进路的得与失——以安徽省合肥市“痛经假”实施状况为范本	创新训练项目	侯迪/2013301239	宋佳萌/2014501176，杜小勇/2014501187，肖佑虹/2015812035，高秋男/2015814008	王新宇	教授	820 法学	安徽省的立法举措引发了公众对于“痛经假”该不该立法、该如何实施的发问。本课题将从立法者初衷、企事业单位落实状况、女职工反馈等多方面，针对“痛经假”实施的各个环节进行研究和调查，对其现状进行实地调研，从而对我国“痛经假”的去留或发展有一定的帮助和启示作用。同时，本课题将促使立法者提高法律中的性别敏感性，在制度设计上对女性权益予以实质性保护。
201610053015	古城不可移动文物保护现状及完善方案研究——以湖北省荆州古城为例	创新训练项目	姚尧/2013301034	高帅/2013608059，陈佳莉/2013101039，刘月/2013710024，章程荃/2013405002	陈煜	副教授	820 法学	该课题选取湖北荆州古城作为代表，借助新《文物保护法》实施的契机，以荆州古城内不可移动文物为例，结合古城整体环境，深入调查其保护现状，从多个角度总结成功的经验，了解存在的问题和困难，并最终寻求解决问题的方案。将全部调研过程制作纪录片，撰写一份调研报告，同时向荆州市政府提交一份完善荆州古城文物保护的建议方案，以期增强民众的文物保护意识，促进政府落实保护政策，为其他历史古城所借鉴。

续表

项目编号	项目名称	项目类型	项目负责人姓名	项目其他成员信息	指导教师姓名	指导教师职称	项目所属一级学科代码	项目简介（200字以内）
2016 1005 3016	新环保法下雾霾应急预案有效性调查研究——以北京、武汉、沈阳为调研地点	创新训练项目	蒋垚钰/2013301143	段昂尊/2014501138，李昕贺/2014201127，佟瑞婷/2014201129	王青斌	教授	820 法学	本课题旨在通过实地调查、对比性研究，以新环保法为视角，以实地调研数据为立足点，主要研究当前雾霾应急预案的法律依据、制定过程及其有效性，并对其跨区域性、科学性、有效性加以探求。本项目的特点在于：选题新颖，针对性强；多主体、多角度，调查对象包括政府机关、相关专家、企事业单位和市民群众；调查对象代表性强，以京沈汉三大城市为对象进行实地调查；理论联系实际，前期收集阅读相关文件资料，后期加入访谈和问卷调查。
2016 1005 3017	“医养结合”养老PPP模式探究——以江苏如东县中医院为例	创新训练项目	魏依洋/2013301183	李倩文/2013501145，王颖昕/2014201299，张蓉/2014608024，张舒绮/2014608100	张钦昱	讲师	840 社会学	课题在“医养融合”和PPP模式的视角下，以江苏省如东县中医院为例进行实证研究。希望能够通过总结“医养融合”PPP项目建设中的经验，为全国推进养老设施建设和提升养老服务水平提供参考与借鉴，验证PPP模式在养老服务设施建设中的作用并将其总结和拓展。
2016 1005 3018	法学同步实践教学模式的模式探索——以中国政法大学庭审直播和案卷阅览为样本的分析	创新训练项目	辛玥颖/2014301283	魏茜/2013608081，吴瑕/2013608073，赵歆然/2014301285，高婷婷/2014301286	于冲	讲师	840 社会学	在国内法学教育改革日益发展的大背景下，法学实践教学模式也受到充分肯定和重视，以我校为例，庭审直播和案例卷宗阅览作为我校同步实践教学改革的重点项目，成为广大师生参与同步实践教学的重要平台。但反观现实，同步实践教学改革的现有成果并未达到原本期望，仍然存在着大量急需解决的问题。本项目小组基于此希图寻找出解决困境的具体方案，并在思考此问题的基础上进一步探究实践教学模式改的深层影响。

续表

项目编号	项目名称	项目类型	项目负责人姓名	项目其他成员信息	指导教师姓名	指导教师职称	项目所属一级学科代码	项目简介（200 字以内）
201610053019	以在华外资直销企业的没落反鉴我国民族直销企业如何健康发展——以雅芳与天狮为例	创新训练项目	马润艺/2014301160	王钰淘/2014301029，刘岩/2015301240	王涌	教授	840 社会学	直销行业作为近几年飞速发展的产业，为国民经济的发展贡献了力量，但随之而来的，也是它与“传销”的区分模糊及其他诸多问题的相伴产生。尽管如此，直销作为一个发展前景良好的营销模式，应当在我国拥有更广阔的发展空间，因此，对于如何使其在我国健康发展就显得至关重要。恰好，此次创新项目为此主题提供了良好的契机，能够将此问题列入“国家级创新创业训练项目”并予以立项和辅助调研必将推动该营销模式的发展。我们够确立这个主题，是因为我们关心国计民生，并且尝试为祖国的经济发展献言献策。虽然我们都是国际法学院的法学专业学生，却能够聚焦于经济、社会领域的问题，并对此产生浓厚的兴趣，还能够尝试申请立项、深入研究，这正是展现了我们法科学子的宽阔视野与济世情怀。
201610053020	中国电影完片担保制度初探	创新训练项目	梁兴博/2013501161	王子健/2014201060，王程凯/2014701138，林雅洁/2014608068，高世杰/2014501300	万蓉	副教授	820 法学	本课题致力于研究中国电影完片担保制度该如何架构的问题，通过对中外完片担保产业现状进行对比分析，希望为中国电影完片担保制度的架构提供建设性意见，使得电影完片担保制度能够在中国确立。实现对电影行业的推动，并进一步促进文化产业的大发展。

续表

项目编号	项目名称	项目类型	项目负责人姓名	项目其他成员信息	指导教师姓名	指导教师职称	项目所属一级学科代码	项目简介（200字以内）
20161005 3021	关于我校文科教材建设与使用情况分析	创新训练项目	林麒/2014501180	李维龙/2014201037，王月圆/2014201219，路晨/2014501119	栗峥	教授	880 教育学	本课题的研究内容是关于我校文科教材的建设和使用情况，希望通过研究发现我校文科教材建设过程当中存在的问题以及做的比较好的方面，同时为我校文科教材建设更有针对性的开展提供真实客观的成果参考，同时对我校文科教材的使用情况进行统计分析，更好的促进我校文科教材的建设工作开展。
20161005 3022	验证空气浮游菌富集形成微量物证的特种地属性进行物证归属地检验的可行性	创新训练项目	耿天谋/2013506025	杨茜茜/2013608072，王伊涵/2013501281，崔赫/2015506009，袁纪辉/2013506024	洪坚	副教授	820 法学	在微生物理论迅速发展的今天，侦查人员迫切渴望发掘出物证中更本质的属性以获得对于物证检验的技术补充。自列文·虎克打开了微生物学的大门，微生物学的种群属地特异性对于以往归属地难以确定的物证归属地认定提供了一条更广泛的思路。在此，研究小组以物证流转时依附于物证表面的空气浮游菌富集形成微量物证的特种地属性进行研究，希望能通过此项研究为物证归属地认定提供依据。
20161005 3023	实验教学及虚拟仿真实验教学研究——以侦查学专业为例	创新训练项目	姚雨/2015506004	季书贤/2015506017，杨航宇/2015506030	肖承海	副教授	880 教育学	本课题将研究实验教学、虚拟仿真实验教学以及两者联系。我们将从如何完善政法类院校侦查专业实验教学方面着手，关注老师、学生等人为因素。同时横向联系各政法类院校，共同开发虚拟仿真实验教学中心，共享虚拟仿真实验教学资源。关注哪些依旧采用实验教学，哪些有必要采用虚拟仿真实验教学，哪些需要两者相结合，可为之后侦查专业实验教学与虚拟仿真实验教学提供意见。

续表

项目编号	项目名称	项目类型	项目负责人姓名	项目其他成员信息	指导教师姓名	指导教师职称	项目所属一级学科代码	项目简介（200字以内）
201610053024	互联网O2O模式下附赠式有奖销售相关法律问题的调查与研究——以网络用车之“补贴大战”为例	创新训练项目	郭派麟/2013501201	李昀潞/2013608047，崔传森/2014301232，郭柔杉/2014301245	李东方	教授	820 法学	当前违法性有奖销售的行为始终没有明确的立法规定和市场规制。本课题通过以互联网O2O模式下网络用车补贴优惠政策为例子，深入调查研究附赠式有奖销售的法律现状，并提出相关解决建议。
201610053025	运用网络仲裁解决互联网金融纠纷的最优化模式——以P2P担保合同纠纷为例	创新训练项目	韩芮/2014501081	吴子豪/2013501002，王炜康/2013301161，杨奕/2014907017	张春丽	讲师	820 法学	在“互联网+”的背景下，以P2P网贷、众筹、移动支付为主要特征的互联网金融迅速发展，同时也出现了很多纠纷，而传统争议解决机制在处理此类纠纷上显得“水土不服”。因此，小组成员提出了一种解决互联网金融网络纠纷的新型路径——网络仲裁，引入“案例数据库”制度和“时间戳”认证，实现仲裁委员会与中国互联网金融行业协会的数据（电子证据）共享，构建“调仲对接”的多元化纠纷解决机制，为解决互联网金融纠纷提供一种新型的最优化路经。
201610053026	在人权和国家利益之下，对“脱北者”问题的调查与探究——以辽宁省丹东地区为例	创新训练项目	杨宸/2013501061	李颖/2013501255，刘柳/2013301064，陆圣洁/2013201141	原洁	讲师	820 法学	中国幅员辽阔，国境线，海防线长，与多个国家接壤，很多边境地区难以监管，使得非法入境和非法移民的内部条件方便，导致目前国内大部分边境地区都有或大或小的非法移民问题发生。最近比较典型的就有西南地区非法买卖越南新娘，广东沿海黑人问题以及东北中朝边境脱北者的报道。这些非法移民问题产生原因复杂多样，给当地人民生活，社会经济发展带来了影响。而其中“脱

续表

项目编号	项目名称	项目类型	项目负责人姓名	项目其他成员信息	指导教师姓名	指导教师职称	项目所属一级学科代码	项目简介（200字以内）
201610053026	在人权和国家利益之下，对“脱北者”问题的调查与探究——以辽宁省丹东地区为例	创新训练项目	杨宸/2013501061	李颖/2013501255，刘柳/2013301064，陆圣洁/2013201141	原洁	讲师	820 法学	北者”问题由于产生原因的特殊和复杂，造成的国际影响巨大，涉及到中国国家政治，安全和外交利益以及人权问题，显得格外重要和突出，所以需要妥善地定性分析和解决，因此我们小组决定进行实地调查，获得最可靠的一手资料，为解决非法移民问题提供信息支持。
201610053027	基于NGO模式探讨服刑人员与其未成年子女亲子关系的修复及维持问题——以北京、天津太阳村为例	创新训练项目	陈小玥/2014501160	杨宁鑫/2014301165，石炳南/2014501023，徐浩/2014301008	刘希庆	副教授	840 社会学	该项目将以北京、天津地区的太阳村为例，研究非营利性民间慈善组织（即NGO模式）在维持及修复服刑人员与其未成年子女亲子关系方面所采取的措施以及存在的问题；并结合实地调研，咨询采访，研究国外相关制度等方式提出适合我国国情的建议，并对这些建议进行学理论证和可行性分析，最终对该问题形成一个完整的制度认识和价值评价以及提出可行性较高的相关改进方案。
201610053028	关于新时期中国家庭教会治理模式的调查研究——以温州地区家庭教会的发展状况为例	创新训练项目	张一益/2014501141	周梦琪/2014501072，杨莉/G14201008，郑君翘/2015101140，裘诗晴/2015101138	周青风	副教授	820 法学	项目以近年来“强拆十字架”等一系列热点事件为背景对“温州家庭教会”进行研究。家庭教会，是指中国大陆没有经过政府批准认可的、由信仰基督教的群众自发组织建立的基督教会。该项目通过对温州地区家庭教会发展现状进行社会调查，大致了解现阶段温州地区家庭教会发展现状以及政府对于家庭教会的治理模式及其现存的问题。该项目本着政府治理的视角，在反思政府现阶段治理模式的不足后，将提出一系列促进家庭教会合法化的合理方案。

续表

项目编号	项目名称	项目类型	项目负责人姓名	项目其他成员信息	指导教师姓名	指导教师职称	项目所属一级学科代码	项目简介（200字以内）
201610053029	妇女权益保护视角下母婴室设置及管理状况调查——以京沪粤火车站为例	创新训练项目	姜雅文/2014501205	张宇涵/2014405045，肖月江/2014811012，徐嘉惠/2014918011，孙健宣/2014501188	张天民	副教授	630 管理学	从最开始的“地铁喂母乳”事件到马伊琍使用母婴室问题引发微博热议，再到最近两会有关母婴室议案的提出，使得越来越多人开始了解和重视母婴室，北京、南京、昆明等地方也陆续展开了修建母婴室的计划。但在热议的母婴室数量问题之外，是否还有其他没有被重视的问题，是对妇女权益的一种损害？母婴室设置的地理位置、内部设计、标识等，有没有充分保护妇女权益？在现已建立的母婴室中，母婴室的利用率到底如何？妈妈们对它的满意度如何？尽管母婴室的数量严重不足的问题急需解决，但可能就是这最引人注目的问题使得大家忽视了关于母婴室设置和利用率的问题。只有完善这些细节问题，才能建立更加完善的母婴室体系，更好的保护女性权益。
201610053030	参与民主视角下社区居民的政治参与文化调研——以“街区制”改革议题为例	创新训练项目	刘子泰/2014501228	王玲/2013402043，叶凌云/2014608060，缪慧/2014501279	聂露	副教授	810 政治学	“拆墙令”的出台以及势在必行的街区制改革，使得公民反应极为强烈，关心程度远远超过普通公共政策。我们希望观察在这一政策的实际推行过程中，涉事小区居民的政治参与活动特点，通过文献、比较研究以及实地调研等方法，分析讨论在新的街区制政策下，社区居民对自身政治权利和自治权利影响的态度，从政治权利视角去思考这一政策对于社区居民的影响。

续表

项目编号	项目名称	项目类型	项目负责人姓名	项目其他成员信息	指导教师姓名	指导教师职称	项目所属一级学科代码	项目简介（200字以内）
201610053031	畲族女性崇拜及其对婚姻家庭习惯法的影响研究——以江西省鹰潭市贵溪樟坪畲族乡为例	创新训练项目	姜怡心/2014501088	李念祖/2014501301，王淋淋/2014501303，周宇驰/2014501137，周小蔓/2015907015	王新宇	教授	820 法学	习惯法一直是法社会学研究的热点，而部分少数民族的习惯法更为特殊。当今学术界关于少数民族女性崇拜及其对婚姻家庭习惯法的影响研究却是凤毛麟角。而畲族地区，女性崇拜的影响在婚姻家庭习惯法中仍有所保留，极具研究和借鉴意义。我们将女性崇拜对畲族婚姻家庭习惯法的影响作为研究核心，力求为丰富中国的法文化，解决法律适用中的民族问题与地区问题，增强法律的社会性做出一份贡献。
201610053032	我国自愿式环境协议的生存可能性调查——以承德市为例	创新训练项目	连真/2014501144	王魏阳/2014201310，陈超跃/2015501151，薛馨玥/2015201217	庄敬华	副教授	820 法学	该项目通过研究国内外自愿式环境协议理论与实践，辅助于对合同环境服务模式试点走访调查，找到合同环境制度的不足之处，探寻自愿式环境协议理论与实践可行之路，对其进行进一步的完善。
201610053033	国家留学基金委优秀本科生国际交流资助项目执行效果实证研究——以中国政法大学为例	创新训练项目	陈立之/2014501118	陈曦/2014301263，李晶晶/2014101137，应启宾/2014501265，杜沛育/2015201044	赵天红	副教授	880 教育学	本课题主要对“国家留学基金委优秀本科生国际交流项目”在中国政法大学实际执行现状、执行模式、执行效果进行全方面的调查和研究，分别从学校和学生两个层面，探究现行优本项目执行的成就及存在的问题以及提出切实可行的解决措施及建议。前期通过调查问卷等方法，发现项目执行中存在的问题并提出建议，中期通过制作宣传手册、推广微信平台、开展宣讲会等方式改进现存问题。后期形成一套详细具体的改善建议提交给中国政法大学教务处并协助教务处进一步落实。在结项后，将转交给下一届优本项目成员实现项目的持续运转。

续表

项目编号	项目名称	项目类型	项目负责人姓名	项目其他成员信息	指导教师姓名	指导教师职称	项目所属一级学科代码	项目简介（200 字以内）
201610053034	冲击－变奏－超越："共享空间"视角下的高校图书馆新际遇——以中国政法大学图书馆及北京周边高校为例	创新训练项目	陈弱霄/2015402007	李月/2014814050，曾荣丽/2014501085，廖雅婷/2014501249	张都爱	讲师	870 图书馆情报与文献学	中国政法大学图书馆昌平校区建立于 1991 年。随着学校扩招，在校生人数不断增长，原有图书馆布局已经不适应当前需要，随着 2016 年教育部新《高校图书馆管理规程》的出台，打造一个满足高校学生全面发展，推动学生综合素质提升的"共享空间"式图书馆已经成为图书馆发展的现实需要。本课题从物理和虚拟两个角度入手，基于在校学生视角，积极探讨中国政法大学昌平校区建设"共享空间"图书馆的可行性，尝试打造法大特色的现代化图书馆。
201610053035	政务微信视角下城市基层管理的转型与创新——以青岛、大连等典型街道办事处政务微信为例	创新训练项目	黄翔眉/2014405097	王剑/2014405004，姚成程/2014405094，金友旋/2014405102，张宁/2014403026	张天民	副教授	630 管理学	本项目以政务微信为切入口，调查政务微信视角下基层政府的转型和创新。在前期资料收集和整理的基础上，选取青岛、大连等典型街道办进行调研，了解该地区街道办政务微信的运营模式、表现特点、影响结果等，提出解决其在推动街道办转型和创新中面临困境的可行之道。
201610053036	企业中新生代员工与中生代员工工作效率的比较研究——以昌平区科技型企业为例	创新训练项目	郑建安/2013814006	王上/2013814004，邓军/2014814008	武长海	副教授	790 经济学	本课题主要分析科技型企业内影响员工工作效率的因素及新生代员工与中生代员工工作效率的比较研究。

续表

项目编号	项目名称	项目类型	项目负责人姓名	项目其他成员信息	指导教师姓名	指导教师职称	项目所属一级学科代码	项目简介（200字以内）
201610053037	个税改革对税收收入的影响——基于居民收入分布的估算	创新训练项目	章静雯/2014812066	秦思媛/2014812027，李梓锋/2014811003，汪予希/2015812072	杨丽花	副教授	790 经济学	本课题应用基于TC/D，构建了我国个人所得税的税收收入的积分模型，从而进一步得出近10年居民收入分布特点和个人所得税税收收入、税收努力的情况。接着利用PLS路径模型。分析三次个税改革、居民收入变化对税收收入变化的影响以及对税收收入的影响途径。最后，根据我国最近公布的个税改革方案，改进计算税收收入的函数，探究我国税收收入的变化。同时，结合我国个人所得税现存税制的突出问题，提出了相应的解决办法和应对措施。
201610053038	商业信托公司土地流转项目盈利模式调查研究	创新训练项目	张灵岩/2013713010	张美昌/2013501164，刘泺/2013501044，胡馨予/2015201076	葛建华	副教授	630 管理学	随着土地改革相关政策逐渐明朗并细化，商业信托公司土地流转项目正蓬勃发展，由于土地流转信托刚刚开展，一切都在摸索之中，故商业信托公司土地流转项目的盈利模式仍不清晰。本项目旨在以产权理论、博弈论等为理论基础，以物权法、农村土地流转相关文件为政策法律依据，对商业信托公司土地流转项目盈利模式、经营现状、未来发展状况等进行调查研究，为商业信托公司土地流转商业模式的建立和有效运行提供参考。
201610053039	贴吧商业模式的现状和策略探究——以法律制度和用户权益为视角	创新训练项目	师彦泽/2014811059	李浩宁/2014608052，李昊/2014301316，顾峥/2014608073，崔佳琪/2014713011	朱巍	副教授	630 管理学	以“血友病吧”吧主被卖所引发的一系列贴吧事件为始，通过调研、访谈、实证研究、理论分析等方式，以法律制度和用户权益的视角为出发点，探究贴吧商业模式的现状以及现状中存在的道德困境与法律问题，明确贴吧商业化过程中的责任，探究良性贴吧商业化策略。

续表

项目编号	项目名称	项目类型	项目负责人姓名	项目其他成员信息	指导教师姓名	指导教师职称	项目所属一级学科代码	项目简介（200字以内）
201610053040	“一带一路”战略下我国对外直接投资的发展选择——基于对外直接投资与产业结构调整的实证研究（2004－2014）	创新训练项目	曲艺/2013814009	李云菲/2014812081，任心仪/2014814017	金仁淑	教授	790 经济学	本课题从对外直接投资与产业结构调整的视角出发，运用灰色关联分析模型，对2004－2014年的数据进行实证研究，探寻哪些行业的对外直接投资可以更好地促进国内产业结构优化升级，以此为我国“一带一路”下的对外直接投资提供政策建议。本课题的最终成果形式为学术论文，并将寻求其在核心期刊的发表。
201610053041	虚假网络口碑效应及其应对策略研究——由“网络水军”引发的思考	创新训练项目	陈雨/2014811097	李檬檬/2014811103，李亚/2014501210，王玉珏/2014101101，钟云鹏/2014501183	孙忠群	教授	630 管理学	随着网络口碑进一步地深入生活，出现了一种看似与传统网络口碑类似的“虚假网络口碑”。与此相对的是创造“虚假网络口碑”的庞大网络水军群体。他们受雇于网络公关公司，为客户造势的网络人员。网络水军通过大量发表情感、内容相似的言论来人为地制造一种“虚假网络口碑”，进而影响消费者选择。评论本身的属性等方面都与真实的网络口碑信息存在着巨大的差异。基于此，产生了诸如淘宝刷单赚取信用值的行为。
201610053042	案例课、研讨课、实务技能课课程建设情况调研	创新训练项目	高一棋/2013812024	甘逸航/2013201110，王茜茜/2014301077，麦竹筱/2015301304，辛婕/2015201025	张东	讲师	880 教育学	本课题将围绕着研讨课、案例课与实务技能课的选课人数、反馈意见、成效、不足、三种课程类型的衔接与可能的完善路径等内容，分别从教师、学生（含已经毕业工作同学）、学校等角度进行调研采访。并且基于调研结果与国内外现状对我校相关课程的开设提出合理化的建议。

续表

项目编号	项目名称	项目类型	项目负责人姓名	项目其他成员信息	指导教师姓名	指导教师职称	项目所属一级学科代码	项目简介（200 字以内）
201610053043	我国 B2C 电子税收问题及对策研究	创新训练项目	陈煦畅/2013814029	康颜钰/2014812026，林皓砜/2014811016	杨丽花	副教授	790 经济学	本项目从我国 B2C 电子商务税收流失问题出发，研究我国电子税收面临困境，并探究税收政策对 B2C 经济的影响。通过借鉴国外电子商务发达国家成熟经验，力图在税收经济与电子商务发展中把握二者平衡，为我国 B2C 电子商务流失问题提出科学合理的改善对策。
201610053044	新形势下高级饭店现状分析及对策研究	创新训练项目	马健/2014811037	张蒙尹/2014405053，李琬婧/2014301106，李艺涵/2015402033	肖滢	副教授	840 社会学	以新时期下的高级饭店为研究对象，定性阐述现状，定量分析原因。利用时间序列分析模型等多种数学模型，由表及里的分析行业数据，挖掘深层次原因，综合转型成功、转型失败的高级饭店的经验和教训，为还在探索的高级饭店提供可借鉴的思路。
201610053045	探究普通话推广对方言声调演变的影响——对比 20～30 岁青年与 50 岁以上中老年人的方言声调	创新训练项目	苏子婵/2013713022	蒋雨璇/2013713026，龚玲/2014713036，范振东/2013301005	张彦	副教授	740 语言学	此次研究着眼于普通话推广过程中方言的发音声调变化问题，借助语音学实验的方法比对受普通话影响大小下发音声调的不用从而对普通话推广的程度进行探析，以希望从“声调”方面以小见大考察普通话对方言声调的影响，从而分析出兼顾普通话进一步推广与方言保护的语言改革与保护方案。
201610053046	环保 NGO 及环境法庭视角下环境公益诉讼困境调查研究——以山西、云南、江苏为例	创新训练项目	李依芮/2014608017	陈亮/2014301089，郭嫒嫒/2015201328，王佳民/2015201253	胡静	副教授	820 法学	就环境公益诉讼而言，诉讼提出者和受理者尤为重要，即环保公益组织和环境法庭。而在实际情况中，存在诸多问题：一方面，真正能够参与环境公益诉讼的环保组织数量较少；另一方面，环境法庭受案率极低，几乎无案可审。本课题正是以环保公益组织和环境法庭为切入点，探求环境公益诉讼完善方法。

续表

项目编号	项目名称	项目类型	项目负责人姓名	项目其他成员信息	指导教师姓名	指导教师职称	项目所属一级学科代码	项目简介（200 字以内）
201610053047	宗教灰市中的国家管制及回应——以北京、福州两地家庭教会为对比	创新训练项目	董焱尧/2013907007	黎旭/2013907002，薛冰佳/2014201335	何江穗	讲师	840 社会学	本研究主要遵循三色市场理论框架，主要围绕宗教灰市中的家庭教会展开，一方面从教会的角度探究宗教管制的作用方式和影响效果；另一方面根据官方的公开档案记录和对政府部门相关人员的访谈，探究管制运作的模式以及行动时的选择。除了这两个方面，我们还将关注教徒的精神世界，并探究其行动与宗教管制效果的内在联系。
201610053048	虚拟现实环境中的‘化身’与个体自我及其呈现方式的相互作用	创新训练项目	徐文韬/2014917008	李超/2013917025，汤家文/2014917003，杨翰霖/2014917006，郭春奇/2014918004	杨波	教授	190 心理学	研究的基本内容为“虚拟现实环境中的“化身”与个体自我及其呈现方式的相互作用”，其中包含 3 项基本内容：（1）虚拟环境中个体“化身”特征是否受个体现实环境中的形象影响，努力寻找现实形象与虚拟“化身”形象之间对应关系。（2）研究“化身”究竟是人格与虚拟社交表现的中间变量还是“化身”是虚拟社交表现的自变量。（3）完成实验的每一位被试设计一个包含三项内容的数据库，为矫治、预测、风险评估等工作提供数据支持。
201610053049	北京市流动人口家庭不同生命周期的压力及应对——基于生命模式的个案研究	创新训练项目	丁一/2014918005	何盼盼/2014918010，李维康/2014201234，石烁/2014101138，薛宁莹/2015101084	郭伟和	教授	840 社会学	本次项目从社会工作实务中的生命模式出发，将焦点聚焦在流动人口这一特殊的社会群体上。在流动人口基数越来越庞大，尤其是流动人口家庭化现象越来越普遍的背景下，本项目通过分析流动人口家庭（个案）的现实状况，探究其在家庭生命周期的不同阶段可能遇到的一系列问题，考察其自身的因应策略是什么，思考专业社会工作的应对策略是在何种程度上可以为他们提供帮助，法律和相应的社会政策有什么样的介入角度和空间。

续表

项目编号	项目名称	项目类型	项目负责人姓名	项目其他成员信息	指导教师姓名	指导教师职称	项目所属一级学科代码	项目简介（200字以内）
201610053050	大学生压力与社会再适应水平相关研究	创新训练项目	杨宇凡/2014917021	陈佳钰/2014917019，王浩宇/2014917007	王国芳	副教授	880 教育学	近年来，对于心理疾病的去污名化让大学生对于自己的心理状态、压力、焦虑等各方面有了新的认识。大学生面对生活大事件及环境变动的调节能力，即社会再适应能力，成为大学生关注的热点。本研究联系高考大环境和进入大学生活后的再适应的相关，以验证各地教育方式和高考改革的合理性，其最终目的在于减少生活大事件对大学生产生心理压力和各种疾病，提高各地对于心理弹性和人格特质的塑造的关注，期望对各地高考环境改革变动起到指导作用。
201610053051	农村家庭夫妻间家暴行为研究——对河北省A村和江西省B村的调研	创新训练项目	张培/2014907024	陈楚圆/2014907025，易晨/2014501170，许心悦/2014301032	何江穗	讲师	840 社会学	本研究主题是农村家庭夫妻间家暴行为研究。我们假设经济条件、家庭生命周期影响农村家庭情感基础和居住方式，进而影响夫妻间家暴行为。通过实地调研农村家庭如何看待法律意义上的“家暴”，了解真实的本土化意义上的家暴，分析农村家暴行为产生的影响因素。了解家暴发生后受害人寻求哪些救济机制及效果？农村怎么看待《反家庭暴力法》？采用受害人、家庭、乡村社会的整体框架，基于性别关系、家庭结构、乡土秩序等多视角进行解释。
201610053052	“互联网+”时代下商业传播的模式创新——以支付宝“咻一咻”为例	创新训练项目	陈美初/2014710055	王晓阳/2014710045	刘徐州	副教授	860 新闻学与传播学	互联网得以通过“互联网+各个传统行业”的方式，直接为生产和生活提供全景式服务。电子商务应运而生，并且以电子货币交换、电子交易市场为主要内容。随着电子商务的发展，一方面，第

续表

项目编号	项目名称	项目类型	项目负责人姓名	项目其他成员信息	指导教师姓名	指导教师职称	项目所属一级学科代码	项目简介（200字以内）
201610053052	“互联网+”时代下商业传播的模式创新——以支付宝“咻一咻”为例	创新训练项目	陈美初/2014710055	王晓阳/2014710045	刘徐州	副教授	860 新闻学与传播学	三方支付平台的作用日益重要；另一方面，这种新型的商务活动促成了新的商业传播模式。2016年春节，支付宝推出“咻一咻”功能，并与央视春晚合作，提醒观众参与“咻一咻”。本项目将以此为例研究其商业传播的模式。
201610053053	新媒介环境下社交媒体的群体组织功能研究——以帝吧出征“台独”网站为例	创新训练项目	胡宇婷/2015710012	陈雪纯/2015710025，农雅晴/2015710028	聂书江	讲师	860 新闻学与传播学	互联网促使了在线社交媒体的出现，而随着互联网技术的高速发展新媒体的传播方式渐渐地成为主流传播方式之一。在新媒体环境下个人的再传播行为越来越显著，由此产生了信息来源多元化等新的传播效果。因此今天我们的研究背景是新媒体大趋势已经产生、新媒体传播环境已经形成，参与社交媒体的主体人群所产生的传播效果与以往发生了很大不同。在这个背景下我们以帝吧出征“台独”网站为例，研究新媒体环境下的社交媒体在组织群体性的一些活动或者是对很大一部分群众提出某种倡议期望达成一定共识的过程中所产生的影响、所起到的作用与以往相比发生了哪些改变，这些组织功能的改变是媒介发展所导致的必然趋势还是新环境下导致的革新。
201610053054	新媒体环境下高校形象的传播策略与效果评估研究——基于五所高校的调研数据分析	创新训练项目	郭佳蓉/2013710014	陈奇/2013710015	侯月娟	讲师	860 新闻学与传播学	随着科技发展和政策变动，高校形象宣传重要性愈见显著，然而高校虽然积极探索，但因为理论和经验的欠缺，成果寥寥，本研究从传播学等角度分析高校形象传播，结合国内外案例，尝试总结高校全媒体传播策略并试点。

续表

项目编号	项目名称	项目类型	项目负责人姓名	项目其他成员信息	指导教师姓名	指导教师职称	项目所属一级学科代码	项目简介（200字以内）
201610053055	助飞大学生创业服务平台	创业训练项目	张仁春/2015814001	王彦杰/2015814042，邱佶/2015814038，高浩婷/2015405076，曾志芳/2015301313	王霆	教授	1202 工商管理	我们致力于搭建一个大学生创业服务平台，此平台将服务于有创业想法和正在创业的大学生及大学生团体。平台将进行多方面的创业资源和信息整合，有创业想法的可以在此平台上寻找志同道合的创业伙伴和相关合作方，正在创业的团队可以寻找到资金支持、创业指导、法律咨询、创业政策解读等一系列创业服务。简言之，将要创业的和正在创业的大学生团队将在此平台上解决创业所面临的绝大多数困难！
201610053056	赛点——打造大学生竞赛信息第一平台	创业训练项目	张志文/2013811032	周坚业/G14301023，周春旭/2013811052	于淼	教授	520 计算机科学与技术	“赛点”网络技术有限公司由中国政法大学五名充满创业精神的本科生组成，为满足大学生对于竞赛方面需求，通过开放的网络技术、专业权威的服务，团队致力于打造一个服务于全国大学生的赛事平台——一个发布重要赛事信息、提供系统报名以及分享竞赛经验的综合性平台。在这个互联网时代，结合自身优势，对APP进行推广，使广大大学生获益。
201610053057	约拍客	创业训练项目	冯俐莹/2014812082	陈扬/2014501226，尹瑞龙/2014201021，姜德诚/2014814039	余宇莹	副教授	120 信息科学与系统科学	约拍客，作为中介整合高校摄影师资源，为学生提供高质量低价格的拍摄服务。

续表

项目编号	项目名称	项目类型	项目负责人姓名	项目其他成员信息	指导教师姓名	指导教师职称	项目所属一级学科代码	项目简介（200 字以内）
201610053058	一首歌的时间	创业训练项目	夏霜/2013811019	张雪纯/2013814031，胡文强/2013814042，吕晨蕊/2014710056	顾凡，徐亚萍	讲师，讲师	860 新闻学与传播学	该项目主营业务分为视频拍摄和自媒体运营两个部分。视频拍摄主要以大学生为目标群体，为他们定制记录生活的视频，同时附带写真拍摄、光盘刻录等增值服务；自媒体运营主要在各大平台播放我们自制的或客户定制的与大学生活有关的视频，引起广泛传播与关注并进行盈利。
201610053059	加简法——大学生宿舍空间优化	创业训练项目	管雨阳/2014501139	冯瑜静/2014201391，马梦雅/2014301254，张浩/2014608002	刘志雄	教授	630 管理学	“加简法”是致力于大学生宿舍空间优化的产品专营平台和原创品牌。以崇尚简约个性的生活态度贯穿于所有的产品和服务中，面向当代大学生群体，针对与大学生息息相关的宿舍空间，打造独一无二的宿舍家居原创品牌，为大学生提供更加舒适集约的生活环境，提高大学生活的品质。
201610053060	播波自媒体平台	创业训练项目	杨卫文/2014301319	张宇瀚/2014301098，王礼晶/2014301013，陈拔志/2014501093	余丽	讲师	860 新闻学与传播学	播波信息共享平台打着“播波享资源，生活若比邻”的服务口号，以直播的方式给客户提供在线课程、娱乐休闲、趣味广告等资源，为客户打造一个及时获取包括学业、就业、出国、生活、娱乐等各路信息的平台，让广大的受众群体能够在有限的时间内获得性价比相对更高的信息内容。同时，通过创新娱乐休闲方式手段，给受众的闲暇生活带来乐趣。本公司致力于帮助客户能够在信息参差不齐的爆炸时代做出正确的选择，进而创造出属于自己的人生。

续表

项目编号	项目名称	项目类型	项目负责人姓名	项目其他成员信息	指导教师姓名	指导教师职称	项目所属一级学科代码	项目简介（200字以内）
2016 1005 3061	v. Sport 约伴健身平台	创业训练项目	黄蕙/2015812024	苏佳伟/2015812009，杜函辉/2015812006，罗上校/2015812011，张宇珂/2015709013	熊金武	副教授	890 体育学	v. Sport 约伴健身平台旨在为大学生提供校园圈运动健身约伴平台及预约健身指导服务。为顾客提供相应的预约健身指导、运动场地、器械租借服务。使得用户的健身质量得到提高，享受到一起运动的快乐。
2016 1005 3062	粥书店	创业训练项目	徐敬旭/2014811035	卢文太/2014811008，张冶/2014201326，刘丹墀/2015814032，王金晓/2014812084	陈曦，葛建华	副教授，副教授	630 管理学	粥书店每周只卖一本书，由书店进行挑选，节省读者的时间。买书的人不用考虑买哪本，只需考虑买还是不买。通过创办高质量的公众号平台，在线上推广当周书籍和与书相关的一系列活动。并在公众号基础上发展微店业务。前期采用“流动书店”模式，联系商家举办活动，为他们带来人流量的同时提升自身的盈利和影响力。进一步发展中一方面以特许经营方式壮大粥书店，扩大市场覆盖面；另一方面正式开展实体店业务，增强顾客和加盟者的信任。
2016 1005 3063	“逍遥法内” APP	创业训练项目	李知航/2015501168	毛悦/2015501078，蒋伟鹏 2015501167	胡明	讲师	520 计算机科学与技术	“逍遥法内”法律 APP 以服务法律学习者为宗旨，以资料齐全、使用人性化和法律条文理解记忆辅助功能为特色，以法律条文查询、学习、记忆为主，为用户提供法律条文相关的法律术语名词解释、案例分析、背诵记忆辅助功能等服务，带给用户人性化、智能化的学习体验。

续表

项目编号	项目名称	项目类型	项目负责人姓名	项目其他成员信息	指导教师姓名	指导教师职称	项目所属一级学科代码	项目简介（200字以内）
201610053064	胶囊空间	创业训练项目	吴泽玲/2014506030	洪漪妮/2014506036，林敏/2014101051，王宇/2014101152	于淼	副教授	790 经济学	胶囊空间的创意来源主要是是台湾、韩国等地盛行的K书吧模式和正在兴起的胶囊旅馆。我们旨在为学生提供一个安静、舒适、独立的自习空间，并为之提供相应的餐饮服务、辅导服务和复习资料，解决目前学生学习压力大而自习资源紧缺的问题。
201610053065	校园二手书网络交易平台“小二书”	创业实践项目	向竹君/2014101088	曾立城/2014101063，李超一/2015301312，刘婧星/2015622018	解廷民	教授	630 管理学	“小二书”是一个专注为大学生提供二手书交易平台，建立大学生二手书交易市场的微信公众平台、APP、网页。结合LBS技术为大学生直接提供周边的相关二手书信息，可以通过浏览滚动帖、兴趣推荐、关键字查找、条形码扫描快速找到书籍。以微信公众平台牵线搭桥的模式让二手书的所有者和购买者在校园内进行二手书的交付，买方确认购买将资金支付给平台，通过见面扫描二维码的形式确认交付，再由平台将价款转入卖方账户以保障交易的安全。
201610053066	微驰网络科技有限责任公司	创业实践项目	邹镓锶/2015814023	贾煊哲/BJ2015301001，张莉莎/2015301365，郑立宇/2014812057	刘婷文，蔡虹（校外）	讲师，无	630 管理学	微驰团队此次参赛项目是针对北京昌平区高中毕业准大学生以及在校大学生设计的，将“互联网+”的思维与传统驾校相结合，采用学员通过微信公共平台自主预约学车，教练定点接送到场地学习的“互联网+直考驾照”、传统驾校团购等模式，并配备微驰团队编写的专属教材，提高学习效率和考试通过率。我们微驰团队将把提升客户体验作为我们的服务宗旨，提供更为优质的服务，带给学员们在互联网时代学车的全新体验。

续表

项目编号	项目名称	项目类型	项目负责人姓名	项目其他成员信息	指导教师姓名	指导教师职称	项目所属一级学科代码	项目简介（200字以内）
201610053067	CM 厘米创意保险	创业实践项目	张涛/2014812004	康梦柳/2014301196，王碧莹/2014301174，李广扬/2014811004，王知行/2014811006	巫云仙	教授	790 经济学	CM 厘米创意保险，致力于改善大学生校园生活，为创建更加和谐的校园环境而奋斗。CM 厘米团队至今已推出 3 款保险产品。一卡通险，为一卡通丢失者提供一卡通补办费用；选课险，对没有选上心仪课程的同学以货币形式进行效用补偿；挂科险，在成绩划分的基础上进行激励或效用补偿。CM 厘米所有保险产品以微信公众平台“CM 厘米保”及有赞微商平台为技术支持，采用 O2O 模式，实现了线上购买到线下服务的过程。
201610053068	京城四合院高校群俱乐部	创业实践项目	吴金龙/2014501142	钱瑾/2014710020，熊锦杉/2014201136	郑满宁，王涌	讲师，教授	790 经济学	京城四合院高校俱乐部集私人 party、会议讲座、高校联谊、留学关联、休闲娱乐等功能于一体，拥有较大容量的客厅、大圆桌温馨小屋、有三层高的看台，厨房、电视机、空气净化器、WiFi 游戏机等设施。京城四合院高校群俱乐部致力于依托齐全的硬件设施和优越的地理区位，将青年人连接起来，通过连接打开市场，打开运营思路，将四合院的古朴典雅与青年人的朝气活力相结合，打造具有鲜明特色的聚会联谊平台。

6. 法学教育实习实践基地名单

中国政法大学法学教育实践基地名单

序号	共建基地	共建协议签署时间
1	洛阳市西工区人民检察院	2012 年 9 月
2	河北省围场满族蒙古族自治县人民检察院	2012 年 9 月
3	河南省汝南县人民检察院	2012 年 11 月
4	山西省阳泉市人民检察院	2012 年 11 月
5	西藏自治区芒康县人民检察院	2012 年 11 月
6	河南省栾川县人民法院	2012 年 11 月
7	太原市尖草坪区人民法院	2012 年 12 月
8	鄂尔多斯市中级人民法院	2012 年 12 月
9	河南省鹤壁市中级人民法院	2013 年 1 月
10	吉林省辽源市东丰县人民法院	2013 年 1 月
11	河南省濮阳市中级人民法院	2013 年 1 月
12	海南省临高县人民法院	2013 年 1 月
13	四川省遂宁市中级人民法院	2013 年 1 月
14	四川省泸州市中级人民法院	2013 年 4 月
15	河南省商丘市睢阳区法院	2013 年 4 月
16	河南省南阳市西峡县法院	2013 年 4 月
17	河南省鹤壁市淇滨区法院	2013 年 4 月
18	河南省三门峡市中级人民法院	2013 年 4 月
19	河南省开封市龙亭区法院	2013 年 5 月
20	辽宁省新民市人民法院	2013 年 5 月
21	内蒙古满洲里市人民检察院	2013 年 5 月
22	四川省泸州市检察院	2013 年 5 月
23	江苏宜兴市人民检察院	2013 年 6 月
24	山东省莒南县人民检察院	2013 年 6 月
25	河北省邢台市中级人民法院	2013 年 8 月
26	北京市怀柔区人民法院	2013 年 9 月
27	河南省高级人民法院	2013 年 11 月
28	广州市天河区人民检察院	2013 年 11 月
29	大庆市中级人民法院	2014 年 4 月
30	青岛市中级人民法院	2014 年 6 月

续表

序号	共建基地	共建协议签署时间
31	泰安市中级人民法院	2015 年 8 月
32	大理白族自治州中级人民法院	2015 年 10 月
33	海南省昌江黎族自治县人民法院	2016 年 1 月
34	廊坊市人民检察院	2016 年 3 月
35	吉林省东辽县人民检察院	2016 年 11 月
36	广州市越秀区人民法院	2016 年 12 月

7. 实验室常用信息一览

实验室常用信息一览

<table>
<tr><th rowspan="2">单位</th><th rowspan="2">实验室名称</th><th rowspan="2">房间号（或地址）</th><th colspan="3">面积情况</th><th rowspan="2">专任实验员数目</th><th colspan="2">电脑数量情况</th><th rowspan="2">贵重仪器情况</th><th rowspan="2">建立时间</th></tr>
<tr><th>各房间面积</th><th>实验室面积小计</th><th>各单位实验室面积总计</th><th>各实验室电脑数量</th><th>各单位实验室电脑数量总计</th></tr>
<tr><td rowspan="6">教务处</td><td>墙幕式多功能直播教室</td><td>明 307</td><td>174</td><td rowspan="6">1258</td><td rowspan="6">1258</td><td>0</td><td>1</td><td>1</td><td>远程直播系统</td><td>2012. 12</td></tr>
<tr><td>案例卷宗副本阅览室</td><td>明 206、308（1）、410</td><td>207</td><td>2</td><td>见各房间号括号内数量</td><td>1</td><td>—</td><td>2012－2013</td></tr>
<tr><td>实况庭审录像资料库</td><td>厚 310</td><td>73</td><td>0</td><td>29</td><td>29</td><td>—</td><td>2013. 12</td></tr>
<tr><td>法学实验教学系统实验室</td><td>—</td><td>—</td><td>0</td><td>1</td><td>1</td><td>—</td><td>2013. 1</td></tr>
<tr><td>司法案例卷宗电子阅览室</td><td>厚 310</td><td>73</td><td>0</td><td>29</td><td>29</td><td>—</td><td>2014. 1</td></tr>
<tr><td>模拟法庭</td><td>明 203（2）、明 204（1）、明 405（1）、明 407（1）</td><td>804</td><td>0</td><td>见各房间号括号内数量</td><td>5</td><td>庭审录播系统（明 203）、视频会议系统（明 203、明 407）</td><td>2006、2012</td></tr>
<tr><td>政治与公共管理学院</td><td>民意研究实验室</td><td>明 207</td><td>75. 5</td><td>75. 5</td><td>75. 5</td><td>0</td><td>80</td><td>80</td><td>—</td><td>2016</td></tr>
</table>

续表

<table>
<tr><th rowspan="2">单位</th><th rowspan="2" colspan="2">实验室名称</th><th rowspan="2">房间号（或地址）</th><th colspan="3">面积情况</th><th rowspan="2">专任实验员数目</th><th colspan="2">电脑数量情况</th><th rowspan="2">贵重仪器情况</th><th rowspan="2">建立时间</th></tr>
<tr><th>各房间面积</th><th>实验室面积小计</th><th>各单位实验室面积总计</th><th>各实验室电脑数量</th><th>各单位实验室电脑数量总计</th></tr>
<tr><td rowspan="5">社会学院</td><td rowspan="3">心理学实验室</td><td>认知神经实验室</td><td>格 105</td><td>23.6</td><td rowspan="3">120</td><td rowspan="5">145</td><td rowspan="5">1</td><td rowspan="5">28</td><td rowspan="5">28</td><td rowspan="5">脑电仪、眼动仪等</td><td rowspan="3">2006</td></tr>
<tr><td>心理学多媒体实验室</td><td>格 109</td><td>49.5</td></tr>
<tr><td>实验心理学实验室</td><td>格 115</td><td>47.2</td></tr>
<tr><td colspan="2">社会学多媒体实验室</td><td>格 108</td><td>24.4</td><td>24.4</td><td>2006</td></tr>
<tr><td colspan="2">社会工作实验室</td><td>未定</td><td>—</td><td>—</td><td>2013</td></tr>
<tr><td rowspan="3">商学院</td><td colspan="2">商务管理实验室</td><td>格 106、116、厚 112</td><td rowspan="3">502</td><td rowspan="3">502</td><td rowspan="3">502</td><td rowspan="3">1</td><td>79</td><td rowspan="3">211</td><td>—</td><td>2006</td></tr>
<tr><td colspan="2">财会管理实验室</td><td>厚 111</td><td>36</td><td>—</td><td>2007</td></tr>
<tr><td colspan="2">金融投资与监控</td><td>厚 109、110</td><td>96</td><td>—</td><td>2007</td></tr>
<tr><td rowspan="4">新闻学院</td><td rowspan="4">新闻传播实验教学中心</td><td>多媒体新闻信息综合处理平台</td><td>厚 308</td><td rowspan="4">355</td><td rowspan="4">355</td><td rowspan="4">355</td><td rowspan="4">1</td><td>20</td><td rowspan="4">83</td><td rowspan="4">摄像一体机</td><td>2007</td></tr>
<tr><td>媒体基础技术教室</td><td>厚 309</td><td>40</td><td>2004</td></tr>
<tr><td>数字图像与动画专业技术教室</td><td>厚 311</td><td>23</td><td>2008</td></tr>
<tr><td>媒体实验室办公室</td><td>格 318</td><td>0</td><td>2008</td></tr>
<tr><td rowspan="7">刑事司法学院</td><td rowspan="7">侦查学实验室</td><td>模拟现场勘查实验室</td><td>格物楼塔楼 01</td><td>45.6</td><td rowspan="7">557</td><td rowspan="7">878</td><td rowspan="7">1</td><td>0</td><td rowspan="7">43</td><td>—</td><td rowspan="7">2003</td></tr>
<tr><td>文书检验实验室</td><td>格物楼塔楼 02</td><td>44.1</td><td>6</td><td>—</td></tr>
<tr><td>司法摄影实验室</td><td>格物楼 201</td><td>49.5</td><td>6</td><td>—</td></tr>
<tr><td>痕迹检验实验室</td><td>格物楼 202</td><td>49.5</td><td>6</td><td>比较显微镜</td></tr>
<tr><td>图像处理及电子证据实验室</td><td>格物楼 203</td><td>49.5</td><td>16</td><td>—</td></tr>
<tr><td>资料档案室</td><td>格物楼 204</td><td>49.5</td><td>1</td><td>—</td></tr>
<tr><td>全光谱 CCD 实验室</td><td>格物楼 205</td><td>23.6</td><td>2</td><td>全光谱 CCD</td></tr>
</table>

续表

单位	实验室名称		房间号（或地址）	面积情况			专任实验员数目	电脑数量情况		贵重仪器情况	建立时间
				各房间面积	实验室面积小计	各单位实验室面积总计		各实验室电脑数量	各单位实验室电脑数量总计		
刑事司法学院	侦查学实验室	声纹鉴定实验室	格物楼 206	24. 4	557	878	1	4	43	声纹分析系统	2003
		痕迹显现提取实验一室	格物楼 207	49. 5				0		—	
		痕迹显现提取实验二室	格物楼 208	48. 8				0		—	
		扫描电子显微镜实验室	格物楼 209	49. 5				1		扫描电镜	
		心理测试及模拟讯问实验室	格物楼 210	23. 6				1		—	
		薄层色谱实验室	格物楼 219	49. 5				0		薄层色谱仪	
	法医学实验室	法医物证实验一室	格物楼 213	47. 2	147		1	0	0	—	2003
		法医人体模型陈列实验室	格物楼 217	49. 5				0		—	
		法医物证实验二室	格物楼 218	50. 3				0		—	
	网络犯罪侦查实验室		明法楼 205	174	174			33	33	—	2013
证据科学研究院	法大法庭科学技术鉴定研究所						8			—	2006. 5. 20
现代教育技术中心	口译实验室		厚 403（35）	141	141	3613	0	见各房间号括号内数量	35	—	2007
	语音实验室		厚101（30）、厚102（28）、厚103（60）、104（60）	423	423			见各房间号括号内数量	178	—	1987

续表

<table>
<tr><th rowspan="2">单位</th><th rowspan="2">实验室名称</th><th rowspan="2">房间号（或地址）</th><th colspan="3">面积情况</th><th rowspan="2">专任实验员数目</th><th colspan="2">电脑数量情况</th><th rowspan="2">贵重仪器情况</th><th rowspan="2">建立时间</th></tr>
<tr><th>各房间面积</th><th>实验室面积小计</th><th>各单位实验室面积总计</th><th>各实验室电脑数量</th><th>各单位实验室电脑数量总计</th></tr>
<tr><td rowspan="2">现代教育技术中心</td><td>大学英语公共实验室</td><td>厚203（54）、厚204（54）、厚205（24）、厚207（24）、厚208（54）、厚209（54）</td><td>913</td><td>913</td><td rowspan="2">3613</td><td rowspan="2">0</td><td>见各房间号括号内数量</td><td>264</td><td>—</td><td>2004</td></tr>
<tr><td>计算机公共实验室</td><td>厚201（20）、厚202（20）、厚301（20）、厚302（20）、厚304（60）、厚402（54）、厚404（54）、厚408（54）、厚409（54）、厚410（20）、厚411（20）、格409（46）、格410（36）、致404（60）、致406（72）、致407（72）</td><td>2136</td><td>2136</td><td>见各房间号括号内数量</td><td>682</td><td>—</td><td>1985</td></tr>
</table>

二、研究生教育教学

自2016年起学校逐步实施研究生招生计划动态调整机制，采取了两项举措：一是改变相同专业在不同学院招生的现状。自2017年起，除法律逻辑方向外，法学理论专业只在法学院招收，对于原招生学院相关专业的招生计划给予了削减；二是对生源质量差的学科实施预警机制。对连续三年无人报考的专业削减了指标，对连续三年中有两年无人报考的专业提出了警告，如在下一个招生年度仍出现无人报考情况，将予以削减指标或停招。

深化“申请－考核”制博士研究生招生制度改革。自2014年起，学校持续深入推进博士研究生招生工作改革，不断扩大“申请－考核”制招生试点范围。2017年，学校所有专业将全部通过“申请－考核”制招生方式招收博士研究生。全面实行“申请－考核”

制方式的同时，重点实施了简政放权、增强学院招生自主权、加强集体决策、完善监督检查、扩大信息公开等措施。

完善推免生接收办法，举办夏令营活动，吸引优秀生源。在接收 2017 年推免生工作中，学校推免生接收数量和质量均创历史新高。数量方面，共接收推免生 627 人，比去年增加 94 人，增幅达 17%；质量方面，在 627 人中，有超过 92% 来自 211 及以上高校，13% 以上来自 985 高校，较去年分别提高 4%、2%。尤其值得一提的是，首届夏令营活动的举办对生源质量的提高作用明显，共计 93 名“优秀营员”成功被学校接收，占接收总数的四分之一。

加强研究生招生工作组织领导、监督检查、责任追究。学校于 2016 年 3 月专门成立了由马怀德副校长为组长，纪检、研究生院等相关职能负责人为成员的“研究生招生工作督查组”。在严肃招生纪律方面，建立了约谈制度，由研究生院代表学校，对招生工作中失误失职、违规违纪的直接责任人及主管院领导进行约谈，打造纪律意识。4 月，对“研究生招生工作领导小组”成员进行了调整。

全面开展学位授权点教育质量评估工作。经过学位授权点评估前期的试点工作、全面部署及相关培训，学校学位点评估工作于 2016 年上半年全面开展。法学按二级学科，非法学学科按一级学科开展评估，共计 37 个学位点需单独评估。研究生院对评估经费的预算、评估费用标准、费用划拨等工作都做了充分组织和安排，并参与到学位点的评估工作中，了解学科发展的具体情况，听取专家对该学科的评价、意见、建议。目前大多数学位点已经完成专家评估工作，个别学位点评估工作尚在进行。

完成应用型法学博士研究生校外合作导师聘任工作。制定《应用型法学博士研究生合作导师聘任办法（暂行）》，对合作导师聘任的基本条件、主要职责、聘任程序等做出规定。聘请了 12 位实务部门专家担任学校应用型法学博士研究生合作导师。其中最高人民法院 5 人、最高人民检察院 6 人、北京市人民检察院 1 人。合作导师将与校内导师相结合，共同完成应用型法学博士研究生的培养工作。

2016 年首次编写研究生精品教材。首批 10 本研究生精品教材，从 2014 – 2016 年被评为法大研究生精品课程的 45 门课程中选出。

成功举办 2016 年《高级法官、检察官司法前沿讲堂》。《司法前沿讲堂》是研究生课程改革的一项重要举措。通过聘请最高人民法院、最高人民检察院和北京市相关区县法院、检察院的高级法官、检察官聚焦我国法律和司法领域的最新发展与实施情况进行授课。该课程定位为面向全校各专业研究生开放的通识选修课。每周 4 课时，共 9 周，计 36 学时，2 学分。考核以平时成绩与结课论文相结合的方式进行。讲堂于 11 月 – 12 月举办，共邀请到 4 位高级法官、3 位高级检察官做 7 个专题演讲，内容涵盖司法改革的现状与展望、法律思维、民法总则制定中的若干关系、非法证据排除、检察制度、刑事执行检察制度、立案登记制度等方面，累计 800 余人次师生聆听演讲。这一课程的开设，是学校创新法治人才培养机制的新尝试，开展专业学位研究生教育立项建设，评选出 19 个教学案例编写项目、11 个联合培养基地建设项目、5 个实务技能课程建设项目，资助金额达 97 万元。

完成首次研究生导师招收博士研究生及研究生导师指导硕士研究生条件认定工作。研究生院下发了《关于开展2017－2018年度研究生导师招收博士研究生条件认定工作的通知》及《关于开展2016年度研究生导师指导硕士研究生条件认定工作的通知》，经过教师个人申请、相关部门协同复核、学院学位评定分委员会推荐、学科组评议、异议申诉及处理等程序，经第五届中国政法大学学位评定委员会2016年6月24日第一次会议审定，确定郑永流等149名教师符合2017－2018年度招收博士研究生条件；经个人申请、学院审核、研究生院备案等程序，确定李凯林等613位教师符合2016－2017年度指导硕士研究生条件。

严把学位论文质量关，开展学位论文抽检及学术规范审查工作。2016年1月，完成2015届硕士、博士毕业生学位论文的抽检工作。共抽检论文122篇，其中商学院1篇论文被认定为“不合格论文”。2016下半年开展对2016届硕士、博士毕业生的学位论文抽检工作，博士学位论文抽检比例为博士学位授予总数的15%左右，共计22篇；硕士学位论文抽检比例为硕士学位授予总数的5%左右，共计99篇。2016年夏季，共有2004人提出学位申请并提交学位论文，经学术规范审查，共有46篇学位论文涉嫌抄袭剽窃，占论文总数的2.3%，其中8篇为博士学位论文。经各学院学位评定分委员会认定及处理，共有1人被取消学位申请资格，10人被要求半年后重新申请；2016年下半年共有587人提交学位论文申请，经学术规范审查，共查出71篇学位论文涉嫌抄袭剽窃，占论文总数的12.1%，其中5篇为博士学位论文。经各学院认定，共有1人被取消学位申请资格（同等学力硕士），4人延期半年答辩。

完成同等学力人员申请硕士学位管理工作。完成2016年同等学力申硕人员参加全国统考报名组织和审核工作，学位办公室共审批通过6000余门次全国统考报名。经网上报名、采集图像与指纹、现场确认，组织并完成对共计1500余名申请人进行并通过同等学力人员申请硕士学位资格审查。分两次组织共计上半年1700余名同等学力申请硕士学位人员进行学位课考试。分两次对共计660余名已取得学校研究生课程班或同步进修结业证、并在资审有效期内通过学校相关专业全部学位课程考试和国家统考、符合参加学位论文答辩条件的人员进行资格审核，并办理同意答辩手续。

学校博士后获中国博士后科学基金资助及中国博士后国际交流计划资助。2016年度，学校共计9名博士后人员获得中国博士后科学基金资助，总资助金额达74万元，其中2人获特别资助（15万元），3人获面上资助一等资助（8万元），4人获二等资助（5万元）。博士后吕磊喜获2016年度博士后国际交流计划派出项目资助，资助金额30万元。博士后国际交流计划派出项目资助优秀在站博士后研究人员到国外（境外）优秀高校、科研机构、企业的优势学科领域，合作开展博士后研究工作，为期两年，这是学校博士后人员首次申获该项目资助。

2016年国内访问学者接收和考核工作顺利完成。顺利完成2015年访问学者的考核和2016年访问学者的接收工作。其中，2015年入校的5位国内访问学者通过了结业考核，获得了学校颁发的国内访问学者结业证书；2016年，学校共接收8名国内访问学者。学校在教学和生活方面尽学校所能为访问学者提供便利条件，解决访问学者的后顾之忧。

【召开学位授权点教育质量评估工作部署暨《我国研究生教育质量保障体系建设》专题报告会】1月14日，学校学位授权点教育质量评估工作部署暨《我国研究生教育质量保障体系建设》专题报告会在学院路校区科研楼召开。教育部高等教育教学评估中心副主任王战军作了题为《我国研究生教育质量保障体系与学科评估》的报告。本次会议传达了教育部学位点评估工作的文件精神和学校的工作思路及要求。

【完成设计并正式启用新版学位证书】根据教育部相关文件要求，由研究生院学位办公室负责统筹、经学校文化建设委员会专家论证、校学位评定委员会认可，学校公布了自行设计的学位证书版式（含博士、硕士和学士三个类别），并在2016年1月份学位授予中首次正式启用。

【完成学位授予信息报送备案】1月，经研究生院学位办公室采集与审核，完成了2015－2016学年度第一学期学位授予信息报送备案工作，其中博士学位23人，硕士学位297人，学士学位983人。7月，经研究生院学位办公室采集与审核，完成了2015－2016学年度第二学期学位授予信息报送备案工作，其中博士学位145人，硕士学位1788人，学士学位3389人。

【开展学校硕士博士学位论文抽检工作】1月，学校完成2015届硕士、博士毕业生学位论文的抽检工作。学校共抽检论文122篇，其中商学院1篇论文被认定为“不合格论文”，根据《中国政法大学硕士博士学位论文抽检办法》的规定，对相关学院、导师做出了相应处理。

【启动研究生导师岗位聘任制度改革】1月20日，经校长办公会审议，通过《研究生导师招收博士研究生条件认定办法》和《研究生导师指导硕士研究生条件认定办法》。这两份文件的通过，标志着学校研究生导师岗位聘任制度改革正式开始。

【学校工商管理硕士顺利通过学位授权点专项评估】3月，国务院学位委员会下达2014年学位授权点专项评估结果及处理意见，学校工商管理硕士专业学位授权点顺利通过专项评估。此次学位授权点专项评估由国务院学位委员会、教育部于2014年部署，学校工商管理硕士作为获得授权的全国第八批工商管理硕士专业学位授权点参加了本次评估，也是学校唯一参加本次评估的学位授权点。学校高度重视此次学位授权点专项评估工作，专门成立了领导小组，统筹安排、整体协调评估工作。经过自我评估、实地考察、专家评议、会议评审等程序，顺利通过此次学位授权点专项评估。

【修订《中国政法大学学位授予办法》】3月，为贯彻国务院学位委员会办公室分别于2013年、2014年颁布的《一级学科博士、硕士学位基本要求》和《专业学位类别（领域）博士、硕士学位基本要求》两个文件精神，针对原《学位授予办法》在实施过程中出现的部分突出问题，如评阅程序、学位申请次数、复议程序、论文篇幅等情况，学校对《中国政法大学学位授予办法》个别条款进行修订。经2016年第4次校长办公会审议通过，《中国政法大学学位授予办法》（修订稿）正式实施。

【完成北京市2014－2015学年度硕士学位论文抽检工作】3月，按照《北京市人民政府教育督导室关于做好2014－2015学年度硕士学位论文抽检工作的通知》文件要求，北京市对学校53篇硕士学位论文进行抽检，学校开展对相关论文的汇总、格式修改等工作，并及时完成网上提交。

【召开学位授权点合格评估工作培训会议】4 月 11 日，学校学位授权点合格评估工作培训会在学院路校区科研楼召开。会议介绍了国务院学位委员会、教育部学位授权点合格评估工作的背景及相关文件精神，邀请专业从事教育管理数据与咨询的麦可思公司咨询部研究员做专题报告。

【举行第二届中华法学硕博英才奖颁奖典礼】4 月 9 日上午，第二届“中华法学硕博英才奖”颁奖典礼于学校学院路校区举行。此次“中华法学硕博英才奖”的申报时间为 2015 年 4 月 10 日至 2015 年 8 月 15 日，共计有 94 名申报人的 103 篇研究成果申报评选，成果来源涵盖全国 23 所大学的法学院及科研机构，其中“985”高校 12 所，“211”高校 21 所，其他知名高校 2 所，申报成果的主题基本覆盖了绝大多数法学门类学科。经研究生本人申请、所在学校推荐、第二届中华法学硕博英才奖评审专家组匿名评审，本届征文奖共评选出一等奖 2 名，二等奖 10 名，三等奖 20 名。

【举行第四届企业法务征文颁奖典礼】4 月 12 日，第四届“全国法学专业研究生企业法务征文奖”颁奖典礼于学校学院路校区举行。此次征文比赛共收到来自清华大学、复旦大学、武汉大学、吉林大学、西南政法大学、华东政法大学、西北政法大学、中国政法大学等 18 所高校的 59 位学生提交的 69 篇论文。由来自 6 所高校的 13 名专家组成评审组，共评出 27 篇获奖论文。最终，经研究生本人申请、所在学校推荐、企业法务征文奖评审专家组匿名评审，本届企业法务征文奖共评选出一等奖 4 名，二等奖 8 名，三等奖 16 名。

【83 名研究生获 2016 年“国家建设高水平大学公派研究生项目”等项目录取资格】5 月，国家留学基金管理委员会公布了 2016 年度“国家建设高水平大学公派研究生项目”“国家公派硕士研究生项目”录取名单。学校总计 83 名研究生获录取成为国家公派留学研究生。国家建设高水平大学公派研究生项目录取 45 人（其中联合培养博士生 28 人，攻读博士研究生 17 人）；国家公派硕士研究生项目 38 人（其中联合培养硕士研究生 25 人，攻读硕士研究生的应届本科毕业生 13 人），圆满完成 2016 年国家公派研究生项目工作，超额完成各项工作目标。

【完成教育部学位中心专业学位水平评估试点工作】受国务院教育督导委员会委托，教育部学位中心于 2016 年 4 月启动专业学位水平评估试点工作。学校按时完成参评的三个专业学位点（法律硕士、MBA、MPA）在校生信息、专家信息的系统填报及相关材料的上报工作，对毕业生信息和毕业生用人单位信息的填报工作进行了部署，三个参评学位点的信息填报、上报工作，均在学位中心要求的时间范围内及时完成。

【举行法学一级学科研究生课程建设调研座谈会】7 月 22 日，国务院学位委员会法学评议组“法学一级学科研究生课程建设调研座谈会”在学校学院路校区举行。国务院学位委员会法学评议组委员、中国社会科学院法学研究所党委书记陈甦等出席会议，来自北京大学、清华大学、中国人民大学、中国政法大学、对外经贸大学、南开大学、辽宁大学、吉林大学、宁夏大学、西北政法大学等华北、东北、宁陕地区 20 余所法学院校和研究生院的近 30 名法学专家参加会议。各高校研究生院及法学院的法学专家结合《国务院学位委员会法学评议组纪要》《一级学科研究生课程建设调研提纲》，在会上分别介绍了本校法学一级学科研究生课程建设的具体情况，就课程建设问题进行了讨论和交流。

【开展法律硕士（法学）交叉融合培养工作】 9月，学校法律硕士（法学）教育法、卫生法、体育法、金融法、财税法方向的首批新生入学。这是学校依托法学二级学科和相关学科交叉融合，与相关实务领域联合，设置的5个法律硕士（法学）实务方向，主要解决法律硕士（法学）培养针对性不强，学生学习动力不足的问题，同时满足相关领域的人才需求。在培养中，坚持法律硕士人才培养基本规格的基础上，体现交叉学科的特色和优势，创新培养模式，加强复合型、特色型人才培养。

【举行博士后入站仪式暨入站培训会议】 9月13日，中国政法大学2016年度博士后入站仪式在学院路校区举行。2016年度学校共招收博士后34人（联合招收3人），其中法学29人，政治学5人。

【启动研究生综合管理系统项目建设】 10月10日，研究生综合管理系统项目建设启动会在学校学院路校区召开。会议介绍了系统建设前期筹备情况及项目实施的整体安排，参会人员对项目实施中需注意的事项进行了充分的交流与沟通。此次系统建设对学校研究生信息化管理具有划时代意义，它将从招生、培养到学位、质量监控，全方面实现研究生管理科学化，实现各部门之间的信息资源共享，最大限度降低研究生教育管理过程中各个用户的工作量，为师生提供便捷的应用与服务，为学校人才培养创新改革提供一个良好基础支撑平台，推动研究生培养质量的提升。

【开展学风建设活动，举办“学术规范、学术诚信与论文写作”系列讲座】 11月，按照《中国科协、教育部关于开展科学道德和学风建设宣讲教育活动的通知》要求，研究生院针对新入学研究生开展“科学道德和学风建设”宣讲教育活动。在新入学研究生中开展学术道德与学术规范教育活动，对帮助新生树立正确的知识产权意识，培养诚信的科研品格，提高学校研究生整体学术道德水平有着重要意义。全年共举办讲座8场，并为全体新生发放了学术规范与学术诚信读本。

【组织研究生指导教师培训】 11月3日，2016年研究生指导教师培训会议在学院路校区召开。通过本次培训，广大新聘导师充分理解了学校相关规章制度，明确了导师的职责和义务，有利于将来更好地履行导师职责、提高研究生培养质量。

【校级优秀博士学位论文评选与颁奖】 经学科推荐、学院审核、校内外专家匿名评审，校学位评定委员会审议表决，研究生院于2016年3月1日正式公布了2015届校级优秀博士学位论文。12月1日，2015届校级优秀学位论文颁奖仪式在学院路校区召开。薛茹博士与冯晓青教授分别作为校级优秀博士学位论文获奖者代表与导师代表发言。副校长马怀德对获奖博士表示祝贺，对导师们鞭策、引导学生所付出的辛勤劳动表示真挚的感谢，希望学生要有学术使命感，要做学术文化的传承者，要做学术研究的探究者，要做学术道德的维护者。

【2017年国家建设高水平大学公派研究生项目启动】 12月7日，学校2017年国家建设高水平大学公派研究生项目工作启动。学校召开高水平项目工作部署会，会议对学校2017年国家公派研究生工作进行了总体部署。

【学校与浙江省高级人民法院签署双向交流框架协议】 12月8日，学校与浙江省高级人民法院双向交流框架协议签署仪式于学校学院路校区举行。双方签署了《中国政法大学·浙江省高级人民法院双向交流框架协议》。

【启动 2017 年研究生赴国外院校交流选拔工作】 12 月，根据学校与台湾地区及国外高校签署的交流项目协议，学校开展了选拔优秀研究生交流的相关工作。2017 年，学校将选派 20 名优秀研究生赴台湾、香港学习；选派 79 名优秀研究生赴国外知名院校联合培养。

【完成 2016 年研究生创新基金评审及研究生发表优秀科研成果奖励工作】 12 月，学校 2016 年研究生创新基金评审工作顺利完成。评审工作遵循“科研导向、面向现实、注重创新、宁缺毋滥”的原则，各位评审专家认真阅读材料、听取各预审专家的点评，结合申报项目的选题立意、前期工作基础、研究思路、研究前景等几个方面进行了评议，经过讨论和投票表决后，确定 40 个“博士研究生创新实践项目”和 25 个“博士学位论文资助项目”予以立项资助；确定 200 个“硕士研究生创新实践项目”和 113 个“硕士学位论文资助项目”予以立项资助。同月，研究生发表优秀科研成果奖励工作顺利完成，该项工作旨在激励学校博士、硕士研究生在校期间努力学习，勇于创新，不断提高研究生培养质量，自 2014 年起对研究生发表优秀科研成果（论文）进行奖励，2016 年共 46 名学生合计 66 篇科研成果（论文）申报科研奖励。

【开展 2016 年研究生教改立项及研究生精品课程建设工作】 7 月，为深化研究生教学改革，提高研究生培养质量，研究生院开展了教改立项申报和评审工作，共有 39 个项目获得资助；经任课教师申报、所在二级培养单位推荐、专家评审等程序，按照择优立项的原则，共评选出 15 门课程为学校 2016 年研究生精品课程。

【举办首届“中华法学硕博英才全国研究生模拟法庭竞赛”】 12 月 17 日上午，“首届中华法学硕博英才全国研究生模拟法庭竞赛”在学校昌平校区举行。12 月 17 日至 18 日，分别进行初赛、复赛、半决赛，19 日上午举行决赛。决赛后举行了“首届中华法学硕博英才全国研究生模拟法庭竞赛闭幕式暨颁奖典礼”。首届全国法学研究生模拟法庭竞赛参赛队伍来自北京大学、中国人民大学、北京师范大学、北京航空航天大学、对外经济贸易大学、武汉大学、浙江大学、吉林大学、中南财经政法大学、西南政法大学、华东政法大学、西北政法大学等十二所知名高校。华东政法大学代表队和西南政法大学代表队获得季军，西北政法大学代表队获得亚军，北京航空航天大学代表队获得冠军。

【附件】

1. 中国政法大学 2016 年研究生教学改革项目立项名单

序号	立项编号	项目名称	项目负责人姓名	二级培养单位
1	YJLX1601	硕士研究生中期考核制度改革研究	姚国建	法学院
2	YJLX1602	大数据分析方法在法律与金融课程中的应用研究	徐文鸣	法学院

续表

序号	立项编号	项目名称	项目负责人姓名	二级培养单位
3	YJLX1603	研究生实践教学模式研究	许身健	法学院
4	YJLX1604	开题报告书和研究计划写作	马允	法学院
5	YJLX1605	研究生中期考核分流制度研究	陈维厚	法学院
6	YJLX1606	研究生创新项目与课外指导研究	王萍	民商经济法学院
7	YJLX1607	研究生学位论文选题能力培养体系的构建与实践——以经济法为例	张钦昱	民商经济法学院
8	YJLX1608	多师同堂面对研究生授课研究——基于我校经济法学硕士研究生专业课的教改实践	赵红梅	民商经济法学院
9	YJLX1609	关于国际能源法课程内容的研究	郭红岩	国际法学院
10	YJLX1610	法律硕士学位论文质量提升问题研究	张　力	国际法学院
11	YJLX1611	英文判例阅读教学法经验总结	郑旭	刑事司法学院
12	YJLX1612	提升刑法学硕士研究生国际视野问题研究	王桂萍	刑事司法学院
13	YJLX1613	教学方法与教学效果之关系研究	刘俊生	政治与公共管理学院
14	YJLX1614	“以提升研究能力为中心”：研究生研究方法课程设置研究	王冬芳	政治与公共管理学院
15	YJLX1615	研究生跨学科协同创新教学模式探讨——以经管类专业为例	杨丽花	商学院
16	YJLX1616	学位点自我评估如何才能真正实现研究生培养质量的提升——基于供给与需求两端的思考	黄立君	商学院
17	YJLX1617	基于大数据背景下的研究生培养与管理信息平台设计	张婷	商学院
18	YJLX1618	《中国逻辑史》课程建设	徐海燕	人文学院
19	YJLX1619	研读班模式在历史学教学领域的实践与探索	赵晶	古籍所
20	YJLX1620	《新闻学理论》课程的跨学科建设与“翻转课堂”探索	邓力	新闻传播学院
21	YJLX1621	聚变动力源：光明新闻传播学院部校共建模式探析	王永亮	新闻传播学院
22	YJLX1622	交叉型课程教学改革探索：基于大数据技术与应用的案例实践教学改革研究	崔凯	新闻传播学院
23	YJLX1623	博士研究生学术外语能力培养教学改革研究	李立	外国语学院
24	YJLX1624	以学术英语为导向的非英语专业硕士研究生英语课程体系研究	刘艳	外国语学院

续表

序号	立项编号	项目名称	项目负责人姓名	二级培养单位
25	YJLX1625	现代教育信息技术与研究生英语教学的整合——基于Blackboard（网络教学应用管理平台）的交互式教学模式研究	徐新燕	外国语学院
26	YJLX1626	俄罗斯法律翻译教学研究	从凤玲	外国语学院
27	YJLX1627	微课程视角下的法律英语教学模式研究	张鲁平	外国语学院
28	YJLX1628	学科交叉视野下德语专用语语言学课程建设	高莉	外国语学院
29	YJLX1629	基于大数据的法律翻译教学对MTI人才培养的重要作用	田力男	外国语学院
30	YJLX1630	博士研究生公共政治理论课专题教学研究	赵卯生	马克思主义学院
31	YJLX1631	硕士生公共政治理论课“马克思主义与社会科学方法论”教学研究	袁方	马克思主义学院
32	YJLX1632	硕士生公共政治理论课高校生态德育模式创新研究—— 研究生公共课建构式课堂教学探索	范亚新	马克思主义学院
33	YJLX1633	以教学内容的革新培养研究生的科研创新能力	王国芳	社会学院
34	YJLX1634	EPS教学方法在社工硕士教育中的应用与效果研究	胡杰容	社会学院
35	YJLX1635	法律硕士研究生学术研究能力培养的探索	马更新	法律硕士学院
36	YJLX1636	海商法教学方法研究	范晓波	法律硕士学院
37	YJLX1637	新诉讼法背景下的法医DNA实务培养模式研究	袁丽	证据科学研究院
38	YJLX1638	声纹鉴定基础与高级实务课程体系建设	曹洪林	证据科学研究院
39	YJLX1639	人权暑期班	张伟	人权研究院

2. 中国政法大学2016年研究生精品课程名单

立项编号	学院	课程名称	学科专业	课程负责人
YJPKC1601	法学院	法律论辩技巧	宪法学与行政法学	许身健
YJPKC1602	法学院	法律经济学方法论	法与经济学	席涛
YJPKC1603	民商经济法学院	民事诉讼法学	民事诉讼法学	毕玉谦
YJPKC1604	刑事司法学院	刑事诉讼法学	刑事诉讼法	卫跃宁
YJPKC1605	国际法学院	国际民事诉讼与仲裁	国际法	宣增益
YJPKC1606	国际法学院	海商法专题	国际法	张丽英

续表

立项编号	学院	课程名称	学科专业	课程负责人
YJPKC1607	商学院	世界经济专题研究	世界经济	金仁淑
YJPKC1608	人文学院	法治文化专题研究	法学理论	崔蕴华
YJPKC1609	光明新闻传播学院	新闻伦理研究	新闻传播学	阴卫芝
YJPKC1610	外国语学院	博士研究生学术英语课程	英语	沙丽金
YJPKC1611	中欧法学院	宪法与宪法诉讼	宪法与行政法学	郑永流
YJPKC1612	马克思主义学院	西方马克思主义前沿问题研究	马克思主义基本原理	张秀华
YJPKC1613	马克思主义学院	应用伦理学专题研究	思想政治教育	赵庆杰
YJPKC1614	社会学院	刑事司法心理学	犯罪心理学	马皑
YJPKC1615	法律硕士学院	民法总论	法律硕士	费安玲

3. 中国政法大学2015－2016年度博士生指导教师名单

法学理论专业（8人）

郑永流　舒国滢　单　纯　刘　星　曹义孙　柯华庆
杨玉圣　陈景辉

法律史专业（6人）

张晋藩　朱　勇　刘广安　徐世虹　张中秋　林　乾

宪法学与行政法学专业（18人）

应松年　马怀德　王人博　张树义　薛刚凌　刘　莘
高家伟　焦洪昌　王万华　李树忠　王敬波　刘　飞
解志勇　王天华　姚国建　罗智敏　张　莉　王青斌

刑法学专业（7人）

曲新久　阮齐林　王　平　于志刚　杨　波　马　皑
徐久生

民商法学专业（12人）

江　平　方流芳　赵旭东　李永军　费安玲　夏吟兰
管晓峰　于　飞　王　涌　李建伟　尹志强　陈景善

诉讼法学专业（13人）

陈光中　卞建林　宋朝武　杨宇冠　顾永忠　刘　玫
毕玉谦　汪海燕　李本森　卫跃宁　杨秀清　栗　峥
纪格非

经济法学专业（10人）

李曙光　徐晓松　时建中　符启林　刘少军　刘纪鹏
施正文　刘继峰　薛克鹏　李爱君

环境与资源保护法学专业（4 人）

王灿发　曹明德　于文轩　侯佳儒

国际法学专业（16 人）

黄　进　赵　威　杜新丽　林灿铃　张丽英　宣增益
高健军　孔庆江　齐湘泉　霍政欣　宋连斌　马呈元
史晓丽　李居迁　郭红岩　朱利江

军事法学专业（1 人）

李卫海

人权法学专业（1 人）

齐延平

证据法学专业（6 人）

张保生　王进喜　常　林　施鹏鹏　赵　东　张　中

比较法学专业（4 人）

柳经纬　高　祥　王志华　刘承韪

知识产权法学专业（3 人）

冯晓青　来小鹏　张　今

法与经济学专业（3 人）

席　涛　胡继晔　张　卿

法治文化专业（7 人）

李德顺　刘　斌　文　兵　王　洪　张　清　邹玉华
王建芳

政治学理论专业（7 人）

张桂琳　丛日云　杨　阳　林存光　庞金友　费多益
曹　兴

中外政治制度专业（1 人）

林德山

国际政治专业（1 人）

贾文华

国际关系专业（2 人）

刘长敏　韩献栋

公共行政专业（4 人）

石亚军　潘小娟　吕　芳　刘俊生

纪检监察学专业（1 人）

常保国

全球学专业（1 人）

刘贞晔

公共政策量化分析专业（1 人）

傅广宛

政治传播学专业（2 人）

陆小华　　卢春龙

政治社会学专业（1 人）

应　星

马克思主义基本原理专业（2 人）

孙美堂　　张秀华

马克思主义中国化研究专业（1 人）

卫　灵

国外马克思主义研究专业（1 人）

郃丽华

世界经济专业（5 人）

金仁淑　　巫云仙　　李景华　　王　霆　　刘志雄

注：本名单不含特聘、兼职教师。

4. 中国政法大学 2015－2016 年度硕士生指导教师名单

哲学

马克思主义哲学专业（共 5 人）

李凯林　　李德顺　　罗朝慧　　胡　明　　倪寿鹏

中国哲学专业（共 6 人）

王心竹　　刘　震　　李虎群　　李春颖　　单　纯　　俞学明

外国哲学专业（共 4 人）

文　兵　　张浩军　　宫　睿　　费多益

逻辑学专业（共 5 人）

王　洪　　马抗美　　王建芳　　孔　红　　朱素梅

美学专业（共 5 人）

文　兵　　卢燕娟　　孙　鹤　　金莉莉　　康晨宇

宗教学专业（共 3 人）

李虎群　　单　纯　　俞学明

经济学

政治经济学专业（共 8 人）

马丽娜　　支小青　　齐　勇　　李　晓　　张　弛　　陈明生

郃丽华　　黄立君

经济史专业（共 4 人）

巫云仙　　李　晓　　岳清唐　　熊金武

西方经济学专业（共 5 人）

邓　达　　张　弛　　张毅来　　岳清唐　　胡　明

世界经济专业（共7人）
李　泳　李宗怡　杨丽花　宏　结　张淑静　金仁淑
胡　明
区域经济学专业（共7人）
王燕祥　刘志雄　李　超　张　巍　陈明生　郭　琳
霍　钊
产业经济学专业（共7人）
邓　达　田文昭　刘志雄　李　超　张　巍　郭　琳
霍　钊
金融学专业（共4人）
王晓明　田文昭　李　泳　巫云仙
国际贸易学专业（共5人）
于　淼　杨丽花　宏　结　张淑静　梁　涵

法学

法学理论专业（共40人）
王建芳　王　洪　王夏昊　王称心　王新宇　孔　红
白　晟　朱　巍　刘小楠　刘红婴　刘　星　刘　斌
阴卫芝　李德顺　杨凤仙　杨玉圣　邹玉华　张　灵
张　彦　陆小华　陈景辉　罗世琴　金莉莉　郑永流
单　纯　赵文彤　赵雪纲　胡小进　柯华庆　姚广宜
姚泽金　黄震云　曹义孙　盛百卉　崔玉珍　崔蕴华
董　燕　蒋立山　舒国滢　雷　磊
法律史专业（共20人）
王银宏　朱　勇　刘广安　李　青　李典蓉　李　倩
李雪梅　李　超　张中秋　张德美　陈　煜　邵　方
林　乾　赵　晶　南玉泉　姜晓敏　顾　元　徐世虹
高浣月　崔林林
宪法学与行政法学专业（共49人）
马怀德　马宏俊　王人博　王万华　王小平　王天华
王成栋　王青斌　王建芹　王敬波　王　蔚　卞修全
田　瑶　刘　飞　刘　杨　刘　莘　刘晓兵　刘善春
许身健　李树忠　何　兵　汪庆华　张　力　张吕好
张陆庆　张　劲　张树义　张　莉　张笑世　张　锋
陈　宜　林鸿潮　罗智敏　赵　宏　赵　鹏　郝　倩
姚国建　秦奥蕾　袁　钢　高家伟　郭晓飞　曹　鎏
程　滔　焦洪昌　谢立斌　解志勇　蔡乐渭　薛小建
薛刚凌

刑法学专业（共21人）

于 冲	于志刚	于国旦	王 平	王顺安	王桂萍
方 鹏	曲新久	邬明安	刘丽娜	刘艳敏	阮齐林
张建荣	张 凌	陆 敏	罗 翔	赵天红	徐久生
董淑君	赖修桂	潘 勤			

民商法学专业（共37人）

于 飞	马更新	王玉梅	王光进	王 军	王 涌
王 萍	方流芳	尹志强	田士永	朱晓娟	刘亚天
刘家安	刘智慧	李永军	李建伟	吴日焕	何俊萍
陈 汉	陈景善	易 军	金 眉	周 昀	郑佳宁
赵旭东	胡利玲	柳经纬	费安玲	夏吟兰	高 祥
郭宏彬	席志国	梅慎实	寇广萍	靳文静	管晓峰
戴孟勇					

诉讼法学专业（共38人）

卫跃宁	王贞会	王 娣	王 晶	元 轶	卞建林
史 飚	毕玉谦	乔 欣	刘 玫	刘金华	许兰亭
孙邦清	纪格非	杜 闻	李本森	李 响	杨宇冠
杨秀清	肖建华	吴宏耀	邱星美	汪海燕	张 弘
罗海敏	岳礼玲	郑 旭	屈 新	赵珊珊	洪道德
栗 峥	顾永忠	倪 润	郭志媛	郭晓光	韩 波
鲁 杨	谭秋桂				

经济法学专业（共33人）

刘少军	刘 丹	刘纪鹏	刘继峰	孙 颖	苏洁澈
李 文	李东方	李美云	李爱君	李 娟	李曙光
杨 飞	时建中	吴景明	张苏彤	张钦昱	陆伟丰
武长海	范世乾	金英杰	郑俊果	赵红梅	赵廉慧
施正文	贺绍奇	徐晓松	翁武耀	符启林	翟继光
薛克鹏	霍玉芬	魏敬淼			

环境与资源保护法学专业（共9人）

于文轩	马 燕	王灿发	庄敬华	杨素娟	杨 源
胡 静	侯佳儒	曹明德			

国际法学专业（共41人）

马呈元	马灵霞	孔庆江	史晓丽	冯 霞	兰 兰
兰 花	成晓霞	朱子勤	朱利江	刘 力	齐湘泉
祁 欢	许浩明	杜新丽	李居迁	杨 帆	余 丽
辛崇阳	宋连斌	张 力	张西峰	张丽英	张 玲
范晓波	林灿铃	金 哲	周建海	赵 威	宣增益

高健军　郭红岩　黄　进　寇　丽　董京波　覃华平
焦　杰　曾　涛　薛　童　霍政欣　戴　龙

军事法学专业（共 9 人）

从文胜　李卫海　李　强　肖凤城　张建田　张柔桑
姜　涛　谢　丹　薛刚凌

法治文化专业（共 12 人）

王建芳　文　兵　刘　斌　杨凤仙　邹玉华　张　灵
罗世琴　赵国辉　胡小进　黄震云　崔蕴华　董　燕

人权法学专业（共 6 人）

刘小楠　孙　萌　张　伟　班文战　袁　刚　徐　爽

证据法学专业（共 36 人）

于天水　马长锁　王元凤　王　旭　王进喜　石美森
百茹峰　刘建伟　刘革新　刘　斌　刘　燕　刘　鑫
杜春鹏　李小恺　李训虎　李　冰　杨天潼　肖承海
吴丹红　吴洪淇　汪诸豪　张　中　张　方　张保生
张鹏莉　陈　碧　赵　东　郝红霞　施鹏鹏　洪　坚
袁　丽　郭金霞　曹洪林　常　林　褚福民　戴士剑

比较法学专业（共 34 人）

丁洁琳　丁　强　王志华　王　昶　元　铁　车　虎
龙卫球　田士永　冯　恺　朱伟一　刘承韪　许　兰
杨自然　迟　颖　张　生　张　彤　张学哲　林　林
罗智敏　罗　瑶　岳礼玲　郑永流　赵　宏　郝维华
柳经纬　原　洁　徐　妍　高　祥　黄　河　舒国滢
谢立斌　翟远见　潘　灯　薄燕娜

知识产权法学专业（共 13 人）

王　姝　冯晓青　刘　瑛　孙　阳　李玉香　杨利华
来小鹏　张　今　张　南　陈丽苹　陈　健　周长玲
郑璇玉

法与经济学专业（共 9 人）

李文静　李曙光　张　卿　周天舒　胡继晔　贵斌威
徐文鸣　徐光东　席　涛

政治学理论专业（共 11 人）

卢春龙　丛日云　李　筠　杨　阳　张辰龙　张春林
张桂琳　林存光　庞金友　郑　红　常保国

中外政治制度专业（共 7 人）

田为民　丛日云　杨　阳　张立鹏　陈忠云　屈超立
聂　露

纪检监察学专业（共3人）

王湘军　屈超立　常保国

国际政治专业（共4人）

任洪生　林德山　贾文华　韩献栋

国际关系专业（共3人）

刘　艳　李晓燕　曹　兴

外交学专业（共4人）

刘长敏　刘　星　严　挺　李群英

全球学专业（共3人）

刘贞晔　杨　军　蔡　拓

社会学专业（共15人）

王　楠　方慧容　毕向阳　刘　娜　杨清媚　何江穗

何珊君　应　星　张　莉　孟庆延　赵丙祥　胡杰容

郭伟和　梁柏能　游正林

马克思主义基本原理专业（共5人）

张秀华　邰丽华　赵卯生　袁　方　傅　扬

马克思主义发展史专业（共4人）

宋朝龙　林海虹　袁　方　傅　扬

马克思主义中国化研究专业（共5人）

卫　灵　吴韵曦　范亚新　林海虹　周爱华

国外马克思主义研究专业（共2人）

邰丽华　赵卯生

思想政治教育专业（共6人）

王今一　赵庆杰　郭继承　谢　军　虞花荣　解启扬

中共党史专业（共3人）

张文灿　胡尚元　侯松涛

中国近现代史基本问题研究专业（共5人）

王　强　孔祥宇　白丽萍　张文灿　黄　东

教育学

应用心理学专业（共5人）

马　皑　王国芳　片成男　刘建清　杨　波

基础心理学专业（共9人）

马　皑　王国芳　片成男　刘兆敏　刘建清　刘萃侠

杨　波　张　卓　郑红丽

犯罪心理学专业（共9人）

马　皑　王国芳　片成男　刘兆敏　刘建清　刘萃侠

杨　波　张　卓　郑红丽

文学

英语语言文学专业（共 14 人）

王　芳　　叶　洪　　付　瑶　　刘阳阳　　齐　筠　　孙平华
李　立　　沙丽金　　张立新　　张法连　　张洪芹　　张　清
张　磊　　高莲红

俄语语言文学专业（共 2 人）

丛凤玲　　李国强

法语语言文学专业（共 3 人）

朱　琳　　刘小妍　　赵静静

德语语言文学专业（5 人）

王　强　　许　兰　　李　烨　　陈　晖　　高　莉

新闻学专业（共 13 人）

王永亮　　王佳航　　史兴庆　　朱　巍　　刘徐州　　刘　斌
阴卫芝　　张宏伟　　张艳红　　陆小华　　姚广宜　　姚泽金
鞠宏磊

传播学专业（共 13 人）

王天铮　　王佳航　　毕秋灵　　刘徐州　　张宏伟　　张　森
陆小华　　郑满宁　　孟　盈　　姜振宇　　徐亚萍　　黄　金
鞠宏磊

历史学

历史文献学专业（共 4 人）

孙　旭　　李雪梅　　张蓓蓓　　赵　晶

专门史专业（共 5 人）

邓庆平　　金　雁　　赵国辉　　赵　晶　　郭瑞卿

中国近现代史专业（共 3 人）

刘丹忱　　金　雁　　赵晓华

中国古代史专业（共 5 人）

石　洋　　李雪梅　　张蓓蓓　　林　乾　　南玉泉

管理学

会计学专业（共 5 人）

王燕祥　　田　明　　余宇莹　　张美玲　　陈佳俊

企业管理专业（共 16 人）

于　淼　　马克态　　王大地　　王　玲　　王晓明　　王　霆
朱晓武　　孙忠群　　孙选中　　李维华　　李景华　　张国钧
陈　曦　　柴小青　　葛建华　　慕凤丽

法商管理专业（共 1 人）

孙选中

行政管理专业（共16人）

马建川　王冬芳　王湘军　石亚军　吕　芳　刘柏志
刘　星　刘俊生　李程伟　杨炳霖　胡叔宝　梅燕京
傅广宛　詹承豫　翟校义　潘小娟

社会保障专业（共5人）

王丽莉　孙晓冬　李　环　张永理　潘小娟

公共人力资源管理专业（共4人）

王明杰　刘俊生　商　磊　谭兰英

专业学位

法律硕士专业（共49人）

于天水　马长锁　马登民　王元凤　王永亮　王　扬
王传丽　王　旭　王进喜　王　旸　石美森　皮艺军
百茹峰　朱玲娣　朱　巍　刘建伟　刘　斌（光明新闻传播学院）
刘　斌（证据科学研究院）刘　鑫　阴卫芝　李训虎　李　冰
杨　飞　杨天潼　杨　萍　吴丹红　吴洪淇　吴　飚
狄胜利　汪诸豪　张　中　张保生　张艳红　陆小华
陈冬青　赵　东　郝红霞　胡纪念　胡彩霄　施鹏鹏
姚广宜　姚泽金　袁　丽　曹洪林　常　林　鲁　涤
解志勇　褚福民　薛瑞麟

社会工作硕士专业（共15人）

马　皑　王国芳　片成男　刘建清　杨　波　何江穗
何珊君　应　星　张　莉　赵丙祥　胡杰容　郭伟和
梁柏能　游正林　黎　安

翻译硕士专业（共8人）

王　芳　田力男　付　瑶　齐　筠　辛衍君　沙丽金
张法连　徐新燕

注：具有指导学术学位硕士研究生资格的教师同时具有指导相关专业的专业学位硕士研究生资格。

5. 中国政法大学2016年研究生精品教材名单

序号	精品教材名称	教材负责人	二级培养单位
1	法学方法论	舒国滢	法学院
2	民法总论	李永军	民商经济法学院
3	国际法专题	李居迁	国际法学院
4	刑事诉讼法学	卫跃宁	刑事司法学院
5	政治学理论前沿	庞金友	政治与公共管理学院

续表

序号	精品教材名称	教材负责人	二级培养单位
6	西方马克思主义前沿问题研究	张秀华	马克思主义学院
7	博士研究生学术英语课程	沙丽金	外国语学院
8	高级宏观经济学	李　泳	商学院
9	西方社会学古典理论	应　星	社会学院
10	商法	陈景善	法律硕士学院

6. 中国政法大学2016年专业学位教育专项立项名单

教学案例编写项目

序号	项目名称	负责人	专业学位类型
1	行政法与行政诉讼法教学案例编写项目	罗智敏	法律硕士
2	法律文书、诉讼技能与谈判教学案例编写项目	程　滔	法律硕士
3	亲属法与继承法教学案例编写项目	陈　汉	法律硕士
4	人身伤害司法鉴定争议案件编写项目	王　旭	法律硕士
5	知识产权法教学案例编写项目	杨利华	法律硕士
6	民事诉讼与证据法教学案例编写项目	郭晓光	法律硕士
7	物权法教学案例编写项目	刘智慧	法律硕士
8	资本金融法律实务教学案例编写项目	武长海	法律硕士
9	民法典型教学案例编写项目	尹志强	法律硕士
10	体育法教学案例编写项目	马宏俊	法律硕士
11	MBA 教学案例编写项目（OB）	慕凤丽	工商管理硕士
12	消费升级与互联网＋背景下商业企业的战略转型研究案例编写项目	葛建华	工商管理硕士
13	华蒂凯机电设备制造有限公司品牌建设之路案例编写项目	马克态	工商管理硕士
14	政治学理论前沿教学案例编写项目	庞金友	公共管理硕士
15	公共管理教学案例编写项目	刘俊生	公共管理硕士
16	多元互动的政策制定过程与府际关系教学案例编写项目	吕　芳	公共管理硕士
17	法律翻译（英译汉）教学案例编写项目	魏　蘅	翻译硕士
18	法律专题翻译课教学案例编写项目	徐新燕	翻译硕士
19	人类行为与成长环境课程教学案例编写项目	张　莉	社会工作硕士

7. 联合培养基地建设项目

联合培养基地建设项目

序号	联合培养基地名称	申报学院	专业学位类型
1	北京知识产权法院	法硕学院	法律硕士
2	北京市大兴区人民法院	法硕学院	法律硕士
3	国家体育总局政策法规司	法学院	法律硕士
4	北京市海淀区人民法院中关村法庭	光明新闻传播学院	法律硕士
5	北京疆亘资本管理有限公司	MBA 教育中心	工商管理硕士
6	维宁文化传媒（北京）有限公司	MBA 教育中心	工商管理硕士
7	北京联东金桥置业有限责任公司	MBA 教育中心	工商管理硕士
8	北京新板资本投资控股有限公司	MBA 教育中心	工商管理硕士
9	华夏（北京）民族团结教育基地企业管理有限公司	MPA 教育中心	公共管理硕士
10	北京市朝阳区人民法院	外国语学院	翻译硕士
11	北京睿成社会工作事务所	社会学院	社会工作硕士

8. 实务技能课程建设项目

实务技能课程建设项目

序号	课程名称	负责人	专业学位类型
1	法律硕士职业生涯发展	林卫星	法律硕士
2	教育法实务技能	王大泉	法律硕士
3	金融创新、风险管理与法律规制	徐　敏	法律硕士
4	商务谈判	陈　达	工商管理硕士
5	银行信息化建设与项目管理	曾　涛	工商管理硕士

9. 博士后流动站

有法学、政治学和马克思主义理论 3 个博士后流动站，博士后研究人员出站 20 人、进站 32 人（其中联合招收 2 人）、退站 1 人，在站 142 人。

三、外国留学生及港澳台学生教育教学

2016 年，学校继续面向港澳台侨和海外招收学生，港澳台侨学生招生类别包括：联合招生考试、香港免试生本科项目、港澳台硕士研究生、博士研究生。外国留学生招生类别包括：本科生、硕博研究生（中文学位）、硕博研究生（英文学位）、中国政府奖学金（本、硕、博）、汉语言学习生、国际交流生。2016 年学校共招收留学生 208 人，其中港

澳台侨学生 108 人，外国留学生 100 人（其中进修生 41 人）。其中：外国自费本科生 2 人；港澳台侨本科生共 88 人；中国政府奖学金生 36 人（本科生 9 人，硕士生 20 人，博士生 7 人）。截止到 2016 年 12 月，学院在籍学历生共 811 人，其中外国留学生 351 人，港澳台学生 460 人。外国留学生中，博士生 144 人，硕士生 140 人，本科生 67 人。港澳台学生中，博士生 134 人，硕士生 33 人，本科生 293 人。

【举办 2016 年中外文化节】5 月 10 日，学校在昌平校区成功举办了中外文化美食节。此次中外文化美食节聚集了韩国、日本、蒙古、哈萨克斯坦等国家以及港澳台地区的特色美食，均由国际教育学院的留学生和港澳台侨学生们准备而成。该活动旨在为学校外国留学生及港澳台侨生搭建展示自我风采和家乡地域文化的平台。

【开展校际交流生培养工作】2016 年国际教育学院共接收 60 名校际国际交流生。为方便交流生能够尽快融入学校，开展学习生活，学院为国际交流生开设了入学课程，就学校相关情况、相关法律法规、学校规定、校园文化、选课制度、宿舍情况、学期内各项活动等向交流生进行介绍。同时通过与学生团体进行合作，开设了校际交流生语伴项目。

【举办小语种语言兴趣班】2016 年国际教育学院和教务处联合开设的小语种兴趣班继续开展。上半年小语种班开设了波斯语、俄语、哈萨克语、韩语、蒙古语、泰语、西班牙语、越南语等语种，下半年开设了韩语、俄语、越南语。183 名师生成为第三期小语种班的学员。

【打造留学生品牌课程】国际教育学院于 2016 年正式启动学院留学生品牌课程建设工作，并正式推出了第一门文化交叉课程：《中华文化与法律》。该课程旨在通过对中华文化与法律的结合，使留学生建立和加深对中国法律文化背景的了解，拓宽留学生学习思路，进而从现实及比较法的角度了解中外法律制度差异的深层次文化原因，引导外国留学生选择自己喜欢的方向进行进一步的学习与研究。

【举办多类型特色讲座】2016 年国际教育学院面向留学生及港澳台侨学生举办了系列特色讲座：中国书法讲座、职业规划与拓展讲座、毕业论文写作讲座、出国升学讲座、关于“香港基本法释法”学术研讨会及各国文化沙龙等，吸引了 200 余人参加。

【开办各国法律与文化论坛】2016 年国际教育学院举办各国法律与文化论坛 30 余场，累计参与人数达 500 人。吸引了来自德国、意大利、西班牙、斯洛文尼亚、坦桑尼亚、拉脱维亚等国家同学们的参与。

【参加青岛国际武术节】10 月 13 日至 16 日，学校留学生代表队应邀参加了第七届中国青岛国际武术节比赛。学校来自德国、丹麦、西班牙、葡萄牙、捷克、乌克兰、俄罗斯、韩国等 17 个国家的 30 名留学生代表中国政法大学参加了此次国际武术节比赛。最终学校韩国留学生权度炫获得个人 32 式太极剑比赛一等奖和个人 24 式太极拳比赛二等奖，集体项目太极扇也获得器械集体比赛第二名。

【参加黄山论剑国际武术大赛】11 月 12 日至 14 日，学校来自德国、丹麦、意大利、西班牙、葡萄牙、捷克、乌克兰、俄罗斯、日本、韩国等 16 个国家的 18 名留学生代表中国政法大学参加了 2016 年黄山论剑国际武术大赛。学校韩国硕士留学生裴韩蔚获得国际组男子 C 组其他拳术类二等奖；巴基斯坦博士留学生 Dilshad Ahmad 获得国际组男子 BC

组其他太极短器械三等奖；集体项目太极功夫扇和太极拳均取得国际组集体项目三等奖。

四、继续教育

2016 年学校继续教育学院招生 590 人，函授招生 287 人，共计招生 877 人；夜大毕业生 383 人，函授专升本科毕业生 369 人，高起本科函授毕业生 58 人，共计 810 人。非学历教育培训取得新突破。其中，司法考试线上、线下培训 3068 人；为各级党政机关、政法部门和企业行业系统开展各类短期培训班共计 54 期，共计 5849 人；同等学力高级研修班全年招生 338 人，开展法律英语项目培训两期，共计 80 人。

司法考试培训方面，引进新的投资和合作团队，利用百度、360、搜狗三大搜索引擎和微信、微博等网络营销模式，加大线上、线下宣传推广力度。采取合作加盟方式建立合作基地，扩大社会培训的力度与市场占有率。为满足不同考生的需求，开设面授、网络及校内视频等三个系列班次。并根据学习阶段划分多个具有特色的子系列班次。今年为校内本科生、研究生培训 577 人；举办校外培训班 13 个，培训人员 2491 人；共计培训 3068 人。

司法职业教育培训方面，进一步发挥学校司法职业教育培训组织管理优势，提高培训产品质量，丰富培训项目，根据政法委、公安、检察、法院、司法五个系统及其机构不同工作特点和业务方向，围绕全面推进依法治国、司法改革理论与实践、领导干部法治思维与法治素养提升和司法职业规范及职业道德等主题，设计研发具有前瞻性、针对性、实用性、时效性的课程和项目，确立并积极推进政法委领导干部维稳综治，公安干部行政规范化建设，检察干部反贪、反渎业务，法官审判能力提升，公证员法治素养及执业能力提升，监狱系统推进依法治监，和北京市申请律师执业人员等系列专题培训项目的开展。共举办培训班 30 期，培训 3623 人；其中短训班 24 期，1619 人；北京市实习律师培训 7 期，2004 人。

在项目培训的基础上，力争建立长期合作机制。10 月 28 日，学校与北京市西城区人民政府签订战略合作协议。根据协议，西城区政府将依托中国政法大学在法学理论研究、人才培养、干部培训和法律咨询等方面的优势，推动城市治理、法治建设和政府管理创新。

政府与企业教育培训方面，坚持传统与特色相结合、经济效益与社会效益并重的自主办学方针，积极开展“依法行政和社会管理”“社会管理创新”等面向党政部门的系列培训项目。2016 年继续教育学院共举办短期培训班 24 期，共培训 2651 人，其中昌平区领导干部进高校大讲堂 4 期，共 1120 人。政府机关及行业短期培训 20 期，1531 人。培训效果获得委托方认可，与委托方形成了长期合作关系，成为“系列培训”。

充分发挥学校优质资源，积极拓展办学渠道。2016 年继续教育学院首次以投标形式取得国家发改委价格监督检查与反垄断局“价格监管与反垄断执法培训项目”，并举办两期项目培训。

10 月学校与山西省人大常委会签订了战略合作协议并确定了今后的培训与合作计划。按协议约定，山西省人大常委会将中国政法大学列为全省各级人大领导干部和法律业务类干部的重点培训基地，中国政法大学将山西省人大常委会列为各类人才培养的实训基地，双方将在人才培养、理论研究、实践创新、制度建设等方面开展深层次、多领域的合作交流，增强高校服务社会的功能，推动法治山西建设。

在成人教育日益萎缩的背景下，继续教育学院通过不断加大招生宣传力度，保持了规模的相对稳定。2016 年成人学历教育共计招生 877 人，其中夜大学招生 590 人，函授招生 287 人；同年夜大毕业生 383 人，函授专升本科毕业生 369 人，高起本科函授毕业生 58 人，共计 810 人。通过加强教学管理和监控，努力提高教学质量和授课效果。积极探索教学方式改革，采取网络和面授相结合的教学模式，满足了学生的学习需求，缓解了多年来难以解决的夜大和函授学生普遍存在的工学矛盾。

网络教育服务方面，以同等学力研修项目为基础，辅以法律英语培训、行政执法培训等职业教育项目。完善现有同等学力课程网络学习平台，开发法律英语和成人学历教育两个新版网络学习平台，开设并录制视频课程 800 课时，在平台发布 500 余课时，开发各类资料、试题等文字材料百余系列，达 25 余万字。同等学力课程网络学习平台新开设“民商法”“经济法”两个专业；筹备开展同等学力统考辅导串讲提升专题网络课程以及与法制出版社合作的行政执法培训项目的课程资源建设工作。2016 年同等学力高级研修项目招生 338 人；同时开展法律英语项目培训两期，共计 80 人。

【签署战略合作框架协议】为整合社会各界资源，形成强大的项目战略联盟体系，全面推进“依法治国 E 行动专项计划”项目、本科高等学历继续教育、同等学力项目、司法考试培训项目及相关领域项目的实施，继续教育学院分别于 5 月与兰州理工大学继续教育学院、内蒙古知源科教职业学校，6 月与北京市涉台法律事务研究总会，11 月与贵州省人才大市场（乙方）及贵州省兴黔宏智人才大市场有限公司（丙方）签署战略合作框架协议。

【与中国法制出版社签署战略合作协议】11 月，继续教育学院与中国法制出版社本着“需求引导、讲求实效、优势互补、互惠互利、共同发展”的原则，就共建行政执法人员学习培训平台、法律知识库建设、青少年法治教育、国家级专业技术人员继续教育基地等项目达成一致，签署战略合作协议。

【与北京开国元勋文化促进会、龙源数字传媒集团达成战略合作】为响应国家文化产业大发展大繁荣的要求，以学校牵头实施的“依法治国 E 行动专项计划”为抓手，围绕全国农村普法教育和青少年法治教育等要求、热点，逐步推进基于现代化传播手段的全民普法教育，提高全社会的法治素养，积极践行法治精神和红色文化的传播与弘扬，2016 年 11 月，继续教育学院与北京开国元勋文化促进会（乙方）和龙源数字传媒集团（丙方）三方达成一致，签署战略合作协议。

五、开放教育

2016 年学校共举办各类培训班 225 个，培训总人数 21 645 人。其中，短训班 146 个，培训总人数 14 115 人；同等学力研修班 53 个，培训总人数 4185 人；司法考试辅导班 14 个，培训人数 3068 人；MBA/MPA 核心课程班 12 个，培训总人数 277 人。

【办理结业审批及发放证书】2016 年，学校开放教育管理办公室共办理结业审批并发放证书 4688 人次，其中短训班 3987 人，同等学力研修班 601 人，MPA 核心课程班 100 人。

【执行开放教育办学项目会审和项目备案制度】2016 年学校开放教育办学会审 1 次，2 个上会项目均为通过；备案项目共计 150 个，其中短训班项目 128 个，同等学力办学项目 22 个。针对办学单位提交的符合要求的备案项目材料，开放教育管理办公室在进行严格审查后准予备案。

【协助北京市教委完成 2015 年继续教育年度报告及数据统计】开放教育管理办公室完成了北京市教委高等教育处要求的高校 2015 年继续教育年度报告的撰写及基本状况的数据统计汇总工作，向北京市教委报送了相关报告并完成数据上传。

【处理各项开放教育办学纠纷与投诉】2016 年，开放教育管理办公室针对投诉到学校有关开放教育办学的纠纷均高度重视，第一时间展开调查，通过与学员本人沟通及向相关办学单位了解情况等方式，在深入了解事实情况的前提下，或及时准确回应学员诉求，或以恰当方式做出调解。

【监督管理开放教育办学网络招生情况】2016 年，开放教育管理办公室继续通过定期排查、限期整顿等方法，坚持做好开放教育的广告监督和管理工作；鼓励并协助各办学单位建立唯一对外宣传及招生官网进行备案，并对备案网站进行监管。

【明确学校可创收单位与不可创收单位的具体范围】根据学校工作需要，学校明确了可创收单位和不可创收单位的具体范围。其中，可创收单位是指各院包括学校正式批准成立的校级研究院；不可创收单位是指校部机关、院属单位、研究所、非在编科研机构及后勤各实体。

【制定学校开放办学教师课时费支付标准的管理办法（建议稿）】学校制定了开放办学教师课时费支付标准的管理办法（建议稿），明确了学校教师为非学历教育学员授课所需支付的课时费、出题费、阅卷费、监考费等具体标准。

【开展 2016 年开放教育办学年度调查工作】2016 年，开放教育管理办公室调整设计报告及数据表模板，要求办学单位从办学基本情况、监督管理、存在的问题及对开放办学的意见和建议等方面提交调查报告，组织各办学单位认真填写各项数据表，对各办学单位提交的信息和数据进行核对并汇总，完成 2016 年度开放教育办学各类项目的信息采集和数据统计工作。

【细化《中国政法大学同等学力人员课程学习及水平认定考试办法（试行）实施细则》（讨论稿）及《中国政法大学同等学力申请硕士学位人员学位环节培训费管理办法》（审议稿）并提请校长办公会审议通过】开放教育管理办公室一年来通过与学校相关职能部门多次沟通，完成了《中国政法大学同等学力人员课程学习及水平认定考试办法（试行）实施细则》（讨论稿）及《中国政法大学同等学力申请硕士学位人员学位环节培训费管理办法》（审议稿）的第 7 次修改，并于 2016 年 12 月 30 日提请校长办公会审议通过，进一步贯彻落实《中国政法大学同等学力人员课程学习及水平认定考试办法（试行）》，完善同等学力人员课程学习，规范学校同等学力人员的管理制度，并为加强规范同等学力申请硕士学位人员学位课程考试和学位论文写作环节经费管理。

【加强同等学力办学管理，建立学员信息档案】2016年，开放教育管理办公室在坚持服务和管理相统一的原则上，加强管理力度，加大管理深度，从办学单位的办学思路、办学规模、办学合作以及具体办学工作等全方面进行把控和监管。项目审批阶段严格审查招生简章和合作协议，对合作项目的办学点进行全方位的了解和监管。同时，建立同等学力研修班学员管理的标准模式，从学员入学开始进行统一的、全方位的跟踪式管理，全面掌握同等学力项目总体情况并随时反映每个项目的动态变化。

第四章　科学研究

【概况】2016 年截至目前，学校共获得纵向、横向科研项目 394 项（较去年增加 36 项），立项批准经费及到账经费总计 4758.36 万元。其中纵向项目 58 项（若干今年的纵向项目还未公布结果），总数较去年有所减少，但 2016 年获得 2 个国家社科基金重大项目，追平学校在该项目上的历史最佳成绩，立项质量较去年有明显提升，纵向项目立项批准经费 972 万元。横向项目 336 项（较去年增加 52 项），到账经费 3786.36 万元（较去年略有增加）。全年总计办理项目结项 207 项。

2016 年 5 月，学校牵头的“马克思主义与全面依法治国协同创新中心”获批北京高校中国特色社会主义理论研究协同创新中心之一，这是学校继司法文明协同创新中心成功入选国家首批“2011 计划”之后，协同创新中心建设再次取得的重大成绩。

2016 年度，学校证据科学研究院“111 计划”证据科学创新引智基地连续第二年通过国家项目评审，进入第三年的建设。先后组建了“中美物证技术联合研究中心”“中美证据法比较研究中心”等。学校新成立非在编研究机构 13 个，非在编研究机构总数达到 169 个。本年度新建立新型科研机构 2 个，分别是绿色研究院、制度学研究院，截至目前学校新型科研机构数量达到 5 个。目前，学校已资助 4 批，共 41 支校级青年教师学术创新团队。2016 年在遴选出新一批创新团队的同时，对 2014 年创新团队进行了年度考核。

2016 年度，学校共有 710 项 2015 年度科研成果获得学校奖励。其中，专著 94 部、权威期刊论文 60 篇、核心期刊论文 526 篇、咨询报告 13 项、立法建议 10 项。

2016 年度，学校智库建设总共编辑了《法大智库建议》15 期，2 项咨询报告入选《教育部简报（高校智库专刊）》，多条建议被教育部采纳报送有关领导参阅。2 项咨询报告被收入北京市社会科学基金《成果要报》；4 篇咨询报告被人民日报内参全文刊发；1 篇研究报告获得国务院副总理马凯批示。经中国法学会报送，1 篇咨询报告获得最高人民法学院院长、常务副院长批示。4 项立法建议咨询报告，报送相关立法机关。

根据学校综合改革的方案，修订《中国政法大学非在编科研机构管理办法》，制定《中国政法大学新型研究机构建设办法》；修订《中国政法大学青年教师学术创新团队支持办法》，制定《中国政法大学校级科学研究青年项目管理办法》；修订《中国政法大学校级科学研究项目管理办法》等科研管理规章制度，进一步完善校内各项科研制度和激励机制。

学校继续实施“走出去”计划，资助学校各单位举办国际学术会议，资助教师走出去参加国际学术交流。2016 年度，资助司法文明协同创新中心举办国际学术会议，资助 9 位教师参加在国（境）外举行的国际学术会议。共举办 9 场名家论坛，分别邀请了 9 位国内外知名学者和教授。共举办 248 场学术讲座、16 场学术研讨会，其中境外人士来学校举办 62 场讲座。

【参加第六届“立格联盟”科研管理论坛】 11 月 4 日 –6 日，由中南财经政法大学承办的第六届“立格联盟”科研管理论坛在湖北武汉隆重举行，中国政法大学、华东政法大学、中南财经政法大学、西南政法大学、西北政法大学、甘肃政法学院、上海政法学院、山东政法学院 8 所政法院校主管科研校领导以及科研管理部门人员 40 余人莅临参加。学校副校长时建中率科研处栗峥、杜学亮、于飞、杜彩云、满学惠一行 6 人参加了此次论坛。时建中副校长在论坛上结合大学科研发展的基本规律，针对学校科研工作的现状，分析了影响科研发展的内外因素，提出了创新科研管理体制与机制是推动科研发展的重要方面。

【举行第六届钱端升法学研究成果奖颁奖大会暨第六届中国法治论坛】 2016 年 12 月 6 日 –7 日，第六届钱端升法学研究成果奖颁奖大会暨第六届中国法治论坛在北京京仪大酒店隆重举行。教育部社科司副司长徐青森，钱端升法学研究成果奖励基金理事会理事长、中国政法大学校长黄进，国家发展改革委员会西部开发司巡视员欧晓理，外交部条法司司长徐宏，中南财经政法大学知识产权研究中心主任吴汉东，钱端升法学研究成果奖励委员会委员、西北政法大学校长贾宇，钱端升先生长子、国土资源部教授级高级工程师钱大都，钱端升法学研究成果奖观察员何建，高校社科评价中心主任李建平，钱端升法学研究成果奖励基金理事会副理事长、中国政法大学副校长冯世勇，钱端升法学研究成果奖励基金理事会副理事长、中国政法大学副校长马怀德，钱端升法学研究成果奖励基金理事会副理事长、中国政法大学党委副书记高浣月，钱端升法学研究成果奖励基金理事会秘书长、中国政法大学副校长时建中等出席大会。第六届钱端升法学研究成果奖的获奖代表，第六届中国法治论坛征文奖的获奖代表，光明日报、法制日报、中国教育报、人民网、新华网等媒体代表参加了大会，大会由马怀德主持，评选出第六届钱端升法学研究成果奖共计 35 项，其中一等奖 1 项、二等奖 8 项、三等奖 18 项、提名奖 8 项。

【公布 2015 年校级人文社会科学研究项目资助名单】 2 月 29 日，学校公布 2015 年校级人文社会科学研究项目资助名单。张陆庆等 20 名教师获贯彻十八届四中全会精神校级人文社会科学研究专项项目资助，每项资助经费为 4 万元；孙平华等 20 名教师获校级人文社会科学研究规划项目资助，每项资助经费为 4 万元；徐亚萍等 10 名教师获校级人文社会科学研究青年项目资助，每项资助经费为 2 万元。

【公布第四批（2016 年）青年教师学术创新团队名单】 4 月 28 日，学校公布第四批（2016 年）青年教师学术创新团队名单，共遴选出 10 支团队入围中国政法大学第四批（2016 年）青年教师学术创新团队。

【公布 2016 年校级科学研究项目资助名单】 6 月 6 日，学校公布 2016 年校级科学研究项目资助名单。王元凤等 20 名教师获得 2016 年校级规划科学研究项目资助，每项资助经费为 8 万元，葛平亮等 20 名教师获得 2016 年校级青年科学研究项目资助，每项资助经费为 4 万元。

【公布中国政法大学第四届青年教师优秀科研成果奖获奖名单】 12 月 14 日，学校公布第四届青年教师优秀科研成果奖获奖名单。共有14项科研成果获奖，其中一等奖1项、二等奖3项、三等奖10项。

【“法和经济学研究中心”更名为“法与经济学研究院”】 7月4日，学校“法和经济学研究中心”更名为“法与经济学研究院”。

【成立绿色发展战略研究院在编新型研究机构】 为加强学校新型研究机构建设，促进我国绿色发展战略研究，推进世界一流大学和一流学科建设，经2016年7月16日第13次校长办公会、2016年7月17日第12次党委常委会审议，通过《中国政法大学绿色发展战略研究院建设方案》，决定成立中国政法大学绿色发展战略研究院在编新型研究机构，不设行政级别。

【成立中国政法大学制度学研究院】 11月16日，学校批准成立中国政法大学制度学研究院，首任院长李树忠教授。研究院将以国家制度创新为导向，以推进国家治理体系和国家治理能力现代化中的制度建设为重点，开展决策咨询、提供立法建议，发挥一流智库作用，为共建单位和社会各界提供咨询、培训等服务。承担制度学硕士研究生和博士研究生培养任务；承担各类院校（党校、行政学院、高等院校）制度学师资培训以及公职律师、企业律师的培训任务；加强图书资料和网络信息建设，建立制度学出版基地，提供制度学文献查询和数据服务。

【公布第十届中国政法大学学术委员会及各专门委员会组成人员名单】 2月29日，学校公布第十届中国政法大学学术委员会及各专门委员会组成人员名单。2015年10月15日第十届校学术委员会第一次全体会议，选举产生了第十届校学术委员会常务副主任委员和副主任委员，通过了特邀委员，并经过公示，经2015年9月23日第12次校长办公会议、2015年10月8日第12次党委常委会议审议通过。

【2位教师的咨询报告入选《教育部简报（高校智库专刊）》】《教育部简报（高校智库专刊）》2016年第6期、第24期分别刊发学校王敬波教授、黄进教授的咨询报告《法治政府建设的短板和推进路径》《加强海事司法　维护国家海洋权益》。王敬波教授的《法治政府建设的短板和推进路径》从中共中央、国务院发布的《法治政府建设实施纲要（2015－2020）》精神出发，提出为确保2020年基本实现法治政府的目标，应通过建立政府－社会的双向反馈机制、完善政府规范性文件的管理制度、健全行政决策机制、创新监管方式、全面推进政务公开、加强依法行政的组织领导和监督等路径，扎实推进新时期地方政府法治建设。黄进教授的《加强海事司法　维护国家海洋权益》针对我国海事司法的不足，从我国司法管辖权应及于国家有权管辖的所有领土和特定区域、我国司法管辖权应及于国家有权管辖的所有人、坚持和平解决国际争端原则、善用海事司法方式维护国家海洋权益和通过全面深化司法改革来强化海事司法职能等五个方面来加强我国海事司法，切实维护国家的海洋权益。

【学校7项成果获得北京市第十四届哲学社会科学优秀成果奖】 12月，北京市第十四届哲学社会科学优秀成果奖正式公布，本次评奖经教育系统评审和北京市评奖委员会终评，共有208项成果获奖，其中特等奖空缺、一等奖46项、二等奖162项。学校有7项成果获奖，包括一等奖1项、二等奖6项。获得一等奖的是李雪梅的《法制“镂之金石”

传统与明清碑禁体系》；获得二等奖的是应星的《学校、地缘与中国共产党早期组织网络的形成——以北伐前的江西为例》、李筠的《论西方中世纪王权观——现代国家权力观念的中世纪起源》、卢春龙的《新型中产阶层对民主价值的理解：立足中国国情的民主价值观》、易军的《"法不禁止皆自由"的私法精义》、于志刚的《大数据时代数据犯罪的制裁思路》和吴洪淇的《转型的逻辑：证据法的运行环境与内部结构》。

【附件】

1. 重点研究基地、培训基地与重点实验室一览表

序号	名称
1	教育部人文社会科学重点研究基地——中国政法大学诉讼法学研究院
2	教育部人文社会科学重点研究基地——中国政法大学法律史学研究院
3	国家人权教育与培训基地——中国政法大学人权研究院
4	证据科学教育部重点实验室——中国政法大学证据科学研究院
5	北京市哲学社会科学重点研究基地——中国政法大学法治政府研究院

2. 在编科研机构一览表

序号	名称
1	诉讼法学研究院
2	法律史学研究院
3	证据科学研究院
4	法治政府研究院
5	人权研究院
6	比较法学研究院
7	法和经济学研究院
8	法学教育研究与评估中心
9	法律古籍整理研究所
10	全球化与全球问题研究所
11	公司法与投资保护研究所

3. 新型研究机构一览表

序号	名称
1	资本金融研究院
2	互联网金融法律研究院

续表

序号	名称
3	仲裁研究院
4	制度学研究院
5	绿色发展战略研究院

4. “2011 计划”协同创新中心一览表

序号	协同创新中心名称	协同单位	牵头单位	成立时间	备注
1	司法文明协同创新中心	中国政法大学、吉林大学、武汉大学	中国政法大学	2012 年 7 月	2013 年 5 月获得国家首批认定
2	全球治理与国际法治协同创新中心	中国政法大学、武汉大学、厦门大学、南开大学、对外经贸大学	中国政法大学	2012 年 12 月	
3	法治政府协同创新中心	中国政法大学、国家行政学院、北京大学	中国政法大学	2013 年 10 月	
4	国家领土主权与海洋权益协同创新中心	武汉大学、复旦大学、中国政法大学、外交学院、郑州大学、中国社会科学院中国边疆史地研究中心、水利部国际经济技术合作交流中心	武汉大学	2012 年 12 月	2014 年 10 月获得国家第二批认定
5	人权建设协同创新中心	南开大学、中国政法大学、广州大学	南开大学	2013 年 8 月	
6	知识经济与法治发展协同创新中心	中南财经政法大学、中国政法大学、北京大学	中南财经政法大学	2012 年 7 月	
7	北京高校中国特色社会主义理论研究协同创新中心	中国社科院、南开大学、河北大学、北京工商大学	中国政法大学	2015 年 10 月	

5. 非在编研究机构一览表

序号	机构名称	负责人	管理单位
1	罗马法与意大利法研究中心	费安玲	民商经济法学院
2	公司法研究中心	江　平	民商经济法学院
3	监狱史学研究中心	马志冰	法学院
4	刑事司法研究中心	王　平	刑事司法学院
5	犯罪心理学研究中心	罗大华	社会学院
6	律师学研究中心	王进喜	法学院

续表

序号	机构名称	负责人	管理单位
7	刑事法律研究中心	陈光中	诉讼法学研究院
8	证券期货法律研究所	梅慎实	民商经济法学院
9	重大疑难案件研究中心	郭成伟	法学院
10	民事经济司法研究中心	谭秋桂	诉讼法学研究院
11	澳门研究中心	米　健	比较法研究院
12	经济法研究中心	徐　杰	民商经济法学院
13	金融法研究中心	刘少军	民商经济法学院
14	国际法研究中心	李居迁	国际法学院
15	经济研究中心	陈明生	商学院
16	近代法律研究中心	朱　勇	法学院
17	环境资源法研究和服务中心	王灿发	民商经济法学院
18	国际经济法研究中心	王传丽	国际法学院
19	台湾法研究中心	朱维究	法学院
20	法律语言研究中心	王　洁	人文学院
21	中华法系研究中心	郑　禄	法学院
22	青少年创造力研究中心	马抗美	马克思主义学院
23	破产法与企业重组研究中心	李曙光	民商经济法学院
24	WTO 法律问题研究中心	史晓丽	国际法学院
25	英美法研究中心	方流芳	民商经济法学院
26	婚姻与家庭法学研究中心	巫昌祯	民商经济法学院
27	体育法研究中心	焦洪昌	体育教学部
28	欧盟法研究中心	许浩明	国际法学院
29	中国和平发展研究中心	卫　灵	马克思主义学院
30	军事法研究中心	李卫海	法学院
31	教育法研究中心	王敬波	法治政府研究院
32	俄罗斯法律研究中心	黄道秀	比较法学研究院
33	法制新闻研究中心	刘　斌	新闻学院
34	亚洲（东亚）法研究中心	张　凌	比较法研究所
35	青少年犯罪与少年司法研究中心	皮艺军	刑事司法学院
36	宪政研究中心	刘小楠	法学院
37	特许经营研究中心	李维华	商学院
38	恢复性司法研究中心	王　平	刑事司法学院

续表

序号	机构名称	负责人	管理单位
39	老年人权益保障研究中心	高浣月	民商经济法学院
40	美国政治与法律研究中心	杨玉圣	法学院
41	国土资源法律研究中心	李显冬	民商经济法学院
42	知识产权研究中心	张　楚	民商经济法学院
43	现代新精英研究中心	解廷民	继续教育学院
44	传媒与文化产业研究中心	鞠宏磊	光明新闻传播学院
45	海商法研究中心	张丽英	国际法学院
46	国际环境法研究中心	林灿铃	国际法学院
47	银行法研究中心	管晓峰	民商经济法学院
48	劳动与社会保障法研究中心	王广彬	继续教育学院
49	美国法研究中心	朱伟一	中美法学院
50	国家预防灾害法治保障研究中心	曹义孙	法学教育研究与评估中心
51	生物技术法研究中心	周长玲	民商经济法学院
52	县域法治研究中心	李树忠	法学院
53	北欧政治与法律研究中心	王卫国	民商经济法学院
54	旅游法与世界遗产法研究中心	刘红婴	法学院
55	公证法学研究中心	马宏俊	法学院
56	航空与空间法研究中心	宣增益	国际法学院
57	反腐败与廉政建设研究中心	王　牧	刑事司法学院
58	法律应用研究中心	刘金友	证据科学研究院
59	荷兰民法研究中心	王卫国	民商经济法学院
60	竞争法研究中心	时建中	民商经济法学院
61	现代企业组织研究中心	柴小青	商学院
62	德国研究中心	许　兰	外国语学院
63	大学英语研究中心	李　立	外国语学院
64	投资管理研究中心	王晓明	商学院
65	恐怖主义与有组织犯罪研究中心	曲新久	刑事司法学院
66	中国诚信建设研究中心	胡　明	政治与公共管理学院
67	地方治理与危机管理研究中心	李程伟	政治与公共管理学院
68	房地产法律研究中心	符启林	民商经济法学院
69	法务会计研究中心	张苏彤	商学院
70	国际教育非政府组织研究中心	孙洁琬	政治与公共管理学院

续表

序号	机构名称	负责人	管理单位
71	沈家本研究中心	李雪梅	法律古籍整理研究所
72	疑难证据问题研究中心	吴丹红	证据科学研究院
73	公共决策研究中心	何　兵	法学院
74	传播法研究中心	姚泽金	光明新闻传播学院
75	中国周边安全研究中心	刘长敏	政治与公共管理学院
76	法庭科学仪器研究中心	郝红霞	证据科学研究院
77	法律思维与法律逻辑研究中心	王　洪	人文学院
78	国际银行法律与实务研究中心	高　祥	民商经济法学院
79	国家能源法律与政策研究中心	郑佳宁	国际法学院
80	无形资产管理研究中心	冯晓青	民商经济法学院
81	法商管理研究中心	孙选中	商学院
82	卫生法研究中心	应松年	法治政府研究院
83	美国国会研究中心	张　清	刑事司法学院
84	应急法研究中心	马怀德	法治政府研究院
85	法律翻译研究中心	沙丽金	外国语学院
86	全球化法律问题研究中心	赵　威	校办
87	票据法研究中心	刘心稳	民商经济法学院
88	系统法学与系统科学和文化研究中心	熊继宁	比较法研究院
89	财税法研究中心	施正文	民商经济法学院
90	犯罪与司法研究中心	王顺安	刑事司法学院
91	法治传播研究中心	姚广宜	光明新闻传播学院
92	法治与廉政研究中心	马建川	政治与公共管理学院
93	科技法研究中心	李玉香	民商经济法学院
94	金融与衍生证券研究中心	杨　帆	商学院
95	人力资源开发与管理研究中心	王　霆	商学院
96	法律实证研究中心	樊崇义	诉讼法学研究院
97	国际城市管理协会中国中心	常保国	政治与公共管理学院
98	法治与文化研究中心	文　兵	人文学院
99	宗教与法律研究中心	俞学明	人文学院
100	法律英语教学与测试研究中心	张法连	外国语学院
101	企业发展战略研究中心	王玉梅	民商经济法学院
102	韩国法研究中心	吴日焕	民商经济法学院

续表

序号	机构名称	负责人	管理单位
103	行政改革与政府组织法研究中心	薛刚凌	法学院
104	残疾人权益法律研究中心	刘智慧	法律硕士学院
105	气候变化与自然资源法研究中心	曹明德	民商经济法学院
106	地理标志研究中心	李祖明	民商经济法学院
107	法律与精神医学研究中心	胡纪念	证据科学研究院
108	非洲法律研究中心	夏吟兰	民商经济法学院
109	中国粮食安全法律研究中心	范晓波	国际法学院
110	高尔夫规则与文化研究中心	王小平	继续教育学院、体育教学部
111	当代中国政治哲学研究中心	李凯林	人文学院
112	语言与证据研究中心	邹玉华	人文学院
113	艺术经纪研究中心	孙　鹤	人文学院
114	网络法研究中心	于志刚	刑事司法学院
115	社会管理法治研究中心	刘　飞	中欧法学院
116	刑事法律援助研究中心	顾永忠	诉讼法学研究院
117	台湾研究中心	吴琼恩	政治与公共管理学院
118	中国国际反垄断和投资研究中心	祁　欢	国际法学院
119	文学与法律研究中心	陆　昕	人文学院
120	法庭科学文化研究中心	常　林	证据科学研究院
121	文化与价值研究中心	孙美堂	马克思主义学院
122	伪劣商品犯罪预防与控制研究中心	何秉松	刑事司法学院
123	当代中国私法研究中心	柳经纬	科研处
124	邮政法研究中心	许身健	法学院
125	政法宣传与舆情研究中心	刘徐州	光明新闻传播学院
126	合同法研究中心	隋彭生	民商经济法学院
127	东亚国际问题研究中心	孙　承	政治与公共管理学院
128	公共文化服务建设研究中心	张桂林	政治与公共管理学院
129	大学生思想教育研究中心	王光进	民商经济法学院
130	商法研究中心	赵旭东	民商经济法学院
131	知识产权维权援助研究与服务中心	来小鹏	民商经济法学院
132	预防职务犯罪研究中心	屈超立	法律硕士学院
133	司法改革研究中心	汪海燕	刑事司法学院
134	高等学校财务管理研究中心	张桂林	财务处

续表

序号	机构名称	负责人	管理单位
135	中国城镇化法律问题研究中心	蒋立山	法学院
136	自然法学研究中心	舒国滢	法学教育研究与评估中心
137	医药法律与伦理研究中心	刘 鑫	证据科学研究院
138	中国政府改革和发展研究中心	石亚军	政治与公共管理学院
139	中加法律研究中心	外方 Guy Lefebvre 中方焦杰	国际法学院
140	公法与治理研究中心	张树义	法学院
141	朝鲜半岛研究中心	戚保良	政治与公共管理学院
142	金融创新与互联网金融法制研究中心	李爱君	民商经济法学院
143	中国－欧洲欧盟法律研究中心	张 彤	比较法学研究院
144	历史社会学与中共党史研究中心	应 星	社会学院
145	监管法制研究中心	张 卿	法和经济学研究中心
146	犯罪大数据研究中心	刘邦惠	社会学院
147	反腐与廉政法治研究中心	卫跃宁	刑事司法学院
148	制度学研究中心	李树忠	政治与公共管理学院
149	中国政法大学过程马克思主义与实践哲学研究中心	张秀华	马克思主义学院
150	东亚企业并购与重组法制研究中心	陈景善	民商经济法学院
151	中国政法大学党的建设和社会发展研究中心	李 晓	刑事司法学院
152	冤假错案研究中心	屈 新	刑事司法学院
153	大学企业刑事风险防范研究中心	徐久生	刑事司法学院
154	电子证据研究中心	王立梅	科学技术教学部
155	拉美和加勒比地区法律和公共政策研究中心	丁 玫	比较法学研究院
156	移民法研究中心	李 巍	国际法学院
157	公正司法研究中心	卞修权	法学院
158	领导力与创新研究中心	刘俊生	政治与公共管理学院
159	政治经济研究中心	鲁照旺	政治与公共管理学院
160	金融不良资产研究中心	李 晓	商学院
161	民意研究中心	张 森	新闻传播学院
162	国家法治与发展研究中心	栗 峥	诉讼法学研究院
163	国家创业创新发展与规范研究中心	卢春龙	政治与公共管理学院
164	监管人员风险评估与矫正研究中心	杨 波	社会学院

续表

序号	机构名称	负责人	管理单位
165	互联网与法律规制研究中心	王青斌	法治政府研究院
166	人力资源管理与创新发展	王明杰	政治与公共管理学院
167	政府与社会资本合作（PPP）研究中心	贾文华	政治与公共管理学院
168	刑事辩护研究中心	吴宏耀	诉讼法学研究院
169	“一带一路”法律研究中心	崔林林	法学院

6. 2016 年纵向科研项目立项和经费情况一览表（59 项）

（1）国家社会科学基金重大项目（2 项）

项目名称	负责人	所在单位	项目类别	批准经费（万元）
中国企业社会责任立法重大问题研究	赵旭东	民商经济法学院	重大项目	80
世界主义思想研究	蔡拓	全球化与全球问题研究所	重大项目	80

（2）国家社会科学基金项目（11 项）

项目名称	负责人	所在单位	项目类别	批准经费（万元）
网络媒体伦理规范研究	阴卫芝	光明新闻传播学院	一般项目	20
治国理政的中国哲学智慧研究	林存光	政治与公共管理学院	一般项目	20
能源效率推进法律机制研究	于文轩	民商经济法学院	一般项目	20
经济法定位与经济法责任属性和类型研究	赵红梅	民商经济法学院	一般项目	20
德国民法术语在中国的继受与发展	王强	外国语学院	一般项目	20
政府规范生命科学研究活动的行政法治问题	赵鹏	法治政府研究院	一般项目	20
美国宪法在中国的翻译与传播研究	胡晓进	法学教育研究与评估中心	一般项目	20
县域法治与县域善治	杨玉圣	法学院	一般项目	20
爱国主义理论研究	黄璇	政治与公共管理学院	青年项目	20
互联网市场价格违法行为规制研究	张钦昱	民商经济法学院	青年项目	20
纯粹法理论的实践性问题研究	王银宏	法律史学研究院	青年项目	20

（3）国家社会科学基金后期资助项目（3 项）

项目名称	负责人	所在单位	项目类别	批准经费（万元）
近代中国传统经济思想现代化研究：以民生经济学为例（1840—1949）	熊金武	商学院	后期资助	20
外商直接投资产业控制力研究	李泳	商学院	后期资助	20
证券监管法论	李东方	民商经济法学院	后期资助	20

（4）全国艺术科学规划项目（1 项）

项目名称	负责人	所在单位	项目类别	批准经费（万元）
百年文艺中的“家国”关系变迁——以“五四”至今的文艺为对象	卢燕娟	人文学院	全国艺术学一般项目	18

（5）国家自然科学基金项目（2 项）

项目名称	负责人	所在单位	项目类别	资助经费（万元）
科学基金管理行政许可制度研究	王敬波	法治政府研究院	应急管理项目/局室委托任务及软课题	10
中国汉族群体 O3 – M122 单倍群下游 AIMs 系统深度挖掘、验证和应用基础研究	石美森	证据科学研究院	常规面上项目	56

（6）教育部重点研究基地重大项目（4 项）

项目名称	负责人	所在单位	批准经费（万元）
治官之法：中国传统行政法律与国家治理	林乾	法律史学研究院	50
外儒内法，霸王二道：中国传统刑事法律与社会控制	刘广安	法律史学研究院	50
义理与法理：中国传统法理及其当代价值	张中秋	法律史学研究院	50
宪法“人权条款”实施状况研究	李树忠	人权研究院（学校办公室）	30

（7）教育部人文社会科学研究一般项目（3 项）

项目名称	负责人	所在单位	项目类别	批准经费（万元）
O2O 商业模式关键要素与支付意愿的多维度匹配性研究	葛建华	商学院	规划基金项目	10
《纪录现代性体验：20 世纪初德国电影理论研究》	徐亚萍	光明新闻传播学院	青年基金项目	8
近代前期西班牙衰落与英国崛起的经济法解释	张东	民商经济法学院	青年基金项目	8

（8）教育部人文社会科学研究专项任务项目（2项）

项目名称	负责人	所在单位	批准经费（万元）
近代中国历史漫画与提升高校思想政治理论教育教学效果研究	孔祥宇	马克思主义学院	3
高校思想政治理论课CMPCL教学法研究	赵卯生	马克思主义学院	2

（9）教育部特别委托项目（1项）

项目名称	负责人	所在单位	批准经费（万元）
港澳居民在内地的权利义务及其要求的“国民待遇”问题研究	焦洪昌	法学院	6

（10）教育部委托项目（2项）

项目名称	负责人	所在单位	批准经费（万元）
《中小学校长法治培训大纲》及《中小学法治教育教师培训大纲》研究	王敬波	法治政府研究院	12
教育案例库建设	王敬波	法治政府研究院	40

（11）全国高等院校古籍整理研究项目（1项）

项目名称	负责人	所在单位	批准经费（万元）
宋辽金元石刻法律文献集释	李雪梅	法律古籍整理研究所	4

（12）国家法治与法学理论研究项目（5项）

项目名称	负责人	所在单位	项目类别	批准经费（万元）
再审制度与审级制度衔接研究	杨秀清	民商经济法学院	一般课题	5
我国不动产役权制度构建研究	李永军	民商经济法学院	一般课题	5
互联网金融平台市场退出之法律规制研究	张钦昱	民商经济法学院	中青年课题	3
“一带一路”背景下我国境外投资的多元争端解决机制研究	余丽	国际法学院	中青年课题	3
新中国初期北京市的基层社会治理法治化研究（1949－1956）	黄东	马克思主义学院	专项课题	0

（13）北京市社会科学基金项目（19项）

项目名称	负责人	所在单位	项目类别	批准经费（万元）
对外开放与中国道路	杨帆	商学院	重点项目	12

续表

项目名称	负责人	所在单位	项目类别	批准经费（万元）
刑事速裁程序研究	李本森	诉讼法学研究院	重点项目	12
明清时期权利救济问题研究	张德美	法律史学研究院	重点项目	12
党内法规清理制度研究	王建芹	法学院	一般项目	8
苏维埃革命中的政党与地方精英	应星	社会学院	一般项目	8
司法改革背景下的法律职业伦理研究	许身健	法学院	一般项目	8
北京市社区公共文化服务政府购买研究	刘星	政治与公共管理学院	一般项目	8
二十世纪中国文学中法律叙事的内在矛盾研究	董燕	人文学院	一般项目	8
宣颖《南华经解》校释与研究	刘黛	人文学院	一般项目	8
北京市离婚案件中的同性恋问题研究	郭晓飞	法学院	青年项目	5
刑事速裁程序建构研究：基于北京等试点地的调研	倪润	诉讼法学研究院	青年项目	5
“一带一路”战略背景下境外投资的多元争端解决机制	余丽	国际法学院	青年项目	5
以证据重构为目的的审判中心改革研究	元轶	比较法学研究院	青年项目	5
基督教与晚清北京社会（1861－1911）	王静	人文学院	青年项目	5
新媒体语境下“90后”网民群体的政治认同构建机制研究	侯月娟	光明新闻传播学院	青年项目	5
大数据背景下网络社区社会资本影响因素研究	崔凯	光明新闻传播学院	青年项目	0
基于语料库的德汉立法语篇研究	高莉	外国语学院	青年项目	5
共享经济的法律规制与保障研究	林华	法治政府研究院	一般项目（基地项目）	8
法治政府蓝皮书：中国法治政府年度发展报告（2016）	马怀德	法治政府研究院	一般项目	8

（14）北京市自然科学基金项目（2项）

项目名称	负责人	所在单位	项目类别	批准经费（万元）
京津冀农村地区清洁能源的消费与政策研究	刘志雄	商学院	面上项目	18
人类特异RNA定量在法医学斑痕鉴定中的应用研究	赵东	证据科学研究院	预探索项目	6

（15）2016 年度北京市基地年度报告出版资助情况一览表（1 项）

项目名称	负责人	所在单位	资助金额（万元）
《研究基地年度报告》出版资助	王敬波	法治政府研究院	3

7. 2016 年横向科研项目立项和经费一览表（336 项）

序号	项目名称	负责人	承担部门	项目来源	进账额（万元）
1	《北京市人民防空工程建设与使用管理规定》修改论证研究	薄燕娜	比较法学研究院	北京市民防局	15
2	司法规律研究	卞建林	诉讼法学研究院	中央政法委员会政法研究所	9
3	西城区法治政府评估项目	曹鎏	法治政府研究院	中共北京市西城区委、北京市西城区人民政府法制办公室	28
4	绿色政府采购法律制度比较研究	曾涛	国际法学院	外交部条法司	4.75
5	诚信文化与社会信用体系建设	常保国	政治与公共管理学院	北京喜美家投资管理咨询有限公司	30
6	中国互联网保险有关法律制度及其发展趋势	车虎	比较法学研究院	软讯（北京）信息技术有限公司	1
7	互联网金融美国法律制度研究	车虎	比较法学研究院	软讯（北京）信息技术有限公司	1.5
8	家族信托白皮书（升级版）	陈汉	民商经济法学院	建信信托有限责任公司	8
9	本土文化对德语文本汉译的过滤分析	陈晖	外国语学院	北京中和天下文化发展有限公司	1
10	分与立、融与合——浅析译文变迁中的中西化表达	陈晖	外国语学院	北京中和天下文化发展有限公司	1
11	资产管理公司绩效评价系统的设计	陈佳俊	商学院	新华普惠国机资产管理（北京）有限公司	1
12	物流企业成本管理系统优化	陈佳俊	商学院	北京数字兰台信息技术有限公司	1
13	田仙峪村闲置农房发展养老产业法理研究	陈健	民商经济法学院	北京市农村工作委员会	10
14	北京市农村土地和房屋登记存在的问题及其法律制度建议	陈健	民商经济法学院	北京市农村工作委员会	5

续表

序号	项目名称	负责人	承担部门	项目来源	进账额（万元）
15	东亚农村金融模式与法制创新研究	陈景善	民商经济法学院	农商银行发展联盟	20
16	电子数据取证规范化研究	褚福民	证据科学研究院	四川警察学院	1.2
17	大数据背景下网络社区社会资本影响因素研究	崔凯	光明新闻传播学院	北京联翩科技有限公司	5
18	互联网婚礼科产品用户策略研究	崔凯	光明新闻传播学院	南京婚礼大亨网络科技有限公司北京分公司	1.5
19	“一带一路”法律研究	崔林林	法学院	北京隆安律师事务所	20
20	农业法律制度发展研究	崔林林	法学院	农业部管理干部学院	3
21	iSmart-TRP 相关组件与资源开发	丁韬	外国语学院	高等教育出版社有限公司	4
22	经济转型背景下中国金融监管体制调整研究	杜远航	民商经济法学院	北京市社会科学界联合会	2
23	国外法官职级与薪酬	樊崇义	诉讼法学研究院	最高人民法院	2
24	北京高校学生创业及其法律风险防范	冯恺	比较法学研究院	中共北京市委教工委	0.5
25	关于台商台企涉法问题的调研与思考	冯霞	国际法学院	北京市人民政府台湾事务办公室	1
26	北京市台胞权益保护法律问题研究	冯霞	国际法学院	北京市法学会	2.5
27	商业秘密侵权纠纷案件研究	冯晓青	民商经济法学院	北京捷识中坤铁道技术有限公司	30
28	“聚合盗链”著作权侵权研究	冯晓青	民商经济法学院	深圳市腾讯计算机系统有限公司	5
29	PPP 项目研究	符启林	民商经济法学院	北京市炜衡律师事务所	30
30	基于 Trados 翻译软件的中国法律双术语语库翻译	付瑶	外国语学院	北京麦片科技有限公司	1
31	运用大数据开展信访研究的思路与方法	傅广宛	政治与公共管理学院	北京市信访矛盾分析研究中心	10
32	信访大数据建设应用机制研究	傅广宛	政治与公共管理学院	北京市信访矛盾分析研究中心	8.4
33	大数据视阈下北京信访老户研究	傅广宛	政治与公共管理学院	北京市信访矛盾分析研究中心	14
34	国家大剧院社会调研	高文婷	人文学院	北京市教育工作委员会	1

续表

序号	项目名称	负责人	承担部门	项目来源	进账额（万元）
35	蒙古合同法效力查明	高祥	比较法学研究院	福建宁德市人民法院	1.8
36	跨境交易法律风险研究	高祥	比较法学研究院	中国法学会	7
37	人际关系对外资企业绩效评估的影响研究	顾凡	商学院	北京米和国际投资顾问有限公司	1.1
38	成长型企业人力资源管理系统的变革研究	顾凡	商学院	南京海龙电力安装工程有限公司	1.1
39	商业保险与社会保险的协调机制——参与社会保障制度建设的商业保险类型化分析与立法完善	管晓峰	民商经济法学院	中国法学会	4.2
40	企业破产法律问题研究	管晓峰	民商经济法学院	中国法学会	15.47
41	《联合国海洋法公约》在北极地区的适用研究	郭红岩	国际法学院	国家海洋局海洋发展战略研究所	4
42	BBNJ 新执行协定争端解决机制研究	郭红岩	国际法学院	国家海洋局海洋发展战略研究所	5
43	南京环境紧急状况责任下的财务保证问题研究	郭红岩	国际法学院	国家海洋局极地考察办公室	10
44	民营企业核心员工激励机制研究	郭琳	商学院	济南业神商场设施有限责任公司	4
45	环境规划对造纸业发展的影响	郭琳	商学院	济南美标纸业有限公司	4
46	中小企业电子商务发展策略研究	郭琳	商学院	济南亚讯商用设备制造有限公司	4
47	司法鉴定质量评查实施方案研究	郭兆明	证据科学研究院	司法部司法鉴定管理局	15.2
48	珠海政府规章清理	郝倩	比较法学研究院	珠海市法制局	10
49	中美财产权法律和实践比较研究	郝维华	比较法学研究院	北京市众鑫律师事务所	4.2
50	新媒体环境下北京高校形象的传播模式与效果评估研究	候月娟	光明新闻传播学院	中共北京市委教工委	0.5
51	新媒体环境下的电视传播与国家认同构建研究	候月娟	光明新闻传播学院	中国传媒大学	0.5
52	环保行政命令的梳理与完善	胡静	民商经济法学院	环境保护部政策法规司	10
53	起草《土壤污染治理与修复工程追责办法》	胡静	民商经济法学院	环境保护部土壤环境管理司	40
54	公司重整中的融资问题	胡利玲	民商经济法学院	北京智卓安信科技有限公司	1.01

续表

序号	项目名称	负责人	承担部门	项目来源	进账额（万元）
55	股权众筹的法律风险与防范	胡利玲	民商经济法学院	北京合作创新国际科技服务中心	1.02
56	重整中的公司治理	胡利玲	民商经济法学院	汇集海（北京）科技有限公司	1.01
57	公司重整中的股东权利	胡利玲	民商经济法学院	金池同信（北京）科技发展有限公司	1.01
58	企业债券违约的处置研究	胡利玲	民商经济法学院	中文集团北京时代百文书局有限公司	1.02
59	《中国近代史纲要》的“微教学”模式探索	黄东	马克思主义学院	中共北京市委教工委	0.5
60	德国刑事法律咨询项目	黄河	比较法学研究院	公安部反恐局	5
61	新兴媒体传播生态变迁研究	黄金	光明新闻传播学院	北京市社会科学界联合会	2
62	国际法在中国法治体系中的作用	黄进	国际法学院	外交部	5
63	完善我国仲裁制度重大问题课题研究	黄进	国际法学院	中国国际经济贸易仲裁委员会	10
64	政府与社会资本合作（PPP）研究	贾文华	政治与公共管理学院	北京泉源锦程信息咨询中心	30
65	国际体育仲裁院案例研究	姜丽丽	仲裁研究院	国家体育总局科教司	10
66	立法权的科学配置	焦洪昌	法学院	北京大学宪法与行政法研究中心	10
67	企业法治 TTP 与研究项目	焦杰	国际法学院	蒙特利尔大学法学院	12.68
68	农业法制建设与政策调研——天然橡胶资源保护立法研究	解志勇	法学院	农业部农垦局	15
69	《关于法治人社的实践难题研究》论证研究	金英杰	民商经济法学院	人力资源和社会保障部法规司	5
70	劳动法实践教学教育科学研究	金英杰	民商经济法学院	国际劳权论坛	13.3
71	《首都民办学校教职工权益维护研究》论证研究	金英杰	民商经济法学院	北京市总工会	5.68
72	南海地区国际环境舆情与国际法研究	金哲	国际法学院	中国－东盟环保合作中心	3
73	党规与国法体系化研究	柯华庆	法学院	北京市律理律师事务所	10
74	TTP 投资规则及我国应对策略研究	孔庆江	国际法学院	国家发展和改革委员会利用外资和境外投资司	18

续表

序号	项目名称	负责人	承担部门	项目来源	进账额（万元）
75	地理标志发展国际新趋势与我国谈判策略选择	寇丽	政法论坛编辑部	国家工商行政管理总局	12
76	文物信息资源知识产权管理研究	来小鹏	民商经济法学院	中国博物馆协会	3
77	完善社会抚养费征收管理制度研究	郎佩娟	法学院	国家卫生计生委计划生育基层指导司	11.25
78	互联网金融创新产品与风险防范制度研究	李爱君	民商经济法学院	北京首金中小微企业金融服务有限公司	30
79	“2015 金融创新与金融消费者权益保护教育实施路径”研究项目	李爱君	民商经济法学院	普信恒业科技发展有限公司	80
80	信用数据保护法律制度研究	李爱君	互联网金融法律研究院	支付宝（中国）网络技术有限公司	20
81	国外刑事案件快速处理程序机制研究	李本森	诉讼法学研究院	中央政法委	9
82	鉴定意见证据的理性表述与逻辑解析	李冰	证据科学研究院	北京市法学会	1.5
83	应用 GelSight 区分手写笔迹与机器手仿写笔迹的研究	李冰	证据科学研究院	文件检验鉴定公安部重点实验室	1.5
84	“证券程序法律制度”联合系列研究	李东方	民商经济法学院	中豪（北京）律师事务所	40
85	监管转型与创新发展背景下的证券公司合规管理机制研究	李建伟	民商经济法学院	中国证券业协会	3
86	北开电器集团有限公司发展战略研究	李景华	商学院	北开电器集团有限公司	5
87	WTO 环境条款及其法律义务梳理	李居迁	国际法学院	环境保护部环境与经济政策研究中心	5
88	国际环境协定译本及典型案例分析	李居迁	国际法学院	环境保护部环境与经济政策研究中心	4
89	海洋遗传资源知识产权相关问题研究	李俊红	人事处	国家海洋局	4
90	税法原则视角下征管法问题研究	李美云	民商经济法学院	北京凯世嘉龙国际教育科技有限公司	1
91	会计法立法问题研究	李美云	民商经济法学院	北京市普华律师事务所	1

续表

序号	项目名称	负责人	承担部门	项目来源	进账额（万元）
92	林业生态用地审批法律制度研究	李明霞	政治与公共管理学院	国家林业局政策法规司	9
93	《民族乡行政工作条例》立法后评估	李鸣	法律史学研究院	国家民族事务委员会	15
94	典型国家国防工业法律法规体系研究	李强	法学院	中船714研究所	1.2
95	市场主体退出制度研究	李曙光	民商经济法学院	中国市场监督管理学会	27
96	经济结构转型背景下中国破产重组法律制度改革研究	李曙光	民商经济法学院	北京凯恩克劳斯经济研究基金会	8
97	新常态下完善价格法律法规体系研究	李曙光	民商经济法学院	国家发展和改革委员会	21
98	中外法学教育比较研究与中国法学教育改革	李树忠	法学教育研究与评估中心	中央政法委	9
99	李记椒麻鸡特许经营体系构建	李维华	商学院	维华商创（北京）企业管理策划有限责任公司	1.01
100	哈里伯爵特许经营体系构建	李维华	商学院	维华商创（北京）企业管理策划有限责任公司	1.01
101	渝味晓宇特许经营体系构建	李维华	商学院	维华商创（北京）企业管理策划有限责任公司	1.01
102	血站大盘鸡特许经营体系构建	李维华	商学院	维华商创（北京）企业管理策划有限责任公司	1.01
103	融佰通特许经营体系构建	李维华	商学院	维华商创（北京）企业管理策划有限责任公司	1.01
104	美国海军、海岸警卫队执法体系（美国海洋执法体系）对我维护南海权益的启示	李卫海	法学院	国家海洋局南海工程勘察中心	3
105	矿产资源管理法律法规适用的重点难点问题研究	李显冬	民商经济法学院	国土资源部政策法规司	20
106	地质资料汇交人的职责及权益保护	李显冬	民商经济法学院	中国地质调查局发展研究中心	20
107	金融不良资产制度研究	李晓	商学院	上海文盛资产管理股份有限公司	30
108	地理标志与商标保护的制度研究	李祖明	民商经济法学院	国家工商管理总局	12

续表

序号	项目名称	负责人	承担部门	项目来源	进账额（万元）
109	国家发展与基层司法文明	栗峥	诉讼法学研究院	中组部	50
110	依法管理互联网宗教事务面临的问题及其对策研究	梁文永	法学教育研究与评估中心	中共北京市委统战部	1
111	企业家精神与产业金融政策研究	梁文永	法学教育研究与评估中心	广东省江西吉安商会、广州赣商投资管理有限公司	10
112	日韩大气污染防治国际立法研究	林灿铃	国际法学院	中国－东盟环保合作中心	5
113	关于把信访纳入法治化轨道的问题研究	林鸿潮	法治政府研究院	北京市朝阳区人民政府法制办公室	15
114	《禁止传销条例》修订相关问题研究	林鸿潮	法治政府研究院	国家工商总局反垄断与反不正当竞争执法局	8
115	《职务发明条例》相关问题研究	林华	法治政府研究院	腾讯科技（深圳）有限公司	10
116	《行政复议、行政应诉案例选编》	林华	法治政府研究院	工业和信息化部政策法规司	5
117	“中国”认同的定型与中华民族的形成——元明清时期的“中国”认同	林乾	法律史学研究院	吉林大学	5
118	社区服刑人员危险性评估及矫治系统联合实验研究	刘邦惠	社会学院	深圳市福田区司法局	7
119	网络知识产权反垄断问题研究	刘华	外国语学院	美国乔治华盛顿大学	17.2
120	完善国有资本经营预算制度研究	刘纪鹏	资本金融研究院	国资委收益管理局	18
121	法律应用研究科研项目	刘金友	证据科学研究院	北京慧通益丰教育咨询中心	3
122	五大政法院校法律实践教学状况考察	刘坤轮	法学教育研究与评估中心	万海龙图法律教育集团	10
123	预防灾害法治文化建设研究	刘坤轮	法学教育研究与评估中心	中国国际经济技术交流中心（国家预防灾害文化公益活动项目管理办公室）	14.88
124	法学类专业核心课程体系改革方案	刘坤轮	法学教育研究与评估中心	北京万海龙图教育咨询有限公司	15

续表

序号	项目名称	负责人	承担部门	项目来源	进账额（万元）
125	中国法学教育专业评估报告	刘坤轮	法学教育研究与评估中心	北京中睿教育咨询有限责任公司	10
126	北京市服务“一带一路”战略法治保障——国际民事司法合作问题研究	刘力	国际法学院	北京市法学会	2.5
127	完善行政执法与刑事司法衔接机制研究	刘玫	刑事司法学院	北京水木金华教育咨询有限公司	3
128	建立法官、检察官、人民警察专业职务序列研究	刘善春	法学院	中国法学会	8.4
129	北京市探索建立检察机关提起公益诉讼制度研究	刘善春	法学院	北京市法学会	2.25
130	北京市农村集体资产监督管理体制机制建设问题研究	刘少军	民商经济法学院	北京市农村经济研究中心	16.75
131	行政复议立法研究	刘莘	法学院	亚洲基金会	21.57
132	领导干部干预司法活动、插手具体案件处理的记录、通报和责任追究第三方评估	刘莘	法学院	中国法学会	5
133	刑事激光勘查技术与方法研究	刘世权	证据科学研究院	上海市刑事科学技术研究院	10
134	基于贝叶斯决策理论的物证鉴定评价方法研究	刘世权	证据科学研究院	上海市刑事科学技术研究院	10
135	国际法领域翻译研究	刘小妍	外国语学院	厦门智云惠泽通信有限公司	1
136	医疗纠纷风险及社会化分担机制研究	刘鑫	证据科学研究院	江泰保险经纪股份有限公司	5.6
137	2013 年度北京市医疗纠纷形势研究	刘鑫	证据科学研究院	北京市卫生和计划生育委员会	18
138	《药师法》立法框架及主要问题研究	刘鑫	证据科学研究院	国家卫生和计划生育委员会药政司	6
139	《期货法》立法问题研究	刘亚天	民商经济法学院	北京市普华律师事务所	1
140	期货交易中操纵市场行为法律问题研究	刘亚天	民商经济法学院	北京凯世嘉龙国际教育科技有限公司	1
141	土地督察制度体系建设	刘杨	法学院	国家土地督察办公室	40

续表

序号	项目名称	负责人	承担部门	项目来源	进账额（万元）
142	“新华 08”科研专项——境外经济法律信息数据标准规范体系研究	刘振宇	科学技术教学部	中经社控股有限公司	107.1
143	国外最新标准化法翻译与统计分析	柳经纬	比较法学研究院	国家标准化管理委员会	20
144	创新创业发展规范研究	卢春龙	政治与公共管理学院	北京一米购科技有限公司	20
145	信访实验室建设的研究与探索	卢春龙	政治与公共管理学院	北京信访矛盾分析研究中心	11.9
146	藏、维吾尔族人群 19 个 X-STR 基因遗传多态性研究	鲁涤	证据科学研究院	北京中际慧通科技有限公司	5
147	灵活的法——法社会学方法论	罗瑶	比较法学研究院	重庆天宸律师事务所	4
148	法国债法改革研究	罗瑶	比较法学研究院	重庆天宸律师事务所	4
149	“双创”指数指标体系构建研究	吕芳	政治与公共管理学院	国家行政学院	10
150	我国涉外合同关系的法律适用	马灵霞	国际法学院	北京市万企律师事务所	1
151	中国涉外民事关系法律适用制度研究	马灵霞	国际法学院	北京市万企律师事务所	1
152	作品发行出版中的法律问题研究	马灵霞	国际法学院	中国财政经济出版社	1
153	知识产权的法律保护与适用研究	马灵霞	国际法学院	中国财政经济出版社	1.5
154	证券期货市场法制建设（2016）	梅慎实	民商经济法学院	北京市隆安律师事务所	5
155	当代中国女性政治参与研究	聂露	政治与公共管理学院	江苏唯君资产管理有限公司	2
156	政商关系的政府制度创新：中大布市的奇迹缘何发生	聂露	政治与公共管理学院	北京法大园文化有限公司	8
157	西葡语国家刑事诉讼法与刑事诉讼法制度研究	潘灯	比较法学研究院	中国检察出版社	6
158	新形势下街道办事处职能重新定位与履职方式创新研究	潘小娟	政治与公共管理学院	民政部基层政权和社区建设司	1
159	简政放权指数和“双创”指数区域比较研究	潘小娟	政治与公共管理学院	国际行政学院发展战略与公共政策研究中心	15
160	违法所得和罚款计算指南研究	祁欢	国际法学院	富而得律师事务所	4.5
161	欧洲规制标准必要专利滥用的统一规则	祁欢	国际法学院	爱立信公司、RBB 经济咨询公司	5.64

续表

序号	项目名称	负责人	承担部门	项目来源	进账额（万元）
162	行业部门之间的不正当竞争和垄断行为	祁欢	国际法学院	美国甲骨文公司	4.68
163	竞争国际化与反垄断执法国际合作	祁欢	国际法学院	美国乔治华盛顿大学法学院	16.9
164	TPP 国有企业负面清单有关问题研究	祁欢	国际法学院	国务院国有资产监督管理委员会政策法规局	10
165	WTO 规则与 TPP 协议比较研究——TPPF 非商业援助对中国国有企业治理改革的启示	祁欢	国际法学院	中国法学会世界贸易组织法研究会	2
166	天府新区关于信访工作“三到位一处理”的实施意见研究	施鹏鹏	证据科学研究院	天府新区成都党工委政法委	10
167	域外民事裁判执行体制和制度研究	施鹏鹏	证据科学研究院	中国法学会	5
168	人民陪审员制度改革试点第三方评估	施鹏鹏	证据科学研究院	中国法学会	3.5
169	域外认罪认罚立法与实践比较研究	施鹏鹏	证据科学研究院	中国法学会	6
170	法官员额及法院人员分类制度研究	施鹏鹏	证据科学研究院	重庆市梁平县人民法院	10
171	环保税立法与税收征管法修订热点问题研究	施正文	民商经济法学院	中国法学会	7
172	税收征管制度国际发展趋势和比较研究	施正文	民商经济法学院	北京市地方税务局	4
173	关税立法国际比较研究	施正文	民商经济法学院	财政部关税司	21
174	“数据开发与立法”高峰论坛	石亚军	政治与公共管理学院	贵阳大数据博览会有限公司	29.9
175	党规与国法的关系	石亚军	政治与公共管理学院	中共中央办公厅	6
176	《中国反垄断法》修改的建议	时建中	图书馆	英国驻华大使馆	66.02
177	竞争法咨询服务研究项目	时建中	图书馆	腾讯科技（深圳）有限公司	20
178	打破地区封锁相关法规实施状况评估	时建中	民商经济法学院	商务部市场秩序司	5.3
179	竞争政策法制化研究	时建中	民商经济法学院	国家发展和改革委员会	10

续表

序号	项目名称	负责人	承担部门	项目来源	进账额（万元）
180	消费者投诉信息公示的效果与影响研究	孙颖	民商经济法学院	中国市场监督管理学会	10
181	基于双导向顾客价值的后营销管理研究	孙忠群	商学院	陕西众策广告有限责任公司	1
182	基于双导向顾客价值的营销战略研究	孙忠群	商学院	陕西众策广告有限责任公司	1
183	“一带一路”沿线国家法律咨询研究	覃华平	国际法学院	北京老友律师事务所	2
184	域外政府机构等特殊主体执行制度研究（欧洲执行机构实践）	谭秋桂	诉讼法学研究院	最高人民法院	4.2
185	关于不到庭或不执行国际裁判的国家实践	唐雅	国际法学院	国家海洋局海洋发展战略研究所	3
186	对心理咨询介入信访工作的深入探讨	陶乾	法律硕士学院	北京市西城区信访办公室	4.5
187	行政区划调整以来西城区信访复查工作的综合分析	陶乾	法律硕士学院	北京市西城区信访办公室	4.5
188	顶层设计与市场运作下的演艺演出产业发展之路	万蓉	光明新闻传播学院	中国文化艺术有限公司法务部	1.1
189	中国文化传媒上市公司融资并购商业模式及规制研究	万蓉	光明新闻传播学院	中国民营企业交易中心	1.5
190	网络直播行业规范研究	万蓉	光明新闻传播学院	动力火车（北京）文化传播有限公司	1.2
191	中国儿童文化产业发展规制研究	万蓉	光明新闻传播学院	中华儿童文化艺术促进会	1.2
192	新媒体环境下的公益传播研究	万蓉	光明新闻传播学院	中国华侨公益基金会	3
193	广东省清洁大气条例（草稿）制定法律技术支持	王灿发	民商经济法学院	中国环境科学研究院	3
194	国家管辖外海域环境影响评价定义、类型和阀值研究	王灿发	民商经济法学院	国家海洋局	10
195	渔业资源和生态保护制度及相关法律关系研究	王灿发	民商经济法学院	农业部渔业局	30
196	对2016年度《环境保护法》实施情况进行评估	王灿发	民商经济法学院	环境保护部环境监察局	36
197	涉农国际条法问题研究	王传丽	国际法学院	中国农业经济法研究会	4

续表

序号	项目名称	负责人	承担部门	项目来源	进账额（万元）
198	北京市海淀区海淀镇村干部法治能力现状调研	王洪松	民商经济法学院	中共北京市委教工委	2
199	未来新闻业视域下的地市报业集团转型研究	王佳航	光明新闻传播学院	长江日报报业集团	17
200	首都律师事务所发展现状及对策研究项目	王进喜	证据科学研究院	北京市律师协会	10
201	完善律师执业保障与律师管理体制机制研究	王进喜	证据科学研究院	中国法学会	7
202	律师管理体制比较研究	王进喜	证据科学研究院	中华全国律师协会	7.5
203	行政法与行政诉讼法学课程资源评测系统	王敬波	法治政府研究院	高等教育出版社	9.6
204	运用法治思维和法治方式提高领导干部法治化水平	王敬波	法治政府研究院	中国法学会	3
205	转基因信息公开法律制度研究	王敬波	法治政府研究院	农业部科技教育司	10
206	深入推进城管执法体制改革、改进首都城市管理工作	王敬波	法治政府研究院	北京市城市管理综合行政执法局	8
207	三网融合下提升城管网格化管理服务水平实践与探索研究	王敬波	法治政府研究院	北京市城市管理综合行政执法局	8
208	《北京市西城区什刹海风景区相关管理制度汇编》	王敬波	法治政府研究院	北京市西城区什刹海风景区管理处	4.5
209	《北京市节约用水条例》立法建议课题研究项目	王敬波	法治政府研究院	北京市节约用水管理中心	20
210	法治政府建设的朝阳实践和研究	王敬波	法治政府研究院	北京市朝阳区人民政府法制办公室	20
211	国家铁路局权力清单、责任清单及监管手段拓展研究	王敬波	法治政府研究院	国家铁路总局	40
212	海洋依法行政考核评价指标体系研究	王敬波	法治政府研究院	国家海洋局政策法制与岛屿权益司	5
213	深化文化市场综合执法改革、改进首都文化管理工作	王敬波	法治政府研究院	北京市文化市场行政执法总队	6
214	法治邮政指标评审	王敬波	法治政府研究院	国家邮政局	11.88
215	中国海警行政强制措施研究	王敬波	法治政府研究院	中国海警司令部	15
216	《领导干部学法用法要点汇编》	王敬波	法治政府研究院	国家新闻出版广电总局政策法规司	6.4

续表

序号	项目名称	负责人	承担部门	项目来源	进账额（万元）
217	北京市卫生计生依法行政考核评价体系研究	王敬波	法治政府研究院	北京市卫生和计划生育委员会	8.4
218	公司法教学智能问答系统研究	王军	民商经济法学院	北京全金网络科技有限公司	2
219	北京可维汇众科技发展有限公司绩效管理与薪酬设计方案	王明杰	政治与公共管理学院	北京可维汇众科技发展有限公司绩效管理与薪酬设计方案	20
220	中关村核心区发展报告（2016）	王明杰	政治与公共管理学院	中关村科技园区海淀园管理委员会	40
221	外商投资企业退出机制调研	王萍	民商经济法学院	中咨律师事务所	5
222	投资类有限合伙企业有限合伙人权利保护研究	王萍	民商经济法学院	北京科宇律师事务所	1
223	科技开发合同受托方知识产权保护研究	王萍	民商经济法学院	北京航科威视光电信息技术有限公司	1.5
224	创新型科研开发风险防范和转移制度研究	王萍	民商经济法学院	北京航空航天大学	2
225	哈尔滨市法治政府建设行动方案及考核评价体系研究项目	王青斌	法治政府研究院	哈尔滨市人民政府法制办公室	31.71
226	民防执法资格考试大纲及民防执法资格专业考试题库研究项目	王青斌	法治政府研究院	北京市民防局	4.55
227	建立健全北京市民防执法辅助人员制度研究项目	王青斌	法治政府研究院	北京市民防局	8.94
228	自然资源管理法律体系研究	王卫国	民商经济法学院	国土资源部	10
229	研究起草《外国机构在中国境内提供金融信息服务管理规定实施细则》	王卫国	民商经济法学院	国家互联网信息办公室信息服务管理局	40
230	出入境检验检疫行政决策程序涉及及实践	王蔚	法学院	贵州出入境检验检疫局	2
231	司法鉴定执业人员能力评估之法律法规题库建设	王旭	证据科学研究院	北京司法鉴定业协会	3
232	金融立法及法律适用方法研究	王旸	民商经济法学院	北京天利添投资管理中心	1
233	法律环境对金融创新、金融效力及市场秩序的影响分析	王旸	民商经济法学院	北京天利添投资管理中心	1

续表

序号	项目名称	负责人	承担部门	项目来源	进账额（万元）
234	新型金融担保机制法律风险及对策研究	王旸	民商经济法学院	北京天利添投资管理中心	1
235	互联网金融法律问题及立法趋势研究	王旸	民商经济法学院	北京天利添投资管理中心	1
236	Fintech 的发展、影响及法律对策研究	王旸	民商经济法学院	北京天利添投资管理中心	1
237	广西基层林业行政执法若干问题研究	王永亮	光明新闻传播学院	广西经济法学会	6
238	《长城保护条例》修订问题研究和专家建议稿项目	王涌	民商经济法学院	国家文物局	13
239	北京市农业投资公司法律实用手册	王玉梅	民商经济法学院	北京农业投资有限公司	5
240	海淀区农村整建制农转非问题研究	王玉梅	民商经济法学院	海淀区人民政府办公室	5
241	北京市养老服务体系建设研究	王玉梅	民商经济法学院	北京人大常委会	3.5
242	国外国防科技创新平台法律法规研究	王志华	比较法学研究院	中国船舶工业综合技术经济研究院	8
243	美俄国防工业与区域经济的产业融合问题研究	王志华	比较法学研究院	中国船舶工业综合技术经济研究院	9
244	国外农业法律制度研究	王志华	比较法学研究院	农业部管理干部学院	3
245	欧、日国防工业与区域经济的产业融合问题研究	王志华	比较法学研究院	中国船舶工业综合技术经济研究院	9
246	《全国食品药品稽查执法案例选编》	王志永	发展规划处	国家食品药品投诉举报中心	12
247	死刑复核程序中律师辩护问题研究	卫跃宁	刑事司法学院	内蒙古广博律师事务所	10
248	我国腐败犯罪案例刑事程序研究	卫跃宁	刑事司法学院	栋盛国际投资集团有限公司	30
249	刑事辩护制度研究	吴宏耀	诉讼法学研究院	北京市中关律师事务所	62
250	《中华人民共和国消费者权益保护法》配套法规有关问题研究	吴景明	民商经济法学院	中国消费者协会	12
251	缺陷产品召回与产品质量安全相关法律关系研究	吴景明	民商经济法学院	国家质量监督检验检疫总局执法监察司	15
252	法律论证咨询研究	吴景明	民商经济法学院	山西煤炭进出口集团有限公司	20

续表

序号	项目名称	负责人	承担部门	项目来源	进账额（万元）
253	企业挂牌新三板重点问题研究	武长海	资本金融研究院	北京疆亘资本管理有限公司	20
254	首都保护知识产权社会监督员试点项目	席志国	民商经济法学院	北京市保护知识产权举报投诉服务中心	4.8
255	企业法律顾问制度与公司律师制度比较	肖富荣	商学院	国资委政策法规局	5
256	我国海洋污染损害赔偿制度研究	肖建华	诉讼法学研究院	国家海洋局政策法制与岛屿权益司	5
257	“十三五”海洋事业发展的国际环境研究	辛崇阳	法律硕士学院	国家海洋局海洋发展战略研究所	5
258	公海保护区建设问题深化研究	辛崇阳	法律硕士学院	国家海洋局海洋发展战略研究所	5
259	提高国家治理能力目标下的现代民政事业评价指标体系研究	徐爽	人权研究院	民政部	0.5
260	世界法律词典合作项目	徐妍	比较法学研究院	瑞典传思律阁法律英语公司	3.36
261	中国科技社团法人营利性收入税收优惠问题	徐妍	比较法学研究院	北京理工大学	3
262	中美德三国金融法律制度的对比研究	许浩明	国际法学院	北京京悦律师事务所	43
263	北京市流动儿童父母教养方式的特点	许晶晶	学生处	中共北京市委教工委	1
264	部门规章质量评估	薛刚凌	法学院	中国法学会	20
265	“双百”活动重大宣讲主题——坚持严格规范公正文明执法，确保法律统一正确实施	薛刚凌	法学院	中国法学会	10
266	海洋行政执法与刑事司法衔接研究	薛刚凌	法学院	国家海洋局政策法制与岛屿权益司	5
267	法律视角下完善安全生产综合监管体制机制重点问题研究	薛刚凌	法学院	国家安全生产监管总局监管二司	12
268	行政组织法律制度的完善研究	薛刚凌	法学院	中央编制办政策法规司	2.5
269	安全生产行政执法责任研究	薛刚凌	法学院	国家安全生产监督管理总局政策法规司	10

续表

序号	项目名称	负责人	承担部门	项目来源	进账额（万元）
270	财政执法法律体系现状及存在问题研究	薛克鹏	民商经济法学院	北京市财政局	5
271	电子招标投标制度落实情况评估	薛克鹏	民商经济法学院	国家发展和改革委员会法规司	23
272	前海涉港合同使用香港法律实施路径研究	薛童	国际法学院	深圳市蓝海现代法律服务发展中心	10. 85
273	企业国际化发展的知识产权战略选择	杨帆	国际法学院	中国国际贸易促进委员会北京市分会	7
274	新兴国家南极政策比较研究	杨昊	全球化与全球问题研究所	国家海洋局极地考察办公室	1. 5
275	规范媒体对案件的报道课题研究	姚泽金	光明新闻传播学院	中共中央政法委	5
276	新媒体普法宣传教育现状与效果调查与研究	姚泽金	光明新闻传播学院	北京市昌平区司法局	5
277	中国新闻奖和长江韬奋奖评审标准与规则研究	姚泽金	光明新闻传播学院	中华全国新闻工作者协会	10
278	“一带一路”战略中的珠港澳合作的政策研究——以两地发展战略的配合为中心	尹钛	政治与公共管理学院	珠海经济社会发展研究中心	5
279	《北京市行政程序条例》再论证	应松年	法治政府研究院	北京市人大常委会	8
280	烟草控制及立法	应松年	法治政府研究院	世界卫生组织	10. 24
281	国家审计在当党和国家监督体系中的地位和作用研究	应松年	法治政府研究院	中国审计学会	2. 8
282	《行政复议法》研究	应松年	法治政府研究院	中国法学会	7
283	行政规范性文件后评估与重大行政决策机制的宁波模式研究	应松年	法治政府研究院	浙江大学宁波理工学院	5
284	食品药品安全数据造假行为的刑法制裁体系研究	于冲	刑事司法学院	国家食品药品监督管理总局	9
285	涉兴奋剂犯罪的刑法制裁体系研究	于冲	刑事司法学院	国家体育总局科教司	9
286	法学专业自主招生科学选才制度研究	于瑞辰	教务处	北京市高等教育学会	0. 8
287	应对气候变化背景下的能源效率管理法律机制研究	于文轩	民商经济法学院	武汉大学环境法学研究所	10

续表

序号	项目名称	负责人	承担部门	项目来源	进账额（万元）
288	《中国能源法制导论——以应对气候变化为北京》出版和推广	于文轩	民商经济法学院	德国海因里希·伯尔基金会中国项目组	38.28
289	我国生物遗传资源保护法律规制研究	于文轩	民商经济法学院	环境保护部环境与经济政策研究中心	5
290	快速变异 Y－STR 基因座遗传调查及法医应用研究	袁丽	证据科学研究院	上海市法医重点实验室	2.5
291	《中国反垄断法》宽恕制度研究	原洁	比较法学研究院	北京金诚同达律师事务所	1.2
292	反倾销及贸易救济	原洁	比较法学研究院	GC. GC Consultancy Ltd	0.99
293	《北京市地方税务局税收案例集》	翟继光	民商经济法学院	北京地方税务局	4
294	减政放权指数和指标体系构建研究	翟校义	政治与公共管理学院	国家行政学院	10
295	信访概念的相关理论与实践问题研究	翟校义	政治与公共管理学院	北京市信访矛盾分析研究中心	14
296	司法体制改革项目第三方评估	张保生	证据科学研究院	中央政法委员会法治建设室	30
297	物证应用问题研究	张方	刑事司法学院	北京龙晟交通事故司法鉴定所	5
298	互联网新型侵权研究	张今	民商经济法学院	腾讯科技（深圳）有限公司	10
299	中国地方自治研究	张劲	法学院	山东众成仁和（北京）律师事务所	3
300	界河开发利用中的国际法问题研究	张力	国际法学院	北京市鼎业律师事务所广西分所	1.5
301	全球气候治理体系变化研究	张力	国际法学院	广西科铭电力工程有限公司	1.2
302	法学方法论实践问题研究	张莉	法学院	北京市金德律师事务所	1
303	证据规则的实践理论问题	张莉	法学院	北京市金德律师事务所	1
304	证券交易行为理论问题研究	张莉	法学院	北京市金德律师事务所	1
305	对赌协议理论问题研究	张莉	法学院	北京市金德律师事务所	1
306	规章立法理论实践问题研究	张莉	法学院	北京市金德律师事务所	1
307	北京教育行政处罚工作研究	张莉	法治政府研究院	北京市教育科学研究院	7
308	民办非企业单位清算和剩余财产处理问题研究	张玲	国际法学院	民政部	4.8

续表

序号	项目名称	负责人	承担部门	项目来源	进账额（万元）
309	虚拟现实技术中的知识产权问题研究	张南	民商经济法学院	南京巴黎贝丽丝香水有限公司	16
310	首都民意研究	张森	光明新闻传播学院	北京市人大常委会	19
311	英国脱欧对中欧经贸关系的影响与对策	张淑静	商学院	北京求是联合管理咨询有限责任公司	1. 3
312	中国稀土贸易政策与产业政策的协调	张淑静	商学院	北京泛融金资产管理有限公司	1. 2
313	注册会计师应对侵权诉讼的策略研究	张苏彤	民商经济法学院	北京市注册会计师协会	1
314	《2015 年国别人权报告》 翻译	张伟	人权研究院	中共中央宣传部	4
315	《消除一切形式种族歧视国际公约》 翻译及比较研究	张伟	人权研究院	国家民族事务委员会政策法规司	15
316	国际人道法暑期教师高级研究项目	张伟	人权研究院	红十字国际委员会东亚代表处	6. 29
317	产出导向法在大学英语课堂中的行动研究	张文娟	外国语学院	外语教学与研究出版社有限责任公司	0. 25
318	跨境贸易人民币支付结算法律问题研究	张西峰	国际法学院	北京百尚家和商贸有限公司	6
319	肉类种属鉴定的生物学证据开发与检测	赵东	证据科学研究院	北京诺吉生物科技公司	15
320	职业体育俱乐部的法律属性及其运行机制研究	赵红梅	民商经济法学院	上海兴博体育咨询有限公司	4
321	职业体育联盟的股权结构和运行、分红机制研究	赵红梅	民商经济法学院	上海兴博体育咨询有限公司	4
322	《商法通则》 立法课题研究	赵旭东	民商经济法学院	国家工商行政管理总局	48
323	《黑名单制度》 立法研究	赵旭东	民商经济法学院	国家工商行政管理总局	20
324	银行业久执未决案件执行问题研究	赵旭东	民商经济法学院	国家开发银行股份有限公司	10
325	自适应情景的法律信息实时推送系统的法律支持	赵志华	法学院	北京市律典通科技有限公司	1
326	北京春节庙会舆情监测与治理研究	郑满宁	光明新闻传播学院	北京市东城区龙潭公园管理处	3
327	涉民族因素热点事件网络传播预警机制研究	郑满宁	光明新闻传播学院	国家民族事务委员会	1. 6

续表

序号	项目名称	负责人	承担部门	项目来源	进账额（万元）
328	经济下行期珠三角地区的楼宇自动化系统设备及工程的市场分析	支小青	商学院	珠海沃克机电工程有限公司	1
329	经济下行期珠三角地区机械设备租赁行业的市场研判与前景分析	支小青	商学院	珠海臻诚机电设备有限公司	1
330	关于珠三角地区电子元件贸易的市场研析	支小青	商学院	珠海浩运贸易有限公司	1
331	法律服务认证技术要求	周蔚	证据科学研究院	中国国家认可监督管理委员会	5
332	网络车平台责任类型化研究	朱巍	光明新闻传播学院	滴滴（中国）科技有限公司	21
333	网约车平台责任研究	朱巍	光明新闻传播学院	北京市法学会	1.5
334	《中国微商规则》	朱巍	光明新闻传播学院	浙江微谷企业管理咨询有限公司	14
335	首都信访工作机制创新研究	朱维究	政治与公共管理学院	北京市信访矛盾分析研究中心	10.5
336	产品环境标准的法律规制研究	庄敬华	民商经济法学院	成都君泰和市场调查有限公司	2

8. 2016 年中国政法大学校级科学研究项目一览表（91 项）

序号	项目名称	负责人	所在单位	项目类别	资助金额（万元）
1	我国生态文明与法治文明关系研究	张陆庆	法学院	专项项目	4
2	“标准”在国家治理体系中的地位与作用研究	柳经纬	比较法学研究院	专项项目	4
3	“一带一路”战略的金融法治合作机制研究	张西峰	国际法学院	专项项目	4
4	北京市基层法官职业保障问题研究	商磊	政治与公共管理学院	专项项目	4
5	编纂民法典物权编的知识渊源研究	田士永	法学教育研究与评估中心	专项项目	4
6	党内法规同国家法律的衔接与协调研究	徐爽	人权研究院	专项项目	4
7	电商价格违法行为规制研究	张钦昱	民商经济法学院	专项项目	4
8	法制新闻报道的规范化及法律问题研究	姚广宜	光明新闻传播学院	专项项目	4

续表

序号	项目名称	负责人	所在单位	项目类别	资助金额（万元）
9	满族王公与清末预备立宪研究	周增光	马克思主义学院	专项项目	4
10	民法总则制定中的商事主体立法研究	李建伟	民商经济法学院	专项项目	4
11	中欧关税立法比较与借鉴研究	翁武耀	民商经济法学院	专项项目	4
12	破解“中等收入陷阱”的法治保障研究	黎安	社会学院	专项项目	4
13	破题农村土地流转制度之“典权入典”研究	李显冬	民商经济法学院	专项项目	4
14	网络安全刑事立法体系的整体建构研究	于冲	刑事司法学院	专项项目	4
15	我国法学教育课程体系改革研究	刘坤轮	法学教育研究与评估中心	专项项目	4
16	新中国初期北京市的法律普及、运行与社会治理研究（1949－1956）	黄东	马克思主义学院	专项项目	4
17	刑事诉讼中认罪认罚从宽制度研究	王贞会	诉讼法学研究院	专项项目	4
18	以审判为中心的侦查工作问题研究	张方	刑事司法学院	专项项目	4
19	运用法律手段维护涉外利益研究	余丽	国际法学院	专项项目	4
20	中国民法典制定中的商事法律规范立法研究	赵旭东	民商经济法学院	专项项目	4
21	张彭春：世界人权体系的主要设计师	孙平华	外国语学院	规划项目	4
22	民法典适用范围条款与冲突规范关系之重定位	薛童	国际法学院	规划项目	4
23	对传统社会融合理论的批判与探讨	刘娜	社会学院	规划项目	4
24	新中国初期北京市基层社会治理研究及其启示（1949－1956）	黄东	马克思主义学院	规划项目	4
25	重大突发事件社会舆情演化规律及应对策略研究	姚广宜	光明新闻传播学院	规划项目	4
26	“一带一路”战略背景下中国南亚外交关系研究	李群英	政治与公共管理学院	规划项目	4
27	中外报纸发行体制改革比较研究	王永亮	光明新闻传播学院	规划项目	4
28	鉴定意见的科学性评价研究	张凤芹	证据科学研究院	规划项目	4
29	清末民初政治制度改革失败原因的研究	陈忠云	政治与公共管理学院	规划项目	4
30	中国对境外非政府组织来华活动监管立法研究	刘力	国际法学院	规划项目	4
31	走神及其与元认知的关系研究	刘兆敏	社会学院	规划项目	4
32	刑事 DNA 鉴定意见证据的审查评估体系研究	鲁涤	证据科学研究院	规划项目	4

续表

序号	项目名称	负责人	所在单位	项目类别	资助金额（万元）
33	《最高人民法院关于审理环境侵权责任纠纷案件适用法律若干问题的解释》的不足及其完善	侯佳儒	民商经济法学院	规划项目	4
34	俄罗斯刑事特别程序构造的中国化移植研究	元轶	比较法学研究院	规划项目	4
35	中国一带一路战略的路径研究——以日本的经验教训为案例	刘星	政治与公共管理学院	规划项目	4
36	有限责任公司股东利润分配请求权法律问题研究	李美云	民商经济法学院	规划项目	4
37	文化遗产的公法体系研究	刘红婴	法学院	规划项目	4
38	司法裁决证立问题研究	王洪	人文学院	规划项目	4
39	国际投资涉税仲裁与间接征收	兰兰	国际法学院	规划项目	4
40	“不想腐”的心理机制与实现路径研究	马皑	社会学院	规划项目	4
41	卢卡奇电影理论研究	徐亚萍	光明新闻传播学院	青年项目	2
42	出土秦汉魏晋经济史料的基础研究	石洋	法律古籍整理研究所	青年项目	2
43	网络舆情与网络社会治理研究	郑满宁	光明新闻传播学院	青年项目	2
44	人权司法保障视角下的“公诉事实同一性”机能性概念研究	倪润	诉讼法学研究院	青年项目	2
45	破产企业的环境责任研究	张钦昱	民商经济法学院	青年项目	2
46	大城市郊区土地增值收益分配机制实证研究：基于北京、上海、成都的比较分析	熊金武	商学院	青年项目	2
47	涉罪未成年人监护缺失问题与司法对策研究	王贞会	诉讼法学研究院	青年项目	2
48	食品安全犯罪的惩治与预防问题研究	于冲	刑事司法学院	青年项目	2
49	未成年人校园欺凌现象及其预防	黄河	比较法学研究院	青年项目	2
50	写作即斗争——伊什梅尔·里德的文化批评思想研究	蔺玉清	外国语学院	青年项目	2
51	基于纳米复合材料的安全型指纹显现试剂的制备与性能调控	王元凤	证据科学研究院	规划项目	8
52	数字环境下著作权限制制度与我国著作权法修改	张今	民商经济法学院	规划项目	8
53	“一带一路”建设中的北京城市外交研究	卫灵	马克思主义学院	规划项目	8
54	基于 ICF 的我国残疾评定体系建模研究	杨天潼	证据科学研究院	规划项目	8
55	中央苏区革命中的政党、社会与地方精英	应星	社会学院	规划项目	8

续表

序号	项目名称	负责人	所在单位	项目类别	资助金额（万元）
56	海峡两岸民商事判决相互认可与执行障碍消减之司法互助机制构建与展望	冯霞	国际法学院	规划项目	8
57	东亚货币金融合作与 TPP 的中国对策研究	张毅来	商学院	规划项目	8
58	俄罗斯规制行政垄断制度之借鉴	刘继峰	民商经济法学院	规划项目	8
59	税法中溯及既往现象的成因、危害与规制	翟继光	民商经济法学院	规划项目	8
60	人力资本、社会资本对大学生就业质量的影响：基于机器学习的多层次数据挖掘方法	王霆	商学院	规划项目	8
61	立法研究模式下的法律行为分析	迟颖	比较法学研究院	规划项目	8
62	刑事法律援助的立法完善与司法、行政保障研究	顾永忠	诉讼法学研究院	规划项目	8
63	网络文本的情感识别与心理分析	李激	科学技术教学部	规划项目	8
64	中美新型大国关系的战略文化基础研究	李晓燕	政治与公共管理学院	规划项目	8
65	多元纠纷解决机制的中国传统与现代重构	张德美	法律史学研究院	规划项目	8
66	亚太多重自贸区框架下中美日对东盟 FDI 的竞争与效应研究	金仁淑	商学院	规划项目	8
67	党和政府培育工人的主人翁精神的历程、经验与后果研究（1948－1958）	游正林	社会学院	规划项目	8
68	二人台牌子曲的研究与创新	张瑞丁	人文学院	规划项目	8
69	中国特色亲属法的哲学基础研究	金眉	民商经济法学院	规划项目	8
70	互联网金融的风险防控与多元化监管模式研究	李爱君	互联网金融法律研究院	规划项目	8
71	我国关联企业破产法律体系之建构	葛平亮	民商经济法学院	青年项目	4
72	新媒体视域下网民政治认同的发展规律与引导机制研究	侯月娟	光明新闻传播学院	青年项目	4
73	以四通道 multifocal VEP 技术为核心的法医学视野检测模式研究	项剑	证据科学研究院	青年项目	4
74	德意志公法文化中的宪法审查制度研究	王银宏	法律史学研究院	青年项目	4
75	“一带一路”建设的国际投资法制保障研究	丁夏	国际法学院	青年项目	4
76	《庄子》语言哲学文段精诠与研究	刘黛	人文学院	青年项目	4
77	基于热电微流控芯片的酶联免疫吸附测定（ELISA）的数学模型与数值模拟研究	石丽伟	科学技术教学部	青年项目	4

续表

序号	项目名称	负责人	所在单位	项目类别	资助金额（万元）
78	大数据背景下新闻客户端对传统媒体影响研究	崔凯	光明新闻传播学院	青年项目	4
79	我国证券法执行机制的实证分析	徐文鸣	法和经济学研究中心	青年项目	4
80	生态文明视野下保护地立法的体系化建构	马允	法学院	青年项目	4
81	国际条约保留制度的新发展研究：联合国《对条约的保留实践指南》	唐雅	国际法学院	青年项目	4
82	当代西方爱国主义理论跟踪研究	黄璇	政治与公共管理学院	青年项目	4
83	《中意物权法》比较研究	翟远见	比较法学研究院	青年项目	4
84	法国判例功能研究	朱明哲	比较法学研究院	青年项目	4
85	基于拉曼光谱及其成像技术的朱墨时序研究	连园园	证据科学研究院	青年项目	4
86	鉴定意见的主观偏向性问题研究	李冰	证据科学研究院	青年项目	4
87	审判中心主义背景下的刑事证据排除规则研究	吴洪淇	证据科学研究院	青年项目	4
88	传播学研究的书写、记忆与表征	滕乐	光明新闻传播学院	青年项目	4
89	近代汉语法律文书语言研究	张文	人文学院	青年项目	4
90	交叉询问在法庭审判中的运用	汪诸豪	证据科学研究院	青年项目	4
91	大数据的运用与法律问题研究	李爱君	互联网金融法律研究院	专项项目	5

9. 科研获奖一览表

2016 年中国政法大学获省部级以上社科优秀成果奖的成果名单

序号	奖项名称	成果名称	成果类型	学科类别	出版、发表或使用单位	出版、发表或使用时间	作者	获奖等级	颁奖单位
1	北京市第十四届哲学社会科学优秀成果奖	法制“镂之金石”传统与明清碑禁体系	著作	法学	中华书局	2015 年 4 月	李雪梅	一等奖	中共北京市委、北京市政府
2	北京市第十四届哲学社会科学优秀成果奖	学校、地缘与中国共产党早期组织网络的形成——以北伐前的江西为例	论文	社会学	社会学研究	2015 年第 1 期	应星	二等奖	中共北京市委、北京市政府

续表

序号	奖项名称	成果名称	成果类型	学科类别	出版、发表或使用单位	出版、发表或使用时间	作者	获奖等级	颁奖单位
3	北京市第十四届哲学社会科学优秀成果奖	论西方中世纪王权观——现代国家权力观念的中世纪起源	著作	政治学	社会科学文献出版社	2013年8月	李筠	二等奖	中共北京市委、北京市政府
4	北京市第十四届哲学社会科学优秀成果奖	新兴中产阶层对民主价值的理解：立足中国国情的民主价值观	论文	政治学	政治学研究	2014年第1期	卢春龙	二等奖	中共北京市委、北京市政府
5	北京市第十四届哲学社会科学优秀成果奖	“法不禁止皆自由”的私法精义	论文	法学	中国社会科学	2014年第4期	易军	二等奖	中共北京市委、北京市政府
6	北京市第十四届哲学社会科学优秀成果奖	大数据时代数据犯罪的制裁思路	论文	法学	中国社会科学	2014年第10期	于志刚	二等奖	中共北京市委、北京市政府
7	北京市第十四届哲学社会科学优秀成果奖	转型的逻辑：证据法的运行环境与内部结构	著作	法学	中国政法大学出版社	2013年12月	吴洪淇	二等奖	中共北京市委、北京市政府
8	第六届钱端升法学研究成果奖	知识产权法利益平衡理论	著作	法学	中国政法大学出版社	2006年8月	冯晓青	二等奖	钱端升法学研究成果奖励委员会
9	第六届钱端升法学研究成果奖	中国行政程序法典试拟稿及立法理由	著作	法学	中国法制出版社	2010年4月	王万华	二等奖	钱端升法学研究成果奖励委员会
10	第六届钱端升法学研究成果奖	转型的逻辑：证据法的运行环境与内部结构	著作	法学	中国政法大学出版社	2013年12月	吴洪淇	三等奖	钱端升法学研究成果奖励委员会

10. 2016 年举办学术讲座一览表

序号	名　称	主办单位	举办时间	主讲人	主讲人单位
1	欧洲移民问题的起因、现状及其对策	国际法学院	2016 年 1 月 7 日 18:00	Roman Tarnowski	波兰罗兹大学
2	欧洲一体化的进程及其存在的问题研究	国际法学院	2016 年 1 月 7 日 19:30	ZOFIA WYSOKI · SKA	波兰罗兹大学
3	关键的一年：1944，蒋介石和豫湘桂大溃败	人文学院	2016 年 1 月 12 日 13:20	陈永发	台湾“研究院”
4	青年教师学术沙龙	诉讼法学研究院	2016 年 1 月 13 日 13:00	栗峥	诉讼法学研究院
5	国际仲裁的行业准则及瑞士仲裁法	外国语学院	2016 年 3 月 7 日 14:30	Felix Dasser	瑞士苏黎世大学
6	宪法问题与法律问题的界分	中欧法学院	2016 年 3 月 8 日 08:50	林来梵	清华大学
7	中国政法大学“法治中国”系列学术论坛	校团委	2016 年 3 月 15 日 17:00	赵冬苓、刘剑文	全国人大代表，北京大学
8	中国政法大学“法治中国”系列学术论坛第三期	校团委	2016 年 3 月 16 日 17:00	韩景龙、屠化、徐迅	辽宁省作家协会，中央电视台，中央人民广播电台
9	金融战在现代战争中的作用及我军变革前景展望	校友工作办公室	2016 年 3 月 16 日 18:30	乔良	国防大学
10	恐怖主义犯罪的新特点和新趋势	社会学院	2016 年 3 月 17 日 18:30	David Nussbaum	多伦多大学
11	心理学介入反恐实践的理论与方法	社会学院	2016 年 3 月 18 日 09:00	David Nussbaum	多伦多大学
12	德国刑法变迁及其背后动因	刑事司法学院	2016 年 3 月 18 日 14:00	Georg Gesk	德国奥斯纳布吕克大学
13	金融创新与互联网金融法律公益大讲堂	民商经济法学院	2016 年 3 月 19 日 08:00	李爱君	中国政法大学
14	网络定时播放和网络实时转播的著作权分析	民商经济法学院	2016 年 3 月 22 日 19:00	孙茂成	北京市律师协会

续表

序号	名　称	主办单位	举办时间	主讲人	主讲人单位
15	教育中的性别平等	法学教育研究与评估中心	2016年3月23日10:00	刘小楠	法学教育研究与评估中心
16	读书沙龙35期祁志锐老师专场：浪漫爱情里的时代缩影	民商经济法学院	2016年3月23日19:00	祁志锐	中国政法大学
17	读书沙龙第36期郭晓飞老师专场	民商经济法学院	2016年3月24日19:00	郭晓飞	中国政法大学
18	“一带一路”战略的理论与实践	商学院	2016年3月25日12:00	陈甬军	中国人民大学商学院
19	正义的救赎——冤案的辩白与追责制度考量	法学院	2016年3月28日16:00	李奋飞	中国人民大学法学院
20	再谈我国药品监管的问题与对策	法学院	2016年3月29日13:00	宋华琳	南开大学
21	台湾近年来刑事诉讼制度改革的脉络及展望	诉讼法学研究院	2016年3月30日14:00	张丽卿	台湾高雄大学
22	农村与法治研究会一安法律援助中心房屋纠纷类型案例研讨会	校团委	2016年3月30日18:30	彭逸轩	北京市炜衡律师事务
23	游学西班牙法学世界	外国语学院	2016年3月31日13:30	李蕴	中国政法大学外国语学院
24	阅读经典的启示	人文学院	2016年4月1日18:30	刘跃进	中国社会科学院文学研究所
25	军事诉讼的若干问题	法学院	2016年4月6日10:00	Anne Guérin	波尔多上诉法院院长
26	民法论坛第十八期：新一轮土地制度改革的法律逻辑	民商经济法学院	2016年4月6日18:00	刘家安、戴孟勇、高圣平	民商经济法学院
27	读书沙龙第37期：楚汉骄雄，谁为大丈夫也？——析《高祖本纪》里的荣辱沉浮	民商经济法学院	2016年4月6日19:00	罗晓军	中国政法大学法学院

续表

序号	名　称	主办单位	举办时间	主讲人	主讲人单位
28	语言服务视域下翻译和本地化管理人才的培养	外国语学院	2016 年 4 月 7 日 14:00	王华树	北京师范大学
29	谁动了你家小区围墙？——《物权法》实务讲座，听律政先锋指点江山	法学院	2016 年 4 月 7 日 17:00	邓永泉	大成律师事务所
30	读书沙龙第 38 期：“以史为镜，且忆且行”——品读中国历代政治因革演变、利害得失	民商经济法学院	2016 年 4 月 7 日 19:00	孟庆延	社会学院
31	世界法律词典项目的应用	比较法学研究院	2016 年 4 月 8 日 15:00	Michael Lindner	瑞典传思律阁公司
32	“蒙冤者计划”中看律师在冤案平反中的影响之“许金龙案”讲座	校团委	2016 年 4 月 10 日 18:00	毛立新、王耀刚	北京市尚权律师事务所
33	从许金龙案看中国刑侦技术发展对刑事案件证据调查的影响	校团委	2016 年 4 月 10 日 18:00	毛立新、王耀刚	北京市尚权律师事务所
34	刑事诉讼理念的误区	人文学院	2016 年 4 月 12 日 18:00	田文昌	北京市京都律师事务所名誉主任
35	基督教对美国法治（文明）基础的影响	法学院	2016 年 4 月 12 日 18:30	威廉姆·C. 道森（William C. Dodson）	美国弗吉尼亚州伦理与公共美德研究所
36	老年权益保障大讲堂	离退休工作处	2016 年 4 月 13 日 08:00	杜新丽	国际法学院
37	文学中的法理问题	人文学院	2016 年 4 月 14 日 18:00	苏力	北京大学法学院
38	蓟门决策第 96 期：中国地下水危机与对策	法学院	2016 年 4 月 15 日 13:00	马军	北京公众与环境研究中心
39	关于法律语言的几个重要问题	人文学院	2016 年 4 月 17 日 07:30	程乐	浙江大学

续表

序号	名　称	主办单位	举办时间	主讲人	主讲人单位
40	中国政法大学互联网金融法律研究院公益大讲堂	民商经济法学院	2016 年 4 月 17 日 08:00	李爱君	中国政法大学
41	澳大利亚和西方财产权法	证据科学研究院	2016 年 4 月 18 日 19:00	Paul Babie	澳大利亚阿德莱德大学法学院
42	“一带一路”战略法治化与国际法	国际法学院	2016 年 4 月 19 日 14:30	刘敬东	中国社会科学院
43	共享经济中的法律问题	法治政府研究院	2016 年 4 月 19 日 19:00	王敬波、薛军、阿拉木斯	中国政法大学，北京大学，阿里巴巴
44	国际法学院“军都论道”第九期：以欧盟范围内民法改革为视角，谈中国民法改革与法典化进程	国际法学院	2016 年 4 月 20 日 13:00	许浩明	国际法学院
45	研究生模拟法庭决赛活动	校团委	2016 年 4 月 21 日 17:00	赵康康	研究生会项目部
46	专利法重要法条解析	民商经济法学院	2016 年 4 月 26 日 13:00	王晓峰	国家知识产权局
47	汉语史研究和中国古代文献阅读	人文学院	2016 年 4 月 26 日 18:00	蒋绍愚	北京大学中文系，清华大学人文学院
48	西协慈善法时代的公益未来读书会讲座	校团委	2016 年 4 月 26 日 18:30	于建伟、徐永光	全国人大司法委员会内务处主任，南都公益基金会副理事长兼秘书长
49	人口与大国兴衰	法学院	2016 年 4 月 27 日 13:00	易富贤	美华学社
50	通向 WTO 的胜利之路 —— 对中国诉欧盟紧固件案胜诉的诠释	国际法学院	2016 年 4 月 27 日 18:30	傅东辉	锦天城律师事务所北京分所主任

续表

序号	名　称	主办单位	举办时间	主讲人	主讲人单位
51	为学御术大讲堂第十九场：民法总则制定与商事立法	校团委	2016 年 4 月 27 日 19:00	赵旭东、王涌、胡利玲	中国政法大学
52	游走在灰色地带的罪与罚——追问“电商平台非法集资”之痛	刑事司法学院	2016 年 4 月 27 日 19:00	元轶	中国政法大学
53	互联网金融法律问题分析	民商经济法学院	2016 年 4 月 29 日 08:00	陈景善	中国政法大学
54	中欧并购交易中执行尽职调查	中欧法学院	2016 年 4 月 29 日 10:00	Florian Kessler 博士	德国纬泽咨询（北京）有限公司（WZR Beijing Ltd）
55	百年五四的精神财富	人文学院	2016 年 4 月 29 日 18:00	刘勇	北京师范大学文学院
56	最后一个浪漫派：沈从文	人文学院	2016 年 5 月 4 日 18:00	吴晓东	北京大学中文系教授
57	劳动法实务中的热点问题	法律硕士学院	2016 年 5 月 5 日 14:00	时福茂	北京市致诚律师事务所
58	供给侧结构性改革中《劳动合同法》修改问题的思考	民商经济法学院	2016 年 5 月 9 日 18:30	王全兴	上海财经大学法学院
59	从精神分析的视角解读青少年暴力行为	社会学院	2016 年 5 月 10 日 19:00	霍夫曼（Christian Hoffmann）	巴黎第七大学
60	魏则西？“莆田系”？部队医院？百度的卫生法学思辨	民商经济法学院	2016 年 5 月 11 日 18:30	王晨光	清华大学法学院卫生法研究中心
61	联合国维和警察实务	国际法学院	2016 年 5 月 12 日 19:00	迟黎伟	青岛海关缉私局
62	韩国国会的立法过程与特色	民商经济法学院	2016 年 5 月 13 日 14:00	丘冀盛	韩国国会立法次长
63	日本国际私法的立法与典型案件——以国际民事诉讼法为主	国际法学院	2016 年 5 月 13 日 18:30	黄轫霆	日本帝塚山大学

续表

序号	名 称	主办单位	举办时间	主讲人	主讲人单位
64	文明转型与世界法律变革	比较法学研究院	2016 年 5 月 13 日 18:30	张恒山	中共中央党校
65	从 CATTI 考试谈如何成为一名合格的翻译	外国语学院	2016 年 5 月 16 日 14:00	王燕	外交学院
66	魏则西事件法律关系的离散性及经济法视角的解读	民商经济法学院	2016 年 5 月 18 日 18:30	刘继峰	中国政法大学民商经济法学院经济法研究所
67	法官在民主政体中的作用	法学院	2016 年 5 月 19 日 19:00	约翰·沃克法官	美国联邦第二巡回上诉法院法官
68	最后一个浪漫派：沈从文	人文学院	2016 年 5 月 20 日 18:00	吴晓东	北京大学中文系教授
69	美国大学生是如何学习经济学的	商学院	2016 年 5 月 20 日 18:30	黄立君、黄乃静	政治经济学研究所
70	获取环境信息的权利：概念的外延	法学院	2016 年 5 月 20 日 19:00	Elena Fasoli	伦敦玛丽女王大学
71	政法金媒班第二期课程：互联网金融法律监管实务	互联网金融法律研究院	2016 年 5 月 21 日 08:00	李爱君	中国政法大学
72	新《行政诉讼法》实施一周年的回顾与展望	法治政府研究院	2016 年 5 月 23 日 19:00	何海波、耿宝建、刘行	清华大学，最高人民法院，北京市高院
73	老年人婚姻、家庭、赡养等领域存在的问题及伦理对策	离退休工作处	2016 年 5 月 24 日 08:00	夏吟兰	中国政法大学
74	刑事案件中的法医 DNA 技术	证据科学研究院	2016 年 5 月 24 日 18:30	涂政	公安部物证鉴定中心
75	我国文化产业的改革方向——兼评艺术与资本的结合	资本金融研究院	2016 年 5 月 25 日 17:00	姜昆	全国政协委员、中国曲艺家协会主席、中国文学艺术基金会副理事长

续表

序号	名　称	主办单位	举办时间	主讲人	主讲人单位
76	比较法系列讲座之二：美国合同法	比较法学研究院	2016 年 5 月 25 日 18:30	王军	对外经贸大学
77	“一带一路”战略和语言服务	外国语学院	2016 年 5 月 27 日 13:30	穆雷	广州外语外贸大学
78	简牍学与古文书学之间	法律古籍整理研究所	2016 年 5 月 27 日 14:00	籾山明	日本东洋文库
79	中国卫生法学研究高端论坛	法学院	2016 年 5 月 28 日 08:00	申卫星	清华大学法学院
80	中国政法大学“学术新人”论文大赛之高峰论坛——法学研究生教育反思	校团委	2016 年 5 月 31 日 09:00	张建伟、张泽涛、张保生、孔庆江	清华大学，中央民族大学，中国政法大学，中国政法大学
81	刑事案件中的法医 DNA 技术	证据科学研究院	2016 年 5 月 31 日 18:30	孙振文	公安部物证鉴定中心
82	罪与罚的衡定——美国重刑主义与中国刑罚制度考量	法学院	2016 年 6 月 1 日 16:00	何兵	中国政法大学法学院
83	国际商事仲裁理论与实践体系	国际法学院	2016 年 6 月 2 日 10:00	Professor Coe	Pepperdine 大学法学院
84	联邦法院和国际贸易案件审理	国际法学院	2016 年 6 月 3 日 09:30	Vanessa Diane Gilmore	美国德克萨斯南区地方法院法官
85	校园暴力的对策	法学院	2016 年 6 月 6 日 14:00	皮艺军	中国政法大学
86	新行政法一周年，“民告官”难题如何破解？	法学院	2016 年 6 月 7 日 16:30	王天华	中国政法大学
87	爆炸物检验鉴定及其证据价值	证据科学研究院	2016 年 6 月 7 日 18:30	赵晓辉	公安部物证鉴定中心
88	信托——中国土地证券化案例分析与中国模式探讨	资本金融研究院	2016 年 6 月 8 日 17:00	蒲坚	中国国际信托公司董事长、中国政法大学兼职教授
89	美国环境公益诉讼的发展	民商经济法学院	2016 年 6 月 9 日 15:30	Jack Tuholske	美国佛蒙特法学院
90	版权合同法律问题	法律硕士学院	2016 年 6 月 11 日 08:00	朱晓宇	北京嘉润律师事务所

续表

序号	名　称	主办单位	举办时间	主讲人	主讲人单位
91	审理合同案件常见的而又不易识别的几个错误	法律硕士学院	2016 年 6 月 11 日 14:00	姜伟	最高人民法院审监庭
92	公司法实务——以案释法	法律硕士学院	2016 年 6 月 13 日 09:00	范宏	北京市高级人民法院
93	知识产权案件中的合同法律问题	法律硕士学院	2016 年 6 月 17 日 14:00	张江洲	中关村法庭
94	民商事司法协助在我国的发展	国际法学院	2016 年 6 月 17 日 18:30	李智颖	司法部
95	台湾刑事政策的历史演变与发展现状	法律硕士学院	2016 年 6 月 17 日 19:00	许福生	台湾地区 “警察大学”
96	刑事执行检察监督的理论与实践	法律硕士学院	2016 年 6 月 18 日 14:00	袁其国	最高人民检察院
97	国际资本市场最新发展与交易所运作	资本金融研究院	2016 年 6 月 20 日 17:00	巴曙松	香港交易所 首席经济学家
98	名家论坛第 173 讲	外国语学院	2016 年 6 月 22 日 14:00	刘和平	北京语言大学 高级翻译学院
99	国内外宏观经济形势分析与对策选择	资本金融研究院	2016 年 6 月 22 日 17:00	刘伟	中国人民大学校长
100	马克思主义经济学创新	商学院	2016 年 6 月 23 日 14:00	何祚庥	北京大学
101	企业融资与境外上市业务	资本金融研究院	2016 年 6 月 23 日 17:00	徐正宇	香港交易所董事 总经理兼市场发展 科项目管理部主管
102	国际资本市场产品综览	资本金融研究院	2016 年 6 月 25 日 08:00	徐春萌	香港交易所北京 代表处首席代表
103	互联网金融法律实务	互联网金融 法律研究院	2016 年 6 月 25 日 08:00	李爱君	中国政法大学
104	蓟门决策第 100 期：法律职业共同体建设	法学院	2016 年 6 月 25 日 13:30	江平	中国政法大学

续表

序号	名　称	主办单位	举办时间	主讲人	主讲人单位
105	国际资本市场前沿动态（2016）	资本金融研究院	2016 年 6 月 26 日 08:00	巴曙松	香港交易所
106	“比较法学系列讲座”第三讲：法治是中华民族伟大复兴的必由之路	比较法学研究院	2016 年 6 月 27 日 19:00	何勤华	华东政法大学
107	美国法律下的专利权的概率性	民商经济法学院	2016 年 6 月 30 日 06:00	Michael Mireles	太平洋大学麦克乔治法学院
108	中国资本项目的开放与人民币国际化	资本金融研究院	2016 年 7 月 1 日 13:00	巴曙松	中国银行业协会秘书长，香港联合证券交易所首席经济学家，中国政法大学兼职教授
109	美国政治文化：从托克维尔到福山	国际法学院	2016 年 7 月 5 日 14:30	华世平	美国路易威尔大学
110	国际项目投融资及法律保护	国际法学院	2016 年 7 月 8 日 14:00	贾怀远	德恒律师事务所
111	中欧法学院 2016 年夏令营之中欧法学院示范课——证券法专题	中欧法学院	2016 年 7 月 12 日 15:30	朱伟一	比较法学院
112	中欧法学院 2016 年夏令营之中欧法律热点问题讲座	中欧法学院	2016 年 7 月 13 日 10:00	Clemens Richter	中欧法学院
113	中国影视行业仲裁高端峰会	诉讼法学研究院	2016 年 8 月 2 日 14:00	栗峥	中国政法大学仲裁研究院
114	国际法院历史与展望	国际交流处	2016 年 9 月 6 日 10:00	龙尼·亚伯拉罕	联合国国际法院
115	英国脱欧给欧洲联盟法带来的挑战	法学院	2016 年 9 月 6 日 17:00	奥利维耶·杜博斯（Olivier Dubos）	法国波尔多大学
116	欧盟法对法国行政法的影响	法学院	2016 年 9 月 7 日 15:30	塞巴斯蒂安·马丁（Sébastien Martin）	法国波尔多大学

续表

序号	名　称	主办单位	举办时间	主讲人	主讲人单位
117	行政诉讼中的宪法问题——法国经验	法学院	2016年9月7日18:00	福德理奇·卢埃达	法国波尔多大学公法教授
118	行政诉讼中的宪法问题——法国经验	法治政府研究院	2016年9月7日19:00	福德理奇·卢埃达	法国波尔多大学公法教授
119	荷兰政府不履行环保法规的国家责任	法学院	2016年9月13日19:00	Norbert de Munnik	荷兰 Nauta Dutilh 律所
120	“行政复议立法研究”课题开题会	法学院	2016年9月14日13:00	刘莘	法学院
121	司法改革与民事诉讼法的交错发展	诉讼法学研究院	2016年9月19日19:00	汤唯建	中国人民大学
122	冤案的纠正与预防	法学院	2016年9月20日12:30	易延友	清华大学
123	我国证券市场问题分析与展望	资本金融研究院	2016年9月21日18:30	吴晓求	中国人民大学金融与证券研究所所长
124	西城区法制办法治论坛	继续教育学院	2016年9月23日13:30	王敬波	法治政府研究院
125	博闻论坛：易中天品三国历史	校团委	2016年9月23日16:00	易中天	已退休
126	南海仲裁与环境保护义务	国际法学院	2016年9月27日19:00	许耀明	台湾政治大学
127	行政复议立法研究研讨会	法学院	2016年9月29日08:00	应松年	法治政府研究院
128	天主教会的法律地位：历史发展和文化元素	国际法学院	2016年9月29日19:00	Mons. Prof. Juan Ignacio Arrieta Ochoa de Chinchetru	梵蒂冈城领衔主教
129	自媒体侵权研讨会	光明新闻传播学院	2016年10月10日14:00	朱巍	中国政法大学
130	我国基金业现状与发展	资本金融研究院	2016年10月11日18:00	洪磊	基金业协会会长

续表

序号	名　称	主办单位	举办时间	主讲人	主讲人单位
131	生命政治与现代行政权	法学院	2016 年 10 月 11 日 19:00	王旭	中国人民大学法学院
132	宪法的发展——以西班牙为例	中欧法学院	2016 年 10 月 12 日 17:00	Julia Solla	马德里大学教授
133	非洲法律融合——以商法为例	外国语学院	2016 年 10 月 12 日 19:00	Salvatore Mancuso	南非开普敦大学
134	南海冲突之解决——去异求同之实践	国际法学院	2016 年 10 月 13 日 18:30	吴嘉生	台北大学
135	意大利的行政法院与司法审查	法治政府研究院	2016 年 10 月 14 日 09:30	额尔曼诺·德·弗朗西斯科	意大利最高行政法院
136	The Soul and Spirit of Cambridge University & The Nature of European Education	外国语学院	2016 年 10 月 14 日 13:30	柯瑞思（Nicholas Chrimes）	剑桥大学
137	国际经济及金融机构框架介绍——兼论其对地区及全球的影响	资本金融研究院	2016 年 10 月 14 日 14:00	Laurence Boisson de Chazournes	日内瓦大学
138	中美国际法前沿问题	国际法学院	2016 年 10 月 14 日 19:00	Jacques deLisle 教授	宾夕法尼亚大学 Stephen A. Cozen 法律与政治学教授
139	金融创新与法治发展	互联网金融法律研究院	2016 年 10 月 15 日 08:00	李爱君	互联网金融法律研究院
140	国家宪法法院和欧盟法——从司法的角度看欧元危机	比较法学研究院	2016 年 10 月 17 日 19:00	Pola Cebulak	哥本哈根大学法学院
141	货币政策对资本市场的影响	资本金融研究院	2016 年 10 月 18 日 18:30	王国刚	社科院金融研究所
142	走向正当程序	诉讼法学研究院	2016 年 10 月 18 日 18:30	胡建淼	国家行政学院
143	欧盟的趋势：技术官员的权力转移与灵活的欧洲化	中欧法学院	2016 年 10 月 19 日 17:00	Andreas Orator 博士	奥地利维也纳经济与管理大学
144	从会计师的全世界路过	校团委	2016 年 10 月 19 日 19:00	余元元	中新国际

续表

序号	名　称	主办单位	举办时间	主讲人	主讲人单位
145	浅谈剑桥精神和欧洲教育	外国语学院	2016 年 10 月 20 日 13:30	柯瑞思（Nicholas Chrimes）	剑桥大学
146	疑案追踪——浅谈恶性故意杀人案的刑侦知识	刑事司法学院	2016 年 10 月 20 日 19:00	郭金霞	中国政法大学刑事司法学院
147	读出经典——以哈罗德布鲁姆的经典理论为中心	人文学院	2016 年 10 月 24 日 14:00	金永兵	北京大学
148	“大成杯”模拟面试大赛之法学象牙塔中谈律师实务	法学院	2016 年 10 月 24 日 18:30	孙海波	中国政法大学
149	宋初三教关系研究（第一讲）	人文学院	2016 年 10 月 25 日 07:30	韩剑英	北京信息科技大学
150	国际避税港	法律硕士学院	2016 年 10 月 25 日 09:00	翟振弘	香港/新西兰双重执业皇家特许会计师
151	涉外婚姻家事实务中的国际私法问题	国际法学院	2016 年 10 月 25 日 14:00	孙长刚	北京市炜衡律师事务所
152	财富管理、共享经济与区块链	资本金融研究院	2016 年 10 月 25 日 18:30	段永朝	财经集团首席战略官
153	检察公益诉讼试点的司法实践与理论前沿	诉讼法学研究院	2016 年 10 月 25 日 18:30	刘艺	西南政法大学
154	阿拉伯法律文化背景下的合同法	法律硕士学院	2016 年 10 月 25 日 18:30	Massimo Papa	罗马第二大学
155	韩国航空运输法与中日航空法对比研究	国际法学院	2016 年 10 月 26 日 15:30	金斗焕	韩国航空与空间法协会
156	民法总则草案之争议和学理研析	法学院	2016 年 10 月 26 日 16:00	王轶	中国人民大学法学院
157	隐藏必修课——你躲不开的社会研究	社会学院	2016 年 10 月 26 日 18:30	毕向阳	社会学院
158	阿根廷民法典的编纂	法律硕士学院	2016 年 10 月 26 日 18:30	Aida Kemelmajer de Carlucci	门多萨大学（阿根廷）

续表

序号	名　称	主办单位	举办时间	主讲人	主讲人单位
159	读书沙龙第 39 期：正义，何以可能	民商经济法学院	2016 年 10 月 26 日 19:00	张力	法学院
160	转型期社会治理理论与实践	政治与公共管理学院	2016 年 10 月 28 日 08:00	李程伟	政管学院
161	法治中国论坛	光明新闻传播学院	2016 年 10 月 29 日 08:30	石亚军、黄进	中国政法大学
162	中国专利年费制度专家研讨会	光明新闻传播学院	2016 年 10 月 29 日 14:00	朱巍	中国政法大学
163	债与合同中的诚实信用原则	法律硕士学院	2016 年 10 月 29 日 18:30	Riccardo Cardilli	意大利罗马第二大学
164	儒学与民主问题	政治与公共管理学院	2016 年 10 月 30 日 19:00	何包钢	澳大利亚国立大学
165	互联网金融法律研究院金融消费权益保护沙龙	互联网金融法律研究院	2016 年 10 月 31 日 13:00	李爱君	中国政法大学
166	海峡两岸行政法最新发展	法学院	2016 年 10 月 31 日 19:00	刘建宏	台湾中正大学
167	宋初三教关系研究（第二讲）	人文学院	2016 年 11 月 1 日 07:30	韩剑英	北京信息科技大学
168	多层次资本市场与新三板	资本金融研究院	2016 年 11 月 1 日 18:30	谢庚	新三板总经理
169	绿色家园环境法讲座	校团委	2016 年 11 月 2 日 18:00	胡静	中国政法大学
170	国际法学院“军都论道”第十期：我国民法典制定中的民法地域效力问题	国际法学院	2016 年 11 月 2 日 19:00	许庆坤	山东大学法学院
171	读书沙龙第 40 期：重新认识民间	民商经济法学院	2016 年 11 月 3 日 19:00	张劲	法学院
172	外国语学院名家论坛第 174 讲	外国语学院	2016 年 11 月 4 日 14:00	汪民安	首都师范大学文学院
173	尼采的生命哲学	人文学院	2016 年 11 月 4 日 18:50	孙周兴	同济大学
174	东亚法哲学暨法理学国际研讨会	国际交流处	2016 年 11 月 5 日 14:00	今井弘道	日本北海道大学

续表

序号	名　称	主办单位	举办时间	主讲人	主讲人单位
175	企业并购重组的法经济学分析	民商经济法学院	2016年11月5日14:30	王文宇	台湾大学
176	美国总统肯尼迪遇刺案件法医物证分析	证据科学研究院	2016年11月7日18:00	Cyril H. Wecht, M. D. , J. D.	美国法庭科学协会
177	明法论坛第二十期：论中国公司法的改革与发展	民商经济法学院	2016年11月8日15:00	赵旭东	中国政法大学
178	拯救情绪，放飞心情——大学生情绪管理	社会学院	2016年11月9日18:00	杨凤池	首都医科大学
179	中国政法大学法评书院《风骨——新旧时代的政法学人》新书对谈会	校团委	2016年11月9日18:00	陈夏红	中国政法大学
180	古典诗歌欣赏的四种类型	人文学院	2016年11月10日18:30	刘石	清华大学
181	西城区法制办法治论坛（二期）	继续教育学院	2016年11月11日13:30	王敬波	法治政府研究院
182	意大利行政诉讼制度的最新发展	法学院	2016年11月11日19:00	Giampaolo Rossi	意大利罗马第三大学
183	实践中的刑罚执行	法律硕士学院	2016年11月12日09:00	陈志海	司法部预防犯罪研究所
184	多元文化背景下的社会工作新职业	社会学院	2016年11月16日18:00	徐庆文	纽约大学
185	准律师协会为学御术大讲堂法治政府建设与新中国行政法学	校团委	2016年11月16日19:00	姜明安、王旭、高家伟、张力	北京大学，人民大学，中国政法大学，中国政法大学
186	涉外商事审判与国际商事仲裁司法审查的若干新动向与新问题	国际法学院	2016年11月17日14:00	杨弘磊	最高人民法院
187	法治中国系列讲座：网约车新政的利与弊	校团委	2016年11月17日18:00	解志勇	中国政法大学
188	行政事实认定与不确定法律概念解释	诉讼法学研究院	2016年11月17日18:30	于立深	吉林大学

续表

序号	名　称	主办单位	举办时间	主讲人	主讲人单位
189	准律为学御术大讲堂第二十场	校团委	2016 年 11 月 17 日 19:00	姜明安、应松年、王旭、高家伟、张力	北京大学，中国政法大学，中国人民大学，中国政法大学，中国政法大学
190	学术史视野中的鲁迅与胡适（名家论坛）	人文学院	2016 年 11 月 18 日 14:00	陈平原	北京大学
191	中日法律比较	法律硕士学院	2016 年 11 月 18 日 14:00	张瑞辉	名古屋经济大学
192	德国消费者借贷法及银行信贷法的核心内容介绍及其运作	外国语学院	2016 年 11 月 18 日 15:30	Simon Henke	德国杜塞尔多夫市执业律师
193	中国比较法学现代化问题主题讲座	比较法学研究院	2016 年 11 月 19 日 09:00	王志华	比较法学研究院
194	中国知识产权投融资的发展瓶颈和出路	民商经济法学院	2016 年 11 月 19 日 18:30	胡少波	广东粤智知识产权运营有限公司
195	荀子与汉代早期哲学	国际儒学院	2016 年 11 月 21 日 09:00	Paul. R. Goldin	宾夕法尼亚大学
196	文学作品的阅读与评鉴	人文学院	2016 年 11 月 21 日 14:00	包明德	中国社会科学院文学所
197	法学院名师学术生涯导航	法学院	2016 年 11 月 21 日 17:00	应松年	法学院
198	法国公证制度及国际公证联盟	法律硕士学院	2016 年 11 月 22 日 08:00	Marylise HEBRARD	上海中法公证法律交流培训中心法方主任
199	法律与文学 2049——人工智能的挑战	人文学院	2016 年 11 月 22 日 13:30	冯象	清华大学
200	批判性思维对翻译教学和研究的影响	外国语学院	2016 年 11 月 22 日 14:00	李利	英国艾克斯特大学
201	印顺早期的信仰转变问题研究	人文学院	2016 年 11 月 22 日 18:50	刘成有	中央民族大学

续表

序号	名　称	主办单位	举办时间	主讲人	主讲人单位
202	人权与全球经济	人权研究院	2016 年 11 月 23 日 14:00	Radu Mares	Raoul Wallenberg Institute of Human Rights and Humanitarian Law
203	运用证据的技能	法律硕士学院	2016 年 11 月 23 日 18:30	李志勇	北京朗山律师事务所
204	深化经济体制改革的若干重大问题与政策举措	资本金融研究院	2016 年 11 月 24 日 18:00	银温泉	发改委体改所所长
205	对抗与协商：刑事诉讼制度改革的方向	诉讼法学研究院	2016 年 11 月 24 日 18:30	顾永忠	中国政法大学
206	第二十七期刑事法论坛：法律与技术的界碑——评析快播案原委	刑事司法学院	2016 年 11 月 24 日 19:00	曲新久	中国政法大学
207	保险业监管实务与当前热点法律问题	法律硕士学院	2016 年 11 月 25 日 18:00	乔石	中国人民保险集团股份有限公司法律合规部高级主管
208	美国法学法学教育体制及近期发展	法学院	2016 年 11 月 25 日 18:00	桑国亚	美国天普大学
209	TPP 中的数码贸易问题：从贸易规则到数码规则	国际法学院	2016 年 11 月 25 日 19:30	高树超	上海对外经贸大学
210	互联网金融法律研究院金融媒体班学术沙龙	互联网金融法律研究院	2016 年 11 月 26 日 08:00	李爱君	互联网金融法律研究院
211	解构主义与雪莱诗歌解读	外国语学院	2016 年 11 月 28 日 14:00	宁一中	北京语言大学
212	德国少年司法	比较法学研究院	2016 年 11 月 28 日 19:00	Werner Beulke	德国帕绍大学法学院教授
213	中国政法大学研究生院互联网金融法治讲堂（第一讲）	民商经济法学院	2016 年 11 月 29 日 09:00	杨帆	中国人寿集团公司

续表

序号	名　称	主办单位	举办时间	主讲人	主讲人单位
214	民元孙中山北京之行与逊清皇室的应对	人文学院	2016年11月29日14:00	李在全	中国社会科学院近代史研究所
215	合同的制作与审查	法律硕士学院	2016年11月30日19:00	云大慧	北京市众一律师事务所
216	金融战与现代战争及我军变革前景展望	资本金融研究院	2016年12月1日18:30	卢周来	国防大学宣传部
217	“弘扬宪法精神，维护宪法权威”理论研讨会暨第一届“青之法心”宪法日活动	校团委	2016年12月2日09:00	黄瑞宇	中国政法大学
218	语言学：走在认知的路上	人文学院	2016年12月2日18:30	施春宏	北京语言大学
219	蓟门决策第102期：从聂树斌案展望冤狱平反	法学院	2016年12月5日13:00	郑成月	广平县公安局
220	为什么要读经典（名家论坛）	人文学院	2016年12月5日14:00	詹福瑞	国家图书馆
221	法治政府论坛第96期：检察公益诉讼的实践与反思	法治政府研究院	2016年12月6日19:00	刘艺	西南政法大学行政法学院
222	国际条约指定中第三方的作用：印度河水域案件	国际法学院	2016年12月6日19:00	Dr Kishor Uprety	世界银行高级法律顾问
223	《研究生法学》三十周年纪念讲座	民商经济法学院	2016年12月7日19:00	马怀德	中国政法大学
224	中国企业国际化并购选择	资本金融研究院	2016年12月8日18:30	蔡洪平	德意志银行大中华区总裁
225	纸媒法律实务与案例分析	法律硕士学院	2016年12月8日18:30	葛荣浩	北京青年报社
226	非政府组织的法律规制	法学院	2016年12月8日18:30	威廉·C. 多德森	美国得克萨斯州第九司法行政区

续表

序号	名　称	主办单位	举办时间	主讲人	主讲人单位
227	想象的长城——“长城文化史”视野下长城形象嬗变的考察	人文学院	2016 年 12 月 9 日 14:00	赵现海	中国社会科学院历史研究所明史研究室
228	历史档案与法学问题	法律古籍整理研究所	2016 年 12 月 10 日 19:00	王志强	复旦大学法学院
229	蓟门决策第 102 期：尘肺病问题治理路径研讨会	法学院	2016 年 12 月 11 日 13:00	卢晖临	北京大学
230	博闻论坛之张召忠专场——海洋争端与中国海权	校团委	2016 年 12 月 14 日 16:00	张召忠	退役
231	《尊严和潇洒，生活应该追求的境界》——婚姻家事法律实务	法律硕士学院	2016 年 12 月 14 日 18:00	陈旭	北京市隆安律师事务所
232	从金融危机到人民币国际化——股市环境分析	资本金融研究院	2016 年 12 月 15 日 18:30	李稻葵	清华大学经济管理学院
233	如何做好互联网法律实务工作	法律硕士学院	2016 年 12 月 15 日 18:30	秦健	百度公司
234	科层化与弥散性：道教的历史叙述方式（以隋唐道教为中心）	人文学院	2016 年 12 月 20 日 18:50	程乐松	北京大学
235	中国政法大学 2016－2017 年度“法治中国”系列学术论坛第二期：房屋产权续期的前路探究	校团委	2016 年 12 月 21 日 19:00	焦洪昌	中国政法大学
236	从金融危机到新常态——宏观经济环境分析	资本金融研究院	2016 年 12 月 22 日 18:30	林义相	天相投资顾问有限公司
237	《电影产业促进法》解读	法律硕士学院	2016 年 12 月 22 日 18:30	王健	国家新闻出版广电总局政策法制司

续表

序号	名　称	主办单位	举办时间	主讲人	主讲人单位
238	北京市卫生立法体系建设与卫生立法十年规划	法学院	2016 年 12 月 23 日 13:00	刘莘	法学院
239	国际法院及其管辖权	国际法学院	2016 年 12 月 23 日 14:00	薛捍勤	国际法院法官
240	青年媒体法务工作者的定位与规划	法律硕士学院	2016 年 12 月 29 日 18:30	周冲	中央人民广播电台
241	医药行业反垄断与反不正当竞争问题研究会	国际法学院	2016 年 12 月 31 日 08:00	盛杰民	北京大学法学院
242	医药行业反垄断与不正当竞争问题研究会	国际法学院	2016 年 12 月 31 日 08:00	戴龙	国际法学院

第五章　学术刊物

一、《政法论坛》

【概况】《政法论坛》的前身是中国政法大学学报，是由中国政法大学主办的、以反映法学研究成果为主、兼顾政治学等其他哲学社会科学研究成果的社会科学学术期刊。创刊于1979年，原名为《北京政法学院院报》，1983年5月随着北京政法学院更名为中国政法大学，《北京政法学院院报》亦更名为《中国政法大学学报》，1985年始以彭真同志题写的《政法论坛》作为刊名。

《政法论坛》一直是中文核心期刊、法学类核心期刊、《中国学术期刊综合评价数据库》来源期刊、《中国人文社会科学引文数据库》来源期刊、《中文社会科学引文索引》（CSSCI）来源期刊。《政法论坛》执行国家新闻出版总署颁布的《中国学术期刊（光盘版）检索与评价数据规范》，获执行优秀奖。1999年被评为全国百强社科学报，2002年又蝉联全国百强社科学报并获北京市社科学报一等奖。《政法论坛》还是全国高校学报研究会常务理事、北京市高校学报研究会副理事长单位。在清华大学中国学术期刊（光盘版）电子杂志社文献检索分析中心提供的高等院校哲学社会科学版计量指标统计中，《政法论坛》名列第二。2004年获"北京高校人文社科学报名刊"；2006年首次跻身"全国三十佳社科学报"；2008年获"北京高校人文社科学术期刊名刊"；2010年入选"教育部名刊工程"；2011年被中国高校社科期刊学会评为高校社会科学名刊；2012年入选第一批国家社科基金资助期刊；2014年继续入选《中国学术期刊影响因子年报》统计源期刊，被"中国社会科学院中国社会科学评价中心"评定为"中国人文社会科学综合评价AMI"核心期刊；被"全国高等学校文科学报研究会"评为"全国高校社科名刊"；被中国人民大学人文社会科学学术成果评价研究中心中国人民大学书报资料中心评为"复印报刊资料"重要转载来源期刊。

二、《学报》

【概况】《中国政法大学学报》（以下简称《学报》）创刊于2007年9月，是由国家教育部主管、中国政法大学主办的面向海内外学术界的综合性人文社会科学学术期刊。《学报》为双月刊，逢单月10日出版；大16开本，10印张，每期160面，刊发学术论文约26万字；每期定价29元。《学报》以"提倡学术规范、尊重知识产权、推进学术交流、追求学术创新"为办刊理念，刊发论文涉及人文社会科学的大部分学科，目前设置有"法治文化""学术论衡""学人讲坛""学术书评"等栏目。其中"环境资源法学""法治文化"是本刊重点、特色栏目，旨在突出学术前沿性、国际性和文史哲等人文社会科学与法学的综合创新、提升学术引力作用、推进当代中国的法治文化建设。编辑部现有专职编辑人员6人，兼职人员1人，其中教授2人，编审3人，副编审1人，助理编辑1人，全国十大青年法学家1人，另有编辑委员60人和一批审稿专家。

2016年《学报》全年发表学术论文52篇，被人大报刊资料中心学术期刊《中国社会科学文摘》《新华文摘》等文摘刊物全文或摘要转载，保持较高转载率。

【入选2016年《中国学术期刊影响因子年报》统计源期刊】经过多项学术指标综合评定，《学报》入选2016年《中国学术期刊影响因子年报》统计源期刊。此学术评定由《中国学术期刊（光盘版）》电子杂志社有限公司中国科学文献计量评价研究中心组织完成。

【学报发表论文转载排名】根据中国人民大学人文社会科学学术成果评价中心2016年3月29日发布的“期刊指数排名”，《学报》上一年度所发论文共计22篇被中国人民大学书报资料中心编辑出版的各类学术期刊转载，转载量在“高等院校学报排名”中位列第22名；在“法学学科期刊排名”中以17篇位居第17位。

【主编当选法学期刊研究会常务理事】在2016年8月15日召开的中国法学会法学期刊研究会换届大会上，《学报》主编曹明德教授再次当选为常务理事、编辑部主任郜利琪编审再次当选为理事。

【陈夏红副编审著作获奖】《学报》编辑部陈夏红副编审的专著《风骨：新旧时代的政法学人》获得“《南方都市报》2016年度十大好书”“《法治周末》2016年度十大法治图书”“‘麦读’：‘当正义女神遇见维纳斯——读者喜爱的十大最美法律图书’”等奖项。

三、《比较法研究》

【概况】《比较法研究》（双月刊）是中华人民共和国教育部主管、中国政法大学主办的法学期刊，由比较法学研究院编辑出版。本刊系纯学术性期刊，旨在促进我国比较法学基本理论的研究和探讨，对不同法系、不同国家的法学理论和法律制度进行比较研究，寻求人类普遍适用的法律原则和法律规则，传承世界先进法律文明，及时反映国内外比较法学研究的最新成果，为我国法治建设的发展和完善提供具有启发性、可行性的借鉴和思路。

本刊主要刊载比较法学研究的学术论文，现设栏目有“论文”“专题讨论”“人物与思想”“法学译介”“人文对话”“法政时评”等。现任主编由比较法学研究院院长高祥教授担任，丁玫教授、林林教授、丁洁琳编审担任副主编。《比较法研究》编辑部现有5个专职编辑。

2016年度，《比较法研究》的版面为大16开，正文页码数为200页。《比较法研究》关注对国家法治建设具有重大理论意义的研究选题。2016年开设了“民法典编纂”专栏，每期刊发1至3篇有关民法典编纂的论文，共刊发了9篇；2016年第1期组织了3篇劳动法的专题论文；围绕我国司法改革和审判制度改革，向知名学者约稿3篇。

2016年《比较法研究》共出版6期，合计发表各类文章82篇，其中“论文”栏目60篇，“专题研讨”3篇，“民法典编纂”9篇，“法政时评”栏目8篇，“法学译介”栏目 1 篇，“法学信息”栏目 1 篇。全年字数 180 余万字。

四、《行政法学研究》

【概况】《行政法学研究》杂志社编辑部设于法治政府研究院，设有编辑委员会，主任 1 人，由应松年教授担任，委员 14 人；设有编辑部，主编 1 人，由马怀德教授担任，副主编 2 人，责任编辑 8 人。杂志为双月刊，1 月、3 月、5 月、7 月、9 月、11 月 15 日出版。常设“专论”“法律时评”“比较行政法”等栏目。杂志是中国首家部门法学杂志，被选入“北京大学《中文核心期刊要目总览》来源期刊（2014 年版）”“CSSCI 中文社会科学引文索引（2014 – 2015）来源期刊（含扩展版）”。

五、《学术法大》

【概况】《学术法大》是由学生处、教务处主办的面向全校本科学生的学术刊物。2016 年《学术法大》共开设“商理民情”“慎刑笃思”“国际风云”“社会纵横”“文韬思略”“法史钩沉”“国际法纵横”“信笔臻识”“十星特辑”“诉讼法研究”等十余个栏目，出版 2 期（总第 44 期 – 总第 45 期），收到来稿 60 多篇，刊登文章 16 篇。

六、《研究生法学》

【概况】《研究生法学》是由中国政法大学在校博士研究生和硕士研究生独立承办的法学学术刊物，创刊于 1986 年。目前，《研究生法学》为双月刊，版面固定，每期 160 页左右、字数 22 万字左右。《研究生法学》编辑部正式成立于 1989 年。

《研究生法学》坚守学术道德。《研究生法学》只与知识本身和知识传播相关，“以文稿质量为采用之唯一标准，不收取任何形式的版面费，不采纳任何形式的关系稿，谢绝一稿多投，不论稿源途径一律匿名评审”。

《研究生法学》秉持自办精神。历届主编、责任编辑、实习编辑皆为在校博士生和硕士生，每年都从一年级新生中不断吸收新鲜血液，扩展和更新《研究生法学》的编辑队伍。

《研究生法学》倡导兼容并蓄。以专业领域定位方面，打造一个以法学为主体，兼收并蓄哲学、政治学、社会学、经济学、管理学、新闻传播学等其他人文社会科学领域的综合性学术传播平台。根据“论文”“评论”“译文”“会议报告”“调研报告”等不同种类文章的需求，相继开设了“名家专栏”“专题研讨”“学术争鸣”“法治时评”“域外视野”“名著赏读”等版块，力求使各种优秀文章得到发表。

目前全国已有二百多家法学院图书馆订阅《研究生法学》；《研究生法学》获得了不仅仅包括大陆高校师生、实务工作者，而且也包括香港、台湾地区高校、在外留学生以及外国高校作者和读者的关注，并惠赐稿件，平均每期刊载的校外稿件数占到总数的 40% 以上。

作为中国政法大学研究生院学报，《研究生法学》于 2011 年成为中国政法大学承认的普通期刊，并与研究生奖学金挂钩，成为评定奖学金的重要标准之一。

第六章　人事工作

一、人才队伍建设

【概述】

2016年，人事处围绕“十三五”发展规划和“双一流”建设，推进人事管理及服务各项工作。

高层次人才队伍建设方面，按照《中国政法大学优秀人才引进办法》规定的相关程序，引进各类人才10人，其中李文、王大地等人具有海外名校的任教经历，可全英文授课。新聘12位兼职教授，续聘39位兼职教授和3位客座教授。推荐学校教师27人次参加“千人计划”“长江学者”等高层次人才项目角逐。完成第二批优秀中青年教师培养支持计划人员遴选工作，共遴选15名优秀中青年教师进行支持。马怀德、于志刚入选第二批国家“万人计划”哲学社会科学领军人才；栗峥入选2016年度“长江学者支持计划”青年项目；汪海燕、易军分别荣获第二届“首都十大杰出青年法学家”称号及提名奖；卫灵、赵庆杰分别受聘首批北京高校思想政治理论课特级教授、特级教师。

年内，完成本年度岗位聘任工作和教学科研岗位届终考核工作，表彰先进典型。在参加的1633人（含校付费合同制人员75人）中，优秀等次218人。设立中国政法大学“励道教学杰出贡献奖”，表彰本科教学效果显著的教师，法学院许身健教授荣获该奖项。注重对教师全面、综合考察，霍政欣等5名教师获评为本年度优秀教师。表彰在学校党政管理、教辅、后勤岗位做出突出贡献的集体和个人，组织部等5个单位获评为本年度“管理与服务优秀集体奖”，丛聪等25人获评为本年度“优秀教育工作者奖”。

加强教师培养工作，开展人事调配工作，建立健全人事管理制度。设立“励道教学杰出贡献奖”，制定并经校长办公会审议通过《中国政法大学“励道教学杰出贡献奖”评选办法》，法学院许身健教授获得首届该奖项；完成2016年“中青年骨干教师海外提升专项资助计划”人员录取工作，6人获留学基金委批准；开展“中青年骨干教师海外提升项目”归国讲堂讲座计划；举行2016年度90名新入职人员岗前培训；完成“落实习总书记重要讲话精神，做新时期的‘四有’好老师”专题网络培训工作；开通“中国政法大学教师在线学习中心”；完成2013、2014两批次26名新入校青年教师科研启动资助计划入选人员终期考核工作；举行2016年度90名新入职人员岗前培训；调整机构与人员编制设置，新增绿色发展战略研究院等5个机构，校部机关增设5个科室，部分在编科研机构设立科级领导岗位；部分机构调整了岗位编制或科级岗位指数，另有部分科级机构变更了科室名称或挂靠单位；首次提前开展下一年度招聘工作，确定2017年招聘计划；完成人事代理合同续签工作，对首个聘期期满人员进行单独考核，对全校145名涉及聘用合同续聘人事代理人员开展考核，与143人续签相应聘期合同，对2人不予续聘，其中1人为考核不合格；首次在全校开展人事代理合同试用期考核工作，最终考核全部合格；根据国家规定，对学校付费劳动合同制人员试用期期满前进行考核。

推进校内绩效工资改革，制定并发布了《中国政法大学校内绩效工资改革方案》和《中国政法大学2016年规范调整校内岗位津贴方案》，完成了校内岗位津贴改革、业绩津贴改革、年终奖励性绩效改革。此次改革建立了在职在岗人员的业绩津贴（尤其是非教学科研岗位人员）、年终绩效奖励制度和二级单位财权自主的二级管理体制。推进教职工养老保险制度改革，完成各项调整补发及统计预算工作，包括：全校在职人员基本工资调标及补发工作；在职人员薪级工资调整工作；在职人员起薪、停薪、岗位聘任工资调整、补发等工资管理工作；退休人员退休费核定和发放工作；34名博士后起薪、工资管理、社会保险办理工作；增加基本离休费及补发工作、离休干部生活补贴核发工作；在职人员、离退休人员临时补贴和2016－2017采暖季住房采暖补贴发放工作。

加强编制外人员的规范管理，开展走访调研，及时了解和掌握待岗人员生活状况、思想动态，对待岗人员进行清查，有效推进了待岗人员的规范化管理。关心弱势群体，协助各受审单位完成2016年度残疾人就业年审工作。

加强人力资源信息化应用系统建设，提升人力资源管理效率。率先在全国高校开发设计完成了岗位聘任信息应用系统，实现了人事、教学、科研等部门教师数据的对接和共享。完成代表作评价信息应用系统的开发设计，将实现专家库自动匹配专家和委托评审高校部门专家自动匹配两种功能，实现了匿名评审和无纸化传递评审的功能。根据国家教育信息化工作总体部署及教育部相关通知要求，开展全国教师管理信息系统部署与启用工作。

截至2016年12月底，学校共有教职工1673人，其中专任教师876人，包括教授319人、副教授394人。法学专业教师448人，占专任教师总数的51.14%；法学以外专业（含公共课）教师428人，占专任教师总数的48.86%；专任教师中博士学位获得者606人，占专任教师总数的69.18%；硕士学位获得者186人，占专任教师总数的21.23%；最高学位是学校授予或最后毕业于学校的教师281人，占专任教师总数的32.08%；外校学缘教师595人，占专任教师总数的67.92%，其中海外学缘教师126人，占专任教师总数的14.38%；年龄在35岁以下的137人，占专任教师总数15.64%；36岁－45岁的303人，占专任教师总数的34.59%；46岁以上的436人，占专任教师总数49.77%。

学校有5位教授被授予“全国杰出资深法学家”称号，7人荣获“全国十大杰出青年法学家”称号，1人入选国家“千人计划”，4人入选新（跨）世纪百千万人才工程，国务院特殊津贴获得者42人，“长江学者”讲座教授1人、特聘教授2人、青年项目1人。1人入选万人计划“青年拔尖人才”，2人入选万人计划“哲学社会科学领军人才”。（高层次人才统计均不包括去世、调走人员）

【完成事业编制人员招聘】年内新招聘、引进在编教职工80人。按岗位类别划分，包括教学科研人员30人，专职辅导员5人，其他专业技术人员18人，管理人员27人。按来源类别划分，包括人才引进10人（含弹性引进3人），调入7人，海外归国留学人员

14 人，博士后出站人员 4 人，应届毕业生 48 人。引进人才 10 人中，以二类优秀人才引进 3 人，以三类优秀人才引进 4 人，以弹性用人方式引进 3 人。

【构建符合教师发展规律的多元化考核评价机制】修订《中国政法大学教师岗位考核办法》（含两个附件，即《中国政法大学教师教学工作考核办法》《中国政法大学科研考核办法》）《中国政法大学专业技术岗位设置与聘任办法》，并经校长办公会审议通过。在现有教师教学型和教学科研型分类基础上，增加科研型分类，并设立不同的岗位聘任条件、岗位职责和评价办法。在考核评价机制方面，重点调研推行学校考核和院部自主考核相结合、全面考核和个性化考核相结合、年度考核和聘期考核相结合，刚性考核和弹性考核相结合的“四结合教师考核评价模式”。

【入选 2016 年度“长江学者支持计划”青年项目】根据教育部《关于做好 2016 年度“长江学者奖励计划”人选推荐工作的通知》（教人司〔2016〕230 号），栗峥教授入选 2016 年度“长江学者”青年项目。栗峥是学校首位入选此项目的学者，标志着学校青年高层次人才队伍建设取得突破性进展。

【完成 2016 年“中青年骨干教师海外提升专项资助计划”人员录取工作】根据教育部留学基金委《关于加强高校青年骨干教师出国研修项目选派工作，进一步提高选派质量的函》（留金秘发〔2012〕3026 号）和留学基金委与学校签署的《合作开展“青年骨干教师出国研修项目”协议书》要求，组织青年教师申报，分上半年和下半年两批次共计向留学基金委推荐 7 人次，6 人均获留学基金委批准。

【完成第二批优秀中青年教师培养支持计划人员遴选工作】学校实施《中国政法大学优秀中青年教师培养支持计划》，目标是使入选者成为“国家高层次人才特殊支持计划”“长江学者奖励计划”等国家高层次人才支持计划的后备人选。1 月共计遴选 15 名优秀中青年教师进行支持，其中 A 层次 5 人，B 层次 10 人。

【举行本年度新教师岗前培训】依据《中国政法大学新教师岗前培训规则》及相关文件精神，学校于 9 月 21 日 –23 日对 2016 年度新入职人员进行岗前培训。党委书记石亚军、校长黄进、副校长李树忠出席了培训会，学校各职能部门负责人和 90 名新入职教职工参加了本次培训。

【开展“中青年骨干教师海外提升项目”归国讲堂讲座计划】为深入挖掘海外提升项目效益，促进中青年骨干海外提升教师的国际教育信息共享和交流，为后续派出教师提供优质访学资源，进一步提升学校国际化水平，计划组织海外提升归国的教师开展 17 场“中青年骨干教师海外提升项目”归国讲堂讲座，目前已完成 8 场。

【推选学校教师参加高层次人才项目角逐】年内共推荐学校教师 27 人次参加高层次人才项目角逐，包括“千人计划”“青年拔尖人才支持计划”“长江学者”“首都十大杰出青年法学家”“全国十大杰出青年法学家”“青年拔尖个人项目（哲社类）”优秀教师宣传典型“思想政治教育中青年杰出人才支持计划”等项目。

【完成 2016 年教学科研岗位届终考核工作】开展 2016 年教学科研岗位届终考核工作，优秀等次 10 人；合格等次 732 人，包括上届低聘津贴但本届考核合格恢复原岗位津贴 8 人；不合格等次 43 人，包括予以警示的 32 人，以及降低岗位津贴的 11 人；因本聘期内长期生病或长期陪同生病家人治疗不予考核的 8 人；未参加考核的 86 人，包括免考核的 72 人，以及应当参加考核但因离京等原因未参加考核的 14 人。

【完成全校 2016 年岗位聘任工作】 9 月至 11 月，完成 2016 年岗位聘任工作。专业技术岗位聘任工作中，晋职聘任 57 人，晋级聘任 79 人，初次聘任 33 人，转岗聘任 4 人，管理岗位执行专业技术工资待遇 7 人。科级领导（含专业技术部门负责人）岗位（调整）聘任工作中，聘任 13 人正科级领导（或专业技术部门负责人）岗位，16 人副科级领导岗位，1 名校付费劳动合同制人员由所在部门聘任副科级职务。管理（职员）岗位（中级及中级以下）聘任工作中，七级及七级以下管理岗位职员职级晋升（确认）34 人。工勤技能岗位聘任工作中，5 名工勤技能岗位人员晋级（确认）聘任。

【完成全校教职工 2015 - 2016 年度考核】 组织开展年度教职工考核工作，经各二级单位申报、职能部门审核、校长办公会审议决定，共 1633 人（含校付费合同制人员 75 人）参加考核，其中获得优秀等次 218 人、合格等次 1412 人、不合格等次 3 人；暂缓考核人员 19 人，不参加考核人员 85 人。对考核合格及以上等次人员调整薪级工资，并按照学校要求对各类考核优秀人员进行表彰。

【首次提前开展下一年度招聘工作】 召开 2017 年招聘工作布置会，对各单位申报的招聘计划进行审批，确定 2017 年招聘计划。在新入职教职工中对毕业生关注何种招聘网站进行调研，同时多渠道多举措扩大学校招聘宣传，并在 2017 年各岗位招聘工作中全面试用学校自主建设的招聘网站。

【开展人事代理合同及学校付费劳动合同制人员试用期考核】 为对新入校教职工在试用期间的工作业绩、能力、态度作出客观评价，为教职工聘用、续聘、调整岗位或辞退等提供客观合理的依据，首次在全校开展试用期考核工作，并经听取用人单位对教职工聘期内工作表现的意见，经人事工作领导小组审议通过，考核全部合格。同时根据国家规定，对学校付费劳动合同制人员试用期期满前进行考核，听取用人单位意见，决定是否继续留用。

【完成优秀教师评选工作】 根据《中国政法大学优秀教师评选办法》(法大发〔2012〕43 号）规定，组织开展 2015 - 2016 年度优秀教师评选工作。优秀教师评审委员会对 14 位候选人进行评审，经民主评议、投票表决、校长办公会审议决定，霍政欣、冯晓青、刘智慧、张立新、刘星（法学院）5 名教师获评为 2015 - 2016 年度优秀教师。

【完成“管理与服务优秀集体奖”及“优秀教育工作者奖”评选工作】 为表彰在学校党政管理、教辅、后勤岗位做出突出贡献的集体和个人，根据《中国政法大学管理与服务优秀集体奖及优秀教育工作者奖评选办法》（中政大发〔2006〕104 号），经各单位评选推荐、校教职工行政奖惩委员会评审、校长办公会审议决定，组织部等 5 个单位获得 2015 - 2016 年度“管理与服务优秀集体奖”，丛聪等 25 人获得 2015 - 2016 年度“优秀教育工作者奖”。

【开展管理、工勤人员培训】 开设文化名人系列讲座，邀请学校退休教授方尔加为全校非教学科研岗位人员开设《儒家文化》讲座。邀请学校办公室和信息化建设办公室实务工作人员，对 2015 年、2016 年新聘党政科级领导岗位人员分别进行为期 2 个半天的业务培训。同时组织全校 13 名工勤技能岗位人员参加本年度中央国家机关“职业资格鉴定”，并全部通过。

【进一步完善岗位聘任信息系统，并完成代表作评价信息应用系统开发设计】 为构建公开透明的教师队伍发展环境，助力“双一流”建设，率先在全国高校开发设计完成了岗位聘任信息应用系统，多所高校到学校交流学习。完成代表作评价信息应用系统的开发设计，将实现专家库自动匹配专家和委托评审高校部门专家自动匹配两种功能，实现匿名评审和无纸化传递评审的功能。

【启用人力资源信息化应用系统社保数据采集模块、考勤模块】 推进人力资源管理系统薪酬福利子系统的改进与调试，相继启用社保数据采集模块和考勤模块，并在考勤模块中增设岗位津贴计发功能。同时开展工资历史数据整理工作，完成自 2006 年 7 月起的 2.1 万余条记录的核对。

【开展本科教学评估工作，完成师资相关材料报送工作】 根据《教育部关于开展普通高等学校本科教学工作审核评估的通知》及《中国政法大学关于印发本科教学工作审核评估工作方案的通知》（法大发〔2016〕65 号）要求，按照教学评估办要求，协调各院部及职能部门提供相关数据，整理并形成支撑材料，完成材料报送工作。

【完成留学基金委各类项目数据的核查及摸底工作】 根据《关于核对高等学校青年骨干教师出国研修项目 2016 年派出情况的函》，统计学校 2016 年入选人员派出情况并反馈至留学基金委；根据《关于 2017 年高等教育教学法出国研修项目（LH）派出计划摸底通知》，向来华事务部报送学校 2017 年的拟派出计划；根据《关于调研 2017 年高等学校青年骨干教师出国研修项目选派需求的函》，向留学基金委报送摸底数据。

【完成“北京市青年英才计划”项目的结项工作】 根据北京市教委通知，3 月完成 22 位项目参与人的结项报告及成果的收集整理工作，并汇总整理完全部结项材料提交学校学术委员会审核。4 月 15 日完成“北京市青年英才计划”项目结项材料的整合成册工作，并将相关材料报送至北京市教委。

【完成中央国家机关事业单位养老保险数据采集及摸底数据上报工作】 根据《人力资源社会保障部办公厅关于开展在京中央国家机关事业单位养老保险数据采集相关工作的通知》，使用人力资源管理系统社保数据采集模块，实现了学校在职教职工的信息采集及审核工作，并通过集中翻阅人事档案等方式，对学校退休老人的参保信息进行核查。同时上报学校养老保险电子数据，完成在京中央国家机关事业单位养老保险数据采集的摸底工作。

【附件】

2014 年“万人计划”青年拔尖人才

栗　峥

2014 年国家百千万人才工程

冯晓青

第二批国家“万人计划”哲学社会科学领军人才

马怀德　　于志刚

2016 年度“长江学者支持计划”青年项目
栗　峥
第二届“首都十大杰出青年法学家”称号
汪海燕
第二届“首都十大杰出青年法学家”提名奖
易　军
首批北京高校思想政治理论课特级教授
卫　灵
首批北京高校思想政治理论课特级教师
赵庆杰
中国政法大学优秀中青年教师培养支持计划人选者名单（30 人）

冯晓青	于志刚	汪海燕	李雪梅	张　清	陈景辉
罗智敏	于　飞	易　军	霍政欣	栗　峥	吕　芳
宫　睿	朱　琳	王天铮	于　淼	王敬波	卢春龙
许身健	应　星	王　霆	刘兆敏	刘承韪	刘　震
李卫海	张浩军	郑佳宁	施鹏鹏	雷　磊	鞠宏磊

中国政法大学“励道教学杰出贡献奖”
许身健
中国政法大学 2015 – 2016 年度优秀教师
霍政欣　　冯晓青　　刘智慧　　张立新　　刘　星（法学院）
中国政法大学 2015 – 2016 年度“管理与服务优秀集体奖”
组织部　　研究生院　　基建处　　信息化建设办公室　　饮食服务中心
中国政法大学 2015 – 2016 年度“优秀教育工作者奖”

丛　聪	李　嵩	宋　歌	王晓妹	姚　瑶	杜冰子
刘贡新	金　璐	许玺铮	孙黎萌	李增洁	谢　冲
于华溢	郭丰琪	毛洪涛	程丽萍	高　菲	曹雪清
高　媛	王志永	朱　林	王喜伟	滕　艳	郭士江
海　燕					

中国政法大学 2016 年聘任兼职教授、名誉教授、客座教授名单
客座教授（7 人）
森田潔　　Kiyshi Morita　　Guy LEFEBVRE
Prf. Paul Craig　　Edward Eugene Clark　　吴嘉生
汉斯 – 约格　　阿尔布莱希特　　伊丽莎白·斯丹纳
名誉教授（1 人）
Marston C. D. Gibson
兼职教授（110 人）

胡卫列	乔　良	王国刚	卢周来	周　明	陈泽宪

熊秋红	左卫民	陈瑞华	冀　玮	丛骆骆	洪银兴
王裕国	徐二明	郑海航	李　翀	李义平	赵　平
魏　杰	邱莞华	高　路	张军扩	何道峰	徐善长
华　民	王辉耀	于增彪	刘家豪	李晓西	郭国庆
萧　琛	杨　健	齐二石	雷家骕	包　政	贾　伟
陈小洪	王广发	于建伟	黄惠康	刘慧生	董　炯
任志刚	张　涵	纪荣仁	徐兆荣	邱霈恩	孙居涛
徐　斌	毛　磊	陈建成	倪素香	宋福范	王凤鸣
赵建军	辛　鸣	赵国材	周渝波	孔　丹	蔡鄂生
李克穆	李小雪	杨凯生	彭华岗	蒲　坚	赖小民
张慎峰	谢　庚	李正强	银温泉	巴曙松	洪　磊
姚　峰	潘忠明	卢　希	邓亚萍	王桂强	权养科
郝红光	李敬阳	董云虎	吴高盛	相自成	宋寒松
邹晓巧	杨春雷	高憬宏	杨甫德	汪毅夫	寇立国
钱　舫	张　杰	徐念沙	刘　烁	鲁　为	何东平
沈卫星	刘　伟	徐华西	邓海云	张业清	马兴宇
周　迅	包宵林	杨　谷	潘凯雄	罗亚平	刘建军
张国臣	张　云				

中国政法大学 2016 年教授名单（321 人）

薛小建	田　瑶	李树忠	焦洪昌	王人博	秦奥蕾
汪庆华	侯淑雯	舒国滢	王夏昊	蒋立山	柯华庆
王新宇	刘　星	陈景辉	雷　磊	杨玉圣	卞修全
崔林林	刘红婴	马宏俊	程　滔	李卫海	许身健
解志勇	张树义	王天华	何　兵	刘　莘	薛刚凌
王成栋	刘善春	罗智敏	姚国建	刘　杨	贺绍奇
施正文	刘少军	李美云	李爱君	王灿发	侯佳儒
曹明德	于文轩	符启林	孙　颖	薛克鹏	时建中
李东方	李曙光	刘继峰	徐晓松	赵红梅	姚新华
胡安潮	于　飞	田士永	金　眉	郑佳宁	尹志强
夏吟兰	何俊萍	李永军	刘家安	刘智慧	易　军
乔　欣	刘金华	宋朝武	邱星美	杨秀清	韩　波
王　娣	纪格非	毕玉谦	马更新	江　平	吴日焕
王玉梅	王光进	刘亚天	赵旭东	周　昀	管晓峰
李建伟	王　涌	胡利玲	王　萍	陈景善	周长玲
冯晓青	刘　瑛	李玉香	陈丽苹	张　今	来小鹏
张子学	高健军	林灿铃	马呈元	李居迁	郭红岩
祁　欢	史晓丽	范晓波	李　巍	赵　威	许浩明

张丽英	孔庆江	刘　力	杜新丽	齐湘泉	朱子勤
霍政欣	冯　霞	黄　进	宋连兵	赵宝成	王顺安
曲新久	徐久生	王　平	于志刚	阮齐林	张　凌
岳礼玲	洪道德	郭志媛	卫跃宁	刘　玫	汪海燕
屈　新	刘革新	张　方	郭金霞	戴士剑	吕　芳
潘小娟	马建川	胡叔宝	詹承豫	李群英	刘长敏
孙洁琬	贾文华	曹　兴	韩献栋	林德山	鲁照旺
李程伟	商　磊	刘俊生	石亚军	翟校义	王明杰
傅广宛	张桂林	庞金友	田为民	丛日云	林存光
屈超立	常保国	杨　阳（政治与公共管理学院）			卢春龙
张　巍	刘志雄	李　超（商学院）		张苏彤	李　晓
巫云仙	于　淼	张国钧	孙选中	柴小青	葛建华
王　玲	孙忠群	李景华	王　霆	金仁淑	宏　结
李　泳	张淑静	陈明生	马丽娜	马　皑	王国芳
郭伟和	应　星	赵丙祥	游正林	张　莉	杨　波
孔　红	王建芳	王　洪	金　雁	赵晓华	康晨宇
孙　鹤	李德顺	胡　明（人文学院）		单　纯	俞学明
王心竹	文　兵	张浩军	费多益	黄震云	邹玉华
杨凤仙	崔蕴华	赵庆杰	张秀华	孙美堂	郜丽华
赵卯生	卫　灵	孔祥宇	李　妍	田力男	苏桂梅
马　静	李国强	齐　筠	张　清	刘艳萍	孙平华
辛衍君	张立新	李　立	张法连	沙丽金	叶　洪
刘　斌	姚广宜	阴卫芝	姚泽金	王天铮	鞠宏磊
薄燕娜	王志华	丁　玫	柳经纬	高　祥	谢立斌
张　彤	赵　宏	刘承韪	林　林	宣增益	费安玲
辛崇阳	方流芳	郑永流	刘　飞	王立梅	黄都培
郭　梅	刘淑环	李　净	张笑世	王小平	贾海翔
沈祥福	高家伟	谭秋桂	陈光中	卞建林	吴宏耀
肖建华	顾永忠	杨宇冠	栗　峥	李本森	王万华
顾　元	朱　勇	张德美	刘广安	林　乾	李　青
李　鸣	张晋藩	邵　方	高浣月	张中秋	鲁　涤
常　林	王　旭	刘　鑫	百茹峰	石美森	刘　良
胡纪念	张　中	张保生	王进喜	赵　东	施鹏鹏
马怀德	王敬波	张　莉（法治政府研究院）		王青斌	应松年
班文战	张　伟	杨勤活	李雪梅	南玉泉	徐世虹
胡继晔	刘纪鹏	席　涛	张　卿	朱维究	刘小楠
曹义孙	刘贞晔				

引进人才名单（96 人）

乐国安	崔永东	王人博	丛日云	张　凌	蔡　拓
许传玺	莫世健	杨　帆（商学院）		杨玉圣	许浩明
郭世佑	张　楚	蔡定剑	张中秋	高　祥	潘小娟
孙　承	王天华	齐东祥	丁　强	金仁淑	席　涛
柳经伟	张辰龙	车　虎	金　雁	宋建武	齐延平
李德顺	崔　威	陈忠云	单　纯	刘纪鹏	王　昶
张法连	王建勋	易　军	李　响	张　卿	胡霁光
郝　倩	孙晓冬	沈祥福	张　莉（法治政府研究院）		
谢立斌	卢春龙	陈景善	石美森	百茹峰	张天民
刘　星（法学院）		陈　汉	曹明德	游正林	何江蕙
张　卓	刘　良	戴　龙	刘　娜	应松年	郭伟和
于文轩	朱伟一	吴琼恩	孔庆江	陈心洁	王　楠
宋连兵	张浩军	程　乐	傅广宛	费多益	
张　莉（社会学院）		王贞会	张　红（民商经济法学院）		
张文显	赵　东	王　强	Gudmundur Alfredsson		陈兆恺
王　蔚	陆小华	吴洪淇	杨　军	梁柏能	施鹏鹏
孙　阳	贾　康	戴士剑	杨清媚	丛文胜	王黎红
肖凤城	张建田	张柔桑	谢　丹	林德山	李　文
王大地	曹景钧	叶　洪	陈儒丹	张子学	陶　乾
杜　明	陈　刚	何启豪	娄　宇	Andrea Altobrando	

二、离退休工作

【概述】 截止到 2016 年底，离退休总人数 1212 人。全校有离休干部 58 人、退休教职工 1154 人；离退党支部 28 个、党员 619 人；活动站室 2 个，使用面积 1400m^2；离退休社团共有 6 个协会、21 个活动队（组）、1 个志愿者服务队。6 个二级单位、5 户家庭、3 个社团活动小组、22 名老同志，在尊老敬老、开展活动、老有所为领域受到上级部门和学校表彰；举办形势报告、理论辅导报告、参观学习 3 次，共 200 多人次参加；组织专题参观学习 2 次，共有 140 人次参加；组织外出健康休养、运动会、游览等各类活动 7 次，共 370 人次参加；2016 年全校投入 33.5 万元用于走访慰问老同志，累计走访 1600 人次。

学校领导高度重视离退休工作，全面落实离退休干部工作领导责任制。元旦春节期间，全体校级领导分别带头走访了部分老领导、老教授、老工人；建党 95 周年之际，校党委为 168 位入党 50 周年以上的老党员发放了纪念章和慰问金，校领导入户看望老同志；10 月校党委隆重召开重阳节庆祝表彰大会，校领导与受表彰集体、个人、家庭、整寿老人共度传统佳节重阳节。多方面调集资源为老同志办实事：设立京北地区医疗报销点，在老同志居住集中区的楼下安装木质座椅，为离退休活动中心增加了 8 台运动器械，新划拨一间教室作为老同志活动场所。

离退休干部分党委全面贯彻从严治党，扎实推进“两学一做”，引导广大离退休党员为党和人民的事业发挥正能量。召开两次全体支部书记和支委集体学习会，专题学习国家“十三五”规划和《〈党委会的工作方法〉解析》；组织离退休党员赴中车二七机车公司和北汽新能源汽车公司参观，在长辛店二七纪念馆重温入党誓词；组织老同志参观大沽口炮台遗址；共召开了5次全体会议专题理论学习并对工作重点进行研究部署；开展了全体28个离退休党支部的换届工作；完成党员组织关系集中排查、党员信息核查专项工作；在职支部建设开展合格党支部、合格党员规范大讨论，启动在职青年党员先锋论坛。围绕建党95周年和长征胜利80周年开展系列党建活动：“七一”前走访全体58位离休老同志；组织分党委委员、支委、社团骨干、部分老党员90人观看原创歌剧《长征》；各支部开展“送温暖”活动，走访看望生活困难的党员、群众20多人；7月1日组织党员献爱心，收到捐款11 060元；开展纪念红军长征胜利80周年电影放映季活动，精选8部反映红军长征的影片展映，并组织老同志以插小红旗的形式重走长征路。

行政工作坚持精神上关怀、生活上照顾、多做务实之事的原则，努力为老同志做实事，让老同志们安心舒心暖心。组织全校2016年元旦、春节走访慰问老同志；入户入院探视病患、空巢、失独家庭和逝者家属300人次；对38个特困家庭资金支持；三八节为700多位离退休女教工发放慰问品；按时发放离退休教职工的生活补贴、节日补贴等；与校医院合作设立京北地区医疗报销点；特邀农工民主党北京市委、台盟北京市委医学8位专家来校开展义诊咨询活动；全年共组织春游2次、秋游2次，共计300人次参与；完成短信平台建设，现已实现可用短信平台向1175位老同志推送信息。

坚持老有所教、老有所学、老有所乐、老有所为相统一的原则，组织开展文体活动。1月举办2016年老同志迎新联欢会，5月开展2016年两校区老同志趣味运动会，10月筹备完成2016年度重阳节老有所为成果展，先后为赵玲书老师和90岁高龄的王逸云老师举办了个人画展。门球队参加市、区多项比赛取得好成绩；模特队参加教工委的演出活动；合唱队受邀参加北京离退休干部纪念红军长征胜利80周年歌咏大会。老年大学第二年度开课，每学期开设7－8门课程，100多位学员参与；尝试开展室外课程，首次尝试在室外上摄影课。完善活动中心设备，增加了8台运动器械，坚持每天晚上开放，放假期间，坚持对全校师生员工开放，保障师生开展活动。

根据现实需要，进行实事求是的创新。为巩固“三严三实”整改成果，制定深入老同志规定，每年处级干部走访不少于40人次，科级干部不少于30人次，普通干部不少于20人次，并填写“深入离退休教职工情况记录”；策划组织两期北京高校老干部大讲堂；创建法大离退休工作微信平台，定期发布离退休工作政策解读、工作动态、养生保健等内容。

【举行离退休新春联欢会】 1月7日，2016年老同志迎新春联欢会在学院路校区举行。校长黄进，党委副书记高浣月以及学校办公室、组织部、统战部、宣传部、离退休工作处、人事处、国际合作与交流处等部门负责人，与100余位离退休老同志共赏精彩的文艺节目，喜迎新春。黄进代表学校向离退休老同志致以新春的诚挚问候和美好祝福。

【校党委向入党五十年以上老党员颁发纪念奖】 7月1日，纪念中国共产党成立95周年大会在昌平校区召开。会上宣布了《向入党五十年以上老党员颁发纪念奖的决定》，为168位老党员颁发纪念章和慰问金。

【开展纪念长征胜利80周年系列活动】 7月4日，组织90余位老同志赴国家大剧院观看原创歌剧《长征》；10月11日组织退休合唱团参加了“歌唱伟大长征，赞美伟大时代——北京市离退休干部纪念红军长征胜利80周年歌咏大会”；10月26日－11月4日开展“观影重走长征路”活动，放长征影片，组织老同志把长征故事以小红旗的形式呈现在印有长征路线图的展板上。

【召开2016年老年节庆祝表彰大会】 10月9日，2016年老年节庆祝表彰大会在学院路校区召开。校党委书记石亚军，党委副书记高浣月，党委副书记、纪委书记胡明，副校长徐扬，党委副书记、副校长常保国与受表彰集体、个人、家庭、整寿老人以及各二级单位、离退休教职工代表等共度传统佳节重阳节暨我国第四个法定老年节。党委书记石亚军在讲话中提出了“精准敬老”的主张，并进一步强调应动员全校力量、挖掘校内各种资源为老同志办实事。大会上播放了由离退休处为今年七月一日受到表彰的168位党龄超过五十年的离退休党员制作的纪录影片。

【创建法大离退休工作微信平台】 3月，创建法大离退休工作微信平台，定期发布离退休工作政策解读、工作动态、养生保健等内容。

【重阳节“老有所为”成果展】 10月开展重阳节“老有所为”成果展，共展出老同志的书画作品、手工艺品、摄影作品、园艺盆景等300余件，校党委书记石亚军、校党委副书记高浣月参观了展览。

【策划组织北京高校老干部大讲堂】 与北京市教工委老干部处共同策划组织北京高校老干部大讲堂——老年权益保障专题，开展了以“中国老年人财产继承问题”和“老年人婚姻、家庭、赡养等领域存在的问题及法律规制”为主题的两期讲座，帮助全市高校老同志增强法律意识，维护合法的权益。来自北京三十多所高校、国家卫计委、中国老教授协会、政法社区的近400位老同志参加了讲座。

第七章　交流与合作

一、国内合作工作

【概述】互动交流，搭建平台，务实发展与社会各界的合作关系，学校先后与青岛市人民政府、北京市西城区人民政府、山西省人民代表大会常务委员会、北京市海淀区人民法院、沈阳市沈河区人民政府、浙江省高级人民法院、法制日报社和新华社中国经济信息社等签署合作协议。上述合作内容涉及科学研究、机构共建、人才培养、咨询服务等，其实施可使合作双方共同受益。

【全国政协副主席厉无畏指导绿色发展战略研究工作】3月21日，第十一届全国政协副主席、著名经济学家厉无畏来到学校视察并与学校有关领导进行座谈。他表示将全力支持中国政法大学与包括国际投资促进会在内的有关机构合作共建绿色发展战略研究机构，并积极推动各项科研学术活动的开展。

【成立学校附属学校理事会】4月26日，学校附属学校理事会成立仪式暨2016年第一次会议在昌平校区召开。会议选举冯世勇为理事长，审议通过了《中国政法大学附属学校理事会章程》和《中国政法大学附属学校建设项目2016年度工作重点》。

【助力滇西扶贫开发，服务云南法治建设】5月4日至6日，学校党委书记石亚军率队赴云南省检查和调研学校在楚雄彝族自治州姚安县的挂点扶贫工作，商谈并推进学校与云南省共建“法治云南”战略合作。

【学校孔子学院来华学生团赴法大附校访问交流】7月14日，学校孔子学院暑期文化体验营全体学员赴学校附属学校（前锋学校）访问交流。双方友好交谈，并互赠纪念品。

【新华社中国经济信息社交流合作】8月17日，黄进校长会见新华社中国经济信息社焦然董事长一行，并就双方开展合作相关事宜进行座谈，参会人员根据双方的合作意向，就合作思路、重点项目和工作模式等问题进行了讨论。11月，双方签署了战略合作协议。

【学校与青岛市人民政府签署战略合作框架协议】9月27日，学校与青岛市人民政府战略合作框架协议签约仪式在青岛市人民政府举行，黄进校长表示双方将在人才培养、智库建设、国际交流、法治教育等方面开展深层次、多领域的合作。

【法制日报交流合作】10月17日，法制日报社社长邵炳芳、副社长周秉键来学校访问。双方从各个方面展开了充分的讨论和交流，并就签署双方全面战略合作协议达成共识。

【云南楚雄彝族自治州授予学校“十二五”期间扶贫先进单位称号】10月17日，云南楚雄彝族自治州召开扶贫日活动会，州委、州政府授予学校“十二五”期间扶贫先进单位。

【学校与北京市西城区人民政府交流合作】 10 月 28 日，学校与北京市西城区人民政府就战略合作框架协议举行签约仪式。黄进校长与北京市西城区区长王少峰签署了协议，双方就合作模式及内容进行深入交流。

【学校与山西省人民代表大会常务委员会签署战略合作协议】 10 月，学校与山西省人民代表大会常务委员会签署战略合作协议，推动“人大监督司法创新研究基地”建设，促进山西依法治省能力全面提升和学校教学科研实践深度融合。

【学校与北京市海淀区人民法院签署合作协议】 11 月 17 日，举行中国政法大学与北京市海淀区人民法院签约仪式。黄进校长表示学校具有优质的生源和积极的学风，十分重视与海淀区人民法院的全方位合作，并从合作育人、合作研究、信息交流共享三个方面具体指出了合作构想。

【学校与沈阳市沈河区人民政府交流合作】 11 月 28 日，常保国书记应邀前往沈阳市沈河区进行考察调研，并代表学校与沈河区人民政府签署关于依法治区战略合作框架协议。

【学校与浙江省高级人民法院双向交流框架协议签署仪式】 12 月 8 日，学校与浙江省高级人民法院签署双向交流框架协议。黄进校长指出这项合作对学生大有裨益，也在法院的司法改革、司法审判的规范化及国家法治建设的推动等方面也予以助力，“优势互补、合作共赢”是合作的共同原则。

二、国际合作与交流处暨港澳台事务

【概况】 2016 年是我处继续大力实施国际化战略、积极推进教育对外开放、助力学校“双一流”建设取得诸多成果的一年。

来访交流方面，共接待来自世界范围内 29 个国家和地区的校际团组 105 个，外宾共计 212 人次，主要接待了各国政要及国际组织高级代表 14 人，包括联合国国际法院院长及 4 位大法官，联合国专门机构“国际民用航空组织”秘书长，海牙国际私法会议秘书长，亚非法律协商组织秘书长，国际受害人学会主席，欧盟司法、消费与性别平等执委，捷克教育、科学和体育部副部长，匈牙利人力资源部副部长兼国务秘书，韩国国会事务处立法次长，英国驻华大使，荷兰驻华大使等以及美国芝加哥大学、加拿大蒙特利尔大学、意大利博洛尼亚大学等国外著名大学校长 18 位。

国际合作方面，2016 年学校共签署 47 份校际合作协议、新增校级合作伙伴 19 所，已与世界 45 个国家和地区的 215 所高校和机构建立了校际关系，其中高校 193 所，机构 22 个。

本年度学校高度重视与国际组织和国际优质教育资源的合作，与一系列高端国际组织频繁接触并建立了合作关系。8 月，学校与政府间国际组织“海牙国际私法会议”（HCCH）签署合作协议，并以此为契机，积极争取国家留学基金委等上级主管部门资助支持。10 月，学校与世界银行下属机构国际金融公司签署实习生项目合作备忘录，共同设立海外实习项目。12 月，黄进校长率团访问总部位于印度新德里的“亚非法律协商组织”，并与该组织秘书长 Kennedy Gastorn 签署合作协议备忘录。此外，本年度学校还与联合国专门机构“国际民用航空组织”等达成初步合作意向。通过这些高端合作，将为学校师生赴以上国际组织开展课题研究、实习实践等提供机会、渠道以及有力支持。

孔子学院建设方面，继学校先后与英国班戈大学、罗马尼亚布加勒斯特大学、巴巴多斯西印度大学凯夫希尔分校共建成三所海外孔子学院后，2016年英国班戈大学孔子学院成功获批下设5个孔子课堂。罗马尼亚布加勒斯特大学孔子学院外方院长白罗米教授被国家汉办评选为“2016年全球孔院先进个人”称号，这是学校共建孔子学院首次获得孔子学院总部/国家汉办的表彰。

本年度，多位校领导出席孔院活动，指导孔院工作，为孔院的蓬勃发展注入了强大动力。3月，校长黄进会见巴巴多斯西印度大学凯夫希尔分校校长，并出席孔子学院第二届理事会会议；6月，副校长马怀德拜会国家汉办主任许琳，汇报学校孔院发展情况并提出新建孔院意向；10月校长黄进会见英国班戈大学代表团，副校长马怀德出席班戈大学孔子学院第四届理事会会议；12月7日，党委副书记高浣月会见巴巴多斯西印度大学凯夫希尔分校副校长；12月10日－11日，校长黄进应邀出席在云南昆明召开的第十一届全球孔子学院大会并发表主题演讲，与参加论坛的各国校长进行了深入交流。

为促进基于孔院平台的双边文化交流，2016年学校继续精心策划组织接待暑期汉语文化体验营活动，首次将三所孔子学院学员近60人汇聚北京，开展为期三周的学习交流活动，党委副书记高浣月出席活动并致辞。

交流项目执行方面，随着对外合作的不断开拓和国际影响力的不断提升，学校的国际合作伙伴和项目数量继续快速增长，2016年学生国际合作项目达到205个，涉及38个国家和地区的145所高校和机构，其中高校134所，机构11个。根据QS2016年世界大学排名，134所合作高校中，500强院校占现有学生项目合作院校的60.44%。2016年获“国家留学基金委优秀本科生交流项目”的数量增长到35个，获批项目数量和获资助学生数量上已位列全国高校第6。2016年新增世界银行、联合国环境规划署、亚非法协、国际私法会议等4个实习项目。此外，2016年学生出国（境）暑期项目18个，并首次与澳大利亚悉尼大学合作，于2016－2017学年寒假举办冬令营项目。

师生派出方面，2016年共邀请53名境外优质师资参与学校国际课程暑期小学期授课及春、秋季学期2周短期授课，共开设54门课程。全年出国境交流教师总数为318人次，其中出国境221人次，赴港澳30人次，赴台67人次。依托国家留学基金委“高等学校青年骨干教师出国研修项目”平台，全年共选派9名优秀青年教师赴外访学。学生交流方面，共派出本、硕、博交换生约300人次，其中有25人获国家留学基金委“优秀本科生国际交流项目”资助，58人获“国家建设高水平大学公派研究生项目”项目资助（其中硕士项目13人、博士学位项目17人、博士联合培养28人）。

外专引智方面，2016年度，国家外国专家局拨付引智经费693万元人民币，比2015年度拨付经费增加27万元。其中学校常规项目和重点项目523万元、证据科学创新引智基地项目90万元、海外名师项目40万元、学校特色项目40万元。今年学校共聘请了150多名外专，其中长期外专16名，在学校从事语言教学、专业教学、访学讲座、合作研究、参加学术研讨，或者从事行政管理工作。2016年教育部和国家外专局公布了

“2017 新建高等学校学科创新引智计划”（即“111 计划”）评审结果，共有 50 所高校的学科创新引智基地获得立项，学校“证据科学创新引智基地”作为 2014 年度建设项目予以立项，并连续两年顺利通过国家评审，是历年来唯一获批的法学类引智基地。

国际会议方面，2016 年学校共举办国际会议 18 个，主要包括“中美卫生法研讨会”“后冷战时期东亚国际关系与秩序：变化与未来国际学术研讨会”“中法行政合同国际研讨会”“中德宪法人格权的保护研讨会”“东亚法哲学暨法理学国际研讨会”等，与会中外专家学者一千余人次。

与港澳台地区交流方面，2016 年，共派出 15 名处级干部赴台湾进行培训；派出 23 个教师团组赴台湾进行学术交流，共计 67 名教师；派出 18 个教师团组赴港澳进行学术交流，共计 30 名教师。与香港律政司、香港大学、香港中文大学、台湾东海大学、世新大学等签署合作协议近 20 份；与香港知名律师叶礼德、周伟雄等签署助学金捐赠协议；完成 4 个教育部重点对港、对台项目。学校连续第 10 年成功承办教育部对港重点交流项目——香港法律学生暑期内地实习班，共已接待约 500 名香港高校法律专业的学生。本年度校党委书记石亚军与香港特别行政区律政司司长袁国强在北京签署法律交流与合作协议，开启学校与香港地区法律交流与合作的新篇章。

中欧法学院有关工作方面，2016 年我处共协助邀请中欧法学院飞行教授 31 人次，协助办理外国专家在华手续；参与合伙人大会及联合管理委员会；参与“2018 年后中欧法学院长期发展规划”的谈判并组建工作小组、代表学校就中欧法学院具体问题起草应对口径等。

【校长黄进会见国际受害人学会主席一行】 1 月 12 日下午，校长黄进会见了国际受害人学会主席、欧洲受害学研究中心主任、荷兰蒂尔堡大学法学院教授 Marc. S. Groenhuijsen 以及该学会常务理事、美国加州州立大学萨克拉门托分校刑事司法学部教授任昕。司法部司法协助外事司副司长张晓鸣等陪同访问。

【巴巴多斯西印度大学凯夫希尔分校校长一行来访】 3 月 16－22 日，巴巴多斯西印度大学凯夫希尔分校校长 Eudine Barriteau 一行 5 人访问北京。3 月 18 日，孔院第二次理事会会议在学校顺利举行。访问期间，学校还安排并陪同代表团先后拜会了中国法学会、国家汉办/孔子学院总部、国家教育部等单位，组织 Barriteau 校长讲座（黄进校长主持）、与学校国际法学院模拟法庭师生座谈交流、与学校协同创新中心商谈共建中巴法律研究中心事宜等。

【欧盟委员薇拉·尧罗娃来访】 6 月 20 日上午，黄进校长会见了欧盟司法、消费者与性别平等事务委员薇拉·尧罗娃一行，陪同来访的还有欧盟驻华大使史伟等。会见结束后，尧罗娃与法大师生代表座谈。

【孔子学院 2016 汉语文化体验营开班典礼】 7 月 11 日上午，中国政法大学海外孔子学院 2016 汉语文化体验营开班典礼在学校顺利举行，党委副书记高浣月出席活动并致辞。这是学校首次将三所孔子学院学员近 60 人汇聚北京，来华开展为期三周的学习交流活动。

【与海牙国际私法会议签署合作协议】 8 月 29 日上午，校长黄进在中国政法大学昌平校区会见了政府间国际组织“海牙国际私法会议”（HCCH）秘书长 Christophe Bernasconi

先生，并签署了《合作协议》。

【校长黄进会见“亚非法律协商组织”秘书长】 9月1日晚，校长黄进在学校学院路校区会见了目前亚非地区唯一的政府间法律协商组织“亚非法律协商组织”秘书长Kennedy G. Gastorn先生。

【联合国国际法院院长一行来访学校】 9月6日上午，联合国六大主要机构之一的国际法院院长龙尼·亚伯拉罕阁下率团访问学校学院路校区，与校长黄进、副校长马怀德及各学院领导会见，并发表主题演讲。

【国际民用航空组织秘书长一行到访法大】 9月12日下午，校长黄进在学校学院路校区亲切会见了联合国专门机构“国际民用航空组织”秘书长柳芳一行。会谈中，黄进表示，当前国家正在加快推进世界一流大学和一流学科建设，而国际化发展战略，特别是加强与国际组织的合作，是法大建设世界一流学科的重要抓手。

【校长黄进出席中国-欧盟国家教育部长会议】 10月11日，中国-欧盟国家教育部长会议和第四届中国-中东欧国家教育政策对话在京举行，校长黄进应邀参加。11日上午，中国-欧盟国家教育部长会议举行，国务院副总理刘延东出席开幕式，宣读国务院总理李克强贺信并发表主旨演讲。

【捷克教育、青年、体育部副部长到访法大】 10月13日上午，校党委书记石亚军在学院路校区亲切会见捷克教育、青年、体育部副部长Dana Prudikova一行三人，双方就调解仲裁、体育法规、政府职能转变等问题交换了意见和建议。

【校党委书记石亚军率团出访新加坡】 10月16-20日，校党委书记石亚军应邀率团出访新加坡国立大学、南洋理工大学、新加坡管理大学，并拜访了中国驻新加坡大使馆等单位。访问期间，石亚军一行先后与新加坡国立大学副校长黄载贤、法学院副院长王少妍；南洋理工大学副校长余明华、人文与社会科学院院长刘宏；新加坡管理大学校长Arnoud De Meyer、校长特别顾问兼社会科学学院院长James T. H. Tang、法学院院长杨忠明、经济学院优质教育中心主任陈瑞莲、国际交流合作处东亚事务主任陈术等院校的代表进行了深入会谈。

【英国班戈大学孔子学院第四届理事会会议顺利召开】 10月17日下午，学校共建英国班戈大学孔子学院召开了第四届理事会会议，英方班戈大学校长John Hughes、学校副校长马怀德出席会议，孔子学院中方院长辛衍君通过视频连线参与会议。

【西班牙庞培法布拉大学副校长到访法大】 10月21日下午，党委副书记高浣月于学院路校区会见了西班牙庞培法布拉大学副校长Josep Ferrer Riba。双方就拓展法学、外国语、西班牙法律与文化等领域合作，开展交换生、硕士及博士学位项目、伊拉斯谟加(Erasmus+)项目、共建孔子学院等事宜展开讨论。

【意大利博洛尼亚大学校长一行到访法大】 11月2日下午，校长黄进于学院路校区亲切会见了意大利博洛尼亚大学校长Francesco Ubertini一行。

【党委副书记高浣月出访罗马尼亚】 当地时间11月18日，由布加勒斯特大学孔子学院与布加勒斯特大学中文系共同举办的罗马尼亚“重塑传统”国际学术会议在布大社会学院举行开幕式，校党委副书记高浣月率团出席了此次会议。会议还邀请到余华、曹文轩、徐则臣、西川、兰兰等众多国内著名作家与会。

【校长黄进会见英国驻华大使】 11月21日下午，校长黄进在学校昌平校区亲切会见了英国驻华大使吴百纳女爵士一行二人。会谈结束后，吴百纳为学校师生带来题为《迎接中英关系45周年》的精彩讲座。讲座由学校比较法学院院长高祥主持，校学生会内事部、留学服务中心协办，约150名法大师生参加讲座。

【校长黄进出席中德高等教育与科技创新论坛】 11月25日，校长黄进应德国柏林自由大学阿尔特校长（Peter - Andre Alt）的邀请，出席了在柏林举行的“中德高等教育与科技创新论坛”。此次论坛是国务院副总理刘延东在德国进行国事访问的重要活动之一。刘延东出席论坛并致辞。

【与香港特别行政区律政司签署协议】 12月9日，校党委书记石亚军与香港特别行政区律政司司长袁国强在北京签署法律交流与合作协议，开启学校与香港地区法律交流与合作的新篇章。

【校长黄进参加第十一届全球孔子学院大会】 12月10－11日，第十一届全球孔子学院大会在云南昆明召开，校长黄进应邀代表学校参会，学校三所孔子学院中外方院长及学院所在大学代表也应邀参会。学校共建罗马尼亚布加勒斯特大学孔子学院外方院长白罗米（Luminita Bailan）教授荣获“先进个人”奖项。在12月11日上午举行的校长论坛上，黄进就“如何充分发挥理事会作用”做主题发言。

【学校共建班戈大学孔子学院下设5个孔子课堂全部获批】 学校与英国班戈大学共建的孔子学院向国家汉办/孔子学院总部申请的5所下设孔子课堂全部正式获批，成为自2012年该孔院建院以来取得的又一突破性成果。此次获批的5所孔子课堂均在北威尔士地区，合作学校包括两所中学（班戈 Friars 中学、安格西 Holyhead High 中学）和三所小学（班戈 Our Lady 小学、圣阿萨夫 Bishop Morgan 小学和普雷斯塔廷 Hiraddug 小学）。

第八章　党建与思想政治工作

一、组织工作

【概况】 2016 年，学校认真学习贯彻党的十八届六中全会精神和习近平总书记系列重要讲话精神，扎实推进全面从严治党与全面深化改革、全面依法治校有机融合、同频共振。着力加强干部队伍建设，夯实基层党组织建设，切实推动党员队伍规范化管理，提高党校建设质量，努力提升学校党建工作科学化水平，为学校综合改革和各项事业发展提供了有力保障。

抓学习转作风，深化“两学一做”学习教育。认真落实中央和北京市“两学一做”学习教育工作部署，研究制定了“两学一做”学习教育实施方案，成立了由书记、校长担任组长，其他班子成员担任副组长的“两学一做”学习教育领导小组。先后组织召开 5 次分党委书记会，1 次分党委书记沙龙，2 次处级干部大会，从严从实抓好学习教育。同时，按照教育部党组和市委教工委的阶段性工作部署，在专题转换阶段加强精准指导，及时发布通知对下一阶段工作作出具体部署。利用校园新媒体开展“两学一做”学习教育专题知识竞赛，通过以赛促学，不断把学习教育推向深入。先后邀请中国社会科学院马克思主义研究院辛向阳、教育部高等教育教学评估中心主任吴岩来校作报告，帮助广大党员准确理解“两学一做”要求的深刻内涵，完整把握其精神实质。10 月底启动了整改落实工作，对党的群众路线教育实践活动、“三严三实”专题教育整改工作进行了梳理，将仍在整改的问题纳入学习教育继续督促整改。

抓管理重教育，着力加强领导干部队伍建设。按照教育部的工作部署，2 月 27 日开展了“一报告两评议”工作。4 月 28 日 – 5 月 9 日，组织开展了校级副职后备干部建议人选推荐工作。先后开展了 3 批次的处级领导干部公开竞聘工作，完成了 26 名处级领导干部的任用工作。先后开展了高级职员岗位和党群部门科级领导岗位、分党委专兼职党务秘书、分团委书记等领导岗位的聘任工作。组织开展教育培训工作，提高干部队伍整体素质。6 月 11 日 – 13 日，由 40 余名处级领导干部参加的“弘扬延安精神，争做合格党员”专题培训班在革命圣地延安顺利举行。6 月中旬，选派了 14 名处级干部赴台湾进行学习培训和交流访问。大力推进干部挂职交流和人才推荐工作，先后派出 5 人挂职，为各级党政机关和社会团体推荐人才 42 人。加强干部日常管理，强化干部监督，10 月 1 日 – 12 月 7 日，对校部机关，院（部）、教辅单位和科研单位的处级领导班子和干部开展了届中考核工作，组织举办了集中考核大会 4 场、各单位考核会议 31 场。严格个人有关事项报告制度，强化因私出国（境）管理和国家工作人员登记备案工作，进一步规范兼职管理工作。

抓基层强服务，大力推进基层党组织建设。首次开展分党委书记抓党建工作述职考核工作。加强教师党支部书记队伍建设，7 月 5 日，组织了全校教职工党支部书记专题培训班，北京市委教工委组织处处长李丽辉作了题为《北京市高校党建工作实践与探索》的专题报告。7 月 6 日，培训班前往天津，实地参观了大沽口炮台遗址博物馆、中新天津生态城和东疆保税港区。推进学生党员先锋工程常态化、特色化建设，继续强化支部书记教育培训，全校本、硕、博各年级学生党支部书记共计 330 人参加了培训班。提高发展党员工作科学化水平，组织召开分党委书记会议传达、部署、研究和通报发展党员工作。面向分党委负责人、党务秘书、辅导员组织召开“专兼职组织员培训班”“分党委书记沙龙”等形式培训会，着力加强对基层的精准指导。加强党务干部理想信念教育、革命传统教育，11 月 26 日至 27 日，第一期党务干部党性修养专题培训班在山东临沂沂蒙山革命老区举行。认真做好组织关系集中排查工作和党费收缴工作专项检查，建立完善党员信息系统，高效率完成 2016 年度党员统计工作。坚持发挥党校在教育培训中的主阵地作用，为入党积极分子、发展对象、预备党员等群体举办各具特色、富有成效的教育培训活动。开展党建理论研究，提升党建工作质量，完成北京市委教工委委托课题《北京高校毕业生党员失联问题案例分析》，为上级部门研究制定决策意见提供参考。

【开展校领导班子年度考核和“一报告两评议”工作】2 月 27 日，2015 年度校领导考核暨干部选拔任用工作民主评议会在昌平校区召开，学校根据相关文件要求组织了各类人员参会，从思想政治建设、领导能力、工作实绩、党风廉政建设等方面对学校领导班子和领导干部进行了年度考核，并对干部选拔任用工作进行了“一报告两评议”。

【首次开展分党委书记抓基层党建工作述职评议考核】3 月 16 日，分党委书记抓基层党建工作述职评议考核大会在昌平校区召开。9 位书记分别作了现场述职，未参加现场述职的书记均提交了书面述职报告。会上，与会人员对 9 位书记的述职情况进行了现场测评和民主评议。

【召开“两学一做”学习教育工作部署会】4 月 28 日，“两学一做”学习教育工作部署会在昌平校区学生活动中心报告厅举行。会上传达了习近平总书记关于“两学一做”学习教育重要指示精神和刘云山、赵乐际同志重要讲话精神，对学校开展“两学一做”学习教育作了全面部署。

【开展校级副职后备干部建议人选推荐工作】4 月 28 日至 5 月 9 日，按照教育部要求，由党委书记石亚军，校长黄进，党委副书记、纪委书记胡明分别带领考察组与各类人员代表进行了考察谈话，经党委常委会研究确定了 9 名校级副职后备干部建议人选，并向教育部报送了相关材料。

【三项作品分获北京高校“两学一做”精品党课、微党课、微视频、微动漫征集活动一二三等奖】6 月 30 日，北京市委教育工委在北京高校纪念中国共产党成立 95 周年党建论坛暨北京高校党建研究会年会上对“两学一做”专题精品党课、微党课、微视频、微动漫征集推广活动获奖作品进行了表彰，学校的三项作品分获一二三等奖。

【举办“弘扬延安精神，争做合格党员”处级领导干部培训班】6 月 11 日－13 日，学校处级领导干部“弘扬延安精神，争做合格党员”专题培训班在革命圣地延安顺利举行。在三天培训的课程中，40 余名学员接受了多场理论学习、现场讲解和情景教学等培训课程。通过学习，学员们加深了对党情党史的直观体会，深刻感悟了“延安精神”的核心要义，进一步将“延安精神”融入“两学一做”学习教育当中。

【召开纪念中国共产党成立95周年大会】7月1日，纪念中国共产党成立95周年大会在昌平校区召开。会议宣读了《向入党五十年以上老党员颁发纪念奖的决定》并组织入党宣誓仪式暨重温入党誓词活动。会上，老党员代表和学生党员代表分别发言，校党委书记石亚军，校长黄进分别发表讲话。

【召开新学期党政工作部署会】9月3日，新学期党政工作部署会在昌平校区学生活动中心召开。全体在京校领导以及中层干部参加了会议。校党委书记石亚军，校长黄进分别对新学期党委和行政工作进行安排部署。

【开展处级领导班子和干部届中考核工作】10月1日–12月7日，学校对校部机关，院（部）、教辅单位和科研单位的处级领导班子和干部开展了届中考核工作，组织举办了集中考核大会4场、各单位考核会议31场，包括全体校领导、处级领导干部和各单位职工在内的1327人参与了考核工作。通过采取述职报告、领导评价、干部互评和群众评价等方式，对全校24个校部机关部门、21个院（部）、教辅单位和10个科研单位的处级领导班子，139名处级干部进行了考核，其中任期不满一年的11名处级干部进行了试用期考核。经统计核算，参加考核的领导班子和干部，考核结果均为合格。

【召开学习贯彻党的十八届六中全会精神工作部署会】11月1日，在昌平校区召开专题会议，传达部署学习贯彻十八届六中全会精神。会上，结合学校《关于深入学习贯彻党的十八届六中全会精神的通知》，对深入学习贯彻党的十八届六中全会精神的相关工作进行了详细部署、提出了明确要求。

【组织党务干部赴沂蒙山革命老区开展党性教育】11月26日至27日，第一期党务干部党性修养专题培训班在山东临沂沂蒙山革命老区举行。培训对象为党建督导员、分党委党务秘书、校部机关党支部书记等。此次培训班以“弘扬沂蒙精神，坚定文化自信”为主题，通过实地参观和辅导报告，学员们深刻理解了沂蒙精神的内涵与特征，对党的优良作风、精神和传统有了新的认识。

【配合教育部党组开展校党委书记人选民主推荐和考察工作】11月22日，配合教育部党组开展了校党委书记人选的民主推荐和考察工作。

【召开专题会议传达学习全国高校思想政治工作会议精神】12月16日，继12日召开党委全委扩大会传达学习习近平总书记重要讲话和全国高校思想政治工作会议精神之后，再次召开专题传达学习会，由校党委书记石亚军结合自己参加全国高校思想政治工作会议的亲身体会，向全校各分党委书记、院部处负责人传达了习近平总书记重要讲话精神，并就加强和改进学校思想政治工作进行了全面部署。

【开展高级职员岗位和党口科级领导岗位的聘任工作】12月前后，先后开展了高级职员岗位和党群部门科级领导岗位、分党委专兼职党务秘书、分团委书记等领导岗位的聘任工作。

【开展处级领导干部公开竞聘和岗位调整工作】年内，学校党委先后开展了3批次的公开竞聘工作，同时针对未形成竞聘的岗位和部分处级领导干部岗位进行了调整，完成了

26 名处级领导干部的任用工作。

【附件】

2016 年各党委、党总支、直属党支部数据统计

（截至 2016 年 12 月 31 日）

序号	单　位	党支部数	党员数
1	校部机关党委	17	240
2	离退休干部党委	31	588
3	法学院党委	49	826
4	民商经济法学院党委	49	861
5	国际法学院党委	25	484
6	刑事司法学院党委	26	570
7	政治与公共管理学院党委	23	365
8	商学院党委	17	363
9	人文学院党委	12	145
10	新闻与传播学院党委	7	97
11	外国语学院党委	7	130
12	继续教育学院党委	1	23
13	社会学院党委	7	89
14	马克思主义学院党委	12	92
15	法律硕士学院党委	32	675
16	比较法学研究院党委	3	196
17	证据科学研究院党委	12	182
18	科研单位党总支	9	108
19	图书馆党总支	2	30
20	后勤党总支	9	72
21	国际教育学院直属党支部	1	11
22	体育教学部直属党支部	1	25
23	科学技术教学部直属党支部	1	10
24	现代教育技术中心直属党支部	1	15
25	出版社直属党支部	1	13
合 计		355	6210

二、党风廉政建设

【概况】2016 年，学校认真贯彻落实党的十八大、十八届三中四中五中六中全会和习近平总书记系列重要讲话精神以及十八届中央纪委三次四次五次六次全会精神，严格按照党中央、中央纪委和教育部、北京市关于落实全面从严治党，把纪律和规矩挺在前面的要求，牢固树立“四个意识”，聚力监督执纪问责，全面落实从严治党监督责任，不断推动学校的党风廉政建设和反腐败工作向纵深发展。

认真履行职责，深入落实党风廉政建设责任制。学校党委书记、校长认真履行党风廉政建设第一责任人的职责，班子其他成员认真履行“一岗双责”职责。制定了《中共中国政法大学委员会2016 年党风廉政建设和反腐败工作主要任务分工》《中国政法大学领导干部兼职管理规定》《中共中国政法大学委员会关于在二级党组织设立纪律检查委员会或纪律检查委员的意见》，同时加强检查考核，督促各项任务有效落实。

严明党的纪律，把纪律和规矩挺在前面。纪委监察部门会同组织部门定期检查党员参加组织生活的情况和领导干部参加双重组织生活的情况。强化意识形态阵地管理，切实加强对课堂教学、讲座论坛、学术交流等意识形态重要阵地的监管力度。积极探索实践监督执纪“四种形态”。

深化作风建设监督，坚持不懈纠正“四风”。加大对出国（境）管理、兼职取酬、津贴补贴和奖金发放、公务接待、会议管理、婚丧喜庆事宜等监督检查力度。抓住“元旦”“春节”“中秋”“国庆”及开学前后等重要时间节点，通过网络、微信等平台，强调节日期间各项纪律要求，深化监督检查。本年度开展了“深入落实中央八项规定精神，坚决纠正‘四风’”的专项监督检查活动，重点对 8 个处级单位进行了专项监督检查。深挖细查在信访举报、监督检查中发现的“四风”问题线索。

突出重点领域监督检查，主动防范廉政风险。纪委监察部门加大对重要部门、关键岗位、关键环节开展有效监督检查，主动防范和化解风险，确保学校事业健康发展。加强对学校党委、领导班子成员的监督，加大对处级领导干部的监督力度，强化对招生工作的监督，突出对科研经费的监督，深化对基建修缮工程和物资采购的监督，加强对财务工作监督。

严格信访办理和纪律审查，加大执纪监督力度。加强信访举报工作规范化处置，按照标准处置问题线索，并及时向上级报告。严格对照“六项纪律”确认问题，根据违纪行为的性质、危害程度以及对所犯错误的认识深度、悔改表现，按照“四种形态”的要求，依纪依规恰当运用批评教育、诫勉谈话、组织调整、轻处分、重处分等方式提出处理意见。

完善党风廉政教育，增强党员干部廉洁自律意识。纪委监察部门加强与宣传部、组织部等部门的合作力度，深入开展理想信念和宗旨教育、党风党纪和廉洁自律教育，完善学校党风廉政建设、宣传教育大格局的建设。召开党风廉政建设大会，增强党员干部廉洁自律意识和党风廉政建设责任担当。在学校网站首页和纪检监察部门公告栏中及时发布教育部典型案例的通报，起到震慑作用。开展微信推送活动，以典型案例和警示教育为主要推送内容，增强廉政教育的实际效果。举办大学生党风廉政教育专题辅导报告会，提高大学生廉洁自律意识。

持续深化“三转”。按照《中共中国政法大学委员会关于纪检监察工作“转职能、转方式、转作风”的实施意见》，纪委监察部门进一步明确职责定位，主动退出参与的议事协调机构或各类领导小组、协调小组、联合工作组等10多个。健全完善纪检监察工作落实“三转”的配套措施，切实增强工作约谈、专项检查、纪检监察建议的工作力度，针对信访举报、监督检查中发现的问题，印发纪检监察建议书，督促相关部门针对问题进行整改。制定《中共中国政法大学委员会关于在二级党组织设立纪律检查委员会或纪律检查委员的意见》，推进完善各级党组织设立纪检监察组织或岗位，配备纪检干部。

加强纪检干部队伍建设，加强政治学习和业务培训，每月开展1次政治学习，每2个星期组织1次业务交流。把党支部专题学习与业务学习结合起来，每名纪检监察干部按照统一的学习计划自主择题开展“专题讲座”。同时积极参加教育部、北京市和学校组织的各种培训活动。修订纪检监察部门工作职责，进一步规范纪检监察工作人员任务与分工。

【召开中共中国政法大学第七届纪律检查委员会第十次全体会议】1月4日，召开中共中国政法大学第七届纪律检查委员会第十次全体会议。会议就近期有关案件进行了审理，并作出决定。

【召开中共中国政法大学第七届纪律检查委员会第十一次全体会议】1月19日，召开中共中国政法大学第七届纪律检查委员会第十一次全体会议。会议学习了十八次中央纪委六次全会精神，并就近期有关案件进行了通报。

【召开新任处级干部任前集体谈话会】3月4日，新任处级领导干部任前集体谈话会在昌平校区办公楼五层会议室召开。校领导对新任处级干部加入管理服务团队表示欢迎并对新任处级干部提出了“四坚”的希望。同时强调，新任处级干部应当对所在单位的业务工作和党风廉政建设负双重责任，要结合一体化推进党建工作要求，认真做好主体建设和作用建设，为学校的综合改革保驾护航。并就党风廉政建设工作向新任处级干部提出了四点要求。

【召开新学期分党委书记会】3月9日，学校新学期分党委书记会在昌平校区召开，会上，石亚军围绕全面从严治党发表了讲话，就学校党委部署的工作提了五点要求。胡明要求各分党委书记、副书记要落实全面从严治党的主体责任，严格执行党的各项纪律，加强对作风建设工作的检查，加快各分党委二级纪检监察机构的组建。

【部署“小金库”专项治理工作】3月22日，严肃财经纪律、深入开展“小金库”专项治理工作部署会在昌平校区召开。会议按照教育部财务司和纪检组《关于进一步严肃财经纪律　深入开展“小金库”专项治理工作的通知》要求，对学校如何开展治理工作做出部署。范分社从学校纪委层面对各部门提出了此次治理的工作要求，要求各部门党政一把手高度重视此项工作，切实彻查本部门的“小金库”情况，实事求是，杜绝走过场、敷衍塞责、瞒报、漏报，发现问题及时上报并积极整改。

【召开全面推进从严治党暨党风廉政建设大会】3月30日，2016年党风廉政建设大会在昌平校区召开。会议总结了2015年学校党风廉政建设和反腐败主要工作，安排部署2016年主要工作任务。会议现场党委书记、校长与二级单位党政主要负责人签订《党风廉政建设责任书》。

【召开中共中国政法大学第七届纪律检查委员会第十二次全体会议】4月8日，中共中国政法大学第七届纪律检查委员会第十二次全体会议在学院路校区召开。会议就近期有关案件进行了审理，并作出决定。

【开展党风廉政建设及“三重一大”决策制度落实情况专项检查】4月20日至27日，学校党委和纪委对学校10个二级单位开展党风廉政建设及“三重一大”决策制度落实情况专项检查工作。检查工作坚持从严从实，以突出问题为导向，提出解决问题的思路和举措，并召开专门会议，通报检查情况，总结交流工作经验。

【召开新学期分党委书记会】9月8日，新学期分党委书记会在昌平校区召开。会议强调新学期全面从严治党一体化推进党建工作必须从以下五个方面狠抓落实：深入推进“两学一做”学习教育、加强各级领导班子建设、加强全校范围内思想政治建设、加强党风廉政建设、加强纪律建设。

【召开中共中国政法大学第七届纪律检查委员会第十三次全体会议】12月28日，中共中国政法大学第七届纪律检查委员会第十三次全体会议在昌平校区召开。会议讨论了《中共中国政法大学委员会关于在二级党组织设立纪律检查委员会或纪律检查委员的意见》，讨论并通过了《中国政法大学纪委2017年工作计划》，并就近期有关案件进行了审理，并作出决定。

【编辑出版《教育系统廉政探索（第6-2卷）》】4月，编辑出版《教育系统廉政探索（第6-2卷）》，该书收录北京教育纪检监察工作研究会评选出的2013年-2014年的优秀论文。

【召开新任处级领导干部集体谈话会】7月，新任处级领导干部集体谈话会在昌平校区召开。校党委书记石亚军、校长黄进出席会议并讲话。近期调整产生的分党委（党总支、直属党支部）书记、副书记参加会议。黄进指出，处级领导干部是学校改革发展的中坚力量，走向新工作岗位的同志们要尽快适应身份和角色的转换。石亚军指出，新任分党委（党总支、直属党支部）书记、副书记要守土有责、守土负责、守土尽责。他结合党中央“四个全面”战略布局的背景，对新任处级领导干部肩上的责任进行阐释。

三、新闻宣传工作

【概述】2016年，宣传思想工作坚持以社会主义核心价值体系为引领，以贯彻落实《中国政法大学加强宣传思想工作建设方案》为重点，探索新常态下的工作模式，加强思想理论建设、校园文化建设、舆情监管建设及舆论阵地建设，为学校双一流建设和以评促建工作提供精神动力和思想保证。

探索新常态下的工作模式，实现宣传思想工作融合创新。整合校报编辑部、网络工作室和新媒体中心，全新组建“融媒体工作室”，打通科室壁垒，加强各媒体协同合作；配合融媒体工作室的建设及新媒体联盟的组建，举办首届“RONG聚法大”文化盛典，对学校十佳校园文化品牌、优秀新媒体平台、校园微电影等优秀团队与个人进行年度总结表彰。

思想理论建设方面，制定《中国政法大学意识形态工作责任制实施细则》，组织召开意识形态工作推进会，制作各部门责任清单；推进校院两级理论中心组学习，加强理论研究和督促检查，利用新媒体等载体进行理论宣传；推进青年教师社会实践项目，打造青年教师“优秀实践基地评选”和“优秀社会调研成果评选”两个资助平台；联合北京教育杂志社举办“教育法治与大学发展”研讨会，推出一批优秀文章。

校园文化建设方面，完成全景3D校园拍摄，呈现移步换景、全息全景的立体校园；完成昌平校区教学楼过道带有学校标志和文化景观的装饰投影灯安装；完成昌平校区户外导引指示牌更新制作；完成VI系统基础部分修改设计工作；举办“根植祖国大地”基层校友寻访活动第二期，借助多平台彰显全国各地校友的榜样力量；积极打造校园文化活动品牌，举办宪法日法治文化书法作品展、崖涘秋水书法作品展等各项展览23场，引进俄罗斯伊尔库茨克青少年艺术团专场演出、北京交响乐团《殇·流韵》演出等各类演出10场。

舆情监管建设方面，依照《中国政法大学舆情监控预案》设立舆情监控办公室以及舆情监控小组，制定《网络舆情应对工作办公室工作机制》，形成以分时段舆情报告为组成体系的舆情监管和报送系统；联合学校各二级单位及部分学生组织，发起组建中国政法大学新媒体联盟，实现信息互通、资源共享；实现对讲座、学生活动、横幅标语等申请的无纸化审批操作，全年实现156场学术类不涉外讲座、66场学术类涉外讲座、50场非学术类讲座的线上申请审批。

舆论阵地建设方面，推出新版新闻网，简化新闻采编工作流程；新闻网共计编发新闻、评论、图集1737条，制作主页大图80张次，各类新闻专题30个，专题网站12个；校报共计编辑发行报纸50期、手机报50期，发布官方微信300余条、官方微博300余条，官方微信订阅用户数提高迅速，突破61 000人，篇均阅读量迅速提升至5000次左右，在首都高校新媒体联盟榜单中稳居前15名；摄影工作室全年共拍摄照片160 000张、广播电视台全年完成录像带转数字资料20 000分钟；外宣加强主题策划、创新宣传形式，共计推出“第二届中华法学硕博英才奖颁奖典礼暨法学英才论坛”“第六届钱端升法学研究成果奖颁奖大会暨第六届中国法治论坛”“首届司法文明与法治文化高端论坛”等10余个宣传主题。

【举办意识形态工作推进会】4月13日，意识形态工作推进会在昌平校区举行。会议解读了《中国政法大学意识形态工作责任制实施细则》，明确了意识形态工作目标，分解了意识形态工作责任清单。

【举办“教育法治与大学发展”研讨会】6月2日，“教育法治与大学发展”研讨会在学院路校区举行。会议由党委宣传部和北京教育杂志社联合主办，公布“教育法治与大学发展”征文获奖情况，共同探讨高校在发展过程中遇到的问题及处理问题的经验。

【举办“两学一做”学习教育知识竞赛】6月21日，在第893期校报上开展“两学一做”学习教育知识竞赛。共有500余名师生参与其中。

【举办首届“RONG聚法大”文化盛典暨第十八届校园广播歌手大赛】11月23日，首届“RONG聚法大”文化盛典暨第十八届校园广播歌手大赛在昌平校区举办。颁发了“十佳校园文化品牌”“十佳通讯员”“基层校友寻访团优秀记者”“优秀校园刊物”“十佳新媒体平台”“新媒体达人”“优秀校园微电影”以及由当晚决赛决出的“优秀校园广播歌手”等八个奖项。

【举办第二期基层校友寻访活动】7月至8月，举办“根植祖国大地　播洒法治阳光”基层校友寻访活动第二期。在全校范围内选拔52名优秀在校学生组成寻访团，利用暑期时间深入全国24个省市，采访80余名校友，并借助校园网、官方微信、校报等平台陆续进行成果展示。

【推出年终新闻评选活动】12月1日开始，分别组织开展校内十大新闻评选、校外法学教育十大新闻评选。通过新闻评选活动来总结和回顾本年度学校的建设发展情况。

【引进高水平文化活动】1月和11月各引进北京曲剧团专业演出3场，3月引进俄罗斯伊尔库茨克青少年交流演出，4月引进北京交响乐团专场演出，12月引进北京大学摇滚音乐剧《元培校长》2场，摄影工作室每月举办一期《看·见》摄影沙龙。

四、统战工作

【概述】

2016年，学校共有民主党派成员119人；党外高级知识分子272人；归侨、侨眷64人；台胞3人，台属27人，港属4人；台湾学生231人，港澳学生318人，华侨学生9人；外国留学生252人；少数民族学生1929人；归国留学人员354人。有29人次任各民主党派各级负责人，其中中央委员1人；市委常委1人，委员2人；区委主委1人、区工委副主委2人、委员2人、区支部副主委1人；校支部（支社）主委4人、副主委5人、支委成员10人；国务院参事1人；任各级人大代表政协委员的党外人士共17人次，其中全国政协委员1人；北京市人大代表4人、政协常委1人；海淀区人大常委1人，人大代表1人，政协副主席1人、政协常委1人、政协委员1人；昌平区政协常委1人、委员5人；担任处级领导干部的党外人士22人，其中任正职的5人，无党派人士11人。

年内，学校深入贯彻落实中央统战工作会议、第二次全国高校统战工作会议精神和《中国共产党统一战线工作条例（试行）》，进一步完善统战工作机制，加强统战制度建设。成立中国政法大学统一战线工作领导小组，调整中国政法大学民族宗教工作领导小组成员和中国政法大学台湾学生工作领导小组成员；修订《中共中国政法大学委员会贯彻落实中央统战工作会议精神与〈中国共产党统一战线工作条例（试行）〉的实施意见》；制定《中共中国政法大学委员会关于加强新形势下统一战线工作的意见》。

配合民主党派各区级和基层组织做好换届调整工作，协助区级政协委员、人大代表做好换届工作。其中继续当选区委主委1人、新当选区工委副主委2人、委员2人；继续当选区人大代表2人、政协委员2人、新提名当选政协委员7人，其中任区政协副主席1人，区政协常委2人。

加强党外代表人士队伍建设，做好党外代表人士的发现储备、政治培训、实践锻炼、选拔推荐和管理工作。完成校院两级党外代表人士队伍建设人才库更新的阶段性工作；组织推荐党外代表人士18人次参加党外中青年骨干培训、北京市党外处级干部培训班、民主党派省级组织中青年骨干培训班等校外教育培训，5人参加北京市2016年优秀处级干部挂职锻炼工作，1人参加北京市第二批党外代表人士项目挂职锻炼工作；完成1名党外挂职锻炼干部的考察和鉴定工作；完成北京市华侨华人“京华奖”、北京市欧美同学会（北京市留学人员联谊会）第一届理事、北京市民族联谊会理事、北京市国税局特约监察员、国家督学人选、市青联委员等7项人选选拔推荐的协助考察、征求意见及材料上报工作；完成校级领导联系党外代表人士名单的调整工作。

开展主题教育和学习实践活动。组织统战成员以“学习十三五规划、考察首都历史发展”、纪念红军长征胜利80周年为主题的参观学习和教育实践活动2次，参加人员共70余人；组织“十三五规划”五大发展理念解读报告会活动；组织人员参加市委教育工委2016年“讴歌峥嵘岁月　传承长征精神——首都高校女教师主题诗歌朗诵汇演活动”；组织召开统战工作总结交流座谈会和统一战线联谊会，参加人员70余人。

支持和协助民主党派搞好自身建设。加强与民主党派基层组织负责人的联系，通过工作例会制度和“统战负责人”微信群，及时了解民主党派开展思想建设、组织建设和制度建设情况，定期传达学习有关会议或文件精神；在经费、组织协调、活动策划以及租借场地等方面大力支持民主党派基层组织开展活动；协助民盟支部完成换届改选工作，协助有关民主党派对6名新成员进行了考察，有4名成员被批准加入民主党派。

贯彻落实民族宗教政策，做好民族宗教工作。开斋节按时给有关教职工发放节日补助；坚持到学校清真餐厅了解情况，并将师生的有关意见和建议及时向有关部门进行反映；参加学生处举办的古尔邦节和藏历新年等少数民族重大节日的庆祝活动；协助完成北京市民族联谊会理事征求意见工作和北京市委教育工委关于少数民族代表人士的推荐工作；组织学校学工、保卫等部门负责人及专职统战干部参加市委教育工委举办的“北京高校统战大讲堂”有关民族宗教专题讲座；定期与有关部门开会交流专项工作信息，分工协作做好抵御和防范校园宗教传播与渗透工作。

支持和协助校侨联、归留会开展工作，协助完成港澳台侨和归国留学人员工作。协助完成海淀区侨联换届工作，协助完成有关侨务、欧美同学会方面的人选推荐工作；大力支持校侨联结合新形势新任务以及学校归侨侨眷成员需求，通过校侨联自己组织、参加校统战部、校离退休干部处以及各级侨联组织开展的各项学习和调研参观活动等多种方式、多条途径开展侨联工作，帮助组织活动提供必要经费等；协助校侨联和归留会做好换届的准备工作。

加强与对口单位和兄弟院校统战部门的联系合作，大力支持和协助对口单位完成各项工作任务。参加对口单位组织召开的各种会议10余次，提交工作报告、统计报表、调研报告等材料10余篇；协调完成各类调查问卷40余份；3月份，统战部部长王称心与学校担任海淀区侨联常委和海淀区侨友联谊会副会长的辛崇阳教授一起前往海淀区侨联进行走访；7月份和8月份，王称心和辛崇阳陪同校党委副书记高浣月分别走访了昌平区委统战部和海淀区人大常委会；3月份，统战部组织召开了部分高校统战部部长的工作交流座谈会，6所高校统战部部长参加了座谈。

加强统战部门自身建设和统战工作队伍建设，重视统战工作理论的研究和教学实践。为贯彻落实统战知识和中国特色社会主义理论进教材、进课堂、进头脑，促进统战理论研究，加强大学生思想政治教育，由统战部牵头，马克思主义学院于 2016－2017 学年秋季学期第二次在本科生中开设“统一战线与依法治国”选修课。本课程由统战部负责人、学校各民主党派基层组织负责人、部分人大代表和政协委员、无党派代表人士、法学教师党员等 11 位教师分别进行专题讲授。

【召开 2015 年度统一战线工作总结交流座谈会】1 月 18 日，召开 2015 年度统一战线工作总结交流座谈会。校党委副书记高浣月、组织部部长、部分学院分党委（直属党支部）书记、副书记应邀参加了会议。学校各级人大代表、政协委员，各民主党派基层组织负责人及代表，校侨联负责人及代表、校归国留学人员联合会负责人及代表，部分无党派人士，中央统战部信息联络员代表等 50 余人出席会议。高浣月传达了中央统战工作会议和全国高校统战工作会议精神；统战部部长及各民主党派、校侨联、归留会等基层组织负责人分别对 2015 年统一战线工作进行了总结；各级人大代表、政协委员分别介绍了自己的履职情况和体会。

【召开民主党派、侨联及归留会基层组织负责人工作会议】3 月 8 日，召开校民主党派基层组织、校侨联及归留会负责人工作会议。大家认真学习“两会”精神，畅谈对教育改革尤其是高等教育改革的感想和体会。各位基层组织负责人就上半年统战工作计划认真讨论，在如何加强统战工作制度建设、深入开展主题教育培训活动、加强民主党派组织建设和班子建设、创新统战工作新思路新品牌、进一步发挥侨联和归留会作用等方面提出许多具体建议。

【组织召开邻近部分高校统战部部长工作交流座谈会】3 月 23 日，组织召开邻近部分高校统战部长的工作交流座谈会，北京理工大学、北京航空航天大学、中国地质大学、北京工商大学、首都师范大学统战部部长参加了座谈，大家就目前统战工作要求、工作难点和各自学校的工作特色进行了交流和探讨。

【召开“学习十三五规划、考察首都历史发展”为主题的统战成员学习教育实践活动】4 月 26 日，召开“学习十三五规划、考察首都历史发展”为主题的统战成员学习教育实践活动。校党委副书记高浣月和学校统战成员近 50 人参加了活动。带领统战成员到首都博物馆进行参观学习，邀请北京师范大学教授杨世文做了关于“十三五规划”五大发展理念的精彩报告。

【组织参加“讴歌峥嵘岁月　传承长征精神——首都高校女教师主题诗歌朗诵汇演活动”】10 月 28 日，组织学校“聒噪社朗诵组”成员代表学校参加了市委教育工委和市妇联主办、首都女教授协会承办的 2016 年“讴歌峥嵘岁月　传承长征精神——首都高校女教师主题诗歌朗诵汇演活动”。朗诵参演队伍分别来自北京十二所高校，学校由田瑶、焦洪昌、崔林林、张吕好、李倩、李仁燕六位教师组成的参演队伍深情朗诵了诗歌《不忘初心》。统战部获得市委教育工委、市妇联颁发的“优秀组织奖”荣誉。

【举办纪念长征胜利 80 周年为主题的统战成员学习教育实践活动】12 月 7 日，举办纪念长征胜利 80 周年为主题的统战成员学习教育实践活动。组织部分统战成员前往中国妇女儿童博物馆参观学习“永远的女红军——中国工农红军长征胜利 80 周年纪念展”。

【组织“继承、遗嘱、养老与公证”实用知识讲座和现场咨询】12 月 7 日，联合九三学社中国政法大学支社、离退休干部处举办了“继承、遗嘱、养老与公证”的讲座和现场咨询活动。

【召开2016年统一战线工作总结交流会和统一战线联谊会】 12月28日，组织召开了2016年统一战线工作总结交流座谈会。学校各级人大代表、政协委员，民主党派和无党派人士、归侨侨眷、港澳台胞及亲属、归国留学人员、少数民族人员代表、女教授协会代表以及校部机关有关部门负责人、院部分党委书记及统战委员70多人参加了会议。会上，统战部部长王称心、各民主党派及统战团体基层组织负责人、人大代表、政协委员、无党派代表人士等分别做了总结发言和履职工作交流，校党委副书记高浣月参加了总结交流座谈会并做讲话。会后举办了统一战线联谊会。

【推荐党外代表人士参加挂职锻炼工作】 6月份至9月份，完成了优秀党外人士处级干部挂职和项目挂职的推荐、考察、征求意见等工作。今年党外人士的挂职锻炼工作取得历史性突破，王萍、李响、侯佳儒、纪格非、元轶5名同志入选北京市2016年优秀处级干部挂职锻炼工作，助力市委法检系统党外后备干部队伍建设；赵天红入选参加北京市第二批党外代表人士项目挂职锻炼工作。

【附件】

1. 中国政法大学担任各级人大代表、政协委员人员名单

统战部　2016年12月

姓　名	党派	担任人大职务			担任政协职务			所在单位
		全国	省市	区县	全国	省市	区县	
曹义孙	中国民主同盟				第十一、十二届政协委员			法学教育研究与评估中心
徐世虹	无党派		北京市第十二、十三、十四届人大代表					法律古籍整理研究所
焦洪昌	中国农工民主党		北京市第十二、十三、十四届人大代表					法学院
王玉梅	中国民主建国会		北京市第十二、十三、十四届人大代表				海淀区第六、七、八、九、十届政协常委第九、十届政协副主席	民商经济法学院

续表

姓　名	党派	担任人大职务			担任政协职务			所在单位
		全国	省市	区县	全国	省市	区县	
李永军	无党派					北京市第十一、十二届政协常委		民商经济法学院
王灿发	中共党员		北京市第十三、十四届人大代表					民商经济法学院
辛崇阳	无党派		北京市第十四届人大代表	海淀区第十五、十六届人大常委				法律硕士学院
高 祥	中国民主建国会			海淀区第十五、十六届人大代表				比较法学研究院
金英杰	无党派						海淀区第九、十届政协常委	民商经济法学院
栗峥	中国民主促进会						海淀区第十届政协委员	
冯世勇	中共党员			昌平区第二、三、四、五届人大代表				校领导
柯华庆	中国民主同盟						昌平区第五届政协常委	法学院
康晨宇	中国民主同盟						昌平区第五届政协委员	人文学院
薛克鹏	中国民主同盟						昌平区第五届政协委员	民商经济法学院

续表

姓　名	党派	担任人大职务			担任政协职务			所在单位
		全国	省市	区县	全国	省市	区县	
侯佳儒	中国国民党革命委员会						昌平区第五届政协委员	绿色发展战略研究院
岳清唐	九三学社						昌平区第五届政协委员	商学院
许身健	无党派						昌平区第五届政协委员	法学院

2. 中国政法大学各民主党派组织负责人名单

统战部　2016 年 12 月

姓名	党派组织名称	党派内职务				所在单位
		中 央	省 市	区 县	校 内	
曹义孙	中国民主同盟	第九、十、十一届中央委员会委员				法学教育研究与评估中心
焦洪昌	中国农工民主党	第十三、十四届中央委员	北京市第十、十一届委员会委员、第十二届监督委员会委员			法学院
周建海	中国国民党革命委员会		北京市第十一、十二、十三、十四届委员会委员	昌平区支部副主委		国际法学院
王玉梅	中国民主建国会		北京市第九届委员会委员、第十届委员会常委	海淀区委主委		民商经济法学院
刘艳敏	中国民主建国会		北京市第十届委员会委员			刑事司法学院
柯华庆	中国民主同盟			昌平区工委副主委	支部主委	法学院
康晨宇	中国民主同盟			昌平区工委委员	支部副主委	人文学院

续表

姓名	党派组织名称	党派内职务				所在单位
		中 央	省 市	区 县	校 内	
岳清唐	九三学社			昌平区工委副主委	支社主委	商学院
杨素娟	九三学社			昌平区工委委员	支社副主委	民商经济法学院
薛克鹏	中国民主同盟				支部副主委	民商经济法学院
许晓红	中国民主同盟				支部委员	体育教学部
王　云	中国民主同盟				支部委员	科学技术教学部
刘坤轮	中国民主同盟				支部委员	法学教育研究与评估中心
陈　睿	中国民主同盟				支部委员	宣传部
王　萍	中国民主建国会				支部主委	民商经济法学院
姜登峰	中国民主建国会				支部副主委	法学院
赵天红	中国民主建国会				支部委员	刑事司法学院
李　净	中国民主促进会				支部主委	科学技术教学部
杨学明	中国民主促进会				支部组委	离退休干部处
张步勇	中国民主促进会				支部宣委	图书馆
张　弘	九三学社				支社副主委	民商经济法学院
吴景明	九三学社				支社委员	开放教育管理办公室
杨育茹	九三学社				支社委员	离退休干部处
李　泳	九三学社				支社委员	商学院
孙　宇	九三学社				支社委员	人民法院电子音像出版社（联合支部成员）

五、安全保卫工作

加强校园安全基础设施建设和信息化建设，加大科技创安力度，提高校园综合防控能力，强化政治意识、大局意识和责任意识，提升服务水平，确保校园秩序稳定。

按照《中国政法大学意识形态工作责任制实施细则》的部署，全面加强对重点人群的教育管理工作，特别是加强对潜在重点人群的教育引导和转化工作，牢牢把握意识形态工作领导权和话语权，不断控制和降低重点人群的不良影响与现实危害，切实维护学校政治稳定，为党的十九大胜利召开营造良好氛围。在“3.14”“4.25”“6.4”“7.5”“9.18”“10.1”等敏感时段以及全国两会、涉南海仲裁案、党的十八届六中全会等重大事件期间，密切关注师生思想动态，加强校园综合防控，确保校园政治稳定。围绕今年4月15日我国首个“全民国家安全教育日”，保卫处配合安全机关，在两校区对《反间谍法》等国家安全法律法规进行了宣传和展览，并在“平安法大”微信公众平台大力宣传涉及国家安全内容的法律法规，并设计制作“反间防谍”专题警示教育材料，努力提高师生国家安全意识和反间防谍能力。高度重视公安机关、安全机关及上级教育主管部门通报的信息，积极配合，开展数据统计、线索查证、人员核查、档案调阅、事件调查等工作。同时根据国际国内可能出现的一些热点问题、突发性事件，制定切实可行的工作预案，努力做到信息灵、反应快、处置稳妥。

加强重点要害部位安全防范，确保公私财产安全。两校区全年共接治安、求助、消防等报警386次；校园“110”巡逻车出警178次；学校大型活动安保执勤143场次；批复学生活动展台1300余次；年内，两校区共发生校内治安案件55起，电话诈骗案件23起，发生流氓滋扰案件4起，抓获小偷6人；妥善处置突发事件。

加强交通宣传。利用宣传板报以及画报宣传交通法律知识，举办交通事故图片展达10余次，张贴宣传画报80余张。

加强校园车辆管理。共为广大师生办理机动车出入证1700余个。昌平校区南门道路禁止左转，保卫处在与昌平区有关部门协调无果的情况下，立即开展实地调研，并报经校领导同意，决定在昌平校区北门增设车辆管理系统。

加强消防安全工作。年初制定详细的消防工作专项计划，与各单位主管消防安全管理的负责人签订“三级管理责任制”责任书，就消防安全提出明确具体的要求，坚持“谁主管，谁负责”，一级抓一级，层层抓落实，责任到人，分工明确。坚持每月对学生公寓、饮食中心、物业中心、学生活动中心、国际交流中心、礼堂、图书馆、出版社、库房、教学楼等重点要害场所进行消防安全大检查，并登记在案，如发现存在安全隐患的及时通知单位负责人，并发出隐患整改通知书，限期整改。遇有重大活动或者节假日以定期与不定期相结合的方式对上述单位进行全方位的摸排检查共计100余次，查处解决各种安全隐患20余起。组织学生公寓、饮食中心、物业中心、国际交流中心等多个部门2000多名师生，进行消防安全培训以及灭火器实际操作使用等活动10余场次，并请校外专业的消防老师来校为广大师生进行消防知识讲座8场。定期对使用的消防器材进行自检，对超期的进行淘汰、报废、更新，对损坏的及时维修，对缺失的立即予以补齐。

强化服务意识，做好户籍工作。2016 届各类毕业生近 5000 人，毕业生户口已迁出 2445 人；各类新生办理户籍迁入的有近 2315 人，办理新教职工、博士后及新生儿户籍迁入的有 79 人；协助派出所清理集体户近 150 人。

六、条目部分

【大力宣传《反间谍法》】围绕今年 4 月 15 日我国首个“全民国家安全教育日”，保卫处配合安全机关，在两校区对《反间谍法》等国家安全法律法规进行了宣传和展览，并在“平安法大”微信公众平台大力宣传涉及国家安全内容的法律法规，并设计制作“反间防谍”专题警示教育材料。

【利用新媒体平台创建安全教育新形式】5 月 5 日，微信公众平台“平安法大”上线运行。该平台开设了安全微课、安全微伴等栏目，通过发布安全通知、安全提示、安全案例等形式，普及安全知识，对师生进行安全教育和提示，提高师生的防范意识，提高安全技能。

【组织清理暴恐音视频专项工作培训】5 月 17 日，组织学校相关部门工作人员参加清理暴恐音视频专项工作培训。

【组织开展消防应急疏散演练】“119”消防安全月期间，指导学生公寓管理服务中心，在兰园三号楼组织大一新生开展消防应急疏散演练；组织消防监控室人员、学生公寓中控室人员、校内义务消防队员、学生安全员进行设备操作培训和应对突发事件演练 9 次。

第九章　学生工作

一、学生工作

【概况】创新迎新方式，搭建了网络数字化迎新平台，实现了数字化迎新，顺利完成迎新工作，并开展了“新生节”活动。在新生中继续举办“我秀我的大学梦”展示活动，在2016级新生中征集到绘画、书法、文学以及微视频等作品近百篇，开学典礼新生代表发言稿百余篇，并通过微信公众平台以及校园网进行全校范围内的宣传。

开展形式多样的学生素质提升活动。年内，学校共举办大学生成长沙龙三期；举办第二期卓越领导力学生训练营开营活动。积极开展形势与政策教育活动，举办了三期大使论坛，分别邀请了外交部亚洲司参赞姚文、中国驻中东前特使吴思科和中国驻英国前大使马振岗等做客大使报告会，就当前国际形势和中国外交关系等进行了报告。此外还邀请了中国人民解放军国防大学战略研究所所长孟祥青、中国社会科学院地区安全研究中心副秘书长任晶晶、中国国际问题研究院美国研究所所长滕建群、中国社会科学院日本研究所日本外交研究室主任吕耀东举行形势与政策主题报告会。

深入开展“中国梦”和“社会主义核心价值观”主题教育活动，举办“四年繁华，一生法大”毕业季主题教育活动，在学生尤其是毕业生中开展“爱国爱校、敬业奉献、勇于担当、奋发成才”的教育活动。组织拍摄《今天我想说声谢谢你》微视频、制作《毕业·说吧》微视频。组织拍摄“最美毕业照”系列人物摄影展，展现法大毕业生的正能量。完成法大版《小幸运》歌曲制作，在学生中征集改编版歌词，并邀请校园歌手大赛冠军演唱及录制，在学生处微信平台首次推广，并在《下一站·起飞》毕业舞台剧演出时播放，引起了学生及校友们的广泛共鸣。积极开展榜样教育活动，发挥学生骨干与朋辈学长力量。组织拍摄“榜样法大”系列微视频。组织开展“我与社会主义核心价值观”主题班会，开展优秀班集体创建展示活动，组织参评班级制作优秀班集体风采展示视频，并在微信平台、榜样法大舞台等进行广泛传播。组织19个学生党支部开展“红色1+1”活动、对口支援活动。

举办第七届学生工作理论研讨会，共征集论文60篇，出版论文集《科学视阈下的高校德育工作创新和发展》；开展2016年中国政法大学德育工作状况调研；举办多场辅导员座谈会和辅导员沙龙系列活动，并进行教师节优秀辅导员、班主任的评比表彰工作。

完成学校奖学金评优表彰工作，举办“榜样法大”颁奖典礼，共评选出校级本科生各类奖学金获得者2400余人次，“三好学生”“优秀学生干部”称号获得者600余人次，先进班集体38个，发放奖学金总金额达291万元；完成研究生奖学金的评审工作，共有1968人获得研究生学业奖学金。共有154名研究生获得国家奖学金，共发放国家奖学金

344 万元。3 名研究生获中伦助学金，助学金总金额为 3 万元。1 名研究生获得法治地平线奖学金，金额 1. 2 万元。完成研究生国家助学金发放工作，共计发放 3312. 5 万元，其中硕士生发放 2675. 9 万元，博士生发放 636. 6 万元。完成年利达奖学金、美迈斯奖学金、贝克・麦坚时奖学金、TLBU-WangYa 奖学金和宝钢优秀学生奖学金的评选工作：10 人获彭真奖助学金，奖助学金总金额为 6. 8 万元；7 人获宝钢优秀学生奖学金，奖学金总金额为 7 万元。

年内，全校共有家庭经济困难本科生 1646 人。国家、社会各界以及学校共设立其他各类奖助学金 25 项，资助金额达 807. 74 万元，资助学生 2950 人次。其中，共有 78 名学生获得国家奖学金，257 名学生获得国家励志奖学金，1678 名学生获得国家助学金，总金额达 598 万元；有 937 人次获得英才奖学金、申涌亮奖学金、“民建海淀同心基金”等 22 项社会资助项目的资助，资助总金额 209 余万元。发放各类补助 52. 3 万元，资助学生 937 人次；为 55 名学生办理了校园地国家助学贷款，协助 706 名学生办理了生源地信用助学贷款。学校出资 9. 774 万元为 461 名 2016 级家庭经济困难学生投保了在校期间的人身意外伤害保险。学校（昌平校区）共设立勤工助学岗位 850 个，发放勤工助学工资总额达 250 万元，基本上满足了学校家庭经济困难本科生的勤工助学岗位需求。学校（学院路校区）为经济困难学生提供管理助理、教学助理岗位 656 余人次，发放工资总额 2 819 084. 2元，对有需要的同学及时给予资助。

学校进一步加强就业创业工作调研力度。通过《中国政法大学 2014 – 2016 届毕业生就业意向调查报告》《中国政法大学 2015 年就业质量报告》《中国政法大学 2010 – 2014 年毕业生就业状况报告》《中国政法大学 2015 年毕业生社会需求、培养质量及就业服务调查报告》等调研报告，完善人才培养质量评估体系，构建根据毕业生就业创业评估数据结果不断改进培养工作、调整招生规模结构的机制。

学校推进创新创业实践工作。继续投入大学生创业专项资金 50 万元作为创业工作专项支出；在学生活动中心设立 200 余平方米的学生创业工作专用场地；第七年举办大学生创业大赛，有 74 个创业团队报名参赛；举办第九届“我来当老板”自主销售体验日活动；先后完成了 2016 年“国家级大学生创新创业训练计划”14 个项目和 10 个校级创业项目的立项和资金配套工作，学校创业教育基金继续拿出 24 万专门用于资助 14 个表现优异的国家级创业团队和 10 个校级创业团队；23 个项目获得北京市高水平人才交叉培养毕业设计（创业类）支持项目立项；9 个项目在 2016 年“创青春”首都大学生创业大赛中斩获两金七铜；3 个项目获得第二届中国“互联网 +”大学生创新创业大赛北京赛区三等奖；2 个创业项目被评为 2016 年北京地区高校创业优秀团队。

学校以项目化、品牌化为工作抓手，实施全方位、全过程就业指导服务体系。先后举办第七届“京平律师杯”大学生职业生涯规划大赛、第七届“贺氏天翔杯”大学生创业大赛，累计 2000 余人参加。同时，还举办 2016 年国家公务员考试备考辅导讲座，“研究生职业沙龙”之公务员考录经验讲座、“我来当老板”自主销售体验日活动，以及创业沙龙、创业大讲坛、简历诊所活动，累计接待辅导学生 500 余人。专门举办了 2016 届少数民族毕业生公务员模拟面试辅导活动，帮助少数民族毕业生从面试礼仪、解题技巧、心理调节、答题技巧、面试准备等方面进行自我提升和完善。

积极拓宽推荐毕业生就业渠道。2016 年 3 月 25 日，学校在昌平校区举办 2016 届毕业生校园双选会；11 月 10 日和 11 月 24 日，在两校区举办 2017 届毕业生校园双选会。2016 年学校通过就业信息网先后收集发布毕业生就业招聘信息 2100 余条，通过微信、QQ、飞信等平台累计推送就业信息 1800 余条，累计岗位需求信息 2.3 万条。两校区先后举办春季、秋季校园招聘会以及北京地区法院、检察院系统专场招聘宣讲会近百场；组织落实二十余个省份选拔优秀应届毕业生到基层工作，协助开展各地大学生村干部等基层就业项目的选拔和推荐工作，与中国建筑一局（集团）有限公司签订就业实习实践共建基地协议。

2016 届毕业生共 3833 人，本科生 1935 人，研究生 1898 人（其中硕士研究生 1746 人，博士研究生 152 人）。按教育部统计标准，截止到 10 月 31 日，学校毕业生共落实 3671 人（其中 1009 人升学，238 人出国，1301 人签订就业协议，284 人签订劳动合同，其他就业形式 839 人），就业落实率为 95.77%，毕业生自主创业人数为 17 人，实现学校今年就业工作目标。

2016 年，武装部认真贯彻落实上级关于国防后备力量建设的一系列方针、政策和指示精神，扎实做好 2016 级新生军训和国防教育工作，积极组织大学生应征入伍。

【召开 2016 年毕业生就业创业工作会】 1 月 7 日，2016 年毕业生就业创业工作会在昌平校区召开，校长黄进出席并发表重要讲话，副校长冯世勇、马怀德、李树忠，党委副书记、副校长常保国，副校长于志刚出席会议，各院部相关负责人参加了会议。

【开办“咖啡时间”辅导员沙龙】 3 月 24 日，2016 年第一期“咖啡时间”辅导员沙龙在昌平校区举行。年内，共举办四期辅导员沙龙，以专题化研讨的方式展开，聚焦大学生心理健康、精准资助精心育人、少数民族学生工作、学业辅导等专题，邀请北京林业大学刘伟学业辅导工作室负责人刘伟等专家进行专题研讨。

【举行“三星奖学金”发放仪式】 5 月 31 日，中国政法大学 2014－2015 学年度“三星奖学金”发放仪式在昌平校区举行。三星大中华区副总裁、总法律顾问朴尚教、校党委副书记、副校长常保国出席发放仪式，15 名“三星奖学金”获得者参加仪式。

【成立“中国政法大学创业学院”】 6 月，成立“中国政法大学创业学院”，挂靠在学生处，与学生就业创业指导服务中心一套人员、两块牌子。学院设院长 1 名，由主管学生工作的校领导担任；设执行院长 1 名，由学生就业创业指导服务中心主任兼任。学院以激励大学生积极创业、促进大学生高质量创业为宗旨，以服务学生成长成才为基本目标。其主要建设目标是建立满足不同学生需求的“四层次”创新创业教育体系，即：建立面向全体学生的创新创业素质教育体系，建立面向有创业意向学生的系统性的强化教育体系，建立面向有明确创业目标学生的创业实训体系，建立面向采取创业行动学生的平台提供和政策支持体系。

【召开全国政法院校就业工作联席会议】 7 月 8 日－9 日，2016 年全国政法院校就业工作联席会议在昌平校区举行，会议主题是“全面深化教育改革与政法院校就业工作”。教育部学生司就业处处长王林、司法部司法考试司教育处副处长吕伟耀以及中国政法大学、西南政法大学、华东政法大学、中南财经政法大学、西北政法大学、甘肃政法学院、山东政法学院、上海政法学院和中央司法警官学院共9所政法院校的就业部门负责人及法学等相关学院就业工作负责人出席了会议。学校党委副书记、副校长常保国及相关部门、学院负责人参加了会议。与会人员根据本次会议主题并结合自身学校实际情况和特点进行了交流发言。

【发放“彩虹助学金”及“爱心大礼包”】9月3日，学校2016级学生“彩虹助学金”及“爱心大礼包”发放仪式在昌平校区举行。校长黄进，校党委副书记、副校长常保国及“爱心大礼包”捐赠者代表袁文彩、吕健、郝为、宋伯海出席发放仪式。30名“彩虹助学金”及“爱心大礼包”获得者和学生家长代表参加了发放仪式。黄进、袁文彩等分别为30名家庭经济特别困难新生代表每人发放了1000元的“彩虹助学金”和“爱心大礼包”。全校共有100名2016级家庭经济特别困难学生获得“彩虹助学金”，共计10万元。共有150名2016级家庭经济特别困难学生获得“爱心大礼包”。

【召开2016年退伍士兵欢迎会暨入伍新兵欢送会】9月8日，2016年退伍士兵欢迎会暨入伍新兵欢送会在昌平校区召开。校党委副书记、副校长常保国出席会议。2016年，9名学生光荣退伍，13名学生应征入伍。

【举行“中国梦·民族情”——庆祝2016年古尔邦节暨中秋节联欢会】9月12日，在昌平校区举行“中国梦·民族情”——中国政法大学庆祝2016年古尔邦节暨中秋节联欢会。校党委副书记、副校长常保国及相关职能部门负责人出席联欢会。各民族同学欢聚于此，怀着喜悦之情，用动人的歌舞欢度节日。

【正式启用中国政法大学创业园】10月25日，中国政法大学创业园正式启用，首批八个创业项目入驻创业园，将享受包括公司注册、办公场所、网络接入、产品研发生产、市场推广、互联网技术等方面的优惠政策。

【举行2016年北京“校园之友”公益助学促进会（筹备组）助学金发放仪式】11月16日，2016年北京“校园之友”公益助学促进会（筹备组）助学金发放仪式在昌平校区举行。校党委副书记兼副校长常保国，学生处处长卢少华、学生处副处长兼学生资助管理中心主任卜路军、北京“校园之友”公益助学促进会（筹备组）与43名受助学生参加了发放仪式。

【举办2015－2016学年度“沙驰·榜样法大”暨奖学金评优颁奖典礼】12月8日，中国政法大学2015－2016学年度“沙驰·榜样法大”颁奖礼在昌平校区礼堂举行。校长黄进，武警部队驻中国政法大学选培办公室主任刘洪涛上校，校党委副书记高浣月教授，校党委副书记、副校长常保国及各校部机关、学院相关负责人，班主任及辅导员代表出席典礼，全校1500余名学生现场观看了颁奖典礼。

【举行2016年曾宪梓教育基金“英才奖学金”发放仪式】12月8日，2016年曾宪梓教育基金“英才奖学金”发放仪式在学院路校区举行。全国政协委员、金利来集团副主席兼行政总裁、曾宪梓教育基金会理事长曾智明，曾宪梓教育基金会理事杨琴媛，金利来集团有限公司企业传讯部总监葛丽以及副校长冯世勇，学生处处长卢少华，校友工作办公室主任杨杰等领导出席发放仪式，2016年“英才奖学金”获得者和历届“英才奖学金”获得者代表参加发放仪式。

【举行2016“民建海淀同心基金”发放仪式】12月15日，2016年“民建海淀同心基金”发放仪式在昌平校区举行。副校长冯世勇，民建海淀区委主委、民商经济法学院教授王玉梅，民建海淀区委副主委郭斌，民建海淀区委秘书长李春霞，“民建海淀同心基金”捐赠人代表王萍、陈丽苹、张显忠、李一力、周晓曦、伍洪、张海东、赵海涵、王一军、王子琳、仲鑫、权鲜枝、闫立毅、冯戎、王佐林以及学生处处长卢少华、统战部部长王称心、学生处副处长兼学生资助管理主任卜路军出席仪式。60名“民建海淀同心基金”助学金获得者参加发放仪式。

【举行2016年“申涌亮奖学金”发放仪式】12月26日，“申涌亮奖学金”发放仪式在昌平校区举行。北京科建集团董事长、中国政法大学大学生创业导师申涌亮，北京科建集团法律顾问刘国辉，北京科建集团董事长助理常瑀，校党委副书记、副校长常保国，学生处处长卢少华出席发放仪式。40名2016年“申涌亮奖学金”获得者参加发放仪式。

【召开2017年毕业生就业创业工作会】12月27日，2017年毕业生就业创业工作会在昌平校区召开。校长黄进，副校长李树忠、徐扬，党委副书记、副校长常保国出席会议，各院部相关负责人以及2016、2017届毕业班全体辅导员、班主任代表参加了会议。

【举行2016年“88级校友助学金”发放仪式】12月29日，2016年“88级校友助学金”发放仪式在昌平校区举行。学生处处长卢少华，88级校友全梅峰、阎民、赵瑞红、王世存、李仁燕及学生处副处长兼学生资助管理中心主任卜路军、校友会王富春出席发放仪式。20名“88级校友助学金”获得者参加发放仪式。

【发布毕业生就业质量年度报告】12月30日，对外公开发布《中国政法大学毕业生就业质量年度报告（2016）》。通过主动向社会发布毕业生就业质量报告，推动了学校教育教学改革与毕业生就业工作联动机制的进一步完善。

【举办第二届“卓越领导力”学生训练营】11月－12月，“第二届卓越领导力学生骨干训练营开营仪式”在昌平校区举行。学生工作部、组织部、校团委老师出席仪式，全体训练营学员参加了开营仪式。训练营包括思想引领、学业辅导、素质培养、能力提升和社会实践五个模块，全体学员随机分到厚德、明法、格物、致公四个校训分队，通过指导老师的引导和学员的自我管理开展活动。开营仪式后，训练营举行了“开营第一课”，邀请马克思主义学院中国近现代史研究所副所长王强副教授为学员们专题讲授了《长征的历史意义与当代价值》。12月21日组织第二届“卓越领导力”训练营部分学员，前往清华大学新清华学堂观看校园版民族歌剧《党的女儿》。通过建立学员微信群，定期开展线下学习活动的线上交流讨论活动，以点带面实现学生骨干带动效应。

【附件】

（一）中国政法大学各类奖学金设立情况

1. 国家奖学金

“国家奖学金”是由中央政府出资于2002年设立，用于激励普通本科高校、高等职业学校和高等专科学校学生勤奋学习、努力进取，在德、智、体等方面全面发展的奖学金，奖金标准为每人每年 8000 元。2015 年，学校共有 77 人获得“国家奖学金”。

2. 国家励志奖学金

“国家励志奖学金”是由中央与地方共同设立的奖学金，用于奖励资助在校生中品学兼优的家庭经济困难学生，奖励标准为每生每年 5000 元。2015 年，学校共有 254 人获得“国家励志奖学金”。

3. 校长奖学金

中国政法大学“校长奖学金”是学校设立的学生奖学金最高奖。本奖以奖励思想道德品质优秀、专业知识功底扎实，综合素质优异，实践创新能力强，特殊专长表现突出，在学生中起到表率作用的学校全日制本科生、第二学士学位生、研究生（各类非全日制学生、委托培养或定向培养研究生以及外国留学生除外）。校长奖学金每学年评选一次，每次评选 10－20 名，其中本科生及第二学士学位层次学生占 60%，硕士研究生占 30%，博士研究生占 10%。校长奖学金奖励金额为每人 1 万元。

4. 本科生学业奖学金

设置“本科生学业奖学金”以奖励思想品德良好、学习成绩优异的本科学生。“本科生学业奖学金”设为三等，评定比例及奖励金额如下：

一等奖按应参评本科学生人数的 5% 评定，每生奖励金额 3000 元；

二等奖按应参评本科学生人数的 10% 评定，每生奖励金额 2000 元；

三等奖按应参评本科学生人数的 15% 评定，每生奖励金额 1000 元。

5. 科研创新奖学金

“科研创新奖学金”以奖励学习成绩良好，并在科研创新方面表现优异的本科生。“科研创新奖”设为三等。

科研创新奖学金一、二等奖的评定无名额限制，符合条件即可获奖。科研创新奖学金三等奖获奖人数以应参评学生数的 2% 为限。科研创新奖学金奖额为：一等奖 3000 元，二等奖 2000 元，三等奖 1000 元。

6. 竞赛优胜奖学金

“竞赛优胜奖学金”以奖励在文化、科技或体育等各类竞赛中获得优异成绩的本科生。“竞赛优胜奖学金”设为三等，奖励金额分别为：一等奖 2000 元，二等奖 1500 元，三等奖 1000 元。

7. 志愿服务奖学金

“志愿服务奖学金”以奖励在志愿服务活动中表现优秀的本科生。“志愿服务奖学金”每年度评选一次，每年评定名额原则上为 20 名，奖励金额为 2000 元。

8. 研究生国家奖学金

“研究生国家奖学金”是对研究生的学习成绩、科研能力和综合素质进行评价的最高荣誉，由中央财政出资设立，用于奖励普通高等学校中表现优异的全日制研究生。旨在提高研究生培养质量，调动和激发研究生刻苦学习、从事科学研究和实践的积极性，培养具有较强创新精神和实践能力的人才。博士研究生国家奖学金奖励标准为每生每年 3 万元；硕士研究生国家奖学金奖励标准为每生每年 2 万元。

9. 研究生优秀奖学金

“研究生优秀奖学金”授予在学习、科研活动中表现优秀的研究生，资助研究生在学习期间的学杂费、科研经费和生活费。旨在提高研究生培养质量，调动和激发研究生努力学习和从事科学研究的积极性，培养具有创新精神和实践能力的人才。研究生优秀奖学金评定比例及奖励金额如下：

新生奖学金，奖励比例为 70%，奖励金额为学费金额。

特等奖学金，奖励比例为 5%，奖励金额为学费金额加 9000 元。

一等奖学金，奖励比例为 20%，奖励金额为学费金额加 2000 元。

二等奖学金，奖励比例为 50%，奖励金额为学费金额。

10. 研究生新生奖学金

研究生新生奖学金不分等级，名额由学校下达，依据招录过程中的初试和复试总成绩进行评定。新生奖学金，奖励比例为 70%，奖励金额为学费金额。

11. 宝钢优秀学生奖学金

“宝钢优秀学生奖学金”是由宝钢教育基金会在高校设立的专项学生奖学金，其目的是为了奖励优秀学生，培养和造就德、智、体全面发展的高素质优秀人才，支持教育发展。学校每年根据宝钢教育基金会的下拨指标，兼顾本科生和研究生分配获奖名额。宝钢优秀学生奖与宝钢优秀学生特等奖奖励金额依照当年度修订的《宝钢教育奖评颁实施细则》确定。

12. 新疆、西藏籍少数民族优秀学生奖学金

“新疆、西藏籍少数民族优秀学生奖学金”于 2010 年设立，旨在鼓励新疆、西藏籍少数民族学生勤奋学习，促进他们全面综合发展。设三等，评定比例及奖励金额如下：

一等奖按照应参评人数的 5% 评定，奖励金额为 2000 元/人；

二等奖按照应参评人数的 10% 评定，奖励金额为 1500 元/人；

三等奖按照应参评人数的 15% 评定，奖励金额为 1000 元/人。

2015 年，共有 52 人获得该项奖学金，其中，一等奖 9 人，二等奖 18 人，三等奖 25 人。

13. 义务兵退役复学奖学金

"义务兵退役复学奖学金"于2010年设立，鼓励退役复学学生完成学业。本科生在校期间奖学金为每人每年3000元人民币，研究生在校期间奖学金为每人每年4000元人民币。2015年，共有14人获得"义务兵退役复学奖学金"。

14. 三星奖学金

"三星奖学金"是由"三星（中国）投资有限公司"于2010年出资在学校设立，奖励对象为成绩优秀，品行端正的法律相关专业优秀本科生和硕士研究生。每年奖励12名本科生，3名硕士研究生，奖励标准为本科生每人每学年5000元人民币，硕士研究生每人每学年7000元人民币。

15. 英才奖学金

"英才奖学金"是由曾宪梓先生于2007年出资200万元人民币在学校设立，旨在帮助学校品学优良、学习勤奋、成绩优秀、家境贫寒的本科生完成学业。该奖学金自2007年开始实施，到2016年止，每年奖励40名学生，每名学生每学年5000元人民币。

16. 黄乾亨奖学金

"黄乾亨奖学金"是由黄乾亨基金于2004年在学校设立，奖励对象为品学兼优的家庭经济困难本科生，每年奖励30名学生，每名学生奖励2000元人民币。

17. 87级研究生校友奖学金

"87级研究生校友奖学金"是由学校1987级研究生校友于2010年出资设立，奖励对象为一年级品学兼优的家庭经济困难本科生。每年奖励10名学生，每名学生每学年5000元人民币。

18. 中国政法大学研究生长安公证奖学金

"中国政法大学研究生长安公证奖学金"是长安公证处为鼓励学校研究生为中国的政法事业而努力学习，并加强高校与实际部门的联系，于2003年设立的专项奖学金，旨在奖励品学兼优、严谨踏实、奋发进取，具有开拓创新精神的优秀研究生。2016年，李润生等20名研究生荣获2015－2016学年中国政法大学研究生长安公证奖学金。其中：一等奖1名，奖金10 000元；二等奖6名，奖金各5000元；三等奖13名，奖金各2000元。

19. 中国政法大学蒋震奖学金

根据《中国政法大学蒋震奖学金评选办法》，研究生院组织开展了2015－2016学年中国政法大学研究生蒋震奖学金评选工作。经各学院评选推荐、研究生院审查汇总，并报香港蒋震工业慈善基金理事会审核评选，张英男等10名2015级研究生荣获2015－2016

学年中国政法大学研究生蒋震奖学金，朱亦周等10名2014级研究生继续获得蒋震奖学金资助，每名学生将获得1万元人民币奖学金。其中2014级研究生朱晓晓同学因综合表现优异而获得为期3－6个月的海外学术交流资助，标准为1万美元。

（二）中国政法大学各类助学金设立情况

1. 86级校友新生助学金

“86级校友新生助学金”是由学校1986级校友于2011年出资设立，奖励对象为一年级家庭经济特别困难本科生。每年奖励10名学生，每名学生每学年5000元人民币。

2. 88级校友助学金

“88级校友助学金”是由学校1988级校友于2012年出资设立，2022年止，奖励对象为一年级家庭经济特别困难本科生。每年奖励20名学生，每名学生每学年5000元人民币。

3. 黄乾亨助学金

“黄乾亨助学金”是由黄乾亨基金于2000年在学校设立，资助对象为家庭经济困难学生。自2004年起，资助名额为30名家庭经济困难学生，每名学生资助2000元人民币。

4. 北京天驰君泰律师事务所助学金

“洪范广住律师事务所助学金”是由洪范广住律师事务所于2007年出资在学校设立，2016年止。每年资助5万元人民币，连续资助10年，资助对象为一年级家庭经济困难本科生。每年资助25名学生，每名学生每年2000元人民币。2015年更名为“北京天驰君泰律师事务所助学金”。

5.“民建海淀同心基金”助学金

“民建海淀同心基金”由民建海淀区委的8位会员于2011年发起成立，资助对象为一年级家庭经济困难本科生，连续资助3年。每年资助20名学生，每名学生每年2000元人民币。

6. 寇立国助学金

“寇立国助学金”由立国集团总裁寇立国先生于2014年出资设立，总金额为100万元，每年10万元，计10年。用于资助中国政法大学的黑龙江籍家庭经济困难本科生，每年资助50名学生，每人每年2000元人民币。

二、共青团工作

【概况】学校作为团中央贯彻落实中央群团工作改革会议精神的试点高校，开全国高校共青团改革先河，于 2016 年 6 月召开第十六次学生代表大会，审议通过了修改学生会章程等议案。

推出“友思”（Youth）学习圈第四期，探索构建 100 个宿舍“百家”生活圈、100 个团支部“百言”文化圈。截至 2016 年 12 月，在校师生共组建学习圈团队 265 个，分为理论学习、文化艺术、社会实践和课外生活四类，开展线下活动 3200 余次，校级成果分享会 5 次，逾 3500 名师生直接参与活动。在“RONG 聚法大”文化盛典评选中，“友思（Youth）学习圈”被评为“十佳校园文化品牌”；“法大青年”被评为“十佳校园新媒体平台”；校园微视频《你在说啥呢》系列节目被评为“优秀校园微电影”；《法大人》《青春法大》同时被评为“优秀校园刊物”。

把握高校学生成长的关键阶段，积极推进德育工作。举办“舞动青春”纪念一二·九运动八十一周年主题舞蹈大赛；在毕业季、新生入学教育期间，邀请中国残疾人艺术团进校园开展“我的梦”主题演出；举办“锋声”学生先进事迹宣讲会、“缘聚法大”新生军训慰问演出等；举办“依依法大”《下一站，起飞》2016 届本科生毕业舞台剧、“蓟忆法大”研究生毕业晚会等毕业生文明离校主题教育活动；制作 2016 届毕业视频《四年》等创意文化产品。继续开展“CUPL 正能量”人物访谈系列活动、“点赞青春”等思想引领宣传品牌活动。“CUPL 正能量”现已推出 130 期，总阅读浏览量逾 26.8 万次，每期平均 2100 次；结集出版《“CUPL 正能量”人物访谈活动报道合集（第 1－50 期）》，第 51－100 期合集也进入出版阶段。

建设以法治文化为核心的特色校园文化。在赛程赛制改革的基础上，举办第四届“论衡”辩论文化节，于秋季学期、春季学期分别开展新生赛和辩才赛，全年校院各级学生组织举办辩论赛事近百场。举办首届国际大学生华语辩论公开赛，邀请来自澳大利亚、英国、新加坡及中国大陆、中国香港、中国澳门、中国台湾等多个国家和地区的 32 所国际知名学府的代表队参赛。

营造学术文化氛围，打造高端精品讲堂。举办第十四届“学术十星”论文大赛颁奖典礼暨高端学术论坛、第十三届“学术新人”论文大赛；举办第八届北京市大学生模拟法庭竞赛、第六届哈萨克语模拟法庭竞赛、首届中华法学硕博英才全国研究生模拟法庭竞赛；“博闻论坛”第四十四期、四十五期、四十六期、四十七期分别邀请刘心武、易中天、施一公、张召忠做客法大。

在多项辩论赛、科创竞赛中取得较好成绩。获得 2016 北京高校辩论公开赛亚军、2016 海淀区高校“预防艾滋病宣传教育辩论赛”冠军、第十二届首都高校环境文化季主题辩论赛亚军；第四届全国大学生模拟法庭竞赛一等奖，第八届北京市大学生模拟法庭竞赛一等奖，第十三届“理律杯”全国高校模拟法庭竞赛季军；在 2016 年“创青春”首都大学生创业大赛中，获两金七铜。

五四青年节，参加由中宣部、教育部、共青团中央联合指导，中央电视台承办、中国教育电视台协办的《筑梦青春——2016 年“五月的鲜花”全国大中学生文艺会演》；在 2016 年北京大学生音乐节声乐类比赛中，学校选送作品《万物生》《大漠之夜》等获得金奖 1 项、银奖 3 项；邀请中国歌剧舞剧院交响乐团进行新年音乐会专场演出；举办“冠军杯”系列赛事以及“众行”大众体育文化活动；举办“我的青春法大”迎校庆校园长跑活动，逾1200名师生、校友参与其中。

深化具有法大特色的志愿服务理念。以“3·15消费者权益保护日”“12·4宪法日”等为契机，开展以“法治文化进中小学课堂、进社区”和基层远程普法为主的实地活动，先后开展东城、海淀、昌平社区普法，附属学校“宪法进课堂”等活动20余场次。在“双百行动计划”暑期社会实践中，学校共派出83个团队，逾580名在校师生，以“弘扬中华传统文化”为主题，赴云南、贵州、新疆等20多个省级行政区开展主题调研、普法宣传、公益支教等活动，形成总结报告、调研报告100余项，5个团队获得“首都大学生暑期社会实践优秀团队”称号。

2016年度，32个志愿服务组织、社团组织开展法律援助、支教助学及其他志愿服务（环境保护、医疗卫生、社区服务、大型赛会、应急救援等）三类活动，分别为319次、726次、737次，总计19 122人次，服务时长111 633小时；评选出年度校优秀志愿者50名，志愿服务先进个人36名，志愿服务奖学金获得者20名，先进班集体1个。

在2015－2016年度学校评选表彰中，获评优秀团支部67个，优秀团员404名，优秀团干部119名，“青年之友”18名；在年度首都大学、中职院校“先锋杯”评选表彰活动中，获得优秀团员16名、优秀团干部16名、优秀团支部12个。

【参加央视“五月的鲜花”2016年全国大中学生文艺会演】五四青年节，参加由中宣部、教育部、共青团中央联合指导，中央电视台承办、中国教育电视台协办的《筑梦青春——2016年“五月的鲜花”全国大中学生文艺会演》。学校艺术团参演《小梦想大梦想》和《榜样的力量》两个节目，前者作为学校自主选送的歌舞节目，展现了当代青年大学生有梦想、有情怀，志存高远、昂扬向上的青春风貌，诠释了莘莘学子将个人追求“小梦想”与为国奋斗“大梦想”和谐统一的理想信念。

【举办“我的青春法大”迎校庆长跑】5月15日，为庆祝中国政法大学建校64周年，主题为“我的青春法大”迎校庆长跑活动在昌平校区开展，全程6公里，共有798名师生、校友完成比赛。男子组比赛中，刑事司法学院2014级和治全、刑事司法学院2014级韦万康和人文学院2012级张运民分列前三名；女子组前三名分别是民商经济法学院交换生（南开大学2013级）肖淞元、国际法学院2012级郭亦卓和国际法学院2015级徐媛。

【在2016年“创青春”首都大学生创业大赛中创历史佳绩】5月28日，2016年“创青春”首都大学生创业大赛决赛在首都经济贸易大学举行。学校选送11件项目作品参赛，获得2项金奖，7项铜奖，总量超北大、人大等高校，在人文社科类高校中名列前茅，取得历史最好成绩。获得金奖的项目是“爱传思产品本地化与云端语言众包服务信息科技有限公司”“大联盟在线调研 & 管理咨询”；获得铜奖的项目分别是“编·集公益文化项目”“朋辈大学”“Legalcohesion聚力法律服务公司”“播波自媒体平台”“北京缤纷果美网络科技有限公司”“四川燕轻电子商务有限公司”“宠爱时代网络科技有限责任公司”。

【召开中国政法大学第十六次学生代表大会】6月5日，中国政法大学第十六次学生代表大会在昌平校区召开。学校作为团中央贯彻落实中央群团工作改革会议精神的试点高校，开全国高校共青团改革先河，在代表大会上审议通过了修改学生会章程等议案；由全校学生代表直接选举产生中国政法大学第十六届学生委员会主任委员、学生会主席；将大会周期由原来每 2 年召开 1 次，改为每 1 年召开 1 次。全校 11 个二级本科学院均已开展、完善学生代表大会制度相关配套制度的改革，基本形成“校 – 院”两级学生代表大会制度体系。

【举办“依依法大”2016 届毕业舞台剧】6 月 21 日，“依依法大”2016 届毕业舞台剧《下一站，起飞》在昌平校区上演，作品在传承 2013 年以来原剧风格和立意的基础上，新增女生群体角色，以男生、女生两个宿舍、八名学生的四年法大学习、生活故事为主线，始自校友重逢，融入创业等时代元素，勾勒学子在校期间成长与发展的心路历程。

【举办首届国际大学生华语辩论公开赛】10 月 20 日至 26 日，首届国际大学生华语辩论公开赛（“法辩”）在学校昌平校区举办。其以华语辩论比赛为主要形式，旨在以辩论文化为纽带，促进世界大学生之间思辩文化的交流和发展。比赛邀请来自澳大利亚、英国、新加坡及中国大陆、中国香港、中国澳门、中国台湾等多个国家和地区的 32 所国际知名学府参赛，围绕“十大道德与法律困境”展开辩论，台湾东吴大学获得冠军，北京大学获得亚军。

【邀请中国残疾人艺术团进行“我的梦”文艺演出】10 月 24 日，“温情法大”新生教育专场晚会暨中国残疾人艺术团“我的梦”文艺演出在昌平校区举办。演出包含《千手观音》《雀之灵》等舞蹈、歌唱、器乐演奏、京剧、舞剧和音乐剧等 14 个节目。

【获得 2016 北京高校辩论公开赛亚军】11 月 5 日至 12 月 10 日，2016 北京高校辩论公开赛在北京东城区蓬蒿剧场举行，42 所高校参赛。学校辩论队先后战胜北京交通大学、中国农业大学等高校，决赛负于北京大学，夺得亚军。北京大学获得冠军，北京科技大学获得季军。参赛队员有赵康博、刘畅、王昕怡、朱琪玮、罗星语、许聿宁。

【获得 2016 年北京大学生音乐节奖项一金三银】11 月 24 日，“2016 年北京大学生音乐节”在中央音乐学院音乐厅落下帷幕。在本次比赛中，学校选送的作品《大漠之夜》、《雪花》获合唱类（普通乙组）银奖，《万物生》获重唱及人声乐团类（普通甲组）金奖，《喀秋莎》荣获重唱及人声乐团类（普通甲组）银奖。

【举办“舞动青春”纪念一二·九运动舞蹈大赛】11 月 28 日，“舞动青春”纪念一二·九运动舞蹈大赛在昌平校区举办，共有来自 2016 级本科班级团支部的 16 支代表队参加演出。中国著名舞蹈表演艺术家沈培艺、马啸、郭爽担任嘉宾评委。民商经济法学院 2016 级 1 班团支部《时刻准备》获得一等奖；法学院 2016 级 3 班团支部《青春士兵》、法学院 2016 级 2 班团支部《赤色年华》获得二等奖；国际法学院 2016 级 9 班团支部《我的未来不是梦》、国际法学院 2016 级 1 班团支部《胡兰花开》、刑事司法学院 2016 级 3 班团支部《同桌的你》获得三等奖。

【外国语学院夺得第四届“论衡”辩论文化节新生赛季冠军】12 月 2 日，第四届“论衡”辩论文化节新生赛季决赛在昌平校区举行，外国语学院辩论队与社会学院辩论队就“当今社会，物质待遇能否体现人才价值”一题展开激烈辩论，最终外国语学院获得赛季冠军，社会学院获得亚军，社会学院周润皓获得全程最佳辩手称号。

【举办2017年“欢乐法大”新春晚会】 12月20日，“福顺·欢乐法大”中国政法大学2017年新春晚会在昌平校区举行。学校领导、各届校友、各职能部门负责人和各学院教师学生等共1600余人观看了晚会。晚会主持人由民商经济法学院教授刘智慧，中央电视台主持人、学校2009级校友屠化，2016级研究生黄子洋，来自乍得共和国的2014级留学生托马和2015级本科生王立强共同担任。

【举办“中国歌剧舞剧院交响乐团专场”新年音乐会】 12月27日，中国政法大学新年音乐会——中国歌剧舞剧院交响乐团专场演出在昌平校区举行。中国歌剧舞剧院交响乐团演奏了《茉莉花》《天鹅湖》《匈牙利舞曲第五号》《雷电波尔卡》等16首经典民乐、舞曲曲目，歌唱家高鹏、毋攀、巨友燕演唱了《剧院魅影》《红梅赞》《我的太阳》等歌曲。中国歌剧舞剧院常任指挥、国家一级指挥张峥担任演出指挥。

【附件】

（一）2016年校级学生组织负责人

校学生委员会	主任：梁晶晶
校学生会	主席：朱泽楷
研究生会	主席：郭佳音
学生社团联合会	主席：黄天浩
青年志愿者协会	会长：曾庆鹏
艺术团	团长：刘禹杉
团委宣传中心	主任：张熙廷
团委政策研究中心	主任：王　剑
团委组织部	部长：修　宇

（二）2016年学生社团

总数：78个

1. 人文分会（11个）

345诗社
风云动漫社
正大琴社
舞月汉服社
京华京剧社
净行社
美术协会
天空印象
宜字林书法协会
峥嵘报社

人文报社

2. 理论分会（10 个）

阿里郎文化交流协会
德语社
法律评论社
法语协会
国际时政论坛
青年学社
日本语协会
微博协会
心理协会
英语协会

3. 特色分会（27 个）

CUPL Goebel 街舞社
棒垒球协会
国标舞协会
军事爱好者协会
篮球裁判协会
灵心手语协会
轮滑协会
魔术爱好者协会
排球协会
乒乓球协会
跆拳道协会
推理协会
玩泥巴清唱团
网球协会
武术协会
弦子锅庄舞协会
羽毛球协会
清韵雅音陶笛社
藤球协会
雪莲花协会
法大 Fitness Club
星道天文社

情·理·法·社会工作协会
木头人吉他社
法大演说协会
定向越野协会
足球协会

4. 实践分会（30 个）

创新协会
电影协会
岭南文化协会
留学服务中心
绿色家园环保协会
模拟联合国协会
农村与法治研究会
求是社
政法创行
西部志愿者协会
职业发展协会
准律师协会
新长城自强社
橄榄绿协会
万里自行车协会
DreamOut
微电影工作室
法大 AIESEC
GIB 美妆协会
声动朗诵协会
光政辩论协会
英语辩论社
TEDxCUPL
摄影协会
礼射研习协会
强军协会
案例研究会
棋牌协会
图书馆学生工作协会
数学建模研究会

第十章　办学条件与保障

一、学校办公室工作

【概况】2016年，学校办公室贯彻落实党的十八大和十八届三中、四中、五中、六中全会精神，开展“两学一做”，执行中央八项规定，创新工作平台，管理服务体系日趋完善。

围绕中心工作，推动综合改革和党政主要工作任务完成。牵头组织开展校部机关权力清单和责任清单编写工作，形成了26个部门共327项责任事项的《校部机关职责清单》、20个部门共113项审批事项的《校部机关审批清单》和22个部门共261项服务事项的《校部机关服务清单》草案稿。制定《中国政法大学公务用车制度改革工作方案》，全年学校招待费、全校性会议费、校领导用车等“三公经费”支出均有下降。

文秘工作规范细致，积极发挥参谋助手作用。共召开校级党政会议45次，其中党委全委（扩大）会议1次、党委常委会19次、校长办公会22次、书记办公会3次，发放党委常委会决议通知单68件、校长办公会决议通知单100件，启用中国政法大学电子会议系统。共处理校级公文418件，其中行政类公文355件，党委类公文63件。向教育部和北京市教工委等上级单位报送信息60篇，3篇被教育部网站全文采用；向上级部门报送“零报告”30期。起草各类党政工作总结计划、致辞讲话、贺信唁电等文稿共计60余篇；完成《中国政法大学关于报送高等教育领域“简政放权、放管结合、优化服务”改革有关材料的报告》《中共中国政法大学委员会关于进一步贯彻落实党委领导下的校长负责制等若干事项的报告》《中国政法大学关于报送内部控制工作总结的报告》等文稿撰写工作；为2017年本科教学评估，内部控制基础性评价，实施证据等提供文字材料。为中国教育年鉴2016卷、北京教育年鉴2016卷和昌平年鉴2016卷提供年鉴材料2万余字、视频资料7条、照片36幅。

依法依规组织并圆满完成2016年两校区区人大代表换届选举工作。冯世勇同志依法当选为北京市昌平区第五届人民代表大会代表，高祥同志依法当选为北京市海淀区第十六届人民代表大会代表。

夯实服务技能，综合协调能力和服务保障水平不断提升。全年完成上级单位视察、兄弟院校来访等接待活动11次，承办或协办各类会议20场，其中100人以上大型会议6场。首次作为秘书处单位协助上海政法学院完成本年度全国政法院校“立格联盟”高峰论坛。全年各类用章量159 831次；为二级单位、非在编科研机构等刻制公章28个，回收废旧公章11个，完成2009－2016年用印记录单归档成册共80册。组织本年度全校印章清理工作；开具组织机构代码证复印件504张、事业法人证复印件425张、学校介绍信

54 封。派发校车参加公务活动 39 次，协调派发机动公务用车 600 余车次；审批全校各类会议共 2613 场，会议数量同比上升 17.9%；审核发布校内外通知公告 607 条；流转上级文件共 193 件、兄弟院校及其他单位交流函件约 75 份。持续推进办公室信息化建设，首次面向校内外发布学校 2016 年新年贺卡，配合校级党政会议实现无纸化办公、OA 办公平台优化升级和网上办事大厅筹建等工作，完成远程打印系统及相关设备招投标及后续需求服务对接。

突出工作重点，提高督办和信息公开工作实效。完成《月度督办情况通报》10 期、《学期党政工作督办情况通报》1 期、《年度党政工作督办情况通报》1 期。完成《2015 年上级法律草案征求意见完成情况统计》专项督办。推进信息公开清单式管理，协调教务部门建立教学信息公开专栏，在“公开清单总览”大项条目下增加每小项信息的链接，方便公众查询；坚持在《月度督办情况通报》中对各部门发布的信息数量及下月重点发布信息进行通报。发布《中国政法大学 2015－2016 年度信息公开报告》，全面公布学校信息公开工作情况；积极主动更新信息公开专栏，全年共发布信息 291 条；共受理信息公开申请 27 件，信息公开申请的按时办结率为 100%。

畅通信访渠道，不断提升现代治理能力。编撰完成《中国政法大学规章制度汇编》。审查校内规范性文件、各类合同协议 420 余件。提供法律咨询 17 次；处理诉讼和仲裁案件 5 件。针对昌平家属院置换、学生疫苗纠纷等重大疑难涉法事务，共召开专家论证会 5 次，咨询专业律师 7 次。向教育部上报历史遗留信访积案 5 件，接到来信来访、投诉 96 次。

严格保密程序，做好机要保密工作。处理非涉密文件 1234 件、涉密文件 243 件；校领导阅非涉密文件约 1704 次、阅涉密文件约 966 次；转批约 152 份；完成了中央、市委机要文件 101 份的清退工作；归档 31 卷；涉密文件备份 118 份；销毁内部资料及其它近 100 份；待销毁涉密文件登记造册共计 253 份；存档涉密文件 15 份；整理文件资料 51 份。

加强档案利用，提高档案管理工作水平。提供查档服务上千人次，为教育部学历学位认证提供服务上百人次；为人事档案核查、人物校史编研、校内财务检查、教学评估、学生考研、出国、补办毕业证、编写校友通讯录、校舍翻修等事项提供档案依据；引进了档案管理先进软件，建立和充实学校档案数据库；完成钱端升纪念馆招投标程序。

以师生为本位，完成收发工作任务。全年两校区共分发报纸 56 万余份，期刊 450 多种、18 000 余份，接收各种邮件 56 余万多件，机要件 7000 多件；完成两校区互转信件 10 万余封、互传文件 750 余件；配合邮局收订各种报刊 13 万余元；外发机要件、挂号信 38 600余件；退转邮件 27 900 余件；坚持每日在校内网站公布学生邮件信息。

【完成人民代表大会代表选举工作】 11 月 15 日，学校两校区北京市区人大代表换届选举工作顺利完成。在选民登记工作中，共完成昌平校区选民 9968 人、学院路校区选民 6303 人选民登记工作，做到“不漏登、不错登、不重登”；在提名推荐代表候选人工作，采用“三上三下”的原则，各选民小组分别召开 3 次讨论会议，两校区共召集各小组组长、选民代表等会议十余次，完成各个环节步骤；在投票选举阶段，学校精心筹备，有序组织，顺利完成选举日投票工作，昌平校区投票率为 95.4%、学院路校区投票率为

89.27%。冯世勇同志依法当选为北京市昌平区第五届人民代表大会代表，高祥同志依法当选为北京市海淀区第十六届人民代表大会代表。

【制定《中国政法大学公务用车制度改革工作方案》】12月2日，《中国政法大学公务用车制度改革工作方案》经2016年第18次党委常委会讨论通过。会后，经公示学校将拟保留公务车辆情况报教育部车改办审核，学校拟保留公务车辆28辆，拟处置公务车辆15辆，保留车辆将用于专业性、业务性用车及校领导公务出行、应急处置、机要通信等。

【启动学生行政服务团队管理】本年内以现有勤助学生团队为班底，通过处长助理、“友思”学习圈等平台，启动对学生行政服务团队的建设与管理。以对平面设计、基本办公技能、职场适应能力等定期学习交流的方式，提升学生的职场综合能力和辅助行政事务的能力。

二、财务工作

【概况】2016年学校财务工作以保障中心工作为宗旨，确保基建和后勤运行资金需求，严格控制“三公经费”。加强制度建设，规范工作流程；加强预算管理，努力增收节支。

落实国家重大科研管理政策，出台相关经费使用管理办法。根据《中共中央办公厅、国务院办公厅关于进一步完善中央财政科研项目资金管理等政策的若干意见》（中办发【2016】50号）的精神，制定了《中国政法大学差旅费管理办法》《中国政法大学会议费管理办法》，对《财务管理典》进行梳理完善。会同科研处制定了《中国政法大学纵向科研项目管理办法 》《中国政法大学横向科研项目管理办法 》《中国政法大学科研项目间接费用管理办法》。

进一步加强内控制度建设。成立内部控制建设领导小组，校长任组长，副校长任副组长，14个涉及经济活动单位的负责人为组员，办公室设在学校办公室。学校办公室牵头制定了学校经济活动内部控制建设工作实施方案，相关责任单位梳理现有规章制度、岗位职责、工作流程，排查各自内部控制建设的薄弱环节，开展内控建设基础性评价工作。

严格预算管理，开展盘活财政存量资金工作，对学校财政存量资金规模、结构、结存状态、变化情况等进行详尽地整理与核实。今年项目预算资金1.5亿元，主管校领导在年初召集学校图书馆、资产处、基建处、信息化办公室、教务处、保卫处、科研处、研究生院等相关部门召开项目资金执行专题会议，要求各部门将任务单按时间分解，项目落实到各职能部门，责任到人；为保证项目及时跟进，学校专门成立项目执行小组，保证项目资金的执行；审计、纪委等负责对项目实施全过程进行监控。在预算资金执行过程中，对项目实施全过程进行动态监控，建立“预警高效、反馈迅速、纠偏及时、控制有力”的预算执行动态监控机制。每月还通过发短信、打电话、财务信息查询系统等方式，提醒和督促各单位预算资金的执行跟上进度。对资金执行进度缓慢、使用计划不明确的项目，约谈项目责任人督促其制定并落实有效的资金使用计划。在具体实施过程中，主管校领导对各项目资金动态关注，对项目执行中遇到的问题，要求各部门及时沟通配合，全力保证预算项目资金执行到位。

学校严格按照报教育部备案的“2016 年实施计划工作手册”所列任务、“中心专项资金管理办法”以及教育部、学校财务制度的要求执行预算。个别工作任务在不同团队之间的调整，经中心主任联席会议集体讨论修订，已报教育部“2011 办”及学校财务处备案。

全面推行公务卡结算报销工作，贯彻落实国库集中支付制度改革，减少现金支付结算，提高支付透明度，加强支出监控管理。根据财政部、中国人民银行印发的《中央预算单位公务卡管理暂行办法》，教育部财务司转发的财政部、中国人民银行《关于加快推进公务卡制度改革的通知》以及财政部、科技部印发的《关于中央财政科研项目使用公务卡结算有关事项的通知》等有关文件精神，在充分调研兄弟院校做法的基础上，结合学校实际，出台了《中国政法大学公务卡使用管理办法》。通过各种形式对教职工解读和培训公务卡报销政策与程序，有序进行公务卡结算工作。该工作进一步深化国库集中收付制度改革，加强财政支出监督管理，规范公务消费行为，最大程度地减少了现金支付结算，提高了公务支出透明度。

不断提升财务处服务工作质量。启用网络预约报销系统，提高了报销审核效率，增强了财务工作信息化能力。公务卡有效使用，提升了科研支出透明度，加强了经费管理，提高了资金使用效益，减少了现金提取和使用，提高了财务管理水平。采用了网银支付系统，解决了学校两地办学，国库资金使用不便的局面，学校资金支付更加安全高效。建立了凭证扫描系统，免去了不必要的翻看原始凭证时间，尽最大可能保持凭证的初始状态，提高凭证的使用寿命。启用微信公众号，延长了信息服务的时间和空间。

开展大量培训工作。注重与一线科研教学工作者的联系沟通，注重听取一线的呼声。在二级财务和报账员中进行系统的培训；配合教务处、就业指导中心对学生进行了相关培训；邀请所有教学科研工作者进行面对面的沟通，宣传财务政策，培训相关报销流程。

【召开财经工作小组会】 1 月 20 日，2016 年第一次财经工作小组会议在昌平校区召开。会议由黄进校长主持，对部门的议题进行了审议，并对通过的议题发放财经工作领导小组会议决议单。

【启动网络预约报销工作】 5 月，启用网络预约报销平台及实行网银支付工作。为贯彻《财政部　科技部关于中央财政科研项目使用公务卡结算有关事项的通知》（财库【2015】245 号）要求，财务处增加了网络预约报销系统，实现网络填报报销单、工商银行实时支付、公务卡公务信息即时提取等功能，改变了以往手工填写、人工录入的局面，提高了报销审核效率，增强了财务工作信息化能力。网银支付不但即时到账，更提高了资金流转的安全性。

【召开财经工作小组会】 5 月 5 日，2016 年第二次财经工作小组会议在昌平校区召开。会议由黄进校长主持，会议对研究生院、继续教育学院、出版社、国际交流中心、司法鉴定中心等部门的议题进行了审议，并对通过的议题发放财经工作领导小组会议决议单。

【出台制度办法】 8 月 31 日，根据教育部差旅费、会议费相关管理要求，经第 14 次校长办公会审议，通过执行《中国政法大学差旅费管理办法》（法大发【2016】101 号）、

《中国政法大学会议费管理办法》（法大发【2016】102 号）文件。

【召开财经工作小组会】 12 月 15 日，2016 年第三次财经工作小组会议在昌平校区召开。会议由黄进校长主持，会议对研究生院、教务处、商学院、资产处等部门的议题进行审议，并对通过的议题发放财经工作领导小组会议决议单。

【出台制度办法】 12 月 22 日，第 21 次校长办公会审议通过了《中国政法大学公务卡使用管理办法》（法大发【2016】158 号）《中国政法大学改善办学条件专项资金管理办法》（法大发【2016】159 号）文件。

三、审计工作

【概况】 审计处是负责学校内部审计的机构，主要职能是依据国家法律法规、上级政策和学校规章制度，独立开展内部审计监督与评价工作。审计处现设有财务审计科、工程审计科两个科室，共有工作人员 7 名。

《中国政法大学关于加强内部审计工作的实施意见》于 2016 年 4 月 20 日印发施行。审计处全面参与学校基建处、后勤工作委员会办公室和资产管理处牵头的各类基建、修缮和设备采购项目的招标、评标的监督工作以及项目验收工作。年内，共完成各类审计项目 72 项，全年审计资金总额为 120 029.56 万元，其中，财务预算执行情况审计 1 项，财务收支审计 1 项，经济责任审计 1 项，后续审计 2 项，科研课题结项经费审计 40 项，基建工程审计 1 项，修缮工程审计 26 项。通过审计各类财务项目发现问题 81 项，提出审计建议 47 条；通过基建、修缮工程审计，降低工程造价 1 283.68 万元；通过落实整改制度，促进学校增收节支。

开展经济责任审计，促进党风廉政建设。受学校党委组织部委托，审计处对常林同志任证据科学研究院院长期间的经济责任进行了审计。推进财务预算执行情况和决算审计，规范财政拨款使用管理。按照《教育部关于加强高等学校预算执行情况与决算审计工作的意见》和《中国政法大学财务预算执行情况和财务决算审计实施办法》的要求，对学校 2015 年度财务预算执行情况和决算的真实性、合法性和效益性进行了审计。不断加强科研课题结项经费审计，规范科研经费管理。共完成科研课题结项经费审计 40 项，审计金额 460.16 万元，出具审计意见书 15 份，发现问题 49 项，提出审计建议 30 条，退回学校的违规资金达 29 921.00 元。继续加强对二级财务的审计监督，开展财务收支审计，加强防控机制建设。对校团委 2015 年度财务收支情况进行审计。

做好后续审计工作，保障审计意见得以落实。2016 年，审计处对民商经济法学院和人文学院 2014 至 2015 年审计报告中提出问题的整改情况进行了后续审计，共针对 15 项问题发表了审计意见，出具审计报告 2 份。

开展专项审计。学校聘请了北京中咨新世纪会计师事务所有限公司对学校横向课题 2013 –2014 年的科研经费使用情况进行了专项审核，本次审计共抽取横向课题 600 项，其中 2013 年 300 项，2014 年 300 项，出具审核报告 2 份。根据校党委对开放办学创收单位分批次进行财务收支审计的要求和指示，学校聘请北京中天恒会计师事务所有限责任公司于 2016 年 5 月 9 日 –2016 年 5 月 31 日对法学院、刑事司法学院、政治与公共管理学院、继续教育学院2013年－2015年开放办学情况进行了专项审计，出具审计报告4份。

年内，审计处共完成基建、修缮工程审计27项，审计金额为10 109.34万元，审减额为1283.68万元，审减率为12.70%，本年度基建、修缮工程审计共降低工程造价1283.68万元。新建工程审计1项，即教学图书综合楼智能化专业分包、中水处理站分包、精装修工程招标控制价审计，送审金额共计4605.99万元，审减金额为357.78万元。完成了对昌平校区教学楼维修改造项目、昌平校区锅炉房相关改造项目、昌平校区教学楼节能维修改造工程（二期）和学院路校区6#学生公寓室外电缆工程等26项修缮工程的审计，送审金额共计5503.35万元，审减金额为925.90万元。

年内，审计处进一步加强审计处内部建设。共更新网站信息21条，包括教育部、财政部、审计署等相关部门最新颁布的审计、会计和财税方面的法规制度，内审工作动态，以及审计案例等，落实了审计事项公告制度的要求，加大了审计结果的运用力度。加强业务学习，先后派出人员参加教育部、中国教育审计学会组织的各项业务培训5次。

【完成经济责任审计】年内，受学校党委组织部委托，对常林同志任证据科学研究院院长期间的经济责任进行了审计。本次审计主要依据国家和学校财经法规、文件和制度，针对各单位国有资产的购置、管理使用、保值增值及安全完整情况，单位内部各项管理制度和内控制度的建立与执行情况，财务收支的真实性、合法性和效益性，以及个人履行经济责任和廉洁自律的情况进行审计，并对该院下属的法大法庭科学技术鉴定研究所2015年审计后的整改情况进行了检查，审计金额3314.24万元，出具审计报告1份，发现问题18项，提出审计建议6条，并已督促证据科学研究院完成审计整改工作。

【完成财务收支审计】年内，对校团委2015年度财务收支情况进行了审计。审计过程中，学校采用了审查会计账簿、抽查会计凭证及与相关人员座谈等审计程序，审计金额277.98万元，出具审计报告1份，发现问题8项，提出审计建议7条。本次审计帮助校团委找到日常管理的风险点之所在，为其规范财务收支，健全管理制度，完善内部控制体系指明了方向。

【完成财务预算执行情况和财务决算审计】年内，按照《教育部关于加强高等学校预算执行情况与决算审计工作的意见》和《中国政法大学财务预算执行情况和财务决算审计实施办法》的要求，对学校2015年度财务预算执行情况和决算的真实性、合法性和效益性进行了审计。重点关注改善高校办学条件专项的预算执行情况及开放办学情况，并对几个学院的开放办学情况进行了重点审计。本次财务预算执行情况和决算审计共审计金额105 867.84万元，发现问题6项，为学校财务管理提出审计建议4条，规范了会计核算程序，促进了预算管理，提高了资金使用效益。

【完成科研课题结项经费审计】年内，完成科研课题结项经费审计40项，审计金额460.16万元，出具审计意见书15份，发现问题49项，提出审计建议30条，退回学校违规资金达29 921.00元。科研课题结项经费审计以科研经费预算编制与执行、完善管控机制、提高使用效益、落实管理责任为重点，重点关注劳务费、会议费和差旅费等费用的支出问题，以及项目经费预算执行情况等。

四、资产工作

【概况】资产管理处是学校国有资产管理的职能机构。主要职能是根据上级有关规定，建立健全国有资产管理的各项规章制度；保障国有资产的安全和完整，防止流失；明晰产权关系，实施产权管理，办理产权登记；优化国有资产的配置，提高资产利用率；定期对学校的国有资产进行清产核资；组织和参与仪器设备的采购招标及验收。下设综合管理科、房地产管理科、设备管理科、校办产业管理科，工作人员 13 人。

年内，完成教育部国有资产专项检查迎检工作。完善国有资产管理制度，制定《中国政法大学国有资产管理办法》及 4 个工作规程。在原有资产管理委员会的基础上成立国有资产管理委员会，完善了学校国有资产管理体制。

进一步完善信息平台建设，使资产管理规范化、有序化。不断推进房地产工作的信息化进程。将办公用房、教职工住宅、周转房、校内经营用房等房产数据信息化，实现办公用房、周转房、校内经营用房的实时动态化管理，大大提高了办公用房、周转房、校内经营用房的管理效率。完善固定资产管理信息化平台，实现资产、财务信息管理一体化，确保了新增资产账目与财务账目实时相符。

积极解决历史遗留问题，稳步推进人户分离房产证的变更和住房补贴的发放。积极推动各类住房的回购工作，为校园整体发展奠定基础。规范周转房管理，解决新入职教职工的住房问题。进一步完善周转房入住腾退流程、修订周转房租赁合同、细化退房手续中的内容、强化周转房整体管理机制，极大提升了周转房管理的效率。同时，加强了学院路校区博士后周转公寓的管理。全年共办理教职工周转房入住 94 户，腾退 78 户；办理博士后周转公寓入住 15 户，腾退 14 户。同时，积极解决职工住房问题，顺利完成沙河高教园区选房工作。

会同保卫处、北京市公安局文保处对 2、6 号楼进行了清理整顿，专项清理了楼内存在的群居群租现象，同时拆除违章建筑，集中清理了楼道堆积的杂物，大大改善了楼内居住环境，确保了居住安全。

根据学校的统一部署，为保证学院路校区 6 号楼和花园路住宅抗震加固工程及内部装修工程顺利进行，资产管理处积极整合校内资源，协调有关部门，将原居住在 6 号楼内的工勤人员整体迁移至新 2 号学生公寓，将原租用在 6 号楼的非在编科研机构整体迁移至 3 号楼和法苑公寓。同时，积极与 6 号楼及花园路住户沟通，与大部分住户临时调整，并与其签订了调整方案和回租协议，确保了学校修缮工程的稳步推进。

加强和规范仪器设备采购和管理，为学校中心工作提供有力的物质保障。根据采购项目的专业性程度、复杂程度和预算金额确定采购形式，严格按照预算金额高于 50 万元的项目采取委托校外招标代理机构进行公开招标采购的模式进行，这种方式既提高了编制标书、评标等环节的专业性和科学性，规范的招标采购行为，又提高了工作效率。全年完成委托招标 10 项，预算金额 3297. 06 万元，合同金额 3022. 68 万元，节省 274. 38 万元；完成校内招标 22 项，预算金额 554. 08 万元，合同金额 418. 41 万元，节省 135. 67 万元。规范资产的报废，严格报废审批程序，按规定处置报废资产，回收残值，最大限度地节约资源。全年累计完成废旧设备拍卖 3 次，上缴残值 117 592 元。

规范校内经营场所的管理，加强对校办企业的监督管理。完成全校 30 处、分别由 5 个部门管理的经营场所的登记造册，完善租赁合同，规范租金缴纳手续，明确管理职责。对 21 处经营场所进行了新一轮的公开招租，规范招租程序，确保招租工程的公开、公正，租金收入 142.92 万元，比上一年度增长了 23.92 万元。每月初通过《中央部门管理企业财务月报系统》，向教育部汇总、报送校办企业每个月的财务数据，根据教育部国资专项检查的工作要求，对学校 8 家校办企业存在的问题提出整改要求和意见，同时启动了对部分长期亏损、扭亏无望的企业，与学科建设无关、对教学科研无促进作用或长期不向高校分配利润的企业的审计和资产评估工作。

【颁布《中国政法大学国有资产管理办法》等文件】《中国政法大学国有资产管理办法》于 2015 年 7 月 15 日起实施。其规范了国有资产管理行为，要求依法合理配置和有效使用国有资产，防止国有资产流失。为进一步规范政府采购行为，分别制定《中国政法大学 2015－2016 年度协议供货办事指南》、《中国政法大学采购进口产品办事指南》、《中国政法大学网上竞价办事指南》和《中国政法大学 2015－2016 年度办公家具定点采购办事指南》等工作规程，加强了学校仪器设备采购管理，规范了政府采购行为。

【完成沙河高教园区选房购房工作】7 月，成立沙河高教园区住房申购专项领导小组，制定《中国政法大学沙河高教园区安置房申购办法》，并根据办法进行资格初审、资格复审、排名、公示等一系列流程后，于 9 月 31 日组织相关人员顺利完成了 20 套房产购房工作。

【完成国有资产管理专项检查工作】10 月 19 日至 11 月 3 日，教育部检查组入驻学校开展国有资产管理专项检查工作。学校根据专项检查要求，结合学校国有资产管理实际情况，起草中国政法大学国有资产管理工作报告，全面总结学校国有资产管理工作。在检查组入驻学校后，汇总学校国有资产管理制度并编制成册，按照检查组要求提供各类材料。通过国有资产专项检查，全面梳理了学校国有资产管理存在的问题，形成了整改情况报告，进一步提高了学校国有资产管理水平。

【推进各类住房的回购】年内，为配合学校整体发展规划，积极推进两校区各类住房的回购工作，分别对昌平校区住宅和学院路校区住宅实行市场评估定价和固定价格两种回购方式。截至目前，共回购昌平校区住宅 2 套，学院路校区住宅 6 套，其中筒子楼 4 间，单元房 2 套。

【推进人户分离房产证的变更和住房补贴的发放】年内，根据国管局批复，资产管理处分校区、分类型积极开展了 391 户人户分离住户房产证变更工作。通过整理基础信息，将合规材料整理汇总后，分别上报海淀区房管局、昌平区房管局。已完成 31 户学院路校区和 3 户昌平校区人户分离房产证的变更工作。另有 34 户昌平校区人户分离房产证的手续完备，待昌平房管局批复办理。积极进行调查核实，妥善解决了 5 名老职工住房补贴的发放。

五、后勤工作

【概况】后勤工作委员会于 2004 年 7 月成立，全面负责学校的后勤服务工作，实行“小机关多实体”的管理模式。下设后勤工作委员会办公室（以下简称后勤办），负责后勤事务的行政管理以及后勤实体服务工作的监督、管理和协调，内设综合科、工程技术科、节能办公室和质量监督科。后勤服务系统设饮食服务中心、学生公寓管理服务中心、物业管理服务中心、运输服务中心、电信服务中心及幼儿园，直接从事服务与保障工作，实行独立核算、自主经营、自负盈亏、自我约束、自我发展的经营模式；另设有后勤结算中心作为学校二级财务机构负责实体的结算工作；2009 年 9 月成立后勤服务大厅，分理后勤服务咨询、投诉、建议、提供校内电话号码查询、校内水电卡充值、校内电话业务现金收费等服务，现由后勤工作委员会办公室质量监督科管理并组织开展工作。

饮食服务中心全面负责学校昌平和学院路两个校区的餐饮保障服务工作，在管理活动中接受中国政法大学后勤工作委员会办公室的工作指导。两校区共有 6 个食堂，营业面积 8100 平方米，就餐座位 3330 个（含第二食堂教工餐厅就餐座位 44 个、第三食堂教师餐厅就餐座位 54 个）。截至 11 月末，中心在编员工 16 名，非在编员工 411 名，其中中心自营窗口员工为 286 名，对外承包经营窗口员工为 125 名，高级厨师 19 名，高级面点师 2 名，中级厨师 12 名，中级面点师 7 名。

学生公寓管理服务中心是中国政法大学后勤实体之一，全面负责学校昌平和学院路两个校区的学生公寓管理和服务工作。学校共有学生公寓 14 栋，其中昌平校区 12 栋，学院路校区 2 栋。学生宿舍总面积 55 938. 31 平方米，共有学生宿舍 3080 间，床位 14 272 个。在住全日制学生 13 373 人，其中本科生 8295 人，研究生 4970 人，留学生 108 人。中心现有工作人员 98 人，其中管理层人员 17 人。管理层队伍中达到硕士学历的 3 人，本科学历的 3 人，大专学历 8 人。

物业管理服务中心为学校教学科研提供强有力的动力安全运行保障及校园环境服务保障，负责学校水暖电安全运行、特种设备设施维护、校园环境清理及中心所辖区域的室内环境卫生保洁工作。中心下设办公室、物资管理部、人力资源部、质检部、维修与工程部、动力部、环境部、保洁部，现有员工 270 人，其中事业编制员工 45 人，非事业编制员工 225 人。

电信服务中心作为负责昌平、学院路两个校区电话通讯工作的后勤服务实体，已形成教学办公、学生宿舍、教工住宅三大用户群。中心共有职工 13 名，中心主任 1 名，设 3 个职能部门，即：综合事务部、业务部和机线维护部。中心在编人员 4 名，非在编人员 9 名。

运输服务中心承担全校运输服务任务，保证学校两地办学基础上每天教职员工的班车服务及学校教学科研等用车任务，同时承担学校重大活动、每年接新生、送老生的任务。运输服务中心现有车辆 30 辆，其中金龙大客车 1 辆、福田大客车 4 辆、金龙中型车 1 辆、金旅中型车 2 辆，福田中型车 2 辆、丰田中型车 1 辆、旅行车 3 辆、小客车 16 辆。全年完成班车任务 4510 台次，累计行驶 38 万公里。运输服务中心现有人员 26 名，其中学校事业编制人员 14 名，非事业编制人员 12 名，主任 1 名，副主任 2 名。

幼儿园隶属于中国政法大学，属自收自支单位。现有职工 43 人，事业内编制 6 人，事业外编制 37 人。幼儿园管理层设园长 1 人，主管全园工作；副园长 1 人，主管厨房、卫生保健、门卫工作；现有 8 个班，大班 2 个，中班 3 个，小班 3 个，收托幼儿 292 人。

圆满完成后勤服务保障任务。协调督促后勤实体完成了两校区迎新、开学典礼、新生军训、教师节表彰大会、毕业典礼、毕业生离校、学校献血工作、校运动会、自主选拔及艺术特长生招生测试、就业双选会、大学英语四六级考试、公共英语考试、硕士研究生招生考试等多项校内活动的后勤服务保障工作；教师节免费餐、中秋节免费月饼、供暖保障、两校区安全检查整改督办等后勤实体保障工作。联系协调2015级法硕学生搬家事宜等。通过后勤服务大厅发布后勤服务一周热点37期、每周校园生活提示27期、失物招领信息126条，后勤服务质量追踪144项，接收、回复信息约14 859条，其中校内电话号码查询约10 979项，接收咨询、投诉、建议、报修约3880项；严格按照教育部、北京市和学校要求，把安全生产和校园稳定作为重点工作来抓，组织了多次后勤服务系统安全及服务专项检查，确保了重要节点、敏感时期及日常后勤服务保障工作的平稳运行。

平稳运行后勤质量管理体系。组织后勤实体开展后勤服务质量管理体系滚动式内审，邀请认证公司专家对相关工作人员进行质量管理体系内审员培训，通过后勤质量管理体系进行再认证审核，经认证公司批准，继续持有和使用体系认证证书及标识。

拓宽与师生交流沟通平台。继续通过聘请后勤服务质量监督员、邀请师生代表参加后勤系统工作例会、接听校园生活服务热线、处理校园BBS投诉、发放后勤服务调查问卷、召开师生座谈会、大厅接待等方式与师生保持有效沟通。拓展后勤服务质量监督员职能，密切与学生组织的沟通交流，定期发布后勤服务质量监督报告5期，限期整改不合格服务项目139项。

建立健全服务项目督办机制和服务满意度追踪机制。密切关注校园BBS舆情热点，整理汇总学生代表性意见建议，及时作出情况说明，确保网络意见回复率100%。

积极组织维修改造工程。按照《中国政法大学修缮工程项目管理办法》相关要求，组织实施了两校区学生公寓维修改造，昌平校区一食堂维修改造、北区部分道路维修改造、北区路灯及电缆改造、学生公寓空调线路及桥架安装、逸夫楼地下停车场改造等40余项维修改造工程。在后勤办、管理使用部门及监理单位的严格监管下，经过各方面积极努力，各项工程均顺利竣工并投入使用。此外，认真组织开展了教育部修购专项申报工作，争取到了1400余万元专项资金，为维修改造工作的顺利开展创造良好条件。

扎实开展节能减排工作。按照教育部和北京市发改委要求，积极参加重点用能单位节能减排培训会议，按时报送月、年度能耗资料及能耗报告，并接受相关部门现场检查，完成学校年度能源审计、碳排放核算、节能检查等工作，积极推进能源管理体系运行和清洁生产审核工作，完成节约型校园建筑节能监管平台建设工作，校园用水用电量可适时在线监测。加大节能节水宣传力度，通过开展节水周宣传活动、与学生社团组织联合举办节水活动等方式，提高师生节能意识。加强节能减排技术改造，完成锅炉低氮排放改造及校医院污水排放改造等项目，整修设施设备、提高运行效率和节能效果。圆满完成学校十二五节能减排任务，荣获昌平区2015年度节能减排先进单位。

加大设备巡检力度，确保安全度汛。根据相关要求，学校对防汛重点安全区域（配电室、锅炉房、地下空间等）的设备设施进行了检查，对各类水泵进行了检修，对排水设备（雨漏管、雨水篦子、排水管）等进行了清掏检查及维修；购买防汛物资，汛期实行 24 小时电话值守制度。

不断推进党风廉政建设。严格执行中央“八项规定”和学校党政纪律要求，对校园维改工程招标、后勤实体经营、财务收支管理以及涉及学生代收费和服务性收费等关键环节和关键岗位加强风险监控；根据《中国政法大学后勤实体报账员岗位轮换实施办法（暂行）》，落实后勤实体报账员第二轮岗位轮换工作；积极配合学校对后勤办及后勤实体开展各项审计工作，对审计中发现的问题认真落实整改。

【开展节水宣传】3 月 22 日，在第二十四个“世界水日”，开展了以“落实五大发展理念，推进最严格水资源管理”为主题的节水宣传活动。宣传活动以“践行绿色发展，建设生态校园”为目标，体现“水是生存之本、文明之源、生态之基”的节水、护水新要求。

【启用两校区学生公寓空调】5 月 6 日，两校区空调安装及线路改造施工完毕，学生公寓管理服务中心按照空调安装方案及学生公寓实际情况，制定《中国政法大学学生公寓空调管理使用办法》。6 月 1 日，两校区学生公寓空调正式启用。

【开展饮食服务中心食品安全知识培训工作】5 月 25 日，北京市海淀区北太平庄食品药品监督管理所培训老师苏建伟为学校饮食服务中心学院路校区全体员工进行了食品卫生安全知识培训，中心相关负责人及员工 110 余人参加了此次培训。培训中，苏老师分别从采购索证工作要求，食品添加剂管理，库房、专间管理，预防交叉污染，餐用具的清洗消毒，成品的保存等方面对食堂原材料采购、食品卫生安全和集体食堂从业人员操作规范进行了深入细致的讲解。

【后勤服务系统通过 ISO9001 质量管理体系认证】9 月 19－20 日，北京中润兴认证有限公司审核专家组对学校后勤服务质量管理体系进行了再认证审核。经过两天的严格审核，审核专家一致通过学校后勤服务质量管理体系继续保持认证注册资格，11 月 22 日换发认证证书。

【举办第四届“家园杯”羽毛球混合团体赛】11 月 7 日－11 月 23 日，公寓中心与学生公寓自我管理委员会在昌平校区举办了第四届“家园杯”羽毛球混合团体赛。14 个参赛队共 140 名选手参加了比赛，通过预选赛和正式比赛两轮 28 场比赛，竹一、兰四代表队获得冠军，梅一、竹三代表队获得亚军，菊一、竹二代表队获得季军。

【安装充电桩设备】11 月 1 日，逸夫楼地下停车场充电桩安装完毕。设备经过调试，拟进行试运行阶段，践行了绿色出行理念。

【部分服务项目外包托管】年内，引入社会化管理新模式，部分服务项目外包托管。学校室内保洁除办公楼、家属住宅区以外所有区域均实现外包，外包保洁面积约占保洁建筑面积的 95%，适度减轻了中心人力、物力的成本支出，同时增强了中心员工的危机感和紧迫意识，实现了双赢互利局面。

六、基建工作

【概况】基建处是学校负责落实校园建设总体规划，组织、实施基本建设项目的行政职能部门，下设综合科、计划科和工程科三个科室。2016 年共完成基本建设投资 8267 万元。学院路校区教学图书综合楼项目非精装修区域施工基本完成。完成学院路校区2#配电室施工、北太平庄家属楼加固工程施工，6#楼加固工程施工完成50%。昌平校区教学楼D、E段改造工程和游泳池设备间维修改造工程基本完成。

加强工程前期工作，切实推进基建工作取得进展。修改完善《中国政法大学“十三五”基本建设规划》，并于2016年年初上报教育部。完成学院路学生食堂项目勘察设计招标工作，并于2016年12月28日获得《教育部关于中国政法大学新建学院路校区学生食堂项目可行性研究报告的批复》（教发函【2016】242号）。昌平校区礼堂节能维修改造工程已于年中完成修购资金的申报工作并获批。根据工程的总体安排，目前已开始工程改造设计等前期工作。

强化责任意识，确保优质、高效完成建设工程。教学图书综合楼项目目前已进入施工收尾阶段。2016年该项目完成了全部暂估价材料的招标工作，主要包括木门、灯具、石材和真石漆等项目；完成精装修工程招投标工作，双方签订了工程施工合同并完成合同备案手续；完成了室内外的装饰装修施工及大部分安装专业的施工工作；与科研楼相连的3#汽车通道开始施工。学院路校区2#配电室工程于2016年5月正式开工建设。完成土建及电缆施工、配电室内高低压柜及变压器设备招标工作。

昌平校区教学楼节能维修改造工程二期（致公楼、明法楼）于2016年3月完成工程施工图纸的设计，并于2016年7月8日完成全部招投标工作，7月21日双方签订施工合同并办理好合同备案手续。全部工程于11月15日完成，经验收后交付使用。目前，该项目已完成审计结算。

完成花园路家属楼外墙保温施工，室外道路于11月完成，现已全部投入使用。6#楼完成北侧加固保温和室内装修改造施工，并已交付使用。将昌平校区荒废已久的游泳池及设备间改造为五人制足球场、轮滑场、武术场及健身房，增加学校体育场地，目前均已投入使用。

完成昌平校区办公楼维修改造工程及昌平校区教学楼维修改造工程一期（端升楼、厚德楼、格物楼）竣工结算。

继续争取政策、资金支持，保证建设项目顺利进行。继续与教育部、发改委等上级政府、机关沟通，争取对学校基建项目更大的政策支持和资金投入。完成2017年昌平校区礼堂节能维修改造资金申请工作。

【基本完成学院路校区教学图书综合楼项目非精装修区域施工】3月15日，项目完成精装修施工招标工作；7月1日开始进行3#汽车通道暗挖施工；11月15日完成外墙真石漆施工。学院路校区教学图书综合楼项目位于学院路校区的中心区域，是学院路校区的标志性建筑。该项目总建筑面积81 361.64平方米，其中地上建筑面积为53 937.15平方米，地下建筑面积为27 424.49平方米；建筑高度45米，地下3层，地上10层（东部6层）。该项目由北京东方畅想建筑设计有限公司设计，北京建工集团有限责任公司施工，北京鸿厦基建工程监理有限公司进行工程监理。

【完成学院路校区2#配电室工程】该项目由北京鑫业博诚电力设计有限公司设计，北京海鸿电气工程有限公司施工，北京鸿厦基建工程监理有限公司进行工程监理。该项目于

5 月 10 日正式施工，6 月 20 日完成土建管线施工，7 月 15 日完成配电室内高低压柜及变压器设备招标工作，11 月 1 日完成验收并正式送电，目前已投入使用。

【完成学院路校区 6#楼及北太平庄家属楼加固工程】 学院路校区 6#楼及北太平庄家属楼经过结构安全监测，需要进行结构加固。该项目被列入北京市海淀区老旧小区改造计划，由中地长泰建设有限公司施工，北京鸿厦基建工程监理有限公司进行工程监理。7 月 30 日完成花园路家属楼外墙保温施工，11 月 30 日完成室外道路施工，目前已全部投入使用；11 月 15 日完成 6#楼北侧加固保温和室内装修改造施工，已交付使用。

【开展昌平校区教学楼 D、E 段改造工程】 该项目由北京东方畅想建筑设计有限公司设计，中国建筑装饰集团有限公司施工，北京鸿厦基建工程监理有限公司进行工程监理。该项目于 7 月 8 日完成招标工作，7 月 16 日正式进场施工，11 月 15 日完成四方竣工验收工作。

【完成昌平校区游泳池及设备间维修改造工程】 该项目由金坛建工集团有限公司施工，北京鸿厦基建工程监理有限公司进行工程监理。项目于暑假期间完成全部施工任务。

七、信息化工作

【概况】 信息化建设办公室（现代教育技术中心）是“中国政法大学信息化建设领导小组”的日常办公机构，是全面负责学校信息化建设工作的职能部门，内设综合科、网络部、卡务部、制作部、教学服务部、信息技术部、法律信息部，主要负责制定学校信息化建设的总体规划、规章制度和信息标准规范，并具体组织实施信息化建设项目；负责校园网、校园一卡通、多媒体网络教学的规划、建设、维护和管理；负责学校教室、会议室多媒体设备的正常运行与维护；负责学校主页的建设、行政办公、邮件、信息化平台、二级网站等业务系统的运行、维护与管理等工作。

信息化建设办公室在学校党委、行政的高度重视和有关部门的大力支持下，以建设“智慧校园”为总体目标，提升工作水平，创新服务方式，扎实推动学校信息化建设，为学校的教学、科研与管理提供了强有力的保障支撑。

基础网络建设方面，一是新的 DHCP 服务管理软件成功上线，实现了 DHCP 业务可视化管理，并重新规划了无线 DHCP 地址，替换了之前琐碎分散的地址池，便于管理和监控。二是测试并增加了同 teacher - 1x 一样安全方便登陆且免费使用的 student - 1x 学生信号，进一步方便学生使用校园网的同时，降低了网络费用。三是将两校区办公楼、教学楼、学生公寓的 AP - 108 更换为功率较大、信号更好的 AP - 225，消除了无线网络信号覆盖存在的盲点，提高了信号强度。四是在两校区的食堂安装了 AP - 225，实现了无线网络覆盖，满足了用餐高峰期师生的用网需求。五是对校医院、档案馆、饮食服务中心办公室、学院路六号楼进行了线路改造和网络建设，大大提高了网络质量，满足了师生的需求，创造了良好的网络环境。

支撑平台建设方面，一是新短信服务平台成功上线。二是开始建立网上办事大厅，实现学校行政审批流程透明化、可视化，工作网络化。三是完成了自助打印平台项目建设。

应用系统建设方面，一是完善了数字化迎新平台，得到了学生处、研究生院的认可。

联合办公大厅内实现了一站式服务，新生在办公大厅内只需要找到所在的学院，即可一次性完成扫码报到、档案转递和户口迁移等手续，整个过程只需要 2－3 分钟，提高了报到效率。二是完成了行政办公信息化项目建设，实现了校长办公会、党委常委会组织和管理的信息化。优化了办公会会议组织管理形式，提升了会议管理效率，降低了会议组织工作的成本。本次项目同时升级了办公系统，对公文处理和会议室申请功能进行了全面优化。三是完成了门户信息管理系统项目验收，年内分别完成二级院系部门网站的数据迁移工作、主站迁移并数据采集，以及完成新闻网电脑端和手机端网站建设实施，完成 5 个专题网设计实施，制作网上展厅栏目，制作完成数字广播栏目以及数字校报栏目，并搭建了针对新闻网的投稿系统。主页与新闻网主站群安全稳定运行，正常对外提供服务，二级院系部门子网站群已部署 38 个子站点，正常运行。

教学资源建设方面，完成了“爱讲座流媒体资源平台”和“优课程教学资源云平台”两个资源平台的规划和建设工作。基于资源平台，完成了近五年视频资源的整理和发布，截至 2016 年 12 月，“爱讲座流媒体资源平台”共有资源 1200 小时；“优课程教学资源云平台”共有课程 246 门次。为实现两校区间的课外学术讲座等活动的互联互通，通过“爱讲座流媒体资源平台”完成跨校区的活动直播共计 16 场次。同时配合学校相关部门完成了国家级精品资源共享课《中国法制史》视频录制以及后期剪辑；北京市教学名师申报视频的录制；首届国际大学生华语辩论公开赛全程活动视频的录制；第八届北京市大学生模拟法庭竞赛全程活动视频的录制；“虚拟第三学期”“微课”“国际课程”“两学一做”系列党课、继续教育学院系列课程等课程资源的摄制以及“法治金融论坛”“名家论坛”“大使论坛”等各类活动的拍摄工作。

信息化安全保障方面，一是完成了出口防火墙升级改造，将出口防火墙升级为新万兆防火墙。解决了网络宽带、用户使用量等基本网络环境的不断发展与原防火墙无法满足需求的矛盾。防火墙升级后，可以满足未来 3－5 年的使用需要。二是完成了全校网站与系统的信息清单整理，梳理了全校 IP 地址的备案信息以及各网站系统的部署情况和联络人名单。三是完成了教育部、北京市教委关于网络安全信息系统的名录、安全等级统计等有关表单的填写和汇报工作。四是加强了信息系统等级保护工作，做到在物理安全、主机安全、网络安全和数据安全等方面符合相关规定。从管理层面和技术层面有针对性地对校内运行的信息系统进行测评与整改，尽早消除高危安全隐患，提高系统抵御攻击能力，确保学校网络与信息系统的安全稳定运行。

【完成智慧校园数据中心调研】年内，走访调研了科研处、人事处、教务处、研究生院、学生处、财务处、资产处，了解目前学校各个业务部门之间数据的共享需求，最终形成了《中国政法大学信息系统数据管理办法》《中国政法大学基础信息标准》《中国政法大学数据编码规范》。启动一卡通系统升级项目。通过财务处联系银行推动一卡通系统升级项目，促成了中国银行的投资，新系统建设已顺利开展。

【调整中国政法大学信息化建设领导小组成员】1 月，调整了中国政法大学信息化建设领导小组成员，领导小组办公室设在学校信息化建设办公室（现代教育技术中心），负责有关日常工作，办公室主任由孙园植担任。

【完成 Blackboard 网络教学管理平台建设】 1－4 月，完成了 Blackboard 网络教学管理平台建设，满足了学生在课堂内外进行自主学习和个性化学习的需求。其主要功能包括网络课程建设、教学资源展示共享、教学互动、交流协作、数据统计和评测反馈等。

【完成智慧教室（一期）建设】 4－7 月，完成了智慧教室（一期）建设。智慧教室为师生提供课前、课中、课后的全方位的教、学、管理等业务服务，通过"互联网＋"的技术对教室内的多媒体设备进行智慧的感知和移动的互联，极大地提升了学校教育信息化的应用水平。

【申请开通"中国政法大学"微信企业号】 7 月，成功申请了学校微信企业号，签订了微信企业号开发合约，构建了微信企业号运营联盟雏形。完成了基本模块开发：个人信息、公共服务、身份认证、网络服务、移动离校。

【完成"优课程教学资源云平台"建设工作】 4－9 月，完成了"优课程教学资源云平台"的规划和建设工作。截止到 12 月，"优课程教学资源云平台"共有课程 246 门次，为实现两校区间的课外学术讲座等活动的互联互通，创造了良好的资源平台。

【完成行政办公信息化项目建设】 5－10 月，完成了行政办公信息化项目建设，实现了学校校长办公会、党委常委会组织和管理的信息化。优化了校长办公会会议组织管理形式，提升会议管理效率，降低了会议组织工作的成本。

【上线新短信服务平台】 11 月，新短信服务平台成功上线，该平台使用基于原有思特奇短信机所有功能，增加了发送邮件同时有短信提醒和回复短信可查看的新功能。项目完成后，组织部、离退休工作处等部门已开始使用新的系统，并且反映良好。

【完成网上办事大厅建设】 10－12 月，建设了网上办事大厅。实现了学校行政审批流程透明化、可视化，工作网络化，避免两校区办公造成的审批耗时过长等问题，方便了全校师生的各类申请审批。目前办事大厅已建立了涵盖教务处、校办、信息办、人事处、宣传部几个单位的十几个审批业务。

【完成自助打印平台项目建设】 12 月，完成了自助打印平台项目建设，实现了在校生、毕业生可自助打印盖校印的学位、学历证书中文复印件和英文翻译件、档案资料信息；教职工可自助打印领取组织机构代码证、事业法人证书复印件、在职证明、职称证明等材料。

八、校工会

【概况】 2016 年，校工会在编会员 1676 人，入会率达到 100%，校工会现有工会专职工作人员 6 人，其中女职工 1 人。

教代会行使民主参与、民主监督职权，参与学校重大事务管理。校工会召开第六届教代会暨第十二届工代会第三次全体会议及两次教代会主席团扩大会议，使代表民主参与、参政议政更具针对性，议题论证更加充分有效。进一步完善教代会代表列席校长办公会制度和接待教代会代表日制度。为将民主制度进一步向基层延伸，部分部门工会相继建立了教代会代表列席院务会议制度，参与、见证基层院务决策，充分、有效地发挥了教代会代表在基层民主参与中的作用。与此同时，2016 年召开学校第十一届工会教代会理论研讨会，以维护教职工权益和师德建设作为研讨的重点，共收到优秀论文 14 篇，形成理论研讨文集。

发挥群团组织优势，服务学校中心工作。2016 年，组织开展学校第十四届青年教师教学基本功大赛。岗位练兵活动中，校工会共表彰先进服务集体 5 个，先进服务个人 55 人次。一年来，工会开展丰富多彩的教职工文化活动，组织开展形式多样的文体活动和专项体育赛事 20 余项。

切实履行职能，维权工作取得新进展。学校工会今年进一步增加教职工权益保障平台。在内容上，维护教职工劳动权、发展权、健康权。在抓手上，通过列席制度、接待日制度、帮扶互助制度、法律援助制度以及落实定期联合为退休人员义诊机制、青年教职工子女入学帮扶机制等，提高师生的维权意识，在学校与师生员工之间架起沟通的桥梁，增强师生员工的归属感和满意度。

截止到 2016 年 11 月份，北京市教育工会法律援助中心，共接待案件 264 件，满意率为 100%。学校 2016 年教职工参与重大疾病互助保险共 1237 人次，女职工互助保险 577 人次。2011 年校长办公会议批准设立中国政法大学教职工爱心互助基金，学校每年拨 100 万元专项开展教职工爱心互助活动，目前已有 1412 名教职工申请加入。

此外，校工会在 2016 年共慰问看望困难、生病、家庭变故等教职工 160 余人次，发放困难补助金及慰问品合计人民币 7 万余元。

【举办三八妇女节系列庆祝活动】 3 月 8 日，三八妇女节庆祝活动在昌平校区举办。开展了形式丰富、趣味性和参与性强的游戏活动，套圈、飞镖、投篮、毽子和乒乓球五个游戏吸引了百余名女教职工的热情参与。

【组织教职工春季长走活动】 3 月 31 日，教职工春季长走活动在昌平区滨河公园举办，共 400 余名教职工参与其中。

【召开第六届教代会暨第十二届工代会第三次全体会议】 4 月 14 日，第六届教代会暨第十二届工代会第三次全体会议在昌平校区召开。征集到涉及学校行政管理、教学科研、后勤服务等多方面的提案共 19 件，相关职能部门负责人及分管校领导高度重视，提案全部得到答复；会后工会将代表们在分团讨论阶段提出的意见进行分类整理，共形成 31 个相关问题，向学校党委作了专题汇报，党委要求由各分管校领导负责，各相关部门按照提案办理规格进行处理并通过工会向各位代表反馈落实结果，代表们普遍表示满意。

【组织教职工春季运动会】 4 月 21 日，学校 2016 年度教职工春季运动会在昌平校区举行。各学院、各职能部门分别派出代表队参加了本次运动会。本次运动会共有 25 支代表队参赛，进行了百米、跳绳、拔河等四十个项目的角逐。最后后勤与校医院工会、校部机关一工会、校部机关二工会分别获得 A 组前三名，现代教育技术中心工会、马克思主义学院工会、科学技术教学部工会分别获得 B 组前三名。法学院工会、人文学院工会、图书馆工会、继续教育学院工会获得最佳组织奖。

【举办首届“军都杯”四校教职工足球联赛】 5 月 5 日，中国石油大学、华北电力大学、北京农学院及学校开展四校教职工足球联赛，学校取得第二名的战绩。

【开展北京市“师德榜样”校内评选推荐会】 5 月 12 日，学校通过校内召开评选会，推荐赵卯生、王萍作为候选人参评北京市师德榜样。

【举办第十一届工会教代会理论研讨暨工会委员培训会】 7月12日，举办第十一届工会教代会理论研讨暨工会委员培训会。会议邀请理论研讨获奖论文作者进行心得交流，并邀请北京市教育工会邱爱军副主席为学校工会干部进行专题讲座。

【赴军训基地慰问学校教职工】 9月19日，校工会赴延庆军训基地对学校教职工进行慰问。

【举办2016年教职工秋季趣味运动会】 10月13日，2016年教职工秋季趣味运动会在昌平校区举办。其中有指压板、充气滚轮、五色彩龙等的趣味运动设备，近400名教职工参加了学校2016年教职工秋季趣味运动会。

【开展岗位练兵活动】 10月28日，中国政法大学2016年“岗位练兵”先进集体和个人表彰暨事迹报告会在昌平校区举行。副校长、教代会工会主席冯世勇出席报告会并讲话。此次活动共表彰先进集体5个，先进个人55人次。

【举办第十四届青年教师教学基本功大赛】 12月15日，学校工会、教务处、人事处联合举办了第十四届青年教师教学基本功大赛。本次比赛共有来自14个部门的22位教师参赛。

九、图书馆

中国政法大学图书馆是新中国成立后国内最早建立的以政治法律文献为重点馆藏的高校图书馆。其前身是1952年成立的北京政法学院图书馆。1978年学校复办后发展至今，是全国政法院校图书馆协作委员会主任馆，中国高等教育文献保障系统成员馆。

图书馆由学院路校区图书馆和昌平校区图书馆两个分馆组成，昌平校区图书馆有文渊阁和法渊阁两个馆舍。图书馆采用开放的管理模式。两校区馆藏图书可通借通还。阅览室每周开放94小时，自习室每周开放112小时，网络资源全年每天24小时不间断服务。截止到年底共有67位职工。其中正式职工56人，劳动合同制11人。

截止到2016年年底学校图书馆及各院系资料室所拥有的纸质图书达238.6万册，另有中外报刊近2000份，目前可供师生检索与利用的数据库大库36个，小库82个。

2016年，图书馆共采购中文图书29 460种、70 012册；外文图书3019种、3032册；台版图书3197种4016册；采购中文期刊1051种、1795份；外文及台版期刊132种、133份；通过认真审核，实际入库赠书2443种、3517册；接受学校2016届141位博士毕业生和1781位硕士毕业生呈交的博、硕士纸质论文。

年内，全年昌平法渊阁及文渊阁读者入馆人次超过97.8万（不包括文渊阁二楼自习室的读者人次）；学院路图书馆入馆人次超过12.1万。图书馆共为读者办理外借图书33.1万余册。图书馆的远程访问系统共有4826位读者使用，登陆人次为95 484次。目前图书馆的远程访问系统可供全校教职工和博、硕士研究生使用。

2016年，图书馆继续完善微信公共服务功能，栏目内容包括试用数据库通知、讲座预告、数据库相关消息、图书馆利用统计、“书”说法大、书展通知等。发送消息100多条，新增用户2609人，用户阅读量27 456次。本年度图书馆微信公众平台获得“RONG

聚法大”十佳校园新媒体平台称号。

此外，还主办《法律文献信息与研究》。《法律文献信息与研究》（原名《政法图书馆》）系全国政法院图书馆协作委员会会刊，由中国政法大学图书馆主办，中国政法大学内部刊准印证号：YJ021－05Y。本刊为季刊，2016年出版一期，刊登9篇文章，其中有我馆馆员的论文4篇。本年度《法律文献信息与研究》获得“RONG聚法大”十大刊物称号。

【举办数据库宣传月活动】 4月5日至5月3日和10月10日至10月28日，图书馆分别举办了春季、秋季网络数据库宣传月活动，宣传月期间共举办数据库讲座32场。

【更新图书馆网页】 9月4日，图书馆新网页正式投入使用。新网页在栏目设计、页面布局、展示形式、内容组织上进行了全新的规划、设计和调整，提供了更便捷的互动功能。

【举办“资源·服务·利用”专题培训系列讲座】 11月7日至11月30日，图书馆共举办了16场“资源·服务·利用”专题培训系列讲座。另外图书馆还配合数据库供应商开展了4场数据库宣传和竞赛活动。

【参加立格联盟馆长会】 12月17日，我馆副馆长参加了在华东政法大学举办的中外法律文献中心揭牌仪式，并于下午主持召开了立格联盟馆长会议，会议的议题是交流各馆工作；听取华东政法大学图书馆中外法律文献中心的运作与进展；探讨全国法律图书馆的合作机制。

【举办新书展】 2016年，图书馆共举办了13次书展。其中5场为外文图书，5场为港台图书，3场为中文图书。办展过程中，图书馆对读者提供的选书信息进行及时处理，提高了采购质量。

十、校医院

【概况】 校医院是学校的医疗卫生工作的职能部门，也是学校医疗卫生服务实体。校医院为一级医院，也是北京市医疗保险定点医院。校医院在学院路和昌平校区均设门诊部，下设预防保健科、内科、外科、妇科、中医科、放射科、药剂科、检验室、注射室、输液室10个临床科室和计划生育办公室、公费医疗管理办公室2个职能科室。现有专业技术人员42名，其中执业医师21名，注册护士15名，药师4名，检验师2名。具有副高职称9名，中级职称26名。

认真做好医疗服务工作。全年总门诊67 602人次，B超、X线、心电图、化验室的检查达28 167人次，均比去年增加10%以上。未发生医疗责任事故和技术事故。年内，增加了碳13呼气试验、C反应蛋白等项检查治疗项目，使患者就医、转诊、报销更加便捷。进行全面的自查整改工作，在11月中旬的区卫生和计生委督导检查中被评为良好。

切实落实各项传染病和突发公共卫生事件的预防和控制措施，做好传染病疫情的监测、登记、报告和管理工作。校医院A级预防接种规范化门诊2016年共为辖区0～6岁儿童新建预防接种卡138人，接种各类疫苗318人次；为大学生和教职工接种各类疫苗2002人次。积极配合昌平区结核病防治所开展防控工作，2016年入学新生PPD检测2139人、强阳性 131 人，X 射线检查拍片 131 人，预防性治疗 76 人。2016 年，校医院共体检 7673 人次，其中当年应届毕业生和研究生 3297 人次，入学新生 4096 人次，新招收职工入职体检 280 人次、检出潜在疾病和生理异常 601 例，传染病 3 例。全校教职工共有 2136 人参加体检。承担了在学校大型会议、运动会、军训、考试等多项大型活动的医疗保障工作，均圆满完成任务。

采取“请进来，送出去”的培训方式对专业技术人员进行培训。首次外请专家对医务人员进行医院感染防护知识、医患沟通、医疗风险防范的专题培训。在工学矛盾相当突出的情况下，积极组织并支持专业技术人员参加北京市医务人员继续医学教育项目课程和社区卫生服务人员继续医学教育课程的学习，38 名不同专业的技术人员通过学习均达到或超过了规定的学分，提高了专业技术水平。根据北京市卫生和计生委的工作部署，组织开展了执业医师培训考核工作，全院 21 位执业医师全部考核合格。

积极开展健康宣传活动。采取课堂授课、网络宣传、发放宣传材料以及宣传栏等形式开展大学生健康教育和心理卫生指导工作。利用开展义务献血活动和世界结核病日、防治艾滋病日活动等载体开展卫生知识普及和健康教育。

【开展无偿献血工作】3 月 8 日 – 10 日，无偿献血活动在昌平校区医院开展。3 天共献血 556 瓶，超额 56 瓶完成了北京市献血办公室为学校核定的献血计划。校医院负责献血现场的组织、统计、登记和发证工作。

【开展岗位练兵活动】3 月 – 9 月，校医院开展全员岗位练兵活动。10 月 22 日，按照活动方案的评选条件，校医院学院路校区门诊部被评为优秀科室，景丽等 9 名同志被评为医疗卫生服务标兵。

【开展执业医师培训考核工作】5 月 – 10 月，校医院在昌平和学院路两个校区开展了执业医师培训和考核工作。对法律法规和综合内科的专业技术考试进行了改革，由集中书面答卷改为互联网答卷。校医院 21 名执业医师按照执业类别参加了职业道德、工作业绩、法律法规和专业技术的考核和考试，考试和考核成绩全部合格，顺利进行注册登记。

【开展毕业生体检工作】分别于 5 月 9 – 10 日和 5 月 24 日组织了两次集中体检。

【开展教职工体检工作】5 月 22 日 – 29 日，分别在学院路和昌平校区为教职工进行体检，2136 人参检。此次体检调整了部分体检项目，增加了体检日数，优化了体检流程，缩短了排队等候的时间，除在现场安排咨询外，还于下半年安排了两次复查和现场专家咨询活动。

【完成新生入学体检工作】9 月 4 日 – 18 日，校医院按照学校的统一安排，在昌平和学院路两个校区对学校 2016 年新入学的 4096 名新生（包括本科生、双学士、研究生）进行了入学体检。共检传染病患者 3 例，对其采取了隔离治疗措施。检出潜在疾病和生理异常 601 例，对其进行了复查和鉴定，并报告学生处备案，以避免出现意外情况。

【开展新生结核病筛查工作】9 月 11 日 – 17 日，校医院配合昌平区结核病防治所在八达岭军训基地对学校 2016 级本科新生进行了结核菌素试验检查，共筛查出强阳性同学 131 人，并对他们进行了胸部 X 线检查，检出结核病患者 1 人，及时将他们转往专科医院隔离治疗；其他强阳性同学根据本人意愿选择服用抗结核病药物进行预防性治疗，降低发病几率，有 76 人进行了预防性治疗。

【接受“三好一满意”活动督导检查】 11 月 16 日，昌平区卫生和计划生育委员会派出专家组对学校医院开展“三好一满意”文明医院建设活动进行督导检查。专家分组对就医环境、就医流程、依法执业、规章制度、医院感染控制、药品管理和继续教育七个方面的情况进行了检查和量化评分，校医院被评为良好。

【召开“医患沟通和医疗风险防范”专题培训会】 12 月 14 日，召开“医患沟通和医疗风险防范”专题培训会，聘请著名专家首都医科大学宣武医院医务科杜淑英主任采用互动教学的方式指导大家如何与患者沟通。此次讲座石油大学、华北电力大学、吉利大学和北京农学院及学校校医院共同主办，也是首次外请专家进行培训。

第十一章　校董、校友、捐赠与基金管理

一、基金会、董事会工作

积极适应新形势，完善自身建设，稳步开展筹融资工作并做好基金会、董事会日常工作。在筹集资金、制度建设、公益活动、队伍建设等方面取得一定成果，多层次宽领域服务学校改革发展，有力支持学校中心工作。

努力筹集资金，服务学校改革发展。截至2016年12月29日，共募集社会捐赠资金人民币1390万余元。另有当年到期存款利息收入人民币119万余元，两项收入共计人民币约1509万余元。这期间，基金会秘书处与学校财务处配合，根据基金会捐赠收入情况，向教育部申请相应配比资金1600余万元。

基金会财务独立运行。7月，基金会财务已由校财务处代管变为基金会财务独立运作。从而便于基金会对捐赠款使用情况的监管；有利于提高基金会的公信力、社会影响力以及吸引社会资源的能力；有利于提高非定向捐赠款在使用上的灵活性和筹融资工作的开展。

加强自身建设，完善组织架构。基金会秘书处为加强自身队伍建设，细化内部分工，在原有的资源拓展部、项目管理部、行政部和信息部四个职能部门基础上，设立财务部，设置会计和出纳岗位。细化分工，相互协作，能更科学高效地完成基金会各项工作。

认真迎接了新一轮评估工作。基金会申请参加由北京市民政局开展的2016年社会组织评估工作，努力将所做工作全面展现给评估专家组，基金会所取得的进步得到了评估专家组的充分肯定。目前已经进入评估委员会审核阶段，等待评估结论。

【召开基金会第二届理事会第四次会议】1月21日，学校基金会第二届理事会第四次会议在学校学院路校区召开。与会理事和监事审议了基金会2015年度工作报告，并对基金会未来发展进行了讨论。

【举办第一届“陈兆恺大法官奖助学金”评选工作及发放仪式】4月12日，第一届“陈兆恺大法官奖助学金”发放仪式于学校昌平校区召开。香港终审法院非常任大法官、中国政法大学特聘教授和香港法研究中心主任陈兆恺携夫人，与学校党委书记石亚军以及学校教育基金会、港澳台事务办公室等有关负责人和获得第一届“陈兆恺大法官奖助学金”的12位同学参加了发放仪式。在各院的积极配合下，“陈兆恺大法官奖助学金”的评选工作圆满完成，最终确定12位同学获得该奖学金。

【深圳市创意谷投资有限公司向基金会捐资500万元】5月16日，举办深圳市创意谷投资有限公司捐赠签约仪式。其捐资500万元支持学校绿色发展研究院建设。

【举办第二届“陈兆恺大法官奖助学金”评选工作及发放仪式】10月17日，香港终审法院陈兆恺大法官特聘教授续聘暨奖助学金发放仪式在学校昌平校区举行。香港终审法

院非常任大法官、学校香港法研究中心主任、特聘教授陈兆恺及其夫人，学校副校长李树忠及相关部门负责人出席了仪式。“陈兆恺大法官奖助学金”的评选工作，在各院的积极配合下圆满完成，最终确定18位同学获得该奖学金。

【举办基金会第二届理事会第五次会议】11月22日，学校基金会第二届理事会第五次会议在学校学院路校区召开。会议分析了基金会2016年工作报告，讨论了基金会的重要问题，并通过了《北京中国政法大学教育基金会项目管理办法》和《基金会申请慈善组织认定的请示》。

【召开第二届董事会第二次会议】12月15日，第二届董事会第二次会议在学校学院路校区召开。校长黄进围绕大会主题“为建设世界一流法科强校，凝心聚力、共谋发展大计”做了主旨报告。董事会主席张福森发表讲话，他总结了本次会议取得的显著成果，并就董事会如何在学校“双一流”建设以及未来发展中积极发挥作用提出了几点意见。

二、校友工作

2016年，校友工作办公室坚持以学校中心工作为重心，以支持学校教育事业发展建设作为开展工作的出发点，重点突出三项任务，一是团结凝聚校友，为母校的发展做贡献，二是为校友提供更加细致化、个性化的服务，三是开展特色校友活动。

围绕学校六十四周年校庆开展了系列活动。举行了奥林匹克森林公园健走活动，在昌平校区举办了校友网球、足球、羽毛球、乒乓球比赛；召开了“晓月军都”校友论坛暨年度优秀校友、星级校友分会表彰大会；邀请中华曲艺家协会会长、著名相声表演艺术家姜昆到校做了题为“我国文化产业的改革方向”的讲座。

启动中国政法大学校友会登记注册工作。向教育部申报相关材料，并于9月初收到同意登记注册的批复，10月正式向民政部提交相关申报材料。

2016年，“法大人”微信平台共推送专题稿件206期，11月又正式启动了优秀校友微视频访谈活动，访谈视频将在平台陆续播放。为2016届毕业生（包括本科生、研究生、留学生）免费发放了中国政法大学校友卡，共计4500张。

在校友办的联系下，学校和北京天驰君泰律师事务所、北京市海淀法院签订了战略合作协议；签订捐赠协议一项，栾少湖校友支持离退休老干部，协议总额33万元。

【召开83级研究生毕业30周年师生会】5月14日，“缘聚蓟门，情牵法大——83级研究生毕业30周年师生会”在学院路校区召开。校长黄进、副校长冯世勇、党委副书记高浣月、终身教授江平、陈光中、张晋藩、应松年以及其他时任老师代表会同来自全国各地的60余名83级研究生校友出席大会，大会由校友代表宣增益主持。此次师生会的举行为大家提供了共话曾经、分享趣事、沟通情感的机会，83级研究生是营造法大办学传统与精神的一届，校友们表示将会继续支持母校的人才培养工作，并将推动国家法治进步作为第一位目标而努力奋斗。

【举行首届优秀校友及星级校友分会颁奖仪式】5月16日，“晓月军都”校友论坛暨首届年度优秀校友、星级校友分会颁奖仪式在昌平校区举行。校长黄进、副校长冯世勇出席大会。各省、市年度优秀校友获得者、星级校友分会获评代表及校内师生共计400余人参加大会。会议由校友工作办公室主任杨杰主持。大会对于世平等 125 名“2015－2016 年度”优秀校友及北京等 14 个获评星级校友分会进行了表彰。学校开展优秀校友评选工作不仅要对取得突出成绩校友予以肯定和表彰，还要进一步增强校友的向心力、凝聚力、责任感和荣誉感，激励法大校友、学子以他们为榜样，传承法大精神，为国家、社会及学校发展做出更大的贡献。开展校友分会星级评定工作的目的在于进一步加强校友分会的建设与管理，促进校友分会的规范化、标准化、科学化、制度化建设，切实发挥各地校友分会在服务校友、助力法大、奉献社会中的桥梁和纽带作用。

【召开第五届各省市校友分会会长、秘书长联席会议】 7 月 2 日，第五届各省市校友分会会长、秘书长联席会议在上海中国浦东干部学院召开。本次会议的主题是“创新与发展”。来自全国 27 个省市校友分会会长、秘书长共计五十余人参加了大会。副校长、校友总会常务副会长冯世勇出席会议，会议由校友工作办公室主任杨杰主持。会上，首先回顾了 2015－2016 年度校友会开展的工作及所取得的成绩，在此基础上，各分会结合本地区开展的校友工作对新形势下校友工作的职责、任务、方式、内容、文化、制度、机制等建设问题进行了深入的交流和研讨，并就未来校友工作的思路和任务达成了共识。此次会议的召开，进一步拓宽了校友工作思路，探索了校友工作方式，明确了校友工作的定位，为新时期新形势下开展校友工作指明了方向。

【召开辽宁校友会第三届会员代表大会】 9 月 25 日，辽宁校友会第三届会员代表大会成功召开。63 级校友、原辽宁省人大常委会副主任张焕文、63 级校友龙连芝、辽宁校友会会长姜群，学校副校长、校友总会常务副会长冯世勇、国内合作处处长吴飚、校友工作办公室主任杨杰及中国人民大学辽宁校友会王志远会长、大连理工大学校友会赵宏凯副秘书长及各届辽宁校友代表共聚大会，大会由辽宁校友会副秘书长佟曾主持。会议通过了辽宁校友会第二届理事会工作报告，经过民主投票，选举出了第三届理事会成员。

【举行 82 级同学毕业 30 周年纪念大会】 10 月 22 日，82 级同学毕业 30 周年纪念大会在学院路校区举行。原党委副书记宋振国教授、何长顺教授等十余位教师代表及 82 级 200 多名海内外返校的同学参加了大会。大会由 82 级同学、学校副校长冯世勇主持。本次大会，82 级同学的老校长、原司法部部长邹瑜，党委书记石亚军，校长黄进，终身教授江平等为大会题词送上了祝福。校友是学校的年轮、校友是学校的名片，校友是学校的财富。此次聚会是一场凝聚着希望的盟约，相信校友们会不忘初心，奋勇前行，继续坚守母校赋予的品质，与母校共同发展，共促辉煌。

【学校与北京市海淀区人民法院再次签署合作协议】 11 月 17 日，学校与北京市海淀区人民法院合作协议签约仪式于学院路校区举行。北京市海淀区人民法院党组书记、代院长焦慧强，党组成员、副院长张家麟，党组成员、副院长范君以及相关部门负责人，学校校长黄进，党委副书记兼副校长常保国、组织部部长王立艳以及相关部门负责人出席签约仪式。仪式由校友工作办公室主任杨杰主持。此次签约，是学校继 1986 年、2011 年之后再次携手海淀区人民法院。多年来，海淀区人民法院对学校在人才培养、科学研究等方面给予了大力支持，学校为海淀区人民法院输送了许多高质量的优秀人才，相信双方深入、持久、有效的合作，将会继往开来，再谱华章。

【附件】中国政法大学校友分会成立情况

北京校友会
上海校友会
重庆校友会
天津校友会
湖北校友会
湖南校友会
广东校友会
广西校友会
吉林校友会
辽宁校友会
山东校友会
山西校友会
四川校友会
海南校友会
甘肃校友会
江苏校友会
贵州校友会
安徽校友会
河南校友会
陕西校友会
黑龙江校友会
内蒙古校友会
江西校友会
河北校友会
浙江校友会
云南校友会
福建校友会
青海校友会
新疆校友会
香港校友会
澳门校友会
台湾校友会
北美校友会
韩国校友会
澳新校友会

第十二章　校办产业

一、出版社

【概况】中国政法大学出版社是全国普通高等学校中唯一的法律专业出版机构。出版社现设十八个科室：总编辑办公室、第一至第七编辑部、人力资源部、信息中心、市场营销部、国际版权部、社长办公室、财务室、图书出版部、电子图书编辑部、网络宣传部、储运部。博士研究生 3 人，其中在读学历 2 人。硕士学历 18 人，本科学历 41 人，专科及以下学历 35 人。现任社长兼总编辑为尹树东。

2016 年出版社在教材方面的重点项目有：高等院校通识教育系列教材、“十二五”国家重点图书出版规划项目、普通高等教育“十一五”国家级规划教材、高等政法院校专业主干课程系列教材、高等政法院校规划教材、北京市高等教育精品教材立项项目、全国司法职业教育“十二五”规划教材、高等法律职业教育系列教材、应用型法律人才培养系列教材等。2016 年出版的重点教材有：陈光中教授的《法学概论》（第六版）、张晋藩教授的《中国法制史》（第五版）、江平教授的《民法学》（第三版）、王洪教授的《法律逻辑学》（第二版）、曲新久教授的《刑法学》（第五版）、曾尔恕教授的《外国法制史》（第三版）、黄河教授的《房地产法》（第三版）等。著作类的重点项目：国家出版基金项目《钱端升全集》（1－12 卷）、经典中国国际出版工程《中国法律》《中国特色司法行政制度新论》，大型学术精品《雅理译丛》《阿克曼文集》《当代日本刑事法译丛》《日本公法译丛》《益趣文库》《中国司法文明指数报告 2015》《重构诉讼体制——以审判为中心的诉讼制度改革》《大宪章的历史导读》《国外卫生法译丛》《昆明理工大学法学文库》《法学译丛》《中国人民公安大学法学文库/法学教材》等。年内，成功申报了一批国家出版项目，其中《钱端升全集》十二卷获得了“国家出版工程”项目的资助；《中国法律》与《中国特色司法行政制度新论》获得了“经典中国国际出版工程”项目的资助，资助总额超百万。

版权引进方面，进一步开展对外交流与合作，除与英国牛津大学出版社、美国哈佛大学出版社、企鹅兰登出版集团、德国施普林格出版集团、日本有斐阁等出版机构继续保持良好合作外，还与法国巴黎 Seuil 出版社、德国 Duncker & Humblot 出版社、日本法律文化社等出版机构建立了合作关系。继续维护出版社“美国法律文库”“波斯纳译丛”等经典翻译项目中的著作版权，同时引进了一批海外专家学者的优秀著作，发展“阿克曼文集”“雅理译丛”“西方法律逻辑经典译丛”等优秀项目，并策划了“政法：中国与世界”“法哲学与法理论系列”等新项目。版权输出方面，积极与海外及我国港台地区出版机构沟通和交流，了解其感兴趣的题材并加以推荐，成功向德国和我国香港特别行政区输出了

3 本书的版权；积极参与国家版权输出资助项目的申报工作，最终 2 本书成功入选“经典中国国际出版工程”。

音像、电子出版业务方面，确立了全方位、立体化、可持续性的发展战略，以纸介质图书为主体，以电子、音像出版为支撑的立体化出版模式，增加电子、音像出版为出版社扩展出版业务、实现多种媒体出版提供必要的先决条件和政策保障。2016 年出版社为此成立了以社长为首的电子、音像出版工作筹备组，由 1 名副社长专职负责此项工作。整合美术编辑部、网络部成立了信息中心，全面推进电子、音像出版工作。出版社目前拥有 8700 多万元资产，其中专门列支 260 万元作为启动资金用于电子出版方面的工作，并从 2400 平方米的办公用房中调整出 230 平方米的办公场所和电脑、服务器等设备供开展电子出版业务使用。出版社在音像制品、电子出版物出版方面有适合的法学教材、考试类读物、社科类图书、法学专著、法律实用读物等高质量出版资源，有从事音像制品出版、电子出版物制作出版方面的专业人员，有畅通的发行渠道，随着音像、电子业务的开展，出版社将会有更大的发展。

2016 年出版图书 920 余种，比 2015 年图书品种增长了 23%，2016 年全年销售品种数达到 4915 种，销售码洋突破了 104 276 491. 50 元，销售实洋 51 807 565. 59 元，销售回款 51 340 967. 19 元，退货率仅占到总码洋的 17%。亚马逊网站销售实洋 1 055 845. 07 元，同比下降 6%，当当网销售实洋 5 426 466. 03 元，京东网销售实洋 3 866 827. 20 元，同比增长 60%。三个网店总体销售实洋 10 349 138 元，同比增长 15%。

【开拓出版新业务】 10 月，北京市新闻出版广电局向出版社颁发电子出版物许可证和音像制品出版许可证。

二、法大科技园

【概况】 科技园依托中国政法大学法学优势学科，重点培育发展法律服务产业，包括法律咨询服务、知识产权专业服务、法学教育培训服务、证据和法庭科学技术服务等法律相关领域的新兴产业。法大科技园集孵化器和创业园为一体，以培育和支持留学生与大学生创业企业发展为核心，以法律服务型企业孵化、创新创业人才培养、留学人员创业等多个专项服务为基础，整合政府、社会和学校多种资源，为在孵企业尤其留学生和大学生创业的企业，提供多项服务和优惠政策，搭建科技成果转化、创业就业实践平台。目前，法大科技园已成为全国妇联认定的“女大学生创业实践基地”和学校重要的产学研基地。

三、国际交流中心

【概况】 北京明法阁文化交流有限公司（国际交流中心）是由中国政法大学投资兴建的，集会议、客房、留学生公寓管理服务等功能为一体的实体。建筑面积 25 000 平方米，共 7 层，客梯 9 部，内设客房 190 余间、会议室 3 间、报告厅 3 间、多功能厅 1 间。其中，第一会议室可容纳 80 人，带贵宾室，设投影、会议录音、同声传译、宽带、有线/无线话筒设备，适合高级会议；第三、第四会议室可分别容纳 16 人，设宽带、无线网络设备，适合圆桌会议；第一、第二、第三报告厅可分别容纳 70 人，设投影、有线/无线话筒、宽带、无线网络设备；多功能厅可容纳 150 人，设投影、电脑点歌、舞台、灯光设备，适合中小型活动。

年内，中心圆满完成了学校迎新生、特长生招生、自主招生、“中国－亚非法协国际法交流与研究项目”第二期培训、全国政法系统会议培训等多项校内外活动的服务保障工作，其中会议 45 个、培训班 108 个，共计接待宾客 73 597 人次（其中团队接待 55 714 人，散客 17 883 人），销售客房 41 540 间（其中团队住房 30 523 间，散客住房 11 017 间）。截至 2016 年 11 月，累计销售额达人民币 9 151 093.56 元（较 2015 年同期增加约 100 万元），累计年净利润 2 291 577.02 元（较 2015 年同期增长约 100 万元），资产总计 12 025 861.53 元（较 2015 年同期增长约 116 万元）。

第十三章　教学科研单位

一、法学院

【**概况**】法学院现有5个博士专业、8个硕士专业（包括3个法律硕士专业）和1个本科专业，下设8个教学科研机构、38个学术研究中心，已成为我国理论法学和公法学教育研究的重镇。法学院现有专职教师75人，聘任硕士生导师101人，博士生导师35人。法学院现有在校各类学生共2082名，其中，六年制法学实验班1189人（本科阶段804人，研究生阶段385人），双学士二学位学生374人，硕士研究生385人，博士研究生141人，博士后26人。

六年制实验班学生培养是学院工作的重点，年内，学院卓越法律人才培养模式进一步得到优化。通过课堂教学、学术讲座和论坛，帮助学生积累知识，打好基础；通过搭建实践平台，聘请联合指导老师和兼职教授，提高学生的实践和动手能力；通过提供各类出国交流机会和开辟多种交流项目，鼓励学生走出国门，开拓国际视野。

学院承担多项国家级和省部级法学研究项目，科研成果丰硕；教师参与多部国家法律法规起草和审议工作，多位教师受邀参加中央各部委、司法行政机关组织的重大法律问题论证工作。

学院鼓励和支持学术研究和交流活动，与海内外知名大学建立了长期稳定的学术合作和友好交流关系，专家学者互访、学生交流等活动十分频繁。年内，举办了宪法论坛、学术沙龙等七次活动，其中多次是国外知名教授来华的高端讲座；法律史研究所举办了四期“法史沙龙”活动；行政法学研究所举办五期“公法与治理”系列讲座；军事法研究所举办了“第十届中国军事法治前沿论坛”。

年内，学院教师出版独著14部、专著20部（包括主编和第一作者），以第一作者发表各类论文共计108篇，获得纵向、横向科研课题26项；李松锋的“美国法学院教学助理制度研究”和马允的“行政法案例与事例教学结合研究”获学校教改立项。

师资建设上，马允获得基本功大赛第一名；许身健获得“优秀中青年教师培养支持计划”A类资助；雷磊、李卫海获得“优秀中青年教师培养支持计划”B类资助；许身健获得首届“励道教学杰出贡献奖”；刘星获得中国政法大学“优秀教师”称号；罗晓军获得“教学特别奖”；李强、李倩、秦奥蕾、袁钢获得“教学优秀奖”；法律实践教学教研室获得优秀教学集体奖；秦奥蕾、姚国建的“‘宪法案例研习’课程教学规范化与学生宪法思维的培养”获优秀教学成果二等奖。

研究生每年申请留学基金的人数不断增长。2015－2016年度学院教师因公派出各类访问、交流及学习达30余人次，其中由学院自主联系及出资的占95%；学院派出各类学生交流人数达到130余人次；国内外举办国际研讨会4次，外籍专家讲座5次，接待各类外事来访30余人次。2016年启动“海外名师项目”，邀请法国波尔多四大名誉校长之一高德松前来讲学。

年内，学院学生交流和各研究所、教研室以学科为依托进行的国际学术交流都开展得有声有色。经教授委员会讨论，院务会通过《法学院资助优秀教师出国短期访问细则》和《中国政法大学法学院国际交流相关规定》，每年资助10名以内教师参加出国交流项目，每人5万元以内，每年向各研究所拨款专项科研经费5至8万元，用于各研究所召开国内会议和开展国际交流活动。

法学院教授委员会试点进入第五年，学术立院的治理方针已深入人心。2016年继续发挥教授委员会的学术评价作用，在评选优秀教师、教师科研奖励、教师出国、评级、岗位聘任、学院年度代表论文、学生奖学金等工作上，教授委员会发挥了议决制、票选制的积极作用，使学院的各项决策更专业、更科学，教授委员会的功能和作用得到了进一步深化。

【召开学生党支部书记代表述职报告会】1月5日，法学院分党委组织学生党支部书记代表在昌平校区召开述职报告会。法学院分党委书记刘大炜出席会议，八名学生组织员作为党支部书记代表，参加会议并做述职报告。会议由分党委组织员王琦主持。会上，各支部书记总结了2015年度本支部工作及组织员工作开展的相关情况，并汇报了学生党支部工作开展中出现的问题及现实困难。

【召开法学院2015年度教职工大会暨总结与创新大会】1月12日，法学院2015年度教职工大会暨总结与创新大会在学院路校区召开。校党委副书记高浣月、院长薛刚凌、分党委书记兼副院长刘大炜、副院长焦洪昌、分党委副书记兼副院长王文英以及法学院全体在京教职工出席了本次大会。高浣月作了开幕致辞，教授委员会主席舒国滢向全体与会成员作了《教授委员会工作报告》，刘大炜向大会作了2015年度《学生工作报告》和《工会工作报告》，薛刚凌作了《院长工作报告》和《财务工作报告》。在教师代表发言环节，老中青三代教师代表畅所欲言，他们纷纷表达了自己对法学院的感谢，告诫老师们要保持学术和思想的独立，希望法学院不断发扬优良传统，传承学术之香火。随后全体与会人员填写了“法学院教职工大会投票表”和“法学院工作征求建议和意见表”。

【召开研究生新学期工作会议】2月29日，法学院研究生新学期工作会议在学院路校区召开。法学院院长薛刚凌、法学院副院长焦洪昌，法学院各研究所负责人及法学院研工办主任陈维厚参加会议。焦洪昌主持会议。会议首先讨论了2016年硕士招生考试情况及复试工作安排。院长薛刚凌布置了硕士博士学位授予点质量评估、研究生《培养方案》修订与《学位授予标准》撰写工作。法学院高度重视学位授予点质量评估、研究生《培养方案》修订与《学位授予标准》撰写工作。与会人员针对评估指标、项目经费保障、团队组织、时间安排和工作质量保障等问题展开讨论并达成共识。会议还通报了2016年博士生招生复试工作和法学院研究生新学期部分工作安排。

【召开研究生骨干工作会议，传达“两学一做”学习要求】4月29日，法学院研究生骨干工作会议在学院路校区召开。法学院分党委书记刘大炜、研工办主任陈维厚、研工办老师王家启以及各班班长、党支部书记出席了本次会议。会议就落实校党委“两学一做”教育实施方案、保障学生安全、加强学生心理健康教育以及毕业论文工作安排等事项进行了部署。

【学生党支部书记赴革命老区开展教育实践活动】为进一步坚定党员理想信念，深入推进学生党员“先锋工程”，加强对学院学生党员的教育培养，4月16日至17日，法学院分党委组织学生党支部书记、支部委员50余人赴革命老区西柏坡、冉庄开展教育实践活动，引导学生党员缅怀党的历史，坚定理想信念，全面提升党员先锋意识。本次活动由法学院分党委书记刘大炜带队，法学院行政教工党支部党员一同参加。

【2012级实验班3班党支部开展红色1+1活动】5月26日，法学院2012级实验班3班党支部与北京市炜衡律师事务所一起开展红色1+1活动，活动主题为“青年律师的成长之路”。党支部全体党员与炜衡律师事务所多名资深党员律师共同出席了本次活动。吴新华律师向同学们讲解了炜衡律师事务所的创办历程、组织形式、举办的一系列活动，着重向同学们介绍了炜衡律师事务所对青年律师的一系列“传、帮、带”的制度。袁诚慧律师介绍了作为一名党员律师应具有的担当。张中理律师则从海淀律师协会对青年律师培养的角度入手，详实地介绍了近年来海淀律师协会为青年律师安排的学习培训活动，让大家充分地认识到初入律师职业领域亦会有诸多外力帮助青年律师迅速成长。参加活动的律师针对同学们的提问与疑惑，纷纷作了解答。

【召开法学院2012级实验班党员代表座谈会】6月3日，法学院分党委召开法学院2012级实验班党员代表座谈会，分党委书记刘大炜出席会议，法学院2012级实验班辅导员、各支部委员、普通党员代表参加会议。会议对前一阶段的学习教育活动进行督查，落实“分党委书记讲党课”及“毕业生党员教育”等相关活动，并就进一步推进“两学一做”学习教育活动作出部署。

【召开七一评优表彰暨预备党员宣誓培训大会】7月1日，法学院分党委在昌平校区召开纪念建党95周年·七一评优表彰暨预备党员宣誓培训大会，法学院分党委副书记兼副院长王文英出席会议。党支部书记代表、评优获奖代表、教师党员代表、学生党员代表、法学院学生组织员、法学院全体预备党员参加会议。会议对2015－2016年度学院党务工作中表现突出的先进集体和个人进行表彰。同时为贯彻从严治党、加强在发展党员过程中的教育培训，表彰大会之后还举办了预备党员培训班。

【举办首届优秀大学生夏令营】7月12日至7月15日，学校举办首届优秀大学生夏令营。为更好展现法学院精神风貌，加深营员对法学院学术、生活动态的了解，法学院组织开展师生交流、名师沙龙、朋辈联谊等具体活动，促进营员与法学院师生之间的沟通交流，以期营员对法学院及法学院研究生教育有一个全方位、深层次的认识。

【召开研究生党支书工作会议及新生班干部培训会】9月27日，法学院在学院路校区召开了研究生党支书工作会议及新生班干部培训会。法学院分党委书记兼副院长刘大炜老师、法学院分党委组织员王琦老师、法学院研究生辅导员刘澍老师及各班党支书等班委出席了本次会议。首先，王琦老师对各年级党支书进行了党务工作的培训，详细讲解了党员发展的流程和要求。之后，刘大炜书记要求各党支部严格遵守发展党员的相关纪律和规定，认真、细致地对待党务工作。刘书记还询问了新生班委入学至今所面临学习和工作方面的疑惑及困难，并耐心地给予解答。

【举办纪念长征胜利 80 周年暨一二·九运动合唱比赛】 12 月 9 日，法学院分党委在昌平校区举办“颂歌献给党”——纪念长征胜利 80 周年暨一二·九运动合唱比赛。党委宣传部部长刘琳琳，党委组织部副部长袁林，学生工作部副部长兼学生资助管理中心主任卜路军，法学院分党委书记刘大炜、副院长焦洪昌、副院长薛小建、分党委副书记兼副院长王文英出席本次活动。来自学院各年级共 16 支学生合唱队伍参加比赛，2 支学生舞蹈队伍及学院教师队伍友情出演。学院艺术教研室书记兼副主任王莉老师，党委宣传部滑然老师以及学校合唱团鲁钊溢、于小涵、许逸夫应邀担任本次活动评委。

二、民商经济法学院

【概况】 民商经济法学院于 2002 年 6 月，通过整合原经济法系、原法律系等单位的相关学科团队组建而成，先后吸收了原社会工程学院和继续教育学院的部分师资和历年引进人才，形成现在的学科和队伍。

学院有民商法、经济法、知识产权法、环境与资源法、民事诉讼法和社会法 6 个法学二级学科，均为国家级重点学科。学院现设民法、商法、经济法、民事诉讼法、环境资源法、知识产权法、财税金融法、社会法 8 个研究所，35 个非在编科研机构。学院下设综合办公室、教学科研办、研究生工作办、学生工作办和对外培训办 5 个行政办公室。

学院坚持“创一流学科、建一流队伍、出一流成果、育一流人才”的目标，本着“学术立院、人才强院、和谐兴院”的理念，努力培养志向高远、情操高尚、学识高深和情趣高雅的精英人才。副校长李树忠兼任民商经济法学院院长，其他领导班子成员为分党委书记兼副院长王洪松、副院长赵旭东、李永军、卢跃、杨秀清，分工会主席兼院长助理王萍。学院在编教职工 144 人，其中专任教师 121 人。专任教师中，教授 55 人，副教授 57 人，讲师 8 人，助教 1 人。学院全日制在校生共 2460 人，其中本科生 1632 人，研究生 828 人。

教学方面，学院共计 164 人次的教师承担了 368 门次本科课程的教学工作，总计 23 200纯课时。课堂评价上，学院平均分：94. 12，优秀率：94. 25%。研究生课程开设了 80 余门次课程，新增了“英美金融法”“慈善法”“大数据法律与实务”等课程。有 4 名教师主持的项目获《2016 年中国政法大学研究生精品课程》立项，有 4 名教师主持的项目获《2016 年专业学位研究生教学案例建设项目》立项，有 3 名教师主持的项目获《2016 年研究生教学改革项目》立项。

科研方面，学院各学科教师共出版学术专著译著 19 部；发表论文 148 篇，其中权威期刊论文 7 篇、核心期刊论文 23 余篇。赵旭东主持的《中国企业社会责任重大立法问题研究》获得国家社科基金重大项目立项。赵红梅主持的《经济法定位与经济法责任属性和类型研究》、张钦昱主持的《互联网市场价格违法行为规制研究》、于文轩主持的《能源效率推进法律机制研究》获得国家社科基金一般项目立项。李东方申报的《证券监管法论》获批为国家社科基金项目后期资助项目。于文轩主持的教育部人文社会科学重点研究基地（武汉大学环境法研究所）获得重大项目立项，张东申报的《近代前期西班牙衰落与英国崛起的经济法解释》获得教育部项目立项。李永军申报的《我国不动产役权制度构建研究》、杨秀清申报的《再审制度与审级制度衔接研究》均获得司法部项目立项。学院共有15位老师成功申报校级项目，学院教师还成功立项了横向项目数十项。学院推出23期沙龙，就国内外各项热点问题展开研讨。

学科建设方面，2015年底，社会法学成功获批二级学科。自此，学院拥有的民商法、经济法、知识产权法、环境与资源法、民事诉讼法和社会法6个法学二级学科，均为国家级重点学科。

人才队伍建设方面，李文作为海外归国人才引进财税金融法研究所；张子学作为实务型人才引进商法研究所。教师职称变化上，王萍、郑佳宁、韩波晋职为教授，张钦昱、张春丽晋升为副教授。本年度共有117名教师参与考核，另有4名教师暂缓考核或者不参与考核。学院共评出考核结果优秀的教师17人，考核结果合格的99人。

对外交流方面，学院年内继续加强国际交往，拓展对外交流，一方面，学院引进外国学者，积极邀请国外法学院学者来学校进行学术交流与研讨，另一方面，学院更多的学者也“走出去”进行访学。

社会服务方面，学院教师作为专家学者积极参与国家立法。民法典编纂工作启动以来，赵旭东、李永军、王卫国、夏吟兰先后被确定为中国法学会民法典编纂项目领导小组成员和民法典分则立法研究分编牵头人。民法和商法两个研究所分别组织民法总则的专项研究，向有关部门和机构提交了对于民法典的立法建议，公布了独立完成的民法总则建议稿，赵旭东、王卫国、李永军多次应邀参加全国人大民法总则的意见征询活动。此外，学院先后组织专家对《融资担保公司管理条例（送审稿）》《中华人民共和国安全生产法（草案）》《私募投资基金管理暂行条例（送审稿）》《中华人民共和国安全生产法修正案（草案）》《促进科技成果转化法修正案（草案）》《中华人民共和国反家庭暴力法（草案）》《非存款类放贷组织条例》《大气污染防治法》等10余部立法草案进行论证，集合学院专家智慧的多条论证意见被国家和立法部门所采纳。

【环境法学者论文首现《科学》杂志】 2月，《科学》杂志（Science，12 February 2016，Vol 351，Issue 6274）发表了学院环境资源法研究所王灿发教授与其他学者合著的论文“China's Partial Emission Control”。该文介绍了我国目前为改善大气环境质量而设立的减排及应急制度、现有制度面临的挑战，并提出了改进意见。

【举办中国商法网上线仪式暨首期在线沙龙】 3月8日，中国商法网上线仪式暨首期在线沙龙在京举行。上线仪式与在线沙龙由中国商法学会主办，中国政法大学商法研究中心承办。中国法学会信息部主任吕兴焕，中国法学会会员部业务指导处处长杜林，中国商法学会秘书长、清华大学教授朱慈蕴，中国商法学研究会副会长、人民大学法学院教授叶林，中国商法学研究会副会长、北京大学法学院刘凯湘等来自清华大学、北京大学、中国政法大学、社科院法学研究所等高校和科研机构的专家学者以及多名学校学院领导出席了本次活动。中国商法网不仅是中国商事立法、执法、司法和教学研究的资讯中心，还是商事法学学术成果转化为社会生产力的孵化中心，更是商法学界互动式研究的交流平台和整体科研实力的展示平台。

【举办高等院校经济法教学研讨会】 5月7日，在中国法学会经济法学研究会支持下，由民商经济法学院主办，经济法研究所承办的“高等院校经济法教学研讨会——交流、问题与对策”在学院路校区举办。来自北京大学、中国人民大学、中国社会科学院、西南政法大学、华东政法大学、中山大学、中南财经政法大学、北京师范大学、中央财经大学、对外经济贸易大学、黑龙江大学、河北大学、日本冈山大学等高校的40余名经济法学者出席了本次会议。研讨会围绕“经济法教学目标与任务”“经济法本科、研究生教学模式和问题”等方面进行了探讨，并初步达成了一些共识。

【赵旭东教授当选中国法学会商法学研究会会长】 5月7至8日，中国法学会商法学研究会2016年年会暨第四次会员大会在北京召开。大会进行了中国法学会商法学研究会的第四届理事会的换届选举工作，通过了研究会章程的第三次修订草案，并产生了新一届理事会和常务理事会。经投票表决，学院赵旭东教授当选为中国法学会商法学研究会会长。

【与北京天驰君泰律师事务所签订合作协议】 5月10日，学院与北京天驰君泰律师事务所开设法科学生创业实务课程签约仪式暨本学期课程实践教学环节在律师事务所举行。课程通过引入校外优质实务资源，以切实提高学生创新创业能力为目标，结合法科学生的专业特点，将律师的创业实务作为重点，让同学们在走出学院之前了解律师行业的发展、律师的思维方式和律师的执业技能，培养学生的创新能力，提升人才培养质量，创新法治人才培养模式。

【多位师生荣获中国法学会第十一届“中国法学家论坛主题征文奖”】 7月28日，中国法学家论坛组委会公布了《第十一届中国法学家论坛征文奖评审公告（第3号）——最终评审结果公示公告》，此次论坛征文活动共征集1572篇论文，最终评选出一等奖论文9篇、二等奖论文28篇、三等奖论文47篇、优秀奖论文45篇和优秀组织单位15家。中国政法大学共有4名师生获奖，学院有3名师生获奖，2015级民商法学专业硕士研究生李昶获二等奖，社会法研究所杨飞副教授获三等奖，民法研究所鄢一美教授获优秀奖。

【举办“首届社会法基础理论探索高端论坛”】 11月6日，“首届社会法基础理论探索高端论坛”在学院路校区举办。来自中国社会科学院、北京大学、清华大学、对外经济贸易大学、首都经济贸易大学、中国劳动关系学院等高校多名学者参加了会议。本论坛聚焦社会法基础理论，对推动我国的社会法学科建设和促进我国社会法法治建设具有重要的理论意义和实践价值。

【举办第四届全国大学生金融法知识竞赛决赛】 11月11日，由中国银行法学研究会主办，民商经济法学院和金融法研究中心承办的第四届全国大学生金融法知识竞赛决赛在昌平校区举行。各高校领导，研究会会长、副会长，学院领导及9所参赛院校的领队和指导老师出席本次竞赛决赛。参赛院校的选手们经过个人必答题、赛队必答题、抢答题、风险题4个环节的激烈角逐，充分展示了扎实的金融法知识。最终，华东政法大学获得一等奖，中国政法大学、西北政法大学、上海对外经贸大学3支参赛队获得二等奖，西南政法大学、广西财经学院、山西财经大学、北方工业大学、辽宁大学5支参赛队获得三等奖。

【举行2016年秋季论坛】 11月20日，学院秋季论坛在学院路校区举行，学院近百名老师和学者嘉宾参加了此次论坛。本次秋季论坛分为四个单元，围绕四个主题展开，第一单元是由民法研究所所长刘家安主持的以“民法典编纂背景下的民事实体法与民事程序法的对接”为题的讨论；第二单元是由马更新主持的以“证券执法的趋势与挑战”为题的讨论；第三单元是由来小鹏主持的以“民法典运动中的知识产权法”为题的讨论；第四单元是由刘继峰主持的以“网约车新政的新与旧”为题的讨论。

【举办第四届公司法司法适用高端论坛】 11月26日，第四届公司法司法适用高端论坛在北京召开。本次论坛由中国法学会商法学研究会、最高人民法院民二庭、中国政法大学商法研究中心共同主办，主题为“破产法实施中的公司法适用”。来自全国高校、研究机构、最高人民法院以及全国各级法院等实务部门的120余名专家学者和实务工作者参加论坛。论坛围绕公司资本制度、公司债务危机与破产启动，公司破产重整中的公司治理，公司破产与重整中的债权人保护，公司重整的方式与中国本土实践创新四个大主题展开研讨，取得了显著的成效。

【成立青年教师工作坊】 11月，学院正式成立了青年教师工作坊，旨在丰富学生的第二课堂学术活动，提升学生的学术与科研能力，面向全校学生举办学术辅导系列活动。目前已连续举办4期学术辅导专题讲座。

【举办第十七届江平民商法奖学金颁奖典礼】 12月7日，由江平法学基金和民商经济法学院主办的第十七届江平民商法奖学金颁奖典礼在学校昌平校区举行。江平法学基金创始人、学校终身教授江平先生，江平先生夫人、江平法学基金理事会成员崔琦女士，校长黄进，副校长时建中，党委副书记、副校长常保国，清华大学法学院院长申卫星，法学院党委副书记王钢，浙江大学光华法学院教授朱庆育等领导及江平法学基金捐赠人代表，往届江奖获奖者及1000余名同学参加颁奖典礼。黄进代表学校表示祝贺。江平先生上台发表讲话，对获奖同学表示祝贺，对参与江奖评选和颁奖的师生表示感谢，提出了对民商法的最新思考，并以国家加强对于产权的保护，特别是对于民营企业的产权保护为例，鼓励在场师生关注热点问题，共同迎接国家对产权保护的一个新阶段的到来。本届颁奖典礼以“续铮铮古韵，育法治英才”为主题，通过四个篇章，从在校生、往届获奖者和参与教师等视角，讲述了江奖将评选与学风建设相结合的育人故事，展现了江奖在校园法治文化建设和良好学风营造方面所发挥的积极作用。颁奖环节，清华大学、浙江大学等学校共20名获奖同学先后走上舞台与在场师生分享自己成功的喜悦，介绍了个人民商法学习的心得体会。

三、国际法学院

【概况】 国际法学院设有法学专业的本科、国际法专业的硕士点和博士点，以及国际法研究所、国际私法研究所和国际经济法研究所3个教研实体，12个非在编研究中心，5个科级办公室。

硕士研究培养方向8个，博士研究培养方向4个。开设国际法、国际私法、国际经济法3门法学核心课程和40余门相关选修课，此外还有十几门实践性较强的案例课和研讨课。经过多年的建设与发展，学院形成了一支结构合理、学科方向齐全和国际化程度较高的师资队伍。国际法学院现有教职工 54 人，其中专职教师 40 人，学生辅导员 5 人，行政人员 9 人，人才派遣及其他人员 4 人。学院主要致力于法学专业本科生和国际法专业研究生的人才培养和国际法学科研究工作。现有在校本科生 1671 人，其中四年制普通法学 1404 人，双培 58 人，涉外法律实验班 209 人。硕士研究生 214 人，博士研究生 114 人，在站博士后 10 人。

教学科研方面，2016 年举办了第四届“国际争端解决与人权保护圆桌会议”，中国入世 15 年 WTO 论坛，与意大利、塞尔维亚、罗马尼亚等国家高等院校和学术机构的交流等学术活动。持续推进涉外班培养建设，创新课程设置，建立涉外班图书室，与兄弟院校探讨涉外培养模式。突出国际法学院的特色，组织和参加各种国内外模拟法庭和学科竞赛。2016 年，学院承办了国际刑事法院审判竞赛、第六届航空法模拟法庭比赛，参加国内外学科竞赛 12 场。

2016 年获得北京市社科基金青年项目 1 项，校级项目 8 项，横向项目 33 项，涉及项目经费 200 余万元。发表科研论文 64 篇，其中权威学术期刊论文 2 篇，核心学术期刊论文 26 篇，一般学术期刊论文 36 篇；出版专著 10 部，其中译著 1 部；教材 2 部；主编论文集 1 部；工具书 1 部。

资助教师参加各类学术会议和科研出版活动。2016 年国际法学院教师共出席国内外会议 121 人次，其中国内会议 67 人次，国际会议 54 人次。

在人才培养、师资队伍建设方面取得了良好成效。举行国际法大讲堂系列讲座 12 期；开设国际法暑期课程 5 门，教师沙龙 2 期。

外事交流方面，成功举办蒙特利尔暑期班和杜兰大学暑期班活动。加强学院外事交流，促成国际法学院与国外多所大学合作交流。选派学生前往国外院校进行短期交流，并接收外国院校的语言生与交换生。

社会服务方面，2016 年度，继续与温州大学继续教育学院合作，举办同等学力研修班；北京自主招生班开始运行。与北海市法制办合作的“立法工作培训班”，与温州科技局合作的“2016 年温州企业知识产权战略推进高级培训班”，与新疆维吾尔自治区工商行政管理局合作的消费维权干部能力和素质提高研修班、与南宁人力资源与社会保障局合作的专题研修班、与北京市律师协会合作的“美国法律制度”培训班等，共计培训人员 273 人。

党务工作方面，扎实开展“两学一做”学习教育活动，推进全面从严治党；加强领导班子和党员干部队伍建设，开展形式多样的主题党日活动；提高认识，加强党风廉政与分党委主体责任建设；坚定信念，全面加强思想教育工作，引领团学工作卓有成效得开展。

【举办第五届国际刑事法院审判竞赛】 3 月 18 日至 20 日，第五届国际刑事法院审判竞赛（International Criminal Court Trial Competition）在昌平校区举办。竞赛由学校和海牙国际刑事法院共同主办，黄进任竞赛组委会主任。本届竞赛吸引了来自清华大学等 18 个高校的代表队。此次竞赛设立五个法庭，并邀请了国内外专业人士担任评审。本次审判主要涉及关于危害人类罪、战争罪的定义及理解，旨在使学生熟悉国际刑事法院的法律和运作方式，并对国际法及程序正义的相关内容做出进一步的探讨和研究。比赛为期两日，学校代表队荣获优胜奖以及书状总分第二名。

【举行“中国－亚非法协国际法交流与研究项目”第二期培训】8月29日至9月16日，由外交部主办，学校承办，学院具体牵头负责的“中国－亚非法协国际法交流与研究项目”第二期培训在昌平校区举行。此次培训为期三周，共有来自34个亚非法协成员国、法协秘书处及中国港澳特区的37名学员参加培训。本次培训班邀请国内外知名国际法专家和学者授课，内容涵盖当前国际法主要热点问题。

【《中国全球治理学刊》创刊】10月，由国际法学院创办的英文学术期刊《中国全球治理学刊》（The Chinese Journal of Global Governance）正式创刊。该杂志以学校“全球治理与国际法治协同创新中心”为依托，整合了全球国际法与全球治理领域的优势资源，旨在打造具有全球影响力的国际法学术期刊，为我国积极参与全球治理、推动实现国际法治提供助力。该杂志由学校校长黄进教授以及来自德国发展研究所、汉堡大学、莱顿大学、鲁汶大学全球治理中心、维也纳大学、新加坡国立大学、马德里自由大学、中国人民大学等国内、外著名高校与研究机构的权威学者担任编委会委员，由国际法学界的顶尖级专业学术出版机构 Nihoff Brill 出版。本刊的稿件采取同行匿名评审，审稿、录用、编辑及出版全程由 Nihoff Brill 出版社专业团队协助，以确保期刊的高质量与生命力。该杂志是学校出版的第一个正式的国际刊物，也是该法学领域由中国国内学术机构创办的仅有的三个期刊之一。

【举行第十届“帅和杯”红十字国际人道法模拟法庭竞赛】11月18日至20日，由红十字国际委员会与学校共同主办的第十届“帅和杯”高校间红十字国际人道法模拟法庭竞赛在昌平校区举行。赛程为期3天，汇集了来自全国的32所院校代表队，这是开赛以来参赛队伍最多的一次。学校代表队最终获得季军和辩方最佳诉状两项奖项，并将代表中国大陆地区前往香港参加2017年亚太地区红十字国际人道法模拟法庭竞赛，指导教师朱利江因连续9年担任赛事法官、教练，荣获国际人道法模拟法庭特别贡献奖。

【举办第四届“国际争端解决与人权保护圆桌会议”】11月26日至27日，学校和英国皇家国际事务研究所（the Chantum House）共同举办的第四届“国际争端解决与人权保护圆桌会议”在学院路校区举办。来自英国、德国、瑞士、荷兰、加拿大、澳大利亚、新加坡等国家的12位外国学者和来自中国政法大学、清华大学、北京大学、复旦大学、上海交通大学、社会科学院国际法研究所等大学和研究机构的15位中国学者参加了本次会议。会议为期两天，与会者围绕“大国与国际法律秩序的未来”“海洋争端的和平解决”“贸易争端的和平解决”“个人权利的国际法保护（国际人权法）”“个人权利的国际法保护（国际人道法）”“个人权利的国际法保护（商业活动与人权）”“国际刑法与跨国刑法的发展”7个主题发表了精辟的见解并进行了深入的讨论。

【举行第五届 WTO 模拟法庭大赛暨 WTO 论坛】12月17日至18日，第五届 WTO 模拟法庭大赛暨 WTO 论坛在昌平校区举行。本届大赛共有来自各高校的16支队伍参加，时值中国入世15年，还专门举行了 WTO 论坛，与会学者分为“WTO 现状与未来”与

"WTO 的理念与开庭程序"两个主题进行了深入探讨。

四、刑事司法学院

【概况】刑事司法学院下设 4 个教学单位，设有一级学科法学、侦查学两个专业。研究生硕士专业设有刑法学（下设中国刑法、外国刑法、犯罪与犯罪心理学、监狱学方向）、诉讼法学（下设刑事诉讼法学、刑事侦查学、司法鉴定学、法医学方向）。研究生博士专业设有刑法学（下设刑法学、犯罪学、犯罪心理学、刑事执行法学、网络法学方向）、诉讼法学（下设刑事诉讼法学方向）。

刑事司法学院专职教师共 48 人，其中教授 20 人，占专职教师总数的 42%；副教授 22 人，占专职教师总数的 46%。专职教师中具有博士学位的有 32 人，博士生导师 7 人。刑事司法学院还拥有专任于中国政法大学诉讼法学研究院、证据科学研究院的兼职教学科研人员 30 多人，以及来自司法、行政实务部门的兼职教授 20 多人。

2016 年学院在校的本科生共有 1411 人，其中法学专业 1249 人（国防生 143 人），侦查学专业 162 人。招收本科生 358 人，其中法学专业 318 人，侦查学专业 40 人。毕业本科生 333 人，其中法学专业 294 人（国防生 47 人），侦查学专业 39 人。

2016 年学院在校的研究生共 515 人，其中硕士生 401 人，博士生 114 人。招收博士生 30 人，其中刑法学 18 人，诉讼法学（刑诉方向）12 人。招收硕士生 144 人，其中刑法学 82 人，诉讼法学 62 人。授予博士学位 40 人，其中刑法学 20 人，诉讼法学 18 人，证据法学 2 人。授予硕士学位 160 人，其中刑法学 105 人，诉讼法学 55 人。毕业生的就业率较高，其中刑法学和诉讼法学的博士就业率 100%；刑法学硕士的就业率为 98.75%，诉讼法学硕士就业率为 96.3%。本科毕业生就业率达 97%，其中签约 30%，升学（含出国和读研）36.1%。

教学管理工作方面，完成了学校教学计划中设置的教学任务，多数教师受到了学生的好评。完成了 2016 年学生创新基金申报、结项与本科生培养方案维护等工作。完成第 19、20 期少年越轨法律诊所组织招生工作以及第 13、14 期刑法与刑事法律科学法律诊所的招生工作。

开展优秀教学成果奖申报工作。刘玫申报的《刑事诉讼法案例研习（第二版）》教材和李小恺申报的《网络犯罪侦查系列课程教学改革实践》调查报告均获得 2016 年中国政法大学优秀教学成果奖三等奖。

举办 2016 年度教师教学观摩活动和学院 2016 年青年教师基本功比赛。组织青年教师报名参加学校的青年教师基本功大赛决赛，曾文科和李小恺分获学校青年教师基本功大赛二、三等奖。各教学单位圆满完成了研究生课堂教学、硕士生及硕士研究生毕业论文指导及答辩等各项工作。

科研工作方面，完成 2016 年第四轮学科评估工作。组织教师进行了多项纵向科研课题申报，并有多位教师获得横向科研项目合同。

学生工作方面，2015－2016 学年度，获得校级优秀学生奖学金 315 人，三好学生 43 人，优秀学生干部 43 人，校级先进班集体 4 个，科研创新奖学金 3 人，竞赛优胜奖学金 7

人。在北京市级优秀的评定中，获得北京市优秀班集体 1 个，获得北京市三好学生 1 人，北京市优秀学生干部 1 人。

学院重视学生资助工作，2015 年共计获得国家奖学金 13 人，国家助学金 155 人，国家励志奖学金 42 人，黄乾亨奖学金 5 人，黄乾亨助学金 5 人，曾宪梓英才奖学金 8 人，三星奖学金 4 人，申泳亮奖学金 6 人。

累计举办各种学术讲座、论坛总计 40 余场，其中刑事法论坛、律师沙龙、行思讲坛、司考同仁会等学术讲座和学术交流类活动受到广大同学的热烈欢迎。在第 41 届校运动会上夺得甲组第二名。在 2016 年秋季学期“冠军杯”比赛中，女篮、男排夺得冠军。

志愿服务与社会实践方面，“我与星星孩子的蓝色之约——关爱自闭症儿童”活动作为学院品牌公益活动于本学期继续举行，百余人次的志愿者前往昌雨春童自闭症儿童关爱中心奉献爱心，“爱地敬老院”志愿活动继续顺利开展。举办第三届“优秀刑司人”颁奖典礼，致力于营造创先争优的良好氛围。在首届“RONG 聚法大”文化盛典中，院报《行思人》获得“优秀校园刊物”与“十佳校园新媒体平台”的荣誉。

学院重视学生实习、实践工作，重视实习实践基地的开拓和维护工作。共有 333 名同学分别以组团集中实习、参加法律诊所等不同形式完成了专业实习，并撰写了实习报告和论文。有 348 名同学参加了暑假社会实践。

【举办第四届“京都杯”刑事模拟法庭大赛决赛】5 月 9 日，由学院分团委主办、学院学生会承办的第四届“京都杯”刑事模拟法庭大赛决赛在昌平校区举行。本场模拟法庭比赛由北京市昌平区人民法院刑庭庭长欧春光担任审判长、北京市昌平区人民检察院主任检察官杨文、北京市京都律师事务所合伙人律师孙广智担任审判员，三人组成合议庭，并由学校学生万桃源担任书记员。另外，本次比赛还邀请到了北京市京都律师事务所高级合伙人邹佳铭以及学院刘艳敏作为决赛特邀嘉宾。

【举行学院第四次学生代表大会】5 月 22 日，中国政法大学刑事司法学院第四次学生代表大会在昌平校区举行。学院党委副书记兼副院长王敬川，辅导员吴静、张继山、江乐园、阮璇以及各兄弟学院的嘉宾学生 58 名代表参加了大会。全体代表听取并审议了中国政法大学刑事司法学院学生委员会主任委员武洋洋关于第三届学生委员会工作的报告，学生代表听取并审议了中国政法大学刑事司法学院学生会主席朱计烨关于第三届院学生会工作的报告，维权服务部部长宋宇就中国政法大学刑事司法学院第四次学生代表大会提案落实情况进行报告，最后，大会选举了中国政法大学刑事司法学院第四届学生委员会委员。

【举办第十二届“华泰杯”首都高校辩论赛】11 月 25 日，“华泰杯”首都高校辩论赛决赛在昌平校区举行。进入决赛的两支队伍分别是中国政法大学刑天辩论队和外交学院辩论队，双方就“中国取消封闭式住宅利大于弊/弊大于利”的问题展开了激烈辩论，正方为外交学院辩论队，反方为中国政法大学刑天辩论队。最终，反方中国政法大学刑天辩论队获得决赛胜利。

【举办 2016 年度青年教师教学基本功比赛】12 月 5 日，学院 2016 年度青年教师教学基本功比赛在昌平校区举行。参赛的两位青年老师为来自刑法学研究所的曾文科老师与来自侦查学研究所的李小恺老师，两位参赛老师赛前均做了认真准备，精神饱满流畅自如地完成了讲解演示。各学院研究所所长和有大赛经验的老师组成的评委小组对选手课程讲解做了有针对性的点评，这两位老师将代表刑事司法学院参加 12 月 15 日学校举行的青年教师教学基本功比赛的决赛。

五、政治与公共管理学院

【概况】政治与公共管理学院前身为学校 1985 年成立的政治系，1999 年更名为政治与管理学院，2002 年更名为政治与公共管理学院。

学院目前设有 1 个博士后流动站，拥有政治学一级学科博士学位授予权和公共管理一级学科硕士学位授予权，学院目前设有 8 个博士点、11 个硕士点和 1 个 MPA（公共管理硕士）专业学位，设有政治学与行政学、行政管理、国际政治、公共事业管理 4 个本科专业，政治学理论学科和中外政治制度学科为北京市重点学科。政治学与行政学为北京市和教育部高等学校特色专业。政治学基础课程教学团队为国家级优秀教学团队。政治思想史教学团队和西方文明通论教学团队为北京市优秀教学团队。

学院下设 5 个行政办公室以及政治学系、国际政治系、行政管理系、公共事业管理系 4 个教学单位、10 个非在编研究机构以及 3 个国际学术交流平台。学院现有教职工 75 人，在校学生 1300 余人。学院院长为杨阳教授，分党委书记为李程伟教授。

2016 年，学院制定了《政治与公共管理学院“十三五”事业发展规划》，参加了第四轮全国学科评估工作和 MPA 水平评估工作，以政治学一级学科博士授权点和公共管理一级学科硕士学位授权点为重点参加学校硕士博士学位授权点质量评估工作。根据学校部署，进行了研究生学位点评估工作和本科教学工作审核评估工作。学院对学科平台和学位点进行了初步的合并、调整和优化，并根据学科和专业建设的重点与方向，加强师资队伍建设，进行了第三届科研届终考核工作，制定了《教师分类考核办法》。加强国内外合作与交流，牵头成立了“政管—立格联盟”。积极开展对外交流，推进了对港澳、新西兰、东欧等国家和地区的学术交流与师生互访。

【庞金友教授被任命为学院副院长】1 月 24 日，校党委任命庞金友为学院副院长，配齐了学院领导班子。此外，学院先后任命詹承豫、王湘军、李筠为院长助理（严挺于 2015 年 4 月任院长助理），协助学院领导开展相关工作。

【举办第三届“中国与东亚”国际学术研讨会】3 月 12 日 – 13 日，学院及学校东亚国际问题研究中心联合举办了“后冷战时期东亚国际关系与秩序：变化与未来”为主题的第三届“中国与东亚”国际学术研讨会。来自日本、韩国、美国、俄罗斯、新西兰的 12 位学者和国内 60 余位学者参加了会议。在主题报告会上，学校东亚研究中心主任孙承教授、前驻英大使马振岗、日本东京大学名誉教授石井明、国防大学原战略研究所所长杨毅、清华大学国家战略研究院执行院长周琪、新西兰惠灵顿维多利亚大学政治学系教授黄晓明先后就“东亚国际权益转移说的几点说明”“朝鲜半岛的出路”“伙伴还是联盟？哪种选择更好保证东亚的安全”“塑造东北亚合作共赢的安全格局”“美国的再平衡战略及其对中美关系的影响”和“慎重看待东亚国际秩序问题”作了精彩报告。分组讨论中，专家学者们就“地区权力结构的变化与大国关系”“地区安全合作与秩序构建”“地区一体化与区域治理”主题展开了讨论。

【詹承豫教授研究报告入选《教育部简报（高校智库专刊）》】 4月15日，公共事业管理系詹承豫教授《关于建立雾霾可持续治理机制的六点建议》的研究报告入选《教育部简报（高校智库专刊）》。

【交流团访问港澳高校】 5月25日-29日，学院赴港澳高校交流团，先后访问了香港中文大学、香港科技大学和澳门大学，并与相关院系就学生联合培养、教学资源共享、教师学术互访等方面的长期合作初步达成共识。

【开展“两学一做”实践教育活动】 7月1日-3日，为纪念中国共产党建党95周年和长征胜利80周年，大力弘扬党的光荣传统，进一步提升“两学一做”学习教育活动效果，分党委组织学院党员赴山东枣庄市开展以“学党史，感党恩，强党性”为主题的党日活动。

【赴云南楚雄彝族自治州开展帮扶活动】 7月11日-16日，杨阳院长率队赴云南楚雄彝族自治州开展帮扶活动。学院积极参与教育部滇西扶贫工作和中国政法大学与云南省共建“法治云南”的合作计划，并与州领导进行座谈，达成了在干部培训、纪检监察、信访、PX项目风险沟通方案、社区矫正等方面的合作意向。学院教师还赴姚安开展了党政领导干部培训工作，并为当地中小学解决一些实际困难。

【开展“闻道·本科阅读计划”】 9月30日，政治学系《闻道阅读·专业论文精选集》印刷成册，标志着该系开展的“闻道·本科阅读计划”正式展开。政治学系拟通过该计划，制作本专业的学术著作阅读清单（59部电子书）以及每部专著的导读和一本专业论文精选集，以期优化本科生的培养工作，强化本科阶段的专业学习。

【选派教师赴奥地利维也纳大学进行学术访问】 10月22日-26日，学院选派傅广宛教授等4名教师赴奥地利维也纳大学进行学术访问，并参加由奥地利科学研究与经济部和维也纳大学联合举办的学术研讨会，延续了学校与维也纳大学的长期学术交流与合作。

【成立“政管-立格联盟”】 11月26日，“政管-立格联盟”成立大会在昌平校区召开。校党委副书记兼副校长常保国教授、校学术委员会副主席张桂林教授、学院院长杨阳教授、副院长贾文华教授、副院长庞金友教授，西南政法大学政治与公共管理学院院长黄清吉教授、副院长周振超教授，华东政法大学政治学与公共管理学院院长张明军教授、副院长黄安余教授，中南财经政法大学哲学院党委书记高碧峰教授、副院长万健琳教授，西北政法大学政治与公共管理学院副院长杨立峰副教授、学科带头人张师伟教授以及与会各学院系、科室主任等代表总计40余人等出席开幕式并参与了研讨会。会议通过了《政管-立格联盟合作章程》。“政管-立格联盟”是由中国政法大学、西南政法大学、华东政法大学、中南财经政法大学、西北政法大学五所政法大学的政治与公共管理学院为了响应建设世界一流大学和一流学科的发展战略，加强全国政法大学“立格联盟”内政治学与公共管理学两大学科的深度交流，促进教学与科研领域的全面合作而联合发起的。其宗旨是推动和深化政法类高等教育机构在政治学、公共管理学等领域的合作，内容涉及学术研讨、科学研究、学科建设、人才培养等。

【学院代表团访问澳大利亚、新西兰】 12月1日-8日，学院代表团赴澳大利亚、新西兰进行学术交流和合作会谈。代表团先后访问了澳大利亚昆士兰大学、新西兰惠灵顿维多利亚大学，分别在学生交流以及师资培训项目、推动 1 +1 硕士学位项目方面进行了磋商，并达成了初步合作意向。为我院进一步推动教育国际化、多样化提供了更广的平台和更多的机遇。

【韩献栋教授政策建议入选《人民日报内参》】 12 月 6 日，国际政治系韩献栋教授《韩国政局微妙　我宜因势利导》政策建议入选《人民日报内参（供中办国办秘书局信息专报）》。

【开展学科点自我评估工作】 12 月 30 日，政管学院邀请王浦劬、韩冬雪、陈岳、郑启荣、周至忍、胡象明、张成福七位校外专家和杨阳、刘俊生两位校内专家开展学科点自我评估工作。专家们对学院学位点师资力量、学科建设、管理规范以及历史传统等给出了肯定的评价，同时对学位点分布、自设二级学科、人才引进、学科优势建设等方面给出了重要的建议。学院将努力做好学位点建设，完善学位点评估报告，在 2019 年国务院学位委员会和教育部的学位点评估中争取好成绩。

六、商学院

【概况】 商学院以 1979 年开始的经济管理学科研究生教育、1995 年开始的工商管理本科专业为办学基础，在充分整合校内经济学、管理学等相关学科方面的师资以及教学资源的基础上，于 2002 年正式组建。现设有 7 个研究所（系）、9 个非在编科研机构和 6 个专业实验室。

学院现设有经济学、工商管理、国际商务 3 个本科专业及成思危现代金融菁英班，拥有世界经济博士点，工商管理、理论经济学、应用经济学 3 个一级学科硕士点，以及政治经济学、企业管理、世界经济、会计学、产业经济、经济史、西方经济学、区域经济学、国际贸易学、法商管理（自设专业）、金融学、财政学、统计学 13 个二级学科硕士点和 MBA 专业硕士点。

学院现有教职工 86 人，在岗专业教师 54 人，其中教授 21 人，副教授 23 人，具有高级职称教师占教师总数的 82%；具有博士学位教师占教师总数的 87%；具有国外留学和进修经历的教师占教师总数的 70%；获得多项国家自然科学基金、国家社科基金等纵向课题，并具有丰富的企业咨询培训和政府服务实践经验，形成了一支在教学水平、科研能力、国际交流与合作、管理实践等方面具有相当实力的师资队伍。

学院现有在校学生 1817 人，其中本科生 1055 人，第二学士学位学生 159 人，双专业双学位学生 12 人，硕士研究生 119 人，博士研究生 21 人，MBA 工商管理硕士生 451 人。

2016 年，学院积极推动教学改革向纵深发展。确定“十三五”学科规划基本方向，完成“十三五”学科发展规划工作。修订、改造原经济学“成思危现代金融菁英班”培养方案，并形成金融工程专业培养方案。3 个跨学科教研室获批成立。在继续开展教学观摩活动，召开教学改革研讨会的同时，学院积极组织教师参加各类培训，进一步提高了教师的教学和政治思想水平。

科研工作主要围绕团队建设、科研项目、科研成果等开展。本年度，总计获得各类项目 30 项，资助经费总额 242.75 万元。其中，国家社科基金后期资助项目 2 项，资助经费 40 万元；教育部人文社科项目 1 项，资助经费 10 万元；北京市自然科学基金项目 1 项，资助经费 18 万元；北京市社科基金项目 1 项，资助经费 12 万元；校级人文社科研究项目 3 项，资助经费 24 万元；横向项目 22 项，资助经费 138.75 万元。共发表论文 80 篇，其中在核心以上期刊发表论文 20 篇；出版学术著作 10 部，合计 280 余万字。获得校级青年教师科研三等奖 2 项。获得 1 项校青年教师创新团队资助；首获 2 项中青年教师培养支持计划资助；通过 3 项院级科研项目立项、5 项院级优秀科研成果出版资助、7 项学院教育管理创新研究项目立项。在进一步加强学院学术分委员会建设的同时，定期开展“双周论坛”，为教师提供学术交流平台，并新增 2 个非在编科研机构。

2016 年是法商管理 MBA 教育项目试办第七年，该项目取得了稳健发展，并开始新阶段发展的新探索。年内，顺利完成招生工作，并开展第一志愿招生宣传工作；通过打造大型品牌活动，以提高社会认可度；不断提升教学管理质量，顺利完成专业学位水平评估工作；搭建职业发展平台，为深化校友工作提供条件；此外，进一步巩固与相关机构及院校的长期稳定联系，同时积极拓展与企业的合作。

在学生培养方面，继续完善“雁阵计划”，开展雁阵团体系列活动；充分利用国家奖学金、校长奖学金、励志奖学金、“商院英才”、“岳成律师事务所奖学金”评选和班级达标的契机，促进学风建设。本年度，学院举办各类论坛、学术讲座、辩论赛、体育、文艺、主题晚会等丰富多彩的课外科技文化活动共 40 余场，为学生搭建校园文化平台，促进学生全面发展；在本年度的各类学术创新活动中，共获得 18 项立项，资助 16.2 万元。其中获得 9 项国家级创新训练项目；9 项北京市“大学生科学研究与创业行动计划”项目。此外学院学生积极申报各级创业项目，共获得 13 项立项，资助 29 万元。其中包括 2 项国家级创业实践项目、6 项国家级创业训练项目和 5 项校级创业项目。共有 94 位本科生取得了 28 项国家级、省市级荣誉，获奖人次达到 144 人。研究生发表独著或第一作者论文 60 篇，核心期刊 10 篇。此外，学院全方位构建就业工作体系，细致深入地完成了就业指导和服务工作。

年内，学院获得各类社会评选奖项。MBA 教育中心分别获得由新华社新华网主办的新华教育论坛——“大国教育之声”活动评比的“社会影响力 MBA 院校”殊荣；第八届金翼奖网易教育年度大选的“2016 年度最具品牌影响力商学院”奖项；第四届腾讯商学院发展论坛评比的“2016 年度创新力 MBA 院校”；2016 年度新浪教育盛典评选的“2016 中国品牌影响力 MBA 院校”。

年内，学院多渠道多方面开展国际合作与交流工作。基于原有合作的四所国外院校（美国底特律大学，美国加州大学长滩分校，美国南加州大学，瑞典乌普萨拉大学），继续丰富项目内容，扩大受众群体，筹备成立国际 MBA 班；派遣多位教师赴境外进行学术交流访问，并成功接待密苏里大学、普度大学、佩斯大学和底特律大学、伯利茅斯大学和剑桥大学、台湾政治大学等机构的学者、专家的访问。

【新增金融工程专业】3 月，教育部学科发展与专业设置专家委员会完成了 2017 年普通高等学校本科专业设置工作，并公布了相关备案和审批结果，学院金融工程专业获批。

该专业是根据教育部《普通高等学校本科专业设置管理规定》的相关要求，从专业设置和发展基础、专业发展的开创性、发挥协同合作效应和专业发展普遍规律与办学特色相结合等方面进行综合考虑，由“成思危现代金融菁英班”改造而成。

【咨询研究报告获得批示】4 月 29 日，李晓（与姜涛合作）起草的咨询研究报告《关于深化金融不良资产处置市场化改革的意见和建议》得到中共中央政治局委员、国务院副总理马凯同志的批示。

【开展“双周论坛”活动】7 月起，先后开展 6 期“双周论坛”活动。分别为：黄立君——《煤层气产业发展中的“帮”与“扶”：来自美国的经验》、巫云仙——《以“Fin Tech 对金融业的‘破坏性创新’”》、胡明——《宏观经济学是否需要微观基础》、刘志雄——《媒体负面报道对公司股价影响的研究》、王大地——《债务约束下的资产销售》、张苏彤——《法务会计及其在经济犯罪调查中的运用》，此项活动为不同专业的老师提供了相互学习交流的平台。

【AMBA 国际认证工作获得学校批准】12 月 24 日，由 MBA 中心提交的《关于学校 MBA 项目参加 AMBA 国际认证工作的请示》在 2016 年第 21 次校长办公会上获得批准。

【完成“十三五”学科发展规划工作】年内，在充分调动全院教职工及学生积极性的基础上，经反复研讨、论证，最终形成“十三五”学科发展规划。学院定位目标为：将学院建设成为国内高校中独具特色的“法商型”商学院；学校多科性发展的优势学科和品牌学院；“法商结合”复合型高层次人才的培养学院。

七、人文学院

【概况】人文学院成立于 2002 年 6 月，涵括文、史、哲、艺 4 个一级学科门类，设有 2 个本科专业，法治文化交叉学科 1 个博士点，12 个硕士专业。设有教授委员会和学位分委员会，5 个教研机构，8 个非在编科研机构，4 个行政机构。人文学院以“法大人文、人文法大”为办学理念，加强专业教学，努力做到与其他著名高校的专业教学看齐。重视素质教育，开设了大量全校性的通识核心课程和通识主干课程，通识教育逐步成为学院发展特色。在学术研究与学科建设上，重视人文学科与法学学科的深度结合，法治文化、法律逻辑、法律语言、法治文学、法律与宗教等新兴交叉学科在全国产生了较大影响。现有教职工 72 人，专任教师 61 人，其中教授 17 人、副教授 27 人，6 名教授具有博导资格。现有全日制在校学生共 421 名，其中普通本科生 252 人、研究生 169 人（硕士研究生 143 人，博士研究生 26 人），另有博士后研究人员 4 人。

教学工作方面，本年度全院教师共开设本科生课程 239 门次。课程方式进一步多元化，除了普通的课堂教学、研讨会外，还开设了网络课、微课 7 门，校长推荐书目导读课 6 门、国际课程（论证完成）1 门。进一步配合学校教务处通识核心课程和通识主干课程建设，承担通识核心课程西方文明通论、中华文明通论的组织管理工作。获批教改立项 1 项。

科研工作方面，教育部国家社科基金项目获批 1 项（卢燕娟），北京市社会科学基金一般项目获批 3 项（王静、董燕、刘黛），校级人文社科项目获批 3 项（张瑞丁、刘黛、张文）。举办首届“司法文明与法治文化”高端论坛暨“文学、语言、法治”学术讨论会、“胡塞尔现象学青年论坛”、“交涉中的西法东渐暨第二届近代法律与社会转型”学术研讨会、“知识与价值：康德哲学的主题”学术会议。举办学术讲座28次，包括名家论坛3次（孙周兴、陈平原、詹福瑞），中文论坛10次，青年哲学论坛3次，华严论坛6次，法治与文化专题系列讲座3次，蓟门谈史2次，蓟门法治金融论坛、壹号思想库论坛1次。

师资队伍建设方面，哲学研究所接收2名应届博士毕业生（雷晓丽、孙国柱）、历史研究所接收1名博士应届毕业生（郑云艳），充实到教师队伍。其中雷晓丽博士为泰国留学回国，也是学院招聘的第一位具有海外学历背景的教师；本年度还论证了2017年引进意大利学者 Andrea Altobrando 的计划，并获得学校批准，意味着学院在队伍国际化方面有了零的突破。

外事工作方面，续聘 David Joyner 为学院客座教授，支持学院教师参加布加勒斯特大学“重塑传统”国际学术会议。

年内，举办了中国政法大学书法大赛作品展、“别样法大”摄影大赛及作品展、“博物馆进法大”之520露天电影会——《罗马假日》、第三届法大诗歌赛、祁志锐藏区人像摄影展等多项艺术活动。组织学院教工与学生一起参观北京农业嘉年华；开展学校管理部门进学院特色宣讲活动，分别邀请财务处和教务处、信息化管理办公室对与教师密切相关的工作进行培训；继续进行“喜迎党诞九五载，虚拟重走长征路”活动。

【召开学位分委员会会议】 3月17日，学院学位评定分委员会会议在学院路校区召开，会议由文兵教授主持，学院学位分委员会全体成员出席了本次会议。会议由赵晓华教授部署了2015－2016学年第二学期研究生教学工作安排，并对2016年研究生培养方案修订和学科学位授予标准进行了审议。会议一致通过了哲学、中国史、法学（法学理论、法治文化）学科培养修订方案，以及哲学、中国史学、法治文化专业（硕、博士）学位授予标准。

【召开首届“司法文明与法治文化”高端论坛暨“文学·语言·法治”学术讨论会】 4月16日，学院与国家“2011计划”司法文明协同创新中心主办，中文教研室承办的首届“司法文明与法治文化”高端论坛暨“文学·语言·法治”学术讨论会在学院路校区召开。国家“2011计划”司法文明协同创新中心联席主任张保生教授，学校终身教授李德顺，北京大学法学院教授朱苏力出席了本次论坛，来自北京地区各法院、检察院及多家高校的专家、学者与会。与会专家学者聚焦于司法文明，就“文学与法治”和“语言与法治”的主题展开了热烈和多元的讨论。

【举办人文大戏《麦克白》演出】 5月12日，由李忠实老师精心指导，以人文学院学生为主力，众多院系同学参与，学校各部门通力支持的莎翁经典悲剧《麦克白》在昌平校区成功演出。校长黄进，副校长冯世勇，校党委副书记、纪委书记胡明，副校长李树忠，校党委副书记、副校长常保国，及来自校部机关和各学院的领导嘉宾应邀一同观看本次演出，还有一些戏剧界与文艺界人士受邀前来。

【举办第七届“丽娜研究生学术论文大赛”】 5月26日，学院第七届“丽娜研究生学术论文大赛”答辩会在学院路校区举行。学院副院长赵晓华，答辩委员刘黛、宫睿、邹玉华、罗世琴、姜金顺，来自研究生各专业的8位答辩选手，以及校内外前来旁听的同学参加了本次答辩会。最终，本次大赛组委会决定一等奖空缺。张尔璇、杨红平、高景获二等奖，张曼、苏慧群、孙祥阳获三等奖，宋青青、杨泽浩获优秀奖。

【举办第七届北京市大学生人文知识竞赛选拔赛】 6月3日，由学院主办、学院学生会承办的第六届北京市人文知识竞赛中国政法大学校内选拔赛决赛在昌平校区落幕。本次校内选拔赛决赛分为两场，分别于5月30日晚和6月3日晚，在学生活动中心学术报告厅和刘皇发报告厅举行。学院院长文兵，教师张瑞丁、盛百卉、罗世琴、卢燕娟、金莉莉、祁志锐、李京泽、徐文贵、姜金顺等嘉宾出席决赛活动。同时，决赛也邀请到清华大学程钢教授的参与。胜出的两支队伍代表学校参加了北京市人文知识竞赛决赛，均获得了二等奖。

【举办华岩学术基金颁奖典礼】 6月27日，2016年度华岩学术基金颁奖典礼在学院路校区举行。颁奖典礼由宗教与法律研究中心副主任李虎群主持，人文学院院长文兵、重庆市华岩文教基金会项目部部长刘春林、社会学院副院长赵丙祥分别致辞。华岩学术基金共分为5个部分：华岩宗教学奖学金、华岩悦读奖、华岩学术组织奖、华岩社会实践奖和华岩年度学术资助项目。本年度共有24位研究生获得华岩奖学金、华岩悦读奖和华岩学术组织奖，并设立4个华岩社会实践项目。华岩悦读奖一等奖获得者代表许卢峰同学和华岩宗教学奖学金一等奖获得者代表黄越泓同学分别发表获奖感言。

【举办“淼焜奖助学金”颁奖仪式】 7月8日，学院2015、2016年度“淼焜奖助学金”颁奖仪式在学院路校区举行。“淼焜奖助学金”捐资人、校友尤志安先生，人文学院分党委书记兼副院长杨军、分党委副书记兼副院长尹晓华、教师代表崔玉珍老师以及“淼焜奖助学金”的本科生及研究生获得者均参加了会议。“淼焜奖助学金”的设立帮助很多学子渡过了学习和生活上的难关，并鼓励他们继续努力不断地进步。为获奖者颁奖后，尤先生表达了对同学们殷切的希望，希望在明年的颁奖典礼中看到更多的同学。

【举办首届优秀大学生中国史夏令营】 7月12至15日，学院成功举办首届优秀大学生中国史夏令营活动。经严格选拔，来自厦门大学、吉林大学、东北师范大学等10余所高校的13名优秀大学生入营。本次夏令营安排了开营仪式、师生见面会、教学活动、文化参观活动、专业笔试和面试等环节。

【召开“交涉中的西法东渐暨第二届近代法律与社会转型”学术研讨会】 10月30日，由学院主办，学院历史研究所承办的“交涉中的西法东渐暨第二届近代法律与社会转型”学术研讨会在学院路校区举办。本次学术讨论会由学院赵国辉博士召集发起，来自清华大学、中国社会科学院、北京大学、西南交通大学、中国文物报社及中国政法大学的20多位学者参加了会议。院长文兵教授致开幕词。学校李德顺教授和清华大学李廷江教授分别就“民主与法治——西法东渐后需要转化的几个基本概念”和“民国初期的日本人顾问”作了主题发言。

【中南财经政法大学哲学院来我院调研】 11月28日，中南财经政法大学哲学院党委书记高碧峰、副院长万健琳等一行6人来我院和政治与公共管理学院调研。调研会由学院分党委书记杨军主持，学院副院长俞学明，分党委副书记兼副院长尹晓华，政治与公共管理学院副院长庞金友，分党委副书记兼副院长张艳萍等老师出席会议。调研会主要围绕“本科生和研究生培养机制”“学院党建工作基本情况及特色活动”“学生工作基本情况”“就业工作举措及先进做法”4个主题进行讨论，与会老师畅所欲言，探讨了各自工作中面临的突出问题，应对的有效措施以及值得推广的、好的工作方法。

【举办“丽娜奖助学金”颁奖仪式】11月30日，学院“丽娜奖助学金”颁奖仪式在昌平校区举行，学校校友、奖助学金捐资人郭恒忠、孟丽娜伉俪，人文学院院长文兵，分党委书记兼副院长杨军，副院长赵晓华及2015年度、2016年度获奖教师与学生参加了颁奖仪式。文兵院长首先回顾了“丽娜奖助学金”设立的过程，他由衷地感谢了郭恒忠先生、孟丽娜女士对人文学院的大力支持，并介绍了奖学金的运行情况。杨军书记宣读2015年度、2016年度的获奖者名单：苏子婵、张尔璇等36名同学获得丽娜奖学金，董自政等20名同学获得丽娜助学金，张浩军等6位教师获得丽娜青年教师优秀学术成果奖。

【举办第七届和第八届中华文明月】年内，共举办了两届活动，分别为第七届：中国问题论衡班级手绘海报展；中国问题论衡班级沙龙；中国问题论衡班级成果展。第八届：“百鸟朝凤　彩衣翩然”民族服饰秀；中国问题论衡班级手绘海报展；中国问题论衡班级沙龙；中国问题论衡班级成果展。11月，中华文明季系列活动被评为中国政法大学“十佳校园文化”品牌活动。

八、外国语学院

【概述】外国语学院是一所多语种、开放型的学院，成立于2002年6月，前身是1994年9月成立的中国政法大学外语系。截至2016年12月31日，学院有教职工103人，专职教师89人，其中，教授14人，副教授44人，讲师27人，助教4人。现有全日制在校学生共577名，其中四年制普通本科生493人，硕士研究生84人。

秉承“中外并蓄、德业兼修”的院训，坚守“开放办学、严谨治学”的办学理念，外国语学院围绕法大培养卓越法律人才的国际化发展战略，坚持以培养具有跨文化交流能力的“外语+法律”人才为己任，坚定地走规模适度、内涵发展、优势和特点取胜之路。

教学工作方面，外国语学院承担了包括英语、翻译、德语专业的本科、双学位、商学院国际商务、法学实验班、西班牙语法学实验班等特色专业的教学任务，同时承担外国语言文学硕士研究生、MTI专业硕士研究生的培养工作，以及全校英、德、日、俄、法、意、西等语种的本科生、硕士生和博士研究生的公共外语教学工作。本年度，开设本科课程522门次，开课时数为22 378学时，选课本科生为16 535人次。在向研究生、博士生授课方面，开设研究生课程（硕士、博士）96门次，开课时数为4356学时。硕士生授课方面，学院外国语言文学学科开设研究生课程49门，选课数184人次，开课时数为2196学时。专业硕士培养上，翻译硕士专业（MTI）开设研究生课程15门，选课数185人次，开课时数为612学时。

科研工作方面，本年度，学院1人获批“2016年度国家社会科学基金项目”一般项目立项；1人获批“2016年度北京市社会科学基金项目”青年项目立项。本年度，学院共有发表权威论文4篇、核心期刊论文40篇以及专著和译著共3本获得校级科研成果奖励。截至2016年12月31日，学院教职工共有科研成果：学术论文96篇（其中译文50篇），著作35部（其中译著22本）。

学院教职工于2016年度出席国内外学术会议共计36人次，举办学术讲座13场，其中3场为中国政法大学名家论坛讲座系列。讲座内容主要涉及法律语言学、法律翻译、英美文学、英语教学、翻译理论与实践等方面。

师资队伍建设方面，本年度，学院在编专任教师89人（不含“双肩挑”教师），从职称结构看，教授14人，副教授44人，讲师27人，助教4人；从年龄分布看，35岁以下的教师19人，占21.1%；36岁－45岁的教师35人，占38.9%；46岁－55岁的教师34人，占37.8%；从学历结构来看，具有博士学位的教师43人，具有硕士以上学位的教师87人，占96.7%；有海外经历的教师67人，占74.4%；同时具有外语和法学双重教育背景的教师35人，占教师总数39%；硕士生导师27人，均为副教授以上职称或具有博士学位学历；从学缘结构看，17人毕业于中国政法大学，占18.88%。可以说，学院的师资队伍年龄、职称、学历、学缘结构基本合理，教师数量上能满足学科教学需要。

2016年度，学院教师积极参加学校的中青年骨干教师海外提升项目，学院3名教师（史红丽、李丹、高静）获得中青年骨干教师海外提升项目资助。

人才培养方面，2016届本科生人数120人，其中77人继续修读“4＋1”双学位，2015届本科毕业生人数为43人，其中继续升学读研究生的29人，继续升学读4＋2双专业双学位的2人，出国出境的7人，签署三方协议及劳动合同就业人数为5人，共计43人就业，2016届本科生就业率为100%。2016届研究生人数17人，延期毕业2人（俄语语言文学专业、英语语言文学），英语语言文学专业7人，德语语言文学专业2人，法语语言文学5人，俄语语言文学3人，研究生就业率为100%。

合作交流方面，本年度春季学期派出6名同学（英语4名，德语2名）在国内名校交换学习，接收1名其他高校交流生在我院学习。秋季学期派出10名同学（英语7名，翻译2名，德语1名）在国内名校交换学习，其他高校交流生1名在我院学习。另外，有6名同学去德国科隆大学进行为期11个月的交流。研究生导师积极拓展与国内外高校的合作交流。通过各种渠道加强了同国内兄弟院校的联系，学习他们在研究生培养方面的经验，挖掘校外学习资源。本年度共有18人赴英国、加拿大、法国、俄罗斯等地留学，留学时间半年至一年不等。6人结束国外高校交流生活返回学校继续学习。

党务方面，按照校党委的统一部署和要求，学院分党委将“两学一做”工作作为2016年党建工作的首要任务。分党委通过专题研讨会、主题活动等形式组织党员进行学习与互评，教育引导广大师生党员尊崇党章、遵守党规，用习近平总书记系列重要讲话精神统一思想行动，做合格党员。同时分党委大力推进制度建设，建立分党委学习计划，各个党支部制定学习日程，强化基层党组织建设，将两学一做学习教育做到制度化、常态化和长效化。

本年度，学院分党委3个学生党支部共发展党员46人，截至2016年12月31日，学院学生党员人数105人，其中本科生党员人数为73人，研究生党员人数为32人，教师党员人数为54人，学院师生党员人数共为159人。

【承办第八届全国翻译职业交流大会】5月，由外国语学院和中译语通公司共同承办的第八届全国翻译职业大会在昌平校区举办。本届年会的主题为“大数据背景下的语言服务”。清华大学数据科学研究院执行副院长韩亦舜、国家标准委标准信息中心主任王希林、中译语通科技有限公司CEO于洋分别就“大数据时代的语言语音语义”“标准化有助于促进语言服务行业的健康发展”“译云语言大数据报告”等主题发表了演讲。王继辉、王希林、韩亦舜、于洋等嘉宾就“语言、大数据的开放和标准”进行了交流和探讨。随后的分论坛上，嘉宾们围绕“大数据背景下的语言服务”的大会主题，就“大数据与语言服务行业的开拓与发展”“语言技术驱动与语言服务数据共享”“政产学研协同创新与教学标准化”及“翻译人才的职业化与专业化培养”等分论题展开了进一步的交流和探讨。此次大会集学术性、产业性、国际性、公益性为一体，为翻译教育和翻译行业精英提供了一个相互交流的平台，旨在促进我国翻译教育的健康发展，推动翻译行业产学研一体化，并为提高翻译人才的培养质量创造更多有利条件。

【开设外国语学院国际小学期课程】7月至8月，邀请5位不同学科背景的外籍教师，开设国际小学期课程，全校共有49名同学参加。为期两周的外国文化相关课程给学生提供了一个扩展语言、文化和法律的国际视野的平台。

【获评北京市三八红旗集体】7月，外国语学院荣获三八优秀红旗集体。年内，学院在教学、科研、学科建设等诸多领域取得了优异成绩，在学校对外交流和提升学校国际化水平等方面都做出了卓越的贡献。在2016年北京市三八红旗单位的评选中，外国语学院脱颖而出，成为北京市六所荣获嘉奖的院（系）之一。

【成立大学英语写作中心】9月，中国政法大学英语写作中心正式成立。该中心作为全校写作教学、写作服务、写作科研的平台，在教学、科研等方面为广大学生提供了多种服务。英语写作中心新开一门创新实践课程“英语文书写作实践”。内容包括“求职简历”“留学文书”“求职信”“通知广告”“英文便条”“工作报告”“法律文案”“微信博客”等多种类型的英文写作。

【建成外国语学院模拟会议同声传译实验室】12月，外国语学院模拟会议同声传译实验室验收成功，法律外语实践教学基地实验室初具规模。年内，学院投入大量资金建设成为法律外语实践教学基地，模拟会议同声传译实验室应用于本科交替传译和同声传译教学、法庭口译教学、模拟小型交传或者同传，进行实践教学急需，开展学生口译比赛和小型口译培训，小型研讨会口译同传等等。实验室还可用于小型研讨会的召开，口译培训等等。目前开设《交替传译（基础）》《交替传译（法律）》《同声传译》《视译实践》《法律英语口译实践》《法庭口译》《法律专题口译》等课程。实验室拥有学生座位25席加7个同传坐席，听众席若干（面积为45平左右）。同声传译实验室兼具举办小型国际学术研讨会的功能，配备同声传译可移动设备（耳机、录音笔等）。教室模拟小型会议会场建设，可以实现视频电话功能，方便两校区会议和教学的互联互动。采用U型桌设计，听众座位按教室面积安排若干 。

九、继续教育学院（网络教育学院）

【概况】学院以服务经济社会发展和人的全面发展需求为导向，以立德树人为根本，以提高质量为核心，以改革创新为动力，以信息技术为支撑，以构建终身学习立交桥为目标，深化体制机制改革，创新人才培养模式，全面提升学校继续教育的社会服务能力和水平。

司法考试培训方面，引进新的投资和合作团队，利用百度、360、搜狗三大搜索引擎和微信、微博等网络营销模式，加大线上、线下宣传推广力度。采取合作加盟方式建立合作基地，扩大社会培训的力度与市场占有率。为满足不同考生的需求，开设面授、网络及校内视频三个系列班次，并根据学习阶段划分出了多个具有特色的子系列班次。年内，培训校内本科生、研究生 577 人；举办校外各类培训班 13 个，培训人员 2491 人；共计培训 3068 人。

司法职业教育培训方面，根据政法委、公安、检察、法院、司法 5 个系统及其机构不同工作特点和业务方向，围绕全面推进依法治国、司法改革理论与实践、领导干部法治思维与法治素养提升和司法职业规范及职业道德等主题，设计研发具有前瞻性、针对性、实用性、时效性的课程和项目，确立并积极推进政法委领导干部维稳综治，公安干部行政规范化建设，检察干部反贪、反渎业务，法官审判能力提升，公证员法治素养及执业能力提升，监狱系统推进依法治监，和北京市申请律师执业人员等系列专题培训项目的开展。共举办培训班 30 期，培训 3623 人；其中包括各类短训班 24 期，1619 人；北京市实习律师培训 7 期，2004 人。

政府与企业教育培训方面，坚持传统与特色相结合、经济效益与社会效益并重的自主办学方针，积极开展“依法行政和社会管理”“社会管理创新”等面向党政部门的系列培训项目。共举办短期培训班 24 期，共培训 2651 人，其中昌平区领导干部进高校大讲堂 4 期，共 1120 人，政府机关及行业短期培训 20 期，1531 人。

在项目上，整合社会各界资源，形成强大的项目战略联盟体系，全面推进“依法治国 E 行动专项计划”项目、本科高等学历继续教育、同等学力项目、司法考试培训项目及相关领域项目的实施，学院分别于 5 月与兰州理工大学继续教育学院、内蒙古知源科教职业学校，6 月与北京市涉台法律事务研究总会，11 月与贵州省人才大市场（乙方）及贵州省兴黔宏智人才大市场有限公司（丙方）签署战略合作框架协议。

成人学历教育方面，本年度成人学历教育共计招生 877 人，其中夜大招生 590 人，函授招生 287 人；同年夜大毕业生 383 人，函授专升本科毕业生 369 人，高起本科函授毕业生 58 人，共计 810 人。学院积极探索教学方式改革，采取网络和面授相结合的教学模式，满足了学生的学习需求，缓解了多年来难以解决的夜大和函授学生普遍存在的工学矛盾。

网络教育服务方面，以同等学力研修项目为基础，辅以法律英语培训、行政执法培训等职业教育项目，取得了一定实效。完善现有同等学力课程网络学习平台，开发了法律英语和成人学历教育两个新版网络学习平台，以校内教师为主，开设并录制视频课程 800 课时，其中在平台发布 500 余课时，开发各类资料、试题等文字材料近百余系列，达 25 余万字。同等学力课程网络学习平台新开设“民商法”“经济法”两个专业；筹备开展同等学力统考辅导串讲提升专题网络课程以及与法制出版社合作的行政执法培训项目的课程资源建设工作。本年度同等学力高级研修项目招生338人；同时开展法律英语项目培训两期，共计80人。在本年度两次法律英语线下面授班以及同等学力翻转课堂等线下活动开展的过程中，实现了全程同步网络直播，支持在线答疑互动，同时也支持课程回放点播，极大丰富了项目运营模式，提高了办学的灵活性。

【第一次以投标形式取得培训项目】6月22日，学校首次以投标形式取得国家发改委价格监督检查与反垄断局“价格监管与反垄断执法培训项目”。按照协议，分别于7月18日和8月29日，在学校昌平校区成功举办两期“价格监管与反垄断执法”专题培训，两期共200名学员，对今后推进和开展地方价格监管与反垄断执法具有重要意义。该项目突破了传统的委托培训形式，是学校继续教育办学第一次以投标形式成功取得的。

【与山西省人大常委会签订战略合作协议】10月17日，与山西省人大常委会签订了战略合作协议并确定了今后的培训与合作计划。按协议约定，山西省人大常委会将中国政法大学列为全省各级人大领导干部和法律业务类干部的重点培训基地，中国政法大学将山西省人大常委会列为各类人才培养的实训基地，双方将在人才培养、理论研究、实践创新、制度建设等方面开展深层次、多领域的合作交流，增强高校服务社会的功能，推动法治山西建设。这是学校首次与省一级人大常委会签订战略合作协议。

【两个案例成功入选“2016中国高校远程与继续教育优秀案例库”】10月18日－19日，2016年中国国际远程与继续教育大会在北京召开。大会由教育部在线教育研究中心、全国高校现代远程教育协作组、全国高校教育技术协作委员会指导，大学与企业联盟等数十家单位共同支持，中教全媒体主办。会上，学院报送的《“依法治国E行动”专项计划》以及《“一带一路”战略下涉外法律人才综合素养提升培养模式的探索》两个案例均成功入选“2016中国高校远程与继续教育优秀案例库”，学院的信息化平台建设和项目运营模式首次在业内较高的舞台上得到了相关管理部门和行业专家的肯定。

【与北京市西城区人民政府签订战略合作协议】10月28日，学校与北京市西城区人民政府战略合作框架协议签字仪式在学院路校区举行。中国政法大学校长黄进，中共北京市西城区委副书记、区长王少峰，副区长李异等出席签字仪式。60多名西城区各委办局、街道的相关负责同志参加了签字仪式。本次合作是在西城区法制办与学校继续教育学院合作开展西城区法治骨干人才培训班的基础上洽谈商议促成的。根据协议，西城区政府将依托中国政法大学在法学理论研究、人才培养、干部培训和法律咨询等方面的优势，推动城市治理、法治建设和政府管理创新。

【与中国法制出版社签订战略合作协议】11月，学院与中国法制出版社签署战略合作协议。协议本着“需求引导、讲求实效、优势互补、互惠互利、共同发展”的原则，就共建行政执法人员学习培训平台、法律知识库建设、青少年法治教育、国家级专业技术人员继续教育基地等项目开展合作。

【与北京开国元勋文化促进会、龙源数字传媒集团签订战略合作协议】11月，学院与北京开国元勋文化促进会（乙方）和龙源数字传媒集团（丙方）三方签署战略合作协议。

协议内容为在党和政府全面推进依法治国、从严治党的大背景下，响应国家文化产业大发展大繁荣的要求，以学校牵头实施的“依法治国E行动专项计划”为抓手，围绕全国农村普法教育和青少年法治教育等要求、热点，逐步推进基于现代化传播手段的全民普法教育，提高全社会的法治素养，积极践行法治精神和红色文化的传播与弘扬。

十、国际教育学院（港澳台教育中心）

【概况】国际教育学院于1999年，在原学校留学生管理处、港澳台学生管理处和中国国际高级法律人才培训中心（北京）办公室的基础上成立，目的是为充分发挥学校的办学优势，进一步加强对外交流与合作，积极开拓国际教育市场，更好地开展涉外培训，强化对留学生及港澳台学生的管理。学院现任院长为张丽英教授，学院现有教职工13人。自成立以来，学院本着“厚德、明法、格物、致公”的校训，培养了一批又一批优秀人才，其中包括中国大陆第一个来自台湾的法学博士和第一个外国法学博士，在学校学习法学专业的外国留学生及港澳台侨学生人数也位居全国高校前列。学院目前开展的教育培养工作包括学历教育、英文学位项目、汉语言教育、国际交流生教育、高级访问学者访学。

2016年，学院继续面向港澳台侨和海外招收学生，共招收留学生208人，其中港澳台侨学生108人，外国留学生100人（其中进修生41人）。其中：外国自费本科生2人；港澳台侨本科生共88人；中国政府奖学金生36人（本科生9人，硕士生20人，博士生7人）。截至2016年12月，学院在籍学历生共811人，其中外国留学生351人，港澳台学生460人。外国留学生中，博士生144人，硕士生140人，本科生67人。港澳台学生中，博士生134人，硕士生33人，本科生293人。

年内，学院共接收60名校际国际交流生，并专门为国际交流生开设了入学课程，就法大各项情况、相关法律法规、学校规定、校园文化、选课制度、宿舍情况、本学期的各项活动等向交流生进行介绍，取得了不错的反馈。同时通过与学生团体进行合作，开设了校际交流生语伴项目。

年内，学院为留学生及港澳台侨学生主办了系列特色讲座，包括：中国书法讲座、职业规划与拓展讲座、毕业论文写作讲座、出国升学讲座、关于“香港基本法释法”学术研讨会及各国文化沙龙，吸引了200余人参与；共举办各国法律与文化论坛30余场，累计参与人数达500人。其中不仅包括外国留学生，活动也吸引到许多中国学生前来交流学习，活动增强了中外学生之间的交流与融合，也为留学生们提供了一个展示自己的舞台。

【举办2016年中国政法大学中外文化美食节】5月10日，中外文化美食节在昌平校区举行。此次中外文化美食节聚集了韩国、日本、蒙古、哈萨克斯坦等国家以及港澳台地区的特色美食，均由国际教育学院的留学生和港澳台侨学生们亲力亲为准备而成。该活动旨在为法大外国留学生及港澳台侨生构建一个能展示自我风采和家乡地域文化的平台，除让师生们可免费品尝到各个国家和地区的本土美食外，还可以体会到当地的文化，促进学校中国学生和外国学生间的融合。

【参加青岛国际武术节】10月13日至16日，学校留学生代表队应邀参加了第七届中国青岛国际武术节比赛。此次武术节是由青岛市人民政府和山东省体育总会主办，并由青岛市体育局、青岛市体育总会和青岛市武术协会承办，共有75支国内代表队、60个国家和地区的境外代表队，共计135支队伍近1 500人参加。学校来自德国、丹麦、西班牙、葡萄牙、捷克、乌克兰、俄罗斯、韩国等17个国家的30名留学生代表中国政法大学参加了此次国际武术节比赛。经过激烈角逐，最终学校韩国留学生权度炫获得个人32式太极剑比赛一等奖和个人24式太极拳比赛二等奖，集体项目太极扇也获得器械集体比赛第二名的好成绩。

【参加黄山论剑国际武术大赛】 11月12日至14日，学校来自德国、丹麦、意大利、西班牙、葡萄牙、捷克、乌克兰、俄罗斯、日本、韩国等16个国家的18名留学生代表中国政法大学参加了在安徽省黄山市举办的2016年黄山论剑国际武术大赛。经过激烈角逐，学校韩国硕士留学生裴韩蔚获得国际组男子C组其他拳术类二等奖；巴基斯坦博士留学生Dilshad Ahmad获得国际组男子BC组其他太极短器械三等奖；集体项目太极功夫扇和太极拳均取得国际组集体项目三等奖的好成绩。

【启动留学生品牌课程建设工作】 年内，正式启动国际教育学院留学生品牌课程建设工作，并于2016年正式向外国留学生推出了第一门文化交叉课程——《中华文化与法律》。该课程旨在通过对中华文化与法律的结合，使留学生掌握和加深对中国法律的文化背景的了解，拓宽留学生学习思路，进而从现实及比较法的角度了解中外的法律制度不同的深层次文化原因，引导外国留学生在选择不同的法律方面进行进一步的学习与研究。

十一、马克思主义学院

【概况】 马克思主义学院成立于2005年6月，其前身是1985年成立的中国政法大学马列主义理论部，以及2002年成立的中国政法大学马克思主义理论教学与研究中心，2005年正式成为独立的、直属于学校领导的思想政治理论课教学科研二级机构。学院一方面承担全校本科生和研究生的思想政治理论课教学任务，为学校人才培养起思想导航和信念支撑作用；另一方面培养具备系统的专业知识和实践能力，有开放的视野和为社会服务的公共意识，能将马克思主义理论应用于中国特色社会主义现代化实践的本、硕、博多层次专业人才，此外还从事马克思主义理论研究工作。

马克思主义学院现有思想政治教育本科专业，马克思主义理论一级学科硕士点和马克思主义理论一级学科博士点，以及中共党史专业硕士点。马克思主义理论二级学科硕士专业设有马克思主义基本原理、马克思主义中国化研究、马克思主义发展史、国外马克思主义研究、思想政治教育与中国近现代史基本问题研究等。马克思主义理论二级学科博士专业设有马克思主义中国化研究、马克思主义基本原理、思想政治教育及国外马克思主义研究。马克思主义中国化研究和马克思主义基本原理是北京市重点学科，思想政治教育和国外马克思主义研究为校级重点学科。

学院现有专任教师36人，行政人员6名。其中教授7人，副教授23人，讲师6人，高级职称比例占83%；博士学位27人，硕士学位5人，学士学位2人，分别占教师总数的79%、15%和6%。学院现有本科专业4个年级，在校生113人；硕士研究生3个年级，在校生76人；博士研究生3个年级，在校生30人。

2016 年，学院坚持立德树人，不断改进人才培养和管理工作。本科教学审核评估阶段性工作进展有序，通过北京市教工委高校思想政治理论课专项督查；综合推进思想政治理论课教学改革，编写出版 2 部符合法大教学特点的思政课辅导用书并建成《思想道德修养与法律基础》教学案例库，积极稳妥地开展研究生学位授权点质量评估工作，完成了 2016 年硕士生和博士生培养方案的全面修订工作；进一步完善博士生招生“申请—考核”制度。2016 届毕业生共计 60 人，其中本科生 27 人，硕士生 23 人，博士生 12 人，就业率均为 100%。

2016 年，学院顺利完成教育部第四轮学科评估，并积极参与了北京市教工委“马克思主义理论学科和思想政治理论课建设发展状况调研”、教育部社科司“全国高校马克思主义理论学科点建设发展情况调研”等系列调研。

学院坚持学术立院，全面提升科研质效。出版著作 10 部，其中专著 3 部，译著 1 部，工具或参考书 1 部，电子出版物 2 部，编著或教材 3 部；发表各类论文 90 余篇，其中在《哲学研究》《教学与研究》《政治经济学评论》等权威及核心期刊上发表论文 12 篇。学术氛围进一步活跃，全年举办各类学术会议和学术报告近 30 场，学院教师参加重要学术会议 40 余场。严格遵照学校程序，及时调整完善学术分委员会构成，使其职能进一步发挥；平台建设获得突破，由学校牵头，协同中国社会科学院马克思主义研究院、南开大学马克思主义学院、北京工商大学马克思主义学院、河北大学马克思主义学院申报的“马克思主义与全面依法治国”协同创新中心于今年 3 月获北京市教工委批准成立，并于 7 月 2 日举行了揭牌仪式。

学院坚持高端引领理念，进一步加强师资队伍建设。顺利完成 2016 年度教学科研岗位届终考核工作。稳妥有序地开展了学院专业技术岗位聘任工作。1 名教师晋升为七级副教授，4 名教师晋级。接收应届毕业生 1 名，引进博士后出站人员 1 名，引进中国社科院博士后出站人员 1 名，优化队伍梯队；成功组织思政课教师暑期赴贵州师范大学开展学习培训及社会实践活动。

学院坚持协同开放，加大国内外合作交流力度。7 人次赴印度、德国、韩国、蒙古等国开展学术交流，在国际舞台上发出中国马克思主义理论研究者的声音。

学院分党委深入开展“两学一做”学习教育，充分发挥马克思主义学科理论研究优势，成立“两学一做”理论宣讲团，从不同角度和层面对党章党规和习近平总书记系列讲话进行解读和宣传；广泛开展党的群众路线教育实践活动，认真开展整改落实、建章立制工作；认真组织学习《党的十八届六中全会公报》《关于新形势下党内政治生活的若干准则》和《中国共产党党内监督条例》，从思想上、政治上、行动上与党中央保持高度一致；组织开展纪念建党 95 周年和红军长征胜利 80 周年系列活动，贯彻实施学生党员先锋工程，做好毕业生党员教育活动，抓好党员发展和党员思想提升工作。本年度共发展党员 15 人，有 28 名入党积极分子、15 名发展对象和 14 名预备党员参加了党校培训；加强对工会、共青团工作的领导，增强组织向心力。

【学院分党委赴西山无名英雄纪念碑开展主题党日活动】5 月 27 日，为纪念建党 95 周年和红军长征胜利 80 周年，学院分党委组织全院学生党员，赴北京西郊西山国家森林公园，开展主题党日活动。全体成员在无名英雄纪念碑前，缅怀革命先烈，接受爱国主义的革命传统教育，并在纪念碑前进行庄严的入党宣誓。大家纷纷表示今后要时刻以一名共产党员的标准严格要求自己，肩负使命，不忘入党初心，坚定信念，践行入党誓言，牢记宗旨，争做合格党员，充分发挥党员的先进性和先锋模范作用，以实际行动投入到学习和工作中，为党的建设做出自己应有的贡献。

【举行“马克思主义与全面依法治国”协同创新中心揭牌仪式暨思想政治理论课创新论坛】7月2日，“马克思主义与全面依法治国”协同创新中心在学院路校区举行了“马克思主义与全面依法治国”协同创新中心揭牌仪式暨思想政治理论课创新论坛，中国政法大学校长黄进，北京市委教育工委宣教处处长王达品，以及协同单位领导、教师和专家学者40余人与会。会上介绍了中心2016年的建设任务和工作设想；各协同单位分享了各自的特色和经验；与会者围绕中心运行及工作安排进行了深入讨论。此次会议分设“思想政治理论课创新论坛”，各单位教师和专家学者就各高校思想政治理论课的不同教学模式、建设举措和效果、核心理念等进行了充分的交流。中心的成立为学院各项工作的开展提供了新的广阔平台，为学院实现跨越式发展带来重大机遇。

【组织思政课教师暑期赴贵州师范大学开展社会研修活动】8月23日至29日，组织学院思想政治理论课教师，赴教育部全国高校思想政治理论课教师社会实践研修基地（贵州师范大学），开展学习培训及暑期社会实践活动。学院分党委书记兼副院长阮广宇、副院长（主持工作）郃丽华以及思想政治理论课教师19人参加了此次活动。全体人员参加了知名专家专题报告，实地参观考察了革命遗址、爱国主义教育基地、民族民俗文化新农村建设示范区，开展了系列交流活动，有助于教师进一步了解党情和国情，开阔视野，不断提高思想政治素质和业务素质，更好开展思想政治理论课教学。

【编写出版两部思想政治理论课辅导用书】8月，由学院中国近现代史研究所编写的《〈中国近现代史纲要（1840－1949）〉教学辅导读本》、马克思主义中国化与国情研究所编写的《〈毛泽东思想与中国特色社会主义理论体系概论〉教学研究与理论探讨》两部思想政治理论课教学辅导用书由中国政法大学出版社出版。辅导用书的编写紧扣大纲，结合法科院校学生的特点和需求，同时关注思政课发展前沿，是各研究所多年来不断创新、积极推进教学改革所取得的成果的一次集中展现。

【赴美国加拿大开展学术交流访问活动】10月29日至11月6日，由学校“马克思主义与全面依法治国”协同创新中心主任胡明带队，学院教师郃丽华、赵庆杰、黄东、王今一等共同赴美国及加拿大展开团组学术访问交流。访问期间，与美国福德汉姆大学法学院和加拿大蒙特利尔大学就当前合作和未来发展问题达成共识，并于2016年12月11日归国后签署了中国北京高校中国特色社会主义理论研究协同创新中心（中国政法大学）与加拿大蒙特利尔大学文理学院为期五年的合作协议，为学院师生深化学术研究，扩展国际视野搭建了有力平台及保障。

【“百家讲坛进法大”系列讲座活动荣获“十佳校园文化品牌”】11月23日，在中国政法大学首届“RONG聚法大”文化盛典上，学院策划举办的“百家讲坛进法大”系列讲座活动荣获“十佳校园文化品牌”。该活动自2006年创立，曾邀请赵汀阳、鲍鹏山、孟宪实、王奇生、纪连海、周国平、当年明月、马伯庸、吕世浩、杨红樱等众多知名学者和文化界名人主讲，至今已成功举办 40 多场，主题涉及法学、哲学、历史学、政治学、教育学、文学等不同学科领域。活动的举办不仅为法大学生提供了强有力的思想导航，而且促进了法大学子与文化知名人士的交流。

【通过北京市教工委高校思想政治理论课专项督查】 12 月 8 日，由北京市教工委副书记郑登文担任组长的北京高校思想政治理论课专项督查组一行来校对学校思想政治理论课建设状况进行专项督查。专项督查汇报会在昌平校区召开，学校党委副书记高浣月，党委副书记、纪委书记胡明，党委副书记、副校长常保国及相关院部负责人 20 余人参加了入校督查的各环节工作。胡明副书记作了题为《全面贯彻党的教育方针着力提升课程建设情况》的工作报告。汇报会后，督查组查阅了学校思想政治理论课建设的相关支撑材料，实地考察了学校马克思主义学院的办公条件与办公环境，同时召开了教师座谈会及学生座谈会，并深入思想政治理论课课堂随机听取了一节课。最终学校顺利地通过了专项督查。

十二、社会学院

【概况】 社会学院于 2005 年 7 月组建，现任院长为应星教授。社会学是北京政法学院建校时的三大学科之一，著名社会学家严景耀先生和雷洁琼先生长期在北京政法学院任教，为保留社会学火种作出了特殊的贡献。中国政法大学成为 20 世纪 80 年代全国重建社会学专业以来最早在高校开设社会学课程的高校之一。自 2001 年社会学专业正式创办以来，严选师资、夯实基础、狠抓特色，仅用了八年的建设时间，就于 2009 年被教育部评为国家级特色专业。学院也是在国内最早开展犯罪心理学、法律心理学研究并在此领域始终保持着前沿地位的高校，当代中国犯罪心理学学科的主要开创者罗大华教授领军的学术团队为社会学院心理学学科的发展奠定了基础。中国心理学会法制心理专业委员会自 1983 年成立以来一直挂靠在我校。2006 年应用心理学专业创办以来，以特色学科为依托，以优良师资为支撑，得到了快速的发展。

学院下设社会学系、社会工作与社会政策系、心理学系和学院实验室 4 个教研实体。学院经过近年的快速发展，已经建立起从本科到博士点的完整的人才培养和学科发展体系。学院现有 3 个本科专业（社会学专业、社会工作专业和应用心理学专业），2 个一级学科硕士点（社会学专业和应用心理学专业），2 个二级学科博士点（政治社会学交叉学科博士点）以及 2 个专业学科硕士点（社会工作专业硕士点）。学院现有专业师资 38 名，其中，教授 7 人（含二级教授 1 人，博士生导师 3 人），副教授 16 人。在这支师资队伍中，有博士学位的教师 37 名，占全院教师比例的 97%；从海外留学归国的教师 30 名，占全院师资比例的 78%。学院学生共 334 人。

学院教学成果十分突出，涌现出北京市教学名师、宝钢优秀教师、北京市优秀教师、北京市优秀教育工作者等一批教学名师，曾获得北京市教学成果一等奖、北京市精品课程、北京市精品教材等多项教学奖励。学院的发展定位是：立足精品特色、走内涵发展的道路，发挥师资力量起点高、结构好、后劲足、人心齐的优势，一方面以法学学科为依托，使社会学和应用心理学成为法学重要的关联学科和支撑学科，并成为学校迈向世界知名法科强校的发展战略的有机组成部分；另一方面，社会学和应用心理学发展成为全国高校中特色鲜明、“小而强”“特而优”的专业，社会学一级学科和应用心理学中法律心理学、犯罪心理学若干方向达到国内一流水平。学院进一步强化了“四位一体”的实践性人才培养模式，与国家体改所合作开展了本科生毕业社会实践项目。

【举办从党的执政地位看群众路线——社会学院分党委全面从严治党系列学习讲座】 1月9日，社会学院分党委“全面从严治党系列教育活动：从党的执政地位看群众路线”学习讲座在昌平校区举办，学院分党委书记王晓宏、分党委委员唐希媛、心理学系主任王国芳以及全院师生党员、入党积极分子参加了活动，马克思主义学院教授、中国和平发展研究中心副主任胡尚元应邀进行了专题讲授，其结合党的发展历史，讲述了党在历史上密切联系群众的好传统、好经验、好做法，并用详实的事例和通俗简洁的语言阐述了新形势下如何做好群众工作。

【召开“学习贯彻准则条例，推进全面从严治党”专题民主生活会】 1月11日，为准确理解和把握新修订的《中国共产党廉洁自律准则》和《中国共产党纪律处分条例》，社会学院分党委行政党支部召开了“学习贯彻准则条例，推进全面从严治党”专题民主生活会。会议中大家对自身工作进行了总结和梳理，相互开展了深刻的批评与自我批评，并认真提出改进建议，真正达到了“点准穴位、见筋见骨”的效果。

【开展“安全教育普及　助力社区稳定”党性实践活动】 6月4日，学院本科生联合党支部积极与昌平区城北街道六街社区联系，联合开展了“安全教育普及　助力社区稳定”党性实践活动。此次活动极大地增强了党支部成员们的社会责任感与使命感。通过这样的社会实践和志愿服务行动，践行了所学思想理论的观点方法，锻造了学生党员的党性修养，提升了学生党员的组织纪律意识。

【召开“全国侦查中的心理学应用研讨会”】 11月26日至27日，由中国心理学会法律心理学专业委员会与江苏警官学院共同主办，江苏省心理学会法制心理学专业委员会与中国政法大学犯罪心理学研究中心共同协办的“全国侦查中的心理学应用研讨会”在南京江苏警官学院召开。本次会议探讨了心理学介入侦查环节的诸多实践性问题，对今后学科发展与学术指导提出了方法与路径上的策略。

【举办《社区矫正法（草案）》征求意见专题研讨会】 12月18日，举办《社区矫正法（草案）》征求意见专题研讨会。中国政法大学司法社会工作专业硕士教育中心邀请司法部预防犯罪研究所、北京市司法行政部门、基层司法社工事务所等相关单位人员，从当前社区矫正的压力与困境、社区矫正的管理体制、社区矫正的专业属性和专业素质等方面进行了深入讨论，并对《社区矫正法征求意见稿》提出了有针对性的修改建议。

【举办“党史国情看一看”系列影展】 年内，学院分党委大力创新“两学一做”方式方法，以庆祝建党95周年为契机，举办了“党史国情看一看”主题影展系列活动。该活动围绕中国共产党为国家独立、民族解放、人民幸福不懈奋斗的95年历程，以“知党史、明国情”为主旨，以优秀文献纪录片、影视资料等视频内容为载体，引导党员在深入了解历史与现实的动态过程中，不断强化自身对两学一做“知其然”和“知其所以然”的鲜明意识。

十三、法律硕士学院

【概况】法律硕士学院现有事业编制教职工 10 人，其中学院领导 4 人，管理人员 4 人，新聘任专职教师 2 人，另有非在编教辅人员 6 人。学院师资队伍主要由本校在职教师及校外法律实务部门聘任授课教师、研究生指导教师构成。为学院授课的校内专职教师共 248 人，学院聘请的兼职教授队伍 192 人。

学院现有在校学生 1152 人，其中全日制法硕学生 887 人（法学背景 70 人、非法学背景 782 人、体改班 35 人）；非全日制在职法律硕士学生 265 人。2016 年学院共有全日制毕业生 375 人，其中法学背景 113 人，非法学背景 262 人。非全日制在职法律硕士学生结业 57 人。全部学生中取得硕士学位 424 人。

2016 年，有 165 名校内教师、68 名校外兼职教授及实务部门专家参与学院课堂教学。全年开设课程 171 门次，授课 6624 课时。本年度学院共组成 42 个论文答辩委员会，有 154 人次教师参加答辩，论文指导教师 165 人，共计指导 432 篇学位论文。2016 年，学院共有 432 名硕士研究生申请参加论文答辩，其中全日制硕士 375 人，在职硕士 57 人；通过论文答辩 424 人，其中全日制硕士 370 人，在职硕士 54 人。

学院 2016 年参加司法考试的法律硕士（法学）一次通过率 60%，法律硕士（非法学）一次通过率 67.2%，应届毕业生司法考试总通过率 95.4%。

2016 年，法律硕士学院坚持高层次应用型复合型法律人才的培养目标定位，并以其为核心开展各项学院管理和教学改革工作。

在队伍建设方面，除扩大专兼职教师队伍、优化师资结构外，学院着重发挥双导师在学生培养中的主体作用。学院大力推行校内教师与校外导师相结合的授课方式，如法律诊所课程、模拟仲裁庭课程等，提升学生实务技能。学院建立了校内外导师专家教学信息库，设置与兼职教授的微信联络平台，保证沟通渠道畅通。为了更好地培养适应社会需要的法律人才，完善法律硕士研究生的培养目标，设置了十个方向课程组。此外，学院继续推进教学评教制度，确保学院教学质量，举办了学院 2015－2016 学年“十大最受欢迎授课教师”评选活动，十位授课教师获优秀教师称号。

在人才培养方面，学院注重通过科研课题大赛、学术讲座等手段，全面提升学生能力，开拓学生视野。2016 年，开办法律硕士学院专家讲坛、兼职教授讲坛共 77 场主题讲座；开展第七届“法硕之星”科研论文大赛；学生就业方面，学院积极为学生拓展就业渠道，举办各类就业指导讲座，通过微信、学院网站专栏等及时传递就业信息。2016 届法硕毕业生共计 366 名，截至今年 9 月底，已落实工作人数 345 人，就业落实率达 94%（部分已就业落实同学材料尚未提交，其他待业同学多为准备今年的国考、省考、准备出国或处于找工作过程中）。此外，学院举办第六届法律硕士成长论坛，邀请不同行业的知名校友，为法硕学生未来职业选择明确方向；学院还倡导不同年级之间的就业经验交流会系列活动，使求职就业工作形成一种前后延续的良好传承。按照《中国政法大学法律硕士学院研究生奖学金管理暂行办法》，学院公正、公开、公平地开展各项研究生奖学金评选工作。除国家、学校的奖助学金外，学院还评选并颁发了兼职教授资助的“骐骥容之”

“王丹法硕育英”“友恒阳光成长”“天明·姜明”等奖助学金。本年度还与帮瀛法务机构签订了“帮瀛英才”奖学金捐助合作协议，真正帮助学生解决实际困难，使其更好地安心学业、健康发展。

国内外交流方面，学院大力加强国内外交流与合作，扩大学院影响及办学国际化视野。学院与研究生院有关人员赴意大利博洛尼亚大学、罗马第二大学就法律硕士研究生培养及网络教育项目进行交流与合作洽谈；赴日本名古屋大学、名古屋经济大学、京都产业大学参加学术交流研讨会，与上述大学就进一步的交流与合作进行了卓有成效的洽谈。本年度有3名学生分别赴美国、日本进行交流学习。同时，学院大力推动与北京市知识产权、法院等实务部门的协同创新与合作，加强学院实习基地建设。

招生方面，学院积极组织招生宣传工作。7月成功举办了首届优秀大学生夏令营；10月，学院相关人员与研究生院招生办工作人员一起前往南京、山东、浙江、河北等地进行了招生宣讲，收到了良好效果。

本年度教育部对所属高校进行学位授权点质量评估、法律硕士专业学位评估，学院认真组织了这两次教学评估工作。通过对学校自1996年以来法律硕士办学情况，特别是近6年来的各类数据（含师资、培养情况等）的梳理和汇总，总结办学经验、凝练办学特色，使学院进一步明确了发展方向，促进学校专业学位的良性发展和整体水平的提高。

【第六届“法硕之星”科研课题大赛结项】5月，第六届“法硕之星”科研课题大赛圆满结束。本届大赛自4月开始，共收到25份参赛作品，经过初审、立项答辩和结项答辩，最终九项课题获得认定，其中一级重点课题一个，二级重点课题两个，三级一般课题六个。此项活动有利于提高其法律理论素养和学术水平，注重法学理论素养的积淀，进一步引导同学们关注和解决法治进程中前沿热点问题和实务问题。

【举行“王丹法硕育英助学金”颁发仪式】6月20日，“王丹法硕育英助学金”颁发仪式在昌平校区举办。北京市隆安律师事务所主任、高级合伙人王丹，助理王一静，法律硕士学院分党委书记兼副院长韩文生，副院长辛崇阳，教学科研办公室主任李建红，分团委书记兼2015级辅导员苏宇出席。“王丹法硕育英助学金”共有35名学生受助，每人600元。

【举办首届优秀大学生夏令营】7月12日至15日，学院首届优秀大学生夏令营在学院路校区举办，共有60名全国各地优秀学生参加本次活动。4天丰富多彩的活动，为有志于来学院攻读法律硕士专业学位研究生的优秀大学生搭建了平台，使营员对法律专业学习产生了浓厚的兴趣，使他们能够真正近距离了解法大、融入法大，坚定了成为一名法大人的决心，同时也坚定了今后从事法律职业的信心和决心。

【6名同学获取专利授权】10月至11月，学院6位学生利用其理工科的本科专业背景优势及所学的法律知识，从身边事物着手进行创新，将课堂知识与课外实践相结合，构思发明了地温空调等生活类的专利设计。他们通过专业软件设计制图、联系实务专家求证探索、撰写修改专利文件、亲身实践专利申请流程。取得了1项实用新型专利、5项外观设计专利授权，其中张雯冰获实用新型专利授权，杜小峰、朱国良、汪舟、谢腾、倪琼敏分别获得外观设计专利授权。

【召开第七届法律硕士成长论坛】 12月3日，中国政法大学第七届法律硕士成长论坛在昌平校区举行。校党委副书记高浣月，学校学生工作处副处长兼研究生工作办公室主任、研究生院副院长张永然，北京元合律师事务所创始合伙人、学院兼职教授代表刘贵增，刑事司法学院教授、该院教师代表赵天红以及法律硕士学院院长费安玲，以及在京多所兄弟院校的学生代表和该院师生参加了开幕式。此次论坛共分为主论坛“法律思维的养成与运用”及“全球化背景下的法律实务人才培养”“商事思维下的公司法适用”两个分论坛。

【开展“国家宪法日”社区普法宣传活动】 12月4日，为大力弘扬宪法精神，推进普法宣传教育，在国家宪法日到来之际，学院青年志愿者协会共组织52名同学走进昌平五大社区，面向群众普及法律知识。

【我院学生荣获第十七届江平民商法奖学金】 12月7日，第十七届江平民商法奖学金颁奖典礼在昌平校区举行。江平法学基金创始人、学校终身教授江平先生，江平先生夫人、江平法学基金理事会成员崔琦女士，校长黄进，副校长时建中，党委副书记、副校长常保国出席了本次颁奖典礼。学院2015级法律（非法学）1班的程帅同学荣获江平民商法奖学金，2015级李梦依、杨颖、高帅获得鼓励奖。

【举办第六届“十大最受欢迎教师”评选活动】 12月初，举办2015－2016学年法律硕士学院“十大最受欢迎授课教师”评选活动，刘智慧、罗瑶、李建伟、纪格非、赵珊珊、范静怡、翟继光、马静、吴宏耀、阮齐林十位老师获奖。12月23日，学院在昌平校区礼堂举办的“叶烁之华　熠熠法大”元旦晚会上举行了颁奖仪式。

【举行“天明·姜明奖助学金”颁发仪式】 12月23日，学院在昌平校区举办“叶烁之华　熠熠法大”元旦晚会，会上为获得“天明·姜明奖助学金”的学生举行了颁奖仪式。年内，按照“天明·姜明奖助学金”获奖标准及评选程序，学院评选出10位学生成为2016年获奖人选。

【举行“帮瀛英才奖学金”捐助合作协议签约仪式】 12月23日，“帮瀛英才奖学金”捐助合作协议签订仪式在“叶烁之华　熠熠法大”元旦晚会上举行。帮瀛法务机构创始人廖鸿程律师、学院副院长辛崇阳教授共同签署了协议。该奖学金旨在激励学生顺利完成学业，提高其法律实务能力和水平，为学生毕业后从事法官、检察官、律师等法律职业工作奠定坚实的基础。奖学金数额总计15万元，自2017年起至2022年份5年发放，每年捐助金额3万元，奖励10名学生。

【获北京市高等教育学会第九次高等教育科学研究优秀成果一等奖】 年内，在北京市高等教育学会第十次会员代表大会上，我院课题报告《法律硕士培养双导师制度的构建与完善》荣获北京市高等教育学会第九次高等教育科学研究优秀成果一等奖。

十四、光明新闻传播学院

【概况】 中国政法大学光明新闻传播学院成立于2008年7月，其前身是2002年6月成立的中国政法大学人文学院新闻系。2014年4月，光明日报社与中国政法大学合作共建“光明新闻传播学院”，这是全国首家中央媒体与高校共建的新闻传播学院。光明新闻传播学院设有新闻学本科专业，拥有新闻传播学一级学科硕士学位、政治传播学博士学位授予权，招收法治新闻、传播法、新闻媒介管理、文化传播、商业传播5个方向的硕士研究生；拥有法学理论硕士学位授予权，下设法治新闻、传播法方向。是中宣部重点联系的10所新闻院校之一。学院下设3个研究所、1个实验室、5个非在编研究中心。学院现有专职教师30人，其中教授6人，副教授12人，博士生导师2人，硕士生导师21人。学院另有兼职教授40人。现有全日制在校学生共372名（本科生250人，硕士研究生120人，博士研究生2人）。

2016年，学院以基层教学组织建设为抓手，进一步优化学科布局，并在优势学科方向实现突破。学院联合政治与公共管理学院创办的“政治传播学”博士点正式招生，招收政治传播理论与政治传播实践两个方向的博士研究生共计2名；积极筹备在本科教学中增设“网络与新媒体”专业；深入论证马克思主义新闻理论研究博士点建设问题。新闻学、传播学、网络与新媒体3个研究所的学科建设思路及发展方向进一步明确。

教学方面，学院以教育教学改革为抓手，人才培养质量持续提高。论证申请马克思主义新闻理论研究博士点，学院新专业申报取得重大进展；全面统计教师本科生教学工作量及授课意向，优化本科生培养方案；邀请来自光明日报社、新华社、中央电台等媒体单位的多位专家为本科生授课；学院教师积极参加青年教师基本功大赛、春季学期教学观摩活动以及校内外各类教学研讨会；开设全校通识主干课《大众传播与媒介素养》，受到学校师生的广泛好评；持续深入推进国际化教学进程；组织全体教师开展教学观摩活动两场；邀请校外专家学者来学校进行系列专题讲座；组织优秀学生夏令营，赴光明日报、新华社和新华网参观、访问并进行交流。

科研方面，2016年，学院教师获得国家社科基金一般项目立项1项，北京市社会科学基金重大项目立项1项，实现了学院在重大项目申报中零的突破；省部级立项1项，地市级立项2项，截至2016年8月31日，获得横向课题立项17项；出版专著6部，翻译教材1部，核心期刊上发表学术论文17篇；学院教学科研人员参加国际、国内学术会议5人次，并在会议中提交论文3篇；学院邀请校外专家学者来学院参加学术讲座3人次。

人事方面，聘任中国传媒大学专业博士生王瑞奇、中国人民大学传播学专业博士生刘双庆到学院从事教学科研工作。在加强优秀人才选拔的同时，学院进一步加大对青年教师的培养支持力度。春、秋两学期分别组织了教学观摩研讨活动暨青年教师基本功大赛。学院还积极采取多项保障措施为青年教师提供进修培训机会，万蓉、张宏伟完成“2015年中青年骨干教师海外提升专项资助计划”，分别完成美国威廉·玛丽法学院、澳大利亚莫纳什大学访学，顺利返校。学院推荐姚泽金、刘徐州、阴卫芝、鞠宏磊、王天铮、王佳航作为北京市记协新闻发展公益智库专家人选，万蓉入选教育部高等学校与新闻单位从业人员互聘“千人计划”。除了鼓励学院教师“走出去”，学院还积极实施“请进来”战略。2016年，网络与新媒体研究所举办融合新闻工作坊，网易《数读》栏目负责人王蕾、今日头条视频总监刘通、时尚集团新媒体事业部产品总监武扬等专家受邀来为学院学生讲座，为学院的学科建设、人才培养提供了有力支持。

【参观南口抗战纪念馆】 2月24日，学院行政办公室党支部组织全体党员、积极分子共计 8 人参观了昌平南口抗日战争纪念馆。通过参加本次活动，党员们纷纷表示在此次参观活动中受到了抗日英雄爱国精神的感召，更加坚定了践行社会主义核心价值观的信念。

【举办 2016 年春季学期教学观摩研讨活动】4 月 20 日，学院在昌平校区举办了 2016 年春季学期教学观摩研讨活动。光明新闻传播学院全体教师观摩了张森老师讲授的新闻专业必修课程《社会调查方法》，并于当日下午举行了专题研讨。与会领导和老师对张森老师的教学水平给予了很高的评价。

【举办第五届北京高校联合电影节】4 月 25 日，学院第五届北京高校联合电影节在昌平校区开幕。本届电影节在延续了前四届电影节风格的同时，又融合了新媒体创意大赛的特点，通过媒介平台进行广泛宣传。

【举行学院第八届教学观摩活动】5 月 6 日，学院全体教师在昌平校区对黄金副教授主讲的《新闻报道策划》课程进行了现场观摩，并进行了专题研讨。本次课程以新闻报道策划的难点及对策为主线，理论阐述与案例分析相结合，收到了良好的示范效果。

【参观光明日报社】5 月 10 日，学院 10 名同学前往光明日报社参观学习并与工作人员交流。尚武副院长、王佳航老师、黄金老师等参与了本次活动。此次活动是学院开展的以“坚定理想信念，励志成才报国”为主题的“五四”系列主题团日活动之一。通过这次参观学习，同学们对新闻的运作流程与新闻媒体的现状与发展有了更加深入的了解，为今后专业的学习提供了更加明确的方向。同学们将秉持“坚定理想信念，励志成才报国”的理念，在学习生活中以更严格的标准要求自己，为成长为现代社会的媒体人而奋斗。

【举办“广告人的七项修炼”专题讲座】5 月 11 日，光明日报社社会活动部胡斌主任走进光明新闻传播学院《广告学概论》的本科生课堂，做了一堂题为“广告人的七项修炼”的精彩讲座。胡斌主任指出，要成长为一名优秀的广告人，需要有“七重修炼”，即学习力、策划力、沟通力、执行力、人脉拓展力、资源整合力、团队协同力。同学们在认真聆听讲解的同时，还与嘉宾进行了积极互动。

【美国西伊利诺伊大学唐勇教授来学院做学术讲座】6 月 20 日，由腾讯研究院和中国政法大学传播法研究中心主办的“传播法大讲堂”系列讲座第一讲在学院路校区召开，本次讲座的主题为“美国传播法与互联网规制的新趋势”，来自美国西伊利诺伊大学的新闻传播法学教授唐勇担任本次讲座的主讲人，出席本次讲座的还有学校兼职教授徐迅教授、传播法研究中心副主任朱巍副教授和腾讯研究院法律研究中心高级研究员蔡雄山、中国政法大学光明新闻传播学院阴卫芝教授。

【举办光明新闻传播学院优秀大学夏令营活动】7 月 13 日，光明新闻传播学院优秀大学生夏令营学员和学院部分老师一行 40 余人参观走访了光明日报和新华网两家国家级新闻媒体，并与相关专家进行了交流学习。本次交流活动加深了夏令营学员对新媒体时代下先进传播技术成果的了解，拓展了对网络与新媒体相关前沿问题、热点问题、难点问题的观察视野，增加了对媒体发展趋势的感性认识。

【学院学生参与中国新闻奖、长江韬奋奖评选工作】8 月 21 日至 29 日，学院研究生贾皓、孙彤昕等 12 位同学作为学生助手，全程参与了第二十六届中国新闻奖、第十四届长江韬奋奖的评选工作。这是自 2012 年以来，该院学生第五次参与中国新闻奖和长江韬奋奖的评选，也是参与学生最多、驻会时间最长的一次。

【举办学院2016级开学典礼暨实习总结表彰大会】9月28日，中国政法大学2016级开学典礼暨实习总结表彰大会在昌平校区举行。光明新闻传播学院院长陆小华、《光明日报》新闻研究部主任马兴宇、中国政法大学学生处处长卢少华、中国政法大学党委宣传部部长刘琳琳、光明新闻传播学院分党委书记兼副院长尚武、副院长刘徐州、副院长姚泽金出席了本次大会，光明新闻传播学院全体教职员工、2016级本科新生、研究生、博士生参与了本次大会。本次典礼由常务副院长刘斌主持。在实习表彰环节，对优秀实习指导老师和优秀实习生颁发了证书。

【举办2016年青年教师教学基本功比赛暨教学观摩活动】10月12日，学院2016年青年教师教学基本功比赛暨教学观摩在学院路校区举行。光明新闻传播学院院长陆小华、副院长姚泽金、副院长刘徐州出席，16位教师参加比赛。正式比赛环节，各青年教师以自己研究的教学领域为主题，在短短10分钟的时间内，通过生动的语言与画面的表现，展示出自己的教学内容、观念与风格。最终，滕乐老师获得本次比赛的第一名，并将代表我院参加学校的青年教师基本功比赛。崔凯老师、黄金老师分别获得本次比赛的第二名、第三名。

【举办第三届“法治中国论坛”】10月29日，由光明日报社和中国政法大学联合主办、“明政智库”和光明新闻传播学院承办的第三届“法治中国论坛”在学院路校区举行。光明日报社总编辑杜飞进、中国法学会副会长张文显、中国政法大学党委书记石亚军、校长黄进、副校长马怀德等出席了论坛。来自法学界、理论界和新闻界的专家学者及各界代表200余人参加了论坛。与会专家紧紧围绕“全面从严治党与全面依法治国”这一主题展开。与会专家从三个方面阐述了对十八届六中全会精神的理解和领会。第一是明确地提出了在党内和国家生活中，要坚持以习近平同志为核心的党中央领导；第二是对新形势下开展党内政治生活进行了规范，提出了若干准则；第三是通过了中国共产党的党内监督条例，强化了党内政治生活制度的改革与完善。本次论坛是光明日报社和中国政法大学两家单位贯彻落实党的十八届六中全会精神的具体举措，也是校媒合作和协同创新的一个新成果。

【举办学院2016级本科生迎新晚会】11月3日，学院2016级本科生“心连新，梦飞Young”迎新晚会在昌平校区举办。分党委书记兼副院长尚武老师、综合办公室主任白桂香老师、分团委副书记胡梦瑶老师、1602班班主任刘双庆老师、本科生辅导员康丹老师和尤霭老师、办公室齐晓旭老师以及2016级全体新生共同参与了本次晚会。

【举办中国政法大学第九届模拟新闻发布会大赛决赛】11月17日，第九届模拟新闻发布会大赛决赛在昌平校区举办。光明新闻传播学院分党委书记兼副院长尚武老师、副院长刘徐州老师、新媒体研究所所长王佳航老师、张艳红副教授、分团委副书记胡梦瑶老师、资深媒体人葛树春先生出席了本次活动。来自学校各专业和中国石油大学的选手们参加了比赛。最终，光明新闻传播学院的潘蔓玲和魏逸茗，光明新闻传播学院的冯一帆和外国语学院的赵一鸣，国际法学院的方嘉毅和郑馨分别获得发布方团体一、二、三等奖。来自国际法学院的贾煊哲获得了最佳发言人的称号。最佳记者则由来自法学院的杜振强、来自光明新闻传播学院的张堧多和胡宇婷三位同学获得。

【获“全国新闻学与传播学教学创新项目”奖】11月12日，中国高等教育学会新闻学与传播学专业委员会和教育部高等学校新闻学学科教学指导委员会第七届理事会第五次会议在杭州召开。会上，学院申报的《学界、业界共建“职业规范课程”教学改革与创新项目》获2016年“全国新闻学与传播学教学创新项目”奖，成为本次十个获奖项目之一。“职业规范系列课程”项目主持人是阴卫芝教授，团队成员包括姚泽金教授、朱巍副教授、侯月娟老师等。系列课程为新闻伦理、新闻侵权、网络传播法、传播伦理案例课程等。

该奖项由中国高等教育学会新闻学与传播学专业委员会和教育部高等学校新闻学学科教学指导委员会联合设置，从2014年开始，每两年评选一次，每次表彰10个项目，在当年学会年会上表彰。该奖项设置的目的，在于推进中国新闻教育的创新与改革，进一步提高教学质量，优化教学成果，培养高质量的新闻传播人才。

【光明日报社与学校共建课程】2016年，光明日报社高级编辑徐华西、国内政治部副主任邓凯、光明日报广告公司总经理胡斌等10余位业界专家先后作客《新闻采写编评实务研究》《广告策划与文案》等共建课程，为学院新闻学专业学生作相关领域的专题讲座，为学院的专业建设和学生培养提供了有力助推。

十五、比较法学研究院

【概况】

比较法学研究院是在整合原比较法研究所、中德法学院和中美法学院三个教学科研院所的基础上于2009年10月15日成立的，是目前中国高校和科研机构中唯一以比较法学为中心的专门教学科研机构。除了《比较法研究》编辑部以外，研究院下属常设教学科研单位5个：比较法研究所、中德法学研究所（中德法学院）、中美法学研究所、欧盟法研究所、港澳台法律研究所。研究院设办公室1个，负责全院日常行政管理工作。研究院共有教职员工44人，包括32名教师、5名《比较法研究》编辑部编辑和7名行政人员。32名教师中，教授12人，副教授13人，讲师7人；其中获法学博士学位的教师29人，占教师的91%；获国外高校博士学位的教师17人，占研究院教师的53%。研究院招收比较法学专业硕士研究生、博士研究生和博士后研究人员，设有比较法学专业硕士点和博士点。2016年，共有8名外籍教师在研究院中德法学研究所任教，其中包括2名长期专业教师，1名长期语言教师，1名短期语言教师和4名短期法学专业课教授。研究院与20余所外国及我国港澳台地区大学开展了学术交流活动，正在实施的中外合作项目10余项。

2016年，研究院继续深化推进研究生教育教学改革。颁布实施《比较法学研究院学位论文预答辩暂行办法》，全面开展博士、硕士研究生学位论文预答辩工作；建立与国际教育学院的合作关系，共同建设了一套比较法学专业留学生培养方案和全英文课程体系，以研究院教师为主要师资开设全英文中国法专业课，组织比较法学专业留学生学位论文答辩；国际教育学院接收研究院的美国、德国、澳大利亚等国家合作大学交换生到校交流学习，两院发挥各自优势，互利合作，共同发展，有效促进了研究生培养方式的多样化和国际化发展。

科学研究方面，研究院2016年共召开国际学术会议3场，国内学术会议2场，学术讲座7场。研究院教学科研人员共出版学术著作8部，其中专著4部，译著4部（含合译2部）；发表论文52篇，其中核心期刊论文18篇，权威期刊论文1篇。教学科研人员共计36人次参加国内外学术会议，其中24人次做大会发言，20人次提交论文。来自英国、澳大利亚、德国、瑞典、丹麦、南非等国家和我国台湾地区的高校专家学者先后来院进行学术交流活动。

国内外合作交流方面，积极响应学校国际化发展战略的号召，努力提升国际化办学水平。促进教师参与国际学术交流，研究院因公出境赴美、意、德、印度、马来西亚等访问教师共7人次；拓展学生国际化视野，选派学生出国交流学习37名，接收国外交换生3名；积极加深与国外高校及机构合作，接待瑞典、澳大利亚、英国合作伙伴来访3次；响应国家“一带一路”发展战略，加强中欧法律研究与交流，举办“第四届中国－欧洲法律论坛”，成立“中国－欧洲法律研究中心”与“中国－欧洲法律培训基地”；举办“中国法暑期班”，旨在弘扬中国法律文化，以提高学校的国际知名度。

队伍建设方面，研究院2016年聘用教学科研岗教师2名。社会服务方面，柳经纬教授被国家质检总局和国家标准委增聘为第二届中国标准化专家委员会委员，任期五年。元轶副教授为全国副省级以上城市500余名厅处级纪检监察干部进行了纪检监察法规业务培训，讲授题为《新刑诉法视角下的证据制度与审前程序改革》的报告。研究院欧盟法研究所所长张彤教授被推选为新一届中国欧洲学会欧洲法律研究会副会长。高祥院长当选为北京市海淀区第十六届人民代表大会代表。

2016年，研究院共招收52名硕士研究生、6名博士研究生。硕士生中，中德法学研究所25人，中美法学研究所23人，比较法学研究所4人。2016年，研究院在籍学生共计200人，其中硕士研究生175人，博士研究生25人，分属于中德法学研究所108人，中美法学研究所82人，比较法学研究所10人。2016年研究院毕业学生为80人，其中硕士研究生76人，博士研究生4人，硕士生落实就业率98.68%，博士生落实就业率为100%。研究院中德法学研究所设有中德法学图书馆。截至2016年底，图书馆馆藏德文书籍约4800本，另有德文期刊约500本、中文书籍和期刊1000本以及由欧盟机构赠送的欧盟法资料光盘约100盘。

党建思想政治工作方面，分党委现有1个教工党支部和2个学生党支部，共有党员162人，其中教工党员26人，学生党员136人，学生入党积极分子12人。2016年，新发展预备党员11名，预备党员转正7名，进行教工党支部、学生第一、第二党支部换届选举。2016年，根据校党委部署，自2016年6月起研究院全面深入开展了“学党章党规、学系列讲话，做合格党员”学习教育，截至12月31日，组织开展4次院理论中心组学习和1次教工党支部书记为全院党员讲党课活动；教工党支部开展了2次专题学习研讨，1次教师心理健康讲座，1次主题党日活动，每月定期开展自学；学生党支部共开展了10次专题研讨学习，4次主题党日活动。

【与澳大利亚达尔文大学法学院签订合作协议】4月11日，研究院与澳大利亚查尔斯·达尔文大学法学院签订了合作协议。双方确定了将首次共同举办的“中国法暑期班”的项目细则，并就项目模式常态化交换了意见。

【学生第二党支部为新疆中学捐书获表扬】5月10日、12日、13日，学生第二党支部开展了“践行党章党规，立足岗位贡献”的主题党日活动，为新疆伊犁伊宁市巴彦岱镇第四师第二中学进行图书募捐，并受到新疆生产建设兵团第四师可克达拉市团委及第四师第二中学的来函感谢。

【举办“中国法暑期班”】6月18日至28日，由研究院与澳大利亚查尔斯·达尔文大学首次联合举办的“中国法暑期班”圆满结业。该项目由研究院主办，达尔文大学选派10名来自该校法学院的优秀学生在学院路校区参加该项目学习。项目课程包括中国法律体系介绍和法律文化活动，所有课程均由研究院教师讲授。项目为学员初步了解中国法律，认识中国的法律制度、文化，以及今后从事与中国法律相关的工作打下了良好的基础。

【开展硕士博士学位授权点教育质量自我评估工作】6月27日，研究院在学院路校区召开比较法学专业硕士博士学位授权点专家评估会，开展自评工作。校内外5位评估专家听取了《比较法学研究院硕士博士学位授权点质量评估报告》，视察了研究院办公场所和院图书馆，与师生代表进行了座谈，全面了解比较法学学科的建设与发展情况后，评估专家对研究院的学位授权点评估报告提出了诊断式评议意见，肯定了研究院在全国比较法学专业教育和科研领域所达到的领先地位，并对学科未来发展提出了具体的建议和意见。此次自评工作为未来继续推进研究生教育工作改革，完善比较法学学科建设和人才培养机制奠定了良好基础。

【继续开展与美国哥伦比亚大学法学院的暑期班合作】7月10日-29日，由研究院组织的学校赴美国哥伦比亚大学“商法暑期班”项目圆满结业。该项目（U. S. Business Law Academy）由哥伦比亚大学法学院第二次举办，研究院选派了17名来自学校本科和研究生阶段的学生参加此项目。项目课程包括美国商法介绍和法律实务部门参观，所有课程均由哥伦比亚大学著名教授讲授。项目对学员实地了解美国商法起到了积极作用。

【与澳大利亚邦德大学法学院签订合作协议】7月11日，研究院与澳大利亚邦德大学法学院签订了合作协议。双方就LL. M项目和JD项目合作的开展进行了深入交流，并确定了具体招生计划。

【举办首届优秀大学生夏令营】7月12日-15日，研究院在学院路校区举办了“比较法学研究院2016年优秀大学生夏令营”。夏令营接收了来自全国重点高校的31名优秀大学生入营，通过为期4天的活动和专业选拔对营员进行了全面考查，录取了12名优秀营员作为2017年硕士推免生，并在9月的硕士推免生复试中通过复试再录取了8名营员作为2017年推免生。这是研究院首次举办优秀大学生夏令营，向全国优秀大学生介绍了研究院办学传统和特色，增强其对比较法学专业学习和研究的兴趣，吸引了优秀生源，提高了招生质量，是研究院招生工作的重要改革成果。

【举办第七届中德宪法论坛】9月10日，由研究院中德法学研究所和法学院宪法学研究所主办，弗里德里希·艾伯特基金会协办的“第七届中德宪法论坛·人格权的宪法保护探讨会”在北京友谊宾馆举行，参会人员包括中德两国宪法学者约60人。研讨会的主题为人格权的宪法保护，共分为三个单元：宪法上的人格权、个人信息的保护及隐私权的宪法保护。研讨会议加深了中德双方宪法学者对彼此国家制度的认识，取得了良好效果。

【举办第四届中国－欧洲法律论坛】10月15日至16日，由学校与中国法学会主办、研究院承办的“第四届中国－欧洲法律论坛”在学校学院路校区举行。论坛的主题是“创新风险防范机制，引领‘一带一路’法律合作”。在为期一天半的会议中，来自法国、丹麦、芬兰、波兰、德国、奥地利、意大利、西班牙、越南、中国等国的80余名专家学者就跨界交易中的法律风险、跨国民事诉讼程序原则、开放性数字化公平市场的法律规制、英国脱欧对中欧跨境贸易的影响等议题进行了深入的探讨和交流。研讨会开幕式后，还举行了“中国－欧洲法律研究中心”“中国－欧洲法律培训基地”的授牌仪式。研究中心和培训基地以促进中国与欧洲的法律合作、推动我国法学研究和法学交流向纵深发展、服务国家涉外法治人才的队伍建设、配合法律外交战略的全面推进、增强我国在国际法律事务中的话语权和影响为主要任务，其建立既有利于发挥学校在中欧法律研究领域的人才与资源优势，又能整合国内外理论与实务界中欧法律研究领域的相关力量。

【应德国司法部之邀赴柏林访问】11月28日至12月2日，应德国联邦司法/消费者保护部（BMJV）的邀请，研究院中德法学研究所在德国弗莱堡大学、法兰克福大学、慕尼黑大学、汉堡大学、科隆大学和柏林洪堡大学等合作高校交流学习的22名2014级硕士生赴柏林参加了为期5天的以“德国联邦立法程序以及欧盟法转化为国家法”为主题的参观访问活动。访问期间，学生们先后访问了德国联邦司法/消费者保护部、联邦议会、联邦参议院、联邦律师工会，参加了一系列旨在介绍和探讨德国立法程序及欧盟法在德国适用的学术对话，加深了对德国法律制度和欧盟法的了解。

【完成教工党支部换届选举】12月2日，教工党支部举行了换届选举，王志华教授当选为书记，刘馨编审为副书记，赵宏教授、冯恺副教授、颜晶晶老师为支部委员。

十六、国际儒学院

【概况】

国际儒学院是中国政法大学和国际儒学联合会于2006年6月合作创办的二级学院。国际儒学联合会常务副会长刘忠德先生、滕文生先生先后担任院长。学院致力于中华文明的传承、中华民族的复兴，本着“从事儒学教育，培养儒学人才，开展儒学研究，弘扬儒学精华”的办学宗旨，凝聚国内优质师资，对话国际儒学前沿，广泛开展儒学的教学、研究、交流、传播、培训活动。学院教导学生“尊德性而道问学，致广大而尽精微，极高明而道中庸”，培养学生熟练掌握儒家基本理论、理解儒家思想的精粹、践行儒家优秀文化，成为具有较强的学术水平、能够从事儒学研究与教学、传播儒家文化的学者，成为对中华文化忠诚热爱的赤子，成为道德高尚、情趣高雅的君子。学院从2007年开始招收硕士生，2012年开始搭建博士培养平台。

学院聘请众多国内外知名儒学专家、学者担任学术顾问、专家委员会委员、兼职教授和导师，对学院的教学和学术研究形成强有力的支持。学院特聘教授、导师21人；在编教职工2人，其中，专任教师1人，管理岗1人。毕业生3人，均为学历教育全日制硕士研究生。在校生31人，其中，学历教育全日制硕士研究生26人，博士研究生5人。

2016年，学院特聘教授为研究生开设5门课程：秦汉哲学、中国近现代哲学研究、心学与理学、先秦诸子原典研读、道家与道教哲学；校内教师为研究生开设学位课4门：哲学前沿问题研究、哲学方法论、三教关系研究、中国儒学史；选修课6门：中国哲学热点问题研究、宋明哲学原典研读、古代汉语、佛教哲学、经学与玄学、佛典研读。2016年，学院继续邀请国内外知名学者举办《儒学讲坛》系列讲座9讲。

2016年，学院圆满完成2016届毕业研究生学位授予审核和优秀毕业论文推荐、2016年研究生招生工作，完成研究生培养方案修订工作。1组研究生团队顺利完成学校硕士研究生创新基金资助项目结项工作（2015年1项）。学院完成各项奖学金评审以及校院两级评优工作。

2016年，学院继续与国际儒学联合会密切交流合作，围绕学院发展开展了大量交流和探讨。学院积极争取社会资源，12月21日，双方正式签订《关于继续合作举办“中国政法大学国际儒学院”的补充协议》，此协议项目期限为5年，自2016年7月18日起至2021年7月17日止。内容主要包括纳通奖学金、外请教授讲课经费、研究生培养指导费以及《儒学讲义》出版等事项。双方还分别就《闻道思齐——儒学讲坛系列讲演录（第三辑）》出版、首届“儒学与当代中国”硕士研究生论坛举办达成合作协议。国际儒学联合会将出资10万元专项资助以上两项事宜的开展和实施。

2016年，学院继续推进教师的海外公派访学事宜，鼓励教师出国访学，提升个人能力。学院加大兼职教授队伍建设力度，稳定导师双选制度，鼓励学生跟随导师参加在京高校读书会等学术活动。学院完成年度考核工作以及教学科研岗位和管理岗位聘任工作。

2016年，学院招收了1名中国政治专业博士研究生，8名中国哲学专业硕士研究生；毕业3名硕士研究生，就业签约率100%。至此，学院自有毕业生以来，连续七年就业率达到100%。

【举办2016届研究生毕业联欢会】6月25日，学院2014届研究生毕业联欢会在学院路校区举行。学院副院长周桂钿，特聘教授张学智、钱逊、李祥俊以及学院全体教师、前几届毕业生及在校研究生共计37人参加大会。大家欢聚一堂，回忆了美好的研究生时光，重叙老友谊，共话师生情。

【与国际儒学联合会签订《关于继续合作举办“中国政法大学国际儒学院”的补充协议》】12月21日，学院与国际儒学联合会正式签订《关于继续合作举办“中国政法大学国际儒学院”的补充协议》。此协议项目期限为5年，自2016年7月18日起至2021年7月17日止。内容主要包括纳通奖学金、外请教授讲课经费、研究生培养指导费以及《儒学讲义》出版等事项。

【举行国际儒学院十周年庆典暨“依法治国与以德治国”座谈会】12月25日，国际儒学院成立十周年庆典暨“依法治国与以德治国”座谈会在学院路校区举行。副校长马怀德，国际儒学联合会副会长、纳通医疗集团董事长、学校校董赵毅武，国际儒学联合会秘书长牛喜平及相关部处负责人出席庆典。马怀德副校长、赵毅武先生、牛喜平秘书长分别致辞，牛喜平秘书长还受滕文生会长委托，代表国际儒学联合会对国际儒学院成立十周年表示热烈的祝贺，并带来滕会长馈赠的墨宝“法安天下，德润人心”。庆典结束后，各位与会专家还举行了“依法治国与以德治国”座谈会，就这一问题进行了深入而广泛的讨论。

十七、中欧法学院

【概况】中欧法学院是第一家依据“中外合作办学条例”组建的法学院，由教育部于2008年9月17日批准成立。中国政法大学和德国汉堡大学是中外合作办学机构的合作举办者，另有16所中、欧高等院校和28所国际律师事务所、研究机构协作运行。

学院下设联合管理委员会及顾问委员会，联合管理委员会为决策机构，由中外人士共10人组成。顾问委员会为监管和咨询机构，由中外人士共5人组成。学院的日常管理由联席院长负责，中方院长刘飞教授为主要行政负责人，欧方院长Armin Hatje教授负责财务。欧方院长Armin Hatje教授为汉堡大学全职教授，汉堡大学委任欧方执行院长Clemens Richter博士代行欧方院长职责。

按照教育部批文，本院主要从事法学研究生教育，研究生项目包括中国政法大学法学/法律硕士项目、汉堡大学“欧洲－国际法学硕士”项目和博士项目。此外，本院还开展职业培训项目（法官培训、检察官培训、律师培训和公务员培训）和研究咨询项目。

学院教师包括中国法教师和欧洲法教师，中国法教师均来自国内知名院校，欧洲法教师则来自欧洲12所合伙院校。学院目前有专职中国教师3人。2016年，学院在册学生312人，其中：硕士生282人，博士生12人；国际学生18人，来自德国、荷兰和英国。

2016年中国法硕士课程的专职教授和客座教授分别来自中国政法大学、清华大学、德国汉堡大学等国内外知名大学法学院，以及跨国公司和律师事务所的法律职业人士。2016年，中国法课程共计开设31门，聘用31名国内外知名法学教授，其中包括一名长期国际教授。学院已形成独具风格、具有稳定的师资队伍支撑的课程体系。

2016年欧洲－国际法学硕士项目，学院共为2014、2015两个年级的学生开设了4个单元必修课和1个单元选修课，共计20门课程在北京授课，全年累计接待外教及助教约60人次。共有来自9个国家10所院校的24位欧洲法学教授来北京为学生授课。授课教师来自德国汉堡大学、比利时鲁汶大学、荷兰马斯特里赫特大学、法国斯特拉斯堡大学、意大利博洛尼亚大学、匈牙利中欧大学、西班牙马德里自治大学、德国马克思·普朗克比较法与国际私法研究所以及奥地利维也纳经济管理大学等。2016年，学院常驻助理教授包括莫莉（Monika Prusinowski）女士，承担欧洲－国际法学硕士“法律写作”的授课任务、毕业于比利时鲁汶大学的Frederic Helsen博士、伦敦国王学院的Francisco Costa-Cabral博士、意大利博洛尼亚大学的Marco Inglese博士以及来自法国斯特拉斯堡大学的Sarah Hayes博士等，为学生讲授研讨课，实现与学生在课程之外的指导与沟通，从而使整个欧洲－国际法课程师资结构更为平衡。

2016年，学院继续推进欧洲－国际法学硕士项目的选修课建设，为全部学习欧洲—国际法学硕士项目课程的中国学生提供了赴欧洲学习选修课的机会，凡是愿意到欧洲参加选修课学习的中国同学，均获得访学机会。中欧法学院承担学生的住宿费用，并提供每人6000元人民币的机票、签证、保险补助。67名学生中，共计66名修读欧洲－国际法学硕士的2014级中国硕士生赴欧学习选修课，另有1位同学由于个人原因未能赴欧上课，实际出访人数占学生人数的98.51%。选修课学习地点包括意大利博洛尼亚大学、维也纳经济管理大学、德国汉堡欧洲学院（Europa-Kolleg Hamburg）、荷兰马斯特里赫特大学、瑞典隆德大学以及匈牙利中欧大学。其余4名中国学生以及单项修读欧洲－国际法学硕士项目的3名国际学生在北京学习专题为跨境投资的选修课程，并到中欧法学院的协作单位西班牙乌利亚律师事务所（Uría Menéndez）北京代表处、德国泰乐信律师事务所（Taylor Wessing）北京代表处、英国金马伦麦坚拿律师事务所北京办事处以及德国中型律师事务所WZR北京代表处参观访问。

2016年，学院继续开设"英文讲授中国法（CLTE）"课程，国际学生在一学期内学习中国商法、中国刑事司法、中国反垄断法、中国法律与社会、比较宪法、中国行政法与监管以及中国非营利组织法7门课程，从沿革、转型、现状和前瞻等层面了解中国法律制度的基本框架和主要内容。

2016年，学院共举行了7次讲座，主讲人包括清华大学法学院林来梵教授，欧盟司法、消费者与性别平等事务委员薇拉·尧罗娃（H. E. Ms. VeraJourová）女士，荷兰王国驻华特命全权大使凯罗阁下（H. E. Mr. Ronald Keller），原卫生部外事司司长宋允孚以及来学院授课的欧洲合伙人院校教授。

学院学生积极参加相关国际比赛并获奖。学院Vis代表队（CESL Vis Team），在第13届Willem C. Vis（East）国际商事仲裁辩论赛中，表现出色，终获得最佳申请方书状荣誉提名奖；学院代表队参加由中国国际经济贸易仲裁委员会（贸仲）主办的第十四届"贸仲杯"国际商事仲裁模拟仲裁庭辩论赛，最终取得第11名的良好成绩；中欧代表队队员阙霖瑶、孟凡钦在循环赛92名辩手中脱颖而出，被评为赛事循环赛最佳辩手。

2016年，学院与国家检察官学院共同举办检察官培训，共有203名检察官学员参加了培训；与四川省川西监狱系统、江门市食药监管系统、河北鹿泉监狱系统、阿坝州委组织部、郑州市人民检察院、商丘市中级人民法院、安徽省市县党委、广西百色政法系统、山东省平度市法制办合作举办培训，共有493名公务员参加。

【召开2016年度中欧学术研讨会】10月20日，2016年中欧学术研讨会在北京北邮科技大厦召开。研讨会邀请了中欧相关领域的学者和法律专家就中欧电子商务法的比较与展望、中国电子商务的行政监管以及电子商务相关的其他法律问题进行了研讨。

【召开国际学术研讨会】12月6日，由学院主办的国际学术研讨会"英国脱欧的法律意义及其对中国的影响"在学院路校区召开。研讨会邀请了汉堡马克思普朗克研究所所长等欧洲、英国的知名教授来华与中方学者在国际私法与国际公法领域分别就英国脱欧可能引发的各种法律问题及未来中欧、中英之间的商贸关系、法律关系展开了讨论。

【举行学位授权点合格评估专家评审会】12月9日，学院举行学位授权点自我评估专家评审会，同行评估专家有清华大学法学院院长申卫星教授、清华大学王洪亮教授、北京大学法学院副院长薛军教授、中国人民大学杨建顺教授以及国家行政学院法学部副主任杨伟东教授。评估专家对中欧法学院学位授权点自我评估报告给予了充分的肯定，同时也提出了进一步完善的建议。

十八、科学技术教学部

【概况】 科学技术教学部的前身是基础部，成立于1983年。2002年在学校院系调整时更名为科学技术教学部，共有计算机、自然科学、应用数学3个教研室，承担着全校自然科学类课程的教学任务；有专任教师25名，其中，教授5名（含博士生导师1人）、副教授15名、讲师4名、助教1人，具有博士学位的教师占比48%，45岁中青年教师占比60%。承担着本校研究生院、本科生院各层次、各专业、各年级计算机公共基础课程、“高等数学”“应用数学”“管理数学”“现代科技概论”“自然科学史”等课程以及对本校学生科学素质的培养；组织学生参加了“中国大学生服务外包创新创业大赛”和“文科高等院校计算机设计大赛”“美国大学生数学建模竞赛”“全国大学生数学建模比赛”“北京市大学生物理实验竞赛”等竞赛，所有参赛队伍皆取得名次。

2016年，获得最高人民法院支持，同意在学校建立法治信息管理专业，由此该部将在新的学年设立该专业并开设相关专业课程。

为了进一步推进本科课堂教学改革，促进信息技术与教学融合，推广混合式教学方法，在学校引进并大力推广 Blackboard 网络教学应用管理平台的前提下，该部教师申请并成功获批2门课程［高等数学（二）、概率论与数理统计］的建设。

2016年，部门积极为教师提供锻炼的平台，通过组织教学观摩、青年教师基本功大赛等教学活动，提升教师的教学水平，并在科研申报、教学学习等方面给教师提供一切便利，鼓励各位老师积极参与。

2016年，部门开展课外科技活动，深化课堂教学效果。组织学生多次参加市级以上竞赛，并且在竞赛中获得了优异的成绩。这对于学生知识的巩固和应用起到了积极的引导和鼓励作用

【组织学生参加美国大学生数学建模竞赛】 2月，组织学生参加美国大学生数学建模竞赛，获得一等奖6项，二等奖14项，多支队伍获得成功参赛奖。

【组织学生参加中国大学生计算机设计大赛北京市级“朔日科技杯”大赛】 5月，组织学生参加中国大学生计算机设计大赛北京市级“朔日科技杯”大赛，获得一等奖3项，二等奖4项，三等奖1项。

【组织学生参加第九届中国大学生计算机设计大赛】 7月，组织学生参加第九届中国大学生计算机设计大赛，获得一等奖1项，二等奖2项，三等奖3项。

【组织学生参加第六届中国大学生服务外包创新创业大赛】 9月，组织学生参加在无锡举办的第六届中国大学生服务外包创新创业大赛，获得团体二等奖4项。

【组织学生参加全国大学生数学建模竞赛】 9月，组织学生参加全国大学生数学建模竞赛，获得全国一等奖1项，北京赛区一等奖5项，北京赛区二等奖6项，另外有多支队伍获得成功参赛奖。

十九、体育教学部

【概况】体育教学部于 1994 年 5 月成立，作为学校的体育教学单位，负责全校体育教学、群体活动、运动队训练与竞赛以及运动场馆设施管理维修等体育后勤保障工作。教学部现下设有体育教研室、群体教研室、综合办公室、场地管理科以及体育法研究中心（挂靠单位）。昌平校区有体育馆 1 座，内设羽毛球场 8 块、乒乓球台 12 个，有标准塑胶田径场 1 个，轮滑场地 1 块，篮球、排球、网球、藤球等场地 22 块，总面积 4 万多平方米。学院路校区有羽毛球场地 3 块、乒乓球台 10 块、台球桌 2 台、健身房 1 个、总面积约 2600 平方米。

教学部现有教师 34 人、教辅人员 4 人。教师中有硕士学历 17 人，体育学、法学双学士 12 人，高级职称教师 21 人，占全体教师人数 62%，其中有国家级裁判 1 人，国际级裁判 1 人。

2016 年，教学部全面整合教学思想和理论，教学模式和方法，课程大纲和教材。在学生自由选课的问题上，在去年一年级新生专项基础课选课制度改革的基础上，进一步深化体育选课制度改革并完善相应的配套措施，根据学校实际情况（场地、器材、师资），按照学校的教学计划，同教务主管部门紧密合作，统筹解决学生选课和教师授课的问题，使得教学工作正常进行。在学校的大力支持下，排球、乒乓球、羽毛球高水平运动队继续发展壮大，均在全国各项赛事中获得骄人成绩。

2016 年，教学部老师共发表论文 21 篇，其中核心期刊论文 6 篇，出版教材 4 部，参与教材编著 3 人。有 16 名老师外出参加学术会议或者培训。其中有 3 位老师分别赴英国和法国交流学习。全年教师担任全国性比赛裁判工作的有 10 余人次。

【举行第 41 届校田径运动会】4 月 22 日 –23 日，第 41 届校田径运动会在昌平校区运动场举行。校长黄进，副校长、校体育运动委员会主任冯世勇，校党委副书记、副校长常保国出席了开幕式。各学院负责人、相关部门领导参加了开幕式。最终，民商经济法学院、刑事司法学院、法学院分获甲组团体前三名。外国语学院、社会学院、光明新闻传播学院分获乙组团体前三名。人文学院、法律硕士学院、证据科学研究院等获得体育道德风尚奖。

【完成体质健康测试工作】11 月，为全校 4 个年级 8000 余人进行了体质健康测试，并将相关数据上报教育部。

【参加首都第十八届体育科学论文报告会】12 月 17 日，首都第十八届体育科学论文报告会在北京怀柔召开，该部共提交论文 8 篇，其中获得一、二、三等奖各一篇，优秀论文两篇。

【承办李宁 2016 全国高校五羽轮比羽毛球挑战赛】12 月 18 日，由李宁公司主办，该部承办的 2016 全国高校五羽轮比羽毛球挑战赛（中国政法大学站）在昌平校区开赛，来自北京各个高校及地区的 50 余支代表队参赛。在体育部的精心组织下，赛事圆满结束。该部得到了主办方李宁公司的高度赞扬。

二十、诉讼法学研究院

【概况】诉讼法学研究院（Procedural Law Research Institute，CUPL）成立于1999年10月，是专门从事诉讼法学研究的新型综合性研究机构，也是我国诉讼法学科唯一入选教育部普通高等学校人文社会科学重点研究基地的研究实体。研究院以建设我国诉讼法学的科学研究基地、人才培养培训基地、学术交流基地、情报资料基地、研究咨询基地为目标，以集中开展诉讼法学、证据法学研究，引导和促进我国诉讼法学的繁荣和发展，加强国际合作与交流，深入研究诉讼法学理论和司法制度，为我国法制建设和司法改革建言献策为发展宗旨。2013年4月，由中国政法大学牵头联合吉林大学、武汉大学共同创建，以诉讼法学研究院为基础平台之一的司法文明协同创新中心入选首批国家认定的14家协同创新中心。研究院下设刑事诉讼法学研究所、民事诉讼法学研究所、行政诉讼法学研究所、证据法学研究所四个专业研究所，行政与科研辅助机构有办公室、中国诉讼法律网（研究院官方网站），《诉讼法学研究》编辑部、《中国诉讼法判解》编辑部，图书资料室、电子阅览室等。研究院现任院长为卞建林教授，著名诉讼法学家陈光中教授，樊崇义教授受聘担任名誉院长。现有教职工17人，其中专职研究人员14人，教授10人，副教授3人，讲师1人，博士生导师9人（其中校外兼职1人）、硕士生导师13人。此外，研究院还聘有来自国内外多个研究机构、高校及司法实务机关的40余名兼职研究人员。

2016年，诉讼法学研究院按照教育部关于建设人文社会科学重点研究基地的具体要求及研究院的年度工作规划，依托“2011计划”司法文明协同创新中心平台，充分发挥研究院在全国诉讼法学研究方面的引领作用，大力推进智库建设，促进诉讼法学理论创新和知识体系更新，夯实理论研究在国家法治建设的基础性地位；积极参加立法司法咨询，为立法和司法改革建言献策；参与社会宣传和服务，提升研究院在社会服务方面的影响和作用。

科学研究方面，2016年研究院专职研究人员共出版著作21部，在国内外期刊上发表学术论文百余篇，多部（篇）著作和论文在学界和社会上产生积极影响。2016年研究院获得国家和省部级科研项目2项，获得科研奖励或人才资助计划多项，其中，1人获得2016年度钱端升优秀科研成果奖二等奖。2016年研究院研究人员承担的教育部重点研究基地重大项目顺利结项，有关成果陆续出版；在研的国家社科基金项目、教育部、司法部项目、北京社科基金项项目、中国法学会及其他各类研究项目进展顺利。

学术活动方面，研究院主办各类学术研讨会4场，举办学术讲座7次。以研究院名义对外发布《中国诉讼法治发展报告（2015）》。研究院研究人员赴德国、荷兰、我国台湾地区参加学术研讨和交流访问活动多人次，参加我国大陆地区学术研讨会或其他学术活动两百余场次。

立法司法咨询和社会服务方面，2016年研究院多名专职研究人员参加全国人大常委会法工委、中央政法委、最高人民法院、最高人民检察院、公安部等中央机关关于《刑事诉讼法》《民事诉讼法》《行政诉讼法》配套司法解释或部门规定的专家论证会。在社会服务方面，研究院多名研究人员接受法制日报、检察日报、人民法院报、中央电视台、人民网、正义网等媒体采访，积极参与国家法制宣传和社会服务活动。

【举办“深化司法改革与诉讼制度完善”诉讼法学高端论坛】11月19日-20日，由国家司法文明协同创新中心、中国政法大学诉讼法学研究院主办，安徽省池州市中级人民法院承办的2016年度诉讼法学高端论坛在安徽池州举行。本次论坛是自2014年、2015年后举办的第三届诉讼法学高端论坛，主题是“深化司法改革与诉讼制度完善”。来自清华大学、中国农业大学、吉林大学、中国政法大学等高校的专家学者，以及来自北京、河南、江苏、安徽、广东等地法院的法官和该院协同创新实践基地的检察官代表近两百人参会。本次论坛共分为三个部分，分别就“刑事诉讼热点问题探讨”“司法改革实践与民事诉讼法完善”“《行政诉讼法》实施中的疑难问题”这三大诉讼的热点难点问题、实践现状和制度完善进行了深入研讨，有力地推动了三大诉讼法学的交流。

【召开庭前会议制度实证研究项目结项研讨会】4月23日，由国家司法文明协同创新中心、中国政法大学诉讼法学研究院主办，江苏省盐城市中级人民法院承办的“庭前会议制度实证研究项目结项研讨会”在江苏省盐城市举行。“庭前会议制度实证研究项目”是该院院长卞建林教授、副院长杨宇冠教授共同主持的重大项目，于2015年4月正式启动，在北京、无锡、盐城三地开展实证试点，旨在了解庭前会议实际运行状况，总结经验，发现问题，研究对策，促进我国刑事诉讼庭前会议制度的完善。

【举办司法现代化转型与诉讼制度完善研讨会暨第三届陈光中诉讼法学优秀学位论文颁奖典礼】5月7日，司法现代化转型与诉讼制度完善研讨会暨第三届陈光中诉讼法学优秀学位论文颁奖典礼在湘潭大学举行。此次会议由陈光中诉讼法学奖学基金管理委员会主办、湘潭大学法学院·知识产权学院以及法治湖南建设与区域社会治理协同创新中心承办。中国政法大学终身教授、该院名誉院长陈光中先生，院长卞建林教授，湖南省法学会诉讼法学研究会名誉会长何文燕教授，广东金领律师事务所主任金久隆先生，湘潭大学副校长廖永安教授，中南财经政法大学副校长姚莉教授，湘潭大学法学院吴建雄教授等诉讼法学界专家学者出席会议。会议由颁奖典礼和司法现代化转型与诉讼制度完善研讨会两部分组成。颁奖仪式结束后，召开了司法现代化转型与诉讼制度完善研讨会。研讨会分为四个单元，每个单元由获奖者介绍自己获奖论文的核心观点，并由评议老师进行点评。在研讨会最后的自由讨论阶段，各位学生和学者针对司法能力、刑事诉讼证明标准、米兰达规则等问题进行了热烈的讨论，许多差异性、创新性的思想得以交流碰撞。

【举办完善刑事庭审的证人出庭制度研讨会】10月15日，由“2011计划”司法文明协同创新中心和中国政法大学刑事法律研究中心共同主办的“完善刑事庭审的证人出庭制度”研讨会在京召开。来自北京大学、清华大学、中国人民大学、中国政法大学等院校和科研机构，最高人民法院及地方法院、最高人民检察院、律师事务所的40余名专家学者、实务人员莅临此次会议。此次会议主要围绕中国政法大学终身教授、国家司法文明协同创新中心首席科学家陈光中教授主持的“庭审实质化与证人出庭作证实证研究”项目课题组的汇报以及温州市两级人民法院、西城区人民法院关于证人出庭的试点工作报告展开，目的是全面、深入探讨证人出庭制度在理论及实践方面的经验和问题，为推动以审判为中心的诉讼制度改革、落实庭审实质化建言献策。

【举办“台湾近年刑事诉讼改革的脉络与发展”学术讲座】3月30日，应中国刑事诉讼法学研究会邀请，台湾地区刑事法学会理事长、高雄大学法学院前院长张丽卿教授在研究院作学术讲座，题为“台湾近年刑事诉讼改革的脉络与发展”。讲座由中国刑事诉讼法学研究会会长、该院院长卞建林教授主持，研究会常务副会长陈卫东教授、副会长王敏远教授作为与谈人参加了讲座。在讲座中，张丽卿教授从台湾地区刑事诉讼制度修法背景与遭遇困境、重大的制度变革、未来持续修改的方向与展望三个方面进行了讲解。结合张丽卿教授的讲座内容，陈卫东教授、王敏远教授发表了自己对台湾地区近年来刑诉制度改革的看法，同时也介绍了大陆地区2012年刑事诉讼法修改以及新一轮司法改革的相关情况。在提问环节，张丽卿教授回答了现场同学们提出的有关台湾死刑适用、陪审团运作等方面的问题。

【举办“德国刑事诉讼当代争议性问题”讲座】10月24日下午，研究院邀请国际知名教授德国马克斯·普朗克和外国刑法和国际刑法研究所所长阿尔布莱希特教授来院讲座，讲座题目为“德国刑事诉讼当代争议性问题”。讲座由研究院副院长李本森教授主持，刑事司法学院岳礼玲教授担任翻译，研究院顾永忠教授、罗海敏副教授、王贞会副教授、倪润老师、张璐老师，以及证据科学研究院汪诸豪副教授、刑事诉讼法专业的博士生参加了本次讲座。讲座中，阿尔布莱希特教授介绍了德国刑事诉讼法的最新发展，以及目前德国刑事诉讼法中侦查、中间程序、审判等各个环节存在的争议性问题，详细探讨了德国侦查过程中律师在场权、侦查监听、中间程序的改革、非法证据排除的判断及其对量刑的影响、一审庭审的录像、冤案对再审启动条件的冲击等问题，并对欧洲人权法院判决以及相关著名案例进行了分析。在提问环节中，阿尔布莱希特教授与参加讲座的学校师生就德国联邦和州刑事法律体系、恐怖主义犯罪的应对等问题进行了热烈的讨论。

【举办“追求真相与法官在民事司法中的角色”讲座】11月24日下午，由国家司法文明协同创新中心和中国政法大学诉讼法学研究院联合主办的“追求真相与法官在民事司法中的角色”讲座在学院路校区科研楼A710举行。本次讲座由国际著名法学家、国际诉讼法协会副主席、国际证据科学协会副主席、西班牙赫罗纳大学法学院的米凯利·塔鲁夫教授担任主讲嘉宾，中国政法大学诉讼法学研究院院长卞建林教授担任主持人。中国政法大学诉讼法学研究院肖建华教授、谭秋桂教授担任评议人。中国政法大学“2011计划”司法文明协同创新中心汪诸豪副教授、曹晶讲师担任翻译。同时出席本次讲座的还有，中国政法大学诉讼法学研究院名誉院长、中国政法大学终身教授陈光中先生，证据科学研究院名誉院长、司法文明协同创新中心联席主任张保生教授，中国政法大学诉讼法学院副院长李本森教授。此外来自中国政法大学诉讼法学研究院以及司法文明协同创新中心的杨宇冠教授、肖建华教授、谭秋桂教授、王元凤副教授、胡思博讲师以及部分硕士研究生、博士研究生出席了本次会议。塔鲁夫教授主要通过分析介绍“追求真相”在美国及欧洲司法实践中的现状，并结合20世纪以来美、英、意、法等国家的法典条文及司法改革的情况分析了法官在这些国家民事司法中的地位和角色的改变，讲座在与会老师和学生中引起了热烈反响。

【举办“美国认罪答辩中司法人员的角色”专题讲座】11月26日，“美国认罪答辩中司法人员的角色”专题座谈会在科研楼A710会议室召开，本次座谈会由中国政法大学诉讼法学研究院主办，邀请到了美国新泽西州联邦法官凯瑟琳·海登女士，美国沃德赫登律师事务所合伙人、新泽西州刑辩律师协会主席约瑟夫·海登先生，美国司法部驻华大使馆法律顾问、前司法部检察官胡依婷女士，耶鲁大学中国中心主任唐哲先生和耶鲁大学中国中心研究助理雅各布·克拉克先生。座谈会由研究院副院长李本森教授主持，参与座谈会的还有该院杨宇冠教授、罗海敏副教授、王贞会副教授、倪润副教授、张璐博士、北京外国语大学李长栓教授、中国政法大学刑事司法学院郭志媛教授、中国政法大学法学院朱伟一教授、中国政法大学比较法学研究院元轶副教授、中国政法大学证据科学研究院汪诸豪副教授、北京航空航天大学法学院裴炜副教授，以及部分诉讼法学博士研究生、硕士研究生。凯瑟琳·海登女士首先介绍了美国辩诉交易的现状与部分细节，阐释了法官在辩诉交易中的角色和作用，并和雅各布·克拉克先生一同进行了现场演示；胡依婷女士介绍了自己作为检察官参与辩诉交易的经验和体会，并澄清了部分相关误读；约瑟夫·海登先生介绍了律师在辩诉交易中的角色以及需要注意的相关事项，并分享了推动辩诉交易的实践技巧；唐哲先生在三位主讲人发言间隙对相关问题进行了补充和解释。讨论和评议环节中，郭志媛教授与杨宇冠教授对各位主讲人的发言进行了细致总结和高度评价，三位主讲人分别回答了现场部分师生的提问。

【举办“陪审团在美国刑事司法中的角色演变”讲座】2016年12月8日下午，中国政法大学诉讼法学研究院主办本学期第四次国外专家讲座。本次讲座邀请美国著名刑事司法专家，美国印第安纳大学伯明顿分校、摩尔法学院哈利·普瑞特法学教授约瑟夫·L·霍夫曼为主讲人。主讲题目为：“陪审团在美国刑事司法中的角色演变”。本次讲座由诉讼法学研究院院长卞建林教授主持。北京航空航天大学法学院裴炜副教授为本次讲座提供了全程翻译。参加本次讲座的还有中国政法大学刑事司法学院郭志媛教授、中国政法大学证据科学研究院胡纪念教授和汪诸豪副教授。此外，诉讼法学研究院杨宇冠教授、李本森教授、王贞会副教授、张璐博士，以及部分诉讼法学博士研究生、硕士研究生参加了此次活动。霍夫曼教授在讲座中全面介绍了美国陪审团制度在美国刑事司法中的演变和最新发展。他介绍了美国陪审团制度的历史渊源和发展、运行机制、存在的问题、对美国刑事司法的影响以及美国人民偏爱陪审团制度的原因和在当代美国刑事司法的适用率有所下降的原因。在互动环节，卞建林教授、杨宇冠教授、李本森教授、郭志媛教授、胡纪念教授和汪诸豪副教授分别就感兴趣的问题与霍夫曼教授进行了深入讨论和交流。在评论环节，杨宇冠教授对霍夫曼教授的讲座进行了深入细致的点评。

二十一、法律史学研究院

【概况】法律史学研究院（Institute of Legal History，CUPL）是学校直属科研教学单位，同时也是中华人民共和国教育部所属的国家级人文社会科学重点研究基地，其前身是1985年成立的中国政法大学中国法律史研究所，创始人为中国政法大学终身教授张晋藩先生。1988年，中国政法大学法制史学科被国家教委评定为首批国家级重点学科，2000年该学科再次被教育部评定为国家级重点学科。2002年10月，在原中国法律史研究所的基础上，成立中国政法大学法律史学研究中心。2004 年 12 月，中心正式入选教育部人文社会科学重点研究基地。2006 年 11 月，根据学校文件并报教育部同意，中国政法大学法律史学研究中心正式更名为中国政法大学法律史学研究院。

法律史学研究院现有专、兼职研究人员 49 人，其中专职人员 13 人，专职人员中教授 9 人，博士生导师 5 人，副教授 3 人，讲师 1 人。法律史学研究院以法制史、法律思想史和比较法文化史为三个主要研究方向，研究内容均具有基础性和前沿性。研究院现设有法制史、比较法史、法文化史三个研究室和资料室、网络室、办公室、信息交流部。全院现有教育部“高校青年教师奖”1 人，教育部新世纪优秀人才支持计划入选者 2 人，当代中国法学名家 3 人。

法律史学研究院作为教育部人文社会科学重点研究基地，以学校为依托，整合学术资源，建立起了法律史学学科团队，其中主要包括科研、教学相互促进的三个平台：以科研为主的教育部人文社会科学重点基地法律史学研究院、教学科研型的法学院法律史研究所、教育部全国高等院校古籍整理工作委员会直接联系单位法律古籍整理研究所，这三个平台共同建立在法律史学科体系下，各有侧重、相互协作、共同促进。譬如，以朱勇教授为牵头人的、以上三家单位共同参与的“法制史教学团队”，于 2010 年被评为国家级教学团队，是学校法学专业获评的第一个国家级教学团队。与此同时，基地与国内外法律史学术力量紧密合作，频繁交流，除了聘请兼职教授学者外，还每年召开大型国际（国内）学术研讨会，广泛交流，共同提高，充分发挥重点研究基地的旗舰作用。

【联合举办亚欧法律史论坛第三届年会】3 月 17 日至 18 日，由中国政法大学法律史学研究院、台湾政治大学基础法学中心、德国马克斯·普朗克欧洲法律史研究中心、奥地利维也纳大学宪法史研究中心共同主办的“亚欧法律史论坛第三届年会”在台湾台北市举行。会议共分为四个单元。第一单元的主题是“古代欧洲的家庭、社会与国家”，第二单元的主题是“中世纪晚期与近代欧洲法制史中的婚姻与婚姻法”，第三单元的主题是“家庭、社会与国家：中国的经验与比较”，第四单元的主题是“比较法制史研究的方法与对话”。法律史学研究院张中秋教授提交了题为《传统与中国国家观新探——兼及对当代中国政治法律的意义》的学术论文，顾元教授和李青教授也分别提交了题为《省思与重构：比较视野下中国司法文明史研究的范式与进路》《从清代档案看婚姻家庭诉讼》的论文，三位教授积极参与了会议的讨论与交流。法律史学研究院名誉院长、学校终身教授张晋藩先生虽未出席会议，但也提交了论文《中国古代国情下的家国关系》，并由杨丹东在会议上代为宣读。

【举办中国优秀传统法文化与国家治理学术研讨会暨庆祝研究院（所/中心）成立三十周年大会】10 月 31 日至 11 月 1 日，在湖北大厦成功举办了“中国优秀传统法文化与国家治理学术研讨会暨庆祝研究院（所/中心）成立三十周年大会”。来自国内外院校和机构的数十名专家学者参加了此次会议。会议共分四个单元进行主题研讨，并进行了中国法制史专业委员会的换届选举工作。钱大群教授、朱勇教授、包恒教授、苏基朗教授、任大熙教授做了大会主题发言，分别从《新唐书》关于刑书的分类、祖制、中国传统法律对于国家治理的意义等方面对中国传统法文化的丰富内涵进行了解读和论述。在之后进行的三个单元的大会专题发言中，与会专家学者基于不同的史料和文献从不同的方面对中西传统法律文化中的相关问题或宏观或微观地进行了阐释和研讨。会议的主题发言和专题研讨对于深化和拓展中国传统法文化研究、对于中国的国家治理具有启发、启示与借鉴意义。

【承办中国法制史专业委员会年会】11 月 1 日上午，组织召开中国法制史专业委员会年会，并进行中国法制史专业委员会的换届选举工作。大会选举该院朱勇教授为新一届中国法制史专业委员会的会长，中国政法大学（法律史学研究院）为驻会单位，该院陈煜副教授为秘书长。

【两名教授科研成果荣获高等学校科学研究优秀成果奖】12 月 1 日，教育部发布《关于颁发第七届高等学校科学研究优秀成果奖（人文社会科学）的决定》（教社科〔2015〕4 号），研究院张晋藩教授的著作《中华法制文明史》（法律出版社，2013 年 1 月出版）和张中秋教授的论文《传统中国的法秩序及其构成原理与意义》（载于《中国法学》2012 年第 3 期），分别获得著作类二等奖和论文类二等奖。

【两名教师申报项目获批教育部人文社会科学重点研究基地重大项目】12 月 9 日，经教育部专家严格评审和社会公示，2015 年度教育部人文社会科学重点研究基地重大项目正式公布。法律史学研究院李鸣教授申报项目“中国古代法德结合与当代国家治理研究”，陈煜研究员申报项目“中国传统法律学术研究——以清代对此前学术的继承和发展为线索”，均获批立项。

【制定教育部人文社科重点研究基地“十三五”规划】年内，根据教育部社科司相关要求，制定了《中国政法大学法律史学研究院“十二五”工作总结“十三五”规划》，确立一个主攻方向，即：中国传统法文化与法治中国建设。研究院围绕这个主攻方向设置五个基地重大项目。

【完成《中国法制史》精品课程录制工作】年内，根据教育部要求，对原张晋藩先生主持，2003 年前后录制的教育部精品课程《中国法制史》进行全面修改、补充，于 10 月出台全新实施方案，并于 12 月下旬完成了全部的录制工作。

【林乾教授论文《巡按制度罢废与清代地方监察的缺失》引起广泛关注和反响】年内，该院林乾教授发表于《国家行政学院学报》（2005 年第 4 期）的论文《巡按制度罢废与清代地方监察的缺失》获得《新华文摘》（2015 年第 21 期）全文转载，并先后被中国社会科学网、人民网、中国共产党新闻网、中共中央党校中国干部学习网、中国经济网等网络媒体转载，引起广泛社会关注与反响。

【完成冕宁司法档案整理】年内，完成冕宁司法档案整理。清代冕宁档案整理是该院与四川冕宁档案馆、法律出版社重点合作项目。目前正申报 2016 年国家出版基金，已进入专家评审阶段。

二十二、法治政府研究院

【概况】法治政府研究院是北京市教育委员会和北京市社科规划办依托中国政法大学建立的北京市哲学社会科学研究基地之一，下设卫生法、应急法、教育法三个研究中心，分别配备专、兼职研究人员从事科研工作，设一个行政办公室，负责研究院财务和行政管理。学术委员会是研究院学术研究的指导机构，负责对学术研究事项进行评议决定。现有委员 7 人，成员是来自高等学校、科研机构、实务部门的资深专家。

研究院现有 10 名专职研究人员，60 余名兼职研究人员，汇聚了一大批中国宪法和行政法学的知名学者，既有新中国宪法和行政法学的奠基者，也有年轻一代的领军人物，研究力量雄厚。研究院教师为本科生和研究生开设 10 多门专业课程。现有在读的宪法学与行政法学专业博士研究生、硕士研究生 270 多人。全部博士研究生，50% 以上的硕士研究生都参加了专项课题的研究，研究生的学术素养和实践能力得以提升。

研究院不仅与各高校和科研机构之间经常性开展科研合作，还与国务院法制办、最高人民法院、教育部、司法部、北京市政府等众多立法、行政、司法等实务部门形成密切的合作关系。由研究院主办的《行政法学研究》是全国唯一的行政法学专业期刊，发表了大批优秀的行政法学研究成果。

研究院现拥有三个资料室，其中专设一间台湾资料室。截至 2016 年底研究院已拥有图书资料 11 800 余册，其中中文图书 9 000 余册，港澳台图书 1 700 余册，英文、法文、德文、韩文等外文图书 1 000 余册。订阅国内期刊 37 种，其中，法学权威期刊 2 种，核心期刊 35 种。研究院主办的法治政府网（网址 http://fzzfyjy. cupl. edu. cn/）拓展了法学理论特别是法学热点、前沿的交流平台，推进我国行政法法学理论研究面向社会。

2016 年，研究院的研究人员出版著作 9 部，共发表学术论文 76 篇。12 篇研究报告、17 篇研究成果刊发于重要报纸。

2016 年，研究院主办了 21 次国内和国际学术研讨会议。这些学术会议的议题涉及法治政府建设与评估、行政执法监督、行政审判体制改革及《行政复议法》的修改等行政法学理论研究和行政法治实践中的诸多前沿问题以及热点和难点问题，为行政法实务部门推进依法行政、建设法治政府提供了良好的建议和意见。

2016 年，以“法治政府论坛”为平台，研究院诚邀国内外知名专家学者以及工作经验丰富的实务部门人士，结合当前我国时政热点和学术难点问题，举办了 7 场学术讲座，请国内外相关领域知名专家学者、行政法实务部门工作者就行政法领域的前沿问题、热点问题开展研讨，为在校师生等提供了良好的交流平台。

2016 年，加强国际国内学术交流与合作，应邀参加国际学术研讨会方面，研究院研究人员赴瑞士、日本、美国等国家参加研讨会，应邀参加国内学术研讨会共计 40 多个，近 80 人次。

2016 年，研究院新立项项目 34 项。其中包括：国家社科基金一般项目一项、国家自然科学基金项目一项、北京市社会科学基金研究基地项目一项、北京市教育委员会共建项目一项、中国法学会委托项目一项、世界卫生组织委托项目一项、国家铁路局委托项目一项、哈尔滨市法制办委托项目一项、西城区委委托项目一项。

【举办中法行政合同国际研讨会】 9 月 8 日，中法行政合同国际研讨会在北京召开。此次研讨会邀请来自法国波尔多大学公法学教授、波尔多上诉行政法院法官、法国驻华大使馆法律参赞以及来自国内高校、律所、政府部门、法院的学者和实务工作者共同参加。

会议主题分别为行政合同概念及分类、行政合同的缔结、行政合同的履行、行政合同中的利益平衡、行政合同之诉。每个主题由法国学者和中国学者就相应的主题进行报告。本次国际研讨会加深了国外学者对我国行政合同的认识，推动了我国行政合同研究的发展，在中法两国法律和司法交流中发挥了积极作用，有力促进了中法双方的学术交流。

【举办中国行政法学研究会 2016 年年会】10 月 15 日 – 16 日，中国行政法学研究会 2016 年年会在广西南宁顺利召开。来自全国各地的行政法专家、实务工作者和媒体代表等 300 余人参加了此次年会。为了深入贯彻落实党的十八届三中、四中和五中全会精神，贯彻落实习近平总书记在哲学社会科学工作座谈会上的讲话精神，在“十三五”规划的开局之年打下良好的法治建设基础，发挥研究会在组织专家学者解决重大基础性问题的功能，本次年会以当下急需解决的重大问题为导向，围绕“行政法重点问题：行政不作为、市场监管、行政检察监督”这一年会主题，设有“行政不作为法律问题”“市场监管及其行政法问题”“行政违法行为检察监督问题”以及“法治政府新课题”四个议题。与会学者与实务工作者对此进行了充分的交流，实现了理论研究与实务工作的相互关照。针对包括分享经济、合作治理、公私协作、自然灾害中的国家责任等当下热门问题，专家学者们从行政法角度对此进行了全新的思考，回应了社会的需求。

【举办《中国法治政府评估报告（2016）》新闻发布会暨法治政府高峰论坛】10 月 30 日，《中国法治政府评估报告（2016）》发布会暨法治政府高峰论坛在学院路校区召开。“中国法治政府评估”项目组成员分别就机构职能、组织领导、制度体系、行政决策、行政执法、政务公开、监督与问责等九大一级指标和案例数据分析在法治政府评估中的应用作了报告。展示评估结果和分析的同时，就存在的问题进行了简单的阐释，并提出针对性的建议，指明了改进的方向。中国法治政府评估报告是中国政法大学法治政府研究院的品牌项目，每年的评估结果发布以后，都会在社会上产生很大的影响，受到学界、政府和社会的高度关注。研究院作为中立的研究机构，以第三方的身份对我国法治政府建设的情况独立地进行评估，能够为法治政府建设提供独特的视角，这种视角有助于科学反映我国法治政府建设的现状，发现法治政府建设中存在的问题，为进一步提高法治政府建设水平提供思路和建议。

【举办第四届“中国法治政府奖”终评评审暨颁奖典礼】12 月 10 日，第四届“中国法治政府奖”终评评审暨颁奖典礼在北京举行。“中国法治政府奖”是中国第一个由学术机构发起设立，由专家和社会公众依据科学的评审程序和评价标准对各级国家机关依法行政、建设法治政府的制度和措施进行评选的奖项。“中国法治政府奖”旨在总结推进依法行政、建设法治政府的有益经验，客观评价、推广法治政府建设重要成果，提高行政机关依法行政能力和水平。“中国法治政府奖”自 2010 年设立以来，历经四届评选，产生了广泛的社会影响。本届“中国法治政府奖”首次将法律、法规授权行使公共管理职能的组织、各级人大及其常委会、各级人民法院、人民检察院纳入申报主体范围。自今年 3 月份启动接受申报以来，活动组委会共收到了 55 家单位申报的 66 个项目，申报单位在地域上覆盖全国 19 个省、自治区及直辖市，在层级上涵盖国家部委至县级的多个行政机关和审判机关、检察机关。今年 7 月，经专家初评、公示，共 25 个参评项目入围最终角逐。

为了进一步吸引社会公众关心和参与法治政府建设，提升活动的影响力，本届“中国法治政府奖”还增加了网络投票环节，并将网络投票结果提供给现场评委参考。投票时间自2016年11月26日至12月9日，共378 278人参加了本次投票。本届“中国法治政府奖”终评评委会由来自理论界、实务界、媒体界的17位领导和专家组成。25个入围项目申报单位的100余名代表和30多家新闻媒体出席了颁奖典礼。评委采用无记名投票方式对入围项目进行评选。经过现场开票、唱票、计票等环节，江苏省张家港市人民政府“社区协商——基层治理法治化的新探索”、天津市滨海新区人民政府“推动相对集中行政许可权，构建法治政府新格局——滨海新区行政审批制度改革创新实践”、北京市第四中级人民法院“发挥跨区法院独特优势，大力推进法治政府建设”等10个项目获得本届“中国法治政府奖”，浙江省嘉善县人民政府“构建‘县域善治’体系——浙江省嘉善县实施全国首个简政优权综合改革”等15个项目获得“中国法治政府提名奖”。

【举办行政规制与行政许可国际研讨会】12月17日-18日，行政规制与行政许可国际研讨会在北京顺利召开。来自英国、美国及国内的学者们分别就规制的一般理论、具体领域的规制、行政许可三个议题作了精彩的报告。在每个议题的报告和评议后，专家学者就具体问题进行了热烈讨论，交流了不同的观点，通过比较的视野加深了对行政规制和行政许可的认识。

【成立北京市食品药品法治研究中心】12月26日，北京市食品药品法治研究中心成立大会暨首期食品药品法治论坛在中国政法大学逸夫楼学术报告厅隆重召开。来自北京市食品药品监督管理的实务工作者及行政法专家学者共200余人莅临本次会议。该研究中心的成立既是深入推进依法行政、如期实现到2020年基本建成法治政府建设目标奠定良好基础的需要，也是食品药品安全监管工作的现实需要，对于深化改革、推动发展、化解矛盾、维护稳定等具有重要作用，同时标志着北京市食品药品监督管理工作在法制化道路上又迈进了一大步。该研究中心将成为食品药品监督管理部门执法规范化、政策决策法制化的重要咨询、论证和建言部门。

【与多个政府部门签订合作协议】年内，研究院分别与北京市食品药品监督管理局、哈尔滨市人民政府法制办公室、山东省平度市人民政府、南宁市人民政府法制办公室和北京市朝阳区人民政府签订了法治政府协同创新框架协议。合作双方将在课题研究、公务员培训、挂职锻炼、法律咨询等方面展开合作。

二十三、证据科学研究院

【概况】证据科学研究院是中国政法大学直属的科研单位。设有证据法学二级学科博士学位点和硕士学位点，下设证据法学、司法文明和法庭科学三个方向，是目前全国法学学科和法学研究院校唯一的教育部重点实验室。学院下设7个部门（院办公室、法庭科学所、证据法所、科研办、教学办、编辑部、对外交流办），7个学术研究中心（法律应用研究中心、法庭科学文化研究中心、法庭科学仪器研究中心、法学与精神医学研究中心、医药法律与伦理研究中心、疑难证据问题研究中心、律师学研究中心）。其下的“法大法庭科学技术鉴定研究所”为中央政法委确定的全国十家国家级司法鉴定机构之一。

同时，证据科学研究院亦为学校“司法文明协同创新中心”的实体性单位。

学院现有教职工 50 人，其中专任教师 35 人、教授 12 人、副教授 17 人、博士生导师 7 人（其中校外兼职 2 人）、硕士生导师 32 人（其中校外兼职 6 人）、实践教学兼职教师 29 人。现有全日制在校研究生 246 人（其中硕士研究生 180 人，博士研究生 66 人），博士后研究人员 5 人；在职研究生 117 人。

证据科学研究院以文理交叉为特色和优势，以教学、科研、服务社会、文化传承四位一体为发展模式，以“辨证据真伪，铸法治基石”为理念，进行证据科学学科建设。研究院首席专家张保生教授于 2011 年就任“国际证据科学协会”副主席一职（协会秘书处设在证据科学研究院）。自 2007 年以来，研究院每两年举办一届“证据理论与科学国际研讨会”，至今已成功举办 5 届。

研究院自建院九年来共承担省部级以上研究项目 114 项，出版专著 76 部，发表论文 456 余篇（其中 47 篇被 SCI、EI、SSCI 收录），获发明专利 4 项，实用新型专利 12 项，起草公共安全行业标准 1 项。

二十四、法律古籍整理研究所

【概况】中国政法大学法律古籍整理研究所成立于 1984 年 11 月，是在全国率先成立也是目前教育部所属高校中唯一一所专门从事古代法律文献整理研究的学术机构；2009 年 6 月成为教育部全国高等院校古籍整理工作委员会直接联系单位，并享受高校古委会经费资助及相关支持。研究所现任所长为李雪梅教授。目前全所共有成员 11 人。其中教授 3 人，副教授 4 人，讲师 2 人，行政秘书 1 人，学术秘书 1 人；获博士学位者 8 人（其中 2 人博士后流动站出站），获硕士学位者 3 人；博士生导师 1 人，硕士生导师 7 人，专业知识背景涉及法学、历史、文学等多项一级学科。研究所下设出土法律文献、传世法律文献、民间法律文化 3 个研究室，另有图书资料室，藏书约 1.7 万余册。研究所共承担各类科研项目近 40 项，其中《中国历代刑法志译注》《盟水斋存牍》《中国古代法律文献研究》《沈家本全集》（八卷）等集体成果获得同行关注。在历代律典、判词文牍、甲骨金文、秦汉简牍、古代碑刻等研究方向上，研究所成员均有较有影响的成果问世，成为学校乃至高校中独具特色、在同行内具有一定影响力的学术力量。古籍所自 2012 年起招收中国史专业历史文献学、古代史和专门史 3 个方向的硕士研究生，开设新课十余门，在人才培养和学科建设方面力求创新并进。

2016 年，古籍所在坚持特色科研、提升整体研究实力、扩大学术影响、推进学科建设等方面展开了有效的工作。研究所长期注重古代法律文献的整理研究，注重拓展历史文献学的内涵，在传世、出土及民间法律文献方面形成了特色研究，得到学界的关注与认可。在教育部全国高校古籍整理工作委员会直接联系的 30 余所 985、211 高校中，本学科依托的法律古籍整理研究所以古代法律文献的鲜明特色而位列其中。2016 年，该所继续推进“法律文献学”和“历史文献学”两门中国政法大学交叉学科和校级重点学科的学科建设，为人才培养和学术研究的快步提升提供新的平台，以凸显学校学科建设的发展特色。

2016 年，古籍所教师承担主持人的项目新增 1 项，其他 15 项在研的国家省部级项目均按计划如期进行。年内，古籍所教师参加境内外学术交流活动 18 项 27 人次，共有 18 位境内外学者来所进行学术交流，出版学术著作 1 部，发表学术论文 20 篇，其中核心期刊 7 篇。

2016 年，该所教师为 2015 级和 2016 级中国史专业历史文献学、古代史和社会史等方向的硕士研究生开设了《中国古代史通论》《中国古代文献学通论》《法律文献学》《传世法律文献研读》《出土法律文献研究》《秦汉史专题研究》《秦汉简牍中的法律制度》《秦汉官制》《明清政治制度史》《明清社会史专题》《明清史料研读》《十三经导读》《古代石刻文献》等十余门课程，为法学院 2016 级法律史硕士研究生开设的《法律文献典籍研究》等课程，均顺利完成教学任务。

该所教授、副教授指导的 2014 级博士生、硕士生均顺利通过答辩获得学位，有 1 篇硕士学位论文被评为校级优秀论文。在史料研读和实践教学方面，该所老师也倾力付出。徐世虹教授主持的中国政法大学中国法制史基础史料研读会、李雪梅教授主持的中国政法大学石刻法律文献研读班，通过常年坚持的史料研读和学术考察方式，形成一种富有特色的人才培养与学术提升的模式。该所赵晶副教授申报的“研读班模式在历史学教学领域的实践与探索”课题，获得中国政法大学 2016 年研究生教育教学改革项目立项。

【举办“多元的法律史研究：文献、取向与方法”青年学术研讨会】3 月 26 日，“多元的法律史研究：文献、取向与方法”青年学术研讨会在学院路校区召开。本次会议由中国政法大学法律古籍整理研究所、中国政法大学青年教师学术创新团队主办，来自中国政法大学、中国社会科学院、北京教育学院、山东政法学院等单位的青年学者及部分研究生与会。

【举办中国古文书学暑期研修营和首届中国史优秀大学生夏令营】7 月 12 日至 15 日，该所和中国社会科学院历史研究所联合举办中国古文书学暑期研修营，与人文学院联合举办首届中国史优秀大学生夏令营。共 15 名硕博生和 15 名优秀本科生参加了本次研修营和夏令营活动，本次活动邀请了社会科学院历史所、北京大学诸多知名专家学术进行学术讲座，社会反响良好。

【举办“铭刻文献所见古代法律和社会”学术研讨会】9 月 24 日至 25 日，由法律古籍整理研究所、中国法律史学会法律古籍整理专业委员会主办的“铭刻文献所见古代法律和社会”学术研讨会在京召开。来自中国社会科学院历史研究所、河北社会科学院、北京大学、中国人民大学、首都师范大学、中央民族大学、国家图书馆、复旦大学、华东政法大学、上海交通大学、兰州大学、西安碑林博物馆、香港中文大学、台湾朝阳科技大学、德国明斯特大学、日本九州大学、日本大谷大学等境内外高校和科研机构的四十余位学者参加了此次会议。

【李雪梅教授申报的“宋辽金元石刻法律文献集释”被列为该年度高校古委会直接资助项目】9 月，经全国高校古籍整理研究工作委员会项目专家评议小组评议，该所李雪梅教授申报的“宋辽金元石刻法律文献集释”被列为该年度高校古委会直接资助项目（批准号 1607）。与其他朝代相比，宋辽金元时期的石刻法律文献具有公文发达、公文形式多样、各类公文交错使用且繁而有序等特点。其中宋金敕牒碑、蒙元圣旨碑、宋代学规碑、金元讼案碑、辽代私约碑等，都是值得重点整理研究的专题。该课题拟主要围绕这些专题展开。其他15项在研的国家省部级等项目均按计划推进。

【出版《中国古代法律文献研究》第十辑】12月，徐世虹教授主编《中国古代法律文献研究》第十辑顺利出版。该辑共收论文16篇，含4篇书评，论文时段涵盖先秦至清代，作者来自中国、日本等地。

二十五、人权研究院

【概况】中国政法大学人权研究院（Institute for Human Rights）为教育部和中央对外宣传办公室共同批准设立的国家人权教育与培训基地（National Base for Human Rights Education and Training），是直属学校的教学科研单位，院长由中国政法大学校长兼任，现任院长为黄进教授。研究院拥有科学研究、人才培养、学科建设、社会服务和学术交流等项职能，主要任务是开展人权理论研究，推动大学人权教育，组织实施人权培训，传播普及人权知识，提供社会服务，进行学术交流与合作。研究院拥有一支具有较高学术水平、较大发展潜力和一定创新能力的学科梯队，重点开展人权原理、国际人权法、人权国内保障、刑事司法与人权、宪政与人权、国家人权机构等方面的研究，主要负责人权法学二级学科的建设工作以及人权法学专业硕士研究生和博士研究生的培养工作。该院以多种形式为校内外教学科研人员、研究生、本科生和实际工作者提供人权培训，积极参与国家相关法律法规和政策文件的制定与实施，在人权教育和研究等领域与国内外许多人权研究机构和相关国际组织建立了比较稳定和良好的交流与合作关系。

人权研究院在学校党政领导的支持下，在各相关部门的协助下，以《年度党政工作要点》为指导，以本所年初制定的“年度工作要点”为依据，以创建“国家人权教育与培训基地”为突破口，在机构发展、学科建设、科学研究、人才培养、社会服务和学术交流与合作等方面开展了大量工作，取得了显著进展。

人权研究院现有专职教职工11人，兼职教授、副教授36人，特聘教授1人，客座教授1人。其中，专职教职工包括教师7人，学术编辑2人，行政人员2人。本年度人权研究院招聘专职教学科研人员1人，招聘行政人员1人。7月，夏吟兰教授由民商经济法学院校内调动至人权研究院。

制度建设方面，根据学生培养需要，人权研究院本年度制定和修订了相关的规章制度6项。

学科建设工作方面，开展“人权建设与发展研究”法大智库研究团队中期考核工作，完成人权研究学位授予点自我评估与专家评审工作。

科学研究工作方面，人权研究院继续开展2013年教育部人文社会科学重点研究基地重大项目研究工作、继续开展2014年教育部人文社会科学重点研究基地重大项目、继续完成国务院残疾人工作委员会办公室中国残疾人事业“十三五”发展纲要重点支撑课题工作、完成国新办项目、完成国家民族事务委员会研究项目第一阶段工作、继续开展和完善第二阶段中英文人权理论丛书编辑、出版的规划。专职研究人员共获得3项由国内外资助的研究项目。专职研究人员总共发表了23篇论文，出版了9部著作，提交了10项研究报告。举办研讨会11次，教职工参加国内外研讨会共30次，并提交相关论文和做相关的会议发言。

人才培养方面，上半年完成2014级博士中期考核、开题答辩，2014级硕士中期考核、开题答辩，完成人权法学专业2016级研究生的招生工作，共招收硕士研究生8人、博士研究生3人。下半年人权研究院举办了2016级硕士研究生新生见面会；完成了2016－2017学年指导教师与硕士研究生师生互选工作；进行了硕士创新实践项目的结项工作，博士、硕士创新实践项目的申报工作和博士、硕士毕业论文资助项目的申报工作；组织了2013级博士补开题，2011级博士预答辩工作，2013级硕士补开题，2013级硕士预答辩工作。本年度人权研究院继续承担并完成了人权法学专业硕士研究生和博士研究生的培养工作，并先后邀请了数十名国内外著名人权法学者和专家为研究院师生举办系列讲座。其中，人权研究院邀请古德蒙德教授为研究院研究生开设课程，4月为研究院2015级硕士研究生开设“少数人权利”课程；11月25日至12月3日，为研究院2016级硕士研究生开设课程，内容涵盖国际人权法在国内的适用模式问题、联合国系统下的国际人权保护机制、对联合国人权保护机制的分析和评价及人权教育及其重要性等内容。年末，研究院有一名2014级硕士研究生、一名2015级博士研究生赴国外学习，一名2014年硕士研究生赴新西兰人权委员会实习。人权法暑期课程班方面，7月18日至29日，人权研究院举办“第八届人权法暑期课程班”，请国内外人权领域的资深专家和学者，免费为国内外高校的本科生、硕士研究生及博士研究生讲授人权课程。

社会服务方面，夏吟兰教授为中央电视台等多个媒体就反家暴法及妇女儿童保护做专访或访谈节目，进行人权普法宣传。王理万老师于8月15日开始借调中宣部人权事务局，拟借调期间半年。在借调期间，参与了人权宣传工作座谈会、纪念《发展权利宣言》通过30周年国际研讨会等会议的筹办，参与了《人权》（中英文版）的审稿工作，得到了人权事务局的高度好评。

学术活动和对外交流方面，共接待国内外专家学者32人次，并为研究院师生举办了系列讲座。

党支部活动方面，11月5日人权研究院党支部组织开展了纪念长征胜利相关主题活动，该院教师和学生党员前往圆明园缅怀“三一八烈士墓”，并在福海景区附近开展了环保活动，对福海周边的杂物进行了清理。

宣传方面，完成研究院英文网站的校对工作和中英文网站的内容更新工作，并于10月组建宣传团队，全面开展研究院对外宣传工作。

【张伟教授两次做客CCTV－NEWS“对话”节目】3月13日，人权研究院常务副院长张伟教授做客CCTV－NEWS“对话”节目。同时参加节目的还有最高人民法院民事审判第四庭庭长张勇建。6月14日，人权研究院常务副院长张伟教授做客CCTV－NEWS“对话”节目，一同接受专访的还有中国社会科学院国际法学院的柳华文教授。

【举办人权法学的学科建设与人才培养研讨会】6月25日，人权研究院举办“人权法学的学科建设与人才培养研讨会”。来自八家国家人权教育与培训基地、社科院、北京市致诚律师事务所等机构的三十余位专家学者参加了本次会议。出席会议的嘉宾分别对人权法学发展中的问题、人权的性质与地位、人权研究的方法等问题进行了发言。

【举办第八届人权法暑期课程班】 7月18日至29日，举办“第八届人权法暑期课程班”。邀请国内外人权领域资深专家和学者为本次暑期班授课，该课程免费向国内外高校的本科生、硕士研究生及博士研究生开放，促进了人权基本理念与知识的普及，对于推动人权学科建设、人权法学的国内外交流与合作以及我国人权事业的进步和发展均具有重要意义。

【举办第五届国际人道法暑期教师高级研讨班】 8月29日至31日，张伟教授与红十字国际委员会东亚代表处合作举办第六届国际人道法暑期教师高级研讨班，来自多所大学的40余位教师参加了本次研讨班。

【举办全国哲学社会科学规划领导小组视察会议】 11月4日下午，人权研究院举办全国哲学社会科学规划领导小组视察会议。全国哲学社会科学规划领导小组副组长、全国高端智库理事会副会长尹汉宁率全国哲学社会科学规划办公室主任余志远、全国哲学社会科学规划办公室副主任操晓理等一行五人来学校考察人权智库建设情况，并听取了学校领导、智库首席专家代表及人权研究院的汇报。

【与外交部、中国残联共同举办第16届亚欧非正式人权研讨会】 11月8日至11日，人权研究院与外交部、中国残联共同举办第16届亚欧非正式人权研讨会。来自全球50多个国家的150多名专家学者、政府官员出席了此次研讨会，共同探讨残疾人的权利保障等问题。中国政法大学校长、人权研究院院长黄进在致辞中表示，中国政法大学人权研究院自2002年建立以来，秉承中国政法大学“以人为本，尊重人权”的人文精神，以推动国家法治昌明、人权进步为己任，为中国的人权研究和人权教育做出了突出的贡献。人权研究院谨希望借此会议，为来自亚欧国家的专家和学者共同讨论“将残疾人融入社会主流”等问题提供一个平台。一方面促进亚欧国家间在残疾人权利保障方面的交流和探讨，深化在亚欧会议框架下针对残疾人的国际合作，让更多的残疾人成为亚欧合作的直接受益者，从而为改善残疾人的人权状况，为完善相关的法律制度提供重要的智识性成果；另一方面增进亚欧国家在人权领域的相互尊重和理解，并为人权保障提供多边合作的思路和进路，从而共同推动人权事业的进步。人权研究院常务副院长张伟教授、孙萌副教授作为中方特邀专家出席了此次会议，学术编辑李若愚带队为本次会议提供了志愿服务。

【举办人权日纪念活动】 12月10日，人权研究院与中国人民大学法学院、中国人民大学人权研究中心共同举办了“《国家人权行动计划（2016－2020）》与人权研究”研讨会。研讨会首先由朱力宇教授致辞，接着由该院学生与中国人民大学法学院学生共同朗读《世界人权宣言》。陈士球先生在研讨会第一部分发表讲话。陈士球先生提出了加强国际合作、反对人权政治化的观点，也阐述了《国家人权行动计划》与我国十三五规划、中国特色社会主义建设之间的紧密联系。研讨会的第二部分是与会专家们的交流讨论。谷春德教授阐述了人权的话语体系和学科体系以及如何构建中国特色社会主义人权体系，朱力宇教授的发言内容为中小学的人权教育，李世安教授介绍了中国人权思想的历史渊源，张晓玲教授对男女性别平等进行了解读，罗艳华教授着重论述了财产权的保护、妇女儿童权利的保障以及人权教育的重要性，陈振功先生作了有关人权实践的发言。该院班文战教授针对如何使《国家人权行动计划》更有效落实提出了自己的看法，分别从制定、内容、实施和评估几方面对《国家行动计划》的利弊进行了阐述。

二十六、法学教育研究与评估中心

【概况】法学教育研究与评估中心成立于2002年，系中国政法大学直属在编科研机构，首任主任为曹义孙教授，工作地点位于学院路校区3号楼。2012年，学校成立高等教育研究所，与法学教育研究与评估中心合署办公（即“一套人马，两块牌子”）。法学教育研究与评估中心下设办公室、法学教育研究所、法学教育评估所、编辑部、信息库、教学部等职能部门。“中心”负责编辑《中国法学教育状况》《中国法学教育研究》《中国政法大学教育文选》等杂志，并对法学教育问题展开跨学科、多视角、多领域研究，同时进行法学教育的评估体系建设研究，建立国际、国内法学教育信息库，为法学教育研究和评估提供资料服务和研究咨询，为推动法学教育的学科化、法学教育事业进步和国家法制建设提供服务。

2016年，法学教育研究与评估中心共有在编教学科研人员8名，挂靠科研人员1名，办公室工作人员1名，其中教授4人，副教授4人，全国政协委员1名，国务院参事1名，分别具有法学、管理学、教育学、历史学等学科背景。

2016年，法学教育研究与评估中心共编辑、出版《中国法学教育研究》4期，《中国政法大学教育文选》2辑，《中国法学教育状况》1部。

2016年，法学教育研究与评估中心共出版著作3部（包括译著、主编），发表学术论文9篇，获得科研立项9项，参加国内学术会议共计12人次，参加国际学术会议3人次，参加港澳台会议2人次。

【打造“一个论坛”和“一个研讨会”】年内，打造“中国政法大学法学教育高端论坛”和“法学教育研究研讨会”两个国内法学教育的顶级交流平台。目前，“中国政法大学法学教育高端讲坛”已经举办两期，得到法制日报、中国网、搜狐网等媒体的关注和支持。

【召开“法律职业改革与法学教育未来研讨会”】年内，中心以完善国家统一法律职业资格制度为背景，召开“法律职业改革与法学教育未来研讨会”，得到来自中央民族大学、西南政法大学、中南财经政法大学、对外经贸大学等法学教育专家的支持，取得较大影响力。

【参与本科教学审核评估工作】年内，围绕学校中心工作展开相关工作，中心积极参与学校本科教学审核评估工作，主动承担学校法学专业质量标准研制等工作。2016年初，学校开始展开迎接教育部本科教学审核式评估工作，中心主任田士永教授、副主任刘坤轮、尹超老师一起借调到学校本科教学评估办公室，积极为本科教学评估工作准备材料，展开各项具体工作。

【完成《关于高等法学教育全面贯彻党的十八届四中全会精神的教学指导》的制定修改工作】年内，顺利完成《关于高等法学教育全面贯彻党的十八届四中全会精神的教学指导》的制定修改工作，成果获得教育部肯定，并由教育部办公厅下发全国法学院，作为教学指导。

【启动“中外法学教育比较研究和中国法学教育的改革”项目】年内，启动中央政法委重点研究项目“中外法学教育比较研究和中国法学教育的改革”，本项目由李树忠教授牵头，在中心主任领导下，目前正在稳步推进。

【启动中国政法大学教学质量标准，中国政法大学教学质量评估标准的研制工作】年内，启动中国政法大学教学质量标准，中国政法大学教学质量评估标准的研制工作，目前，这两项工作在中心同事的共同努力下，正稳步推进。

【开展了法学院评估指标体系研制工作】年内，中心围绕法学院评估工作，开展了法学院评估指标体系研制工作。

二十七、法与经济学研究院

【概况】法与经济学研究院的前身为成立于2005年3月的法和经济研究中心，2016年6月法和经济学研究中心更名为法与经济学研究院。法与经济学研究院是学校直属教学科研单位，主要研究方向为法与经济学，是我国法学一级学科下首个拥有“法与经济学”博士和硕士学位授予权的二级学科点。该学科2008年被评为北京市重点交叉学科。法与经济学研究院有4个研究领域：法律的经济分析、转型经济与转型法律、法律与金融、市场与监管。现有教职工9人，其中专任教师8人、教授3人、副教授3人、讲师2人，博士生导师4人（其中1人为校外兼职博导）、硕士生导师8人。现有全日制在校硕士研究生37人、博士研究生10人。

人才培养方面，年内，为本科生开设选修课2门，为研究生开设必修课5门，选修课8门；承担了27名本科生、46名硕士生、15名博士生的学期论文、学年论文、毕业论文的指导工作，授予硕士学位8人、博士学位5人；完成了2016年审核录取制博士研究生的招录工作，完成了推荐免试研究生招录工作，完成了全国统招硕士研究生的命题、阅卷及招录工作；完成了博士及硕士研究生中期考核、开题、预答辩及答辩等工作。

科学研究方面，年内，共出版学术专著1部，发表学术论文12篇，其中，有1篇论文发表于SSCI期刊*International Review of Law and Economics*，7篇论文分别发表于CSSCI期刊或境外重要学术期刊。“法律与金融研究中心”“法律与金融创新团队”“法律经济学方法论”“大数据分析方法在法律与金融课程中的应用研究”“我国证券法执行机制的实证研究”等5个项目获得学校相关资助。

国内外合作交流方面，年内，举办法律与经济系列学术讲座3场，主办学术研讨会2场；组织教师参加国内外学术会议11人次，组织教师对外进行学术访问4人次。

“海外名师”项目方面，年内，教育部特聘“海外名师”项目顺利执行并正式结项。教育部特聘海外名师Michael Faure教授为研究院研究生讲授了涉及9个专题的《法与经济学前沿理论》系列课程，并多次对我院青年教师进行科研指导。Michael Faure教授以学校海外名师身份发表了“In the aftermath of the disaster: liability and compensation mechanisms as tools to reduce disaster risks（灾难之后：以侵权责任和赔偿机制作为降低灾难风险的工具）”一文（2016年第1期 *Stanford Journal of International Law*）。

党建工会方面，年内，时建中副校长到该院调研，并参加该院“三严三实”专题民主生活会和专题组织生活会。研究院党支部组织党员教师先后学习了《中国共产党党内监督条例》《中国共产党廉洁自律准则》《关于新形势下党内政治生活的若干准则》《中国共产党纪律处分条例》，学习了十八届六中全会精神；组织党员领导干部学习《领导干部兼职管理规定》；组织支部党员参加主题党日活动、“共产党员献爱心”活动以及十九大代表的推荐工作；开展党员信息库专项统计工作、支部换届工作、党费缴纳自查工作，召开了“三严三实”专题民主生活会和专题组织生活会，开展了民主评议党员活动等。研究院工会组织教师参与教职工互助、大病互助保障计划等各种活动，承担并完成了科研工会从教30年教师的统计工作，承担并完成了2016年科研系统青年教师教学基本功大赛。

行政工作方面，年内，研究院组织并完成了排课、课程考核、中期考核、预答辩、答辩等教学管理工作；组织并完成了研究生教育质量评估工作；组织并完成了科研统计及奖励、项目申报及验收等科研管理工作；组织并完成了岗位聘任、教师招聘及年度考核、届末考核、博士生导师和硕士生导师的遴选、超工作量统计等师资管理工作；组织开展并较好地完成了海外名师项目、学术讲座、国际会议申报等学术交流活动；认真开展资产清查、财务管理、网站管理等工作。

【参加芝加哥大学法学院法律经济学暑期课程及“法与经济学研讨会”】7月9日至24日，徐文鸣讲师参加了芝加哥大学法学院 Coase – Sandor Institute for Law and Economics 举办的法律经济学系列课程，包括公司法的经济分析、合同法的经济分析、法律实证分析方法以及行为法律经济学。7月20日，徐文鸣讲师参加了法学院举办的研讨会，并报告了工作论文“An Empirical Analysis of the Public Enforcement of Securities Law in China: Finding the Missing Piece to the Puzzle”，论文得到芝加哥大学法学院 Saul Levmore 教授的点评。

【访问芝加哥大学】7月16日至9月29日，席涛教授赴芝加哥大学进行学术访学。席涛教授先后与法学院 Coase-Sandor Institute for Law and Economics 主任 Omri Ben-Shahar 教授、执行主任 Joseph Burton、副主任 Curtrice、法学院院长 Thomas J. Miles 教授、公司金融法教授 M. Todd Henderson 进行了深入交流。访学期间，席涛教授与徐文鸣讲师到哥伦比亚大学，与法学院讲席教授 John C. Coffee Jr. 深入交流了法律与金融的研究动态、分析方法以及在中国的发展等问题；与张卿教授一同访问了密西根大学，与 Bromberg Howard 教授交流探讨了的 J. D 教学体系、课程设置和培养方案等问题。

【参加美国西北大学法学院学术研讨活动】7月30日至8月8日，徐文鸣讲师参加了由美国西北大学法学院、西北大学商研究院以及杜克大学法学院联合举办的“因果分析工作坊”（Causal Inference Workshop）。此次工作坊邀请了哈佛大学、麻省理工学院、斯坦福大学等美国知名院校从事统计分析的学者授课，与会学者讨论了因果关系分析的最新发展。8月5日，徐文鸣参加了西北大学法学院举办的论文研讨会并报告了工作论文，论文得到杜克大学 Mathew McCubbins 教授的点评。

【参加第四届“经济与政治研究”研讨会】7月，胡继晔教授参加了中国人民大学举办的“The Fourth Annual Workshop of Economic and Political Studies（EPS）：Ageing and Its Implications：China and the World（老龄化及其启示：中国及世界）”，提交论文并作主题发言。

【举办“法律与金融”学术研讨会】10月15日，研究院“法律与金融”创新团队举办了“法律与金融”学术研讨会。来自北京大学、中国海洋大学、对外经贸大学、中央财经大学、中国政法大学等高校的专家学者及学生20余人参加了本次研讨会。本次研讨会围绕“法律与金融的实证研究”和“金融发展的制度基础”两个主题展开，与会专家学者分别就自己的研究课题作了主题报告，讨论的主题分别为“法律与金融的实证研究”和“金融发展的制度基础”。法与经济学研究院的徐光东副教授在会上致辞。创新团队成员贵斌威、周天舒、李文静、徐文鸣等分别作了主题发言。

【举办法与经济学研究院揭牌仪式暨“法与经济学在中国的发展”学术研讨会】10月18日，研究院举办了“法与经济学研究院揭牌仪式暨‘法与经济学在中国的发展’研讨会”，来自清华大学、中国社科院金融研究所、中国人民大学、国家行政研究院、对外经贸大学的专家学者，学校有关研究院和部门的负责人，法与经济学研究院全体教师，来自中国人民银行、北京市人大常委会法制办公室等单位的毕业生代表等30多人参加了会议。党委副书记高浣月、副校长时建中出席会议，法与经济学研究院院长席涛教授主持会议。校党委副书记高浣月在会上宣读了学校关于法和经济学研究中心更名为法与经济学研究院的文件，随后，高浣月副书记、时建中副校长和席涛院长共同为法与经济学研究院揭牌。在研讨会上，法与经济学研究院徐光东教授作了“从法和经济学研究中心到法与经济学研究院：回顾与展望”的主旨报告。

【一篇英文论文被SSCI期刊收录】年内，徐文鸣讲师的“Reforming Private Securities Litigation in China：The Stock Market Has Already Cast Its Vote”英文论文被SSCI期刊*International Review of Law and Economics* 2016年第45期收录。

【荷兰、德国、美国等海外高校学者赴该院访问交流】年内，荷兰鹿特丹伊拉斯谟大学法学院Michael Faure教授、德国马克斯普朗克比较法和国际私法研究所Rainer Kulms教授、美国芝加哥大学法学院任泽宇博士、荷兰马斯特里赫特大学Niels Philipsen教授先后访问该院，先后就学术合作、学科建设等问题进行座谈交流。

二十八、全球化与全球问题研究所

【概况】全球化与全球问题研究所设有1个博士专业、1个硕士专业。研究所是一个开放性的学术机构，实行专职与兼职研究人员并举，以项目为中心开展驻所研究的制度。现有教职工6人，其中专任教师5人、教授2人、副教授1人、讲师2人、博士生导师3人（其中校外兼职1人）、硕士生导师3人。在读博士研究生4人，硕士研究生6人。

2016年，全球化与全球问题研究所围绕“全球学”博士点和硕士点建设进行学生培养，在学术研究、重大课题立项、制度化学术论坛等方面积极开展学科建设活动，圆满完成了2016年工作计划。

研究所成员顺利开展各项科研项目研究。以项目研究带动学科发展，促进学生培养。研究所所长蔡拓教授在获得“世界主义思想研究”的国家重大立项之外，还顺利推进了由他主持的北京市哲学社会科学重大招标项目“世界主义理论与当代价值”的研究工作；副所长刘贞晔教授主持的南极矿产资源制度研究项目顺利通过国家海洋局专家组的验收结项，另外，刘贞晔教授主持的校级重点课题“全球治理的中国实践与全球秩序的塑造”通过考核结项。同时，刘贞晔教授申请的北京市教委关于高校通识课程建设项目也获批立项。

研究所成员在《中国社会科学》《学术界》《国外理论动态》《学术前沿》等重要期刊和专辑发表了论文十余篇，其中蔡拓教授发表在《学术界》杂志第九期的学术论文“中国参与全球治理的新问题与新关切”被《新华文摘》全文转载。研究所合作编写完成了国内首部《全球治理》教材，超额完成了学校规定的科研工作量。研究所开展以“世界主义”和“全球治理”为主题的系列读书会，就世界主义和全球治理的研究文献展开深入研讨。读书会的举办促使广大师生能够更加深入和细致地读书和思考，形成有益的思想碰撞，不断提高自己的理论水平，从而有助于全球学学科的建设和发展。

研究所顺利完成了全球学专业硕士生和博士生的招生和培养工作。2016 年全球学专业招收了三名硕士研究生和两名博士生，研究所制定了详细的培养方案和计划，学生培养工作朝着学术研究的目标进行。研究所圆满完成了本科和研究生教学任务。2016 年全球化与全球问题研究所承担了两门本科全校通识主干课程（《全球治理》和《当代国际关系理论与现实》）、四门国际政治专业本科课程（《西方国际关系理论与流派》《当代全球问题》《国际关系研究方法》《国际关系理论前沿》）、十门全球学专业研究生学位课和选修课程以及全部全球学专业博士生课程的教学任务。其中刘贞晔教授全年完成了 264 课堂纯课时（其中昌平本科课堂课时 186 课时、研究生课堂课时 78 课时）的教学任务。

【联合举办“全球治理时代的中国边疆治理”学术研讨会】 7 月 16 日，研究所与西北师范大学哲学与政治学研究院联合主办“全球治理时代的中国边疆治理”学术研讨会。所长蔡拓教授、西北师范大学副校长田澍教授分别在研讨会开幕式上发表致辞。副所长刘贞晔教授、杨军副教授和杨昊讲师分别在大会上作了专题发言。此次会议不仅为东西部高校及研究机构之间提供了良好的对话与合作平台，同时也为全球化时代背景下的中国边疆治理研究提供了理论分析和实践视野，对创新中国全球治理研究及中国边疆治理研究具有重要的学术价值与意义。

【参加“中国与全球治理”学术研讨会】 9 月 25 日，蔡拓教授、刘贞晔教授参加由复旦大学主办的“中国与全球治理”学术研讨会。所长蔡拓教授在第一个主题中进行了专题发言，他以“中国参与全球治理的新问题与新关切”为题，论述了五个方面的问题。副所长刘贞晔教授在第二个主题进行了发言，他以“全球治理与国家治理互动的要义”为题发言。两位的发言引起了在场学者和学生的热烈讨论。

【参加第五届全球研究研讨会】 10 月 27 日至 29 日，刘贞晔教授、杨军副教授参加由汕头大学全球研究中心举办的第五届全球研究研讨会。本届研讨会以“全球研究：价值与人生的意义（Global Studies：Value and Life Meaning）”为主题，旨在关注人类的价值以及人类在变化无穷和纷繁复杂的环境中对有意义之生命的追求。副所长刘贞晔教授和杨军教授在大会上分别作了关于全球治理与国家治理的互动、自然法和世界主义的思想起源的专题发言。在大会交流中，刘贞晔教授和杨军副教授与来自美国、瑞典等国家的学者就学术交流与合作等进行了探讨。

【参加全国高校国际政治研究会 2016 年年会暨“全球治理与中国对外战略”学术研讨会】11 月 5 日至 7 日，全国高校国际政治研究会 2016 年年会暨“全球治理与中国对外战略”学术研讨会在国防科技大学召开，蔡拓教授、刘贞晔教授参加会议。本届年会主题为“全球治理与中国对外战略”，大会分论坛分别围绕“战略疆域与国家安全”“‘一带一路’建设与中国对外战略”“地缘政治与区域国别研究”“世界新秩序构建与中国外交”等议题进行了分组交流和讨论。所长蔡拓教授应邀在大会上作了关于“中国如何参与和引领全球治理”的大会主旨报告，阐释了全球治理在当代中国的战略地位，以及作为当代中国两个大局之一的重要性。副所长刘贞晔教授参加了小组讨论，并作为分论坛评论人对第三分论坛参加的讨论作了专题评论，刘贞晔教授在大会评论和发言中对二十一世纪以来全球治理理论发展的新趋势以及当今面临的挑战提出了一系列新观点和新看法。

【参加全国“纷繁复杂世界环境下的中国机遇与中国担当——锐评 2016：中国外交与世界局势盘点与展望”研讨会】11 月 28 日，刘贞晔教授参加由中国社科院世界经济与政治研究所和光明网理论部联合主办的全国“纷繁复杂世界环境下的中国机遇与中国担当——锐评 2016：中国外交与世界局势盘点与展望”研讨会。副所长刘贞晔教授主持了大会第一专题的研讨并作专题发言，在大会中刘贞晔教授指出，2016 的世界局势体现为“天”“南”“地”“北”四大特点。大会之后，刘贞晔的专题发言以《世界格局变迁与全球治理的未来》为主题在光明网理论频道全文播发。

【参加“全球治理与中国政治学”学术研讨会】12 月 9 日，蔡拓教授参加由清华大学举办的“全球治理与中国政治学”学术研讨会。来自清华大学、中国政法大学、北京大学、中国人民大学、南开大学、吉林大学、兰州大学、上海社科院、国际关系学院、天津师范大学等高校和科研机构的著名国际关系学者和政治学者出席了这次会议。所长蔡拓教授在大会上作了专题发言，他以“全球治理的新特点和中国的选择”为主题，分析了全球治理的五个新特点。

【举办国家社科基金重大项目“世界主义思想研究”开题暨“世界主义思想谱系与理论前沿”研讨会】12 月 16 日至 17 日，研究所与科研处联合主办国家社科基金重大项目“世界主义思想研究”开题暨“世界主义思想谱系与理论前沿”研讨会。科研处处长栗峥主持开幕式，副校长时建中教授出席并致辞。本次会议汇集了来自北京大学、南开大学、中央编译局、北京师范大学、中央民族大学、外交学院、中国现代国际关系研究院、华东政法大学、上海外国语大学、中国政法大学以及《中国社会科学》《世界经济与政治》《国际政治研究》《教学与研究》《国际观察》《学术界》、北京大学出版社等高校及科研出版机构的 30 余名专家学者。

【参加“全球化与民粹主义”学术研讨会】12 月 24 日，蔡拓教授参加由北京大学中国政治学研究中心与北京大学《国际政治研究》编辑部共同举办的“全球化与民粹主义”

学术研讨会，就全球化时代民粹主义议题的现状进行了研讨与展望。在会议中，所长蔡拓教授就民粹主义议题进行了关于“被误解的全球化及其民粹主义的影响”的主题发言。蔡拓教授在发言中重申了全球主义与世界主义作为全球化的价值导向与内在理念在当今现实世界的重要促进作用。在第二部分，蔡拓教授从国际社会与中国国内两个维度就当前民粹主义的影响进行了总结。

二十九、公司法与投资保护研究所

【概况】为加强学校公司法学术研究和学科建设，培养公司法高端人才，促进公司法和投资保护社会服务工作，经 2015 年 12 月 2 日第 17 次校长办公会、2015 年 12 月 4 日第 18 次党委常委会审议，决定成立中国政法大学公司法与投资保护研究所。

中国政法大学公司法与投资保护研究所为学校正处级在编科研机构，设所长 1 名（正处级），配置教学科研岗位（含所长）编制 5 人、行政秘书 1 人；设立学术分委员会并代行学位分委员会职权，负责学术事务及研究生学位授予事项。

三十、资本金融研究院

【概况】为加强学校新型研究机构建设，促进创新型大学发展，经 2015 年 5 月 7 日第 6 次校长办公会审议，通过《中国政法大学资本金融研究院建设方案》，决定成立中国政法大学资本金融研究院。

研究院是集科学研究、人才培养、学科建设和社会服务为一体的新型在编研究机构，与大连万达集团、国美电器集团、河南圣光集团、广西利远集团等国内知名民营企业合作建设，不设行政级别。研究院正式教学科研人员编制为 4 人，合同聘任制行政秘书 1 人。首任院长由刘纪鹏教授担任。

研究院聚焦国家经济社会发展和全面依法治国的重大前沿问题，充分整合校内法学与资本金融学的学术资源，积极拓展、利用校外和社会资源，目标是在第一个 4 年建设周期内，在科学研究、人才培养、学科建设、咨询服务、体制创新等方面取得突破性进展，将资本金融研究院打造成国内法律与资本金融领域高端人才培养基地，成为国内有影响力的智库型研究机构；在第二个 4 年建设周期内，将研究院建设成国内顶尖、有国际影响力的法律与资本金融领域高端人才培养基地和高端智库型研究机构。

在学科建设方面，研究院在民商经济法学院经济法学专业下设置“法律与资本金融研究方向”，作为学科建设支撑点，按照跨学科发展思路进行培育；条件成熟时按照学校相关规定，申请设立法律与资本金融交叉学科。

在科学研究方面，研究院积极组织科研攻关，深入研究国有企业改革、金融市场和资本市场发展与改革，聚焦于国有资产管理、国有企业改革、金融市场和资本市场发展，特别是多层次资本市场建设、证券市场发行体制改革等热点问题，形成具有前瞻性、兼顾政策效果和立法价值的研究报告和改革建议。

在人才培养方面，研究院和民商经济法学院合作，承担经济法学专业“法律与资本金融研究方向”硕士和博士研究生培养任务。研究院和法律硕士学院合作，承担“金融法务研究方向”法律硕士研究生培养任务。

在社会服务方面，加强新型智库建设，研究院将以国有企业改革、资本金融市场发展中的重大问题为研究重点，提供相应的立法建议和决策咨询，发挥一流智库作用。

三十一、仲裁研究院

【概况】为加强学校新型研究机构建设，促进仲裁研究和社会服务，推进世界一流大学和一流学科建设，经2015年12月2日第17次校长办公会、2015年12月4日第18次党委常委会研究，决定成立中国政法大学仲裁研究院。

研究院是集科学研究、人才培养、学科建设和社会服务为一体的新型在编研究机构，与中国国际经济贸易仲裁委员会、武汉仲裁委员会等国内知名且具代表性的仲裁机构合作建设，不设行政级别。研究院正式教学科研人员编制为4人，合同聘任制行政秘书1人。首任院长由黄进教授担任。

研究院聚焦国家经济社会发展和全面依法治国的重大前沿问题，充分整合校内法学、经济学、社会学等多学科学术资源，积极拓展、利用校外和社会资源，目标是在第一个4年建设周期内，在科学研究、人才培养、学科建设、咨询服务、体制创新等方面取得突破性进展，将研究院打造成国内仲裁与纠纷解决领域的高端人才培养基地，成为国内有影响力的智库型研究机构，成为仲裁行业自治自律、创新发展的依托平台；在第二个4年建设周期内，将研究院建设成国内顶尖、有国际影响力的仲裁与纠纷解决领域高端人才培养基地和高端智库型研究机构，成为对经济社会发展有影响力的行业研究成果发布平台、纠纷解决领域高端服务平台、国际国内交流平台、国家重大争端事件处理智库支持平台。

研究院将根据社会需求和建设推进情况，在充分吸收国际先进经验基础上，组织进行国内首家“仲裁与纠纷解决”二级学科申报工作，推进已经在国际上广泛流行的“仲裁与纠纷解决”学科在中国的建设和发展，并通过研究院的建设，逐步吸引国际国内仲裁机构、纠纷解决机构、行业协会、律师、企业等社会资源聚集，充分发挥“平台”效应，扩大学校捐助办学渠道，拓宽学生就业空间和提升就业竞争力，并通过平台建设为学校“产学研”相结合发展创造出相对成熟的发展模式，提升师资的教学科研水平、服务社会能力和公众影响力。

在学科建设方面，研究院在国际法学院国际私法、民商经济法学院民事诉讼法专业以及法律硕士学院设置“仲裁与纠纷解决研究方向”，作为学科培育和建设的支撑点，按照跨学科发展思路进行培育；条件成熟时按照学校相关规定，申请设立仲裁与纠纷解决交叉学科。

在科学研究方面，为应对席卷全球的仲裁与ADR（非诉讼纠纷解决程序）改革，研究院将积极组织科研攻关，深入研究仲裁行业及相关争议解决领域的发展与改革，聚焦于仲裁行业的体制和机制改革、“互联网+”时代纠纷解决模式的新变化、国内争端与国际争端的预防和解决等前沿及重大问题，尤其是整合性和根本性的仲裁法修改、ADR促进法出台等战略问题，形成具有前瞻性、兼顾政策效果和立法价值的研究报告和改革建议。

在人才培养方面，研究院和相关学院合作，承担研究生培养任务。按照建设精通仲裁与纠纷解决的一流人才培养基地的目标，研究院将与国内、国际一流纠纷解决机构开展合作，培养仲裁与纠纷解决人才；开展与仲裁机构、行业协会、法律职业群体以及立法、执法、司法等机构的合作，培养、定制多层次仲裁专业人才。

在社会服务方面，积极发挥行业智库作用，研究院将以行业、社会发展中的重大问题为研究重点，提供相应的立法建议和决策咨询，发挥一流智库作用。

研究院将与各个专业领域行业协会合作，建立行业“纠纷解决研究咨询中心”以及相应的专家咨询库，搭建行业纠纷解决研究咨询平台。其中，与中国银行业协会共建的金融纠纷中心，与中国工程对外承包商会共建的争议中心，与网贷行业协议共建的互联网金融纠纷解决中心，与中国电视剧产业协会共建的影视纠纷中心等，已经在磋商过程中并初步达成合作协议。

研究院在筹建前以及在筹建过程中，已经为共建机构和其他单位提供过成熟的行业培训服务，并初步形成规模效应。研究院之后将继续推进面向社会的专题培训和行业培训，并逐步成长为该领域的引领机构和规范制定平台。

三十二、互联网金融法律研究院

【概况】 为加强学校新型研究机构建设，促进互联网金融法律科学研究和社会服务，推进世界一流大学和一流学科建设，经 2015 年 12 月 2 日第 17 次校长办公会、2015 年 12 月 4 日第 18 次党委常委会研究，决定成立中国政法大学互联网金融法律研究院。

研究院是集科学研究、人才培养、学科建设和社会服务为一体的新型在编研究机构，与首都金融服务商会、华兴和投资基金管理（北京）有限公司合作建设，不设行政级别。研究院正式教学科研人员编制为 3 人，合同聘任制行政秘书 1 人。首任院长由李爱君教授担任。

研究院紧紧围绕我国互联网金融大发展中的前沿问题、综合问题和战略问题，突出互联网金融发展过程中的法律问题，充分整合校内法学与互联网金融研究资源，积极拓展、利用校外和社会资源，在第一个 4 年建设周期内，在科学研究、人才培养、学科建设、咨询服务、体制创新等方面取得突破性进展，将研究院打造成国内互联网金融领域高端人才培养基地，成为国内有影响力的智库型研究机构；在第二个 4 年建设周期内，将研究院建设成国内顶尖、有国际影响力的互联网金融领域高端人才培养基地和高端智库型研究机构。

通过研究院的建设，与北京市金融局、首都金融服务商会、华兴和投资基金管理（北京）有限公司等建立紧密合作，引入政府与企业资源，扩大学校捐助办学渠道，扩大学校对北京地方经济发展的参与度和贡献度，拓宽学生就业空间和提升就业竞争力。

在学科建设方面，研究院在民商经济法学院经济法学专业下设置“互联网金融法律方向”，作为学科建设支撑点，按照跨学科发展思路进行培育；条件成熟时按照学校相关规定，申请设立互联网金融法律交叉学科。

在科学研究方面，研究院汇聚全国学术力量，以问题为导向，以学术为基础，以课题为形式，对互联网金融发展中的理论与实务问题展开前瞻性、持续性、开放性、战略性研究，形成兼顾政策效果、立法价值与学术品格的研究报告和论文专著。

在人才培养方面，当前发展互联网金融对于促进中小企业发展具有特殊意义，可以更好地推动大众创业、万众创新，尤其可以解决制约互联网金融发展的法律意识淡薄、法律知识匮乏、法律风险隐患等突出问题。学校作为国内法学的最高学府，肩负着为北京和全国培养兼具法学、金融与互联网的复合型人才的责任。无论从互联网金融经济实务，还是互联网金融监管和互联网司法来看，都应高瞻远瞩，抢占先机，建设精通法律、互联网与金融的一流人才培养基地。研究院将与北京市和国家互联网金融监管机构、互联网金融企业、传统金融机构等进行合作，定制式培养互联网金融法律复合型人才。

在社会服务方面，研究院将以互联网金融创新与发展中的重大问题为研究重点，为国家和北京市主管部门提供立法建议和决策咨询，发挥一流智库作用。研究院将为共建单位和其他单位提供咨询、培训等服务。

三十三、国家治理研究院

【概况】为了深入贯彻落实《国务院关于印发统筹推进世界一流大学和一流学科建设总体方案的通知》（国发〔2015〕64 号）和中央深改组通过的《国家高端智库建设试点工作方案》等文件精神，创新学校科研组织模式，推动学校形成系统、协同、可持续的科研体制机制，打通科学研究与人才培养、社会服务的通道，更好地服务于推进国家治理现代化和创新驱动发展战略，加快学校建设世界一流大学和一流学科进程，经 2016 年 6 月 22 日第 10 次校长办公会、2016 年 7 月 5 日第 11 次党委常委会研究，决定成立中国政法大学国家治理研究院。

研究院通过体制机制转换和政策制度创新，致力于将研究院建设成为学校研究习近平治国理政思想、服务“四个全面”战略和推进国家治理现代化的新型高端智库，承接国家各类重大、热点、急需项目的总平台，开展综合性和跨学科研究的基地，创新科研组织和运行机制的试验区，整合优化资源的集约高地，发挥在学校建设世界一流学科和一流大学中突破口和特区的作用。

研究院是独立建制的，集智库咨询、科学研究、博士后培养、公共服务为一体的新型综合性高等实体研究机构。

在智库咨询方面，设立专门智库研究机构、兼职智库研究团队和鼓励教师自主开展智库研究并举，围绕国家治理现代化过程中的重大战略需求，关注全球格局演变和参与建设国际新秩序的高层对话，聚焦经济治理、政治治理、社会治理、生态治理四大核心领域，以政策研究和决策咨询为主攻方向，开展前瞻性、储备性的战略和政策研究。承接和开展由中央及其各部委设立或委托的专项决策咨询和调研课题，有效聚合学校法学和相关社会科学的资源和优势，为党和国家决策提供咨询建议，发挥资政功能。

在科学研究方面，组织团队申报国家社科基金、国家自然科学基金及教育部等部委设立的重大、重点项目和其他纵向项目，利用跨学科资源和团队作战优势，开展跨学科、跨部门的团队攻关和协同创新，更好地承担重大重点项目。鼓励围绕基础理论和研究方法开展原创研究，产出对推动学科发展具有基础价值和长远意义的高质量学术成果，提升学校在人文社会科学领域的一流地位。

在博士后培养方面，组织脱产博士后进入院内研究机构、研究团队和研究项目，通过参与项目研究和学术会议等形式，增强博士后研究人员的科学研究能力，培养国家治理高级人才。

在公共服务方面，承担院内专职研究人员的日常行政管理和服务。为各类研究团队、智库团队、短期集中进行项目研究教师、新型研究机构、访问学者、博士后和相关项目研究人员等提供文献资料查寻、项目申报、学术活动安排、会议场所准备等服务，发挥综合公共服务平台的功能。

在资源整合方面，实行专职与兼职相结合、人员动态进出、跨学科和跨部门研究管理模式，突显动态资源整合功能，解决学校长期存在的法学资源分散、固化和部门化，法学与非法学资源分割等积弊。着力实行以项目为中心和牵引，将智库决策咨询、应用研究、基础研究、跨学科研究有机结合，构建学科带头人与青年教师相结合的梯形研究团队，精准高效配置资源，有效回应经济社会发展和学科学术发展中的重大、亟需和基础问题。

研究院设立理事会、学术委员会和院务会，分别行使最高决策权、学术决策权和行政管理权；构建以理事会为主体的“三位一体”的治理体系，实行理事会领导下的院长负责制。设立咨询委员会，聘请校内外资深领导、学者和社会名流担任咨询委员，为国治院建设和发展提供咨询建议。咨询委员会组成由研究院理事会决定。

三十四、绿色发展战略研究院

【概况】 为加强学校新型研究机构建设，促进我国绿色发展战略研究，推进世界一流大学和一流学科建设，经 2016 年 7 月 16 日第 13 次校长办公会、2016 年 7 月 17 日第 12 次党委常委会研究，决定成立中国政法大学绿色发展战略研究院。

研究院是集科学研究、社会服务、人才培养和学科建设为一体的新型在编研究机构，与民革河南省委、国际投资促进会、深圳市创意谷投资有限公司共同建设，不设行政级别。研究院正式教学科研人员编制为 4 人，合同聘任制行政秘书 1 人。首任院长由侯佳儒教授担任。

研究院紧紧围绕我国绿色发展战略实施过程中的重大问题、前沿问题和疑难问题，突出绿色发展战略实施过程中的法律与制度创新问题，充分整合校内各学科研究资源，积极拓展和利用校外、社会资源，目标是在第一个 4 年建设周期内，在科学研究、咨询服务、人才培养、学科建设、体制创新等方面取得突破性进展，将绿色发展战略研究院打造成为国内有影响力的智库型研究机构，成为培养具有经济、环保和法律等跨学科知识的高端人才培养基地；在第二个 4 年建设周期内，将研究院建设成国内顶尖、国际有影响力的高端智库型研究机构和高端人才培养基地。

通过研究院的建设，与河南民革省委、国际投资促进会、深圳市创意谷投资有限公司等合作方建立紧密合作，引入政府资源、企业资源，积极争取国际组织支持，扩大学校捐助办学渠道，扩大学校对国家经济发展、环境保护的参与度和贡献度，拓宽学生就业空间和提升就业竞争力。

在社会服务方面，研究院将以国家绿色发展战略实施过程中的制度创新问题为研究重点，为国家提供立法建议和决策咨询，发挥一流智库作用。研究院将为共建单位和其他单位提供咨询、培训等服务。

在科学研究方面，研究院汇聚国内学术资源，以问题为导向，以学术为基础，以课题为形式，重点加强绿色环境、绿色经济、绿色金融、绿色商业、绿色科技、绿色文化、精准扶贫、创意经济、海外援助等领域的战略与法治研究，积极参政议政，形成兼顾政策效果、立法价值和学术品格的研究报告和学术论著。

在学科建设方面，研究院在民商经济法学院环境法学专业下设置“商事贸易与环境法律方向”，作为学科建设支撑点，按照跨学科发展思路进行培育；条件成熟时按照学校相关规定，申请设立环境与商事法律交叉学科。

在人才培养方面，开展绿色发展高等教育体系建设，将绿色发展理念融入高等教育学科建设中。加强图书资料和信息网络建设，使本学科领域研究资料的拥有量居于全国同学科的前列。

第十四章　校内文件索引

一、重要文件一览表

标　题
中共中国政法大学委员会关于印发全体会议议事规则的通知
中共中国政法大学委员会关于印发常务委员会议事规则的通知
中共中国政法大学委员会关于印发书记办公会议事规则的通知
中共中国政法大学委员会关于印发《2016 年度学生党员先锋工程实施计划》的通知
中共中国政法大学委员会关于印发《2016 年度学生党支部书记轮训方案》的通知
中共中国政法大学委员会关于印发《2016 年度学生党员“服务先锋”行动计划活动方案》的通知
中共中国政法大学委员会关于印发 2016 年党风廉政建设和反腐败工作主要任务分工的通知
中共中国政法大学委员会关于印发中国政法大学领导干部兼职管理规定的通知
中共中国政法大学委员会关于印发《关于开好 2016 年度校级领导班子民主生活会工作方案》的通知
中国政法大学关于印发差旅费管理办法的通知
中国政法大学关于印发会议费管理办法的通知
中国政法大学关于印发科研项目结项经费审计实施办法的通知
中国政法大学关于印发本科学分制管理办法的通知
中国政法大学印发“十三五”事业发展规划的通知
中国政法大学关于印发教师岗位考核办法的通知
中国政法大学关于印发专业技术岗位设置与聘任办法的通知
中国政法大学关于印发国有资产使用管理办法的通知
中国政法大学关于印发国有资产处置管理办法的通知
中国政法大学关于印发校办企业国有资产管理办法的通知
中国政法大学关于印发校内绩效工资改革方案的通知
中国政法大学关于印发 2016 年规范调整校内岗位津贴方案的通知
中国政法大学关于印发大型仪器设备共享共用管理办法（试行）的通知
中国政法大学关于印发本科教学工作审核评估推进工作方案的通知
中国政法大学关于印发公务卡使用管理办法的通知
中国政法大学关于印发改善基本办学条件专项资金管理办法的通知

续表

标　题
中国政法大学关于印发校级科学研究项目管理办法的通知
中国政法大学关于印发信息系统数据管理办法的通知
中国政法大学关于印发横向科学研究项目管理办法的通知
中国政法大学关于印发纵向科学研究项目管理办法的通知
中国政法大学关于印发科研项目间接费用管理办法的通知
中国政法大学关于印发非在编科研机构管理办法的通知
中国政法大学关于印发青年教师学术创新团队支持办法的通知
中国政法大学关于印发校长办公会议事规则的通知
中国政法大学关于印发国内公务接待管理办法的通知
中国政法大学关于印发研究生导师招收博士研究生条件认定办法的通知
中国政法大学关于印发研究生导师指导硕士研究生条件认定办法的通知
中国政法大学关于印发学位授予办法的通知
中国政法大学关于印发研究生学籍管理规定的通知
中国政法大学关于印发研究生课程设置与教学管理规定的通知
中国政法大学关于印发博士研究生培养规定的通知
中国政法大学关于印发研究生毕业管理办法的通知
中国政法大学关于印发普通本科生学士学位授予办法（修订稿）的通知
中国政法大学关于印发三学期制改革实施方案的通知
中国政法大学关于印发优秀毕业生评选办法的通知
中国政法大学关于印发“励道教学杰出贡献奖”评选办法的通知
中国政法大学关于印发本科生奖学金评定办法的通知
中国政法大学关于印发本科教学工作审核评估工作方案的通知
中国政法大学关于印发宝钢优秀学生奖评选办法的通知
中国政法大学关于印发校级科学研究青年项目管理办法的通知
中国政法大学关于对教学科研人员因公临时出国实施区别管理的通知
中国政法大学关于印发集会庆典活动管理办法的通知
中国政法大学关于印发校园一卡通运行管理暂行办法（修订稿）的通知
中国政法大学关于印发新型研究机构管理办法的通知
中国政法大学关于印发校内单位工程预算编制和取费标准规定的通知

二、中共中国政法大学委员会文件

标 题
中共中国政法大学委员会关于专职党务秘书任职的通知
中共中国政法大学委员会关于兼职党务秘书任职的通知
中共中国政法大学委员会关于王称心等同志任职的通知
中共中国政法大学委员会关于表彰 2014－2015 年度德育工作创新奖的集体及个人的决定
中共中国政法大学委员会关于印发全体会议议事规则的通知
中共中国政法大学委员会关于印发常务委员会议事规则的通知
中共中国政法大学委员会关于印发书记办公会议事规则的通知
中共中国政法大学委员会关于成立宣传思想工作领导小组的通知
中共中国政法大学委员会关于做好 2015 年基层党建工作述职评议考核的通知
中共中国政法大学委员会关于开展党员组织关系集中排查工作方案的通知
中共中国政法大学委员会关于部分基层党组织调整更名的通知
中共中国政法大学委员会关于印发 2016 年理论学习计划的通知
中共中国政法大学委员会关于成立新疆、西藏招录北京地区优秀毕业生工作领导小组的通知
中共中国政法大学委员会关于印发在全体党员中开展“学党章党规、学系列讲话，做合格党员”学习教育实施方案的通知
中共中国政法大学委员会关于成立“两学一做”学习教育领导小组的通知
中共中国政法大学委员会关于印发《2016 年度学生党员先锋工程实施计划》的通知
中共中国政法大学委员会关于印发《2016 年度学生党支部书记轮训方案》的通知
中共中国政法大学委员会关于印发《2016 年度学生党员“服务先锋”行动计划活动方案》的通知
中共中国政法大学委员会关于印发 2016 年党风廉政建设和反腐败工作主要任务分工的通知
中共中国政法大学委员会关于开展纪念中国共产党成立 95 周年暨红军长征胜利 80 周年系列活动的通知
中共中国政法大学委员会关于马华山等同志任免职的通知
中共中国政法大学委员会关于向入党 50 年以上老党员颁发纪念奖的决定
中共中国政法大学委员会关于 2016 年老年节表彰的决定
中共中国政法大学委员会关于 2016 年区人大代表换届选举工作的实施意见
中共中国政法大学委员会关于深入学习宣传以习近平同志为总书记的党中央治国理政新理念新思路新战略的通知
中共中国政法大学委员会关于印发中国政法大学领导干部兼职管理规定的通知
中共中国政法大学委员会关于调整思想政治理论课教学指导委员会成员的决定
中共中国政法大学委员会关于深入学习贯彻党的十八届六中全会精神的通知

续表

标　题
中共中国政法大学委员会关于开展合格党支部建设规范和合格党员行为规范大讨论的通知
中共中国政法大学委员会关于做好“两学一做”学习教育整改落实工作的通知
中共中国政法大学委员会关于王琦等同志任职的通知
中共中国政法大学委员会关于科级领导岗位（含专业技术部门负责人）聘任的决定
中共中国政法大学委员会关于成立统一战线工作领导小组的通知
中共中国政法大学委员会关于调整民族宗教工作领导小组成员的通知
中共中国政法大学委员会关于调整台湾学生工作领导小组成员的通知
中共中国政法大学委员会关于表彰 2015 - 2016 年度德育工作创新奖获奖集体及个人的决定
中共中国政法大学委员会关于党的十九大代表候选人推荐提名工作方案
中共中国政法大学委员会关于印发《中共中国政法大学委员会关于开好 2016 年度校级领导班子民主生活会工作方案》的通知
中共中国政法大学委员会关于开好 2016 年度处级领导班子民主生活会的通知
中共中国政法大学委员会关于进一步加强和改进思想政治工作的实施意见
中共中国政法大学委员会关于学习贯彻落实全国高校思想政治工作会议精神的通知
中共中国政法大学委员会关于在二级党组织设立纪律检查委员会或纪律检查委员的意见
中共中国政法大学委员会关于在“两学一做”学习教育中开展党费收缴工作专项检查的通知

三、中国政法大学文件

中国政法大学关于成立领导力与创新研究中心等三个非在编科研机构的通知
中国政法大学关于变更北京法大园科技有限公司、北京法大燕平科技有限公司董事长及总经理的通知
中国政法大学关于 2015 年度高级管理（职员）岗位聘任结果的通知
中国政法大学关于印发普通本科生学士学位授予办法（修订稿）的通知
中国政法大学关于表彰 2015 年度“安全工作标兵单位”和“安全标兵”的通知
中国政法大学关于准予张顺等 62 名研究生毕业的决定
中国政法大学关于印发校园一卡通运行管理暂行办法（修订稿）的通知
中国政法大学关于解志勇等同志任免职的通知
中国政法大学关于印发校内单位工程预算编制和取费标准规定的通知
中国政法大学关于印发科研项目结项经费审计实施办法的通知
中国政法大学关于调整学校信息化建设领导小组成员的决定
中国政法大学关于成立金融不良资产研究中心等两个非在编科研机构的通知
中国政法大学关于聘任方流芳为公司法与投资保护研究所所长的通知

续表

中国政法大学关于公布第十届校学术委员会及各专门委员会组成人员名单的通知
中国政法大学关于印发校级科学研究项目管理办法的通知
中国政法大学关于印发非在编科研机构管理办法的通知
中国政法大学关于印发青年教师学术创新团队支持办法的通知
中国政法大学关于印发校长办公会议事规则的通知
中国政法大学关于公布2015年校级人文社会科学研究项目资助名单的通知
中国政法大学关于印发国内公务接待管理办法的通知
中国政法大学关于印发研究生导师招收博士研究生条件认定办法的通知
中国政法大学关于印发研究生导师指导硕士研究生条件认定办法的通知
中国政法大学关于开展硕士博士学位授权点质量评估工作的通知
中国政法大学关于深入开展“小金库”专项治理工作的通知
中国政法大学关于公布第二届“中华法学硕博英才奖”获奖名单的决定
中国政法大学关于成立研究生招生工作领导小组的通知
中国政法大学关于加强内部审计工作的实施意见
中国政法大学关于成立第四届本科教学督导组的决定
中国政法大学关于表彰第六届学生工作理论研讨会优秀论文的通知
中国政法大学关于成立国家法治与发展研究中心的通知
中国政法大学关于公布第四批（2016年）青年教师学术创新团队的通知
中国政法大学关于印发学位授予办法的通知
中国政法大学关于印发研究生学籍管理规定的通知
中国政法大学关于印发研究生课程设置与教学管理规定的通知
中国政法大学关于印发博士研究生培养规定的通知
中国政法大学关于印发研究生毕业管理办法的通知
中国政法大学关于调整大学生征兵工作领导小组的通知
中国政法大学关于印发三学期制改革实施方案的通知
中国政法大学关于授予北京等14个校友分会星级校友分会的决定
中国政法大学关于授予于世平等125名校友“2015－2016年度优秀校友”的决定
中国政法大学关于印发优秀毕业生评选办法的通知
中国政法大学关于印发2016－2017学年校历的通知
中国政法大学关于印发“励道教学杰出贡献奖”评选办法的通知
中国政法大学关于成立全国政法院校“立格联盟”秘书处的通知
中国政法大学关于公布2016年校级科学研究项目资助名单的通知
中国政法大学关于成立国家创业创新发展与规范研究中心等四个非在编科研机构的通知

续表

中国政法大学关于顾永忠等同志免职的通知
中国政法大学关于印发本科生奖学金评定办法的通知
中国政法大学关于解除25名同学违纪处分的决定
中国政法大学关于成立创业学院的通知
中国政法大学关于表彰2016届优秀毕业生的决定
中国政法大学关于表彰2016届志愿到新疆、西藏等西部地区基层就业及参加“大学生志愿服务西部计划”毕业生的决定
中国政法大学关于印发本科教学工作审核评估工作方案的通知
中国政法大学关于印发宝钢优秀学生奖评选办法的通知
中国政法大学关于准予江皓等2002名2016届普通本科及第二学士学位学生毕业的决定
中国政法大学关于授予江皓等1971名2016届普通本科及第二学士学位毕业生学士学位的决定
中国政法大学关于准予王志勇等1898名研究生毕业的决定
中国政法大学关于“法和经济学研究中心”更名为“法与经济学研究院”等事项的通知
中国政法大学关于印发校级科学研究青年项目管理办法的通知
中国政法大学关于对教学科研人员因公临时出国实施区别管理的通知
中国政法大学关于印发集会庆典活动管理办法的通知
中国政法大学关于表彰2015－2016学年优秀班主任的决定
中国政法大学关于表彰2015－2016学年优秀辅导员的决定
中国政法大学关于表彰2016级研究生新生奖学金获得者的通知
中国政法大学关于对校内部分部门机构及编制进行调整的通知
中国政法大学关于成立政府与社会资本合作（PPP）研究中心等三个非在编科研机构的通知
中国政法大学关于2017－2018年度符合招收博士研究生条件教师名单的通知
中国政法大学关于2017－2018年度符合招收硕士研究生条件教师名单的通知
中国政法大学关于通报批评设立“小金库”的相关人员的通报
中国政法大学关于印发国家治理研究院建设方案的通知
中国政法大学关于成立绿色发展战略研究院的通知
中国政法大学关于印发新型研究机构管理办法的通知
中国政法大学关于表彰2016年校级教学成果奖的决定
中国政法大学关于表彰2015－2016学年优秀教学奖获奖个人和集体的决定
中国政法大学关于表彰2015－2016年度“励道教学杰出贡献奖”获得者的决定
中国政法大学关于表彰2015－2016年度管理与服务优秀集体及优秀教育工作者的决定
中国政法大学关于表彰2015－2016年度优秀教师的决定
中国政法大学关于印发差旅费管理办法的通知

续表

中国政法大学关于印发会议费管理办法的通知
中国政法大学关于常林同志免职的通知
中国政法大学关于席涛同志职务名称变更的通知
中国政法大学关于表彰于红等62位同志从事教育工作满30年的决定
中国政法大学关于成立内部控制建设领导小组的通知
中国政法大学关于2016年岗位聘任工作的意见
中国政法大学关于栗峥等同志任免职的通知
中国政法大学关于印发本科学分制管理办法的通知
中国政法大学关于印发“十三五”事业发展规划的通知
中国政法大学关于印发教师岗位考核办法的通知
中国政法大学关于印发专业技术岗位设置与聘任办法的通知
中国政法大学关于印发国有资产使用管理办法的通知
中国政法大学关于印发国有资产处置管理办法的通知
中国政法大学关于印发校办企业国有资产管理办法的通知
中国政法大学关于熊桢同志任职的通知
中国政法大学关于印发校内绩效工资改革方案的通知
中国政法大学关于印发2016年规范调整校内岗位津贴方案的通知
中国政法大学关于表彰2015－2016学年研究生学业奖学金获得者的决定
中国政法大学关于成立校长经济责任审计整改领导小组的通知
中国政法大学关于成立招投标及采购管理办公室的通知
中国政法大学关于部分机构和编制调整的通知
中国政法大学关于公布2015－2016年度考核结果和相关事项的通知
中国政法大学关于成立制度学研究院的通知
中国政法大学关于2016年教学科研岗位届终考核及换届聘任结果的通知
中国政法大学关于杨学伟等同志免职的通知
中国政法大学关于表彰2015－2016学年度奖学金获得者、三好学生、优秀学生干部、先进班集体的决定
中国政法大学关于取消黄玉雯等9名普通本科生、杜谈鑫等82名第二学士学位生入学资格的决定
中国政法大学关于刘纪鹏同志任职的通知
中国政法大学关于2016年度专业技术岗位聘任结果的通知
中国政法大学关于薛刚凌同志免职的通知
中国政法大学关于2016年度中级及中级以下职员晋级聘任（职级确认）结果的通知
中国政法大学关于2016年度工勤技能岗位聘任结果的通知
中国政法大学关于表彰2016年度“安全工作标兵单位”和“安全标兵”的通知

续表

中国政法大学关于聘任孙阳等十位同志专业技术职务的通知
中国政法大学关于印发大型仪器设备共享共用管理办法（试行）的通知
中国政法大学关于印发本科教学工作审核评估推进工作方案的通知
中国政法大学关于公布第四届青年教师优秀科研成果奖获奖成果名单的通知
中国政法大学关于表彰2015－2016学年优秀实习集体、优秀实习指导教师、优秀实习生、实习工作先进个人的决定
中国政法大学关于印发公务卡使用管理办法的通知
中国政法大学关于印发改善基本办学条件专项资金管理办法的通知
中国政法大学关于表彰第七届学生工作理论研讨会优秀论文的决定
中国政法大学关于表彰2016年毕业生就业工作先进集体和先进个人的决定
中国政法大学关于印发信息系统数据管理办法的通知
中国政法大学关于2016年度高级管理（职员）岗位聘任结果的通知
中国政法大学关于印发横向科学研究项目管理办法的通知
中国政法大学关于印发纵向科学研究项目管理办法的通知
中国政法大学关于印发科研项目间接费用管理办法的通知
中国政法大学关于陈明生同志免职的通知

四、中国政法大学学校办公室文件

中国政法大学学校办公室关于印发学校2016年党政工作要点的通知
中国政法大学学校办公室关于2016年1－2月份督办事项办理情况的通报
中国政法大学学校办公室关于对学校部分房屋对外出租报备的决议
中国政法大学学校办公室关于对学校部分固定资产予以报废的决议
中国政法大学学校办公室关于2016年3月份督办事项办理情况的通报
中国政法大学学校办公室关于印章清查情况的通报
中国政法大学学校办公室关于启用“中国政法大学国际法学院”等12枚印章的通知
中国政法大学学校办公室关于2016年4月份督办事项办理情况的通报
中国政法大学学校办公室关于2016年5月份督办事项办理情况的通报
中国政法大学学校办公室关于对学校部分固定资产予以报废的决议
中国政法大学学校办公室关于2016年6月督办事项办理情况的通报
中国政法大学学校办公室关于2016年7－8月份督办事项办理情况的通报
中国政法大学学校办公室关于启用“中国政法大学创业学院”等3枚印章的通知
中国政法大学学校办公室关于启用“中国政法大学法与经济学研究院”印章的通知

续表

中国政法大学学校办公室关于2016年9月份督办事项办理情况的通报
中国政法大学学校办公室关于启用“中国政法大学冤假错案研究中心”等3枚印章的通知
中国政法大学学校办公室关于对学校部分固定资产予以报废的决议
中国政法大学学校办公室关于2016年10月督办事项办理情况的通报
中国政法大学学校办公室关于法大出版社经营场所续租的决议
中国政法大学学校办公室关于2016年11月督办事项办理情况的通报
中国政法大学学校办公室关于2016年12月督办事项办理情况的通报

第十五章　表彰与奖励

一、先进集体（学生）

1. 学校代表队获得第五十七届杰赛普（Jessup）国际法模拟法庭比赛国际决赛书状季军。

2. 学校代表队获得第十四届杰赛普（Jessup）国际法模拟法庭中国赛区选拔赛季军，最佳书面陈述奖。

3. 学校代表队在ICC国际刑事法院模拟法庭（英文赛）中国地区选拔赛获总成绩亚军，最佳书状奖第二名。

4. 学校代表队在中国空间法学会第十三届国际空间法模拟法庭竞赛（国内赛）获全国冠军、最佳书状、最佳指导奖等。

5. 学校代表队在第十四届贸仲杯国际商事仲裁模拟仲裁庭辩论赛获二等奖、最佳辩手奖。

6. 学校代表队在第五届国际刑事法院模拟法庭竞赛国内选拔赛获团体特等奖；最佳诉状第二名。

7. 学校代表队在美国大学生数学建模竞赛获得一等奖6项，二等奖14项，多支队伍获得成功参赛奖。

8. 学校代表队在第四届全国大学生模拟法庭竞赛获一等奖。

9. 学校代表队在“盈科杯”第八届研究生辩论赛中斩获冠军。

10. 学校代表队在第十三届“理律杯”全国高校模拟法庭竞赛获亚军。

11. 学校代表队在第二十届国际环境法模拟法庭大赛东亚赛区获第二名。

12. 学校代表队在第九届“北外-万慧达杯”知识产权模拟法庭比赛获二等奖。

13. 学校代表队在第九届中国大陆高校间红十字“国际人道法”模拟法庭竞赛获第一名。

14. 学校代表队在第五届中国WTO模拟法庭辩论赛获二等奖。

15. 学校代表队在全国大学生数学建模竞赛获得全国一等奖1项，北京赛区一等奖5项，北京赛区二等奖6项，另外有多支队伍获得成功参赛奖。

16. 学校代表队在第十九届“外研社杯”全国大学生英语辩论赛全国总决赛获三等奖。

17. 学校代表队在全国大学英语竞赛获特等奖2项，一等奖6项。

18. 学校代表队在“外研社杯”全国英语写作比赛获二等奖2项。

19. 学校代表队在“外研社杯”全国英语阅读比赛获一等奖1项，二等奖1项。

20. 学校代表队在“21世纪杯”全国大学生英语演讲比赛获二等奖1项。

21. 学校代表队在“外研社杯”全国英语演讲比赛全国总决赛获全国二等奖。

22. 学校代表队在全国高校德语专业学生辩论赛获三等奖。

23. 学校代表队在第九届中国大学生计算机设计大赛获得一等奖1项，二等奖2项，三等奖3项。

24. 学校代表队在第八届全国大学生广告艺术大赛平面类（B类）获二等奖。

25. 学校代表队在第六届中国大学生服务外包创新创业大赛获得团体二等奖4项。

26. 学校代表队在第七届中国大学生服务外包创新创业大赛获一等奖，获“创业实践类”团体二等奖，获“企业命题类”多个团体二等奖。

27. 学校代表队在第十五届全国MBA培训院校企业竞争模拟大赛获三等奖。

28. 学校代表队在第十九届“外研社杯”全国大学生英语辩论赛（华北赛区）获二等奖。

29. 学校代表队在京津地区高校“德语微剧比赛”中获三等奖。

30. 学校代表队在京津地区德语演讲比赛获优胜奖1项，三等奖1项。

31. 学校代表队在“外研社杯”全国英语演讲比赛北京赛区获特等奖

32. 学校代表队在中国大学生计算机设计大赛北京市级“朔日科技杯”获得一等奖3项，二等奖4项，三等奖1项。

33. 学校代表队在第二届中国“互联网+”大学生创新创业大赛（北京赛区）获三等奖。

34. 学校代表队在第七届北京市大学生模拟法庭竞赛获二等奖。

35. 学校代表队在第十届国际人道法模拟法庭比赛（北京）季军、辩方最佳诉状获两项奖状，指导老师获得特殊贡献奖。

36. 学校代表队在北京市大学生数学竞赛获得二等奖5项，三等奖7项。

37. 学校代表队在北京市物理实验竞赛获得二、三等奖各1项。

38. 学校代表队在北京市大学生英语演讲比获二等奖1项。

39. 学校代表队在第六届“蓟门纵横”研究生模拟法庭竞赛中荣获亚军。

40. 学校代表队获北京市大学生音乐节声乐类展演重唱及人声乐团类普通甲组金奖、普通甲组银奖。

41. 学校代表队获北京市大学生音乐节声乐类展演活动合唱类普通乙组银奖。

42. 学校代表队在“创青春”首都大学生创业大赛获金奖和多个铜奖。

43. 学校代表队在2016北京高校辩论公开赛获得亚军。

44. 2015级中美班获北京高校“优秀示范班集体”称号、校“先进班集体”称号。

45. 2014级中美班获“北京市先进班集体”称号。

46. 社会学院社会工作1401、马克思主义学院思政1301被评为优秀服务先进班级。

47. 首都大学、中职院校“先锋杯”优秀团支部（12个）：

法学院2013级2班团支部

法学院2015级1班团支部

民商经济法学院2013级5班团支部

民商经济法学院 2013 级 7 班团支部
国际法学院 2013 级 6 班团支部
刑事司法学院 2014 级 3 班团支部
政治与公共管理学院行政管理 2014 级 2 班团支部
商学院国际商务 2014 级 1 班团支部
社会学院 2014 级社会班团支部
马克思主义学院 2013 级思政 1 班团支部
法律硕士学院 2015 级法硕 1 班团支部
比较法学研究院 2014 级中美团支部
48. 中国政法大学 2015－2016 年度优秀团支部：
法学院
优秀团支部（7）
法学院 2011 级 3 班团支部
法学院 2013 级 1 班团支部
法学院 2013 级 3 班团支部
法学院 2014 级 1 班团支部
法学院 2014 级 2 班团支部
法学院 2015 级 1 班团支部
法学院 2015 级 2 班团支部
民商经济法学院
优秀团支部（10）
民商经济法学院 2014 级研究生 1 班团支部
民商经济法学院 2014 级研究生 3 班团支部
民商经济法学院 2014 级研究生 4 班团支部
民商经济法学院 2013 级 1 班团支部
民商经济法学院 2013 级 4 班团支部
民商经济法学院 2013 级 6 班团支部
民商经济法学院 2014 级 1 班团支部
民商经济法学院 2014 级 2 班团支部
民商经济法学院 2014 级 3 班团支部
民商经济法学院 2014 级 7 班团支部
国际法学院
优秀团支部（9）
国际法学院 2015 级 1 班硕士生团支部
国际法学院 2014 级 2 班研究生团支部
国际法学院 2012 级 2 班团支部
国际法学院 2012 级 5 班团支部

国际法学院 2013 级 1 班团支部
国际法学院 2013 级 2 班团支部
国际法学院 2014 级 1 班团支部
国际法学院 2014 级 3 班团支部
国际法学院 2015 级 6 班团支部
刑事司法学院
优秀团支部（9）
刑事司法学院 2014 级研究生刑法 1 班团支部
刑事司法学院 2013 级 3 班团支部
刑事司法学院 2013 级 6 班团支部
刑事司法学院 2014 级侦查班团支部
刑事司法学院 2014 级 2 班团支部
刑事司法学院 2014 级 5 班团支部
刑事司法学院 2015 级 1 班团支部
刑事司法学院 2015 级 3 班团支部
刑事司法学院 2014 级 4 班团支部
政治与公共管理学院
优秀团支部（6）
政治与公共管理学院国际政治 2014 级 1 班团支部
政治与公共管理学院国际政治 2015 级 1 班团支部
政治与公共管理学院政治学 2013 级 1 班团支部
政治与公共管理学院公共管理 2015 级 1 班团支部
政治与公共管理学院公共管理 2015 级 2 班团支部
政治与公共管理学院政治学与行政学 2015 级 1 班团支部
商学院
优秀团支部（9）
商学院 2013 级工商管理 3 班团支部
商学院 2013 级经济学 1 班团支部
商学院 2014 级工商管理 1 班团支部
商学院 2014 级工商管理 2 班团支部
商学院 2014 级国际商务 1 班团支部
商学院 2015 级工商管理 2 班团支部
商学院 2015 级经济学 1 班团支部
商学院 2014 级研究生团支部
商学院 2015 级研究生团支部
外国语学院
优秀团支部（3）

外国语学院 2014 级英语 2 班团支部
外国语学院 2015 级翻译班团支部
外国语学院 2015 级英语班团支部
人文学院
优秀团支部（2）
人文学院 2013 级哲学班团支部
人文学院 2014 级汉语言文学班团支部
社会学院
优秀团支部（2）
社会学院社工 2015 级 1 班团支部
社会学院社会 2014 级 1 班团支部
马克思主义学院
优秀团支部（1）
马克思主义学院 2013 级团支部
光明新闻与传播学院
优秀团支部（2）
光明新闻传播学院 2013 级 2 班团支部
光明新闻传播学院 2014 级 2 班团支部
法律硕士学院
优秀团支部（5）
法律硕士学院 2014 级 1 班团支部
法律硕士学院 2014 级 2 班团支部
法律硕士学院 2015 级 1 班团支部
法律硕士学院 2015 级 2 班团支部
法律硕士学院 2015 级 7 班团支部
中欧法学院
优秀团支部（1）
中欧法学院 2014 级 1 班团支部
比较法学研究院
优秀团支部（1）
比较法学研究院 2014 级中美班团支部

二、先进个人（学生）

1. 硕士研究生杨洋获“北京市三好学生”。

2. 2015 级民商法学专业硕士研究生李昶在中国法学会第十一届“中国法学家论坛主题征文”中荣获二等奖。

3. 由袁芳担任指导教师，本科生韩亚男、苏欣撰写的《传统文化涵养大学生社会主义核心价值观路经研究》获得2016年北京高校思想政治理论课学生社会实践优秀论文。

4. 第十四届“学术十星”论文大赛获奖作品：《基于GARCH-SVM和AR-SVM的个股涨跌预测研究》（作者：韩瑜　指导教师：霍钊）；《从法律语言学角度看“以上”、“以下”的使用规范》（作者：蒋雨璇　李豆豆　指导教师：崔玉珍）；《能动与谦抑共济：规范性文件附带审查强度类型化研究——以109则行诉案例为研究样本的实证分析》（作者：杨帅　指导教师：李松锋）；《外交决策视域下的乌克兰危机》（作者：路广通　指导教师：孙洁婉）；《论中国刑法语境下的共犯从属性原则》（作者：郭谭浩　指导教师：赖修桂）；《审判中心主义的制度化与非制度化改革进路研究》（作者：刘恒瑞　指导教师：元轶）；《论外资国家安全审查的条件——由外国投资法“征求意见稿”审查范围消失引发的思考》（作者：蔡佳宏　指导教师：张丽英）；《建立社会失信黑名单制度的问题及对策研究》（作者：石依林　指导教师：陆伟丰）；《借名买房的物权归属研究——基于合同效力问题展开》（作者：卢稷铨　指导教师：袁钢）；《洛卡德交换原理在信息网络空间的危机》（作者：袁纪辉　指导教师：肖承海）。

5. 第十三届“学术新人”论文大赛获奖作品：《行政程序违法的撤销标准》（作者：王玎　指导教师：马怀德）；《王杖简册所见“逆不道”罪探析——兼论秦汉时期的上谳制度》（作者：陈迪　指导教师：徐世虹）；《〈物权法〉宅基地立法中的转介技术与适用保障——以〈物权法〉第153条为中心》（作者：李昶　指导教师：易军）；《接触权：一项新型的著作权——以利益法学与交易成本理论为视角》（作者：邵树杰　指导教师：冯晓青）；《试论重复起诉禁止原则的适用标准》（作者：罗永成　指导教师：毕玉谦）；《反垄断法、自发秩序与政治价值》（作者：郭家昊　指导教师：时建中）；《Implementing Article 82 of UNCLOS, Analysis on Legal Issues and Its Future Dispute Settlement》（作者：宋可　指导教师：高健军）；《盗窃罪数额在犯罪论体系中的定位及其对量刑的影响》（作者：张忆然　指导教师：曲新久）；《辩护制度三论——对2012年〈刑事诉讼法〉相关条文讨论》（作者：田赋　指导教师：洪道德）；《中国民众差序政府信任何以形成？——“终生学习模型”的视角》（作者：张华　指导教师：卢春龙）；《诈骗犯在风险情境下面对收益与损失的决策特点》（作者：张峰　指导教师：杨波）。

6. 中国政法大学2015－2016学年度校级三好学生

法学院（44人）

2013级（6人）

李　魏　华一枝　武春旭　肖伽琦　陈　键　庄绵绵

2014级（6人）

温颂恒　周钰莹　孙幸娟　何舒婷　王一焱　山雯雯

2015级（9人）

刘乃玮　陈丹瑶　周泓仰　郑君翘　杨英泽　刘伊伟

伍　乐　占竹颖　李楠楠

第二学士学位班（1人）

刘小曼

研究生（22 人）

蔡梦馨　王泽宇　林庆龙　贾　丹　杜佳虹　陈尚龙

邓雨寒　黄亚熙　杨星星　董　敏　谢义诗　李　智

赵锦钰　郑洁珊　耿留睿　朱　恺　成　开　朱雨婷

张天航　陈　杨　高永欢　孙瑞雪

民商经济法学院（51 人）

2013 级（14 人）

姚磊帅　向远坤　薛　巍　谭志伟　任君培　强佳杉

赵　峰　孙振宇　赵宇婷　陆　琦　王美玲　蔡蔚然

余汶燕　王梦华

2014 级（17 人）

成　前　高　超　马　啸　李昕贺　奚敬之　王晓娟

徐曼曼　乔红阳　石依林　谭惠文　娄卓君　李　帅

刘彦君　胡熙曈　陈春燕　王依妍　王良益

2015 级（12 人）

卜　充　蔡仁杰　郭司雨　孙昊清　邱琼玉　张淑柠

吴秀尹　陈　馨　袁梦迪　武惠媛　张弘毅　段楚榆

研究生（8 人）

毛　快　郑诗卉　刘骐宁　杨伟杰　杨茂林　魏迎悦

黄　楚　田春雨

国际法学院（39 人）

2013 级（9 人）

陈玢旭　李家杰　李玉洁　文可心　扈梦瑶　侯　迪

白　芸　陈岚岚　张晓辰

2014 级（11 人）

董琪瑶　赵清斌　张宇瀚　李　静　冯继泽　陈柳萌

谢思成　钟修齐　戴文杰　吴安东　吕　蕾

2015 级（13 人）

谢南怡　李宛姝　毛金虎　张一凡　陈容宾　谢　瑞

王　越　杨田章　周　依　刘　伟　曾志芳　闫思旭

贾煊哲

研究生（6 人）

王梦珂　牛昱尹　马万里　冯　翀　俞　炜　张蕾蕾

刑事司法学院（43 人）

2013 级（10 人）

尹祝舟　肖　瑶　董巧丹　赵盈瑾　李孟芩　丁晶晶

陈美荻　林晓欣　杨艺婕　汪雪莲

2014 级（11 人）

宋琳 刘军 张舒 崔梦钰 杨琦 孙格格
牛斐 翟显赫 何苗 谢玢瑶 邵启聪

2015 级（11 人）

张金生 陈丹蕾 梁成欣 金子洲 马杰 谢可杨
董小燕 姚雨 陈艾 程子璇 于跃

研究生（11 人）

杨珠瑛 杨举 吴小文 雷邵倩 王帅 刘泽鑫
黄陈辰 王小康 李雪松 张倩 袁祥境

政治与公共管理学院（28 人）

2013 级（5 人）

高莹 陈嘉琦 卢珂 王凯 张言彤

2014 级（8 人）

付彤 汪毓雯 张青 闵陆燕 周保民 王璇
杨志宇 由继发

2015 级（6 人）

任奕静 蔡宇 雷铭 张珺 李伟 邓羿

研究生（9 人）

徐欣顺 张中泽 董洁晗 刘彬 孟梦 李林
于佳立 苏津力 马振贺

商学院（34 人）

2013 级（7 人）

秦力 贺朝 康宗辉 周晓珂 张馥蕾 王丹
曲艺

2014 级（11 人）

戴婵娟 周玥 王星宇 韦雨彤 王白雪 穆国丽
徐利会 郑立宇 陈雨 朱静雯 步艳宁

2015 级（8 人）

李长征 王梓 李安淇 杨梦婷 王靖雯 李新宇
宋颖 胡泽宇

第二学士学位班（1 人）

韩梦乔

MBA（4 人）

蓝俊 孟胜男 程松岩 宋振峰

研究生（3 人）

周丽萍 王喆 孙优

人文学院（9 人）

2013 级（2 人）
辛秋蓉　　袁　强
2014 级（2 人）
郑婧怡　　周玉纹
2015 级（2 人）
张博琼　　李衍泽
研究生（3 人）
宋青青　　王　帅　　许文静
法律硕士学院（19 人）
研究生（19 人）
谢　雪　　董珊珊　　姜晓凤　　卫金如　　丁　璇　　王　钊
肖春阳　　李秀果　　任晓敏　　程　帅　　李　享　　江楚填
杨小桐　　田　莹　　付妍妍　　姜超文　　王妍蓓　　郭宇燕
王利鹏
外国语学院（12 人）
2013 级（4 人）
肖利娜　　许亚楠　　孙　笑　　肖怡竹
2014 级（4 人）
李松倍　　李琳婷　　郑芷晴　　于　洲
2015 级（3 人）
张诗雨　　费　蕾　　童博涵
研究生（1 人）
左诗瑶
社会学院（8 人）
2013 级（3 人）
龚　倩　　邱紫雅　　张伟扬
2014 级（2 人）
李正新　　朱　海
2015 级（2 人）
王天依　　茅月婷
研究生（1 人）
姜　玲
中欧法学院（5 人）
研究生（5 人）
李阳阳　　孙恺瑞　　陈玲玉　　成柯舟　　刘千宁
马克思主义学院（5 人）
2013 级（1 人）

张　冲
2014 级（1 人）
苏　欣
2015 级（1 人）
郭晓辉
研究生（2 人）
周亚梅　郭　冰
光明新闻传播学院（8 人）
2013 级（2 人）
李明然　郭晨雅
2014 级（2 人）
李子寒　李定坤
2015 级（2 人）
王文杨　刘乔楠
研究生（2 人）
李蔚起　孙彤昕
证据科学研究院（6 人）
研究生（6 人）
朱晓旭　张　睿　印　鹏　马毓晨　王华彬　柴　冬
比较法学研究院（4 人）
研究生（4 人）
马旭盼　冯　凤　许剑波　韩舒同
人权研究院（1 人）
研究生（1 人）
周子容
国际儒学院（1 人）
研究生（1 人）
郭鼎玮
7. 中国政法大学 2015－2016 学年度校级优秀学生干部
法学院（47 人）
2013 级（7 人）
李天祎　汪渤程　李　鑫　龚昌林　张忠强　任丹阳
赵书山
2014 级（11 人）
朱泽辉　邹昭敏　陈秋蕴　于铠铭　管　洁　王一焱
蒲彦萍　王少英　王　翔　杨浥晨　朱泽楷
2015 级（6 人）

石聪正　　顾安杰　　徐根生　　邱　悦　　韩焕雨　　叶素洁

第二学士学位班（1 人）

牙舒媚

研究生（22 人）

王　兵　　张爱华　　刘志强　　李少婷　　宋崇阳　　吴美辰
曹慧君　　周琳珊　　孔祥稳　　李　璇　　贾贝贝　　孙昂然
褚智林　　乔　云　　吕　莹　　尹长宇　　李作鹏　　于潇岚
潘　喆　　刘炜堃　　朱龙臻　　王宏月

民商经济法学院（54 人）

2013 级（14 人）

任钰洋　　杜雅仪　　张歌·玛丽娅　　陈武鹏　　武振国
申　晔　　王宇婷　　张峰祥　　刘培昂　　王培嘉　　王　茜
杨　惠　　吴臻颖　　安子豪

2014 级（20 人）

刘芷芸　　李坤达　　邓德旺　　黄文德　　刘天元　　唐宇轩
秦永珮　　袁　荃　　詹宇雷　　尚立博　　张文雅　　罗少杰
李维康　　张伊佳　　黄天浩　　郭华庆　　徐　冰　　钟小莲
王颖昕　　刘禹杉

2015 级（12 人）

辛　婕　　何　炎　　胡馨予　　张媛媛　　刘志鹏　　于　越
孙　悦　　张　尧　　苏俊铭　　张毓麟　　张佳铭　　张文琦

研究生（8 人）

王安然　　李筱琛　　向　罡　　张泽帆　　杨锡慧　　李娅然
鲍恩宏　　陈莹蓝

国际法学院（41 人）

2013 级（9 人）

李　京　　陈增雨　　张　悦　　鲜国平　　董浩洋　　赵子毅
郑　璐　　牛　淼　　何　强

2014 级（16 人）

李妍欣　　刘文浩　　路　程　　周　鑫　　黄宜民　　张　莉
董宜君　　李玥如　　徐　琳　　彭楚璇　　曾玉汝　　邱凌龙
陈　光　　石敏慧　　张楠楠　　玛依拉·肉孜

2015 级（10 人）

仲　夏　　蔡　帅　　阮昊翔　　韩一菲　　李铁之　　魏恒泽
徐鹏博　　铁　卓　　陈雅萱　　梁　宇

硕士生（6 人）

孙春风　　周　珍　　刘志鹏　　赵　洋　　李　阳　　李　捷

刑事司法学院（48 人）

2013 级（10 人）

张承弘　李佳慧　黄玉婷　谷　津　杨芳莹　侯华超
王琬珺　杨　岚　李　瑞　邓　姣

2014 级（16 人）

于志翰　邓与骁　叶如婧　宋　宇　姜雅文　武新阳
王彩夫　宋卓宣　陈拨志　赵　鑫　胡彦羽　张翠翠
蒋　永　杨婉莹　吴　琼　修　宇

2015 级（11 人）

张思梦　汪哲浩　张誉饶　陶茂亮　辛浩天　毛若凡
王维奇　李赵楠　刘金逗　何　愈　王思佚

研究生（11 人）

陈嘉琦　王诺亚　李雅健　苏月玲　李　尧　王绍佳
桂梦美　宋行健　刘　璇　褚晓囡　刘铁洋

政治与公共管理学院（30 人）

2013 级（5 人）

黄露苇　陈立夫　徐　艳　郝德超　陈昱含

2014 级（11 人）

耿若凡　韩明轩　闵陆燕　杨　帅　宾宏伟　黄俊晖
陈一婷　段妍霖　王聪晖　朗杰旺姆　王　剑

2015 级（5 人）

吕欣欣　李知寒　蔡　宇　潘　玥　刘美诚

研究生（9 人）

王　可　李丽敏　格　岩　陈梦佳　李铭晨　付　漫
洪丹丹　张铂炎　姜宇航

商学院（37 人）

2013 级（8 人）

张世鹏　蔡斐然　张俊明　曹业奇　杨洁萌　姚佳林
周钰盈　黄钦毅

2014 级（14 人）

常天恒　刘季雨　沈磊雷　李泽琳　安　娜　李云菲
俞嘉枫　范翔宇　刘　庆　王怀新　王知行　蓝　涛
冯　雪　黄汉东

2015 级（7 人）

赵墨涵　石玉珍　梁楠林　苏佳伟　马一博　李　菲
项　上

第二学士学位班（1 人）

刘婧婷

MBA（4 人）

刘　征　　刘　言　　梁浩林　　刘雨萱

研究生（3 人）

答家丽　　苏　浩　　张一帆

人文学院（11 人）

2013 级（3 人）

张远哲　　朱文敏　　倪佳晨

2014 级（4 人）

曹汶强　　袁姜涛　　赵悦阳　　梁晶晶

2015 级（1 人）

李成哲

研究生（3 人）

秦玉杰　　邵珊珊　　郝　玥

法律硕士学院（19 人）

研究生（19 人）

王建龙　　郭改桃　　晁宁宁　　闫俊慧　　丁怡菲　　李　成
汪青玲　　石培蕾　　庄明晓　　徐文红　　闫笑男　　王　霞
李　慧　　王　龙　　史志鹏　　秦楚齐　　张婷婷　　孙嘉琳
董世浩

外国语学院（13 人）

2013 级（4 人）

李明昊　　薛占笑　　郑沁仪　　蒋　妍

2014 级（5 人）

曾紫晗　　刘俞杉　　车婉霞　　李亦凡　　国　莹

2015 级（3 人）

何香雪　　刘泽强　　李婉晴

研究生（1 人）

王　玥

社会学院（9 人）

2013 级（2 人）

王信力　　董焱尧

2014 级（5 人）

崔文涛　　孙李娜　　杨翰霖　　林　璐　　郭春奇

2015 级（1 人）

陈君晓

研究生（1 人）

王珊珊
中欧法学院（5 人）
研究生（5 人）
郑派虹　　韩　筱　　梁紫妍　　王　振　　张　弛
马克思主义学院（5 人）
2013 级（1 人）
张　冲
2014 级（1 人）
韩亚男
2015 级（1 人）
徐艺桐
研究生（2 人）
焉晓君　　赵　方
光明新闻传播学院（9 人）
2013 级（1 人）
苏　楠
2014 级（4 人）
许启胜　　陈美初　　王晓阳　　曾庆鹏
2015 级（2 人）
胡宇婷　　李冰冰
研究生（2 人）
董　婷　　乔晨阳
证据科学研究院（7 人）
研究生（7 人）
张紫华　　张童瑶　　莫天新　　牛　哲　　黄燕妮　　侯一阳
郭佳音
比较法学研究院（4 人）
研究生（4 人）
马世钰　　李昊婷　　谷　琪　　单天羽
人权研究院（1 人）
研究生（1 人）
姚　天
国际儒学院（1 人）
研究生（1 人）
秦　轩
8. “先锋杯”优秀基层团干部（16 人）
法学院　　王少英

民商经济法学院	王君逸	王　茜
国际法学院	罗泽林	郭成刚
刑事司法学院	王天元	周梦静
政治与公共管理学院	王　璇	
商学院	何泽南	
外国语学院	魏　臻	
人文学院	杨　阳	
社会学院	宋柯颖	
法律硕士学院	徐文红	
教职工团总支部	赵中名	
校团委	柳兴豹	栾文朔

9.“先锋杯”优秀团员（16人）

法学院	何美琳	修青华
民商经济法学院	王培嘉	魏若竹
国际法学院	樊　凡	
刑事司法学院	陈海俊杰	
政治与公共管理学院	黄雅雯	
商学院	齐托托	王怀新
外国语学院	唐雨桐	
马克思主义学院	闫韦彤	
光明新闻与传播学院	罗寰昕	
法律硕士学院	程　帅	
教职工团总支	于　冲	
校团委	蒋　妍	梁兴博

10. 2015－2016年度校优秀团干部、优秀团员

法学院

优秀团干部（12人）

刘怡畅	马瑞跃	平　浩	黄彦钦	李　鑫	朱琪玮
江正一	李航宇	张　璐	王敬妍	林庆龙	孙瑞雪

优秀团员（48人）

赵　菁	杨　洋	俞　伟	连　佳	范不凡	丁寒玉
陈蓓蓓	宫照融	索东汇	刘艳花	管　洁	石　烁
蒲彦萍	陈　强	顾安杰	刘乃玮	周鸿钊	高　阳
郑君翘	占竹颖	杨英泽	杜　茵	任丹阳	陈　键
陈嘉璐	张　博	王　媛	李　魏	贾贝贝	乔　云
耿留睿	朱烨辉	张　衡	尹长宇	谢义诗	潘　喆
邓舸洋	石家山	王宏月	赵　欣	郑　阳	周乐达

牙舒媚	郝世峰	吴剑华	唐朝霞	程　琦	高文轩

民商经济法学院

优秀团干部（14 人）

郭建潇	薛信伟	梁伟伟	王君逸	李　楠	王志轩
曹思婕	张峰祥	王　茜	王培嘉	白　天	魏若竹
申　晔	向远坤				

优秀团员（55 人）

李修齐	樊　硕	陈柏羽	徐若钰	赵晨旭	李昕贺
王平刚	郑陆军	金琪睿	徐　璐	龚　瑶	黄奕通
桑茂桐	王魏阳	王依妍	方　悦	倪　虹	陈贝贝
金子文	刘天蕙	曾娅平	戴文骐	张晴宜	王　昆
张文雅	刘天元	苏　炜	李泰然	陈思洋	肖明倩
奚敬之	强佳杉	王子嫣	谭志伟	张加锴	张亚楠
尹一行	张凯强	顾浩然	胡羽珺	尹　晗	欧中慧
唐雯雯	赵宇婷	陈武鹏	李　帅	王天然	高一丹
张天阳	王如霞	王梦华	唐星文	刘培昂	李露露
杨　琼					

国际法学院

优秀团干部（12 人）

姚　迪	郭成刚	郝梓林	杨　汐	李晓瑜	王　越
何仁平	肖　瑶	肖　汉	樊　凡	王力辉	崔代恒美

优秀团员（45 人）

武天琪	孙　可	迟晓妍	万子江	郭亦卓	吕一方
贾新越	吴　旭	马思波	李玉洁	文可心	吴　潇
张梦薇	郑　璐	耿广航	张泽洲	乔莉娜	周　鑫
高林皓	高子筌	董宜君	李玥如	刘晓阳	刘文浩
康宏基	张天懿	张一凡	陈容宾	何　舟	徐　媛
秦鸿璟	郭长海	梁　宇	孙泽群	倪子岳	汤成一
杜天宇	刘　瑾	刘　妍	马万里	时　欣	陶超仁
杨　超	何锦欣	梅　迪			

刑事司法学院

优秀团干部（12 人）

李　瑞	吴泽玲	曾荣丽	周梦静	区展桐	李佳慧
李鹏飞	邢　靓	崔　赫	刘子钰	何　愈	孟繁煜

优秀团员（45 人）

陈宏亮	赵　鑫	宋梓铭	赵今烁	邓与骁	王凌超
班　飞	褚晓囡	孙健宣	张洪嘉	郭　滢	何　苗

黄玉婷	李思远	李雨施	连　真	刘　璇	马天一
平乐祥	秦智贤	赛福星	尚德贤	邵启聪	王玥乔
谢少濠	辛浩天	张琪琦	汪哲浩	张思梦	郜　婷
陈拨志	徐一伦	任　航	武新阳	刘晨爽	廖　婕
于志翰	张承弘	张凌峰	毕寓凡	杨姗姗	李振洋
张　涵	白向轩	崔　颖			

政治与公共管理学院

优秀团干部（10 人）

聂　聪	冯　凡	彭宗辉	张　珺	张梦君	付　漫
林　雯	黄俊晖	次仁普尺	司徒林卉		

优秀团员（35 人）

王　浩	肖行超	詹薇斯	刘信然	李曼然	陈嘉琦
王嘉敏	李昕怡	鞠军峰	葛方晨	黄程雪	窦　鸿
焦梦瑶	钟　虹	熊　逸	韩明轩	闵陆燕	韩月明
由继发	马子悦	付　彤	张　楠	蒋燕云	许钰轩
林塬培	黄　琳	蔡　宇	刘美诚	吕欣欣	黄秀尧
李贵州	谭　睿	陈新琦	杜　妍	任海慧	

商学院

优秀团干部（12 人）

刘婉夏	张　瑶	潘　俊	何泽南	邓朝辉	蓝　涛
孟博雅	吴逸宁	周晓珂	王怀新	郑宇天	齐托托

优秀团员（45 人）

楼佳旖	李美贤	张玉洁	张田天	蔡曜羽	宋　赟
张艺琳	李　婷	郑振狮	黄　蓉	陈慕寒	贾　丹
樊　琳	王楚添	韩　瑜	陈煦畅	吴丽丽	卞明垚
黄汉东	李珊珊	冷　越	卢文太	周　玥	蔡文婷
徐利会	李泽琳	章静雯	安　娜	穆国丽	钱　晨
丁祉冰	王　梓	梁楠林	吴茗西	项　上	王熠含
翟雨新	张　飞	范　毓	冯　勇	陈玮玉	王　浩
邹敬东	丁传中	束艳杰			

外国语学院

优秀团干部（4 人）

张安悦	赵一鸣	果红叶	朱博文

优秀团员（15 人）

李欣宁	童博涵	张诗雨	宁雪茹	刘泽强	费诗逸
车婉霞	李明昊	彭　曦	王　莹	刘　帅	周笑如
龚婉婷	孙钰岫	粘以净			

人文学院

优秀团干部（3 人）

杨　阳　　蔡雅锐　　郑　娴

优秀团员（10 人）

刘怡春	邵珊珊	吴志刚	朱文敏	杨　康	袁姜涛
郑婧怡	李衍泽	陈姣萌	曹汶强		

社会学院

优秀团干部（3 人）

宋柯颖　　赵浛妤　　穆怡丹

优秀团员（10 人）

蒋虹余	索乾凯	黄辰加	张若华	李正新	王子哲
杨光兴	张　婷	史少艾	解鸿宇		

马克思主义学院

优秀团干部（2 人）

单　翔　　闫韦彤

优秀团员（5 人）

原晨珞　　周亚梅　　徐艺桐　　康乾伟　　杜佳琳

光明新闻与传播学院

优秀团干部（3 人）

丁冠天　　吕夏宇　　饶金辉

优秀团员（10 人）

李明然	苏　青	孙　楠	孙婉莹	徐思勉	李子寒
罗寰昕	韩文涛	王希亚	乔晨阳		

法律硕士学院

优秀团干部（6 人）

徐文红　　史志鹏　　张婷婷　　赵亚然　　肖春阳　　代　娜

优秀团员（25 人）

田　莹	程　帅	郝博达	贺飞达	陈天瑶	付妍妍
朱元霄	祁琢天	刘　玄	余桂权	王　龙	姜超文
陈国龙	贾云倩	王　俊	孙嘉琳	王利鹏	李彬彬
孙得证	张力涛	王芊琇	葛　莹	刘津宁	潘　松
葛建荣					

国际儒学院

优秀团员（1 人）

秦　轩

中欧法学院

优秀团干部（1 人）

邵昱飞

优秀团员（5 人）

陈　璐	王　信	杨程成	渠守彬	高　放

比较法学研究院

优秀团干部（1 人）

雷明华

优秀团员（5 人）

单天羽	洪民杰	马世钰	武　潇	张　雯

校团委

优秀团干部（24 人）

李仲尧	冀绍哲	潘　辉	范振东	车莹露	栾文朔
尹　源	周少博	张志文	倪佳晨	王信力	黄钦毅
蒋　妍	张翠翠	王　媛	陈　阵	黎　曚	王　浩
张一昂	赵康康	柳兴豹	田娜西	王丹丹	彭志浩

优秀团员（45 人）

张伟弘	余悦敏	宋世豪	梁兴博	刘一林	徐　来
程钦林	恽江汀	张廷玮	张妍钰	吴一帆	张　涵
张天琳	高树素	杨　娴	周明宽	郭嘉珺	亓　琦
李运辉	于　洲	邹仪威	段军建	袁　华	侯小林
王颖昕	陈铤琨	陈雪桃	廉志杰	尼　妮	彭嘉辉
张　涛	吉梦羽	任　昊	王晶蓉	王　君	姚　蓬
刘文勇	赵梦珂	郑凯心	杨　志	修青华	何广亮
阮　璇	陈莹蓝	娜迪热·艾尼娃尔			

11. 2015－2016 学年度中国政法大学优秀志愿者、志愿服务工作先进个人

优秀志愿者（30 人）

国　莹	信紫琦	黄娇阳	张齐才	薛子甄	胡静仪
彭　蜜	农启赟	潘　玥	袁　笑	鄞芷珩	张琪琦
得吉措	李康兴	梁　宇	周　敏	张茹玲	殷敬慧
王溪楠	刘紫钰	周紫薇	何昭权	张胜培	郑翔铭
王靖雯	杨　茹	石聪正	郑光印	夏开鑫	李赵楠

志愿服务先进个人（31 人）

高浩婷	王凌超	郭红玉	向睿林	刘雨婷	农美琴
俞　博	宋卓宣	张一琼	颜宏铭	惠海红	李晓瑜
周悦彤	陈柳荫	张　浩	管雨阳	葛泽元	田　春
刘　睿	李鹏慧	唐小璐	周泓仰	吕欣欣	李明月
吴一帆	徐嘉惠	罗智丹	刘昊天	唐明清	章雅璐
赵　伯					

12. 2016 年度校安全标兵（学生）
刁皓璇（光明新闻传播学院 2016 级本科生）
王依妍（民商经济法学院 2014 级本科生）
王凌超（刑事司法学院 2014 级本科生）
兰　涵（民商经济法学院 2015 级本科生）
由继发（政治与公共管理学院 2014 级本科生）
曲之洲（商学院 2014 级本科生）
向远坤（民商经济法学院 2013 级本科生）
刘铁洋（刑事司法学院 2015 级研究生）
张泽帆（民商经济法学院 2015 级研究生）
张柳青（比较法学研究院 2016 级研究生）
汪　涵（法学院 2015 级本科生）
李　阳（国际法学院 2015 级研究生）
李　京（国际法学院 2013 级本科生）
李龙伟（法律硕士学院 2016 级研究生）
吴　轩（人文学院 2014 级本科生）
宋婉瑜（法学院 2015 级本科生）
陈雅萱（国际法学院 2015 级本科生）
柏懿娜（法律硕士学院 2016 级研究生）
唐铭泽（社会学院 2015 级本科）
浦天龙（商学院 2015 级研究生）
崔传森（国际法学院 2014 级本科生）
梁　佩（政治与公共管理学院 2014 级研究生）
琚培源（马克思主义学院 2014 级本科生）
潘　俊（商学院 2013 级本科生）
燕横槼（刑事司法学院 2015 级本科生）
薛信伟（民商经济法学院 2014 级研究生）

三、学年度获各类奖学金名单

1. 校长奖学金
法学院（1 人）：研究生胡志鹏
民商经济法学院（2 人）：张邹飞　谢慧敏
国际法学院（2 人）：杨育晗　朱文超
刑事司法学院（2 人）：吴子豪　博士生步洋洋
政治与公共管理学院（2 人）：徐欣　何家丞
商学院（4 人）：蒋文璐　林宇　李泽琳　王金晓
人文学院（1 人）：苏子婵

2. 2015－2016学年度本科生国家奖学金获奖名单

法学院（7人）

温颂恒	王睿康	陈佳莉	墙路斌	牙舒媚	郑君翘
陈丹瑶					

民商经济法学院（14人）

赵　峰	范　拓	吴维锭	田梦驰	焦信婷	李　帅
马嘉骏	成　前	陈春燕	刘月婷	王沛然	郭司雨
蔡晓文	曾文海				

国际法学院（13人）

高若云	张一凡	胡丹阳	向　楠	蔡　帅	裴　任
赵　纯	何怡欣	吕祎曼	汪旭东	韩冰凌	扈梦瑶
李娴姝					

刑事司法学院（13人）

程子璇	谢可杨	左　灵	陈盈昭	崔梦钰	翟显赫
马　壮	吴泽玲	黄玉婷	皮正德	汪雪莲	董巧丹
冼　洋					

政治与公共管理学院（7人）

黄雅雯	柴照琪	卢　珂	张　珺	周保民	闵陆燕
方一优					

商学院（10人）

承　勇	项　上	汪予希	范翔宇	王怀新	任心仪
袁姚杰	秦　力	陈　航	张馥蕾		

人文学院（3人）

叶彦良	邓　敏	林　静

外国语学院（5人）

龚佳云	黄源源	李松倍	李亦凡	张诗雨

社会学院（3人）

梁滋璐	宁婧辰	张若华

马克思主义学院（1人）

苏　欣

光明新闻传播学院（2人）

王　然	李子寒

3. 2015－2016学年度国家励志奖学金

法学院（24人）

滕质彬	简鑫琦	刘晓悦	许舒媛	陈　键	袁　杉
杜　茵	任丹阳	徐明璐	王正鑫	朱泽辉	周钰莹
姜　涛	刘艳花	邱美娟	丘玉莹	王　璇	肖　鹏

周泓仰　金　羿　李楠楠　张婷婷　徐晓婷　夏碧莹

民商经济法学院（49 人）

薛　巍　陶洪飞　王晓霞　任君培　郑　鑫　马　雯
武振国　江兰馨　袁　新　叶小其　黄　珊　贺　瑶
余汶燕　朱　茜　季凯韬　王婷婷　王如霞　张怀文
王梦华　马小芳　李淑芳　杨　阳　王晓娟　邓　尜
符月娜　许慧敏　覃欢谈　陈　静　朱述仁　李　露
马金哈　郭　珊　王魏阳　陈　逸　刘康凤　何　炎
梁翠玲　孙昊清　姚　琴　付宝菊　姚相玲　孙　悦
张　群　袁梦迪　刘佩蓉　龙　迪　吴华兵　冯雪涛
白玛康卓

国际法学院（41 人）

罗璐璐　贺小艳　贾鹏建　滕孟坤　胡丹红　宋茜靖
刘　岩　岳　千　曾祥娜　张佳鑫　冯盈盈　陈　雪
刘文浩　郝冠华　吴立兰　乔莉娜　龙　丹　刘　薇
陈　航　王　杰　王　宁　王姗姗　李　静　张宇瀚
袁俊杰　张良辰　傅静华　文可心　郝梓林　朱淑霞
谭美华　吴新华　郑　璐　侯　迪　吴　潇　严　静
陈秋燕　李家杰　陈岚岚　张立杨　武红丽

刑事司法学院（42 人）

姚　雨　詹　玮　何嘉欣　董小燕　谭平芳　张　奚
王玲玲　王　月　常海璠　曾　艳　徐世燕　张淼杰
周　敏　庄丽梅　杨　茹　顾毓尚　李　兴　张星星
丁晶晶　蔡　慧　武洋洋　王　娇　刘明明　马逢瑶
李　瑞　张正昕　娄此杨兵　孙延菲　阳扶洁　宋　琳
李　婷　刘　军　韦玉静　班　飞　杜小勇　梁晓辉
项丽欢　缪　慧　陈雅静　徐承钰　孙格格　陈宏亮

政治与公共管理学院（20 人）

任奕静　麻继尹　李　伟　马　悦　刘方园　齐雨萌
孙榆慧　王雅婷　闫　强　折小云　蒋宛希　熊　逸
姜　谢　段生茂　丁若愚　黄宇青　徐　艳　鞠军峰
尉　格　崔喜莲

商学院（38 人）

杨小龙　王　渺　张志文　康宗辉　周晓珂　诸葛明静
晋同祥　吴长帅　孙红超　王雨桐　吴丽丽　胡文强
姜盼盼　李珊珊　王雅蓉　黄健栓　柳环宇　陈齐等
冯宗慧　夏美珊　毛　婷　穆国丽　王鹏芳　徐利会

李长征　　苑阳泽　　邱　晶　　丁雪松　　陈　峰　　杜函辉
罗上校　　黄　蕙　　陈朦朦　　宋　颖　　郑建安　　步艳宁
白仁超　　袁　琪

人文学院（8 人）

丁　灿　　陈静瑜　　袁　强　　朱文敏　　王德尚　　崔佳琪
张玉香　　李松珊

外国语学院（16 人）

张　威　　林海斌　　肖利娜　　桂媛媛　　段谭金　　邓秋丽
黄锦嘉　　孙　璇　　刘牧青　　张　琳　　李慧萍　　王天琪
贡保娣　　郭金金　　李丽萍　　赵婉宇

社会学院（10 人）

李正新　　杨光兴　　龚　倩　　吴思宇　　袁楷祺　　孙李娜
王　凤　　王慧晶　　虞宗麟　　陈祺鸿

马克思主义学院（4 人）

马相坤　　陈　琪　　斯　琴　　张　栋

新闻与传播学院（5 人）

胡琼丹　　郭晨雅　　安　洪　　李定坤　　欧阳荣鑫

4. 2015－2016 学年度优秀学生奖学金

法学院（186 人）

一等奖学金（31 人）

2013 级（10 人）

墙路斌　　陶雅洁　　陈佳莉　　吴京竞　　陈碧霞　　袁　杉
张忠强　　陈　玮　　杨　扬　　杨雨莲

2014 级（10 人）

温颂恒　　赵一丹　　李真睿　　叶依梦　　王正鑫　　李　沛
孙幸娟　　钟一鸣　　王睿康　　徐昌霖

2015 级（10 人）

张弘毅　　石聪正　　刘乃玮　　陈丹瑶　　蔡君艺　　李楠楠
郑君翘　　刘伊伟　　孙　铭　　叶素洁

第二学士学位班（1 人）

牙舒媚

二等奖学金（64 人）

2013 级（20 人）

华一枝　　彭阳华　　陈华倩　　张　凝　　武春旭　　许舒媛
刘晓悦　　车　蕊　　龚昌林　　钟益鸣　　徐静怡　　梅明慧
林燕玲　　黄晓航　　肖伽琦　　徐朝辉　　陈　键　　岳虹君
尹　源　　王瑜霜

2014 级（21 人）

朱慎独　杜振强　卢人豪　余　婷　庄紫婷　宫照融
徐　璐　邹昭敏　周钰莹　林　敏　王亚伟　杜鑫磊
龙泓任　刘陈桉　李淋玉　谢晓庆　李晶晶　范家皓
山雯雯　王美睿　陈锶崎

2015 级（21 人）

王天懿　张　原　乔　筠　刘　浩　徐　菁　牛　童
刘皎琦　高　阳　陈曦笛　肖　鹏　周泓仰　肖圣军
许耀乘　吴茜仪　周谷鸿　周素华　占竹颖　伍　乐
杨英泽　吴　炎　夏碧莹

第二学士学位班（2 人）

徐铭璐　杜雨阳

三等奖学金（91 人）

2013 级（30 人）

滕质彬　陈加勤　周晗悦　胡　丹　谷珊琳子　段婉莹
陆心怡　张萍萍　吴　仪　於芯怡　佘　超　陈倩怡
简鑫琦　李天佳　范雨萌　魏家浩　吴佳俊　李潇絮
高樱芝　徐世聪　李昕昉　和晓丹　陈嘉璐　张学府
师钰然　黄彦钦　杜　茵　岳　鑫　任丹阳　魏濛濛

2014 级（29 人）

谷默涵　朱泽辉　朱泽楷　姜　涛　李含月　李增慧
陈庆嘉　丘玉莹　郭红玉　薛雅文　张　蓁　陈秋蕴
何舒婷　姜　霓　刘艳花　陈嘉浩　徐浩诚　邱美娟
周雅青　徐子植　林梦婷　王一焱　杨　悦　李　策
万光辉　周　烁　郭书辰　叶　蓓　朱紫倩

2015 级（31 人）

项先正　郑海黎　顾安杰　张一琼　潘昕昀　李雨桐
倪　爽　祝宏熙　徐　颜　周榆皓　王　璇　张婷婷
陈　曦　李泽葳　高诗茗　马浩云　王一诺　邱　悦
金　羿　贺煦炜　张寒梦　赵梁宇　宋静雯　徐晓婷
吕丛文　霍宛彤　陈贞义　王雯佳　刘子倩　安晨曦
曾　铮

第二学士学位班（1 人）

陈　志

民商经济法学院（360 人）

一等奖学金（60 人）

2013 级（21 人）

肖　荷　任君培　陈画婳　范　拓　赵　峰　胡羽珺
马　雯　孙振宇　程华玉　尹　璇　吴维锭　武振国
田梦驰　陆　琦　李佳玉　谢慧敏　朱希雯　余汶燕
李佳欣　叶一丁　王梦华

2014 级（20 人）

成　前　周指剑　李瑞声　黄　云　高　超　赵均仪
徐曼曼　石依林　杨　琼　金琪睿　焦信婷　李　帅
王　艳　胡熙瞳　柴晨朝　陈春燕　管　玉　马嘉骏
张邹飞　王良益

2015 级（19 人）

黄柳依　何　炎　王沛然　刘莹莹　郭司雨　吕曼君
邱琼玉　葛胜男　陈洵彧　吴秀尹　陈　馨　栾志博
张　群　袁梦迪　刘月婷　蔡晓文　武惠媛　黎铭华
曾文海

二等奖学金（121 人）

2013 级（41 人）

薛　巍　谭志伟　许浩然　王晓霞　冯皓雪　顾浩然
林泓宇　潘　越　鹿　超　严　乐　郑　鑫　王子佳
施　为　尹　晗　刘雅萌　俞　沁　白　云　赵宇婷
王君逸　江兰馨　谢金秋　陈雨萌　戴静宇　张乐琳
黄　珊　王美玲　董天元　贾如茵　毛琳玉　于傲雪
蔡蔚然　庄艾凡　潘　辉　朱　茜　季凯韬　王婷婷
苏　炜　赖琦依　王如霞　罗　倩　张怀文

2014 级（39 人）

彭　雨　吴　玥　马小芳　张欣佳　李淑芬　徐于舒
张秋果　刘书璐　丁丽彤　郜俊辉　王晓娟　乔红阳
李　宁　李梦可　李春晖　符月娜　郑俊炜　许慧敏
安森鑫　陈世炫　陈　静　王园园　万秋霞　李诗雯
娄卓君　朱述仁　傅晓宇　包雍彬　邹雨庭　郭　珊
王魏阳　杨静茹　张　圆　崔昱炘　陶佳楠　桑茂桐
韩梦楚　杨谨溪　方　悦

2015 级（38 人）

卜　充　王悦滢　吴　选　盖云飞　梁翠玲　蔡仁杰
周　池　朱军彪　姬雅晴　张淑柠　彭玮婕　黄靓锋
毛启迪　李钱璐　刘燕雨　宋天一　王妙婷　梁惠敏
李念纯　郭　曈　邢彦松　莫晓晴　邢国茹　杨　娟
王婧怡　张佳铭　黄一凡　徐超然　赵琪瑶　向婧婕

杨心雨	门鼎巍	刘祥云	朱艺璠	刘　璐	段楚榆
张　圆	樊笑辰				

双培班（3 人）

白　煜	蒋安琪	牛子月

三等奖学金（179 人）

2013 级（62 人）

姚磊帅	张加锴	邱钧阳	向远坤	刘　伟	马耀玺
郭富朝	陶洪飞	覃亚莉	石　韵	崔文成	叶嘉瑶
强佳杉	罗惠钰	黄昱莹	付子晴	陈眉夙	龙　迪
刘丽丽	杨　帆	孙　琛	陈武鹏	程　蕾	葛晶晶
赵智慧	吴正红	苏心怡	黄甜甜	狄行思	伍顺莉
王天然	李　帅	方曌郢	王　真	俞烨岚	袁　新
吴希阳	吴华兵	叶小其	谭　杰	胡翔洲	王艺颖
杨　敏	陈琼娜	吴　帆	李　铭	赵小芳	张　叶
王　媛	王诗华	贺　瑶	赵凤至	魏若竹	李启芸
田婧瑶	高一丹	苏仲天	李广仪	吴臻颖	李金珠
王　菲	施晨晨				

2014 级（59 人）

李林源	胡　挺	邓德旺	刘煜成	夏含笑	马　啸
何娟雨	赵　萌	汪玲巧	彭　程	陈柏羽	杨　阳
蔡添尚	冯雪涛	李婉秋	周　立	赵丹阳	袁　荃
吴亚妮	李昕贺	奚敬之	胡　丹	夏艺聪	邓　籴
杨济同	刘静宜	彭　卓	吴思雪	陈思洋	谭惠文
廖梓辰	佟　鑫	曹　辰	林　涛	徐富城	覃欢谈
周欣缪	时双宁	徐　璐	吉石香	龙　盼	郑超博
李　露	刘彦君	马金哈	王颖昕	郭婉霜	李佳颖
蒋诗平	刘辉君	殷翔宇	谢平乐	徐　冰	黄平伟
任怡彤	叶思君	王依妍	徐晓童	陈　逸	

2015 级（58 人）

刘康凤	辛　婕	金　静	郎祎祎	张昕惠	陈　锦
熊彩霖	张　威	姜欣辰	梁晨雨	胡馨予	王晓果
王文琦	孙昊清	莫葭采	姚　琴	程　瑶	林伟鹏
李梦佳	杨子阳	张佐如	付宝菊	牛朔旸	白玛康卓
张　帆	沈连欢	荆浩然	刘志鹏	张　钰	李汶珊
姚相玲	陈丹琳	孙　悦	向　茜	原　帅	袁可馨
裴驿菲	张元佳	王纪斐	杨雅舒	刘　馥	胡　晨
周梦琦	张凯童	刘佩蓉	孙浩然	郭盛东	聂　锃

石凌浩　先　毅　亢剑楠　焦鑫雨　张弘毅　李新豪
汪天逸　刘红宵　王董咪　王　静

国际法学院（318 人）

一等奖学金（54 人）

2013 级（16 人）

王宏喆　王　华　王盼阳　汪旭东　林中天　任九岱
扈梦瑶　张晓辰　钟卓然　韩冰凌　陈岚岚　刘　欢
白　芸　蓝　昕　朱文超　李娴姝

2014 级（18 人）

叶桓辰　杨少华　吕祎曼　董琪瑶　何怡欣　刘文浩
杨良峰　陈　雪　郝冠华　赵　纯　陈柳萌　谢思成
曾维茜　陈　曦　高婷婷　裴　任　李灵韵　陈月迷

2015 级（20 人）

蔡　帅　王佳林　张一凡　罗棣丹　陈容宾　范力文
陶鹏远　张　榆　刘瑞琪　谢　瑞　张晓文　向　楠
刘夏婷　邹岳璐　赵　银　胡丹阳　范珈齐　闫思旭
高若云　贾煊哲

二等奖学金（106 人）

2013 级（32 人）

杨育晗　董　云　陈燕玲　李航羽　李玉洁　侯　迪
尹　雪　龚玲令　王　珊　毛春联　王咏婷　傅静华
林萌萌　吴　潇　赵子毅　梁政超　张　丽　郭馨雨
郑　璐　王　程　夏　雨　王　丹　李淑霞　郑　洁
班　斓　刘星雨　陈星宇　刘继炎　耿广航　杨芷彧
徐　悦　杨　娴

2014 级（35 人）

陈　航　杨亚威　马子湘　汪辰子　王　奕　赵清斌
董　悦　俞蒙勍　龙　丹　乔莉娜　刘　薇　吕　蕾
曾　佳　张思雨　许聿宁　余思诚　何叶梅　陈怡洁
任　雪　韩　泠　徐艺晖　吴安东　高　镤　吴立兰
谢梦逸　全思诺　王紫涵　包元圆　吴倩尹　范天宇
李　昊　姚逍遥　钟修齐　王慧媛　余雪钟樱

2015 级（39 人）

龚　涛　谢南怡　吴越越　闫欣雨　李宛姝　李远哲
毛金虎　贾鹏建　陈文镝　严宇非　曾思婷　郭辉宇
詹秋怡　赵　爽　席琢玉　耿梓豪　田新萌　米昱晓
祝亚荻　秦雨婕　王　越　应靓倩　马文轩　刘　岩

陈　猛	赵紫祺	周　依	刘佳怡	郭柯一	颜可歆
宋　蕾	曾诗语	曾志芳	程小慧	韩奕新	刘伊然
马佳悦	蒋淑蒙	郭文旭			

三等奖学金（158 人）

2013 级（48 人）

赵雪琛	陈玢旭	张立杨	李　京	陈莹静	任思雨
丁佳玲	李家杰	邓淅元	陈　格	张译文	黄　荣
韩悦蕊	徐靖仪	董子衿	李万晨	吴新华	郝梓林
武红丽	谭美华	朱淑霞	吴紫怡	文可心	吕　琳
王炜康	邹鑫民	史梦宇	吕华玉	唐明钰	严　静
高小雨	陈秋燕	欧阳康	杜烨荻	张梦薇	诺　敏
蔡超静	谭家慧	姜鹏飞	马佳晖	侯泽龙	刘俊杰
汪子尧	杨　绮	韩利楠	焦　迪	陈丽妹	高晓颖

2014 级（53 人）

傅照宇	袁也然	何仁平	袁俊杰	于楚乔	孙祎遥
李妍欣	柴容卿	吴泽鹏	张良辰	路　程	张宇瀚
马梦宇	王　宁	江浸月	张震颖	贺雨晴	覃冶秀
韩　雪	喻雅兰	李晓瑜	高林皓	王　杰	王姗姗
苗潄涵	马润艺	李　静	冯继泽	赵嘉宁	王照青
张　莉	石　薇	高子筌	陈　燕	黄丹妍	张羽飞
马梦雅	王　楠	李家资	朱　誉	曾超鹏	戴文杰
王宇晗	张　颖	马鑫悦	杨　汐	倪子岳	肖　汉
柯恬恬	徐秋桐	唐明清	周晓雪	谢楚凡	

2015 级（57 人）

汪曹一	许笑颖	陈　艳	何浩峰	胡芳洲	罗璐璐
贺小艳	张　可	王博琨	丁雯婷	禹思琪	程　洁
武睿杉	唐思远	吴　飘	滕孟坤	黄　烨	叶郁欣
唐　蕾	张滢雪	尔蕾蕾	程新睿	胡丹红	陈羽彤
廖成秀	李　婷	魏恒泽	宋茜靖	陈绮琳	陈　纯
何　舟	陈　瑶	杨　梅	杨田章	杨仁杰	曹清洁
韩雨薇	谭梓为	唐昆琪	沈修齐	岳　千	孙昊一
刘　伟	冯盈盈	王晨璐	秦玉琦	张佳鑫	曾祥娜
杨　璐	段　迪	杜　海	孙一帆	赵晚晴	徐　蕊
王箫鸿	徐沁晗	白杰煊			

刑事司法学院（316 人）

一等奖学金（54 人）

2013 级（18 人）

林晓欣　冼　洋　吴子豪　刘文姗　董巧丹　黄玉婷
王雨桐　胡馨月　李孟芩　皮正德　任静雯　陈美荻
杨艺婕　邓万昕　童扬虹　赵盈瑾　汪雪莲　王　丹
2014 级（17 人）
韩　芮　周琳丽　崔梦钰　唐露小荷　陈　扬　缪　慧
毛榕谦　杨　帆　张玉洁　班　飞　廖雅婷　张文婷
张　舒　杨　琦　翟显赫　谢玢瑶　郑志佳
2015 级（19 人）
程子璇　谢可杨　何　愈　左　灵　陈诗宇　陈盈昭
詹　玮　肖　毅　占慧玮　徐郡藜　郭荣临　阙贝先
杨昆灏　魏　西　马　杰　王一超　何嘉欣　于　跃
余迪雅
二等奖学金（105 人）
2013 级（33 人）
李佳馨　胡佩琳　孙晓洁　兰雪芮　张　璇　王　淋
王阳雪子　王　淼　耿　昊　易　李　詹春梅　张星星
陈剑宇　康　玲　林周汪　赵一敬　李佳慧　康　璇
崔付钰　黄　越　韩　月　缪柔嘉　武洋洋　王玥乔
徐一伦　张　涵　肖　瑶　王琬珺　姜晨珂　阳扶洁
娄此杨兵　杨泽汉　张正昕
2014 级（35 人）
张　洁　杨　璐　曾荣丽　于志依　戴林昕　马　壮
路　晨　邵启聪　陈雅静　杨吕敏　杨维娜　樊杨娜
平乐祥　肖　菲　辛海平　陈立之　郭启萌　许甜甜
刘向蕾　姜怡心　刘晨爽　周楚舒　周陈亦悦　杜小勇
刘　军　童鑫宇　孙鸿亮　宋佳萌　李念祖　徐承钰
梁晓辉　吴泽玲　余鹏文　吴子豫　洪漪妮
2015 级（37 人）
董小燕　倪　航　陈　艾　李晨源　梁成欣　刘永琪
张　旭　林艺婷　张　粪　谭平芳　程甜思　廖　芳
王怡冰　谢美琪　邓钰滢　王玲玲　侯仟仟　陈丹蕾
张君蔓　杨晴晴　黄诗祺　樊家明　张欣迪　张金生
郎梦蔚　路　畅　周蕴扬　高子涵　彭寒羽　王　月
王湘琦　呼延绮君　卞章珣　陆思彤　林灏铮　谭奕菲
姚　雨
三等奖学金（157 人）
2013 级（49 人）

李　兴	王　娇	陈洁琼	顾亚楠	蔡　慧	张家畅
李　穗	陈伟森	杨思思	张　瀚	刘晓婷	刘明明
廖云博	万　康	马逢瑶	郭冬仪	张　硕	从光锋
李紫瑄	崔永泽	陈若吟	王美玉	杨思涵	陈雪桃
李雨施	贾　凡	杜新坤	邱娜娜	赵林黛	吴嘉提
刘湘辰	丁晶晶	汤雅雯	徐梅君	尹祝舟	蔡东伶
邓　瑶	乔明鹏	周　颖	薛鸣秋	汪　南	杨　博
唐香雯	邱敬雪	孙延菲	王正川	杨　力	叶敏惠
李　瑞					

2014 级（52 人）

孙文弘	李逸聪	余　帆	赵曼宇	韦玉静	应启宾
刘晋轩	宋　琳	管雨阳	孔德辉	胡彦羽	赵婵娟
连　真	薛偲晗	赵玉婷	张艺茂	徐艳玲	黄桂珍
朱　璟	蒲开武	李　婷	江　雪	李　亚	何　苗
陈文慧	马冬雪	项丽欢	钱晓刘	魏吉源	于传远
樊林林	乔　雪	沈　涛	何　吉	孙格格	张洁婷
孙健宣	王依博	赵若琳	肖　锦	刘敏迪	马　强
徐婉真	陈宏亮	钟政旭	刘　燕	黄玉怡	施佳颖
薛蔡心怡	牛　斐	周　航	焦傲然		

2015 级（56 人）

王思佚	解凯凯	李丹蕾	黄海璐	张琪琦	梁钰蕾
刘　瞳	安　宇	尹　聪	吴　童	常海璠	张　磊
冉思意	郑　希	辛浩天	杨　茹	蔡佼珏	徐瑞杰
王溪楠	黄　帆	曾　艳	肖　涵	王思远	吴宇寰
彭冰云	林义杰	徐世燕	鲜　叶	王心怡	刘金逗
高　娴	陈雅婷	王小英	蒋伟鹏	顾毓尚	梁　好
张淼杰	高义林	赵一泓	徐小庆	李　正	姜曾慧
黄唯一	王　倩	闫雪晴	黄海清	严雨蒙	杨航宇
金子洲	张誉铙	任　航	魏文哲	李强强	崔　艺
谢少濠	李赵楠				

政治与公共管理学院（160 人）

一等奖学金（28 人）

2013 级（10 人）

何家丞	闫　强	黄雅雯	赵敬雅	吴静雅	柴照琪
段生茂	陈珺珺	纪梦媛	卢　珂		

2014 级（9 人）

许露雨	王高洁	王　璇	范亚兰	徐　音	闵陆燕

徐　欣	周保民	唐　蓓			

2015 级（9 人）

吴佳蔚	李艺涵	李　萌	蔡　宇	白思洁	黄　琳
赵佳玲	陈佼佼	袁梓灏			

二等奖学金（51 人）

2013 级（16 人）

承丽娟	曾昭榕	高　莹	杨子涵	蒋宛希	陈嘉琦
张梓涵	陈清云	黄宇青	鞠军峰	王　凯	马子悦
林　雯	徐　艳	彭　博	汪婷婷		

2014 级（18 人）

周钰洁	付　彤	戴思涵	段馨雨	黎子宁	方一优
汪毓雯	黄宇婷	胡浣词	张　青	魏　征	王明月
陈春燕	黄翔眉	曾　媛	金友旋	段凌宇	郗　涵

2015 级（17 人）

陈诗茹	薛雁方	张　潇	任奕静	周钰婕	杨德力
杨文博	郑学易	雷　铭	刘方园	张　珺	杨晓慧
吴思琪	李　伟	李欣阳	马　悦	陈南褰	

三等奖学金（81 人）

2013 级（27 人）

陈晓航	李昊明	王聪聪	姚　霞	张学梅	折小云
刘晓楠	田斯予	杨蓟桥	陈立夫	邓思禹	皮罗茜
袁　璐	丁若愚	肖凌峰	蒋　琦	张言彤	贾美姣
姜　谢	王嘉敏	陈　晨	吴国正	郝德超	陈璐维
熊　逸	崔喜莲	尉　格			

2014 级（27 人）

张　楠	林彩霞	齐雨萌	孙榆慧	丁林恒语	田　苗
吴东璇	王鹏雅	路　诺	何　琪	卢嘉蕴	张愉婧
何清清	高　源	张文雅	王雅婷	李佳佳	王紫珠
赖　芸	由继发	杨志宇	曾　程	向彩凤	吴一帆
姚成程	方　飞	杨倩颖			

2015 级（27 人）

张冰洁	简　沁	汪棋佩	张馨予	吕欣欣	李佳彤
曾　璐	李艺丹	武柳君	刘学旺	马学智	王　嘉
麻继尹	刘静远	邓　羿	陈泳晓	陈一林	王书晗
张　琪	赵逸洲	周　璟	周紫薇	何兰茜驰	曹佳蕙
杨立帆	李星萱	朱雨桐			

商学院（246 人）

一等奖学金（40 人）

2013 级（13 人）

王敬琪 胡易立 秦力 林宇 李瑾薇 陈慕寒
高一棋 杜谦 张馥蕾 陈航 赵怡舒 王丹
潘越

2014 级（13 人）

王金晓 袁姚杰 黄健栓 李泽琳 王怀新 范翔宇
徐敬旭 王宁 张韵 李月 任心仪 曹晶晶
黄宗敏

2015 级（13 人）

王梓 李安淇 陈峰 刘怡舒 曾椿雪 杨梦婷
吴佳 钟好婕 汪予希 燕子笑 宋颖 项上
杜安琪

第二学士学位班（1 人）

韩梦乔

二等奖学金（82 人）

2013 级（28 人）

夏曼 李祉璇 张志文 贺一杭 蔡斐然 贺朝
易薇佳 纪逸菲 杨炎 陈飞洋 贾丹 黄睿之
周晓珂 刘琛 瞿卓 蒋文璐 韩瑜 齐托托
温凯茹 郑建安 陈雨舒 辛冠男 王尼亚 刘珂
樊琳 汪玲 张景 刘子铭

2014 级（28 人）

范修齐 潘俏睿 章静雯 金全 张文睿 王白雪
李锟 周健 秦思媛 韦雨彤 倪欣雨 陈雨
蓝芊子 邬嘉慧 李梅 王秋璇 钱晨 赵冬蔚
朱倩仪 罗梦蝶 王诗卉 冯宗慧 陈齐等 詹桥进
夏美珊 穆国丽 朱晓燕 王鹏芳

2015 级（26 人）

周子锐 李长征 胡爱玲 毕钰晗 张莎莎 彭文静
匡雾帆 卢迦南 赵秋雨 王语佳 王资荃 苏佳伟
肖佑虹 朱星霖 赵师远 陈朦朦 王珊 吕芊慧
王靖雯 刘丁一 陈梓佑 陈彦霖 李新宇 刘琳
吴铭凯 蒋若楠

三等奖学金（124 人）

2013 级（40 人）

唐晓磊 钱知音 杨璐嘉 胡文强 郑宇琦 潘俊

来鹏鹏　杨小龙　郑振师　寇至爽　郭页菲　夏　霜
王　渺　余悦敏　罗雨菡　康宗辉　王　铮　王齐贤
王宇廷　谷欣宇　曹业奇　王楚添　王金华　张海伦
晋同祥　李　翀　董　勖　吴长帅　陈佳敏　庄逸菲
孙红超　曲　艺　诸文洁　周钰盈　陈煦畅　王雨桐
吴丽丽　张罗威　诸葛明静　阿依多斯·叶尔江

2014 级（44 人）

魏俊杰　封旻雯　曾庆子　张嘉威　郑立宇　赖　琳
范楚学　马艺宁　步艳宁　邱　婕　柳环宇　孟　葛
李钊颖　林　桐　刘宇政　曲天天　周　玥　王雅蓉
袁嘉曼　林皓矾　李檬檬　东　妍　王星宇　李珊珊
戴婵娟　蒋嘉莹　朱　钰　陈　晨　郑育婷　李郗若
李梓锋　朱静雯　谢子嫣　邓　军　吴晶晶　张思颜
徐利会　毛　婷　张洁慧　田梦宇　姜盼盼　王　然
黄雨霁　谢竺伶

2015 级（40 人）

胡泽宇　王奕涵　丘鸿凤　刘雨婷　黄　镇　苑阳泽
白仁超　周宇航　邱　晶　安　宁　丁雪松　郑立晨
佟孟晗　刘光宇　翁　颖　付浩楠　林恒宇　杜函辉
罗上校　黄　蕙　杨念慈　韩　朔　刘克凡　翟雨新
王　凡　郑　铱　黄代萌　韩璧如　孙　宇　李　萍
李　薇　石悦杨　赵雨昕　刘卓琦　王世卓　郭颜欢
袁　琪　杨　京　刘梅妤　易　沁

人文学院（57 人）

一等奖学金（9 人）

2013 级（3 人）

栾书剑　叶彦良　邓　敏

2014 级（3 人）

林　静　周玉纹　李昕昕

2015 级（3 人）

张宇珂　孙少卓　李衍泽

二等奖学金（18 人）

2013 级（6 人）

丁　灿　邓　敏　袁　强　周卓盈　苏子婵　张　贞

2014 级（6 人）

凌　彤　杨　特　陈海沂　章天泽　王德尚　张若琳

2015 级（6 人）

杨　琪　张博琼　魏凡皓　肖　芃　王艺璇　施　语

三等奖学金（30 人）

2013 级（10 人）

辛秋蓉　丁佳彤　陈静瑜　杨　康　陈凯俊　马俊颖

李思莹　蒋雨璇　巩文竹　朱文敏

2014 级（10 人）

付　鼎　郑婧怡　曾　孜　陈琼婷　袁姜涛　卢绮瑜

崔佳琪　李涵睿　钱怡倩　张玉香

2015 级（10 人）

陈丽云　赵嘉闵　李刘梓滢　骆梦遥　周佳昕　李　岚

熊浈明　唐庆超　李松珊　张瀚文

外国语学院（112 人）

一等奖学金（18 人）

2013 级（6 人）

龚佳云　黄源源　孙　璇　张婷婷　赵晨雨　张　威

2014 级（6 人）

陈忠华　国　莹　李松倍　李亦凡　郑博文　郑子璇

2015 级（6 人）

贾柠荧　刘雪平　张诗雨　穆丽冰　李　谍　邓嘉莹

二等奖学金（38 人）

2013 级（13 人）

毕栩仪　高　帅　师语凡　陆佳琦　聂煦东　梁　言

孙秀满　汤梓奕　杨嘉倩　张智婷　周翔宇　张　睿

邹仪威

2014 级（13 人）

丁师孟　费诗逸　冯英楠　贡保娣　李丽萍　漏妤聃

谭显文　汪丹阳　王凯伦　韦茜文　尹龙笙　张雪纯

张媛媛

2015 级（12 人）

王雪涵　李慧萍　刘　畅　孙菡琳　林小靖　付　含

王盱衡　陈　诺　管冰洁　刘　静　闫锦麟　陈佳静

三等奖学金（56 人）

2013 级（19 人）

曹　倩　陈宁沚　邓秋丽　段谭金　桂媛媛　朱君婷

黄锦嘉　孙　笑　汤讷敏　吴紫薇　肖利娜　郑沁仪

许亚楠　杨蕙禹　袁燕超　张安悦　赵雨濛　兰　天

林海斌

2014 级（19 人）
蔡泽佳　顾　峥　郭冬羚　郭金金　吏晓萌　林雅洁
刘诗琪　申欣凝　孙汝靓　孙夏琳　万　黎　王　宁
王天琪　魏轶峰　谢　莹　张　潇　赵婉宇　赵志恒
郑芷晴
2015 级（18 人）
章雅璐　杜国栋　白钶渊　石　佳　张　琳　陆文川
王盈月　敖佳敏　梁珊珊　刘牧青　汤淑杨　谢洁盈
胡思琪　陈妍妍　童博涵　高　赫　李佳潞　费　蕾
社会学院（68 人）
一等奖学金（13 人）
2013 级（5 人）
宁婧辰　邱紫雅　刘承彦　宋柯颖　梁滋璐
2014 级（4 人）
何盼盼　杨　奕　张若华　朱　海
2015 级（4 人）
陈　菁　李　好　茅月婷　虞宗麟
二等奖学金（21 人）
2013 级（6 人）
董焱尧　黎　旭　肖永虹　胡　琪　姜　旭　刘宇平
2014 级（8 人）
孙李娜　李正新　丁　一　周　睿　徐文韬　徐伊洁
杨翰霖　潘　慧
2015 级（7 人）
王天依　刘静妮　王　凤　陈潞潞　苏　醒　谢艾珊
宛雪灵
三等奖学金（34 人）
2013 级（12 人）
王信力　邹　昳　贺鑫磊　李婕淼　龚　倩　张玲燕
杨光兴　李　超　吴思宇　徐益乐　胡思铭　张　婷
2014 级（11 人）
原凌洁　杨　朔　王慧蓉　崔文涛　许熙淼　陈　立
陈芷妍　杨小珠　严梦婷　袁楷祺　叶　杨
2015 级（11 人）
黄辰加　唐铭泽　徐小垒　王慧晶　王晓涵　邹　冉
宋　茜　袁　笑　陈祺鸿　赵浛妤　全　毅
马克思主义学院（26 人）

一等奖学金（4 人）
2013 级（1 人）
张　冲
2014 级（2 人）
苏　欣　　靳　帅
2015 级（1 人）
郭晓辉
二等奖学金（9 人）
2013 级（3 人）
周明宽　　赵　莹　　陆豪青
2014 级（3 人）
全艳君　　彭晴熙　　韩佳羽
2015 级（3 人）
蒋月珍　　徐伟华　　徐璋仪
三等奖学金（13 人）
2013 级（4 人）
马相坤　　陈　琪　　任思炜　　刘倚伶
2014 级（5 人）
琚培源　　韩亚男　　张　栋　　斯　琴　　杨　雯
2015 级（4 人）
孙嘉丞　　张雅棋　　李小趣　　仲雷阳
光明新闻传播学院（56 人）
一等奖学金（9 人）
2013 级（3 人）
苏婉莹　　耿霞飞　　郭晨雅
2014 级（3 人）
王　琴　　罗寰昕　　李子寒
2015 级（3 人）
尼鲁法尔·迪里夏提　　刘子溪　　刘乔楠
二等奖学金（20 人）
2013 级（6 人）
李明然　　张　群　　苏　楠　　杜宛真　　王　然　　安　洪
2014 级（7 人）
李定坤　　欧阳荣鑫　　魏逸茗　　钱　瑾　　刘思琦　　安　杨
陈芯宇
2015 级（7 人）
邹　杨　　陈雪纯　　杨丽萍　　冯一帆　　刘颖川　　申玉梅

李悦琳

三等奖学金（27 人）

2013 级（9 人）

陈旻姗　　郭佳蓉　　苏　青　　胡琼丹　　熊卓然　　饶金辉

罗　浩　　刘彧凡　　刘　畅

2014 级（8 人）

秦伟臻　　张墺多　　徐诗茵　　杨　敏　　张　娜　　吴育琼

刘倩妹　　吕晨蕊

2015 级（10 人）

王文杨　　胡宇婷　　陈洁明　　李冰冰　　杨淑榆　　董晓宇

褚文婷　　张金凡　　曹思琴　　王　圆

5. 中国政法大学 2015 －2016 学年度科研创新奖学金获奖名单

法学院（6 人）

二等奖（4 人）

陈倩怡　　丁小宇　　卢稷铨　　马鑫鑫

三等奖（2 人）

武春旭　　李子为

民商经济法学院（4 人）

一等奖（4 人）

孙振宇　　陈雨萌　　刘昕宇　　张　叶

国际法学院（5 人）

二等奖（2 人）

刘恒瑞　　黄尹人

三等奖（3 人）

高小雨　　扈梦瑶　　唐明钰

刑事司法学院（3 人）

二等奖（2 人）

杨　帅　　袁纪辉

三等奖（1 人）

许甜甜

政治与公共管理学院（2 人）

二等奖（2 人）

路广通　　马子悦

商学院（7 人）

一等奖（3 人）

郑建安　　李　翀　　王怀新

二等奖（1 人）

韩　瑜
三等奖（3 人）
秦　力　　蒋文璐　　杨洁萌
马克思主义学院（1 人）
二等奖（1 人）
徐艺桐
6. 2015 –2016 学年度竞赛优胜奖学金个人获奖名单
民商经济法学院（14 人次）
一等奖（1 人）
王　昆
二等奖（8 人）
金振国　　于国强　　李维龙　　刘天元　　张文雅　　王子嫣
刘芷芸　　梁晓言
三等奖（5 人）
王　昆　　刘天元　　金振国　　李维龙　　张伊佳
国际法学院（3 人次）
一等奖（1 人）
王辰川穗
二等奖（1 人）
李雯珺
三等奖（1 人）
周家宝
刑事司法学院（9 人次）
一等奖（1 人）
冯鸿波
二等奖（8 人次）
冯鸿波（2）　兰雪芮　　张奂祺（2）　蒋　永　　田羽伲　　林尤展
政治与公共管理学院（4 人次）
一等奖（1 人）
聂泽宇
二等奖（1 人）
张　翼
三等奖（2 人）
闵陆燕　　杨晓慧
商学院（17 人次）
二等奖（11 人次）
甘阔海　　代元盟（2）　杜　谦　　韩　瑜　　林　剑（2）

王金梦　　罗梦蝶　　邱　婕　　黄健栓

三等奖（6 人）

王金梦　　瞿　卓　　汪　玲　　杨春林　　黄健栓　　王　宁

外国语学院（1 人次）

一等奖（1 人）

张　威

7. 竞赛优胜奖学金团体获奖名单（406 人次）

一等奖（11 项，45 人次）

北京市 2016 年高校乒乓球锦标赛（世纪二千杯）团体项目女子甲 A 组第一名（5 人）

王　昆　　李雯珺　　王宇婷　　杨笛睿琪　　张文雅

第二十一届中国大学生乒乓球锦标赛女子团体第二名（4 人）

王　昆　　李雯珺　　刘　梦　　曾　妍

第二十一届中国大学生乒乓球锦标赛女子双打第一名（2 人）

王　昆　　李雯珺

第 20 届中国大学生羽毛球锦标赛甲 A 组女子团体冠军（6 人）

王子嫣　　刘芷芸　　王　媛　　李千雨　　聂晓妍　　叶如丹

第十二届全国大学生乒乓球锦标赛女子双打第三名（2 人）

曾　妍　　刘　梦

第九届中国大陆高校间红十字“国际人道法”模拟法庭竞赛第一名（4 人）

朱　誉　　方怡堃　　李　翰　　樊玉洁

中国空间法学会第 12 届 CASC 杯国际空间法模拟法庭竞赛冠军（2 人）

刘俊杰　　廖　洋

第十三届“贸仲杯”国际商事仲裁模拟仲裁庭辩论赛总排名第三（5 人）

杨育晗　　李娴姝　　周芙宇　　杨昆波　　杨子仪

全国女子大学生室内五人制足球锦标赛（校园组）第一名（7 人）

李碧霞　　王雨晨　　何剑楠　　赵焱宁　　卢　珂　　青小英

方　惠

中国大学生服务外包创新创业大赛一等奖（5 人）

任心仪　　刘　庆　　李泽琳　　王　宁　　周　健

2016 年（第 9 届）中国大学生计算机设计大赛一等奖（3 人）

黄汉东　　程　晴　　夏　霜

二等奖（43 项，235 人次）

第二十届国际环境法模拟法庭大赛东亚赛区第二名（3 人）

陈加勤　　胡　悦　　张　曈

首都高等学校第八届学生藤球比赛男子甲组第一名（4 人）

庞　超　　李万晨　　韩子宜　　阴明皓

第十二届首都高等学校跆拳道比赛（3 人）
张 文　　张奂祺　　宋 赟
第二十一届中国大学生乒乓球锦标赛混合双打第五名（2 人）
赵 峰　　刘 梦
中国空间法学会第 12 届 CASC 杯国际空间模拟法庭竞赛二等奖（3 人）
林泓宇　　罗惠钰　　李佳珂
2015－2016 特步中国大学生五人制足球联赛北京赛区校园组第一名（5 人）
谭志伟　　陈丹阳　　高宸宇　　吴宇寰　　徐 来
第七届北京市大学生模拟法庭竞赛二等奖（6 人）
魏若竹　　李 铭　　李玉洁　　毛欣铭　　赵宇婷　　郑裕丰
2015 年首都高校大学生乒乓球比赛（高水平）男子团体第二名（5 人）
刘天元　　王辰川穗　　吕 睿　　曹泽龙　　路金鑫
2016 年全国大学生乒乓球锦标赛男子团体第五名（4 人）
刘天元　　赵 峰　　王辰川穗　　曹泽龙
2016 北京市大学生音乐节声乐类展演活动合唱类普通乙组银奖（40 人）
李姣漪　　谢 瑞　　杜国栋　　祝孔辉　　井梦桐　　马竞萁
聂 锃　　鲁钊溢　　江正一　　万桃源　　吴 非　　宋彦泽
耿棠丸　　许逸夫　　周鹤阳　　韦 震　　谢 超　　刘恒志
杨一帆　　邱 悦　　张诗琪　　匡雾帆　　莫家莹　　杨雅舒
王奕涵　　杨浇琳　　谭佳星　　王 越　　姚逍遥　　刘韦烨
高树素　　段 迪　　翟冠华　　田正蕾　　佟孟晗　　王凡之
刘乔楠　　梁 宸　　林豆豆　　刘禹杉
北京市大学生音乐节声乐类展演重唱及人声乐团类普通甲组金奖（7 人）
李姣漪　　郭世昊　　吴国正　　谢克兰·艾尼瓦尔　　郑凯祖
阎奕霖　　白宇轩
北京市大学生音乐节声乐类展演重唱及人声乐团类普通甲组银奖（14 人）
李姣漪　　洪昕月　　焦鑫雨　　刘子凡　　尹清源　　张艺瀚
王 奥　　于小涵　　刘 薇　　王凡之　　姚逍遥　　邱 悦
张诗琪　　刘禹杉
北京市大学生足球联赛乙组第一名（15 人）
夏含笑　　王雨晨　　李碧霞　　龙增臻　　王 璇　　唐 蓓
浦 欣　　吕惠如　　张 扬　　张婷婷　　麻继尹　　何剑楠
陈南褰　　王 静　　卢 珂
北京市高校乒乓球锦标赛甲 A 组第三名（2 人）
张文雅　　杨笛睿琪
2015 年北京市大学生人文知识竞赛二等奖（5 人）
黎师昊　　凌 彤　　李安然　　陈 格　　杨 康

第十三届“理律杯”全国高校模拟法庭竞赛亚军（7 人）

赵子毅　　余周洋　　岳虹君　　吴京竞　　董子衿　　施润霖
李娴姝

第十九届“外研社杯”全国大学生英语辩论赛（华北赛区）二等奖，第十九届“外研社杯”全国大学生英语辩论赛全国总决赛三等奖（2 人）

邹林志　　陆　婕

第四届全国大学生模拟法庭竞赛一等奖（8 人）

徐一伦　　潘　辉　　董天元　　李雨施　　周子荃　　高　镤
庄紫婷　　张一益

第八届全国大学生广告艺术大赛平面类（B 类）二等奖（2 人）

饶金辉　　张　群

第 9 届中国大学生计算机设计大赛二等奖（3 人）

潘蔓玲　　周宇驰　　李晨仪

2016 年“创青春”首都大学生创业大赛（4 人）

钱知音　　方怡堃　　吴　蔚　　田　舟

第七届中国大学生服务外包创新创业大赛（创业实践类）团体二等奖（5 人）

钱知音　　方怡堃　　邓　敏　　吴　蔚　　贾　凡

2016 年“创青春”首都大学生创业大赛金奖，2016 年“创青春”全国大学生创业大赛铜奖（7 人）

曲　艺　　李云菲　　王　璇　　胡　雪　　郎逸飞　　周鹤阳
张晓东

2015 年高教社杯全国大学生数学建模竞赛北京赛区甲组一等奖（3 人）

杨洁萌　　袁姚杰　　罗　敏

首都高等学校第八届学生藤球比赛女子甲组第二名（6 人）

黄利君　　李媛媛　　黄　荣　　范鸿雁　　李　雪　　黄怡梦

2015 年北京市大学生创业设计竞赛二等奖（6 人）

邵媛媛　　胡千红　　朱磊磊　　张　祎　　寇　曦　　郭　珊

美国大学生数学建模竞赛一等奖（Meritorious Winner）（3 人）

任心仪　　陈齐等　　马　健

第七届中国大学生服务外包创新创业大赛“企业命题类”团体二等奖（5 人）

范翔宇　　王金晓　　陈煦畅　　李　翀　　匡雾帆

第七届中国大学生服务外包创新创业大赛“企业命题类”团体二等奖（4 人）

孟博雅　　刘宇政　　李檬檬　　郝文斌

美国大学生数学建模竞赛一等奖（Meritorious Winner）（3 人）

金　全　　王怀新　　黄宗敏

美国大学生数学建模竞赛一等奖（Meritorious Winner）（3 人）

安　娜　　王白雪　　钱　晨

2015 年高教社杯全国大学生数学建模竞赛北京赛区甲组北京一等奖（3 人）

赵怡舒　　钱知音　　吴　蔚

2015 年高教社杯全国大学生数学建模竞赛北京赛区甲组北京一等奖（3 人）

周茹阳　　杜博然　　郑立宇

2015 年高教社杯全国大学生数学建模竞赛北京赛区甲组北京一等奖（3 人）

刘欣源　　邹靖文　　黄彦钦

2015 年高教社杯全国大学生数学建模竞赛本科组二等奖（3 人）

周保民　　马　健　　闵陆燕

2015 年高教社杯全国大学生数学建模竞赛北京赛区甲组北京一等奖（3 人）

陈　航　　蔡斐然　　贺　朝

2016 年美国大学生数学建模竞赛一等奖（Meritorious Winner）（3 人）

邱　婕　　陈　建　　倪欣雨

2016 年美国大学生数学建模竞赛一等奖（Meritorious Winner）（3 人）

林　宇　　邹靖文　　张馥蕾

2016 年美国大学生数学建模竞赛一等奖（Meritorious Winner）（3 人）

陈佳敏　　李　伟　　李云菲

2015 未来国际商务谈判精英全国赛一等奖（10 人）

孟博雅　　丁　清　　张罗威　　刘恒瑞　　方怡堃　　姚佳林

胡育玮　　徐敬旭　　傅晓宇　　郑建安

2015 年北京市大学生创业设计竞赛一等奖（7 人）

刘欣源　　黄彦钦　　邹靖文　　张馥蕾　　刘李航　　刘继炎

谢　天

2015 年高教社杯全国大学生数学建模竞赛本科组一等奖（3 人）

程　晴　　朱杲灵　　刘文鑫

2016 年 ICC 国际刑事法院模拟法庭（英文赛）中国地区选拔赛总成绩亚军，最佳书状奖第二名（2 人）

杨子仪　　姚　睿

三等奖（31 项，126 人）

“创青春”首都大学生创业大赛铜奖（4 人）

张王谧　　张　蓁　　王妙婷　　陈伟森

首都高校棒、垒球锦标赛甲组第六名（5 人）

李天祎　　青　宽　　赵　峰　　王　剑　　杜一同

北京市高校乒乓球锦标赛女子双打项目甲 A 组第四名（2 人）

王　昆　　曾　妍

北京市高校乒乓球锦标赛混合双打项目甲 A 组第四名（2 人）

王　昆　　刘天元

2016 年“创青春”首都大学生创业大赛三等奖（6 人）

彭　雨　　黄玉婷　　李雨施　　梁兴博　　胡馨月　　黄钰容

北京市第八届大学生物理实验竞赛三等奖（3 人）

彭　雨　　薛蔡心怡　　康　婷

2015 年北京市大学生人文知识竞赛三等奖（5 人）

魏依洋　　王颖昕　　刘晓阳　　周一铖　　刘子晗

2016 年“创青春”首都大学生创业大赛铜奖（10 人）

吴东璇　　黄俊霖　　周梦静　　张曼纯　　韩　芮　　吕　睿

陈一婷　　张欣迪　　杨琰玲　　姜欣辰

2015 年北京市大学生创业设计竞赛三等奖（5 人）

易　李　　贺一杭　　陈　航　　杨梦帆　　陆一戈

北京市第八届大学生物理实验竞赛三等奖（3 人）

赵今烁　　谢玢瑶　　宋梓铭

北京市第八届大学生物理实验竞赛三等奖（3 人）

余鹏文　　牛　斐　　彭　青

美国大学生数学建模竞赛二等奖（Honorable Mention）（3 人）

王金晓　　章静雯　　徐敬旭

美国大学生数学建模竞赛二等奖（Honorable Mention）（3 人）

蔡斐然　　王宇廷　　贺　朝

美国大学生数学建模竞赛二等奖（Honorable Mention）（3 人）

程　晴　　朱杲灵　　刘文鑫

第 15 届全国 MBA 培训院校企业竞争模拟大赛三等奖（2 人）

林　宇　　黄颖蕾

2016 年美国大学生数学建模竞赛二等奖（Honorable Mention）（3 人）

陈　航　　汪　玲　　郑建安

2016 年美国大学生数学建模竞赛二等奖（Honorable Mention）（3 人）

韩　瑜　　周茹阳　　李　翀

2016 年美国大学生数学建模竞赛二等奖（Honorable Mention）（3 人）

晋同祥　　王义可　　温凯茹

2016 年美国大学生数学建模竞赛二等奖（Honorable Mention）（3 人）

赵怡舒　　钱知音　　吴　蔚

首都高等学校 2016 年阳光体育排球挑战赛（沙滩排球比赛　男子乙 A 组）第一名（3 人）

林　剑　　黄　乾　　田　锐

2015 年“舞动中国——排舞联赛”北京赛区一等奖（9 人）

赵雨生　　魏　征　　蔡培珂　　鹿子麒　　廖清游　　王雅婷

张怀方　　霍雨佳　　张伊佳

2016 年美国大学生数学建模竞赛二等奖（Honorable Mention）（3 人）

郑立宇　　黄健栓　　袁姚杰

2016 年美国大学生数学建模竞赛二等奖（Honorable Mention）（3 人）

赖　琳　　范修齐　　李　锟

2016 年美国大学生数学建模竞赛二等奖（Honorable Mention）（3 人）

李　月　　郑宇琦　　孙红超

第二届中国“互联网 +”大学生创新创业大赛北京赛区三等奖（6 人）

曲　艺　　李云菲　　王　璇　　胡　雪　　郎逸飞　　周鹤阳

2015 年高教社杯全国大学生数学建模竞赛北京赛区甲组北京二等奖（3 人）

秦　力　　李　翀　　蒋文璐

2016 年美国大学生数学建模竞赛二等奖（Honorable Mention）（2 人）

秦　力　　王敬琪

2016 年（第 9 届）中国大学生计算机设计大赛三等奖（3 人）

夏　霜　　林　宇　　黄汉东

2016 年创青春首都大学生创业大赛铜奖（9 人）

章静雯　　周梦静　　肖　菲　　项丽欢　　杨卫文　　刘婧星

秦思媛　　吴艳艳　　苏嵘钰

2016 年创青春首都大学生创业大赛铜奖（6 人）

邹镓锶　　刘煜成　　姜德诚　　王语馨　　李梦可　　时双宁

第二届中国“互联网 +”大学生创新创业大赛（北京赛区）三等奖（5 人）

邹镓锶　　刘煜成　　贾煊哲　　林豆豆　　张晓东

8. 2015 – 2016 学年度志愿服务奖学金获奖名单

法学院（1 人）

樊羽萌

民商经济法学院（3 人）

邓　汆　　洪瑛瑛　　陈思洋

国际法学院（4 人）

阮昊翔　　谢思成　　向睿林　　张　颖

刑事司法学院（5 人）

黄诗祺　　施佳颖　　高子涵　　林渝峰　　庄　今

政治与公共管理学院（1 人）

黄翔眉

商学院（3 人）

曾庆子　　卢迦南　　杨皓月

社会学院（1 人）

李　好

马克思主义学院（2 人）

柯　岩　　赵双庆

9. 2015－2016 学年度“新疆、西藏籍少数民族优秀学生奖学金”获奖学生名单

民商经济法学院（13 人）

一等奖（2 人）

晋美曲珠　白玛康卓

二等奖（4 人）

卓　嘎　卓玛罗增　玛尔江·哈地斯　仙璐扎德·艾孜买提

三等奖（7 人）

克依沙尔·艾尼　伊萨·达吾里堤　也尔帕　拉　姆

古丽妮尕尔·木塔力甫　维努拉·阿地力　玛伊热·阿卜杜热伊木

国际法学院（10 人）

一等奖（2 人）

次　央　普布卓玛

二等奖（3 人）

阿曼古·阿不都明　冶利亚　青小华

三等奖（5 人）

晋美措姆　马丹婷　沙丽塔娜提·见拜　嘎玛琼达

赛曾·艾特哈孜

刑事司法学院（7 人）

一等奖（1 人）

张玉香

二等奖（2 人）

平措曲珍　扎西旺姆

三等奖（4 人）

古丽尼尕·塔依尔　邵一宸　桑杰卓玛　叶林·叶尔肯别克

政治与公共管理学院（10 人）

一等奖（2 人）

图新巴图·那木琴　努尔兰古丽·加尔恒

二等奖（3 人）

朗杰旺姆　丹增琼培　次仁卓嘎

三等奖（5 人）

扎西罗杰　阿丽米热·铁木尔　康　增　杨玲儿

阿米兰·亚尔买买提

商学院（1 人）

二等奖（1 人）

阿依多斯·叶尔江

人文学院（4 人）

一等奖（1 人）

阿旺旦珍

二等奖（2 人）

次仁曲珍　　格桑曲宗

三等奖（1 人）

平措桑珠

社会学院（6 人）

一等奖（1 人）

热依拉·阿卜拉艾海提

二等奖（2 人）

迪拉娜·努尔阿力　　巴丽合尼·库安尼西

三等奖（3 人）

塞依班姆·阿布力米提　　苏丽亚　　哈丽美拉·阿布都热西提

马克思主义学院（1 人）

二等奖（1 人）

阿依达娜·吾尼尔别克

光明新闻传播学院（7 人）

一等奖（1 人）

丽迪娅·巴合提亚尔

二等奖（2 人）

古丽妮格尔·艾尔肯　　图玛日斯·阿不来提

三等奖（4 人）

叶尔力克·赛里克　　克阿吾沙·别力克吐尔

阿依古则力·吐拉洪　　西仁古丽·阿尼瓦尔

10. 研究生国家奖学金获奖名单

法学院（15 人）

硕士（9 人）

2014 级（5 人）

张　磊　　何美琳　　贾　丹　　胡文宇　　付小彦

2015 级（4 人）

范不凡　　陈　敏　　李龙宇　　胡宗亮

博士（6 人）

2014 级（3 人）

娄曲亢　　席志文　　李云龙

2015 级（3 人）

吴　然　　孔祥稳　　孙晓丹

法学实验班

硕士（10 人）

2015 级（5 人）

梅　健　　修青华　　徐川涵　　何广亮　　杨　旸

2016 级（5 人）

平　浩　　卢明亮　　吴　寒　　陈雅崴　　罗锦荣

民商经济法学院（24 人）

硕士（18 人）

2014 级（9 人）

陈声桂　　倪淑颖　　李文凤　　吴晓波　　梁伟伟　　张宝丹

韩　书　　曾娅平　　方明东

2015 级（9 人）

达世亮　　李筱琛　　李　昶　　方　琪　　罗永成　　郭家昊

戴　玥　　魏迎悦　　邵树杰

博士（6 人）

2014 级（3 人）

曹思婕　　陈范宏　　姚俊颖

2015 级（3 人）

楼秋然　　郭传凯　　刘飞琴

国际法学院（9 人）

硕士（6 人）

2014 级（ 3 人）

宋　可　　焦　龙　　杨承甫

2015 级（3 人）

应　晓　　孙梦爽　　谷　冲

博士（3 人）

2014 级（2 人）

李　捷　　钟慧文

2015 级（1 人）

张　建

刑事司法学院（16 人）

硕士（11 人）

2014 级（7 人）

冯志远　　李开春　　毕寓凡　　徐隽颖　　谢　澍　　刘奕君

李　尧

2015 级（4 人）

黄陈辰　　张耀文　　陈逸宁　　徐健峰

博士（5 人）

2014 级（3 人）

向　准　　李思远　　杨　依

2015 级（2 人）

范再峰　　李逍遥

政治与公共管理学院（8 人）

硕士（5 人）

2014 级（5 人）

李明珠　　徐欣顺　　李贵州　　张　政　　宣　言

博士（3 人）

2014 级（2 人）

高　乐　　胡亚谦

2015 级（1 人）

陈璐颖

商学院（4 人）

硕士（3 人）

2014 级（2 人）

周丽萍　　莫阳东

2015 级（1 人）

庞　欣

博士（1 人）

2014 级（1 人）

何　帅

MBA（2 人）

硕士（2 人）

2015 级（2 人）

浦天龙　　韩　丽

人文学院（5 人）

硕士（4 人）

2014 级（3 人）

张尔璇　　杨　洁　　魏　昕

2015 级（1 人）

谭兆业

博士（1 人）

2014 级（1 人）

顾　乡

法律硕士学院（23 人）

硕士

2014 级（11 人）

肖春阳 王芊琇 倪琼敏 刘军业 汪青玲 万晓丹
孙得证 李思蒙 丁怡菲 鞠少红 石银霞
2015 级（12 人）
郭馨铭 程 帅 田 莹 刘 玄 吴宇峰 何 敬
覃雅倩 朱元霄 王妍蓓 江楚填 孙嘉琳 陈柳烨
外国语学院（2 人）
硕士（2 人）
2014 级（1 人）
孙苏宁
2015 级（1 人）
高亚鹏
社会学院（2 人）
硕士（2 人）
2014 级（2 人）
李咨含 梁译如
中欧法学院（8 人）
硕士（7 人）
2015 级（7 人）
黎智鹏 张泽彬 王 倩 刘 枭 石紫嫣 任子辉
于 姣
博士（1 人）
2015 级（1 人）
姜昊晨
马克思主义学院（4 人）
硕士（2 人）
2014 级（2 人）
邢程程 杨 意
博士（2 人）
2014 级（2 人）
郭 冰 王新心
国际儒学院（2 人）
硕士（1 人）
2014 级（1 人）
秦 轩
博士（1 人）
2015 级（1 人）
安庞靖

光明新闻传播学院（4 人）

硕士（4 人）

2014 级（2 人）

薛春雨　　　谢小杭

2015 级（2 人）

李晓芳　　　李　欢

人权研究院（2 人）

硕士（1 人）

2014 级（1 人）

马　腾

博士（1 人）

2015 级（1 人）

曹　瑞

比较法学研究院（6 人）

硕士（5 人）

2014 级（1 人）

袁乾琴

2015 级（4 人）

孙　莹　　　刘　敏　　　孟铂林　　　许剑波

博士（1 人）

2014 级（1 人）

刘　云

证据科学研究院（8 人）

硕士（5 人）

2014 级（2 人）

牛　哲　　　朱晓旭

2015 级（3 人）

于美溪　　　琚明亮　　　方玉叶

博士（3 人）

2014 级（3 人）

曾　玲　　　张婷婷　　　李江涛

11. 中国政法大学 2016 级研究生新生奖学金获奖名单

法学院（313 人）

硕士（89 人）

吴国邦　　　陈皓翔　　　张晓奕　　　刘丝燕　　　王　蕾　　　郑　阳

方小康　　　孙莎莎　　　米智琴　　　邓经超　　　钱　坤　　　林敏静

金鲁铭　　　张雪娇　　　边世民　　　田俊英　　　拾　珂　　　王　萍

刘　东　李晓桐　郝宁鑫　于玮宁　张莹莹　孙辰阳
冯亦浓　潘静雯　谈文栋　宋　平　张潇潇　邓　勋
尹雨桐　余利均　蔡笑盈　朱　江　郭双云　谈桔芳
李曼婷　刘　婧　王雷垠　宗　旭　孙　娜　赵艺绚
陈子君　赵　钰　赵　严　于　昊　董飘洒　陈明慧
张　帆　王若碧　朱　涵　潘生进　郭林雄　刘　青
杨　璇　张雅慧　钟立鹏　冯鹏一　陆旭丹　洪　涛
许天明　张欣然　张艺琳　赵晶晶　赵　芳　董亚威
黄　鑫　满　鑫　李安琪　李晓琼　邢　瑶　王小雨
陈　莹　李宜卓　崔月柳　邢嫣然　王　芸　田容芳
杨　溯　陈俊林　王佳艺　张　希　金香君　范志杰
杜静静　马骁骁　刘宇轩　邵明茹　徐婧超

博士（32 人）

童海浩　吴昱萌　杨明宇　曹　翠　韦　伟　许　奎
黄鹏航　王　舒　黄山杉　闫振宇　黄　婧　张淑雯
范小渝　杨　扬　孙逸舟　周敬敏　宋　烁　章　耿
崔　瑜　于泽瀚　龙　倩　李　舒　刘绍宇　余积明
王　玎　杨开愚　朱超然　孟庆武　李　帅　章志豪
戴昕琦　滕　龙

法学实验班（192 人）

王　寒　宋　琦　郑东明　毛佳星　佟家伊　黄怡梦
吴　寒　周晶晶　孙　晓　杜　锐　许倩倩　陈　尚
刘晨阳　李媛媛　曾祥全　马　钰　贾贝贝　杨书欣
于　胜　朱婉云　谢冰滢　甄天航　李芳菲　郭威扬
张天阳　戴梦晨　纪　星　李晓煜　耿留睿　任余美
张振亚　张之瑾　李晓彤　邹　琳　谢义诗　蔡子熙
余家辉　郭美玲　李汉超　徐炎栋　郭登荣　高斌斌
贾　康　杨　前　王　珏　靳铁超　张天一　潘卓祺
廖　洋　邵　颖　刘美君　林毅阳　章逸琦　谭媛媛
鲁泽月　邹　昆　陈向东　韩　啸　高　天　赵锦钰
李竞文　刘丹妮　卞舒雅　王昕月　文如洁　陈采薇
范鸿雁　孙　言　李梦凡　李欣鹏　孙　睿　章玉芬
李闪闪　代重阳　游宗源　杨　然　王琳琳　李晓怡
李晓娜　褚智林　马彦博　成汀汀　陈晓婷　田东升
卢　琳　胡　悦　李博然　郑　增　蔡一星　尚红超
张钟月　赵昱伟　刘　婵　黄鸿丹　朱诗瑶　黄嘉天
卢明亮　董欣鑫　马　丹　李　玮　赵思娴　陈雅葳

张　瞳　邓颖君　景梦姣　李　响　郑裕丰　李京默
马瑞跃　汪漫妮　崔梦秋　孙盛楠　王中慧　谢　昊
吕　莹　庄家璐　丁翔飞　周子琳　孙昂然　潘　琦
郑洁珊　林　芸　朱艺弘　周　扬　王　琨　张焕卿
徐　坤　张　静　温雪纯　王思诗　孙晓琳　詹诗钰
董雨潇　王元义　田　越　朱志炜　邓　舸　崔英美
乔　云　汤怀恩　陈晓琳　张　钊　张　衡　任林杰
宋李蓓　李姣姣　蒋昱萌　马巧艳　王　经　谢玉麟
平　浩　李　智　梁楠楠　余　沛　熊一霏　周　杰
张爱军　闵　薇　郑寒阳　李盛誉　冯　曼　汪雨涵
王一斐　吕晓蕾　马学敏　尹长宇　周易秋　孟桐竹
樊玉洁　陈福祥　朱　恺　唐小博　薛泽涵　刘芳菲
易王瀚　丁泰凌　罗锦荣　王　赢　杨建民　胡骁毅
张　奔　郗博鸣　姜　山　曲家欢　于欢欢　朱晔辉
林　慧　李英彬　金　珺　樊嘉晨　罗敏丽　何宛珊

民商经济法学院（205 人）

硕士（181 人）

何靖川　曾　丽　董　平　朱　潆　陈　宇　李振东
徐少云　谢江东　陈王澍　高一览　张树祥　贾　昊
徐霞晖　郑　莎　张家瑜　聂炳正　巴爽爽　熊　美
马楠楠　郭贵芬　潘朗峰　熊　杰　张若画　薛　霜
郭　歌　许纯宁　王佳敏　赵　玉　高依凡　任　腾
李廷悦　任晓彤　孔聚秒　周　强　张永鹏　姬鹏远
王思雨　齐绪震　李　果　芦　姗　彭郁稀　尹　琦
姚　迪　李泽民　尹　馨　周玉昕　杨　柳　王琪莹
莫厚辙　全素慧　王夏晖　李　杰　张紫涵　刘　磊
朱俊雅　李廷达　赵鹏佳　谢春彤　张昌裕　蒋明喆
潘海燕　姜佳宁　黄梓沐　李莹莹　韦丛君　王莹娴
何映波　郭海涛　冯禄航　殷欣宇　周鹏博　朱　恋
陈珺杰　彭广明　杨　璇　任依依　郑凌之　姜艳红
张雨涵　孙梦青　曹彦斌　阳牧野　徐翎涵　刘远歌
黄科维　陈泓成　贾　玮　秦　威　李健乐　付　冰
阮志坚　常小宝　李　敏　卢子颖　薛　雯　杨宇曦
林斯韦　包　阳　张雨涵　唐国香　刘建剑　林　瑶
杨　东　陈樱娥　帅雅文　王　涵　林　珮　张鸣鑫
殷子涵　邹学庚　刘　浪　徐秋菊　赵志垚　黄雨薇
常碧罗　付雅卓　廖慧琳　汲洋旭　孟　遥　李为至

鲁明娟　梁越婷　王瑜　张超　周雪菲　蒋慧林
许访　吴杨洋　李世佳　李凌飞　石竹影　陈思睿
刘瑜　鲁南希　王康睿　黄琪　张羽佳　王佳倡
陆虹宇　蔡京花　张云云　盛盛　郭启亮　胡忠梅
孙蕾蕾　王锦超　郭东亮　田鑫雨　张帅帅　葛秋庆
武秀丽　黄黎敏　刘璐　赵若汀　罗晨昊　赵石诚
马欣然　刘璐月　何丹曦　陈淑薪　刘雪晴　翟意雪
樊伊琳　贺文奕　于佳鑫　林皓乐　张晗　牟宸
王思娴　毛镜澄　金子煦　于明玉　李嘉昕　刘威
赵硕　马语含　李永利　杨雪　贺莎茹勒　祝文小希
刘蒋西子

博士（24 人）

姜仕生　项斌斌　汪源　旷涵潇　徐深澄　高斌
王子淳　李丹龙　蒋莉苹　沙鑫童　杨世盛　谢凡
薛晗　郝俊淇　曾雄　丁琰珅　贾东明　焦嫣然
王哲　程玉　田小军　施小雪　郁舜
木拉提江·买买提

国际法学院（64 人）

硕士（50 人）

胡启良　刘峻成　王丽娟　韦玮　欧文婷　马晓
陈曦　康桥　张旖琳　李卓　宿永庆　杨珮茹
郭晓畅　陈晨　宁子君　王美玲　陈梦莹　丁卓琦
信明魁　成树佳　关琳琳　仉亭方　徐珮慈　段鑫斌
连乃熇　李玥　姚迪　何新宇　来晓磊　李艳儒
蔡佳宏　杨葳葳　徐咏冬　邓颖　桂足　张琰楠
相杰　刘华敏　付照　漆文君　胡昕　赵南境
杨梦薇　李伽宁　黄晓佳　郝祎咛　杨婧　高铭
葛平皓　梅潇予

博士（14 人）

刘禹　莫漫漫　林诚　孙世民　崔佳文　祁壮
鲁洋　魏求月　金博恒　文媛怡　林荟　郝昭亮
贾辉　朱俊宇

刑事司法学院（97 人）

硕士（84 人）

康子豪　庄壹茜　崔美蕴　刘莹　慕林芳　曾晓燕
吴滕娇　陈思同　刘佳慧　李雪韬　童思琪　丁志鹏
武瑞　刘明冬　苏悦　尹跳　郝正新　郭曼

张乃毓	张　雯	陈昱希	刘佳加	严泽岷	顾庆琪
王　菲	薛雨芊	包梦娜	李德平	魏雯博	刘舞凤
魏伊慧	李梦露	夏丽南	李　文	王佳悦	张慧敏
朱鑫壤	李　笑	代晓宇	王林江	黄　薇	杨　婷
毕　琳	孙海燕	王馨桐	宫　毓	刘聪颖	岳雅琦
高英杰	陈超哲	谭　乐	何　方	黄丽婷	贺尹钰
刘雅琳	魏子玥	李佳蓉	鲁梦迪	沈奕含	赵博文
王海燕	斯　涵	陶文婷	张芳芷	于　新	孙铭锴
刘甜甜	詹薇斯	刘云哲	黄　珣	古锦平	徐文晶
薛静怡	马　悦	孙静宜	李思博	李艳玲	华炫宁
崔正阳	姜瀚林	闫龙飞	彭　川	陈洛桑妮	王张毓茜

博士（13 人）

杜全美	胡　杨	柳安然	文静仁	彭瑞楠	赵子博
郭　笑	程碧茜	李红梅	赵晓琳	刘亚男	胡逸恬
兰　哲					

政治与公共管理学院（59 人）

硕士（42 人）

许　超	刘　健	王　宸	佟　琦	李晓晰	郭明珠
候绪杰	龙昌蔚	王子烨	丁晏清	宋坤政	金　鹏
肖行超	李　想	康　乐	任皓宇	戚　麟	陈秋丰
戴小华	宿金梦	龚轶瑾	朱　昊	张　晓	方海英
徐　潇	王佳辉	王　平	李立贤	马伟静	马　芳
李宛霖	马晨凯	赵博然	胡浩城	翟羽佳	高玉香
石盛江	郑益群	李　晴	何婷婷	王梦杰	罗海月

博士（17 人）

高梓原	王法强	朱欢欢	李益斌	杨天宇	王宏岳
厉又玮	杨　联	那　原	霍　沛	刘振宇	王　琴
谭　溪	何　炜	王雨辰	刘水展	张正州	

商学院（38 人）

硕士（32 人）

焦雪姿	张　枭	高　奇	冯玺橦	李凝曦	吕尧伟
吴　莹	仇　博	吴光光	许亚楠	钟玲玲	赵越滔
钟　洁	傅炜堃	汪　珣	陈　岑	窦宗晗	卢　笛
王　晋	刘海阅	李思瑶	孔思维	蒋冰洁	陈玉霞
杨婧琦	董振伟	李　杨	许　路	李天驰	贾　瑶
任超然	陆正平				

博士（6 人）

叶家兴	林丽玲	梁华全	魏家齐	李　超	岳国军

人文学院（38 人）

硕士（36 人）

郭李乐	崔　天	陈国双	吕忱洋	韩文娟	高　彤
王欣茹	刘凤怡	赵　飞	应　雪	伍　桐	常家凤
胡月明	赵　阳	宋中华	孟柯言	任朝旭	李明瑜
陈美君	徐　瑶	张钰妍	潘琪云	鲁　翡	韩京效
管志强	曹　雨	刘建超	高九州	乔冠贤	周　烨
王　婷	靳建朋	苏瑞雪	薛英蕊	崔晓娟	郭晓梅

博士（2 人）

常婧超	陈子盼

法律硕士学院（168 人）

硕士（168 人）

薛宇娇	戴　昀	褚　侨	贾晓旻	杨　慧	刘　娇
刘　荧	陈丹丹	朱师琳	刘　流	张思茵	陈晓琳
杨　帆	刘　畅	胡　军	吴　霞	于好依	周晓菲
李若菡	魏晓彬	毛雪睿	高静冉	李　楠	范庆悦
杨启帆	戴宇鑫	李振华	扆　超	于静航	冯　杰
李　浪	张　瑨	屈　伟	张宇宸	左梓钰	苏科岑
张泽阳	万义强	朱　迪	张苏兵	陈晓军	康　森
袁伦钢	史雅文	石　燕	陈思宇	沈鸿凯	韩　迪
孔　静	匡　迪	郑崴瀚	吴嘉凯	王重阳	宋诗琪
余心笛	李　珂	葛晓湄	何　佳	郑　哲	赵敏璐
解锐杰	韩　旭	王昕媛	陈昱玲	刘　晹	田　静
郭少锋	姜玉姝	李泰龙	王明慧	蔡路兰	马　琛
袁　惠	郭娅雯	李晓灿	高　羽	李淑萍	吕巧慧
王倩文	李佳伟	张继鹏	张　娜	司敬闻	张士皓
屈　雷	侯如月	姚　瑶	梁译方	张　驰	何煜炜
冯青青	黄丹青	秦　伟	杨　洋	蔡天钊	马　朋
赵　龙	王雪竹	于婷婷	曾青云	赵彩飞	赵真真
王　婷	魏亚萍	仵　娜	谢　逸	王梦杰	袁登宇
范雅晴	姜震东	田梦思	王静怡	陆　宇	杨柳青
曹莎莎	高　融	白恩阁	王路路	王　杨	解庆功
王　玥	张津铭	武一帆	刘　芳	姚泉峰	葛　瑞
王　萍	张　晶	毛春梅	王　勤	吕　晗	白天园
杨　丽	陈　冉	戴晓宁	范小瑜	陈　静	汪　倩

高　楠　张田天　许翌文　李　宇　刘芮希　吕雪苗
廖华艳　郭晨馨　崔圣毅　焦艳芳　谢文娟　韩　越
盖艺文　张冀皖　严双丽　王霏耘　辛　颖　张　今
唐鑫萍　徐明子　张明瑾　李　朔　田换林　沈　欣
方　晗　刘贤哲　谢明珠　李凤琦　格格日乐　欧阳艺文

外国语学院（12 人）

硕士（12 人）

刘　畅　崔红丽　李　典　占才立　刘奕然　袁方唯
孙华玉　黄恬莹　管晓晨　詹　竞　刘　品　刘　灵

社会学院（28 人）

硕士（28 人）

许文凯　仇文硕　朱　楠　高　畅　秋丽雅　诸　晴
项　堃　马　慧　张锦东　刘飞飞　莫能嘉　加草曼
周　慧　曹梦玉　彭晓洁　郭晴晴　王浩然　刘克帆
刘香茗　陈雅芳　刘　怡　刘梦宇　田淑萍　刘　宁
刘恩琪　夏嫣雨　赵梦雪　王昭慧

中欧法学院（3 人）

博士（3 人）

叶会成　萧　鑫　李文嘉

马克思主义学院（21 人）

硕士（16 人）

马豪欣　桑伟华　连冠宇　白　雪　李　萍　孙翠苹
张　萍　马争来　张　文　李　梦　孟　进　徐朝晖
刘　莉　付英娜　张晓华　宋亚霖

博士（5 人）

王　萌　徐文俊　姚天宇　吴文聪　沈克正

国际儒学院（7 人）

硕士（6 人）

王　争　李亚南　龙忠敏　杜雅芝　司晓丹　赵　蕾

博士（1 人）

苏　超

新闻与传播学院（29 人）

硕士（28 人）

程　莎　张方泽　陈胜男　谭　冲　白楚玄　侯大明
王露范　陈思宇　沈　劼　方丽源　刘博心　柏　璐
张　丽　王贤达　张　丽　见飞扬　王芳萍　韩惠迪
郑一铭　张婧琪　杨　岚　张希臣　马梦婕　郭　丹

崔盈盈　刘楗淙　景剑霄　李　婷

博士（1 人）

申唯佳

证据科学研究院（46 人）

硕士（44 人）

杜一秀　郑晓军　郭　敏　扈乃匀　雷艺璟　刘　琳
李梦龙　陈　赟　潘润东　李彦鹏　李亚伟　翟筱旭
张埕砜　丁铁珍　张　逸　李　鑫　王秀娟　张　松
申梦桐　周婧姝　王慧镭　李舒怡　孔凡翠　黄凯丽
关伟薇　王梓玮　杨　洁　虞惠静　胡　宪　蒋文双
管路超　王　楠　郭淑娴　刘　月　徐玉洁　林秋松
张　坤　刘　欣　邢冬妮　张　琪　张　弛　傅　新
李超强　向虹楚月

博士（2 人）

贠　丹　夏志远

司法文明协同创新中心（8 人）

博士（8 人）

张益南　徐歌旋　丁皖婧　许治政　张维周　靳　昕
孙鹤源　陆宇光

人权研究院（8 人）

硕士（6 人）

张爱桐　段立群　赵　晨　刘林语　王　品　石雪婷

博士（2 人）

焦南凡　程　莹

比较法学研究院（43 人）

硕士（40 人）

杨　雪　周凌霜　孙菊鸿　何　静　张　力　陈　欢
闫若思　熊雅柔　李林林　杨　雪　朱子琦　周小钰
刘东奥　杜文豪　高子珏　韩晓洁　董瑾蓉　柳　婧
吴　伟　马子腾　曹　源　段志颖　贾　南　金　端
侯赵翔　潘雅婷　刘　萌　万思洋　张柳青　王一楠
赵律玮　胡汉贤　李偲颖　唐朝霞　李梦琳　孙　玉
吴以源　王倩云　王　盈　李鹏举

博士（3 人）

张　燕　聂爱轩　王　宏

12. 中国政法大学 2015 – 2016 学年 2014、2015 级研究生学业奖学金获奖名单

法学院

硕士（144 人）

一等奖学金（41 人）

2014 级（20 人）

张　磊　彭　飘　阮莹茜　蔡梦馨　王敬存　翟家骏
何美琳　白丽红　张　涛　晋淑宁　贾　丹　付小彦
王　筝　陈　悦　管筱笛　燕丽华　孙蕾蕾　胡志鹏
范竹青　吕兴彤

2015 级（21 人）

胡宗亮　洪　冲　张乐瑜　曹　楠　邓雨寒　俞　伟
黄亚熙　陈　敏　张天舒　常　青　范不凡　杨星星
王敬妍　赵　菁　王丹阳　李　烁　朱宝通　刘　盼
薛沛明　李龙宇　朱绍纲

二等奖学金（97 人）

2014 级（51 人）

杨　洋　牛利冉　李亭慧　孟媛媛　王昱博　佟　川
郑晓娇　杨天波　郭　颖　柳淑一　胡文宇　王泽宇
晁　群　李　巽　慕婷婷　李　峰　李　欣　范志云
房京鸿　陈　瑶　王晨风　唐光超　陈蓓蓓　周　丽
相京辰　林庆龙　杜佳虹　杨明荃　荣　幸　李超萍
杨厚玲　王　兵　张丽颖　关惠文　王紫薇　吴建伟
肖赛男　张文利　王　冰　郭胜习　张爱华　周　颖
赵梦珂　郭光文　刘志强　刘　彪　胡　婷　于　烨
李　辉　温　彪　平李博文

2015 级（46 人）

陈田成　曹慧君　蒋晓娟　张世才　徐　丹　陈竞之
连　佳　唐田力　陈朋月　戴飞扬　陈佳维　马煦森
赵逸伦　刘　聪　李　璇　尹　楠　吕　颖　王秋丹
崔　咪　李静怡　冯　亮　冯安琪　赖普微　林稼朋
孙立尧　王勤原　吴美辰　徐　彤　杨晓萌　张永坤
卢　毅　潘　峰　李　画　刘慧磊　荀　炤　张晖玉
赵佳星　马艺榕　吴珍珍　张英男　岑梓彬　张　成
杨晨曦　聂晓茜　王新如　张文秀

博士（38 人）

一等奖学金（11 人）

2014 级（6 人）

王超奕　李云龙　马洪伟　席志文　叶远涛　谭达宗

2015 级（5 人）

吴 然　董 敏　孙晓丹　孔祥稳　薛志远

二等奖学金（27 人）

2014 级（16 人）

娄曲亢　李少婷　陈 迪　武夫波　孙 斌　王长春
石小川　宋朝忠　陈尚龙　宋崇阳　潘 英　宗婷婷
马龙君　覃 慧　张 松　陈建伟

2015 级（11 人）

何小元　叶剑泉　黄 丹　王虹懿　李正璇　胡睿超
杨敬之　马颜昕　王新萍　闫映全　张 弛

2015 级法学实验班（130 人）

一等奖学金（37 人）

梅 健　修青华　徐川涵　何广亮　杨 旸　严笑儿
高永欢　沈申琰　蒲俊霖　张焕然　刘怡畅　陈文娜
邓舸洋　朱龙臻　王晓红　白云鹤　王宏月　林增杰
周乐达　潘 喆　胡成成　袁晓磊　郭腓力　李作鹏
秦 蓉　魏怡清　曹秦云　赵 欣　程可涵　李莎慧
刘亚朋　梁 岩　陈 杨　姜 璐　郑丹娜　白冰璇
郑存倩

二等奖学金（93 人）

徐津蕾　郑仲超　徐 英　魏晓田　孔祥云　余达星
郑 阳　王 洲　杜长江　孙 艺　苏 文　马玲玉
曾 月　陈飞文　李玲宇　孙瑞雪　陈 瑶　魏 杰
蒋佳宏　卢雨晨　刘 川　傅 镱　李 强　庄 璐
张峰铭　安 艺　兰江林　刘 蕾　任 鹏　朱雨婷
汤友军　唐 诗　董 珂　孙 皓　康 宁　石家山
钱舒敏　张真菡　张绍鑫　王 奉　黄 煌　李新新
孙 菡　苏 新　宋泽政　江沁娟　任思奕　张 可
王 蒙　孙伊迪　邱 锐　杨雨佳　边美琛　樊思慧
陈 霞　张家袆　宋立强　阚可心　于潇岚　赵芳慧
蒋旭华　李雅琳　吴淑菲　恒睿佳　王 迪　王雯雯
宋 宁　倪敏娴　肖霞娟　别腾飞　朱 涛　成 开
张梦瑞　郑 晨　卢芸熠　李敏华　张 铎　胡佳宁
刘少霞　张亦楠　王梦凡　段林昊　徐成道　夏英慧
花乔木　王 润　杨培培　张天航　王思远　王焕儿
刘嫣然　梁 婷　李 爽

民商经济法学院（339 人）

硕士（307 人）

一等奖学金（82 人）

2014 级（39 人）

陈声桂　申艳红　倪淑颖　郭建潇　冯　威　刘　雨
李文凤　耿瑞璞　张坤梅　徐　美　蒋丽萍　吴晓波
陈贝贝　王力一　王　婷　曲嘉琦　赵洋洋　孟美彤
陈博闻　梁伟伟　杜　闻　宋立群　张宝丹　马凯亮
金子文　李　良　黄　湘　韩　书　王晓华　郑　成
侯彦娜　高涵悦　曾娅平　刘思岐　王丽媛　方明东
唐　蕾　李春锦　郭俞阳

2015 级（43 人）

达世亮　王安然　严　立　郭禹辰　冯　磊　王　博
李　昶　李筱琛　李夏旭　李梦洁　潘　姚　李晓燕
肖　强　方　琪　王　震　杜　希　蔡子祥　黄欣晖
罗永成　常玥婷　吴艳华　向　罡　李向瑜　韩煜坤
谭冰玉　李军南　张超然　王　超　栾思达　郭家昊
戴　玥　任英杰　肖哲元　战璐璐　魏迎悦　冯诗仪
郑　弘　邵树杰　鲍恩宏　谢颖馨　韩婷婷　黄青青
干　倩

二等奖学金（225 人）

2014 级（116 人）

郭柳源　余元霞　吴　珊　钟森美　郭平安　吴佳慧
孙亚翔　李　晨　刘亚东　张　晗　王明华　马　静
杨慧东　杨　晗　滑　蕊　何杨梅　杨芷瑶　薛信伟
李超男　侯雅婧　李　翔　陈瑞卓　王　琦　李亚茹
周诗璇　安　林　方路南　武小军　孟　涛　高　玥
李沈京　高湘媛　王金鑫　冯润瑛　李　帆　马英博
倪　虹　张艺璐　戴宇清　舒　曼　王　磊　王文娟
李宗远　马　骉　郭佑宁　董玮祺　盛麟婷　王　旭
刘　洁　王景平　李姝卉　汪擎卓　刁　天　周　远
张天一　张　琦　吴碧希　任晨健　莫　萍　任笑菡
李　湉　马晴鸽　高天琪　刘立群　裘雪燕　李双琮
杨　睿　牛颖秀　邹佳旭　张　玲　张诗琪　李灵犀
芮晨宸　檀校龙　张　燕　李　凯　岑虹瑾　何兴乐
李　通　赵元蒙　朱亦周　刘贺元　杨玉清　许鹭嘉
张　珺　贾　煜　邓梦荻　傅　琦　王蔚凡　李　睿
杨颖洁　李卓翰　张照奕　陈益青　王　瑞　琚宇飞
米　瑞　李　楠　胡曼晴　范晨建　李梦晓　于涛涛

闫一星　韩梦蝶　蒙向东　刘　洋　吴　翔　吴方朔
王　丽　蒋　燕　徐相昆　李红辉　王志轩　柏玉珊
博晶华　潘李岭子

2015 级（109 人）

李　姝　杨　莹　王梦茹　林安倩　曹　凡　董兴辉
曹　晶　邢雅婧　傅　豪　马　欢　李思锦　张雨嫣
张值卓　王文雅　周雅琴　盛伟荣　杜　璇　江　帆
永　姮　解于申　姚　彧　王妙齐　王志良　郝　超
任重哲　王丽丽　王业美　王丽曼　杨成关　朱云婧
杨　洋　周思雨　赵良伟　李明月　白家美　张卫卫
易梦圆　刘骐宁　柴都韵　张培培　梁晓丹　郑诗卉
杨伟杰　党帅帅　李丽花　陈柳冰　邵　珊　谭　鑫
杨一树　曹　莹　孟津津　樊金鹏　史书一　普　畅
毛安艺　王媛媛　张　娟　余玲珊　李梅丽　唐　恒
陈培蓉　陈　岚　陈莹蓝　姚　岚　高维钊　胡乃峰
殷　昊　张泽帆　陈　洁　毕　莹　彭丽姗　林宇凯
邓雪琳　李　莹　蹇梦婷　杨锡慧　王雅琪　王　璇
王书君　冯　睿　申冠飞　赵　奔　李洽毓　曾彦妮
盛泓玢　孙晓菲　王月萌　杨　敏　姚丽静　李娅然
杨茂林　胡晶媚　马　睿　张鹏鹏　孟　丹　钟欣悦
王超奇　刘海璇　刘梦奇　李宝霞　黄　楚　陈天然
陈敏辉　孙　立　黄心蕊　王咏絮　李洪峰　刁佳星
张　航

博士（32 人）

一等奖学金（9 人）

2014 级（5 人）

曹思婕　姚俊颖　任宇宁　戴文骐　陈范宏

2015 级（4 人）

楼秋然　刘飞琴　郭传凯　华亿昕

二等奖学金（23 人）

2014 级（13 人）

宋金玲　王海燕　杜　萌　吴骊姗　李蔚然　王　琪
杨晓强　赵　天　刘知函　冯可欧　郭东妹　洪　霄
吐热尼萨

2015 级（10 人）

李伟平　李海棠　周政训　陈星宇　张文可　徐建刚
毛　快　周贺微　党晓林　厉潇逸

国际法学院（121 人）

硕士（102 人）

一等奖学金（29 人）

2014 级（14 人）

宋　可　焦　龙　杨承甫　林　欢　梁　卓　樊　凡
时　欣　孙银霞　武慧君　闫朱伟　李焕之　刘　畅
杨　超　郭丽萍

2015 级（15 人）

应　晓　孙梦爽　孙　青　谷　冲　管宇铟　刘　瑾
刘　妍　郑丽娜　李倩瑶　赵　青　丰　硕　赵　洋
王　璐　张　鑫　陈　玥

二等奖学金（73 人）

2014 级（36 人）

齐伟娟　牛昱尹　桑家宁　陈子棋　孙春凤　王雅婷
黄婉熠　唐　鹏　吴朔桦　闫　双　秦　欢　王　静
牟　可　陆　洁　曾红珠　李致宏　胡玲玲　周　珍
龚靖媛　戴　畅　李照明　张鹏飞　刘志鹏　李奕萱
赵盼盼　王一帆　刘文慧　张晨阳　雷　傲　许诺涵
钟林燕　王力辉　林　诚　鲁蓉蓉　马万里　王艺琳

2015 级（37 人）

冯　翀　方　芳　严　黎　陈　茜　郭诗雅　凌穗宁
何寘宇　王　露　邵　晨　马丹苹　林小雅　庄　婷
叶　露　袁　思　杜天宇　马秋婧　肖珊珊　聂格格
俞　炜　胥燕然　方　可　宋　旭　蹇　潇　黄鸿江
时佳玥　黎　夏　李　阳　黄州兰　张姗姗　李品优
万晓艺　惠　凰　刘奕初　高　琳　侯晨阳　汤　哲
乔国文

博士（19 人）

一等奖学金（5 人）

2014 级（3 人）

李　捷　钟慧文　何东闽

2015 级（2 人）

张　建　卜令强

二等奖学金（14 人）

2014 级（6 人）

李大朋　张振宇　陈文彬　刘　浩　孙艳平　王德辉

2015 级（8 人）

周　航　刘敏敏　齐　宸　邵莉莉　张蕾蕾　吴官政
张溪瑨　魏婷婷

刑事司法学院（204 人）

硕士（173 人）

一等奖学金（48 人）

2014 级（24 人）

谢　澍　刘奕君　张亚逸　王宇坤　苏月玲　徐长龙
张　敏　王靖雅　李　尧　张雪永　冯志远　李开春
毕寓凡　徐隽颖　郑勋勋　韩　光　周慧敏　章　超
朱　玲　龙　立　黎　曚　吴玉祥　符天祺　侯文瑶

2015 级（24 人）

黄陈辰　张耀文　欧碧霞　王小康　丁　楠　史宏静
齐浩岩　贤力讷　苏雯雯　胡剑涛　王贵芳　刘　璇
秦智贤　瞿迪希　褚晓囡　李雪松　祝婧婧　谷佳琛
陈逸宁　刘思敏　周一平　张　倩　邵　静　乐　伟

二等奖学金（125 人）

2014 级（65 人）

舒　倩　曾元君　李振洋　何忆歌　肖　潇　葛　冰
王钰楠　刘晓宇　郝琪琪　柴　玲　孙　阳　陈淼璐
袁祥境　殷　闻　刘倩云　刘礼军　程欢欢　王延延
孙　佳　王思琪　曾　娟　郭　勇　柳兴豹　胡　祎
李雨轩　黄文柏　孙含悦　姚　蓬　刘智璇　梁定宇
陈文婷　万颖颖　宋　歌　赵　天　孙冬冬　王诺亚
周　晨　王　帅　李　琳　胡皓然　潘琳华　吴尚聪
汪洁琼　宋亚文　仲凯鸿　雷绍倩　郭碧瑶　刘　杰
邢梦秋　朱　慧　谷永伟　宋睿哲　高佩洁　陈嘉琦
杨姗姗　刘　航　李雅健　尹维琪　张[illegible]曼　疏　冉
刘思驭　林泽光　王惠蓉　苏鸿靖　董凌楠

2015 级（60 人）

刘云舒　朱映雪　吴梅玲　王炎俊　周江柳　李昕瑶
徐唐佳　李月莹　刘　欣　左倩玉　陈　冉　姜华倩
程凯明　刘熙城　刘炳辰　宋行健　鲍　颖　刘　洁
邢莉莉　刘　翠　张宏博　许明毅　姜嫒洋　冯长勇
邹　宇　吕　绳　张润洋　万　晶　王　淼　邓漫银
姜　伟　杨　拓　孙伟杰　荆　晶　刘艳娇　邹翩翩
郭　霞　李　哲　李凯歌　司帅领　胡金彪　梁　鑫
王　瑞　许雅雯　葛晟楠　王小菲　刘　妍　陈　晓

李　格　徐健峰　范　琳　吕俊鸣　刘铁洋　朱赟先
夏小烜　陶欣芸　游　鹏　琚丁庆浩　胡柳青青　欧阳晓滨

博士（31 人）

一等奖学金（7 人）

2014 级（4 人）

李思远　杨　依　步洋洋　刘泽鑫

2015 级（3 人）

张　可　李逍遥　范再峰

二等奖学金（24 人）

2014 级（14 人）

程　衍　桂梦美　付奇艺　王绍佳　李庚强　韩　瀚
单子洪　向　准　张祥宇　王鹏飞　陈凌剑　何　鑫
王晓楠　张乐雅

2015 级（10 人）

王小飞　臧洁妹　王　天　郝冠揆　刘圃君　石常秀
户雅琦　宋振策　李章仙　郭　锴

政治与公共管理学院（95 人）

特等奖学金（推荐名单）（1 人）

2015 级博士（1 人）

陈璐颖

硕士（80 人）

一等奖学金（23 人）

2014 级（11 人）

李明珠　徐欣顺　陈　晔　周子睿　陈　胜　王谊茜
李贵州　陈自立　王　妍　谭　睿　张　政

2015 级（12 人）

孟　梦　范晓宁　梁　璐　陈梦佳　王亮亮　李铭晨
李　林　宣　言　胡一凡　陈新琦　付　漫　李欣桐

二等奖学金（57 人）

2014 级（28 人）

张金苗　王　可　黄秀尧　杨　志　汤　彬　张文璞
刘　金　逯钟文　张春磊　李慧敏　高燕华　林南南
张梦君　张一昂　饶　娉　张中泽　李丽敏　郝景芳
刘光炎　秦　强　周家桦　董洁晗　韩昌贵　关丽薇
鲁欣欣　张婉琪　尹　玖　彭　聪

2015 级（29 人）

刘　燕　安　赟　杨佳星　安　洁　朱　磊　杜　妍

李丰旭 张 瑜 马 静 薛楠楠 李媛媛 苏 菲
全 敏 罗慧慧 林文战 任海慧 慎思鉴 汪家锐
白天德 李丽霞 赵贤萍 于佳立 殷晓娜 景昌霖
王慧洋 查晓微 刘双明 刘 美 李晓靓

博士（15 人）

一等奖学金（4 人）

2014 级（2 人）

高 乐 胡亚谦

2015 级（2 人）

张 华 邱 倩

二等奖学金（10 人）

2014 级（6 人）

刘 彬 乔 鹏 高 红 李建福 吴 超
欧阳果华

2015 级（4 人）

杜德荣 陈 璟 程 名 朱建磊

商学院

特等奖学金（推荐名单）（1 人）

2015 级博士（1 人）

姜 涛

硕士（54 人）

一等奖学金（15 人）

2014 级（7 人）

周丽萍 莫阳东 何立丹 张 颖 丁传中 王 君
王禄鹏

2015 级（8 人）

庞 欣 梅思思 吕昕霞 闫丽婷 杨济菡 林祝君
李景文 檀 昕

二等奖学金（39 人）

2014 级（18 人）

于思森 安红霞 王 茜 刘 玉 曹冰洁 唐琦瑢
杨晓静 潘 影 张天啸 何 渊 张 洪 王月苑
王锦欣 答家丽 董子豪 江苏杭 苏 浩 徐佳昱

2015 级（21 人）

彭世刚 代 婧 陈子旭 尤璐璐 郑宇天 沈亚军
高 璇 杨 悦 姜沃峰 王 喆 张春华 付颖娴
杨 湛 李可歆 张可欣 齐媛媛 王梦秋 孙 优

郭姝楠　　滕雨桐　　周阳夏蕾
博士（5 人）
一等奖学金（1 人）
2014 级（1 人）
何　帅
二等奖学金（4 人）
2014 级（3 人）
任国文　　张锁全　　张　宁
2015 级（1 人）
沈国云
人文学院（70 人）
硕士（65 人）
一等奖学金（18 人）
2014 级（9 人）
卜　茵　　杨泽浩　　许万承　　冯信兴　　宋青青　　黄　果
杨　洁　　苗亚坤　　郭　威
2015 级（9 人）
彭冬艳　　谭兆业　　程培沛　　高　景　　许文静　　谢　薇
孙胜楠　　张天驰　　孟楷越
二等奖学金（47 人）
2014 级（23 人）
盛亚林　　王　宁　　于海谛　　张尔璇　　查丽君　　李　鑫
张　园　　秦玉杰　　潘旺旺　　王晶蓉　　朱远峰　　李　萍
魏　昕　　苏慧群　　刘　通　　刘怡春　　杨　阳　　杨红平
李　兵　　宋　月　　王　浩　　王聪聪　　段俊清
2015 级（24 人）
王　永　　宋曼璐　　丁亮皓　　陈汉英　　王胜男　　黄颖州
王　帅　　刘锦程　　徐　玮　　邵珊珊　　刘心悦　　黄慧瑶
李　娟　　汪　果　　年国余　　李健鸿　　冯　悦　　安　沙
孙祥阳　　聂　雯　　张　煜　　王文箫　　李雪莹　　王梦光
博士（5 人）
二等奖学金（5 人）
2014 级（3 人）
寇　博　　曹　融　　顾　乡
2015 级（2 人）
苗光磊　　郝　玥
法律硕士学院（415 人）

硕士（415 人）

一等奖学金（118 人）

2014 级（56 人）

肖春阳	王芊琇	倪琼敏	刘军业	汪青玲	万晓丹
孙得证	李思蒙	丁怡菲	鞠少红	石银霞	朱国良
刘津宁	杜小峰	党亚楠	丁 璇	刘珊珊	王 晨
郭改桃	任舒容	张明钰	鲁亚威	程双圆	郑晨露
陈思桦	张 慧	沈嘉卉	刘贵珍	戴慧萍	谢 雪
吴 丹	商丽颖	梁 栋	伍嘉春	董珊珊	吴晓军
王 莹	孔巧玲	朱冰倩	谢思宜	潘沁圣	严欣如
关蕾丝	郭凌霄	姜晓凤	李 春	孙丽媛	常 靖
兰 真	徐勤飞	吴苏杭	马 悦	石培蕾	白崇宇
董贞贞	卿淋洁				

2015 级（62 人）

孙嘉琳	陈柳烨	赵亚然	董世浩	冯 倩	徐 倩
王秀淼	张远卓	张亚楠	郭民妍	李艳红	赵冰利
赵桂贤	程 帅	田 莹	王妍蓓	吴宇峰	江楚填
覃雅倩	刘 玄	何 敬	朱元霄	牛文源	杨 颖
李 桃	陈天瑶	崔玉凤	李 享	李碧函	王晓地
赵熙竹	丁嘉欣	曾露露	秦楚齐	王冠祺	徐 琳
隋清蕊	李芸杰	杨婉冬	吴炜钰	李梦依	赵 丹
朱思嘉	丛 萌	刘 倩	周古玥	谈银坤	曾诗露
吴昌翠	张 猛	惠裕岚	吴 楠	吴琳科	连加埔
杨小桐	吕亚妮	赵 倩	厉俏蓉	周业添	郭强敏
曹晓彬	何 娟				

二等奖学金（297 人）

2014 级（141 人）

宋 娜	黄丽萍	王延宇	谢 腾	李秀果	宋雅颖
何思骞	刘纾含	张力涛	李彬彬	晁宁宁	汪 舟
庄锦帆	闫俊慧	王 子	葛 莹	孙文君	李冰辉
赵海洋	袁 甜	代 娜	徐宇翔	赵洪岩	刘 欢
都一达	金佳蓉	陈 浩	李瑛莉	周 贺	陈双艳
夏颖秋	姚伊洋	李思頔	梅 叙	彭 程	王丹丹
张雯冰	张建财	于聘聘	李宏博	李 想	俞少虹
宋丽红	李佳桐	葛建荣	卫金如	李 瑞	马 涛
殷锡迷	程 思	王 琳	孙 晨	常欣月	郭小强
雷雨龙	丁振兴	汪莎莎	席修举	刘 洋	刘 诚

胡祥芳　王昕好　靳　青　王玉倩　强贝贝　刘银凤
默兰月　方元媛　汤则远　薛芳芳　王　凡　詹华东
刘　驰　柴丽娜　王宏伟　常　璐　王芸芸　娄仁丹
赵　骧　郝亚萍　张　蕊　岳友仙　杨晨颖　吴　威
周　龙　姜莹丽　姚俊萍　李翠红　史美美　卢　萍
郝亚妮　李娉婷　韩庆猛　王亚彩　刘婷婷　姜　来
覃彦铖　王宝玉　周战武　吴世雄　刘丹丹　陈　丽
李琰雁　刘方宇　蒋停停　王　倩　朱　鹤　吴色君
黄鑫鑫　杨涛婷　卢丽娜　黄雅婕　黄晓依　王　钊
翟亚龙　姜欣彤　魏　聪　谭　熠　李迎军　刘嘉钰
王泗奇　邵　慧　朱晓伟　杨小寒　王晓琳　麻付新
陈士伟　童丽君　王　雪　潘　松　安晨欢　刘　洋
张　晓　王建龙　张林川　李　洋　李　晶　付伟伟
田菲儿　徐以楠　王晓丹

2015 级（156 人）

张奥申　王　俊　刘　娜　王利鹏　王梦悦　任李晶
郭宇燕　杜　超　王思维　刘司琪　虞鹏翔　程彦娟
高　帅　李旭东　张倩倩　林欣桦　多美琪　冯米霞
龙　雯　杨小风　李　雪　丁　琪　颜九洲　刘　珂
牟若秋　范　炜　王　旭　舒怡月　吴重洋　卢刘华
孙飞飞　李　想　徐文红　史志鹏　郝博达　余珊珊
姜超文　贾云倩　柴玉龙　李浩然　王　龙　陈　果
张婷婷　陈国龙　谷文博　徐晓玲　李　宁　李　杨
任文婷　马　蕊　冯　帅　张海洋　尹懿琪　祁琢天
李飞燕　余桂权　王　楠　任文莛　陈晓茜　刘　杨
刘怡婷　詹黎明　王茵茹　马丹宁　马丹薇　齐甜甜
郑为尹　赵　树　李　慧　王晓璇　陈　辰　李　楠
牛琳琳　陆　艺　程　靖　李　征　吴多香　智双燕
付晓芳　莫　强　朱昕怡　葛宇婷　邓　琪　陶雪婷
温　雅　董可昕　刘功芹　王　迪　吴　静　肖　霞
陈亚茹　李依苇　王泽恒　姜园园　王聪聪　王玄烨
罗　双　蔡文效　冒南君　金宏志　鄢雨朦　李　乐
张微超　杨　婧　许　卉　苗亚男　付新新　郭　英
赵正凯　滕建芳　付妍妍　冯俊彦　徐凯欣　彭逸菲
商瑶瑶　王晓丽　邵莉莉　唐传龙　程　序　裴　慧
闫笑男　张　婕　张陆灿　左山山　胡哲瑄　朱森文
吕婷娜　李英焱　李　韬　乙安强　田　媛　张华耀

郑书凝　赵　振　韩连怡　黄晓明　于苗苗　姜正和
任相毅　李建亮　侯梦岭　王兰婷　林　娜　张　莹
祁瑞娟　谢　潋　姜秀秀　蒋玉昕　刘人华　何演霞
郑　云　柳雅坤　秘如凯　姜文慧　刘　艳　孙　霞

外国语学院（22 人）

硕士（22 人）

一等奖学金（6 人）

2014 级（3 人）

孙苏宁　陈　曦　石　萌

2015 级（3 人）

高亚鹏　王　萌　果红叶

二等奖学金（16 人）

2014 级（7 人）

李　爽　毋菲菲　朱博文　杨　威　孙钰岫　张晓菲
李喆敏

2015 级（9 人）

姜永海　王洪欣　张　昕　王　玥　武靖雅　闫　俊
张乃智　赵　乐　梅　兰

社会学院（28 人）

硕士（28 人）

一等奖学金（8 人）

2014 级（4 人）

张丹华　邱华丽　姜　玲　李咨含

2015 级（4 人）

宋易奔　杨　勇　马　晴　陈奕帆

二等奖学金（20 人）

2014 级（11 人）

李　涛　赵熹城　李　沫　崔臻晖　陈泊凡　杨　晗
隋丽娜　殷海博　田　皓　胡延强　屠馨滢

2015 级（9 人）

张维钧　蒋小天　钱　钊　武　扬　荣思恒　李勇骞
刘　笑　赵宸梅　张　甜

中欧法学院（3 人）

博士（3 人）

一等奖学金（1 人）

2014 级（1 人）

徐沐春

二等奖学金（2 人）

2014 级（1 人）

姜沅伯

2015 级（1 人）

姜昊晨

马克思主义学院（41 人）

硕士（33 人）

一等奖学金（10 人）

2014 级（6 人）

邢程程　杨　意　王　芳　栗瑶平　侯文敏　周亚梅

2015 级（4 人）

李　萍　柳忠京　麻静洁　孟祥成

二等奖学金（23 人）

2014 级（14 人）

李晓燕　王丹丹　王宇琦　蒋　英　马　娜　毛晓芳
王亚珍　孙永洁　李　尚　郑雯君　于晓洋　高　娟
焉晓君　张敬源

2015 级（9 人）

陈　红　崔馨丹　贺　苗　甄　洋　王燕菲　陈　戈
张芸霞　冯　宸　胡晓燕

博士（8 人）

一等奖学金（1 人）

2014 级（1 人）

郭　冰

二等奖学金（7 人）

2014 级（4 人）

王新心　原晨珈　石　敏　索日诚

2015 级（3 人）

刘　娟　何景毅　曲雯嘉

国际儒学院（14 人）

硕士（12 人）

一等奖学金（4 人）

2014 级（2 人）

秦　轩　王雅晴

2015 级（2 人）

郭鼎玮　刘勇刚

二等奖学金（8 人）

2014 级（4 人）

王　帅　　南　洋　　张艺馨　　刘思言

2015 级（4 人）

倪　交　　张瑜洪　　虞细琴　　李　洋

博士（2 人）

二等奖学金（2 人）

2014 级（1 人）

孟　冲

2015 级（1 人）

安庞靖

光明新闻传播学院（53 人）

硕士（53 人）

一等奖学金（15 人）

2014 级（6 人）

薛春雨　　牛丽娜　　丁冠天　　刘慧卿　　董　婷　　谢小杭

2015 级（9 人）

李晓芳　　孙彤昕　　乔晨阳　　齐鹏云　　张艺真　　李　欢
李秋硕　　牛梦彤　　钱柳君

二等奖学金（38 人）

2014 级（16 人）

韩文涛　　刘　鸽　　蒋　萌　　于佳文　　李雨霏　　李蔚起
李　娟　　闫莺珍　　赵　静　　赵珊珊　　李　冬　　晁　星
王希亚　　陈思遥　　张燕茹　　曹明瑞

2015 级（22 人）

贾　皓　　刘　婧　　杨慧彩　　孟雨佳　　张　怡　　李　杨
朱佳楠　　王　英　　马小涵　　廖齐越　　刘家琛　　张　雯
李志鹏　　刘雪倩　　沙宇航　　刘　靓　　李　冰　　万宇菲
丁一品　　谢雨虹　　吕　宁　　庞俊华

人权研究院（16 人）

硕士（14 人）

一等奖学金（4 人）

2014 级（2 人）

马　腾　　江　婉

2015 级（2 人）

吕　思　　周子荣

二等奖学金（10 人）

2014 级（6 人）

朱莎莎　何　飞　尹龄颖　王仲阳　王　圆　郭　超

2015 级（4 人）

孙　振　马金娜　聂小菁　李风傧

博士（2 人）

一等奖学金（1 人）

2014 级（1 人）

姚　天

二等奖学金（1 人）

2015 级（1 人）

曹　瑞

比较法学研究院（70 人）

硕士（68 人）

一等奖学金（20 人）

2014 级（8 人）

田　源　雷明华　冯　凤　王　婷　曹书琴　袁乾琴

郝淑华　郑　喆

2015 级（12 人）

廖子浩　孙　莹　刘　敏　韩舒同　魏　冉　张　森

孟铂林　李梦佳　时鹏程　闫　闰　马旭盼　许剑波

二等奖学金（48 人）

2014 级（19 人）

郭　蓓　丰　畑　魏　言　李雨蓉　周心童　丁丽丽

许　洋　单天羽　郭　悦　马织夏　刘　昶　夏起飞

任　昊　陈汶佳　周婷婷　武　潇　李昊婷　柴雪莹

刘兆伟

2015 级（29 人）

殷振鑫　郭　昕　张　甜　王天姿　王聪聪　李　佩

姚阳光　梁晓雯　洪民杰　谷　琪　郑珊珊　陈佳燕

金　青　王佳奇　许　奔　马世钰　孙　毅　马　越

田乃冰　梁志芳　闫方彤　衣小慧　曲姝怡　姚丽莎

王明珠　杨惠敏　董　玉　曹倩文　吕泽君

博士（2 人）

一等奖学金（1 人）

2014 级（1 人）

刘　云

二等奖学金（1 人）

2014 级（1 人）

戴国朴

证据科学研究院（105 人）

硕士（87 人）

一等奖学金（25 人）

2014 级（13 人）

牛　哲	蒋宏敏	印　鹏	黄亚鸽	田庆花	刘孟尧
王　达	朱晓旭	张童瑶	冯　时	梁曦璐	郑　易
梁德明					

2015 级（12 人）

于美溪	黄燕妮	李　念	杜　婧	琚明亮	段雪飞
柴　冬	瞿玲玲	方玉叶	苑　冲	于颖超	王俊方

二等奖学金（62 人）

2014 级（33 人）

莫天新	丁惟馨	张　睿	曾丽娅	郑佳妮	田娜西
钟健玲	刘　瑶	董　帅	陈艳萍	梁远航	陈　阵
陈绮雯	于晓琳	张绍峰	孙　叶	夏　莹	姜竹青
孙康玉	陈奎良	王耀民	王春露	尤　萌	张乐超
张晶晶	彭澍官	袁　银	彭志浩	刘清源	许二兵
卢衍诚	殷辰吉	索南才让			

2015 级（29 人）

王华彬	于春洋	廖思蕴	李　明	任如诗	张　程
郭佳音	马瑞丰	宣怡华	王梦娟	徐　婧	乔娟娟
宋　然	安佳宁	王译晗	张妍妍	贾颖超	王　伟
张　晶	李晓亮	白国华	杨　帆	周　晶	胡佩佩
侯一阳	张方煜	王　鑫	冷冰凝	白佳奇	

博士（18 人）

一等奖学金（3 人）

2014 级（2 人）

曾　玲　　张婷婷

2015 级（1 人）

马　康

二等奖学金（15 人）

2014 级（5 人）

姜　川	李江涛	柴　鹏	马毓晨	杜鸣晓

2015 级（10 人）

潘　萍	许林波	张　超	谢尧雯	田圣庭	张民全
余　萌	邱成梁	田　源	史　炜		

13. 义务兵退役复学奖学金获奖名单（10 人）

法学院（1 人）

孟高正

民商经济法学院（1 人）

欧阳萱

国际法学院（1 人）

张佳培

刑事司法学院（3 人）

王振福　赵方强　张　帆

政治与公共管理学院（1 人）

许正伟

人文学院（1 人）

朱倩倩

马克思主义学院（1 人）

李　猛

社会学院（1 人）

李正新

14. 宝钢优秀学生奖学金获奖名单（7 人）

潘　辉　杨洁萌　张　莹　马子悦　谢　澍　蔡彬霖
曾家骏

15. 2015－2016 学年中国政法大学研究生长安公证奖学金获奖名单（20 人）

一等奖（1 人）

李润生

二等奖（6 人）

包献荣　陈子楠　刘文化　谢　澍　程　衍　付奇艺

三等奖（13 人）

肖玉坤　倪淑颖　徐　灿　吴晓波　相文景　李　欣
苗　壮　陈声桂　高　玥　黄婷立　牛颖秀　刘文勇
吐热妮萨．萨丁

16. 2015－2016 学年中国政法大学研究生蒋震奖学金获奖名单（20 人）

张英男　刘　敏　阙霖瑶　刘云舒　毕　莹　严　立
李　烁　刘　妍　朱宝通　罗永成　朱亦周　李　尧
王艺琳　邓梦荻　朱晓晓　黄婷立　张　扬　刘天骄
章　超　张可霖

四、科研奖励

1. 于志刚：《大数据时代数据犯罪的制裁思路》获得北京市哲学社会科学成果一

等奖。

2. 法律硕士学院课题报告《法律硕士培养双导师制度的构建与完善》荣获北京市高等教育学会第九次高等教育科学研究优秀成果一等奖。

3. 冯晓青：《知识产权法利益平衡理论》获得第六届钱端升法学研究成果奖二等奖。

4. 吴洪淇：《转型的逻辑：证据法的运行环境与内部结构》获第六届钱端升法学研究成果奖三等奖、第四届董必武青年法学成果奖一等奖和北京市第十四届哲学社会科学优秀成果奖二等奖。

5. 侯佳儒：《中国环境侵权责任法基本问题研究》获得第四届中国政法大学青年教师优秀科研成果奖二等奖。

6. 刘承韪：《英美契约法的变迁与发展》获第四届中国政法大学青年优秀科研成果奖二等奖。

7. 谢立斌：《论宪法财产权的保护范围》获第四届中国政法大学青年优秀科研成果奖三等奖。

8. 王强：《近代中国银行业资金研究》获得第四届中国政法大学青年教师优秀科研成果三等奖。

9. 郝红霞：《Molecularly imprinted polymers for highly sensitive detection of morphine using surface plasmon resonance spectroscopy》获得第四届中国政法大学青年教师优秀科研成果奖三等奖。

10. 王元凤：《Determination of the sequence of intersecting lines from laser toner and seal ink by Fourier transform infrared microspectroscopy and scanning electron microscope/energy dispersive X-ray mapping》获得第四届中国政法大学青年教师优秀科研成果奖三等奖。

五、体育竞赛获奖

1. 第二十一届中国大学生乒乓球锦标赛

比赛时间：2016年7月23日至7月29日
比赛地点：大连大学
教练：彭博、杨策
领队：贾海翔
成绩：
女团亚军（成员：王昆、李雯珺、刘梦、曾妍、王圣迪）
男团第五名（成员：赵峰、刘天元、王晨川穗、曹泽龙、吕睿、万宝满）
女子单打冠军：王昆
女双冠军：王昆、李雯珺
女双季军：刘梦、曾妍
男子单打季军：王辰川穗
男子单打第五名：刘天元

混双第五名：赵峰、刘梦

2. 第二十届中国大学生羽毛球锦标赛

比赛时间：2016 年 8 月 5 日至 8 月 11 日
比赛地点：内蒙古自治区鄂尔多斯市伊金霍洛旗全民健身体育活动中心
教练：李楠
领队：贾海翔
队员：刘芷芸、王子嫣、李千雨、王媛、聂晓妍、叶如丹
成绩：女子甲 A 团体第一名；女子甲 A 单打两个第三名（并列）

3. 全国女子大学生室内五人制足球锦标赛

比赛时间：2016 年 11 月 17 至 11 月 26 日
比赛地点：安徽师范大学
领队：贾海翔
教练：王巍、张宇
队员：李碧霞、王雨晨、何剑楠、赵焱宁、卢　珂、青小英、方　惠
成绩：冠军

4. 北京市高校乒乓球锦标赛（世纪二千杯）

比赛时间：2016 年 5 月 28 日至 5 月 29 日
比赛地点：清华大学综合体育馆
成绩：
张文雅、杨笛睿琪获甲 A 组第三名
王昆、曾妍获女子甲 A 组第一名

5. 特步中国大学生五人制足球联赛（北京赛区）

比赛时间：2016 年 12 月
比赛地点：物资学院（预赛阶段）
北京大学（决赛阶段）
队员：谭志伟、陈丹阳、高宸宇、吴宇寰、徐　来
成绩：校园组第一名

6. 北京市大学生足球联赛

比赛时间：2016 年 5 月
比赛地点：中国地质大学、北京建筑大学
队员：夏含笑　王雨晨　李碧霞　龙增臻　王　璇　唐　蓓
浦　欣　吕惠如　张　扬　张婷婷　麻继尹　何剑楠

陈南赛　　王　静　　卢　珂

成绩：第一名

7. 首都高校大学生羽毛球联赛

比赛时间：2016 年 4 月 17 日
比赛地点：北京大学
领队：贾海翔
教练：李楠
成绩：甲 A 团体第三名；甲 A 单打冠军、亚军，女双第三名；甲 B 单打冠军、亚军

8. 第十二届首都高等学校跆拳道锦标赛

比赛时间：2016 年 5 月 28 日
比赛地点：北京科技高级技术学校
领队：贾海翔
教练：贾涛
成绩：女子品势团体冠军；乙组团体第八名；乙组女子团体第四名；乙组女子品势个人两个亚军；乙组品势混双第三名

9. 2016 年首都武术比赛

比赛时间：2016 年 5 月 22 日、29 日
比赛地点：良乡体育中心
领队：贾海翔
教练：赵江
成绩：32 式太极剑集体二等奖，24 式太极拳集体三等奖；2 个单项亚军；推手团体总分第三名，散打团体第六名

10. 2016 首都高校女子足球联赛

比赛时间：2016 年 5 月
比赛地点：北京邮电大学
领队：贾海翔
教练：王巍、张宇
成绩：校园组冠军

11. 第 19 届 CUBA 中国大学生篮球联赛阳光组

比赛时间：2016 年 10 月 9 日至 10 月 26 日
比赛地点：首都师范大学
教练：于建营

成绩：亚军

12. 北京市高校排球联赛

比赛时间：2016 年 9 月 20 日
比赛地点：北京交通大学
领队：贾海翔
教练：邵建伟
成绩：甲 A 组第三名

13. 北京市高校沙滩排球联赛

比赛时间：2016 年 7 月 16 至 22 日
领队：贾海翔
教练：邵建伟
成绩：甲 A 第二名

第十六章 大事记

1 月 4 日，举行第三届北京曲剧艺术节。

1 月 4 日，学校代表队在普莱斯模拟法庭比赛亚太赛中获季军。

1 月 4 日，举行“法学教育高端论坛”第一讲。

1 月 8 日，中共中央政治局委员、中央政法委书记孟建柱主持召开 12 位法学专家学者的座谈会，张中秋教授在会上做“司法改革离不开文化建设”的发言。

1 月 14 日，学院路校区教学图书综合楼荣获北京市结构长城杯工程金质奖。

1 月 18 日，召开 2015 年度学校统一战线工作总结交流座谈会。

1 月 20 日，举行《中国司法文明指数报告 2015》新闻发布会。

1 月 21 日，学校“微思政大作为”项目荣获第四届首都大学生思想政治教育工作实效奖。

2 月 20 日，学校代表队在“第十四届杰赛普（Jessup）国际法模拟法庭中国赛区选拔赛”中获得季军。

2 月 27 日，学校党委部署 2016 年党风廉政建设工作。

2 月 29 日，公布第十届中国政法大学学术委员会及各专门委员会组成人员名单。

3 月 16 日，校长黄进与国家发改委价监局局长张汉东商谈反垄断战略合作事宜。

3 月 18 – 20 日，举行 2016 年国际刑事法院审判竞赛。

3 月 19 日，举办“卫生行政法学专业同等学力研修班”开班仪式。

3 月 21 日，第十一届全国政协副主席、著名经济学家厉无畏视察学校并与学校有关领导进行座谈。

3 月 24 日，开展第一期“咖啡时间”辅导员沙龙。

3 月 30 日，学校纪委召开全面推进从严治党暨党风廉政建设大会。

3 月 30 日，“2015 级法学学术精英人才培养实验班”正式开班。

3 月，学校工商管理硕士专业学位授权点通过专项评估。

4 月 7 日，举办“崖涘秋水”李剑锋书法展暨中国政法大学第五届传统文化节开幕式。

4 月 7 日，举办“飞舞的凤凰”国际艺术文化交流节。

4 月 8 日 – 11 日，学校留学生参加“三亚南山”首届世界太极文化节。

4 月 12 日，学校与国际城市管理协会（ICMA）签订优秀本科生赴美城市实习的合作协议。

4 月 13 日，第五届传统文化节觞流韵 · 北京交响乐团 2016 高雅艺术进校园活动落幕。

4 月 14 日，教育部办公厅一行参观学校法庭科学技术鉴定研究所。

4 月 14 日，召开第六届教代会暨第十二届工代会第三次全体会议。

4 月 16 日，召开首届“司法文明与法治文化”高端论坛暨“文学、语言、法治”学术讨论会。

4 月 20 日，学校与湖北省黄冈市举行合作交流座谈会。

4 月 21 日，举行 2016 年度教职工春季运动会。

4 月 22 日，学校应邀出席“因为有你”全国大学生创新创业公益活动。

4 月 26 日，组织学生前往人民大会堂听取国务院报告。

4 月 –7 月，完成智慧教室（一期）建设。

5 月 4 日，参加中宣部、教育部、共青团中央联合主办，中央电视台承办、中国教育电视台协办的《筑梦青春——2016 年“五月的鲜花”全国大中学生文艺会演》。

5 月 6 日，学校获批“北京高校中国特色社会主义理论研究协同创新中心”。

5 月 4 日至 6 日，党委书记石亚军率队赴云南省检查和调研楚雄彝族自治州姚安县的挂点扶贫工作，商谈并推进学校与云南省共建“法治云南”战略合作。

5 月 9 日，刑事司法学院主办的第四届“京都杯”刑事模拟法庭大赛决赛在昌平校区举行。

5 月 10 日，中外文化美食节在学生活动中心大厅举办。

5 月 15 日，学校代表队获第四届全国高校模拟外交谈判大赛全国总冠军。

5 月 16 日，举行“晓月军都”校友论坛暨首届优秀校友及星级校友分会颁奖仪式。

5 月 26 日，校党委书记石亚军出席中国大数据产业峰会暨中国电子商务创新发展峰会。

5 月 28 日，2016 年“创青春”首都大学生创业大赛中，学校获得金奖 2 项，铜奖 7 项。

6 月 5 日，召开中国政法大学第十六次学生代表大会。

6 月 21 日，成立中国政法大学创业学院。

6 月 24 日，举行中国残疾人艺术团“我的梦”义演晚会暨中国政法大学“繁千手语静聆心声”公益晚会。

6 月 28 日，举行 2016 届本科生毕业典礼暨学士学位授予仪式。

7 月 8 日，校长黄进率团出席全国政法大学“立格联盟”第七届高峰论坛。

7 月 8 日 –9 日，举行 2016 年全国政法院校就业工作联席会议。

7 月 18 日，成立绿色发展战略研究院在编新型研究机构。

7 月，成功申请开通中国政法大学微信企业号。

8 月 23 日 –26 日，李鸣教授受邀参加最高人民法院和国家民族事务委员会共同举办的“民族法制文化与司法实践研讨会”。

8 月 29 日，校长黄进会见政府间国际组织“海牙国际私法会议”秘书长 Christophe Bernasconi 先生，并签署《合作协议》。

8 月 29 日 –9 月 18 日，举行“中国——亚非法协国际法交流与研究项目”第二期培训。

9 月 1 日，实施“三学期制”教学制度改革，开启由秋季学期、春季学期、夏季学期三个学期组成的教学周期。

9 月 1 日，校长黄进会见“亚非法律协商组织”秘书长。

9 月 3 日，学校党委行政部署新学期党风廉政建设工作。

9 月 3 日，教育部评估中心主任吴岩来学校作“以高质量做好本科教学审核评估”为题的报告。

9 月 5 日，副校长冯世勇应邀出席“国际法院司法文化专题展”开幕式。

9 月 5 日，举行 2016 级本科新生集中入学教育。

9 月 6 日，联合国国际法院院长龙尼·亚伯拉罕率团访问学校，与校长黄进、副校长马怀德及各学院领导会见，并发表主题演讲。

9 月 8 日，举行 2016 年退伍士兵欢迎会暨入伍新兵欢送会。

9 月 16 日，成立中国政法大学国有资产管理委员会。

9 月 27 日，学校与青岛市人民政府签订战略合作框架协议。

9 月 28 日，学校与贵阳市人大常委会签订战略合作协议。

9 月，马怀德、于志刚教授入选第二批国家“万人计划”哲学社会科学领军人才。

9 月，栗峥教授入选 2016 年度“长江学者奖励计划”青年学者项目。

9 月，汪海燕、易军教授分别荣获第二届“首都十大杰出青年法学家”称号和提名奖。

10 月 2 日 –9 日，学校代表团访问澳大利亚新西兰校友会。

10 月 11 日，校长黄进出席中国 – 欧盟国家教育部长会议和第四届中国 – 中东欧国家教育政策对话。

10 月 12 日，由学校代表团、布大法学院和布大孔子学院共同举办的“一带一路国际经济法学研讨会”在布大法学院召开。

10 月 17 日，云南楚雄彝族自治州授予学校“十二五”期间扶贫先进单位称号。

10 月 12 日 –19 日，举行第三届“北京—华沙大学生论坛”。

10 月 19 日，《中国政法大学国有资产使用管理办法》正式实施。

10 月 20 日 –26 日，举办中国政法大学首届国际大学生华语辩论公开赛。

10 月 27 日，举行第二届“陈兆恺大法官奖助学金”发放仪式。

10 月 28 日，学校与北京市西城区人民政府签署战略合作框架协议。

10 月 29 日，副校长李树忠率团出席第七届海峡两岸法学院校长论坛。

10 月 29 日，举行第三届“法治中国论坛”。

10 月 – 12 月，建设网上办事大厅，实现学校行政审批流程透明化、可视化。

11 月 4 日，市委第五巡回督导组来校检查指导工作切实推进“两学一做”学习教育走向深入。

11 月 4 日，全国高端智库理事会副理事长尹汉宁一行考察学校人权智库建设情况。

11 月 4 日 – 6 日，副校长时建中率队参加第六届“立格联盟”科研管理论坛。

11 月 5 日，学校跆拳道队在 2016 年首都高等学校跆拳道精英赛中取得优异成绩。

11 月 6 日，举办首届“社会法基础理论探索高端论坛”。

11 月 8 日，由中国外交部、中国残疾人联合会以及中国政法大学人权研究院共同举办的第十六届亚欧非正式人权研讨会于京召开。

11 月 11 日 – 13 日，校长黄进带队参加中国国际私法学会 2016 年年会。

11 月 13 日，学校藤球队在首都高校第九届藤球赛上获得男、女双冠军。

11 月 13 日，举办“首届中国影视行业仲裁员候选人高级研修班”。

11 月 16 日，成立中国政法大学制度学研究院，首任院长李树忠教授。

11 月 17 日，举行学校与北京市海淀区人民法院签约仪式。

11 月 18 日，党委副书记高浣月出席罗马尼亚“重塑传统”国际学术会议开幕式。

11 月 18 日 – 20 日，举办第十届“帅和杯”红十字国际人道法模拟法庭竞赛。

11 月 23 日，举办首届“RONG 聚法大”文化盛典暨第十八届校园广播歌手大赛。

11 月 24 日，北京市教工委专项检查组来校开展宣传教育重点工作调研。

11 月 24 日，学生代表参加首都大学生“忆抗战，学党史，强党性”主题教育活动。

11 月 25 日，校长黄进出席中德高等教育与科技创新论坛。

11 月 26 日，举行中国政法大学制度学研究院成立仪式暨“法治制度与传播”研讨会。

11 月 26 日，召开政管 – 立格联盟成立大会暨学科建设与学院管理研讨会。

11 月 26 日 – 27 日，学校组织党务干部赴沂蒙山革命老区开展党性教育。

11 月 26 日 – 27 日，召开第四届“国际争端解决与人权保护圆桌会议”。

11 月 28 日，举行“舞动青春”纪念一二·九运动舞蹈大赛。

11 月 28 日，学校与沈阳市沈河区人民政府签署关于依法治区战略合作框架协议。

11 月，卫灵教授、赵庆杰教授分别受聘首批北京高校思想政治理论课特级教授、特级教师。

11 月 – 12 月，举行“第二届卓越领导力学生骨干训练营”。

12 月 3 日 – 4 日，学校参加全国政法院校 2016 年学生工作年会。

12 月 3 日 –4 日，校长黄进参加 2016 年海峡两岸国际私法学术研讨会。

12 月 4 日，举办“全国普法万里行”活动。

12 月 5 日，学校与广州市越秀区人民法院签署共建法学教育实践基地合作协议。

12 月 6 日 –7 日，举办“第六届钱端升法学研究成果奖颁奖大会暨第六届中国法治论坛”。

12 月 7 日，副校长李树忠参加山西省人大常委会组织举办的机关及事业单位全体干部宪法专题学习活动。

12 月 7 日，巴巴多斯西印度大学凯夫希尔分校副校长一行来校访问。

12 月 7 日，举行第十七届江平民商法奖学金颁奖典礼。

12 月 7 日，举办纪念红军长征胜利 80 周年主题教育实践活动。

12 月 8 日，北京高校思想政治理论课专项督查组来校督查。

12 月 8 日，举行 2015 –2016 学年度“沙驰 · 榜样法大”颁奖典礼。

12 月 9 日，习近平总书记主持中央政治局集体学习，法律史学研究院院长朱勇教授应邀讲解。

12 月 9 日，学校与最高人民检察院续签“应用型法学博士”合作培养协议。

12 月 9 日，学校与香港特别行政区律政司签署法律交流与合作协议。

12 月 9 日，学校首期创业训练营圆满结业。

12 月 9 日，校党委书记石亚军与香港特别行政区律政司司长袁国强在北京签署法律交流与合作协议，开启学校与香港地区法律交流与合作的新篇章。

12 月 10 日，黄进校长率团参加第十一届全球孔子学院大会，学校共建布大孔院罗方院长白罗米获评为“2016 年全球孔子学院先进个人”。

12 月 10 日 –11 日，校长黄进参加第十一届全球孔子学院大会。

12 月 14 日，学校与最高人民法院续签“应用型法学博士”合作培养协议。

12 月 15 日，工会、教务处、人事处联合举办第十四届青年教师教学基本功大赛。

12 月 17 日 –18 日，举行第五届 WTO 模拟法庭大赛暨 WTO 论坛。

12 月 19 日，举行首届中华法学硕博英才全国研究生模拟法庭竞赛闭幕式暨颁奖典礼。

12 月 19 日 –23 日，学校六位政协委员参加昌平区第五届政协一次会议。

12 月 20 日，学校与国家发展与改革委员会价格监督检查与反垄断局签订竞争政策与反垄断战略合作协议。

12 月 20 日，举行“福顺 · 欢乐法大”2017 新春晚会。

12 月 23 日，副校长李树忠参加人民网 2016 大学校长论坛。

12 月 24 日 –25 日，举行首届全国“法律诊所骨干教师论坛”。

12 月 25 日，举办国际儒学院成立十周年庆典暨“依法治国与以德治国”座谈会。

12 月 26 日，举行北京市食品药品法治研究中心成立大会暨首期食品药品法治论坛。

12 月 27 日，举办新年音乐会。

12 月 27 日，召开《中国大百科全书》（第三版）法学学科编纂年度工作会议。

12 月 28 日，举办“翰墨中华”传统书画展。

年内，学校证据科学研究院“111 计划”证据科学创新引智基地成功通过 2015 - 2016 年度国家项目考核。

第十七章　综合统计表

一、学校（机构）基本情况

高基 112

项目	编号	内容
“985 工程”院校	1	否
“211 工程”院校	2	是
设立研究生院	3	是
网络学院	4	无
建立校园网	5	是
接入互联网	6	光纤
接入互联网出口带宽	7	4500
专科（高职）专业	8	0
本科专业	9	19
硕士学位授权一级学科点	10	13
硕士学位授权二级学科点（不含一级学科覆盖点）	11	1
博士学位授权一级学科点	12	3
博士学位授权二级学科点（不含一级学科覆盖点）	13	6
博士后科研流动站	14	3
国家重点学科（一级）	15	1
国家重点学科（二级）	16	0
国家重点（培育）学科	17	0
省、部级重点学科（一级）	18	1
省、部级重点学科（二级）	19	5
国家实验室	20	0
国家重点实验室	21	0
国家工程实验室	22	0

续表

项目	编号	内容
国家工程研究中心	23	0
国家工程技术研究中心	24	0
定期公开出版的专业刊物数	26	5
直属院（系）数	27	18
普通本专科在校生中住宿生	28	8796
普通本专科毕业生一次就业率	29	94.06
授予同等学力申请硕士学位人数	30	172
授予同等学力申请博士学位人数	31	3
上学年参加国家学生体质健康标准测试的人数	32	7664
优秀	33	391
良好	34	3840
及格	35	2306
不及格	36	1127
中国科学院院士（人事关系在本校）	37	0
“千人计划”入选者	39	1
“青年千人计划”入选者	40	0
“长江学者奖励计划”讲座教授	41	1
“长江学者奖励计划”特聘教授	42	2
“国家杰出青年科学基金”获得者	43	0
专任教师中有海（境）外经历累计一年以上的	44	321
安全保卫人员	45	35
学校附属医院	46	0
建筑面积	47	0
床位数	48	0
临床教师	49	0

续表

项目	编号	内容
学校简介	50	一、历史沿革 学校的前身是1952年由北京大学、清华大学、燕京大学、辅仁大学四校的法学、政治学、社会学等学科组合而成的北京政法学院。1954年，学校迁址至学院路。文革中学校停办，1978年复办。1983年，北京政法学院与中央政法干校合并，组建为中国政法大学，学校形成一校及本科生院、研究生院、进修生院三院办学格局。1985年，学校开辟昌平校区新校址。进修生院后更名为中央政法管理干部学院单独办学，1997年复又合并于中国政法大学。 二、院系设置 学校现有法学院、民商经济法学院、国际法学院、刑事司法学院、政治与公共管理学院、商学院、人文学院、外国语学院、继续教育学院、国际教育学院（港澳台教育中心）、马克思主义学院、社会学院、光明新闻传播学院、法律硕士学院、国际儒学院、中欧法学院、科学技术教学部、体育教学部共18个教学单位。 三、专业设置 学校设有法学、侦查学、政治学与行政学、行政管理、国际政治、公共事业管理、工商管理、经济学、国际商务、哲学、汉语言文学、思想政治教育、社会学、社会工作、应用心理学、英语、德语、新闻学、数学与应用数学、翻译、金融工程、汉语言、网络与新媒体、法治信息管理共24个本科专业，其中法学、政治学与行政学、社会学为国家级特色专业。学校拥有34个博士学位授权点、78个硕士学位授权点、5个专业硕士学位授权点和3个博士后科研流动站。法学、政治学、马克思主义理论为博士学位授权一级学科，哲学、理论经济学、应用经济学、社会学、心理学、外国语言文学、新闻传播学、中国史、工商管理、公共管理为硕士学位授权一级学科，其中，法学为一级学科国家重点学科，政治学为一级学科北京市重点学科。 四、国家级、省部级研究机构设置 学校设有诉讼法学研究院（教育部人文社会科学重点研究基地）、法律史学研究院（教育部人文社会科学重点研究基地）、证据科学研究院（教育部重点实验室）、法治政府研究院（北京市哲学社会科学研究基地、教育部青少年法制教育研究基地）、人权研究院（国家人权教育与培训基地）、比较法学研究院、法律古籍整理研究所、法学教育研究与评估中心/高等教育研究所、法与经济学研究院、全球化与全球问题研究所、公司法与投资保护研究所等11个在编科研机构；设有资本金融研究院、仲裁研究院、互联网金融法律研究院、绿色发展战略研究院、制度学研究院5个新型研究机构；设有司法文明协同创新中心、国家领土主权与海洋权益协同创新中心、马克思主义与全面依法治国协同创新中心、全球治理与国际法治协同创新中心、知识经济与法治发展协同创新中心、人权建设协同创新中心、法治政府协同创新中心7个协同创新中心。 五、博士后科研流动站 学校设有法学、政治学、社会学3个博士后科研流动站 六、定期出版的专业刊物 包括《政治论坛》《中国政法大学学报》《行政法学研究》《公司法评论》《民

续表

项目	编号	内容
学校简介	50	商经济评论》《学说汇纂》《比较法研究》《诉讼法学研究》《诉讼法论丛》《中国诉讼法判解》《犯罪学评论》《证据科学》《中国法学教育研究》《中国法学文档》《中华法系》。 七、学校设立奖学金情况 学校设立奖学金 7 项，奖励金额为 1490 余万/年，最低金额 500 元/年。 八、主要校办产业 出版社、法大科技园、国际交流中心。
数据核查结果说明及建议	51	

二、普通本科分专业学生数

高基 312　　　　单位：人

专业名称	专业代码	年制	毕业生数	授予学位数	招生数				在校生数						预计毕业生数
					合计	其中：			合计	一年级	二年级	三年级	四年级	五年级	
						应届毕业生	春季招生	预科生转入							
普通本科生	42100	0	2083	2041	2465	2343	0	50	9402	2431	2298	2175	2179	319	2554
其中：女	421002	0	1303	1290	1462	1354	0	0	6153	1608	1518	1411	1368	248	2482
高中起点本科	42101	0	1993	1955	2192	2070	0	50	9153	2238	2242	2175	2179	319	2498
公共管理类专业	120499	4	0	0	100	96	0	0	189	99	90	0	0	0	0
行政管理	120402	4	46	45	0	0	0	0	140	0	0	70	70	0	70
行政管理	120402	5	17	17	0	0	0	0	24	0	0	0	0	24	24
德语	050203	4	1	1	23	22	0	0	92	23	23	23	23	0	23
德语	050203	5	12	12	0	0	0	0	18	0	0	0	0	18	18
英语	050201	4	42	39	61	60	0	0	335	61	63	103	108	0	108
英语	050201	5	62	62	0	0	0	0	60	0	0	0	0	60	60
应用心理学	071102	4	9	9	30	27	0	0	123	30	30	35	28	0	28
应用心理学	071102	5	14	14	0	0	0	0	18	0	0	0	0	18	18
侦查学	030602	4	34	34	40	39	0	0	165	40	40	44	41	0	41
侦查学	030602	5	2	2	0	0	0	0	2	0	0	0	0	2	2
国际政治	030202	4	21	21	30	27	0	0	133	30	32	36	35	0	35
国际政治	030202	5	2	2	0	0	0	0	11	0	0	0	0	11	11
哲学	010101	4	14	14	25	21	0	0	95	25	23	23	24	0	24

续表

专业名称	专业代码	年制	毕业生数	授予学位数	招生数				在校生数						预计毕业生数
					合计	其中：应届毕业生	其中：春季招生	其中：预科生转入	合计	一年级	二年级	三年级	四年级	五年级	
哲学	010101	5	4	4	0	0	0	0	8	0	0	0	0	8	8
汉语言文学	050101	4	19	19	40	35	0	0	155	39	38	40	38	0	38
汉语言文学	050101	5	13	13	0	0	0	0	19	0	0	0	0	19	19
经济学	020101	4	76	72	89	82	0	0	360	89	94	95	82	0	82
经济学	020101	5	13	13	0	0	0	0	11	0	0	0	0	11	11
法学	030101	4	1211	1190	1359	1304	0	50	5469	1407	1412	1326	1324	0	1324
法学	030101	5	6	6	0	0	0	0	15	0	0	0	0	15	15
社会工作	030302	4	7	7	15	14	0	0	54	15	12	13	14	0	14
社会工作	030302	5	0	0	0	0	0	0	8	0	0	0	0	8	8
思想政治教育	030503	4	14	14	30	26	0	0	113	30	27	30	26	0	26
思想政治教育	030503	5	5	5	0	0	0	0	13	0	0	0	0	13	13
新闻学	050301	4	45	45	61	50	0	0	255	64	68	58	65	0	65
新闻学	050301	5	14	14	0	0	0	0	19	0	0	0	0	19	19
社会学	030301	4	16	15	25	21	0	0	112	24	27	29	32	0	32
社会学	030301	5	9	9	0	0	0	0	12	0	0	0	0	12	12
翻译	050261	4	0	0	40	37	0	0	80	40	40	0	0	0	0
政治学与行政学	030201	4	45	44	51	46	0	0	212	51	54	53	54	0	54
政治学与行政学	030201	5	1	1	0	0	0	0	12	0	0	0	0	12	12
公共事业管理	120401	4	18	17	0	0	0	0	51	0	0	24	27	0	27

续表

专业名称	专业代码	年制	毕业生数	授予学位数	招生数				在校生数						预计毕业生数
					合计	其中：应届毕业生	其中：春季招生	其中：预科生转入	合计	一年级	二年级	三年级	四年级	五年级	
公共事业管理	120401	5	4	4	0	0	0	0	14	0	0	0	0	14	14
国际商务	120205	4	63	59	71	66	0	0	289	71	70	70	78	0	78
国际商务	120205	5	22	22	0	0	0	0	15	0	0	0	0	15	15
工商管理	120201	4	78	76	102	97	0	0	412	100	99	103	110	0	110
工商管理	120201	5	34	34	0	0	0	0	40	0	0	0	0	40	40
第二学士学位	42103	0	90	86	273	273	0	0	249	193	56	0	0	0	56
工商管理	120201	2	8	4	207	207	0	0	167	138	29	0	0	0	29
法学	030101	2	82	82	66	66	0	0	82	55	27	0	0	0	27

三、成人本科分专业学生数

高基 314　　　　单位：人

专业名称	专业代码	年制	毕业生数	授予学位数	招生数	在校生数							预计毕业生数
						合计	一年级	二年级	三年级	四年级	五年级	六年级及以上	
成人本科生	42200	0	899	294	899	2210	899	1009	232	0	70	0	852
其中：女	422002	0	360	177	379	1020	379	541	70	0	30	0	181
函授本科	42210	0	406	135	287	791	287	387	47	0	70	0	410
其中：女	422102	0	150	68	157	383	157	181	15	0	30	0	181
高中起点本科	42211	0	100	5	100	264	100	47	47	0	70	0	70

续表

专业名称	专业代码	年制	毕业生数	授予学位数	招生数	在校生数							预计毕业生数
						合计	一年级	二年级	三年级	四年级	五年级	六年级及以上	
法学	030101	5	100	5	100	264	100	47	47	0	70	0	70
专科起点本科	42212	0	306	130	187	527	187	340	0	0	0	0	340
法学	030101	2	306	130	187	527	187	340	0	0	0	0	340
业余本科	42220	0	493	159	612	1419	612	622	185	0	0	0	442
其中：女	422202	0	210	109	222	637	222	360	55	0	0	0	0
高中起点本科	42221	0	0	0	78	443	78	180	185	0	0	0	0
法学	030101	5	0	0	78	443	78	180	185	0	0	0	0
专科起点本科	42222	0	493	159	534	976	534	442	0	0	0	0	442
法学	030101	2	493	159	534	976	534	442	0	0	0	0	442

四、硕士研究生分专业（领域）学生数

高基 317 **单位：人**

专业名称	自主专业名称	专业代码	年制	毕业生数	授予学位数	招生数		在校生数				预计毕业生数
						合计	应届毕业生	合计	一年级	二年级	三年级及以上	
硕士研究生	硕士研究生	43100	0	1748	2087	1904	1223	5333	1904	2046	1383	2060
其中：女	其中：女	431002	0	1153	1308	1256	862	3502	1256	1237	1009	1316
学术型学位硕士	学术型学位硕士	43110	0	980	1184	978	745	2865	978	1000	887	955
其中：女	其中：女	431102	0	685	800	662	522	1950	662	656	632	646
国家任务学术型学位硕士	国家任务学术型学位硕士	43111	0	746	869	912	734	2692	912	938	842	910

续表

专业名称	自主专业名称	专业代码	年制	毕业生数	授予学位数	招生数		在校生数				预计毕业生数
						合计	应届毕业生	合计	一年级	二年级	三年级及以上	
社会保障	社会保障	120404	3	4	4	5	3	13	5	3	5	5
工商管理学科	法商管理	120299	3	1	1	3	3	8	3	4	1	1
公共管理学科	公共人力资源管理	120499	3	3	3	3	2	9	3	3	3	3
公共管理学科	危机管理	120499	3	3	3	3	3	6	3	2	1	1
行政管理	行政管理	120401	3	10	10	10	10	34	10	12	12	12
会计学	会计学	120201	3	4	4	4	2	12	4	4	4	4
历史文献学（含：敦煌学、古文字学）	历史文献学（含：敦煌学、古文字学）	060202	3	2	2	2	2	6	2	2	2	2
新闻学	新闻学	050301	3	12	12	12	11	40	12	12	16	16
基础心理学	基础心理学	040201	3	2	2	0	0	0	0	0	0	0
英语语言文学	英语语言文学	050201	3	5	5	7	4	22	7	7	8	8
思想政治教育	思想政治教育	030505	3	6	6	6	6	18	6	5	7	7
传播学	传播学	050302	3	5	5	6	3	15	6	5	4	4
中国古代史	中国古代史	060204	3	1	1	1	0	6	1	3	2	2
马克思主义中国化研究	马克思主义中国化研究	030503	3	3	3	5	3	10	5	1	4	4
产业经济学	产业经济学	020205	3	3	3	4	2	10	4	3	3	3
中国近现代史	中国近现代史	060205	3	3	3	4	4	12	4	4	4	4
专门史	专门史	060203	3	4	4	5	5	14	5	5	4	4
宗教学	宗教学	010107	3	3	3	3	2	8	3	2	3	3
心理学学科	犯罪心理学	040299	3	4	4	8	4	20	8	6	6	6

续表

专业名称	自主专业名称	专业代码	年制	毕业生数	授予学位数	招生数		在校生数				预计毕业生数
						合计	应届毕业生	合计	一年级	二年级	三年级及以上	
西方经济学	西方经济学	020104	3	2	2	3	3	8	3	3	2	2
应用心理学	应用心理学	040203	3	4	4	2	2	11	2	3	6	6
经济史	经济史	020103	3	2	2	3	2	10	3	4	3	3
外国哲学	外国哲学	010103	3	3	3	3	3	7	3	1	3	3
法学理论	法学理论	030101	3	35	35	36	29	115	36	36	43	43
逻辑学	逻辑学	010104	3	3	3	3	1	9	3	4	2	2
政治学学科	全球学	030299	3	0	0	3	1	6	3	3	0	0
政治学学科	纪检监察学	030299	3	0	0	4	1	14	4	5	5	5
军事法学	军事法学	030110	3	3	3	7	5	15	7	4	4	4
马克思主义哲学	马克思主义哲学	010101	3	3	3	5	4	14	5	4	5	5
世界经济	世界经济	020105	3	2	2	4	4	12	4	4	4	4
马克思主义发展史	马克思主义发展史	030502	3	1	1	3	3	9	3	3	3	3
中国近现代史基本问题研究	中国近现代史基本问题研究	030506	3	2	2	2	2	8	2	2	4	4
国外马克思主义研究	国外马克思主义研究	030504	3	3	3	3	1	7	3	1	3	3
德语语言文学	德语语言文学	050204	3	2	2	5	2	9	5	2	2	2
国际政治	国际政治	030206	3	3	3	4	4	13	4	4	5	5
国际贸易学	国际贸易学	020206	3	2	2	2	1	6	2	2	2	2
区域经济学	区域经济学	020202	3	2	2	2	1	7	2	2	3	3
金融学（含：保险学）	金融学（含：保险学）	020204	3	0	0	3	3	6	3	3	0	0
科学社会主义与国际共产主义运动	科学社会主义与国际共产主义运动	030203	3	0	0	0	0	0	0	0	0	0

续表

专业名称	自主专业名称	专业代码	年制	毕业生数	授予学位数	招生数		在校生数				预计毕业生数
						合计	应届毕业生	合计	一年级	二年级	三年级及以上	
法语语言文学	法语语言文学	050203	3	3	3	3	2	9	3	4	2	2
国际关系	国际关系	030207	3	7	7	3	3	12	3	5	4	4
政治经济学	政治经济学	020101	3	5	5	7	7	21	7	7	7	7
社会学	社会学	030301	3	6	6	11	10	31	11	10	10	10
政治学理论	政治学理论	030201	3	13	13	10	10	33	10	10	13	13
民商法学（含：劳动法学、社会保障法学）	民商法学（含：劳动法学、社会保障法学）	030105	3	74	114	108	87	301	108	105	88	88
民商法学（含：劳动法学、社会保障法学）	民商法学（含：劳动法学、社会保障法学）	030105	2	19	28	0	0	13	0	13	0	13
美学	美学	010106	3	4	4	5	3	11	5	2	4	4
中外政治制度	中外政治制度	030202	3	7	7	5	4	15	5	5	5	5
诉讼法学	诉讼法学	030106	3	68	71	94	74	272	94	93	85	85
诉讼法学	诉讼法学	030106	2	8	10	0	0	6	0	6	0	6
法学学科	法与经济学	030199	3	6	5	11	9	37	11	13	13	13
法学学科	法律与经济	030199	3	0	0	0	0	0	0	0	0	0
法学学科	法治文化	030199	3	0	0	3	1	7	3	4	0	0
法学学科	人权法学	030199	3	6	6	8	5	28	8	9	11	11
法学学科	证据法学	030199	3	9	9	17	13	49	17	18	14	14
法学学科	比较法学	030199	2	32	34	12	12	42	12	30	0	30
法学学科	比较法学	030199	3	31	33	51	41	153	51	50	52	52
法学学科	知识产权法学	030199	3	19	19	25	23	73	25	27	21	21

续表

专业名称	自主专业名称	专业代码	年制	毕业生数	授予学位数	招生数		在校生数				预计毕业生数
						合计	应届毕业生	合计	一年级	二年级	三年级及以上	
宪法学与行政法学	宪法学与行政法学	030103	3	41	45	63	56	189	63	69	57	57
宪法学与行政法学	宪法学与行政法学	030103	2	13	14	0	0	2	0	2	0	2
刑法学	刑法学	030104	3	54	68	76	64	235	76	72	87	87
刑法学	刑法学	030104	2	10	14	0	0	3	0	3	0	3
中共党史（含：党的学说与党的建设）	中共党史（含：党的学说与党的建设）	030204	3	3	3	3	1	9	3	3	3	3
环境与资源保护法学	环境与资源保护法学	030108	3	9	9	16	14	44	16	14	14	14
法律史	法律史	030102	3	7	7	10	9	28	10	9	9	9
国际法学（含：国际公法、国际私法、国际经济法）	国际法学（含：国际公法、国际私法、国际经济法）	030109	3	57	78	69	60	214	69	72	73	73
外交学	外交学	030208	3	3	3	3	2	9	3	3	3	3
中国哲学	中国哲学	010102	3	6	6	11	8	35	11	11	13	13
经济法学	经济法学	030107	3	44	56	87	69	207	87	70	50	50
经济法学	经济法学	030107	2	19	29	0	0	14	0	14	0	14
马克思主义基本原理	马克思主义基本原理	030501	3	3	3	3	2	11	3	3	5	5
俄语语言文学	俄语语言文学	050202	3	2	2	2	2	9	2	3	4	4
企业管理（含：财务管理、市场营销、人力资源管理）	企业管理（含：财务管理、市场营销、人力资源管理）	120202	3	8	8	8	2	21	8	6	7	7
委托培养学术型学位硕士	委托培养学术型学位硕士	43112	0	14	27	66	11	124	66	56	2	2
经济法学	经济法学	030107	3	0	0	6	1	10	6	4	0	0
中国哲学	中国哲学	010102	3	0	0	0	0	0	0	0	0	0

续表

专业名称	自主专业名称	专业代码	年制	毕业生数	授予学位数	招生数		在校生数				预计毕业生数
						合计	应届毕业生	合计	一年级	二年级	三年级及以上	
国际法学（含：国际公法、国际私法、国际经济法）	国际法学（含：国际公法、国际私法、国际经济法）	030109	3	2	6	2	1	3	2	1	0	0
环境与资源保护法学	环境与资源保护法学	030108	3	0	0	0	0	1	0	1	0	0
刑法学	刑法学	030104	3	6	9	20	4	25	20	4	1	1
宪法学与行政法学	宪法学与行政法学	030103	3	3	3	2	0	26	2	23	1	1
法学学科	法与经济学	030199	3	0	0	0	0	0	0	0	0	0
法学学科	比较法学	030199	2	0	0	0	0	0	0	0	0	0
法学学科	证据法学	030199	3	0	0	0	0	0	0	0	0	0
法学学科	知识产权法学	030199	3	0	0	0	0	1	0	1	0	0
诉讼法学	诉讼法学	030106	3	0	0	13	2	16	13	3	0	0
民商法学（含：劳动法学、社会保障法学）	民商法学（含：劳动法学、社会保障法学）	030105	3	1	6	11	2	25	11	14	0	0
政治学理论	政治学理论	030201	3	0	0	0	0	0	0	0	0	0
国际关系	国际关系	030207	3	0	0	0	0	1	0	1	0	0
区域经济学	区域经济学	020202	3	0	0	0	0	0	0	0	0	0
马克思主义发展史	马克思主义发展史	030502	3	0	0	1	0	1	1	0	0	0
逻辑学	逻辑学	010104	3	0	0	0	0	0	0	0	0	0
法学理论	法学理论	030101	3	1	2	1	0	1	1	0	0	0
应用心理学	应用心理学	040203	3	1	1	0	0	0	0	0	0	0
心理学学科	犯罪心理学	040299	3	0	0	1	0	1	1	0	0	0
中国近现代史	中国近现代史	060205	3	0	0	1	0	1	1	0	0	0

续表

专业名称	自主专业名称	专业代码	年制	毕业生数	授予学位数	招生数		在校生数				预计毕业生数
						合计	应届毕业生	合计	一年级	二年级	三年级及以上	
马克思主义中国化研究	马克思主义中国化研究	030503	3	0	0	2	0	2	2	0	0	0
传播学	传播学	050302	3	0	0	1	0	2	1	1	0	0
思想政治教育	思想政治教育	030505	3	0	0	0	0	0	0	0	0	0
新闻学	新闻学	050301	3	0	0	2	0	3	2	1	0	0
会计学	会计学	120201	3	0	0	1	0	1	1	0	0	0
行政管理	行政管理	120401	3	0	0	1	1	3	1	2	0	0
公共管理学科	危机管理	120499	3	0	0	1	0	1	1	0	0	0
自筹经费学术型学位硕士	自筹经费学术型学位硕士	43113	0	220	288	0	0	49	0	6	43	43
社会保障	社会保障	120404	3	1	1	0	0	0	0	0	0	0
行政管理	行政管理	120401	3	4	4	0	0	0	0	0	0	0
会计学	会计学	120201	3	1	1	0	0	0	0	0	0	0
新闻学	新闻学	050301	3	3	3	0	0	0	0	0	0	0
英语语言文学	英语语言文学	050201	3	2	2	0	0	0	0	0	0	0
基础心理学	基础心理学	040201	3	0	0	0	0	0	0	0	0	0
思想政治教育	思想政治教育	030505	3	1	1	0	0	0	0	0	0	0
传播学	传播学	050302	3	1	1	0	0	0	0	0	0	0
马克思主义中国化研究	马克思主义中国化研究	030503	3	0	0	0	0	0	0	0	0	0
中国近现代史	中国近现代史	060205	3	1	1	0	0	0	0	0	0	0
产业经济学	产业经济学	020205	3	0	0	0	0	0	0	0	0	0
心理学学科	犯罪心理学	040299	3	1	1	0	0	0	0	0	0	0

续表

专业名称	自主专业名称	专业代码	年制	毕业生数	授予学位数	招生数		在校生数				预计毕业生数
						合计	应届毕业生	合计	一年级	二年级	三年级及以上	
宗教学	宗教学	010107	3	1	1	0	0	0	0	0	0	0
应用心理学	应用心理学	040203	3	0	0	0	0	1	0	0	1	1
外国哲学	外国哲学	010103	3	0	0	0	0	0	0	0	0	0
经济史	经济史	020103	3	1	1	0	0	0	0	0	0	0
法学理论	法学理论	030101	3	12	12	0	0	1	0	0	1	1
军事法学	军事法学	030110	3	1	1	0	0	0	0	0	0	0
马克思主义发展史	马克思主义发展史	030502	3	1	1	0	0	1	0	0	1	1
中国近现代史基本问题研究	中国近现代史基本问题研究	030506	3	0	0	0	0	0	0	0	0	0
世界经济	世界经济	020105	3	1	1	0	0	0	0	0	0	0
马克思主义哲学	马克思主义哲学	010101	3	1	1	0	0	0	0	0	0	0
国际贸易学	国际贸易学	020206	3	1	1	0	0	0	0	0	0	0
国际政治	国际政治	030206	3	2	2	0	0	0	0	0	0	0
国外马克思主义研究	国外马克思主义研究	030504	3	0	0	0	0	0	0	0	0	0
国际关系	国际关系	030207	3	2	2	0	0	1	0	0	1	1
政治经济学	政治经济学	020101	3	1	1	0	0	0	0	0	0	0
法语语言文学	法语语言文学	050203	3	2	2	0	0	0	0	0	0	0
科学社会主义与国际共产主义运动	科学社会主义与国际共产主义运动	030203	3	0	0	0	0	0	0	0	0	0
政治学理论	政治学理论	030201	3	4	5	0	0	0	0	0	0	0
社会学	社会学	030301	3	3	3	0	0	0	0	0	0	0

续表

专业名称	自主专业名称	专业代码	年制	毕业生数	授予学位数	招生数		在校生数				预计毕业生数
						合计	应届毕业生	合计	一年级	二年级	三年级及以上	
民商法学（含：劳动法学、社会保障法学）	民商法学（含：劳动法学、社会保障法学）	030105	3	23	49	0	0	22	0	2	20	20
民商法学（含：劳动法学、社会保障法学）	民商法学（含：劳动法学、社会保障法学）	030105	2	2	4	0	0	0	0	0	0	0
诉讼法学	诉讼法学	030106	3	25	21	0	0	3	0	0	3	3
诉讼法学	诉讼法学	030106	2	1	1	0	0	0	0	0	0	0
中外政治制度	中外政治制度	030202	3	1	1	0	0	0	0	0	0	0
美学	美学	010106	3	0	0	0	0	0	0	0	0	0
法学学科	人权法学	030199	3	2	2	0	0	0	0	0	0	0
法学学科	比较法学	030199	2	1	1	0	0	0	0	0	0	0
法学学科	比较法学	030199	3	18	20	0	0	8	0	0	8	8
法学学科	知识产权法学	030199	3	6	6	0	0	0	0	0	0	0
法学学科	法与经济学	030199	3	2	2	0	0	0	0	0	0	0
法学学科	法律与经济	030199	3	0	0	0	0	0	0	0	0	0
法学学科	证据法学	030199	3	0	0	0	0	0	0	0	0	0
宪法学与行政法学	宪法学与行政法学	030103	3	18	23	0	0	1	0	0	1	1
宪法学与行政法学	宪法学与行政法学	030103	2	2	3	0	0	0	0	0	0	0
刑法学	刑法学	030104	3	19	23	0	0	0	0	0	0	0
刑法学	刑法学	030104	2	2	3	0	0	0	0	0	0	0
环境与资源保护法学	环境与资源保护法学	030108	3	5	5	0	0	0	0	0	0	0

续表

专业名称	自主专业名称	专业代码	年制	毕业生数	授予学位数	招生数		在校生数				预计毕业生数
						合计	应届毕业生	合计	一年级	二年级	三年级及以上	
中共党史（含：党的学说与党的建设）	中共党史（含：党的学说与党的建设）	030204	3	0	0	0	0	0	0	0	0	0
国际法学（含：国际公法、国际私法、国际经济法）	国际法学（含：国际公法、国际私法、国际经济法）	030109	3	20	26	0	0	3	0	2	1	1
法律史	法律史	030102	3	2	2	0	0	0	0	0	0	0
中国哲学	中国哲学	010102	3	0	0	0	0	0	0	0	0	0
外交学	外交学	030208	3	0	0	0	0	1	0	0	1	1
经济法学	经济法学	030107	3	19	41	0	0	6	0	2	4	4
经济法学	经济法学	030107	2	2	4	0	0	0	0	0	0	0
企业管理（含：财务管理、市场营销、人力资源管理）	企业管理（含：财务管理、市场营销、人力资源管理）	120202	3	2	2	0	0	1	0	0	1	1
马克思主义基本原理	马克思主义基本原理	030501	3	0	0	0	0	0	0	0	0	0
专业学位硕士	专业学位硕士	43120	0	768	903	926	478	2468	926	1046	496	1105
其中：女	其中：女	431202	0	468	508	594	340	1552	594	581	377	670
国家任务专业学位硕士	国家任务专业学位硕士	43121	0	539	660	773	470	2086	773	850	463	986
法律	法律（非法学）	035100	2	13	12	0	0	17	0	17	0	17
法律	法律（非法学）	035100	3	218	356	317	202	978	317	317	344	344
法律	法律（法学）	035100	2	148	128	254	237	512	254	258	0	258
工商管理	工商管理	125100	2	159	163	149	0	383	149	234	0	234
公共管理	公共管理	125200	3	1	1	12	0	141	12	10	119	119
翻译	翻译	055100	2	0	0	23	14	37	23	14	0	14

续表

专业名称	自主专业名称	专业代码	年制	毕业生数	授予学位数	招生数		在校生数				预计毕业生数
						合计	应届毕业生	合计	一年级	二年级	三年级及以上	
工商管理	工商管理	125100	3	0	0	0	0	0	0	0	0	0
社会工作	社会工作	035200	2	0	0	18	17	18	18	0	0	0
委托培养专业学位硕士	委托培养专业学位硕士	43122	0	75	78	153	8	330	153	160	17	67
法律	法律（非法学）	035100	3	0	0	6	6	15	6	9	0	0
法律	法律（法学）	035100	2	0	0	10	2	52	10	42	0	42
工商管理	工商管理	125100	3	0	0	37	0	37	37	0	0	0
工商管理	工商管理	125100	2	2	3	0	0	8	0	8	0	8
公共管理	公共管理	125200	3	73	75	100	0	218	100	101	17	17
自筹经费专业学位硕士	自筹经费专业学位硕士	43123	0	154	165	0	0	52	0	36	16	52
法律	法律（非法学）	035100	2	3	3	0	0	0	0	0	0	0
法律	法律（非法学）	035100	3	89	99	0	0	4	0	0	4	4
法律	法律（法学）	035100	2	0	0	0	0	0	0	0	0	0
工商管理	工商管理	125100	3	0	0	0	0	0	0	0	0	0
公共管理	公共管理	125200	3	11	12	0	0	12	0	0	12	12
工商管理	工商管理	125100	2	51	51	0	0	36	0	36	0	36

五、博士研究生分专业（领域）学生数

高基 318　　　　单位：人

学科	专业分类	专业代码	年制	毕业生数	授予学位数	招生数		在校生数				预计毕业生数
						合计	应届毕业生	合计	一年级	二年级	三年级及以上	
博士研究生	博士研究生	43200	0	166	181	238	69	1136	238	239	659	659
其中：女	其中：女	432002	0	55	58	104	62	439	104	94	241	241
学术型学位博士	学术型学位博士	43210	0	166	181	238	69	1136	238	239	659	659
其中：女	其中：女	432102	0	55	58	104	62	439	104	94	241	241
国家任务学术型学位博士	国家任务学术型学位博士	43211	0	111	106	137	62	610	137	127	346	346
法律史	法律史	030102	3	7	4	8	2	31	8	5	18	18
国际法学（含：国际公法、国际私法、国际经济法）	国际法学（含：国际公法、国际私法、国际经济法）	030109	3	8	12	15	7	62	15	14	33	33
经济法学	经济法学	030107	3	6	8	9	2	31	9	4	18	18
马克思主义基本原理	马克思主义基本原理	030501	3	2	0	3	1	10	3	1	6	6
民商法学（含：劳动法学、社会保障法学）	民商法学（含：劳动法学、社会保障法学）	030105	3	9	5	9	6	41	9	9	23	23
中外政治制度	中外政治制度	030202	3	2	2	0	0	4	0	1	3	3
法学学科	人权法学	030199	3	3	3	2	0	11	2	3	6	6
诉讼法学	诉讼法学	030106	3	12	16	17	7	69	17	23	29	29
宪法学与行政法学	宪法学与行政法学	030103	3	13	14	16	12	59	16	9	34	34
刑法学	刑法学	030104	3	8	15	9	3	51	9	10	32	32
环境与资源保护法学	环境与资源保护法学	030108	3	3	2	2	1	12	2	3	7	7
政治学学科	全球学	030299	3	0	0	2	2	5	2	1	2	2

续表

学科	专业分类	专业代码	年制	毕业生数	授予学位数	招生数		在校生数				预计毕业生数
						合计	应届毕业生	合计	一年级	二年级	三年级及以上	
政治学学科	公共行政	030299	3	1	0	4	3	15	4	3	8	8
政治学学科	中国政治	030299	3	0	0	3	1	9	3	1	5	5
政治学学科	纪检监察学	030299	3	0	0	4	1	10	4	2	4	4
政治学学科	公共政策量化分析	030299	3	0	0	1	1	2	1	1	0	0
政治学学科	政治传播学	030299	3	0	0	1	0	1	1	0	0	0
思想政治教育	思想政治教育	030505	3	0	2	1	1	4	1	1	2	2
马克思主义中国化研究	马克思主义中国化研究	030503	3	4	4	1	1	8	1	1	6	6
法学理论	法学理论	030101	3	9	9	7	3	42	7	7	28	28
军事法学	军事法学	030110	3	0	0	0	0	3	0	0	3	3
世界经济	世界经济	020105	3	6	3	6	1	28	6	6	16	16
国外马克思主义研究	国外马克思主义研究	030504	3	3	1	0	0	4	0	1	3	3
国际政治	国际政治	030206	3	0	0	0	0	4	0	1	3	3
国际关系	国际关系	030207	3	0	0	1	0	3	1	0	2	2
政治学理论	政治学理论	030201	3	4	1	4	1	18	4	5	9	9
法学学科	证据法学	030199	3	3	2	2	1	24	2	3	19	19
法学学科	比较法学	030199	3	4	1	3	2	19	3	5	11	11
法学学科	知识产权法学	030199	3	0	1	3	0	16	3	2	11	11
法学学科	法与经济学	030199	3	2	1	2	1	7	2	1	4	4
法学学科	法律与经济	030199	3	2	0	0	0	1	0	0	1	1
法学学科	法治文化	030199	3	0	0	2	2	6	2	4	0	0

续表

学科	专业分类	专业代码	年制	毕业生数	授予学位数	招生数		在校生数				预计毕业生数
						合计	应届毕业生	合计	一年级	二年级	三年级及以上	
委托培养学术型学位博士	委托培养学术型学位博士	43212	0	35	48	101	7	346	101	103	142	142
马克思主义基本原理	马克思主义基本原理	030501	3	0	2	0	0	2	0	1	1	1
经济法学	经济法学	030107	3	1	3	9	1	26	9	6	11	11
国际法学（含：国际公法、国际私法、国际经济法）	国际法学（含：国际公法、国际私法、国际经济法）	030109	3	3	6	4	0	22	4	5	13	13
法律史	法律史	030102	3	1	4	5	0	15	5	4	6	6
环境与资源保护法学	环境与资源保护法学	030108	3	0	1	0	0	3	0	1	2	2
刑法学	刑法学	030104	3	7	2	9	3	30	9	10	11	11
宪法学与行政法学	宪法学与行政法学	030103	3	6	4	6	0	43	6	10	27	27
诉讼法学	诉讼法学	030106	3	3	2	24	0	66	24	32	10	10
法学学科	人权法学	030199	3	0	0	1	0	3	1	0	2	2
法学学科	证据法学	030199	3	1	0	5	0	15	5	3	7	7
法学学科	知识产权法学	030199	3	1	0	4	0	10	4	2	4	4
法学学科	法律与经济	030199	3	0	0	0	0	1	0	0	1	1
法学学科	法与经济学	030199	3	0	2	0	0	3	0	3	0	0
中外政治制度	中外政治制度	030202	3	2	1	0	0	3	0	0	3	3
民商法学（含：劳动法学、社会保障法学）	民商法学（含：劳动法学、社会保障法学）	030105	3	3	6	11	2	25	11	7	7	7
法学学科	法治文化	030199	3	0	0	5	0	10	5	5	0	0
法学学科	比较法学	030199	3	0	3	3	0	5	3	0	2	2
政治学理论	政治学理论	030201	3	0	4	3	0	16	3	0	13	13

续表

学科	专业分类	专业代码	年制	毕业生数	授予学位数	招生数		在校生数				预计毕业生数
						合计	应届毕业生	合计	一年级	二年级	三年级及以上	
国际关系	国际关系	030207	3	0	0	0	0	1	0	1	0	0
国际政治	国际政治	030206	3	0	1	1	0	3	1	1	1	1
世界经济	世界经济	020105	3	0	2	1	0	10	1	1	8	8
军事法学	军事法学	030110	3	0	0	3	0	10	3	2	5	5
法学理论	法学理论	030101	3	4	3	2	0	8	2	3	3	3
马克思主义中国化研究	马克思主义中国化研究	030503	3	2	1	0	0	3	0	0	3	3
思想政治教育	思想政治教育	030505	3	1	0	0	0	2	0	1	1	1
政治学学科	政治传播学	030299	3	0	0	1	1	1	1	0	0	0
政治学学科	公共行政	030299	3	0	1	0	0	1	0	0	1	1
政治学学科	中国政治	030299	3	0	0	0	0	0	0	0	0	0
政治学学科	纪检监察学	030299	3	0	0	4	0	9	4	5	0	0
自筹经费学术型学位博士	自筹经费学术型学位博士	43213	0	20	27	0	0	180	0	9	171	171
法律史	法律史	030102	3	0	0	0	0	1	0	0	1	1
国际法学（含：国际公法、国际私法、国际经济法）	国际法学（含：国际公法、国际私法、国际经济法）	030109	3	4	3	0	0	29	0	0	29	29
经济法学	经济法学	030107	3	2	3	0	0	31	0	3	28	28
民商法学（含：劳动法学、社会保障法学）	民商法学（含：劳动法学、社会保障法学）	030105	3	3	4	0	0	60	0	1	59	59
中外政治制度	中外政治制度	030202	3	0	1	0	0	2	0	0	2	2
诉讼法学	诉讼法学	030106	3	4	8	0	0	24	0	3	21	21
宪法学与行政法学	宪法学与行政法学	030103	3	2	3	0	0	8	0	1	7	7

续表

学科	专业分类	专业代码	年制	毕业生数	授予学位数	招生数		在校生数				预计毕业生数
						合计	应届毕业生	合计	一年级	二年级	三年级及以上	
刑法学	刑法学	030104	3	4	3	0	0	15	0	0	15	15
环境与资源保护法学	环境与资源保护法学	030108	3	0	0	0	0	1	0	0	1	1
思想政治教育	思想政治教育	030505	3	1	0	0	0	0	0	0	0	0
马克思主义中国化研究	马克思主义中国化研究	030503	3	0	1	0	0	0	0	0	0	0
法学理论	法学理论	030101	3	0	1	0	0	0	0	0	0	0
世界经济	世界经济	020105	3	0	0	0	0	2	0	0	2	2
政治学理论	政治学理论	030201	3	0	0	0	0	2	0	1	1	1
法学学科	知识产权法学	030199	3	0	0	0	0	1	0	0	1	1
法学学科	证据法学	030199	3	0	0	0	0	1	0	0	1	1
法学学科	人权法学	030199	3	0	0	0	0	0	0	0	0	0
法学学科	比较法学	030199	3	0	0	0	0	3	0	0	3	3

六、在校生年龄情况

高基 321 单位：人

	合计	17 岁及以下	18 岁	19 岁	20 岁	21 岁	22 岁	23 岁	24 岁	25 岁	26 岁	27 岁	28 岁	29 岁	30 岁及以上
总 计	18 081	245	1540	2170	2142	2137	1965	1784	1439	940	751	587	442	296	1643
其中：女	11 114	178	1082	1445	1388	1339	1281	1103	895	611	411	319	230	184	648
普通专科生	0	0	0	0	0	0	0	0	0	0	0	0	0	0	0
其中：女	0	0	0	0	0	0	0	0	0	0	0	0	0	0	0

续表

	合计	17岁及以下	18岁	19岁	20岁	21岁	22岁	23岁	24岁	25岁	26岁	27岁	28岁	29岁	30岁及以上
普通本科生	9402	239	1530	2136	2005	1832	1150	368	104	23	9	4	2	0	0
其中：女	6153	175	1080	1417	1327	1166	712	211	49	9	5	1	1	0	0
成人专科生	0	0	0	0	0	0	0	0	0	0	0	0	0	0	0
其中：女	0	0	0	0	0	0	0	0	0	0	0	0	0	0	0
成人本科生	2210	6	10	31	121	190	164	257	267	163	166	217	204	90	324
其中：女	1020	3	2	25	54	82	95	66	100	102	66	125	115	80	105
网络专科生	0	0	0	0	0	0	0	0	0	0	0	0	0	0	0
其中：女	0	0	0	0	0	0	0	0	0	0	0	0	0	0	0
网络本科生	0	0	0	0	0	0	0	0	0	0	0	0	0	0	0
其中：女	0	0	0	0	0	0	0	0	0	0	0	0	0	0	0
硕士研究生	5333	0	0	3	16	115	650	1158	1055	719	499	285	168	130	535
其中：女	3502	0	0	3	7	91	474	826	739	482	306	157	83	75	259
博士研究生	1136	0	0	0	0	0	1	1	13	35	77	81	68	76	784
其中：女	439	0	0	0	0	0	0	0	7	18	34	36	31	29	284

七、招生、在校生来源情况

高基 322 单位：人

	编号	招生数			在校生数								
		合计	普通专科生	普通本科生	合计	普通专科生	普通本科生	成人专科生	成人本科生	网络专科生	网络本科生	硕士研究生	博士研究生
总 计	1	2465	0	2465	18081	0	9402	0	2210	0	0	5333	1136

续表

	编号	招生数			在校生数								
		合计	普通专科生	普通本科生	合计	普通专科生	普通本科生	成人专科生	成人本科生	网络专科生	网络本科生	硕士研究生	博士研究生
北京市	2	389	0	389	3903	0	593	0	1419	0	0	1440	451
天津市	3	42	0	42	345	0	195	0	35	0	0	102	13
河北省	4	113	0	113	947	0	472	0	31	0	0	398	46
山西省	5	60	0	60	665	0	268	0	120	0	0	249	28
内蒙古	6	43	0	43	348	0	195	0	26	0	0	111	16
辽宁省	7	65	0	65	537	0	329	0	29	0	0	156	23
吉林省	8	55	0	55	329	0	251	0	0	0	0	71	7
黑龙江	9	57	0	57	401	0	254	0	0	0	0	127	20
上海市	10	18	0	18	118	0	74	0	0	0	0	42	2
江苏省	11	90	0	90	544	0	371	0	0	0	0	160	13
浙江省	12	83	0	83	620	0	360	0	0	0	0	241	19
安徽省	13	100	0	100	783	0	390	0	173	0	0	201	19
福建省	14	62	0	62	346	0	261	0	0	0	0	71	14
江西省	15	64	0	64	440	0	247	0	91	0	0	88	14
山东省	16	113	0	113	1128	0	493	0	0	0	0	576	59
河南省	17	130	0	130	983	0	532	0	5	0	0	381	65
湖北省	18	71	0	71	455	0	297	0	0	0	0	140	18
湖南省	19	87	0	87	532	0	376	0	0	0	0	142	14
广东省	20	113	0	113	609	0	483	0	0	0	0	105	21
广 西	21	67	0	67	322	0	264	0	0	0	0	45	13

续表

	编号	招生数			在校生数								
		合计	普通专科生	普通本科生	合计	普通专科生	普通本科生	成人专科生	成人本科生	网络专科生	网络本科生	硕士研究生	博士研究生
海南省	22	28	0	28	146	0	127	0	0	0	0	12	7
重庆市	23	50	0	50	281	0	205	0	0	0	0	65	11
四川省	24	112	0	112	563	0	427	0	0	0	0	125	11
贵州省	25	60	0	60	253	0	213	0	0	0	0	33	7
云南省	26	61	0	61	370	0	252	0	64	0	0	39	15
西藏省	27	34	0	34	145	0	126	0	0	0	0	15	4
陕西省	28	62	0	62	381	0	243	0	47	0	0	74	17
甘肃省	29	52	0	52	266	0	230	0	0	0	0	31	5
青海省	30	25	0	25	139	0	128	0	0	0	0	8	3
宁 夏	31	32	0	32	336	0	148	0	170	0	0	13	5
新 疆	32	78	0	78	337	0	305	0	0	0	0	25	7
港澳台	33	49	0	49	509	0	293	0	0	0	0	47	169

八、学生变动情况

高基 331 单位：人

	上学年初报表在校生数	增加学生数					减少学生数									本学年初报表在校生数
		合计	招生	复学	转入	其他	合计	毕业	结业	休学	退学	开除	死亡	转出	其他	
总计	17 577	5507	5506	1	0	0	5003	4896	1	1	55	0	1	0	49	18 081
普通本科、专科生	9044	2466	2465	1	0	0	2108	2083	0	1	23	0	1	0	0	9402

续表

	上学年初报表在校生数	增加学生数					减少学生数									本学年初报表在校生数
		合计	招生	复学	转入	其他	合计	毕业	结业	休学	退学	开除	死亡	转出	其他	
普通专科生	0	0	0	0	0	0	0	0	0	0	0	0	0	0	0	0
普通本科生	9044	2466	2465	1	0	0	2108	2083	0	1	23	0	1	0	0	9402
成人本科、专科生	2210	899	899	0	0	0	899	899	0	0	0	0	0	0	0	2210
成人专科生	0	0	0	0	0	0	0	0	0	0	0	0	0	0	0	0
成人本科生	2210	899	899	0	0	0	899	899	0	0	0	0	0	0	0	2210
网络本科、专科生	0	0	0	0	0	0	0	0	0	0	0	0	0	0	0	0
网络专科生	0	0	0	0	0	0	0	0	0	0	0	0	0	0	0	0
网络本科生	0	0	0	0	0	0	0	0	0	0	0	0	0	0	0	0
研究生	6323	2142	2142	0	0	0	1996	1914	1	0	32	0	0	0	49	6469
硕士研究生	5238	1904	1904	0	0	0	1809	1748	0	0	14	0	0	0	47	5333
博士研究生	1085	238	238	0	0	0	187	166	1	0	18	0	0	0	2	1136

九、学生休退学的主要原因

高基 332

单位：人

	编号	合计	患病	停学实践（求职）	贫困	学习成绩不好	出国	其他
总　计	1	56	0	9	0	2	8	37
普通本科、专科生	2	24	0	9	0	2	7	6
普通专科生	3	0	0	0	0	0	0	0
普通本科生	4	24	0	9	0	2	7	6
成人本科、专科生	5	0	0	0	0	0	0	0

续表

	编号	合计	患病	停学实践（求职）	贫困	学习成绩不好	出国	其他
成人专科生	6	0	0	0	0	0	0	0
成人本科生	7	0	0	0	0	0	0	0
网络本科、专科生	8	0	0	0	0	0	0	0
网络专科生	9	0	0	0	0	0	0	0
网络本科生	10	0	0	0	0	0	0	0
研究生	11	32	0	0	0	0	1	31
硕士研究生	12	14	0	0	0	0	0	14
博士研究生	13	18	0	0	0	0	1	17

十、在校生中其他情况

高基 341 单位：人

	编号	共产党员	共青团员	民主党派	华侨	港澳台	少数民族	残疾人
总　计	1	5047	10 009	30	10	499	2279	0
普通本科、专科生	2	1530	6730	0	9	284	1313	0
普通专科生	3	0	0	0	0	0	0	0
普通本科生	4	1530	6730	0	9	284	1313	0
成人本科、专科生	5	360	1069	30	0	0	350	0
成人专科生	6	0	0	0	0	0	0	0
成人本科生	7	360	1069	30	0	0	350	0
网络本科、专科生	8	0	0	0	0	0	0	0
网络专科生	9	0	0	0	0	0	0	0

续表

	编号	共产党员	共青团员	民主党派	华侨	港澳台	少数民族	残疾人
网络本科生	10	0	0	0	0	0	0	0
研究生	11	3157	2210	0	1	215	616	0
硕士研究生	12	2901	2165	0	1	46	510	0
博士研究生	13	256	45	0	0	169	106	0

十一、在职人员攻读硕士学位分专业（领域）学生数

高基 351 单位：人

专业名称	自主专业名称	专业代码	年制	授予学位数	招生数	在校生数			
						合计	一年级	二年级	三年级及以上
硕士学位学生	硕士学位学生	44200	0	63	166	674	166	204	304
其中：女	其中：女	442002	0	34	81	305	81	103	121
学术型学位硕士	学术型学位硕士	44210	0	0	0	20	0	0	20
其中：女	其中：女	442102	0	0	0	1	0	0	1
法学理论	法学理论	030101	3	0	0	2	0	0	2
政治学理论	政治学理论	030201	3	0	0	3	0	0	3
民商法学（含：劳动法学、社会保障法学）	民商法学（含：劳动法学、社会保障法学）	030105	3	0	0	4	0	0	4
诉讼法学	诉讼法学	030106	3	0	0	6	0	0	6
宪法学与行政法学	宪法学与行政法学	030103	3	0	0	1	0	0	1
刑法学	刑法学	030104	3	0	0	1	0	0	1
环境与资源保护法学	环境与资源保护法学	030108	3	0	0	1	0	0	1

续表

专业名称	自主专业名称	专业代码	年制	授予学位数	招生数	在校生数			
						合计	一年级	二年级	三年级及以上
法律史	法律史	030102	3	0	0	1	0	0	1
国际法学（含：国际公法、国际私法、国际经济法）	国际法学（含：国际公法、国际私法、国际经济法）	030109	3	0	0	1	0	0	1
经济法学	经济法学	030107	3	0	0	0	0	0	0
专业学位硕士	专业学位硕士	44220	0	63	166	654	166	204	284
其中：女	其中：女	442202	0	34	81	304	81	103	120
法律	法律	035100	3	54	98	398	98	130	170
公共管理	公共管理	125200	3	9	68	256	68	74	114

十二、外国留学生情况

高基371

单位：人

		编号	毕（结）业生数	授予学位数	招生数		在校生数					
					合计	春季招生	合计	第一年	第二年	第三年	第四年	第五年及以上
总计		1	150	80	132	30	418	116	51	53	67	131
其中：女		2	60	34	50	9	126	44	25	17	17	23
按学历分	小 计	3	80	80	65	8	351	49	51	53	67	131
	专 科	4	0	0	0	0	0	0	0	0	0	0
	本 科	5	38	38	9	0	67	9	10	22	26	0
	硕士研究生	6	35	35	36	5	140	24	26	21	18	51
	博士研究生	7	7	7	20	3	144	16	15	10	23	80

续表

		编号	毕（结）业生数	授予学位数	招生数		在校生数					
					合计	春季招生	合计	第一年	第二年	第三年	第四年	第五年及以上
培训		8	70	0	67	22	67	67	0	0	0	0
按大洲分	亚洲	9	61	50	46	11	236	41	23	38	50	84
	非洲	10	15	9	11	0	34	9	6	5	6	8
	欧洲	11	61	15	65	18	100	58	14	7	5	16
	北美洲	12	5	1	4	0	27	3	2	2	3	17
	南美洲	13	4	4	4	0	10	3	3	1	1	2
	大洋洲	14	4	1	2	1	11	2	3	0	2	4
按经费来源分	国际组织资助	15	0	0	0	0	0	0	0	0	0	0
	中国政府资助	16	35	35	35	0	127	30	32	27	23	15
	本国政府资助	17	0	0	0	0	0	0	0	0	0	0
	学校间交换	18	42	0	44	12	44	44	0	0	0	0
	自费	19	73	45	53	18	247	42	19	26	44	116

十三、教职工情况

高基 411　　　　单位：人

	编号	教职工数									聘请校外教师	离退休人员	附属中小学幼儿园教职工	集体所有制人员
		合计	校本部教职工					科研机构人员	校办企业职工	其他附设机构人员				
			计	专任教师	行政人员	教辅人员	工勤人员							
总计	1	1679	1618	966	384	154	114	0	0	61	56	1213	0	0
其中：女	2	868	834	472	229	111	22	0	0	34	3	737	0	0

续表

		编号	教职工数									聘请校外教师	离退休人员	附属中小学幼儿园教职工	集体所有制人员
			合计	校本部教职工					科研机构人员	校办企业职工	其他附设机构人员				
				计	专任教师	行政人员	教辅人员	工勤人员							
正高级		3	335	330	313	3	14	0	0	0	5	36	179	0	0
副高级		4	492	476	422	31	23	0	0	0	16	2	214	0	0
中级		5	343	322	198	69	55	0	0	0	21	0	0	0	0
初级		6	92	83	11	48	17	7	0	0	9	0	0	0	0
未定职级		7	417	407	22	233	45	107	0	0	10	18	0	0	0
其中聘任制	小计	8	0	0	0	0	0	0	0	0	0	0	0	0	0
	其中：女	9	0	0	0	0	0	0	0	0	0	0	0	0	0
	正高级	10	0	0	0	0	0	0	0	0	0	0	0	0	0
	副高级	11	0	0	0	0	0	0	0	0	0	0	0	0	0
	中级	12	0	0	0	0	0	0	0	0	0	0	0	0	0
	初级	13	0	0	0	0	0	0	0	0	0	0	0	0	0
	未定职级	14	0	0	0	0	0	0	0	0	0	0	0	0	0

十四、专任教师、聘请校外教师岗位分类情况

高基 421　　　　单位：人

	编号	本学年授课专任教师				本学年授课聘请校外教师				本学年不授课专任教师				
		合计	公共课基础课	专业课		合计	公共课基础课	专业课		合计	进修	科研	病休	其他
				计	其中：双师型			计	其中：双师型					
总计	1	966	109	857	0	56	0	56	0	0	0	0	0	0

续表

	编号	本学年授课专任教师				本学年授课聘请校外教师				本学年不授课专任教师				
		合计	公共课基础课	专业课		合计	公共课基础课	专业课		合计	进修	科研	病休	其他
				计	其中：双师型			计	其中：双师型					
其中：女	2	472	67	405	0	3	0	3	0	0	0	0	0	0
正高级	3	313	13	300	0	36	0	36	0	0	0	0	0	0
副高级	4	422	59	363	0	2	0	2	0	0	0	0	0	0
中级	5	198	31	167	0	0	0	0	0	0	0	0	0	0
初级	6	11	3	8	0	0	0	0	0	0	0	0	0	0
未定职级	7	22	3	19	0	18	0	18	0	0	0	0	0	0

十五、专任教师、聘请校外教师学历（位）情况

高基 422　　　　单位：人

	编号	合计			博士研究生			硕士研究生			本科			专科及以下		
		计	其中：获学位		计	其中：获学位		计	其中：获学位		计	其中：获学位		计	其中：获学位	
			博士	硕士		博士	硕士		博士	硕士		博士	硕士		博士	硕士
1. 专任教师	1	966	619	251	611	611	0	218	0	218	136	8	33	1	0	0
其中：女	2	472	274	153	270	270	0	133	0	133	69	4	20	0	0	0
正高级	3	313	243	53	236	236	0	46	0	46	30	7	7	1	0	0
副高级	4	422	262	104	261	261	0	88	0	88	73	1	16	0	0	0
中 级	5	198	111	69	111	111	0	61	0	61	26	0	8	0	0	0
初 级	6	11	1	6	1	1	0	6	0	6	4	0	0	0	0	0
未定职级	7	22	2	19	2	2	0	17	0	17	3	0	2	0	0	0

续表

	编号	合计			博士研究生			硕士研究生			本科			专科及以下		
		计	其中：获学位		计	其中：获学位		计	其中：获学位		计	其中：获学位		计	其中：获学位	
			博士	硕士		博士	硕士		博士	硕士		博士	硕士		博士	硕士
2. 聘请校外教师	8	56	21	10	25	21	0	15	0	9	16	0	1	0	0	0
其中：女	9	3	1	2	1	1	0	2	0	2	0	0	0	0	0	0
外籍教师	10	17	1	1	5	1	0	7	0	1	5	0	0	0	0	0
其他高校教师	11	26	17	5	17	17	0	5	0	5	4	0	0	0	0	0
正高级	12	36	19	9	19	19	0	8	0	8	9	0	1	0	0	0
副高级	13	2	1	0	1	1	0	0	0	0	1	0	0	0	0	0
中 级	14	0	0	0	0	0	0	0	0	0	0	0	0	0	0	0
初 级	15	0	0	0	0	0	0	0	0	0	0	0	0	0	0	0
未定职级	16	18	1	1	5	1	0	7	0	1	6	0	0	0	0	0

十六、专任教师年龄情况

高基423　　　　**单位：人**

	编号	合计	29岁及以下	30－34岁	35－39岁	40－44岁	45－49岁	50－54岁	55－59岁	60－64岁	65岁及以上
总计	1	966	24	82	173	174	157	195	90	63	8
其中：女	2	472	17	39	89	88	76	103	43	16	1
获博士学位	3	619	8	69	113	130	111	106	40	39	3
获硕士学位	4	251	15	10	55	34	40	54	25	17	1

续表

		编号	合计	29岁及以下	30－34岁	35－39岁	40－44岁	45－49岁	50－54岁	55－59岁	60－64岁	65岁及以上
按专业技术职务分	正高级	5	313	0	0	4	42	50	100	52	57	8
	副高级	6	422	1	8	92	105	91	83	36	6	0
	中 级	7	198	7	68	70	23	16	12	2	0	0
	初 级	8	11	2	3	4	2	0	0	0	0	0
	未定职级	9	22	14	3	3	2	0	0	0	0	0
按学历（学位）分	博士研究生	10	611	8	69	113	129	111	105	37	36	3
	其中获博士学位	11	611	8	69	113	129	111	105	37	36	3
	获硕士学位	12	0	0	0	0	0	0	0	0	0	0
	硕士研究生	13	218	15	10	52	29	32	40	23	16	1
	其中获博士学位	14	0	0	0	0	0	0	0	0	0	0
	获硕士学位	15	218	15	10	52	29	32	40	23	16	1
	本科	16	136	1	3	8	16	14	50	30	10	4
	其中获博士学位	17	8	0	0	0	1	0	1	3	3	0
	获硕士学位	18	33	0	0	3	5	8	14	2	1	0
	专科及以下	19	1	0	0	0	0	0	0	0	1	0
	其中获博士学位	20	0	0	0	0	0	0	0	0	0	0
	获硕士学位	21	0	0	0	0	0	0	0	0	0	0

十七、分学科专任教师数

高基 424

单位：人

	编号	合计	正高级	副高级	中级	初级	未定职级
总计	1	966	313	422	198	11	22
其中：女	2	472	117	227	110	4	14
哲学	3	29	11	10	8	0	0
经济学	4	30	11	12	7	0	0
法学	5	628	234	263	110	6	15
教育学	6	50	7	24	16	1	2
其中：体育	7	31	3	15	11	1	1
文学	8	146	24	70	45	3	4
其中：外语	9	90	14	44	28	1	3
历史学	10	9	2	4	3	0	0
理学	11	7	1	5	1	0	0
工学	12	19	4	10	3	1	1
其中：计算机	13	15	3	9	1	1	1
农学	14	0	0	0	0	0	0
其中：林学	15	0	0	0	0	0	0
医学	16	0	0	0	0	0	0
管理学	17	48	19	24	5	0	0
艺术学	18	0	0	0	0	0	0

十八、专任教师变动情况

高基 431　　　　单位：人

	编号	上学年初报表专任教师数	增加教师数								减少教师数				本学年初报表专任教师数
			合计	录用毕业生			外单位教师调入		校内外非教师调入		合计	自然减员	调离教师岗位	其他	
				计	其中：研究生		计	其中：高校调入	计	其中：本校调整					
					计	其中：本校毕业									
总计	1	951	41	22	22	2	2	2	17	4	26	11	15	0	966
其中：女	2	462	21	12	12	0	1	1	8	2	11	3	8	0	472

十九、专任教师接受培训情况

高基 441　　　　单位：人

	编号	合计	国内						国（境）外					
			计	一个月以内	一个月至三个月以内	三个月至半年以内	半年至一年以内	一年及以上	计	一个月以内	一个月至三个月以内	三个月至半年以内	半年至一年以内	一年及以上
总计	1	168	161	43	118	0	0	0	7	0	0	0	0	7
其中：女	2	90	86	24	62	0	0	0	4	0	0	0	0	4
正高级	3	2	2	1	1	0	0	0	0	0	0	0	0	0
副高级	4	20	13	6	7	0	0	0	7	0	0	0	0	7
中级	5	31	31	3	28	0	0	0	0	0	0	0	0	0
初级	6	0	0	0	0	0	0	0	0	0	0	0	0	0
未定职级	7	115	115	33	82	0	0	0	0	0	0	0	0	0

二十、研究生指导教师情况

高基 451　　　　单位：人

		编号	合计	29 岁及以下	30－34 岁	35－39 岁	40－44 岁	45－49 岁	50－54 岁	55－59 岁	60－64 岁	65 岁及以上
总计		1	621	1	33	96	120	102	145	73	38	13
其中：女		2	269	0	10	42	57	50	70	27	10	3
按专业技术职务分	正高级	3	306	0	0	12	44	51	97	51	38	13
	副高级	4	284	1	15	76	71	51	48	22	0	0
	中级	5	31	0	18	8	5	0	0	0	0	0
按指导关系分	博士导师	6	7	0	0	1	0	0	0	0	2	4
	其中：女	7	0	0	0	0	0	0	0	0	0	0
	硕士导师	8	473	1	33	89	98	86	106	43	9	8
	其中：女	9	236	0	10	42	51	46	60	22	2	3
	博士、硕士导师	10	141	0	0	6	22	16	39	30	27	1
	其中：女	11	33	0	0	0	6	4	10	5	8	0

二十一、教职工中其他情况

高基 461　　　　单位：人

	编号	共产党员	共青团员	民主党派	华侨	港澳台	少数民族
教职工	1	1104	32	77	1	3	111
其中：女	2	572	22	42	1	1	67
专任教师	3	661	4	63	1	3	58
其中：女	4	313	2	34	1	1	37

二十二、校舍情况

高基 511 **单位：人**

	编号	学校产权校舍建筑面积				正在施工校舍建筑面积	非学校产权校舍建筑面积		
		计	其中				合计	独立使用	共同使用
			危房	当年新增校舍	被外单位借用				
总　计	1	469 512	0	0	0	81 361	5390	0	5390
一、教学科研及辅助用房	2	118 119	0	0	0	81 361	0	0	0
教室	3	27 905	0	0	0	81 361	0	0	0
图书馆	4	10 295	0	0	0	0	0	0	0
实验室、实习场所	5	10 690	0	0	0	0	0	0	0
专用科研用房	6	63 992	0	0	0	0	0	0	0
体育馆	7	1968	0	0	0	0	0	0	0
会堂	8	3269	0	0	0	0	0	0	0
二、行政办公用房	9	14 065	0	0	0	0	0	0	0
三、生活用房	10	176 708	0	0	0	0	5390	0	5390
学生宿舍（公寓）	11	142 673	0	0	0	0	5390	0	5390
学生食堂	12	8954	0	0	0	0	0	0	0
教工宿舍（公寓）	13	0	0	0	0	0	0	0	0
教工食堂	14	1463	0	0	0	0	0	0	0
生活福利及附属用房	15	23 618	0	0	0	0	0	0	0
四、教工住宅	16	132 218	0	0	0	0	0	0	0
五、其他用房	17	28 402	0	0	0	0	0	0	0

二十三、资产情况

高基 521　　　　单位：人

	编号	占地面积（平方米）			图书（万册）		计算机数（台）			教室（间）		固定资产总值（万元）				
		计	其中：		计	其中：当年新增	计	其中：教学用计算机		计	其中：网络多媒体教室	计	其中：教学、科研仪器设备资产值		其中：信息化设备资产值	
			绿化用地面积	运动场地面积				计	其中：平板电脑				计	其中：当年新增	计	其中：软件
学校产权	1	402 594	208 876	26 122	230.011 2	8.316 9	7430	4541	25	253	253	155 227.93	18 941.34	1286.83	9127.52	875.3
非学校产权	2	0	0	0	0	0	0	0	0	0	0	0	0	0	0	0
1. 独立使用	3	0	0	0	0	0	0	0	0	0	0	0	0	0	0	0
2. 共同使用	4	0	0	0	0	0	0	0	0	0	0	0	0	0	0	0

二十四、信息化建设情况

高基 522　　　　单位：人

	编号	网络信息点数（个）		上网课程数（门）	电子邮件系统用户数（个）	管理信息系统数据总量（GB）	数字资源量			信息化培训人次（人次）	信息化工作人员数（人）
		计	其中：无线接入				数据库（个）	电子图书（册）	音视频（小时）		
总计	1	16 000	2216	152	16 016	81 288	51	568 252	5232	50	46

二十五、专职辅导员分年龄、专业技术职务、学历情况

高基 931 单位：人

		编号	合计	其中：女	本专科生专职辅导员						研究生专职辅导员					
					计	19 岁及以下	20－29 岁	30－39 岁	40－49 岁	50 岁以上	计	19 岁以下	20－29 岁	30－39 岁	40－49 岁	50 岁及以上
总 计		1	89	52	65	0	13	32	14	6	24	0	0	9	12	3
其中：女		2	52	0	36	0	8	17	9	2	16	0	0	8	5	3
按行政职务分	正处级	3	12	1	6	0	0	2	2	2	6	0	0	0	5	1
	副处级	4	12	8	10	0	0	4	4	2	2	0	0	1	0	1
	正科级	5	12	6	11	0	1	10	0	0	1	0	0	1	0	0
	副科级及以下	6	53	37	38	0	12	16	8	2	15	0	0	7	7	1
按专业技术职务分	正高级	7	4	2	4	0	0	0	2	2	0	0	0	0	0	0
	副高级	8	21	9	11	0	0	5	4	2	10	0	0	2	5	3
	中级	9	37	27	27	0	1	20	5	1	10	0	0	5	5	0
	初级	10	6	1	5	0	2	3	0	0	1	0	0	0	1	0
	未定职级	11	21	13	18	0	10	4	3	1	3	0	0	2	1	0
按学历分	博士研究生	12	18	9	12	0	0	8	4	0	6	0	0	2	3	1
	硕士研究生	13	53	35	42	0	13	22	6	1	11	0	0	7	4	0
	本科	14	18	8	11	0	0	2	4	5	7	0	0	0	5	2
	专科及以下	15	0	0	0	0	0	0	0	0	0	0	0	0	0	0

二十六、心理咨询工作人员情况

高基 932　　　　单位：人

		编号	合计	其中：女	其中：持有资格证书	按工作年限分			
						4 年及以下	5 – 10 年	11 – 20 年	21 年及以上
总 计		1	4	3	4	1	1	2	0
其中：女		2	3	0	3	1	1	1	0
按专业技术职务分	正高级	3	1	1	1	0	0	1	0
	副高级	4	1	0	1	0	0	1	0
	中级	5	1	1	1	0	1	0	0
	初级	6	0	0	0	0	0	0	0
	未定职级	7	1	1	1	1	0	0	0
按学历分	博士研究生	8	0	0	0	0	0	0	0
	硕士研究生	9	4	3	4	1	1	2	0
	本科	10	0	0	0	0	0	0	0
	专科及以下	11	0	0	0	0	0	0	0

第十八章　毕业生名册

一、中国政法大学2016届春季博士研究生毕业名单

法学理论
张　顺
宪法学与行政法学
张国庆　　刘　飞　　王立勇
刑法学
杨金科
民商法学
林秉毅　　刘书正
诉讼法学
于增尊
经济法学
梅新波　　陈夏红　　杨　狄　　薛仁森
国际法学
Mohammed Abdali Jebur AL Shafee　　Elias da Costa Belinazo
人权法学
贾卓威
知识产权法学
吴　蓉
比较法学
刘杰山
中外政治制度
徐艺心
马克思主义基本原理
文吉昌
马克思主义中国化研究
魏燕妮
世界经济
张和辉

二、中国政法大学2016届夏季博士研究生毕业名单

法学理论

王志勇　徐　航　刘　宇　黄泽敏　宋旭光　王　平
郭　威　沈宏彬　王　进　田力男　李雁斌　刘晓蕾

法律史

张京凯　沈成宝　张　寒　富　童　徐　辰　朱仕金
李振勇　李乃栋

宪法学与行政法学

陈进会　赵德铸　曹　实　范志勇　段　来　周睿志
汤　磊　岳　琨　崔俊杰　贾　茵　成　莉　殷玉凡
钱于立　王华伟　李晓果　谭庆勇　申　静　刘俊宏

刑法学

王森荣　陈建宏　肖玉琴　张江波　覃　波　罗庆东
田秉远　丁　敏　侯　佳　刘昀晟　潘新睿　陈红星
安凤德　张燕龙　李　婕　哈洪颖　张灼州　张永健
高桥孝治

民商法学

曾适然　李志国　郑瑞仑　赵传毅　章杰超　金丽娜
苏紫衡　曾　嫱　刘　思　李润生　姚兆中　陈　宾
刘征峰

诉讼法学

杨智涌　李贞遉　谢仁杰　刘梦蕾　刘　辰　宋寒松
袁　红　陈辐宽　刘文化　薛向楠　徐　灿　陈子楠
董林涛　王晓红　白思敏　覃冠文　许慧君　包献荣

经济法学

林哲钜　肖玉坤　侯向阳　贺倩明　张亚伟　陈文祥

环境与资源保护法学

刘　哲　程多威　黄琰童

国际法学

贺玉珍　阎　忻　许汉生　马　凌　崔　航　宋　岩
林鸿文　张　钰　王　涵　路　育　郭　杰　冯　洁
刘　久　夏龙洋　黎小明　马灵霞　LUCA CHIANG
ALI AHMED ALI SHAGLAH　PAKU UTAMA
SHAKEEL AHMAD　ILYAS KHAN

比较法学

卢扬逊　高丰美　钟云龙

法律与经济

李　辉　　吴秀尧

法与经济学

莫　丹　　胡　明

证据法学

李　涛　　李苏林　　胡　萌　　高　欣

人权法学

张晓冰　　金　璐

世界经济

刘长虎　　徐　悦　　张　波　　孙　岩　　毛凯丰

政治学理论

安　超　　马学军　　邓善凤　　张　颐

中外政治制度

杜大力　　李建中　　黄祖帅

公共行政

朱婉菁

马克思主义基本原理

李海霞

马克思主义中国化研究

王光进　　田兆军　　段珊珊　　许　娟　　李伟涛

国外马克思主义研究

杨　强　　王葳蕤　　张雷刚

思想政治教育

袁　芳　　袁宏伟

三、中国政法大学2016届春季硕士研究生毕业名单

宪法学与行政法学

李雨濛　　朱志平

民商法学

刘　浩　　陈洋洋　　苑　柳　　叶玮昱

诉讼法学

吴　恒

经济法学

于若璇

国际法学

Abdoulaye Dit Siby TOURE　　Gian Giacomo Chiarolini

Noorah Mohammed H. Al Saud　　YULIA AFANASIEV

NSAKA KABUNDA Anne Marie　　Caterina Zanoni
Hamish Michael McCardle　　Rembert Graf Kerssenbrock
NICOLO' BELLAVITIS

比较法学

郑娜宝　王文豪　刘　畅
JELENA STRELNIKOVA

法律（非法学）

侯　帅

法律（法学）

智美琴

工商管理硕士

刘明昊

工商管理

韩秀玲	谭洪艳	王　璇	马庆玺	王　鹰	何　妍
孙树明	张　杨	李　鹏	潘　晓	黄　芳	马　超
王　丽					

公共管理硕士

江灵斌

公共管理

陈小芳　谢倩倩　常　静

四、中国政法大学2016届夏季硕士研究生毕业名单

法学理论

姚天宇	贾海亮	王贤洲	杨明宇	杨　茜	张　传
任雪佳	曹文姣	李稷民	温　寰	叶会成	王静姝
苏　婉	刘中一	庄　壮	张　杰	黄倩凝	贾呈赟
程　旻	喻晓玮	黄秋凤	叶清逸	柳淑一	钱　星
肖　彬	刘　红	刘紫微	吴　越	李婉星	赵　姗
吴　娇	周　鹏	邱丽婷	吴若鸣	姚人琳	肖亚芸
张君晖	张仕兵	周熙月	林珊珊	秦晓媛	赵静雪
吴　思	王小艳	郑小芹	范　青	吴　凡	颜宽宽

法律史

孙莹莹	袁　莉	龙　泉	雷　蕾	邵　帅	王　毓
朱　黎	陆　建	蔺晓敏			

宪法学与行政法学

黎芬妹	孙忠瑞	于泽瀚	路　昕	宋　烁	李亚宁
韩　冰	方浩然	张　静	翁文涛	王　放	袁富连

孙朋云	王　巍	郭　宋	吴培显	周　驰	张雪城
王婧洁	谢雅琳	罗　婕	丁维骏	吴怡萱	王晓兴
田世枫	张　星	刘轶平	黎　静	赵晓娟	王梦宇
章　耿	王　鹏	王　玎	李胜蓝	李　舒	李　帅
高宇苹	董　欣	闫　慧	孙照林	高爱平	姚腾越
周孟伟	赵　璐	杨安琪	陈逸伦	朱艳春	王　旭
周　丽	童紫萱	窦　磊	法　东	李柏杨	崔　瑜
杨美梅	姚莉祥	潘思岐	蔡　斐	邓维瀚	徐舒扬
黄思成	范泽华	熊雨潇	沈　立	朱彬彬	刘绍宇
曹一坤	韩　茹	于颐民	申　凡	张　彧	高　璇
王　瑛	刘晓晓	吴文双			

刑法学

吕元乔	张丽娜	邹珍珍	韩晔琳	董　钰	林逸安
张优优	吕晓静	祖延光	胡洲舟	杨思诗	徐宏宇
周子告	杨　薇	郭智媛	郭冰冰	岳　雯	闫光华
贺　祎	张枝涛	徐万龙	周朝晋	胡　杨	余　丽
郑　楠	闪　烁	刘正依	杨　洁	崔玮琪	陈福江
孙祎晨	宋雅芳	刘　恋	王　蕊	詹兴朝	王　菁
谭　萍	程晓溪	张　倩	柳安然	赵艳蕊	刘　冰
辛春雪	石楚楚	戴薇薇	刘玥昕	朱坤键	江鸣鹤
黄　曦	张延兴	余　婷	王晨阳	魏　炜	张陈铖
周若旻	杜梦真	计莉卉	吕曌清	荣钰湘	张国庆
孙　柯	焦胜男	宋昕眉	杨　静	毛　贺	王　峰
赵柏清	李　超	王　双	潘心瑜	金　洋	姜　洁
邢悦达	赵　璐	孙　鑫	潘森林	周　艳	董凌楠
苏鸿靖	黎春霞	罗　澜	彭　啸	石　林	朱亚男
马思维	顾佳婷	张　玉	琚玉芳	严　敏	张　亮
吴雨橦					

民商法学

张　珊	董淑怡	汪芹芹	龙　微	张　莉	李　欣
张瑶瑶	成重任	聂丽娟	姚　朔	王　妍	徐深澄
陈晓璇	项力颖	谢　涛	李易时	夏海曼	林小帅
李营飞	吕　婧	朱晓宇	张　清	高湘媛	赵帛妍
张钦明	张　俊	谢雨佳	雷　力	吴绮蓓	王　璐
杨成成	王胜龙	胡海洋	汪健松	戴雅竞	杜　萌
胡　婕	罗文彬	任晨悠	柳　洋	任可娜	玄　璇
桑何凌	萧　鑫	彭媛媛	李　洹	邱玉林	毕　成

吕梅竹 陈薏如 纪冬婷 吕青芝 黄沐墅 杜占石
陈末伊 罗玲芬 王　莉 王　廉 赵红蕾 苗　壮
朱紫微 滑　蕊 甄雪皓 张雨骅 李　婷 李传超
王　玮 吕　楠 钟伟媚 李瑞轩 吴霓霜 闫登锋
武梦超 许雪霏 王　旭 尉红双 姚　篮 徐巧玲
栗子骐 周　玥 朱进姝 李嘉慧 陈河源 吴　坤
关维维 卫心园 何杨梅 李沈京 高　玥 盛麟婷
郭佑宁 董玮祺 刘　洁 王景平 布雷尼纳·玛丽亚
陈晶露 谭秋婕 郝　苑 聂爱轩 陈　伊 段予煊
寇增艳 马梦莹 龚春雨 文　劲 李成龙 侯文琪
杨程成 赵　霏 郑释琳 张　德 孙　婧 秦亭宜
王莉雪 于思洋 LE DUYEN HA KHALILOV NATIG

诉讼法学

曲乔乔 宋大维 钱俊羽 魏　然 王　娱 李　咏
侯潇霄 冯　韵 汪　平 温倩茜 陈　瑶 葛舰阳
刘文勇 徐　叶 刘　权 王　欣 熊小芳 王柏帆
郑丹敏 华　娇 黄梓东 吴政清 张梦石 田琼文
梁　艳 孙　佳 姜　剑 王佳宁 郭　滢 刘　朝
傅源清 李　佳 张丹盈 沈　远 董泽平 杨　睿
牛颖秀 屈　灏 娜克雅 刘月庆 文　敦 谭雨凝
孙莹莹 张蓉蓉 李　阳 夏　菁 司富贞 马嘉慧
沈　逸 金涟伊 杨　虹 徐瑞敏 乔萧菲 王艺璇
王　洋 焦语晨 梁瑞洁 乔　宇 聂　朵 胡逸恬
丁　月 刘雨梅 李　森 单体玉 刘保珠 赵思宇
张益南 柴　华 饶梦莹 许　振 姜琪琦 肖　潇
彭亚雄 洪　靓 汪　琦 董书雅 王　珍 李　桃
郭云然 刘雪晴 李剑锋 罗　宇 张　震 闫爱萍
谷晓纯 高　航 伍　欣 刘倩云 舒　倩 刘礼军
陈　豪 郑凯心 徐　婷 王文啸 孙荣北 禹佳媚
庄丽娥 陈昱晗 渠守彬 张　勉 刘亚男

经济法学

赵流连 岳　敏 阿热阿依·赛力克 田　夏 张迪杰
邱　堃 沈雨竹 刘丽珠 王莹莹 卓朝阳 祝　怡
肖　婷 刘　睿 王菁璐 高聪伟 马启超 张灿璨
刘贺元 朱媛媛 雷　鸣 赵玉杰 李　然 相文景
刘　曦 孙亚男 贾　欢 朱梦洁 王宁博 刘益彰
胡晓萌 单春雷 李京慧 潘牧原 杨玉清 赵　娜

许戈雷特	陈　邹	万　堃	李北一	王江一	姜琳琳
武祎玮	郭少毅	张　渝	许星华	闫泽群	向　雪
韩阳阳	郑烁珠	李梦雄	赖　玥	杨天翼	邹璐玲
任欣悦	韩　迪	刘芳芳	陈国晖	许鹭嘉	米　瑞
琚宇飞	朱永宁	廖文璐	郭　贇	王　凤	秦桂芳
唐希龄	陈彩霞	杨雅云	李瑞峰	殷　怡	宋广丽
李辅行	刘家豪	钟婉珩	李煌辉	龚芳菲	方舒婧
巩殊玮	姜洪浩	张　翔	陈桢伟	薛胜男	余学文

环境与资源保护法学

张华韵	褚建鑫	段雨鹏	朱占锋	王　双	周　菁
程　玉	张　卿	杨芸汀	任　洋	马赫擎	谷碧馨
柴云乐	何颖莹				

国际法学

严雨寒	贾　盛	邵　啸	胡梦如	张　睿	王　平
白逸雪	黎辉辉	余丝雨	赵　敏	夏莹智	黄滨苇
杨浩然	李　艳	张凤茜	鲁思逸	陶超仁	邹　璐
赵　迪	赫炳琦	李　冰	朱小龙	池颖聪	潘倚天
佟　格	肖　雄	马　玥	申道明	董真真	曹俊雅
李思潼	申艺丹	梅　迪	江　华	苑　珊	陈　骋
王　辉	陈泉舟	刘梦歌	崔　健	毕凤敏	景若晨
任海洋	邱　波	高玮玢	彭先琦	孙樱霁	林　洁
武英琦	林　荟	孙颖慧	钟玲玲	王宇飞	杨　洋
黄慧芬	李　适	毛乙竹	范楷强	王思佳	何锦欣
王　宇	庄洁蕾	廖文兰	张懿聪	赵蒙蒙	胡　敏
李　霞	范　聪	只　妮	郭　帅	崔诗婉	朱爽爽
王珈璇	张　烨	段惠钟	汤　璐	林　诚	王艺琳
马万里	白珉优		BAKTYBEK KYZY ASEL		

GELA PALKINA	WOOJONG KIM
AIRIN LIEMANTO	MARINA SEDYUK
VALENTINA CRIVAT	ALVARO PIRAI RIVERO SUXO
EKATERINA MANOKHINA	NARMINA HASANOVA
ZAMBAGA TULGA	SIRIPORN DENKESINEELAM
DJENGA LOKOKO MITTERAND	IGOR BOGACHEV
PAUL HENRY FOGARTY	MAZOUN ABDALLAH SALEH ALSAADI
AIGA GOSA	

军事法学

冯　芳	刘　毅	张进中	明晨燕

比较法学

张　群　周　蕾　王　珊　孙玉婷　郭竞绚　王云涛
郑升豪　伊　倩　戎　璐　李　媛　张宇晖　李雨晨
张玲娅　付一洋　陶　娟　戴　玥　朱江枫　蔡博文
丁皖婧　黄　蓉　吴逸越　刘一玮　王心怡　王美丽
路　畅　宋　苗　白　羽　刘　桢　刘雁飞　仝旭娜
范少方　蔡　睿　雷　雨　杨　闻　顾天羽　唐安琪
李　亨　柴　婳　梅　翔　颜　琳　赵丹妮　孙仲康
王　宏　杨　晶　王　丹　宋诗豪　史雪亮　邓可人
李　想　胡学媛　陈　晗　杨亦乐　刘蓼乔　徐天瑶
李惠雯　陈欣欣　刘青霞　秦　禾　朱云姗　郑　童
杨　振　杨　洋　张文豪　郑　勇　王雨婷　钟　昊
朱秋颖　李知尧　王　婧　林丹丹　孙斯琪　李佳玮
余　晗　丁薇娇　张采薇　许素心　陈嗣尧　王　燕
闫　朗　ANDY VAN RIET
VICTOR JESUS RAMOS HERNANDEZ　LORENZO LOMBARDO
DAVID KIMENYA MWANASANTU　ANGEL ALFONSO PUENTE REYES

人权法学

赵　倩　戴婷婷　高　洋　荆　超　马洁心　朱　海
高　鑫　习亚伟

证据法学

张太明　梁　正　丛　珊　其米措姆　刘　淼　连宪杰
闫　丽　戴璐伊　梁远航

知识产权法学

安盛燮　费　氧　秦　荧　王　琦　苗　卉　申　璞
葛兆强　贺诗佳　武　昕　高璎识　张　家　刘　佳
张晶荣　叶　凡　邹子凡　王菲菲　张　捷　周　玮
刘　聪　邓永贵　孟雅丹　陈　越　王常清　刘姝琪
郎　朗　范　彧

法与经济学

陈寅雪　丁寒玉　戴昕琦　苏汶琪　林蔚然　阿旺旦巴
刘欣东　张昭熙

法律（非法学）

王　梓　莫让菊　梁裕衬　王秋辰　热依汗古力·吐尔洪
尹晓云　曹雅楠　谢瑨波　张　颖　线　猛　廖恩能
许淑英　金　妮　蒙　金　黄　超　史磊鑫　何传标
闫　鑫　于梦雅　罗　苗　王　强　刁　薇　周海华

张吉芸　富　皓　周韶静　于　鹏　龙　希　黄　锐
赵有俊　王　琳　陆婧之　郭志强　郭　峰　田源源
解　宇　魏　玮　郭　婧　左婷婷　肖　瑶　徐晓娜
燕保伟　张　慧　刘　慧　徐　忞　项　曦　岳凯凯
张美娜　卜庆卫　林新宇　冯金勇　秦娜娜　李　苏
余传福　杨正钦　蒋金良　尤士兰　朱晓婕　魏　微
陈红佑　苗志超　孙廷廷　吴　丹　张　旻　丛　琳
汪象臻　汪　丽　肖丽红　李亚辉　张文潇　李　嘉
景　洋　李慧斌　谢　东　罗文慧　庞海波　严淑琴
史　良　胡芳蕾　王静萍　栗维强　吴　萍　李　潭
张骞予　南　李　王志业　葛林飞　季璐超　邵晓悦
陈莹璐　杨灵霏　龚　娣　张　震　王誉洪　张文晴
刘鑫鑫　梁　雪　王亚慧　曹更波　严亮亮　曹　璐
杨　娜　吴元乐　颜泽开　马成成　王雪峰　尚　潇
汪建生　王向洋　张大伟　蒋　瀚　王　华　杨　草
贾曙霆　侯倩云　廖茂松　钟秋玲　黎来娟　张　晗
顾晓雅　韩晓宇　李　敏　王　昊　焦　健　李　萌
张春霞　狄家君　郭复兴　郭婉纯　杜　歆　徐振波
岳佩柔　王贵君　张习习　刘　霜　张远新　吴亚平
王晶晶　唐梦君　郭　静　李先燎　邱　静　刘　敏
方　楠　呼延慧　耿郁泉　张　滢　任　帅　祖宸希
周立晓　佟昕雨　孙　晨　祝卫立　罗宁宁　贾　敏
孙　青　王　悦　王　敏　张朝龙　王　冬　陈馨怡
刘　茜　林美灵　张春丽　谢　华　李小梅　曾新利
马潇楠　冯晓璐　彭　驰　尹程香　赵　岩　何　婷
李　政　杨恩义　温莹影　曹海保　倪　荣　杨　珊
柴　松　马云彤　李洋硕　张金金　黄　晔　杨　萌
张　骁　赵　辰　赵德水　魏　来　赵　奇　杨露露
谢　梅　蒋　惠　王淑贞　王恺悌　薛晓东　孔令瑜
文柏程　杜　宇　杜　丹　唐晓阳　黄　洁　陈相盈
申亚辉　杜星宇　阮梦诗　金栎桐　何锡川　卓　娅
马荷月　李　硕　王府凤　魏　程　李　斌　徐　玲
祁　星　刘理霞　王辰辰　张　琦　李　廷　姜　斐
施　晓　刘香町　陈义建　王　琼　李筱岑　王　杰
姜薇薇　王　洁　王　青　宋　正　潘欣欣　孙亚卿
于广英　彭晓娟　李洪业　周慧琳　周　洁　钱雅云
李　辉　陈丽萍　申旭方　张　冉　米　泰　姜洋洋

郑　渊	王　涛	王　爽	李文玉	易小香	徐浩翔
刘　帅	郭　堃	魏开元	胡月丽	赵玉清	吴　雪
张　娜	王　鑫	李文君	李付康	于文浩	郑丽伟
刘　文	张　燕	储叶青	刘志成	吴桂玲	丁睿智
孙　林	郭　蕾	邓文纤	张晶晶	李　敬	许吉龙
杨　健	杨笑非	高　麟	冯文青	吕小娇	周　健
韩　旭	史　家	王　卓	宋丽娟	王思思	宋朝朝
王卫宁	胡安然	王振禹	贾永曼	陈清艳	别姗姗
张　燕	韩瑞清	刘浩然	应义平	刘芷菁	任广慧
王　芃	李彦萍	李玮香	司鹏飞	阎　彦	张秋林
范　鑫	牛颖东	林　溪	申　晨	毛文斐	邓园月
谢　畛	杨青青	刘容源	张俊敏	陈琼燕	刘　静
司仝乐	陶东林	成宇珑	屈稼华	陈　璐	

法律（法学）

谢凤仪	李卓珺	郭静荷	马骏驰	吴笑寒	金　鑫
任昱阳	龙志宇	崔　丹	付金峰	丁晓雯	尹　君
迟伟丰	盛晓庐	李雪迪	田开强	姜棋柯	龚　茜
钮鹏程	张吉凯	陈辛迪	王　叶	李玉雪	杨青青
刘倩倩	谢敏茹	李　婵	刘韬文	李小磊	申于安
胡丽丽	顾斯琪	任佳丽	程文凯	罗　彤	芦嘉鹏
李　丹	李　挺	常　悦	刘远同	郭遥远	王会战
苏海萍	胡天雄	王盛猷	徐占全	唐宇黎	王　蔚
刘　磊	徐蕾青	韩　东	曹　霞	武荣伟	杜　茹
戎　梅	岳慧卿	王亚男	连　眺	杨　征	闫冬梅
韩　蛟	于　倩	樊利琴	田晓兰	刘柯欣	贺　佳
张亚芸	张　哲	程妙雄	刘住山	石　卉	焦朝岩
胡月颖	刘春阳	赵　芎	张晓炯	张伟岸	杨　媛
刘　健	冯秋菊	刘　婷	任志菲	闫　伟	郎丛岭
安　琪	许　晶	孙　智	安静茹	袁伟娜	王　维
卢钇伶	乔　羽	李丹彤	冯文燕	韩　亚	王泉丁
逯文芳	罗汝琴	王　腾	孙冰玉	王美玲	黄慧敏
胡虹波	范珂璐	李　漪	刘宗鑫	付　婷	娇冰玉
张德昊	王　绵	吴春青	李　丹	梁　雪	戴逸之
吴　月	罗　丹	谭志军	吴艳亭	郦翠翠	饶梦琦
潘　涛	康　婷	安玉鑫	杜雪玲	李　红	王冠群
黄思慧	刘　锦	陆诗灵	谭姣姣	刘丽娜	张　辉
毋亦蒙	盛梦莹	单重庆	王思晔	张胜佳	俞　洁

郭　悦　赵　婷　周德杰　熊信光　刘晓蕤　虞　玮
郭　潇　王斯滢　马元昕

马克思主义哲学

刘上上　刁超群　姚顺利　石雨晨

中国哲学

李晓帆　高雨龙　高　地　谭　珏　刘为光　尹丽丽

外国哲学

邵贤曼　王海全　吴建龙

逻辑学

邢艳花　马建海　王　磊

美学

李丹丹　张林楠　冀梅竹　李典峰

宗教学

陈师明　吴昱萌　马　权　黄越泓

政治经济学

张　晔　潘留珊　王　萌　李九阳　姚苏哲　张天啸

经济史

王红艳　霍　达　张俊夫

西方经济学

段娅丽　王海利

世界经济

李京芳　王楠楠　钟国伟

区域经济学

金　婉　王　洋

产业经济学

李青山　李绍红　陈　琳

国际贸易学

王昊廷　丁　丹　黄　什

政治学理论

苏日娜　朱望星　龙娇利　胥培俭　周雪凝　殷翠婷
徐路英　刘　欢　杨二美　王中园　高梓原　赵兴华
丁　琦　娄凯强　徐　玲　张梦莹　黄婷婷

中外政治制度

毛晓晓　郭家祥　陈　林　张　絮　孙　娜　陈妃妃
董修征　逯钟文

国际政治

孙　梁　刘　娅　王良明　李星昕　康新明

国际关系

乌日勒	吉佐月批	游家皓	左少华	王宏岳	田　静
孙淑情	杨天宇	焦智玲			

外交学

伏丹翼	黄　俐	张　晶	NOSIROV AMRIDDIN

社会学

齐　群	朱　芮	高晶晶	陈　琳	徐　鹤	李　威
许卢峰	吕俊涛	丰宝宾			

中共党史

蔡瑞虹	田　慧	汪　波

马克思主义基本原理

付琚雯	聂宁涟	王　娟

马克思主义发展史

金　琪	王卓雅

马克思主义中国化研究

吴文聪	李亚飞	王瑞冉

国外马克思主义研究

陈　飞	张崇阳	胡升超

思想政治教育

陈自海	宋义杰	王晓凤	刘翠翠	焦　敏	姚　雪
朱君俊					

中国近现代史基本问题研究

曹　聪	张文娟

基础心理学

孙　越	张琼林

应用心理学

孙浚淞	郭　笑	冷文龙	孙晓敏	欧阳丽

犯罪心理学

姜慧慧	孟祥凤	邱　玉	赵茜茜	吕郭威

英语语言文学

刘燕飞	雷　敏	赵　元	张　磊	陈银君	朱翠霞
卢　山					

俄语语言文学

李　会	卢振宇

法语语言文学

刘　静	陈梦茵	侯梦璐	王　业	屈源潮

德语语言文学

李　贝	张晓菲				

新闻学

郜莉楠	郭　霏	潇　潇	涂　杨	张　悦	王宇婷
薛　婕	赵环环	张小雪	曹欢欢	雒艺蕓	温雅云
史　昊	吴　珂	段天圯			

传播学

张　娜	王　宪	刘嘉丽	晏婷婷	吕亚慧	李　中

历史文献学

刘海军	安　洋

专门史

荆宇航	谷　淼	张旭园	殷　乐

中国古代史

闫振宇

中国近现代史

刘成晓	叶合鑫	王　佩	辛　静

会计学

李晓曼	龙　欢	郝　钰	吕怡然	张玉婷

企业管理

姚　尧	罗菁婧	黄灿泽	章亚如	陈　朝	胡丹宇
杨国莉	夏书慧	闫立宇	束艳杰		

法商管理

于思淼

行政管理

梁晓宇	苏　敏	王雨辰	王梦凡	谭　溪	刘　念
苏贺玲	吕新新	陈欢舸	赵　健	陶　婷	马　冲
陈　卓	王　宁				

社会保障

熊婉辰	卢　艳	张　辽	任鑫浩	王夏婷

公共人力资源管理

曾维新	刘　鑫	巴军伟

危机管理

徐　浩	王伟昌	范景爽

公共管理

蔡晓宝	高　静	王艳萍	陈孔杰	郑　捷	李　彪
田国红	陈啸天	周　密	姚文汇	郭建平	李晓辉
宋嘉业	周天瑶	王　伟	丁伟明	范　雯	李　彬
张莎莎	赵　佳	高一立	余子文	张　华	成　帅

宋世辉	刘舒佳	李文龙	刘　俊	蒋　震	侯敬涛
程　莉	李　野	张　龙	李江涛	单　云	邵玉龙
时　娟	逄　越	潘喜喜	吴春雷	边旭东	孔希贤
李　勐	赖　峰	陈　律	申　恬	甄　翔	钟立庆
武芳菲	李　召	贾红梦	王　瑾	穆慈明	徐丽诺
蒋伟涛	贺　杰	贺玲惠	包　丹	孟　昆	蔡　畅
丛上智	王一然	宋　艳	方　莹	徐龙娇	雷　云
乔　鑫	刘政锋	郑　莎	李年春	翟文博	窦　洁
祝文婷	李欣晔	宁　卉	靳宇翔	陈　超	杨　文
卓欣浩	李一真				

公共管理硕士

徐　冬

工商管理

张尧军	胡树明	王　刚	王　晖	方君健	李　雪
郭敬堂	岑　斓	孙　铮	孟灵杰	任海芳	李　群
杨卯凤	王伟丞	胡　静	陈晓娟	陈玉明	胡潘根
黄紫虹	李媛媛	李志宇	刘丽辉	鲁　洁	王咨骅
李　征	左春跃	陈　瑶	王平志	宇子健	臧真玲
丁泽术	范永振	林　伟	马建杰	杨殿祺	李振志
明楠楠	王笑飞	赵　佳	曾　翀	陈晓岚	都伟毅
郭红雷	郭玉金	胡晓晔	黄　飞	贾　鸿	姜若梅
康圣千	李　冰	李　菁	李　林	李　爽	李训峰
刘　萌	刘婉夏	刘　阳	潘万强	潘亦龙	孙朝秀
孙潇俣	唐虚谷	王　晨	王　浩	王　凯	王学文
王　雪	吴　丹	吴国成	吴晶晶	谢　钊	薛　灏
严文斌	于景涛	赵红梅	赵鹏高	周克柱	陈　博
陈　翼	程晋芳	崔志好	杜　程	耿晓宇	韩瓔晖
李晟昊	李　旸	李宇星	林修博	刘雨霏	卢文娟
马　蕊	孟庆辰	孟晓娟	潘晶晶	任冠源	石　宇
孙晓飞	谭诗泳	谭　铸	滕菲菲	王　晶	王　鹏
王　颀	魏家齐	吴　雁	徐　宁	杨海庆	姚　考
于媛媛	岳智飞	臧雅妮	翟晓羽	张　超	张雪雪
章松松	郑冬冬	郑明媚	周　乔	朱宇平	祝洪涛
陈　昊	陈星宇	陈昭亮	崔鹤川	戴晓惠	丁　帅
段少蓝	高　婉	古　婧	韩霜雪	黄俊丽	李　昂
李　晶	李远祯	刘　璐	刘　念	刘　谦	刘艳亭
刘　勇	刘钰泽	刘卓亚	秦牧欣	任娜娜	沙　娜

邵　阳	田小意	佟长伟	王乾宇	王　岩	王子也
文素芳	郗　闻	谢　珊	谢炎阳	严爱宁	杨铖哲
杨　辉	翟泰凤	张　旭	张渲翊	张　原	赵方倩
赵建淞	赵峻武	赵胜男	陈　铝	崔安琪	丁志芳
方正平	高杨阳	郭子涵	焦　杰	孔　颖	李　多
李　晶	李俊龙	李　鹏	李婷婷	刘　迪	刘建军
刘丽娟	刘石柱	彭冰冰	任海芳	宋　玉	唐珊珊
田华东	屠　威	王怀青	王文辉	杨　硕	姚　阳
叶智深	张凡强	张　磊	赵新颖	赵　旭	邹艳春

五、2016 届毕业生名单

法学院

李竞文	杜　锐	朱志炜	韩　啸	徐　坤	姜　山
周　杰	黄嘉天	马学敏	胡骁毅	林毅阳	罗锦荣
石国玺	王　寒	孙　言	谢　昊	耿留睿	张　钊
崔梦秋	詹诗钰	甄天航	樊玉洁	陈采薇	张　曈
李晓彤	刘芳菲	汪雨涵	章逸琦	杨未名	潘卓祺
郑洁珊	李英彬	范鸿雁	李媛媛	乔　云	李晓怡
赵昱伟	张木子谧	何宛珊	毛佳星	孙盛楠	马彦博
李晓娜	周晶晶	章玉芬	汪漫妮	张钟月	林　芸
邵　颖	王昕月	徐炎栋	马　钰	王红红	陈　尚
陈福祥	郑裕丰	汤怀恩	朱　恺	贾　康	丁翔飞
曾祥全	邹　昆	于　胜	李博然	卢明亮	郗博鸣
谢玉麟	张爱军	黄怡梦	张天阳	邓颖君	赵思娴
吴　寒	周　扬	吕　莹	吕晓蕾	尹长宇	谢冰滢
陈晓婷	戴梦晨	李京默	王一斐	鲁泽月	胡　悦
佟家伊	朱艺弘	王　珏	蔡一星	李闪闪	陈晓琳
任余美	张天一	孙　晓	余　沛	许倩倩	宋　琦
曲家欢	周易秋	马瑞跃	任林杰	郑寒阳	王元义
陈向东	尚红超	杨建民	丁泰凌	李　智	王　经
张振亚	郭威扬	平　浩	田东升	薛泽涵	郑东明
孙昂然	游宗源	李盛誉	温　文	李芳菲	金　珺
刘晨阳	温雪纯	冯　曼	刘　婵	黄鸿丹	朱婉云
马　丹	董雨潇	宋李蓓	卢　琳	孟桐竹	杨　前
李晓煜	周子琳	刘美君	王　琨	于欢欢	高　天
王思诗	陈雅葳	谭媛媛	代重阳	董欣鑫	李梦凡
潘　琦	贾贝贝	张　静	熊一霏	朱诗瑶	张旭东

蔡子熙　郭登荣　易王瀚　张之瑾　张衡　朱晔辉
田越　杨书欣　余家辉　褚智林　郑增　成汀汀
何忠　李欣鹏　靳铁超　李汉超　邹琳　孙晓琳
邓舸　林慧　杨然　景梦姣　陈天池　崔英美
纪星　李玮　廖洋　张焕卿　闵薇　蒋昱萌
郭美玲　王琳琳　卞舒雅　王赢　孙睿　谢义诗
马巧艳　李响　罗敏雨　梁楠楠　庄家璐　高斌斌
文如洁　赵锦钰　李姣姣　唐小博　王中慧　刘丹妮
樊嘉晨

民商经济法学院

朱炳豫　王明朗　娄洁予　任静　高畅　朱逢凯
马六甲　江皓　温高宏　于有浩　秦浩然　张政
尹鹤　兰杰　刘禄　王晨阳　孙一川　刘昱兴
何世伟　何一山　张尧　骆万奎　潘建伟　武昀浩
聂洋城　王劲超　王德智　陆续　哈大卫　王著馨
李东伟　李立　吴垒　张左思　周剑鸣　高兴隆
庞博　陈绿　李坚　张超　王彬　松蔚
陈永胜　石登棕　吴昊　董小波　程时豪　董坤
王深　侯涛　张鸿宇　李凌飞　苏星维　盛盛
王东　四郎旺修　张坤　孙墨寒　李泽民　刘峰麟
杨国龙　常安国　陈永帅　何志毅　阿尔斯别克·哈依拉提别克
李秋实　李晨静　李彦臻　王张毓茜　阿依古丽·沙吾列提
陆媛媛　代园园　郭珍珠　刘婧　张梦蝶　黄丽婷
黄荷　王雨星　刘磊　王婧妮　拉姆次仁　栗丽丽
洪京阳　马悦　陶紫凝　晏娇　郝兰兰　康桥
沈雨薇　玛尔哈巴·阿合买提　惠遥遥　陈宽　张莹
杨诗豪　莫凡　钟晨　吴聪　叶热扎提·乌拉孜别克
孙天阳　李成玉　郭启亮　李依哲　沈海峰　肖自金
孙安泽　刘瑜　许鸿宇　吾布力·沙德尔　张笑
柯萌　陈晨　牟宸　张博琳　郭玥　扎西央金
朱一琳　牛晓静　王潇君　姜天容　郭歌　钟佳
董芊　陈紫微　李朦　李佳轩　张羽佳　穆阳
严路瑜　喻宏信　申学敏　李元瑾　潘琪云　吴杨洋
张雅慧　宋天玉　范丁琳　郭程　郭北南　陈凯强
吴炽烈　龙志涛　高鹏飞　张旭　刘浪　陈鹄
康子豪　向柏玮　贺文奕　高小龙　阿不都艾尼·艾热提
陶思延　戴知毅　唐榕婕　柯雨薇　史文丹　汲洋旭

韦鹦曦　央宗卓玛　赵李晶　王曼　金子煦　廖慧琳
李钰莹　范琳　郭佳菁　田鑫雨　袁碧浓　谢海琪
蔡京花　刘云哲　陈惟醒　胡玥　赵晨辰　咸冰
闵锐　郝喜丽　蔡俞珏　曾敏　冯宁　柯欢怡
李嘉丽　邱田　李成浩　邱尚楸　吴昭濒　石磊
袁焕　王康睿　王笑语　杨超凡　田浩宇　郜乃达
刘原实　斯拉木别克·铁木尔汗　刘臻　韦丛君　李璇
茆琳　熊书梦　李雪皓　陆红蕾　玛尔江·布尔库提汗
徐一心　丁琦俐　张心远　吴军英　张倩玉　邓颖
袁华萃　李双菡　何卉琼　付雅卓　李冬玥　刘莉
李梦童　王紫璇　相斐　邱佳凝　杨洁　鲜盈柳
张逸萌　周姝　卢文鹏　冼词诵　范一錯　马扬
徐博文　贾昊　马庆岭　张文豪　李炫毅　吴宝毅
李天翔　秦威　周鑫　王雅昕　杨东　王佳悦
孙蕾蕾　广林乔子　陈廷钰　许可　李卓璞　李卓
马卓琳　路媛媛　王美秋　康琬欣　张慧敏　张晓韵
刘禹池　崔心驰　陈丹丹　森巴提·布拉提　罗丹娜
彭培蓓　周妮妮　金亚宁　刘雪晴　李颖　马昕琳
杨天齐　程灿　曾丽　邵艺　燕冰冰　陈宏昌
王博翰　巩子毅　张少鑫　孟繁熹　初昊铭　孙浩然
郑明　杨俊哲　尤鹏飞　何朕　任腾　阿力滕别克
霍东方　陈洪政　杜丝语　武从文　周薇　于祺
樊伊琳　美热班·热合曼　姜悦　张琼瑜　周玉米
徐欢欢　刘心煜　刘倩文　贾玮　杨婷　林之梁
马雪怡　莫洁凤　石明敏　李博源　蒋慧林　幸冰岚
阿丽亚　谢灵玉　延晓彤　常碧罗　陈旖珏　陈凯雯
韦焜　余利均　旦增德吉　贡嘎拉姆　陈超哲　张鹏飞

国际法学院

康凯川　许昊文　段旭　张文夫　克依木江·阿布都克热木
姜世瑶　梁优　章圣绪　李伽宁　木哈麦提·木巴拉克
李佳澎　胡飞　赖宁　刘建剑　王圣喆　钟元
马维俊　袁伟宸　王之钰　张钦　付震　李翔骅
张巍　孙梦婕　蔡泽桐　刘博雅　张文瑾　姚蕾
韩林林　嘎玛卓玛　何静　倪婧　王萍　谢梦琪
夏玲　谈桔芳　扎拉玛　郭兰兰　古力加马力·买买提
武天琪　贺虹烨　李媛　陈思茹　杨雪　王城
王蓓　何昆泽　卢嘉琪　陈思烨　陈露　艾丽再巴叶尔

吴　瑶　　蒋璧灿　　邱浩然　　胡学超　　谌　况　　杨　淞
阿卜杜外力·艾叁　　李天一　　汤璐璐　　赵希豪　　夏安能
张林卓　　郝宁鑫　　马育宏　　郝　赟　　孔聚秒　　任　靖
李世家　　谢　静　　黄梓沐　　吴晓妮　　邹柳英　　徐梦文
黄雨薇　　赵菡清　　央金嘎娃　　袁依敏　　陈樱娥　　王斯婷
翟意雪　　曹端宁　　孙　可　　刘紫晴　　热依兰·麦麦提
王　悦　　石雨蒙　　黄　婕　　孙　阳　　罗　冰　　齐　桐
贾　慧　　李　洋　　吕冰清　　徐秋菊　　李婉秋　　王丽娟
陆丹丹　　陈　曦　　王俊元　　巩　伟　　牙韩卫　　吴体炼
郭方明　　郭先霖　　曾钦宇　　吴　凡　　杨佳霖　　宿永庆
陈　博　　刘　达　　库安别克·斯马依勒　　赵　涛　陈泰林
李　玥　　谢依莹　　韩　璐　　杨　锟　　孙钰涵　　高维阳
谢春彤　　黄嘉怡　　胡晓雨　　吴晓玲　　吕艳艳　　安思思
王　蕾　　灵　蕴　　马　嫣　　魏　冉　　于倩雯　　赵立婷
迟晓妍　　杨　赟　　全素慧　　马骁骁　　张媛媛　　崔晓燕
周　力　　张　晚　　查凡杰　　杨珮茹　　薛　雯　　崔正阳
万子江　　艾　彦　　刘峙学　　阿克拉木·托乎达洪　　何　健
蔡佳宏　　高英杰　　张　圆　　刘　博　　李世杰　　黄　堃
宋嘉楠　　汤　昊　　林　珮　　王古玥　　曾　灼　　刘　璐
严桂馨　　郭一琦　　刘玥彤　　杨　雪　　普　赤　　张晨茜
刘　畅　　杨雅琼　　黄琪琪　　董　原　　李思佳　　黄隆珠
朱子琦　　彭梦凌　　刘　贤　　周虹杉　　何红瑜　　李　鑫
海巧娟　　王晓思　　李哲远　　贾宁琦　　鞠　团　　王　晨
陈宁怡　　王　童　　张　超　　王　昊　　李　琳　　何新宇
马　豪　　周怡航　　吴　铮　　庄怀邦　　李培贵　　彭广明
云　彬　　雷　飞　　曾省然　　姚　迪　　方　正　　陈　倩
杨　溯　　康　杰　　王嘉旋　　许天舒　　张雨珊　　王子璇
王　璞　　丁雪妍　　侯　媛　　林　健　　王若曦　　张　颖
孙悦雨　　马梦瑶　　陈柳行　　李　敏　　吴　迪　　罗梦婷
魏子玥　　张　鑫　　蒋明喆　　郭亦卓　　白冉冉　　马双双
刘晓宇　　黄晓佳　　熊雅柔　　仲义南　　李言智　　吕一方
田巽猎　　刘世杰　　刘凯杰　　王玉珍　　张子杰　　谢　垚
哈那提·托汗　　黄　强　　李弘洲　　马　杰　　张昌裕
杨　茉　　孙霄然　　韦　笑　　谭文雯　　姜　寒　　闫明明
丁慧姿　　玛合巴勒·沙吾列别克　　蒋青玉　　范宁静　　刘　瑶
吴　瑶　　弓伟丽　　阎奕霖　　徐　畅　　戴敬琳　　冯　莉
罗　毅　　乔　鑫　　李雨烟　　张蓓蕾　　安慧中　　刘萌萌

刘祁遥 白宇轩 郑晓童 熊 莉 曹文涓 赵丹娜
金飞龙 王元昊 哈依拉提·窝斯勒拜 刘明冬 郭超辰
陶建强 赵南境 陈泓成 王泓之 赵志垚 郭之瑞
杨宇曦 陈康夫 张正阳 王以璇 谢雅珊 李 萌
李玉平 杨 卫 石菡清 阿尔达克·斯玛依汗 王俊清
王长琴 郑 涵 黎星愉 刘晓姿 余 乐 喻 萍
贾新越 李 欣 李 欢 洪 霞 何彦灵 杨雪婷
石 晶 赖妙颖 吴敬卓 马钰婷 杨婷婷 王 丹
王 苗 果子涵

刑事司法学院

赵亚琦 张子杰 李能娜 柏玄烨 刘旭帆 岳云飞
曲 伸 高 凯 屈 真 李济良 秦财华 林铭泽
韩 强 刘 序 张耀文 赵思雨 刘金睿 张紫皓
袁 熠 冯钧浩 吴瑞鹏 杨家兴 刘 煌 杜江涛
周经魁 彭嘉辉 左洪玉 刘 朝 胥子韬 段云瑞
关浚哲 罗超文 吴兴康 陈 琳 龚 文 黄 彪
吕东泽 黄慎辉 杨博文 李如浩 闫 智 马华頔
姜 琦 李雨航 任子腾 王 鹏 朱 宬 陈 朋
阙梓冰 林秉桑 黄科维 喻长城 祝戈辉 嵇尚源
于欣民 刘兆祥 李 岩 李梦伟 赵天川 秦圣卓
杜彬彬 王 琤 马亚丽 钟谕霖 王 芳 孟 遥
钟 孜 王 越 常明慧 罗 姣 洪 欣 张慧宁
李佳笑 张佳琪 钱 赟 汪潇潇 林琬琳 王自敏
宋 爽 蒙明利 张优悠 陈 琦 冯 璐 张莹莹
叶 佩 刘 祎 杨晓艳 赵 昕 韩励豪 太家琛
谢翔宇 闫 申 马世焜 姬鹏远 徐少云 肖 阅
秦 翔 彭良玉 郝 月 古锦平 周晨松 程子扬
谢光毅 敬梦雅 刘梦琪 余欣洁 范 煜 兰 枫
邹晓铭 田 恬 吕依莉 宣礼玮 杨季宇 赵琳萱
廖艳萍 石 卿 康 倩 关琳琳 雪 晴 殷欣宇
张晓奕 马远征 赵嘉宁 王 馨 谢妩筱 万 禹
彭 艳 包 涵 白楚玄 赵焱宁 张燕朝 刘 平
潘 荫 晏尔凡 刘鹏越 姚 地 李佳伦 谢江东
何 方 刘 松 郭谭浩 高 陆 高 原 吴杰阳
陈思睿 康燕婷 苏 泉 王伟平 陈婷婷 赵家珍
崔砚舒 奥斯卡 薛 绚 李世悦 洪 敏 杨 婧
杜晓玉 王 瑜 王昭碧 高源远 简 婷 张 冉

谢　天　李诗华　杨葳葳　张　瑄　高　莹　龚　哲
帅雅文　邹　莹　毕　然　王一凡　李世佳　范心怡
纪冰月　吴奕润　杜　思　廖晓东　邢　昊　卢　琦
徐　旭　邵　炜　胡志刚　尹　航　黄炜哲　秦德华
杜　达　邹中桥　郝晨鑫　张　晨　孙佳雨　王　宇
潘茵琳　彭天茹　李　笑　李　聿　唐国香　方　颖
游梦平　周一伟　胡　红　郑昕烨　蒋莲儿　宋　兰
黄宗琪　翟嘉贤　魏伊慧　戴物华　唐　楠　柳美燕
涂诗雨　张绍钰　庄壹茜　黄　冕　陈雨寒　吴杨弈晨
王　元　陈瑞嘉　李雪莹　吴若泉　张一鸣　吴悦臣
来晓磊　杨奇璋　金曼特　何　涛　郑力海　何秉泽
索　达　张勇虎　何承宸　陈珺杰　樊高远　黄天塝
黄　琪　朱　晶　牟亨奇　于　浩　刘　念　朱　琦
刘　琪　赵亚琦　田舒鑫　何丹曦　张　颖　何文静
金陶钰　云　婷　梁越婷　欧阳欣彤　高　颖　尹雨桐
朱　典　李　婕　赵　桉　赵思琪　喻　雪　刘　轩
喇　梅　杨　洁　徐天然　段婷曦　姜瀚林　陈荣浩
贾学文　孙铭锴　王天宇　高　亢　薛明雨　曾可清
王征驰　彭游林　朱信富　陈凯迪　李邵伟　王　周
闫龙飞　龙海云　李少波　廖小佳　苏　枝　苏　北
刘楚珊　魏雯博　龚颖欣　罗戎蓉　刘若薇　张旭萍
何雨旭　何　宁　黄　芳　刘雯媚　孙小梅　黄思婷
鄂星冀　郑梦娟

政治与公共管理学院

李美慧　邰跃洋　张天麒　黄天舒　许万春　李长亮
张昭全　齐田天　朱　睿　斯军令　陈景琦　杜美娜
李倩雯　孙　琳　杨　霖　徐　婷　孟　彬　徐玉洁
宋有杰　杨艺芯　高　骁　王敬尧　黄维奎　李　丽
贺　婷　范雷雨　赖人杰　张　一　许　超　张　拓
张佳琦　詹薇斯　林海转　阿迪拉·阿布里哈提　刘皓妍
吴添龙　罗海月　任　荔　徐　影　蔡晓昕　武　娟
司徒林卉　李卓月　滕　杨　林世雄　张高宇　石盛江
金　鹏　肖行超　康　朴　廖发君　康　乐　景　然
赵　晶　豆　悦　陈彦秋　张　璇　俞柳婷　李司晨
江　甜　丰　盛　吴　霞　俞　霄　吴兴泽　吴　磊
伍　宁　周理顺　韩林杰　赵　锋　王远旭　杜琰鑫
冯　健　师　欣　李珊珊　吴思婷　宋亚如　杜　牧

雍颜嘉　　周茜茜　　李　卓　　方　晗　　李婉璐　　王　优
张　茜　　孟凡玉　　黄一心　　郦栋烨　　赵帅博　　庄　鑫
潘荣钢　　杨季桦　　罗　永　　伊力哈木·阿卜力克木　　戴佳沛
马宏飞　　汤志宇　　张　敏　　李雨童　　李　洁　　王　琳
蔡琳琳　　李　瑶　　张　晗　　王晓军　　窦殿婧　　田　静
哈米旦·库尔班江　　汪鑫慧　　杨若冰　　王　浩　　其华加
艾力江·吐逊江　　唐　枭　　孙泽东　　昂旺丁增　　索朗旺堆
张　卓　　马文浩　　侯博文　　马安杰　　依力夏提·吐尔逊
郑益群　　魏嘉昕　　张启晖　　麦凌寒　　蒙嘉莹　　王雪竹
李梦琳　　张昱雯　　次仁普尺　　赵　敏　　杜涤炘　　魏　宏
余文婕　　拉　宗　　梁春凤　　王佳文　　欧阳艺文　　次仁曲吉
何　瑾　　李晓晰　　马颂佳　　雷　琛　　刘可人　　郭慧颖
曲尼卓嘎　　花　希　　付江舟　　吴　双　　邹　坤　　任　哲

商学院

马东旭　　李艺凡　　孙安琪　　梁淑婷　　王双月　　毛雨萌
贾　坤　　邓嘉琪　　杨晔铭　　高文轩　　陈　韬　　谢世仪
沈妍菡　　李　暄　　成协珊　　邓丽萍　　潘艳玲　　杨　光
何雨寒　　陈可琦　　刘相儒　　江亚斌　　王　楠　　吕嘉蕙
鲍媛媛　　袁　野　　任宏谦　　张　娅　　陈　琳　　徐嘉泽
高剑雄　　唐　咪　　唐　娅　　韩　旭　　古　健　　王逸群
朱校瑜　　徐　琪　　杨　盈　　魏　萌　　陈　雨　　熊　旭
臧文斌　　王雨辰　　邓潋滟　　路　琳　　郑亚静　　陈凯珊
龚志超　　胡　飚　　黄靖琳　　樊邵楠　　马欣苹　　张彩锋
周　扬　　章倩樱　　贺　伟　　张　路　　郝　扉　　阙海若
江　琴　　李瑞琳　　刘超琦　　魏川闻洁　　潘韵先　　周夏睿
李雪妮　　刘　源　　方元京姝　　周小又　　古丽米娜·艾力
白万军　　潘　拓　　胡安心　　陈瑞坤　　田祥安　　王红涛
郭昊男　　杨永东　　陈弘宇　　马玉虎　　张世杰　　唐　鑫
滕云飞　　李一鸣　　刘　畅　　楼佳旖　　吴湘萍　　刘滋兰
王雅馨　　徐曼迪　　张一帆　　蒋冰洁　　卢诗懿　　刘昱彤
袁丹丹　　褚　朦　　吴　易　　史乃文　　徐丹丹　　李　论
刘　旭　　张志豪　　潘　硕　　王　钊　　赵晨晓　　武　闯
贾　博　　汪　珣　　朱　迪　　何　为　　刘瑞琪　　刘海阅
郝文溪　　李美贤　　吴晓煜　　陶亚琼　　肖　瑶　　刘　晖
谢博文　　杨东晓　　汪　韬　　白　扬　　黄灏明　　王龙越
胡　鑫　　康　森　　王　策　　孟庆竹　　王琪璘　　陈　岑
张美芳　　杜旭颖　　申婷婷　　李　丹　　赵伊林　　张玉洁

祝梦真	杨　泓	张子怡	魏　丹	成奕希	严麦嘉
罗楚依	李西雄	朱天若	贾小雪	张慧芳	李振华
冯运皓	阴渐朝	吴宇恒	王绍兴	李家慧	徐　菁
黄晓莹	邹睿琪	钟吉莲	温秋怡	高　楠	张明月
赵凯越	张艺琳	邓颖佳	王　照	许　琰	程　偲
匡　迪	牛曼丽	肖筱轩	黄名扬	朱琴思	马思涵
郑　越	赵　萱	易　敏	任卓华	吴金诚	梁家齐
李　旸	杨天开	董亚威	刘天博	隋冬格	甘嘉祺
林燕红	李艳灵	李　婷	钟　洁	胡前贵	张华元
黄　婷	马火宁	谢筱柔	吴　迪	李长青	王晨翱
左蔚欣	杨　钰	陈虹洁	陈迪迪	於沐智	张　峥
杨一丹	殷辰娇	沈　欣	刘乔洋	张阔成	韩亚鑫
赵　松	谭丁毛	高　奇	岳成根	陈　锐	许天明
李凝曦	陈　野	高　波	孙云欢	张洒洒	吴佳宝
刘　莎	严泽岷	张田天	刘东玉	邓春雪	姜　山
李林璟	唐雨晴	刘一迪	白天园	易　茜	史芝兰
徐依兰	刘智卓	王　淇	谢晨晨	蔡曜羽	李春江
王月皓	郭一杰	张彦洋	李金泽	王振齐	胡天奕
马良三	于江超	吴　越	黄俊杰	娄学思	曾钰淞
朱承飏（yù）	刘　棣	张　聪	周沁哲	曹　竹	张华宇
李诗云	胡筱菀	王墨涵	于　璐	李　享	何倩颖
沈婷元	朱璐瑶	王佳韵	王　悦	卢皓月	王　铮
刘家利	李博雅	陈许茉	杨灵钰	张佳妮	宋　赟
严昀莹	何吕佳	韩玉绵	刘　倩	范梦苑	张　昴

人文学院

王枭泽	周　添	宋飘飘	赵　璇	王　康	盛于兰
杨雅晴	江艳玲	唐晓仪	郑成琼	毛文静	蔡凯燕
张　烨	李思慧	王　青	王青青	徐媛媛	廖焕松
高一览	张运民	刘　炜	郑雨晨	张　芬	吴茂然
林苗苗	程旭丹	胡秋玉	刘平一	卓玛拉宗	张　闽
牛文君	施云帆	马振华	吴志刚	谷　雨	赵春杨
邓素芬	燕碧天	张璐瑶	刘　璇	曾庆云	陈　枫
梁倩文	于海方	彭　昕	娜仁托娅	姚恒超	张姝婧
胡晓宇					

外国语学院

韩宇晴	梁兰兰	叶一凡	孟文轩	李鹏举	胡欣然
徐梦琦	张芷晴	潘雅婷	侯　潇	杨晓楠	王　盈

王雨浓　汪汉鸿　郑子昱　王石良　曹天野　程　月
梁丹妮　金　端　高亚男　马非玉　陈雨溪　刘　萌
傅嘉琪　杨绿云　黄炳贤　苗雨沛　郑凯元　吴　桐
周玉昕　李偲颖　李倩欣　刘　露　程宝莹　姜政宇
王一楠　戴建翀　侯开贵　曲雪绒　刘　莹　孟誉双
赵律玮　张天琦　左　岸　魏　帅　袁志鹏　王雷垠
李文月　王倩云　杨远珊　贾　南　臧艺枫　段静林
朱　彤　冯锦丽　张　晓　周远琦　任琬瑄　李艳儒
徐缅子　罗鳗倩　徐丹琦　于逸冰　孙　玉　王　哲
孟　丽　倪艺芮　杨　蕊　唐朝霞　郭家琦　潘勇洁
李紫云　梁　辰　刘峻成　张　欣　王浩权　李　静
韩　煦　衡喜丽　喻　祺　付　照　李　晶　刘琳达
马楠楠　温佳俐　张　琪　张　雯　彭郁稀　陈　靖
陈慧佳　林丽霞　赵毛欠　漆文君　张筱坤　赵钰佳
滕玉冰　于天昊　游百顺　胡　昕　任斯琴　闫若思
刘林语　杨益岩　朴容萱　陈　玮　张琰楠　孙宝玲
常佳明　符启青　郭　瑞　王　舒　李卓璘　何映波
杨璨灿　王思雨　朱师琳

马克思主义学院

张厚旺　薛雨豪　苑芳芳　程　琦　何鸿莲　杨宝忠
杨　斌　加苏尔·居来提　马灿林　叶恒达　周卫东
何程均　魏嘉妃　郑　莹　江琼环　马　艳　蒲佳丹
胡雯珮　徐　芮

社会学院

李　阳　杨依锦　刘　柏　李　睿　柯文娟　张　超
贾　慧　杨玉宾　董馨月　李　烨　吴晓玉　刘　怡
陈　琳　徐同欣　李　侠　李慧璟　谷卓然　次仁拉姆
田换林　高曼琳　张晓晔　丛本平　康鹏伟　杨泽云
谭　添　欧阳翔宇　鲁　鹏　唐金泉　陈　卓　朱瑶瑶
王海燕　张潇予　宁　琳　江心雨　解鸿宇　德　庆
付倩玉　苗东旭　童　鑫　高朋飞　郝正新　于婷婷
周思雨　陶　睿　文敏霏　林舒阳

光明新闻传播学院

李伟伟　艾　岫　朱　恋　王芊羽婷　张　漂　胡　月
赵志慧　李擎玥　杨一鸣　鲁良泰　姚美琪　魏丽萍
吴雨洁　刘亚馨　蒋筱青　王琢磊　叶鹏程　李赫洋
刘徵羽　张雅丽　瞿思杰　魏　娜　王逸凡　汪　倩

郁陆凯丽	王秀雅	高　融	宋常蕊	杨　杉	陈　宁
孟琰琰	谭　冲	马　兰	张思茵	王慧欣	张玲玲
张婧琪	王欣桐	沈晨叶	何孟莲	张明方	刘志远
宋荣翔	黄格格	龙配域	赵健霞	郭　丹	曹莉彬
鲍韵爽	穆玉婷	薛　萌	陈思怡	张　羽	郭萌萌
单　鸽	徐仰勤	诸嘉薇			

国际教育学院

洪嘉华	张琇惠	黄嘉豪	梁卉彤	肖依然	陈鸿兴
李正略	余浩盈	何志轩	陈　云	罗玲玲	潘传瑜
王昊予	王　努	卢盛辉	张嘉玲	李伟豪	沈桂铭
谭慧敏	陈佩姿	邓春媚	吴　昕	程淑窈	陆颖瑜
黄达威	陈爱年	李子宸	陈琬璇	翁鼎哲	林映辰
何　星	郑如惠	关梦琪	陈沛芊	李静宜	吕宇琦
周俊豪	李嘉文	宋骏杰	黄嘉城	何子彦	叶冠廷
吴源源	钟翘骏	蔡天锡	林煌彬	邹豪彬	郑俊达
张晋祎	罗苑杰	郑晓熙	江　璐	董程远	陈梦园
杨喻婷	马　克	郭翃麟	纪　东	钟家敏	潘　萍
谢依琳	夏子欣	林雪航	麦子扬	陈柔雯	黄舒明
赵孟寒	关　宇	林　琳	蔡世龙	李建嘉	黄一轩
方嘉颐	麦港飞	阎　妍	陈小兵	陈颂昇	

第二学士学位

赵璟日	李侃侃	金怡行	郝世峰	刘家良	杨　润
李　强	张增鑫	张文婧	林彦辰	张　戈	常梦恬
苑译文	吴剑华	陈　慧	张紫薇	姜晨阳	黄子芮
刘　曼	张　峋	刘晨璐	马　媛	魏思奇	王雅婷
王　静	宋艺博	刘与非	刘　峥	赵卫强	张京周
杨长健	马　硕	张　华	娄冀川	王　凯	石浩然
程宝贵	王海初	高　绰	卢　伟	安宏业	刘　波
王　静	李宇龙	任飞宇	范　钰	张宁宁	王进东
柴全超	胡英姿	祁红阳	刘密雪	石玉茹	高　爽
刘建美	采思雨	周　俊	苏亚娜	刘志宏	梁建辉
张　蕊	王艳杰	李　欢	刘　杨	杨婷婷	姚国嵘
王少华	陈亚芳	韩志青	李特晴	王　鑫	张学滢
赵　静	白艳玲	祁　颖	侯婷婷	吕　芳	葛仙枝
王彩霞	刘建霞	闫涞滢	王秀珍	赵华格	古星霖
冯　勇	付加林	冯　鑫	张　晶	王舒露	乔建霞
白　焱					

六、成人学历教育2016届毕业生名单

1. 函授高中起点本科（58人）

茅　丽	杨晓明	赵燕茹	张雪钰	夏恩宇	王　腾
王正炎	邹光胜	樊晋峰	张二宁	闫虹瑜	楚　嫣
闪　珊	唐　红	冯军林	李斌斌	李　燕	高　华
宋　培	王明明	郑　理	张　琴	吴雅坤	戎恺铮
王立业	赵　楠	吴彩俊	苏　杰	孙　浩	郭泽斌
韩　超	黄岭中	钟新春	周志秀	闫泽众	阎俊杰
刘海儿	洪学才	朱佳琦	李　斌	高　敏	张　伟
张亮清	罗学安	朱　丽	张晓艳	豆沁菲	王银萍
杨　静	董邦志	杨　谦	吴瑞鹏	张　帆	张智婷
曾志强	朱昊然	胡　光	刘　蕾		

2. 函授专升本科（369人）

霍广生	刘斌歆	马　梅	冯彦鑫	李　华	张　健
董小炜	杨　阳	同宏勃	马宏强	魏雪姣	张　倩
冯　鑫	胡成心	黎菲菲	王亮亮	马星龙	孙少鹏
王　欣	李　雪	郑　涛	毕文静	徐　静	杨龙刚
张莹雪	黎晓程	方洋洋	田　露	张　宇	李　增
王泽贺	王梦娇	黄钟杰	胡　锐	蔡明亚	王　翠
张　宝	马一惟	梁伟华	彭　祎	张江涛	赵纪云
曹宗武	路彬彬	宋彦毅	张　静	冯存女	魏国瑞
兰　伟	周保春	赫丽霞	李儒才	杨　旭	马继良
胥　娟	马盼盼	安妮娜	吕晓辉	徐　昕	韩凌宇
黄志浩	刘东昌	代　唯	马　俭	田　蓉	单盼龙
李亚亚	李　杰	张鹏举	闫　蓉	李晓艳	李　洋
陈丽蕊	倪　雪	田彦孝	夏晓燕	虎小明	吉　蓉
赵小旭	景婷婷	甘　兵	曹　静	田秀花	兰小娟
王　枭	杨少华	王贝倍	刘　刚	马　伟	李嘉诚
李　丹	尤志阳	仇小利	马　秀	夏延平	马慧强
尹　涛	马　克	李桂芳	刘　涛	马　燕	苏晓蕊
衡　蕾	邢永伟	赵　海	王　雷	邓　攀	余天辰
马汉成	刘　捷	任宏江	张　娟	李　虎	王小萍
马　涛	米　婧	马学花	郭凯旋	摆兴亮	张伯楠
吕　烨	李建军	杜牛刚	樊家荣	范广夏	周　军

朱丽乐　吴　鑫　王建武　王晓琴　于静静　阎晶晶
魏家欣　张　宁　王　辉　沈　忱　孙年弘　胡克升
赵悦翎　宫德斌　柏玉冰　郭皖琼　张明明　舒　旭
余世为　施学珠　朱嗣军　史焰翔　刘　宇　朱林林
马虎林　马红祥　王　浩　王　勇　何　梦　陶　涛
王晓闪　王　燕　杨　熳　边敏瑞　孙　斌　汪　勇
梁　峰　陈炳珠　倪岩柏　章艾玮　姚梦蝶　江亚芸
李贝贝　吴　予　陈荣媛　刘二杰　王　琴　崔　玲
孙殿梅　卜立娜　胡庆洁　马耀宝　占建祺　王雪松
任怀广　王柄中　张春阳　赵亚敏　刘　燕　李润京
李国强　宋梦佳　候志刚　杜　玉　杨　欢　蔡敏敏
李　鹃　任田雨　刘晓莹　许　婷　王晓芬　许雪荣
叶莉莉　胡晓晴　李安红　濮习凌　金齐龙　夏银银
安　婧　张　琳　赵玉煊　刘　培　汪　涛　文继兰
曹　琳　陈亮亮　王　敏　雷　云　赵　姣　熊　伟
刘少朋　李　铎　殷义民　王学智　杨　兴　杨美尚
穆治好　王凯波　王丽琴　周建伟　白福宝　杜亭亭
孙　雅　程　成　严从波　李　伟　黄　健　张铮岩
张　娣　刘　军　贾　冰　薛　惠　林升光　李　薇
张　涛　邵戊己　吴　超　朱胜磊　朱良平　李维策
王　磊　彭　晨　王　伟　李源晋　石晓磊　张利成
闫冬明　彭　伟　李泽民　孙　芳　李小钰　王笑非
王宇威　薛毓文　郭　凯　付鹏云　蔚晓飞　胡彦鑫
张旌垚　张　杰　马溢杉　义　震　彭艳萍　陈　涛
张剑波　常少峰　冯伟平　白　雁　王鹏宇　周　军
曾季原　杨喜铃　王　宇　秦育红　虞　洋　武　巍
陈　聪　孙红涛　李　杨　蔺敬琼　张卿诚　程栎天
于亚楠　李沿庆　彭业潮　张宇锋　陈赢鑫　武　霞
张宏磊　梁　伟　谢丽娟　李　林　项　楠　王建东
卜艳慧　杨　瑞　孟兆杰　郝佳玲　解凯伦　王天民
云布和　范鹏程　宝　纯　樊雪婷　赵金熙　刘　磊
佟葆珍　刘　超　纪赫男　许士杰　吴　丹　闻力争
窦亚萍　秦　佳　李　婷　刘时光　吴志刚　殷　伟
刘　莹　黄阳阳　刘志华　王　兴　邓　瑶　黄宝园
杨韫泽　白　林　夏健铭　王　芳　赵海兰　田　华
李国强　刘振南　黄永超　刘涵予　贾　帅　王树江
匡子宾　王　超　郭　辉　薛永涛　白永慧　刘　巍

任　华	李任杰	吴　静	高　华	邹艳龙	凌　婉
王诗童	刘志坚	潘　超	陈国法	罗文龙	张晗芊
李登科	黄金兰	刘一超	胡　宇	许　青	蒋昌呈
樊　迎	蔡　怡	皇甫祥帅			

3. 夜大学专升本科（383 人）

赵　跃	岳　良	李　娜	陈伟娇	陈维克	刘洪雷
刘　峥	李健超	梁姗姗	郝玉婕	李文星	赵丽丽
张颉雯	李珍珍	任　驰	徐嘉忱	蒋昭希	李　轲
李　乔	申尤嘉	李士超	冯伟涛	张益凡	杨　烨
葛　君	张　灿	武红莉	柴云飞	宋文彬	赵　琳
叶明旭	杨玉洁	王　帷	任艳霞	明　珠	王吉庆
任　敏	李　晶	石　佳	唐　苏	苗　乐	赵　璞
于燕平	杨雪霖	耿　云	张笑颜	陈　慧	王永娟
高雪霞	邹　平	耿亚敏	张习宇	王新宇	张　鹏
王朝娟	杨　晨	陈海青	陈泽莎	刘天龙	张丹丹
邹良珊	曹　勇	黄　和	朱　迪	卢　丹	曾子峻
王　玢	仵先进	汪东权	高　峰	张长春	冯宝莹
班　玉	王静怡	张　忻	何箫箫	李培歆	刘利娟
李冬雪	李聪政	牛　犇	王　桐	黄艳清	李婧婷
赵　旋	程　岩	李　娜	林益凡	张　樟	李　彤
徐树基	方燕琴	孙　颖	高欣蕾	陈良轩	王未琪
丁　雷	谢文涛	王　淼	李　颖	蔡　琳	钱　芳
杨　锦	田赋珺	房依彤	温晓海	谢宇婷	李　威
葛雪梅	王　铮	马路遥	刘宏宇	文　龙	王　超
王曼超	王熙雅	刘亚奇	王丹丹	柳春雷	赵静梅
廖振昆	高　润	张晓雪	赵雁楠	王　莹	姚吉滨
张建梅	郑雅兮	吴　燕	谭嘉熹	李辰阳	王逸君
路　多	朱　遂	杨　肖	赵陆阳	郑丹丹	李　雪
朱永辉	吴振峡	陈　曦	刘思雨	何　柳	滕　沙
王　倩	庞云河	杨博宇	李　爽	刘婷婷	张　佳
唐　晨	刘　旭	王娅楠	段岩伟	徐美芹	彭杨气
杨　磊	赵　洋	赵骐骥	贾欣宇	佟文宇	张启敏
王　斐	宋　悦	邢阿进奇	宋　歌	吴　泽	陈　浩
吴腾姣	文书洋	张巧丽	代　坤	杨云鹏	程立华
李济红	孙淑娟	刘　婷	胡嘉明	王峥峥	崔　圆
潘雅琴	董少华	张京迪	王颖慧	汪忠圆	荣凤宪

唐琪　陶晶　黄慧峰　赵威文　王乐　李佳丽
杨婷　云雪峰　贾雪梅　马春阳　张业宁　朱琳
福静　徐涛　张一幢　徐畅　吴思园　崔鸿波
洪洁　王明明　李业　范泽卫　庄孟楠　王雯倩
陈雨欣　周子豪　屈文怡　李秋逸　贺铁洋　牛翔
王洋　藏晓旭　王汉林　陈雯　梁红　王雪
董杉　刘倩　李冰鑫　杨松　刘雪梅　郭嘉玮
牟雅婷　徐思垚　康钰嘉　岳源　杨竹　李桐
王姗　曹福舜　乔卫军　韦宗鼓　胡耀文　邹席琼
张洪凤　高莹洁　董立志　李梦遥　刘珂　王振伟
胡玉峰　唐欣茹　窦瑞军　杨燕　吕灿　刘杰
赵峰　于童蕊　张鹤婷　杨东杰　王铭顺　马琳
朱明泽　邹宇翔　宋青伟　孔宏通　韩璐　孙萌
汤丹　王慧萍　曹洛一　岳亭亭　腾松　王萧
李娜　刘勇　班维梅　李思佳　胡玉萌　杜耀喜
杜翔宇　苏珊玲　程宇轩　陈洋阳　罗先义　路思远
胡亚　杨梦妮　樊勇豪　宋丽丽　单俊萍　巩珂
孙娜　张文　杨旭亚　刘芳　郭蓉蓉　李佳泽
庄麟麟　毕晓龙　宋雯　郜捷　秦雪松　周婷
史航　辛颖　王磊　刘冬萍　郝鲁振　孙盛博
赵圆圆　杨彦鹏　赵英皓　刘香瑜　李娟　简朝刚
冯星　田诗汇　张雁龙　沈霄　李锐标　王郑
祁连军　魏锦铭　张耿江　何文龙　谢祥博　李晓霞
王姗　张建　王晨飞　张腾　王立林　程源
杨竹林　许淑亮　蒋雪　闫宏　刘晓君　秦海涛
夏东升　李新月　王雅楠　马延　朱莉　王晓宇
郑慧慧　孙宏志　周文刚　杨栋　时启博　林婧
任惠　徐博文　赵旭　张峻硕　王春景　李迪
张易　马龙　郭晓一　贾雪　申思　郑磊
贾晨琛　郭晓明　张一飞　李希博　包俊　于芙腾
张誉　邵晓霞　李腊　赵梓珺　杨丹娜　温占浩
张明辉　张志华　徐璠　徐婧　田明哲　张成
闫帅　林新淇　陈亮亮　李琼　李天峰

第十九章　媒体索引

（一）电视媒体

序号	标题	媒体	时间
1	中央电视台对学校共建巴巴多斯孔子学院中方院长宋庆宝老师的采访	中央电视台新闻频道	2016 年 3 月 4 日
2	中央电视台新闻对学校共建巴巴多斯孔子学院新春活动的有关报道	中央电视台	2016 年 3 月 4 日
3	罗马尼亚雅西中小学语言比赛新增“汉语”语种	中国国际广播电视台	2016 年 5 月 13 日

（二）网络媒体

序号	标题	媒体	时间
1	纪念仲裁法实施 20 周年仲裁公信力论坛暨颁奖典礼举行	正义网	2016 年 1 月 4 日
2	“法学教育高端论坛”举行探索未来法学教育的改革之路	中国经济网	2016 年 1 月 11 日
3	第三届北京曲剧艺术节在中国政法大学开锣	中国文明网	2016 年 1 月 11 日
4	中国政法研支团开展温暖衣冬校园行传递温暖	中国青年网	2016 年 1 月 11 日
5	政府如何“治以法尊”？法制网专访中国政法大学副校长马怀德	法制网	2016 年 1 月 15 日
6	中国民族服装亮相罗马尼亚议会宫	新华网	2016 年 3 月 4 日
7	第四届“中国法治政府奖”启动	央广网	2016 年 3 月 7 日
8	曹义孙委员：中国迫切需要制定《反就业歧视法》	财新网	2016 年 3 月 7 日
9	第四届“中国法治政府奖”评选启动	光明网	2016 年 3 月 9 日
10	代表委员走进中国政法大学分享履职故事　寄语青年放眼世界	中国青年网	2016 年 3 月 22 日
11	中国政法大学 2012 级国防生奔赴基层部队实习	中国军网	2016 年 3 月 25 日
12	中国谍战小说《解密》罗语版在罗马尼亚举行推介会	新华社	2016 年 3 月 31 日

续表

序号	标题	媒体	时间
13	第二届“中华法学硕博英才奖”揭晓——法学学子用学术创新助推法治建设	法制网	2016年4月14日
14	中华法学硕博英才奖在京颁发	人民网	2016年4月14日
15	贯彻实施国家安全法座谈会在京举行	法制网	2016年4月18日
16	中国政法大学着力提高研究生培养质量	教育部官网	2016年4月25日
17	罗马尼亚举行“汉语桥”大学生中文比赛	新华社	2016年5月25日
18	刘力：南海仲裁案的管辖权无法无据	法制网	2016年5月27日
19	专家：“放、管、服”的着力点应该在市县	人民网	2016年5月28日
20	贵阳大数据峰会：数据开放呼唤立法保障	人民网	2016年5月28日
21	“事实与证据：哲学与法学的对话”国际研讨会在上海召开	中国社会科学网	2016年5月30日
22	罗马尼亚文化名城频刮“中国风”	新华网	2016年6月6日
23	“教育法治与大学发展”研讨会在京举行	光明网	2016年6月8日
24	人权研究院常务副院长受邀参加CCTV-NEWS“对话”节目——探讨中国人权事业的发展与进步	央视网	2016年6月23日
25	专访陈光中：刑诉法再修已步入准备阶段	财新网	2016年6月24日
26	张伟副教授受邀参加CCTV-NEWS“对话”节目——探讨中国人权事业的发展与进步	央视网	2016年6月24日
27	罗马尼亚布加勒斯特第一个孔子课堂揭牌	新华社	2016年6月27日
28	李树忠：在立德立言中成就自我实现价值	中国教育新闻网	2016年7月7日
29	加强新型网络传销预防与监管刻不容缓	人民网	2016年7月28日
30	中国政法大学领导来义乌调研	义乌市政府网	2016年7月29日
31	中国政法大学深入推进创新创业教育改革	教育部官网	2016年7月29日
32	海峡两岸法律人才高级硕士研修班在京成立	中国台湾网	2016年9月2日
33	张晋藩先生的治学与修身之道	中国教育新闻网	2016年10月21日
34	全国首个“信访数据实验室”在北京正式成立	新华网	2016年10月25日
35	中外法律界专家成都论道　助力四川实施国家“一带一路”建设	新华网	2016年10月25日
36	耐得雪与霜　不失赤子心“知行合一”王玉梅	法制网	2016年11月4日
37	北京：“119·政法之光”消防志愿者活动启动仪式在京举办	人民网	2016年11月8日
38	布加勒斯特大学庆祝中文系成立60周年	新华社	2016年11月21日

续表

序号	标题	媒体	时间
39	法大教授出席布加勒斯特大学中文系60周年纪念活动	光明网	2016年11月29日
40	中国政法大学制度学研究院成立	正义网	2016年11月29日
41	河南省郑州市二七区人民检察院	正义网	2016年12月2日
42	法学专家评聂树斌案：吸取教训完善纠错机制从“有错才纠”走向“有疑即纠”	法制网	2016年12月3日
43	清理“僵尸”需要市场思维破产重组需要法治方式　供给侧改革法治论坛在京举行	法制网	2016年12月5日
44	浙江一企业股东被判“虚开增值税发票罪”引争议	法制网	2016年12月5日
45	中央要求清理有违公平法律法规条款　专家剖析有违公平“玻璃门”应如何打破	法制网	2016年12月5日
46	土壤污染防治有望走出碎片化格局	法制网	2016年12月6日
47	城管柔性变换“面孔”能否终结现代都市版“猫鼠游戏”？	法制网	2016年12月6日

（三）平面媒体

序号	标题	媒体	时间
1	大学生8年代写3万多起诉书	《新京报》	2016年1月4日
2	加强消费维权基础建设　营造和谐消费环境	《中华合作时报》	2016年1月8日
3	顾永忠：关于以审判为中心诉讼制度改革的建议	《法制日报》	2016年1月20日
4	2015年法学教育十大新闻	《法制日报》	2016年1月21日
5	着力建设现代农业生产经营组织	《人民日报》	2016年1月22日
6	国家安全的法律保障——学习贯彻《中华人民共和国国家安全法》	《求是》	2016年2月15日
7	被网络医托忽悠了！咋维权？	《健康报》	2016年2月25日
8	城乡居民养老保险转移接续问题及解决路径	《中国劳动保障报》	2016年3月1日
9	倾心法大诚育人　凝聚侨联德馨传——记陈志平教授	《北京侨讯》	2016年3月3日
10	巫昌祯：一生与法同行	《法制日报》	2016年3月9日
11	“以审判为中心”强化司法权力的配置与运行	《法制日报》	2016年3月9日
12	孙鹤：为石窟寺题匾是一种考验	《中国文化报》	2016年3月16日
13	中国司法改革动态（1-3月）	《法制日报》	2016年3月16日

续表

序号	标题	媒体	时间
14	聚焦东亚，共话“变化与未来”——第三届“中国与东亚”国际学术研讨会侧记	《人民日报》	2016年3月16日
15	回归司法规律的司法改革——专访中国应用法学研究所所长蒋惠岭	《法制日报》	2016年3月16日
16	中国司法改革动态（3.14－3.20）	《法制日报》	2016年3月23日
17	医疗旅游：法制缺失得快补上	《健康报》	2016年3月31日
18	将商标用作其他商业标识造成混淆应纳入《反不正当竞争法》调整范围	《中国工商报》	2016年4月6日
19	法案具有一种符号性价值	《中国环境报》	2016年4月7日
20	走出西方国家反恐的误区	《人民日报》	2016年4月12日
21	滥用相对优势地位行为不应由《反不正当竞争法》规制	《中国工商报》	2016年4月13日
22	第二届“中华法学硕博英才奖”揭晓	《检察日报》	2016年4月14日
23	能源调整如何调出碧水蓝天（协商之路）——民革中央赴京津冀调研能源结构调整	《人民日报》	2016年4月14日
24	黄进：“双一流”建设如何突出中国特色	《人民日报》	2016年5月6日
25	商标混淆的前提是否应当扩展到“注册”?	《中国工商报》	2016年5月12日
26	中国政法大学深度整合资源，打破学科壁垒，让优秀教师施展拳脚——学科跨界原来可以这样搞	《中国教育报》	2016年5月14日
27	雅西汉语教师漆思宇：为我们再留任一年	《罗马尼亚雅西日报》	2016年5月16日
28	第2期金融法治沙龙在中政大举行	《法制日报》	2016年5月26日
29	精彩的开局是胜利的关键	《法制日报》	2016年5月26日
30	“数据开放与立法”高峰论坛举行　法律大咖纷纷支招	《贵州都市报》	2016年5月28日
31	中国政法大学新增夏季学期	《新京报》	2016年5月30日
32	中国政法大学副校长马怀德解读新修订高等教育法	《中国教育报》	2016年6月1日
33	光影日记——书法课	《光明日报》	2016年6月8日
34	中国法庭科学博物馆开馆	《法制日报》	2016年6月12日
35	授之以渔，中国端午文化传播的罗马尼亚新生代	《欧洲侨报》	2016年6月12日
36	黄进：世界一流大学建设与一流本科教学的创新——中国政法大学的理念与实践	《中国高教研究》	2016年6月13日
37	罗援少将在中政大举办讲座	《法制日报》	2016年6月15日

续表

序号	标题	媒体	时间
38	于志刚：推动大学通识教育课程体系的培育与完善	《中国高等教育》	2016年6月15日
39	张晋藩：留住中国法制史的根（法治人生）	《人民日报》	2016年6月17日
40	创意礼物告别毕业纪念“老花样”	《昌平报》	2016年6月20日
41	日本司法改革概况及晚近发展（上）	《法制日报》	2016年6月29日
42	张保生：关于法大法庭科学博物馆	《法制日报》	2016年6月30日
43	陈夏红：英国“脱欧”关跨境破产什么事儿？	《法制日报》	2016年6月30日
44	日本司法改革概况及晚近发展（下）	《法制日报》	2016年7月6日
45	功不在我　功不唐捐——校长黄进在2016届本科生毕业典礼上的致辞	《法制日报》	216年7月6日
46	选择法律意味着更多责任——曲新久在2016年中国政法大学研究生毕业典礼上的致辞	《法制日报》	2016年7月20日
47	去年工商部门查处传销案件1880起　网络传销呈上升态势取证难困扰反传销	《法制日报》	2016年7月25日
48	奥运相关广告营销行为合规指南	《中国工商报》	2016年8月16日
49	汉字中的法律观念与文化	《人民法院报》	2016年8月26日
50	论好评返现行为的性质和法律规制	《中国工商报》	2016年8月31日
51	于志刚：网络主权观与法治理论的创新	《光明日报》	2016年9月11日
52	适当性管理办法强化普通投资者保护	《证券时报》	2016年9月12日
53	法大学术沙龙聚焦“非法集资类案件”	《北京青年报》	2016年9月13日
54	应松年：从依法行政到建设法治政府	《人民日报》	2016年9月14日
55	以审判为中心的实现路径	《法制日报》	2016年9月14日
56	马怀德：“法治天下”的谏言者	《中国新闻周刊》	2016年9月17日
57	与中国政法大学校长黄进聊育人——“课比天大”是教师的职业操守	《人民日报》	2016年9月22日
58	“不愁！国家有助学贷款”	《中国教育报》	2016年9月28日
59	开辟“绿色通道”	《中国教育报》	2016年9月29日
60	中国政法大学创业学院正式揭牌	《法制日报》	2016年9月30日
61	司法责任制与刑事辩护	《法制日报》	2016年9月30日
62	中外法律界专家成都论道助力四川实施国家“一带一路”战略	《法制日报》	2016年10月27日
63	深刻认识全面从严治党与全面依法治国的关系是协调推进“四个全面”战略布局的必然要求	《光明日报》	2016年10月30日

续表

序号	标题	媒体	时间
64	中国政法大学党委书记石亚军：激发党员的先锋模范作用	《中国教育报》	2016年11月3日
65	毕业生不写论文写创业计划书	《昌平报》	2016年11月10日
66	对话中国政法大学校长黄进：办好新专业　培养卓越法治信息管理人才	《法制日报》	2016年11月23日
67	“安乐而死”长路漫漫	《法制日报》	2016年11月28日
68	第二届全国法院新媒体学院奖揭晓	《光明日报》	2016年11月29日